FINANCIAL ACCOUNTING

21世纪管理类核心课程教材

# 财务会计学

（第二版）

主　编　万红波　马锁生
副主编　赵元丽　闫　茵
　　　　谢可可　孙　岩

兰州大学出版社

**图书在版编目(CIP)数据**

财务会计学(第二版)/万红波,马锁生主编. —2 版. —兰州:兰州大学出版社,2011. 7(2019. 10 重印)
ISBN 978-7-311-03504-4

Ⅰ. ①财… Ⅱ. ①万… ②马… Ⅲ. ①财务会计 Ⅳ. ①F234. 4

中国版本图书馆 CIP 数据核字(2011)第 125317 号

策划编辑　陈红升
责任编辑　刘　琦
封面设计　张友乾

---

书　　名　财务会计学(第二版)
作　　者　万红波　马锁生　主编
出版发行　兰州大学出版社　(地址:兰州市天水南路 222 号　730000)
电　　话　0931－8912613(总编办公室)　0931－8617156(营销中心)
　　　　　0931－8914298(读者服务部)
网　　址　http://press. lzu. edu. cn
电子信箱　press@lzu. edu. cn
印　　刷　甘肃春宇印务有限公司
开　　本　787 mm×1092 mm　1/16
印　　张　28. 75(插页 4)
字　　数　662 千
版　　次　2011 年 7 月第 2 版
印　　次　2019 年 10 月第 7 次印刷
书　　号　ISBN 978-7-311-03504-4
定　　价　39. 50 元

---

(图书若有破损、缺页、掉页可随时与本社联系)

# 再版前言

《财务会计学》一书出版至今已有两年，由于广大读者的厚爱与支持，教材出版后市场营销情况良好，发行量节节上升，得到了社会公众的认可，已有部分大专院校使用本教材。相信在不久的将来，它会成为广大读者学习会计知识的首选读物。

两年来，我国社会经济领域发生了重大、深刻的变化，作为国际通用商业语言的会计，其变革也从未中断。自 2006 年 2 月 15 日财政部发布基本准则和 38 项具体准则以来，为了解决准则应用过程中出现的新问题，适应会计环境的变化，又陆续发布了《企业会计准则解释第 1 号》、《企业会计准则解释第 2 号》、《企业会计准则解释第 3 号》、《企业会计准则解释第 4 号》。鉴于此，为了体现现实性和前瞻性，我们本着既要遵循国际惯例，又要紧密结合我国会计改革实践，并保持原教材体例、内容相对稳定的原则，对教材进行了修订。

本次修订主要有以下内容：

1.在第一章中增加了财务概念框架概述等内容。财务会计概念框架是由相互关联的目标和基本概念组成的逻辑一致的体系，这些目标和基本概念可以用来引导首尾一贯的准则，并对财务会计和报告的性质、作用和局限作出规定。然而我国企业会计准则并没有真正意义上的财务会计概念框架，这难免成为我国会计里程碑式改革的缺憾。引入此部分内容，希望读者能够对其有初步的认识，为今后进一步的探索提供帮助。

2.根据《企业会计准则解释第 1 号》增加了关于采用建设经营移交方式(BOT)参与公共基础设施建设业务的处理的内容。

3.根据《企业会计准则解释第 3 号》对成本法下长期股权投资后续计量、利润表进行了修改。

4.根据《企业会计准则解释第 4 号》对非同一控制下的企业合并费用的处理、多次交易分步实现非同一控制下企业合并成本的确定等内容进行了修改。

5.根据会计活动中出现的诸多新情况和新问题，增加了反向并购、授予客户奖励积分等的会计处理方法。

参与本次修订还有孙岩老师、谢可可老师及我们的研究生，在此对他们表示衷心的感谢，同时感谢出版社的工作人员，正是他们的努力才使得修订版能够尽快面世。

由于编者水平有限，修订后的《财务会计学》仍难免存在缺点和错误，恳请广大读者批评指正。

编者

2011 年 6 月

# 第一版前言

自2007年1月1日起,我国企业会计准则和审计准则体系正式实施。上市公司等企业需执行企业会计准则体系,会计师事务所需执行审计准则体系。实施会计审计准则体系是实现我国会计审计准则的国际趋同;是有效提高会计信息质量,进一步提升我国会计和审计整体水平所迈出的重要步伐;是推进我国企业改革,促进资本市场发展,提高对外开放水平的一项基础性工程。

中国的会计改革,一要适应不断变化的国际会计环境,二要满足中国经济改革与发展的要求,三要考虑中国会计实务对会计理论与操作的需要。我国会计领域的空前大变革,深刻地改变了会计理论和实务,要求我们的会计教育也要顺应形势,培养出高素质、高水平,同时能满足经济和会计发展需要的会计工作者。其中,作为联结会计理论与实务桥梁的教材建设是十分重要的。

本书重点介绍了存货,固定资产,无形资产,投资性房地产,金融资产,长期股权投资,收入、费用和利润等一般会计事项的处理。对外币业务,所得税,企业合并,合并报表,借款费用,债务重组,非货币性资产交换,或有事项,会计政策、会计估计变更和会计差错更正,资产负债表日后事项,关联方披露等特殊会计事项的处理也作了详尽的讲解。

本书的编写具有下述几个特点:

(1)结合中国国情并且借鉴了国内外近几年财务会计教材的优秀成果。

(2)内容新颖全面。按照财政部2007年11月和2008年8月分别印发的《企业会计准则解释第1号》、《企业会计准则解释第2号》,针对准则实施过程中的具体问题进行了详细的讲解,并于2008年出版了《企业会计准则讲解2008》。与会计密切相关的一些税收法规在此期间也有了新的调整。本书所依据的会计规范是最新的国际会计准则和我国最近发布的会计准则,对各项会计业务的处理,结合国际财务报告准则的最新动态,贯彻执行我国《企业会计准则讲解2008》的精神,并体现了新的企业所得税法、增值税、消费税、营业税及公司法在会计的运用。

(3)系统性。本书在内容的结构体系安排上由简单到复杂,充分考虑不同阶段和不同知识结构学生的需要。

(4)以会计的基本理论为基础,着重论述了各会计要素确认、计量的基本原则。对各项经济业务的确认、计量和记录乃至最后财务报表的编制,都作出了十分明确且富有条理性的解释,举例丰富贴切、易懂。

本书除可作为高等学校会计学、财务管理、工商管理等专业的教材外,还可作为从事会计、审计等相关工作的人员培训和自学的参考资料。

本书由万红波、赵元丽担任主编,负责拟定全书的编写提纲,对全书进行修改总纂。本书编写分工如下:第一章由孙岩负责编写;第二章由田五星负责编写;第三章由宁海霞负责编写;第四章由马丽负责编写;第五章由阴海明负责编写;第六章由龙晓亮负责编写;第七章由王曼负责编写;第八章由刘杰姗负责编写;第九章由刘春燕负责编写;第十章由王洋负责编写;第十一章由朱林负责编写;第十二章由阮铭华负责编写;第十三章由唐玉玲负责编写;第十四章由张泽草负责编写;第十五、十八、二十一章由马锁生负责编写;第十六、十九章由谢可可负责编写;第十七、二十章由闫茵负责编写;第二十二章由万红波负责编写;第二十三章由赵元丽负责编写。

感谢兰州大学管理学院师生们所提出的宝贵意见及在本书出版中所作出的贡献，还要特别感谢兰州大学出版社的编辑们给予的诸多支持和付出的辛勤劳动!

尽管我们做了较长时间的准备,所有编写人员也付出了艰辛的劳动,但由于经济环境的迅速变化,对国内外经济现状的掌握不可能全面、透彻,加之编写人员学识所限,书中难免存在疏漏、不足和表述不当之处,欢迎广大读者和同行批评指正。书中引用了许多学者的研究成果,不能一一注出,在此我们深表谢意。

编者

2009 年 11 月

# 目录

# 第一章 总 论

## 第一节 财务会计概念框架概述

### 一、财务会计概念框架的定义与由来

所谓财务会计概念框架，是“财务会计与报告的概念框架”(Conceptual framework for Financial Accounting and Reporting)的简称,是由一系列说明财务会计并为财务会计所应用的基本概念所组成的理论体系,是评价现有的会计准则、指导和发展未来会计准则的理论依据。它实际上是对传统会计理论研究的一个发展。

20世纪70年代以后,一方面,西方国家社会经济形势发生重大变化。如企业经营组织规模日趋扩大,企业之间的兼并、购买急骤增加,资本集中加速并向国际化扩张,世界性能源危机的爆发,长期持续的通货膨胀和经济衰退,以及电子计算机技术的迅速普及,都带来了会计实务的重大变革,并相继带来了一些财务会计的新领域和新问题,诸如如何处理企业合并、融资租赁、养老金计划、物价变动影响等重大会计问题,这就相应产生或迫切需要许多新的会计技术方法。而原有的许多会计理论概念明显落后于环境形势和会计实务的发展,并在一定程度上制约有关会计准则的制定和执行。另一方面，传统的财务会计理论侧重于描述性,缺乏一套首尾一贯的理论框架。有关的重要会计文献实际上往往观点不一,甚至互相抵触,其结果并不能消除会计实务的混乱,从而导致使用者对会计准则和财务报告的批评日趋强烈:(1)对同一交易或事项存在着两种甚至多种认可的会计处理方法;(2)逐步放弃稳健原则,越来越多地采用不稳健或有风险的会计方法;(3)留存收益被用于人为地拉平收益波动;(4)财务报表无法反映即将发生的企业破产危机;(5)递延项目事后往往大幅地冲销;(6)对应收账款可收回性估计存在不合理的乐观;(7)某些重要信息不恰当地从表内转为附注或其他报告形式;(8)在决定是否披露不利情况或对会计准则的背离时不合理地运用重要性进行判断;(9)强调财务报告的形式超过其实质。

面临这种情况,传统的会计理论概念受到了严重冲击,财务会计实务中迫切需要建立一套完整、规范的能适应新环境形势的会计理论框架用于指导会计准则的制定和约束会计实

务。1976 年 12 月美国财务会计准则委员会(FASB)公布的《财务会计与报告概念结构:财务报表的要素及其计量》中首次出现财务会计概念框架这一专门术语。此后,以美国、英国为首的西方发达国家的会计职业界纷纷展开了对财务会计概念框架的研究。

### 二、财务会计概念框架的内容及作用

财务会计概念框架是由一系列说明财务会计并为财务会计所应用的基本概念所组成的一个具有层次性的逻辑体系。但是这些基本概念绝对不是凭空捏造或人为给定的,它是从会计理论广泛的概念中,抽取出具有相互耦合、紧密关联、结合在一起的有机整体,其目的在于将无穷的会计问题缩小到和会计准则与会计实务运作直接相关的问题上,借以回答会计准则在制定和执行过程中所遇到的理论问题。既然概念框架是规范和指导会计准则的理论基础,那么它本身就不是会计准则。它主要有五方面的内容:确认财务会计和财务报告的目标;对财务报表要素作出定义;评估财务会计和会计信息的质量特征;解决如何对财务报表要素进行确认、计量和报告;分析某些重大财务会计问题。

西方会计界认为,财务会计概念框架具有以下重要作用:

1.评估已有会计准则的质量,保证会计准则相关文件内在逻辑的一致性,避免不同准则之间的矛盾冲突,确保会计准则体系的完整性和缜密性,还能弥补准则中的某些缺陷,对重大会计问题的解决提供理论上的支持。

2.指导会计准则制定机构发展新的会计准则,并为其制定指明方向。根据市场经济环境的变化和使用者提出新的信息需求,定期对会计准则加以修订和完善。同时,通过财务会计概念框架的研究,及时展示社会经济环境变动情况下会计理论研究的最新成果,从而不断地推动会计理论研究向纵深发展。

3.在缺乏公认会计原则的领域,起到指导会计实务的基本规范作用。即面对经济环境中出现的新情况、新问题,在缺乏相关会计准则对该业务进行规范时,可以作为替代性的规范文件。

4.有助于会计信息使用者更好地理解财务报告所提供信息的目的、内容、性质和局限性,使其能据以作出恰当的分析判断和正确的经营决策。

## 第二节 财务报告的目标

财务报告的目标是财务会计概念框架的逻辑起点,在整个财务会计系统和企业会计准则体系中具有十分重要的地位。财务报告目标的定位,受到政治、经济、市场、法律等多种客观环境的影响。

### 一、财务报告目标的定位

财务会计作为对外报告会计,其目的是通过向外部会计信息使用者提供有用的信息,以

反映企业财务状况、经营成果和现金流量等有关的会计信息,帮助使用者作出相关决策。承担这一信息载体和功能的便是企业编制的财务报告,它是财务会计确认和计量的最终成果,是沟通企业管理层与外部信息使用者之间的桥梁和纽带。因此,财务报告目标的定位十分重要。

1.财务报告目标的定位决定着财务报告应当向谁提供有用的会计信息,应当保护谁的经济利益。这既是编制财务报告的出发点,也是建设与发展企业会计准则的立足点。因此,需要明确企业财务报告的使用者有哪些,这些使用者具有哪些特征,进行什么样的经济决策,在决策过程中需要什么样的会计信息等。

2.财务报告目标的定位决定着财务报告所要求的会计信息的质量特征,决定着会计要素的确认与计量原则,是财务会计系统的核心与灵魂。一般认为财务报告目标有经管责任观和决策有用观两种。在经管责任观指导下,会计信息更多地强调可靠性,会计计量主要采用历史成本;在决策有用观指导下,会计信息更多地强调相关性,会计计量除采用历史成本外,如果采用其他计量属性能够提供更加相关的信息,会较多地采用除历史成本之外的其他计量属性,如公允价值。因此,财务报告目标的定位直接决定着整个财务会计系统的构造,包括会计要素的确认、计量和报告等诸方面。

3.财务报告目标的定位决定着财务会计未来发展的方向。财务会计作为反映经济交易或者事项的一门学科,从来都是随着经济环境的变化而不断发展演化的,尤其是随着现代公司制的建立、资本市场的发展和技术革新的加剧,财务会计理论和实务更是以惊人的速度向前发展。相应地,会计准则的发展与变化也是日新月异,国际、国内的实践都证明了这一点。例如,美国会计准则在发展早期目标不明,几度波折,后来逐渐认识到财务会计概念框架,尤其是财务报告目标的重要性。因此,美国财务会计准则委员会于20世纪70年代末、80年代初先后发布了4项财务会计概念公告,其中,第一项概念公告即为《财务报告的目标》。对财务报告目标的清晰定位使美国多年来关于财务报告目标的争论和财务会计发展方向的问题尘埃落定,也催生了美国会计准则数十年的繁荣与发展,为美国资本市场的长足发展打下了扎实的基础。我国也是如此,从传统计划经济条件下的会计信息主要服务于国家宏观经济管理的需要,到随着我国市场经济的发展和完善,在基本准则中将财务报告的目标明确定位,从而为各项会计准则的制定奠定了良好的基础,也为未来财务会计的发展和会计准则体系的完善确立了方向。

## 二、财务报告目标的主要内容

我国企业财务报告的目标是向财务报告的使用者提供与企业财务状况、经营成果和现金流量等有关的会计信息,反映企业管理层受托责任的履行情况,帮助财务报告的使用者作出经济决策。

### (一)向财务报告的使用者提供对其决策有用的信息

财务报告的使用者主要包括投资者、债权人、政府及有关部门、社会公众等。

投资者,包括现在的和潜在的投资者。在经营权和所有权相分离的情况下,作为公司或企业的所有者即投资者并不直接参与企业的经营管理活动。满足投资者的信息需要是企业财务报告编制的首要出发点,将投资者作为企业财务报告的首要使用者,凸现了投资者的地位,体现了保护投资者利益的要求,是市场经济发展的必然要求。如果企业在财务报告中提供的会计信息与投资者的决策无关,那么财务报告就失去了其编制的意义。根据投资者决策有用目标,财务报告所提供的信息应当如实反映企业所拥有或者控制的经济资源、对经济资源的要求权以及经济资源及其要求权的变化情况;如实反映企业的各项收入、费用、利得和损失的金额及其变动情况;如实反映企业各项经营活动、投资活动和筹资活动等所形成的现金流入和现金流出情况等,从而有助于现在的或者潜在的投资者正确、合理地评价企业的资产质量、偿债能力、盈利能力和营运效率等;有助于投资者根据相关会计信息作出理性的投资决策;有助于投资者评估与投资有关的未来现金流量的金额、时间和风险等。

除了投资者之外,企业财务报告的使用者还有债权人、政府及有关部门、社会公众等。例如,企业贷款人、供应商等债权人通常十分关心企业的偿债能力和财务风险,他们需要信息来评估企业能否如期支付贷款本金及利息,能否如期支付所欠购货款等;政府及有关部门作为经济监管部门,通常关心经济资源分配的公平合理,市场经济秩序的公正有序,宏观决策所依据信息的真实可靠等,因此,他们需要信息来监管企业的有关活动(尤其是经济活动),制定税收政策,进行税收征管和国民经济统计等;社会公众也关心企业的生产经营活动,包括其对所在地经济作出的贡献,如增加就业、刺激消费、提供社区服务等。因此,在财务报告中提供有关企业发展前景及能力、经营效益及效率等方面的信息,可以满足社会公众的信息需要。

(二)反映企业管理层受托责任的履行情况

现代企业制度强调企业所有权和经营权相分离,企业管理层受委托人之托经营管理企业及其各项资产,负有受托责任。即企业管理层所经营管理的企业各项资产基本上均为投资者投入的资本(或者留存收益作为再投资)或者向债权人借入的资金所形成的,企业管理层有责任妥善保管并合理、有效地运用这些资产。企业投资者和债权人等需要及时或者经常性地了解企业管理层保管、使用资产的情况,以便评价企业管理层的责任情况和业绩情况,并决定是否需要调整投资或者信贷政策,是否需要加强企业内部控制和其他制度建设,是否需要更换管理层等。因此,财务报告应当反映企业管理层受托责任的履行情况,以有助于外部投资者和债权人等评价企业的经营管理责任和资源使用的有效性。

## 第三节　会计基本假设与会计基础

### 一、会计基本假设

会计基本假设是企业会计确认、计量和报告的前提,是对会计核算所处时间、空间环境等所作的合理设定。会计基本假设包括会计主体、持续经营、会计分期和货币计量。

(一)会计主体

会计主体,是指企业会计确认、计量和报告的空间范围,即会计为之服务的特定对象。为了向财务报告使用者反映企业财务状况、经营成果和现金流量,提供对其决策有用的信息,会计核算和财务报告的编制应当集中于反映特定对象的活动,并将其与其他经济实体区别开来,才能实现财务报告的目标。

在会计主体假设下,企业应当对其本身发生的交易或者事项进行会计确认、计量和报告,反映企业本身所从事的各项生产经营活动。明确地界定会计主体是开展会计确认、计量和报告工作的重要前提。

会计主体不同于法律主体。一般来说,法律主体必然是一个会计主体。例如,一个企业作为一个法律主体,应当建立财务会计系统,独立反映其财务状况、经营成果和现金流量。但是,并非所有的会计主体都是法律主体。例如,在企业集团的情况下,一个母公司拥有若干子公司,母、子公司虽然是不同的法律主体,但是母公司对子公司拥有控制权,为了全面反映企业集团的财务状况、经营成果和现金流量,就有必要将企业集团作为一个会计主体,编制合并财务报表。再如,个人独资企业尽管不属于法律主体,但属于会计主体,应当对其发生的交易或事项进行会计确认、计量和报告。

**【例 1-1】**某母公司拥有 7 家子公司,母、子公司均属于不同的法律主体,但母公司对子公司拥有控制权,为了全面反映由母、子公司组成的企业集团整体的财务状况、经营成果和现金流量,就需要将企业集团作为一个会计主体,编制合并财务报表。

(二)持续经营

持续经营,是指在可预见的将来,报告主体将会按当前的规模和状态继续经营下去,不会停业,也不会大规模削减业务。在持续经营前提下,企业的会计确认、计量和报告应当以企业持续、正常的生产经营活动为前提,即假设在可以预见的未来,企业的经营活动将以既定的经营方针和目标继续经营下去,而不会面临破产清算。

企业是否持续经营,在会计原则、会计方法的选择上有很大差别。一般情况下,应当假定企业将会按照当前的规模和状态继续经营下去。明确这个基本假设,就意味着会计主体将按照既定的用途使用资产,按照既定的合约条件清偿债务,会计人员就可以在此基础上选择会计原则和会计方法。但从其本意来讲,持续经营假设并不是假设特定的报告主体可以无限期地生存下去,而只是假设其将持续经营足够长的时间,使之可以履行其现存的应予承担的义务。

**【例 1-2】**某企业购入一生产用固定资产,预计使用寿命为 15 年,考虑到企业将会持续经营下去,则可以假定在企业生产经营中,该项固定资产会长期发挥作用,即不断地为企业生产产品,直到该项固定资产使用寿命结束。因此,按照历史成本计量该项固定资产,并采用适当的折旧方法,将历史成本分摊到其在预计使用寿命期间所生产的相关产品成本中。

持续经营作为会计基本假设之一,本身具有科学的成分,但同时也存在一些缺陷。第一,持续经营假设是建立在相对稳定的经济环境基础之上的,没有考虑到外部经济环境的冲击和影响。例如,当企业面临破产、清算的风险,持续经营就存在很大的不确定性。第二,基于持续经营假设的企业财务报表难以反映企业真实的价值,持续经营假设使会计技术发生了根本变化,它使会计原则、会计程序和方法得以建立在非清算基础上来保证其稳定性,产生了许多过去和未来相结合的会计方法和技术,解决了企业的资产计价和费用分配等问题。但在会计所处的社会经济环境已发生巨大变化的情况下，持续经营这一基于工业经济时代背景下所提出的假设却使会计走上了一条严重脱离实际的道路。建立在持续经营假设基础之上并与该假设相配合和适应的历史成本原则、权责发生制原则、配比原则等一系列会计核算原则和处理方法已不能反映企业真实的价值。

如果一个企业在不能持续经营时还假定企业能够持续经营，并仍按持续经营基本假设选择会计确认、计量和报告的原则与方法，就不能客观地反映企业的财务状况、经营成果和现金流量，会误导会计信息使用者。

(三)会计分期

会计分期，是指企业在持续不断的经营中，人为地将生产经营活动划分为一个个连续的、长短相同的期间。会计分期的目的在于通过会计期间的划分，将持续经营的生产经营活动划分成连续的、相等的期间，据以结算盈亏，按期编报财务报告，从而及时向财务报告使用者提供有关企业财务状况、经营成果和现金流量的信息。在会计分期假设下，企业应当划分会计期间，分期结算账目和编制财务报告。会计期间通常分为年度和中期。中期是指短于一个完整的会计年度的报告期间。

根据持续经营假设，一个企业将按当前的规模和状态持续经营下去。但是，无论是企业的生产经营决策者还是投资者、债权人等的决策都需要及时的信息，都需要将企业持续的生产经营活动划分为一个个连续的、长短相同的期间，分期确认、计量和报告企业的财务状况、经营成果和现金流量。明确会计分期假设意义重大，有了会计分期，才产生了当期与以前期间、以后期间的差别，才使不同类型的会计主体有了记账的基准，进而出现了折旧、摊销等会计处理方法。

(四)货币计量

货币计量，是指会计主体在进行会计确认、计量和报告时，以货币作为计量单位反映会计主体的财务状况、经营成果和现金流量。

在会计的确认、计量和报告过程中之所以选择货币为基础进行计量，是由货币的本身属性决定的。货币是商品的一般等价物，是衡量一般商品价值的共同尺度，具有价值尺度、流通手段、贮藏手段和支付手段等特点。其他计量单位，如重量、长度、容积、数量等，只能从一个侧面反映企业的生产经营情况，无法在量上进行汇总和比较，不便于会计计量和经营管理，只有选择货币尺度进行计量才能充分反映企业的生产经营情况。所以，基本准则规定，会计确认、计量和报告选择货币作为计量单位。

但是，货币计量也有它的局限性。第一，会计记录和会计报表所反映的内容，仅限于那些能够以货币来计量的企业经营活动，而不能够反映那些不能以货币计量的经营活动。例如，企业成员或雇员的知识和技能都有很高的价值，却无法用货币对其准确计量；客户的忠诚能保证企业的未来收益，但是在过去的报表中只反映了过去已实现的收益；虽然会计中使用了货币计量概念，但经理人也不能期望从会计报告中获得企业各种要素的全景图。第二，作为计量单位的货币，其本身价值具有不稳定性，也就是说，货币计量假设并未考虑货币购买力的变动。货币购买力会受到通货膨胀和国际汇率的影响。会计业务中常常将不同时点的货币金额进行汇总比较，这是以币值不变为前提的，但是在实际生活中，货币金额受持续通货膨胀的影响。为解决这一问题,现在已产生了通货膨胀会计。

### 二、会计基础

在实务中，企业交易或者事项的发生时间与相关货币收支时间有时并不完全一致。例如,款项已经收到,但销售并未实现;或者款项已经支付,但此款项并不是为本期生产经营活动而发生的。为了更加真实、公允地反映特定会计期间的财务状况和经营成果,基本准则明确规定,企业在会计确认、计量和报告中应当以权责发生制为基础。

权责发生制的基本要求为:凡是当期已经实现的收入和已经发生或应当负担的费用,无论款项是否收付,都应当作为当期的收入和费用,计入利润表;凡是不属于当期的收入和费用,即使款项已在当期收付,也不应当作为当期的收入和费用。

在我国会计实务中，还存在一种与权责发生制相对应的会计基础,称之为收付实现制。它是以收到或支付的现金作为确认收入和费用的依据。目前,我国的行政单位会计采用收付实现制,事业单位会计除经营业务可以采用权责发生制外,其他大部分业务采用收付实现制。

## 第四节　会计信息的质量要求

会计信息的质量要求是对企业财务报告中所提供的会计信息质量的基本要求，是使财务报告中所提供的会计信息对投资者等使用者决策有用而应具备的基本特征。为了规范企业财务会计确认、计量和报告行为,保证会计信息的质量,我国会计准则根据几十年的企业会计实践,同时借鉴国家会计惯例,确立了我国企业会计信息的质量要求,主要包括可靠性、相关性、可理解性、可比性、实质重于形式、重要性、谨慎性和及时性等。

### 一、可靠性

可靠性要求企业应当以实际发生的交易或者事项为依据进行确认、计量和报告,如实反映符合确认和计量要求的各项会计要素及其他相关信息,保证会计信息真实可靠,内容完整。

会计核算的可靠性要求会计的核算结果应当与企业实际的财务状况、经营成果和现金流量相一致;对于经济业务的记录和报告,应当做到不偏不倚,以客观事实为依据。为了贯彻可靠性要求,企业应当做到:

1.以实际发生的交易或者事项为依据进行确认、计量,将符合会计要素定义及其确认条件的资产、负债、所有者权益、收入、费用和利润等如实反映在财务报表中,不得根据虚构的、没有发生的或者尚未发生的交易或者事项进行确认、计量和报告。

2.在符合重要性和成本效益原则的前提下,保证会计信息的完整性,其中包括保证编报的报表及其附注内容等的完整性,不能遗漏或者随意减少应予披露的信息,充分披露与使用者决策相关的有用信息。

3.财务报告中的会计信息应当是中立的、无偏的。如果企业在财务报告中为了达到事先设定的结果或效果,通过选择或列示有关会计信息以影响决策和判断,这样得出的财务报告信息就不是中立的。

【例 1-3】某上市公司于 20×8 年末发现未完成该年年初确定的销售收入目标,为了粉饰该年的销售业绩,公司以真实客户为基础,在原销售业务的基础上人为扩大销售量,使公司在该客户这一明细账下确认的收入远远大于实际销售收入。公司的这种处理并不是以实际发生的交易事项为依据的,而是虚构交易事项,这种做法违背了会计信息质量要求的可靠性原则,同时也违反了我国会计法的规定。

## 二、相关性

相关性要求企业提供的会计信息应当与投资者等财务报告使用者的经济决策需要相关,有助于投资者等财务报告使用者对企业过去、现在或者未来的情况作出评价或者预测。

会计信息与使用者的决策密切相关,表现在会计信息能够帮助决策者证实过去的决策产生的结果,从而改善当前的决策。同时,相关的会计信息还有助于使用者根据财务报告所提供的会计信息预测企业未来的财务状况、经营成果和现金流量。例如区分收入和利得、费用和损失,区分流动资产和非流动资产、流动负债和非流动负债以及适度引入公允价值等,都可以提高会计信息的预测价值,进而加强会计信息的相关性。

会计信息质量的相关性要求企业在确认、计量和报告会计信息的过程中,充分考虑使用者的决策模式和信息需要。而相关性是以可靠性为基础的,两者之间并不矛盾,不应将两者对立起来。也就是说,企业在可靠性前提下,尽可能地做到相关性,以满足投资者等财务报告使用者的决策需要。

## 三、可理解性

可理解性要求企业提供的会计信息应当清晰明了,便于投资者等财务报告使用者理解和使用。

企业编制财务报告,提供会计信息的目的在于使用,而要使使用者有效地使用会计信息,应当使其了解会计信息的内涵,弄懂会计信息的内容。这就要求财务报告所提供的会计信息应当清晰明了,易于理解。只有这样,才能提高会计信息的有用性,实现财务报告的目标,向投资者等财务报告使用者提供对其决策有用的信息。

## 四、可比性

可比性要求企业提供的会计信息应当相互可比,这主要包括两层含义:

(一)同一企业不同时期可比

为了便于投资者等财务报告使用者了解企业财务状况、经营成果和现金流量的变化趋势,比较企业在不同时期的财务报告信息,全面、客观地评价过去,预测未来,从而做出决策,会计信息质量的可比性要求同一企业对不同时期发生的相同或者相似的交易或者事项,应当采用一致的会计政策,不得随意变更。但是,满足会计信息可比性要求,并非表明企业不得变更会计政策,如果按照规定或者在会计政策变更后可以提供更可靠、更相关的会计信息,可以变更会计政策。有关会计政策变更的情况,应当在附注中予以说明。

(二)不同企业相同会计期间可比

为了便于投资者等财务报告使用者评价不同企业的财务状况、经营成果和现金流量及其变动情况,会计信息质量的可比性要求不同企业对同一会计期间发生的相同或者相似的交易或者事项,应当采用规定的会计政策,确保会计信息口径一致,相互可比,使不同企业按照一致的确认、计量和报告要求提供有关会计信息。

**【例 1-4】**下列做法中,不违背会计信息质量可比性要求的是(　　)

A. 因客户的财务状况好转,将坏账准备的计提比例由应收账款余额的 30%降为 15%

B. 因预计发生年度亏损,将以前年度计提的坏账准备全部予以转回

C. 因专利申请成功,将已计入前期损益的研究与开发费用转为无形资产成本

D. 因追加投资,使原投资比例由 50%增加到 80%,而对被投资单位由具有重大影响变为具有控制,故将长期股权投资由权益法改为成本法核算

E. 因减持股份,使原投资比例由 90%减少到 30%,而对被投资单位由具有控制变为具有重大影响,故将长期股权投资由成本法改为权益法核算

**【答案】**A、D、E

**【解析】**

选项 B 和 C 的会计处理不符合会计准则的规定,违背了会计信息质量可比性要求。

## 五、实质重于形式

实质重于形式要求企业应当按照交易或者事项的经济实质进行会计确认、计量和报告,不仅仅以交易或者事项的法律形式为依据。

在实际工作中,交易或事项的外在法律形式并不能真实地反映其实质内容。为了使会计信息真实地反映企业财务状况和经营成果,就不能仅仅依据交易或事项的外在表现形式进行核算,而要反映交易或事项的经济实质。例如,以融资租赁方式租入的资产虽然从法律形式来讲,企业并不拥有其所有权,但是由于租赁合同中规定的租赁期相当长,接近于该资产的使用寿命;租赁期结束时,承租企业有优先购买该资产的选择权;在租赁期内,承租企业有权支配资产并从中受益等,因此,会计核算上将以融资租赁方式租入的资产视为企业的资产,列入企业的资产负债表。

**【例 1-5】**下列各项中,体现实质重于形式要求的是(　　)

A. 将融资租赁的固定资产作为自有固定资产入账

B. 固定资产计提减值准备

C. 固定资产按双倍余额递减法计提折旧

D. 售后租回形成融资租赁业务在会计上不确认收入

E. 交易性金融资产期末按公允价值计量

**【答案】**A、D

【解析】

因为实质重于形式要求企业应当按照交易或者事项的经济实质进行会计确认、计量和报告,不仅仅以交易或者事项的法律形式为依据。选项 A 和 D 体现了实质重于形式的会计信息质量要求。

## 六、重要性

重要性要求企业提供的会计信息应当反映与企业财务状况、经营成果和现金流量有关的所有重要交易或者事项。

在实务中, 如果会计信息的省略或者错报会影响投资者等财务报告使用者据此作出决策,该信息就具有重要性。重要性的应用在很大程度上取决于会计人员的职业判断,一般来说,应当从性质和数量两方面进行分析。另外,企业在会计核算中遵循重要性原则的同时,需要考虑会计信息的成本与效益问题。

例如,上市公司需对外提供季度财务报告,考虑到季度财务报告披露时间较短和成本效益原则,季度财务报告无需像年度财务报告那样披露详细的附注信息,只需披露自上年度资产负债表日之后发生的,有助于理解企业财务状况、经营成果和现金流量变化情况的重要交易或者事项。这种附注披露就体现了会计信息质量的重要性要求。

## 七、谨慎性

谨慎性要求企业对交易或者事项进行会计确认、计量和报告应当保持应有的谨慎,不应高估资产或者收益,低估负债或者费用,这一原则亦称稳健性原则。

在市场经济环境下,企业的生产经营活动面临着许多风险和不确定性,如应收款项的可收回性、固定资产的使用寿命、无形资产的使用寿命、售出存货可能发生的退货或者返修等。会计信息质量的谨慎性要求企业在面临不确定性因素的情况下作出职业判断时, 应当保持应有的谨慎,充分考虑各种风险和损失,既不高估资产或者收益,也不低估负债或者费用。谨慎性原则在会计核算中有多种表现,例如,要求企业对可能发生的资产减值损失计提资产减值准备,对售出商品可能发生的保修义务等确认预计负债,对存货期末计价采用成本与可变现净值孰低法等。

谨慎性的应用并不意味着企业可以任意设置各种秘密准备, 如果企业故意低估资产或者收益,或者故意高估负债或者费用,将不符合会计信息的可靠性和相关性要求,影响会计信息质量,歪曲企业实际的财务状况和经营成果,从而对使用者决策产生误导,这是会计准则所不允许的。

## 八、及时性

及时性要求企业对于已经发生的交易或者事项,应当及时进行确认、计量和报告,不得提前或者延后。

对于会计信息使用者,会计信息与决策的相关性不仅表现在会计信息的真实可靠上,而且表现在会计信息的时效性上。即使是可靠、相关的会计信息,如果不及时提供,就失去了时效性，对使用者的效用就大大降低甚至不再具有实际意义。在会计确认、计量和报告过程中贯彻及时性，一是要求企业及时收集会计信息，即在经济交易或者事项发生后，及时收集并整理各种原始单据或者凭证；二是要求企业及时处理会计信息，即按照会计准则的规定，及时对经济交易或者事项进行确认或者计量，并编制出财务报告；三是要求企业及时传递会计信息，即按照国家规定的有关时限，及时地将财务报告传递给财务报告使用者，以便其及时使用和决策。

**【例 1-6】**我国上市公司在按时公开披露年度财务报告的同时，还需要按季度披露季度财务报告，这就是会计信息及时性的具体体现。

# 第五节 会计要素及其确认与计量原则

会计要素是会计核算的具体对象，即根据交易或者事项的经济特征所确定的财务会计对象的基本分类。会计要素按照其性质分为资产、负债、所有者权益、收入、费用和利润。其中，资产、负债和所有者权益要素侧重于反映企业的财务状况，收入、费用和利润要素侧重于反映企业的经营成果。

## 一、资产的定义及其确认条件

（一）资产的定义

资产是指企业过去的交易或者事项形成的，由企业拥有或者控制的，预期会给企业带来经济利益的资源。根据资产的定义，资产具有以下几个方面的特征：

1.资产预期会给企业带来经济利益

资产预期会给企业带来经济利益，是指资产具有直接或者间接导致现金或现金等价物流入企业的潜力。这种潜力可以来自企业的日常生产经营活动，也可以来自非日常活动；带来的经济利益可以是现金或者现金等价物，或者是可以转化为现金或者现金等价物的形式，或者是可以减少现金或者现金等价物流出的形式。

资产预期能否会给企业带来经济利益是资产的重要特征。例如，企业采购的原材料、购置的固定资产等可以用于生产经营过程，制造商品或者提供劳务，对外出售商品后收回货款，即给企业带来了经济利益。如果某一项目预期不能给企业带来经济利益，那么就不能将其确认为企业的资产。前期已经被确认为资产的项目，如果不能再为企业带来经济利益，也不能再被确认为企业的资产。

**【例 1-7】**下列各项中，不符合资产要素定义的是（　　）

A. 库存商品　　　　B. 委托加工物资

C. 尚待加工的半成品　　　　D. 待处理财产损失

**【答案】**D

【解析】

因为“待处理财产损失”预期不能给企业带来经济利益,因此不符合资产要素的定义。而选项A、B、C都是由企业拥有或者控制的,预期会给企业带来经济利益的资源,因此符合资产要素的定义。

2.资产应为企业拥有或者控制的资源

资产作为一项资源,应当由企业拥有或者控制,具体是指某项资源的所有权为企业所拥有,或者虽然某项资源的所有权不为企业所拥有,但该资源能被企业所控制。

企业享有资产的所有权,通常表明企业能够排他性地从资产中获取经济利益。企业在判断资产是否存在时,所有权是其考虑的首要因素。在有些情况下,资产虽然不为企业所拥有,即企业并不享有其所有权,但企业控制了这些资产,同样表明企业能够从资产中获取经济利益,符合会计上对资产的定义。如果企业既不拥有也不控制资产所能带来的经济利益,就不能将其作为企业的资产予以确认。

【例1-8】某企业以融资租赁方式租入一项固定资产,尽管企业并不拥有其所有权,但是如果租赁合同规定的租赁期相当长,接近于该资产的使用寿命,企业控制了该资产的使用及其所能带来的经济利益,应当将其作为企业的资产予以确认、计量和报告。

3.资产是由企业过去的交易或者事项形成的

资产应当由企业过去的交易或者事项形成,过去的交易或者事项包括购买、生产、建造行为或者其他交易或事项。换句话说,只有过去的交易或者事项才能形成资产,企业预期在未来发生的交易或者事项不形成资产。例如,企业有购买某原材料的计划,该原材料在购买行为发生之前不符合资产的定义,因此就不能被确认为资产。

【例1-9】甲企业和乙施工单位签订了一项生产用厂房建造合同,建造合同尚未履行,即建造行为尚未发生,因此不符合资产的定义,甲企业不能确认在建工程或者固定资产。

(二)资产的确认条件

将一项资源确认为资产,既要符合资产的定义,还应同时满足以下两个条件:

1.与该资源有关的经济利益很可能流入企业

从资产的定义可以看到,能否带来经济利益是资产的一个本质特征,但在现实生活中,由于经济环境瞬息万变,与资源有关的经济利益能否流入企业或者能够流入多少实际上带有不确定性。因此,资产的确认还应与经济利益流入的不确定性程度的判断结合起来,如果企业根据编制财务报表时所取得的证据,与资源有关的经济利益很可能流入企业,那么就应当将其作为资产予以确认;反之,不能将其确认为资产。例如,某企业赊销一批商品给某一客户,从而形成了对该客户的应收账款。由于企业最终收到款项与销售实现之间有时间差,而且收款又在未来期间,因此带有一定的不确定性。如果企业在销售时判断未来很可能收到款项或者能够确定收到款项,企业就应当将该应收账款确认为一项资产;如果企业判断在通常情况下很可能部分或者全部无法收回,表明该部分或者全部应收账款已经不符合资产的确认条件,应当计提坏账准备,减少资产的价值。

2.该资源的成本或者价值能够可靠地计量

财务会计系统是一个确认、计量和报告的系统,其中计量起着枢纽作用,而可计量是所有会计要素确认的重要前提，资产的确认也是如此。只有当有关资源的成本或者价值能够可靠地计量时，才能将其作为资产予以确认。在实务中，企业取得的许多资产都是发生了实际成本的，例如，企业购买或者生产的存货、企业购置的厂房或者设备等。对于这些资产，只要企业对实际发生的购买成本或者生产成本能够可靠计量，就视其为符合资产确认的可计量条件。

【例 1-10】甲企业是一家咨询服务企业，人力资源丰富，而且这些人力资源都很可能为企业带来经济利益，但是人力资源的成本或者价值往往无法可靠地计量。因此，在现行会计系统中，企业通常不将人力资源确认为企业的一项资产。

## 二、负债的定义及其确认条件

### (一)负债的定义

负债是指企业过去的交易或者事项形成的，预期会导致经济利益流出企业的现时义务。根据负债的定义，负债具有以下几个方面的特征：

1.负债是企业承担的现时义务

负债必须是企业承担的现时义务，它是负债的一个基本特征。其中，现时义务是指企业在现行条件下已承担的义务。未来发生的交易或者事项形成的义务，不属于现时义务，不应当将其确认为负债。

这里所指的义务可以是法定义务，也可以是推定义务。其中法定义务是指具有约束力的合同或者法律法规规定的义务，通常在法律意义上强制执行。例如，企业购买原材料形成的应付账款，企业向银行贷入款项形成的借款，企业按照税法规定应当交纳的税款等均属于企业承担的法定义务，必须依法予以偿还。推定义务是指根据企业多年来的习惯做法、公开的承诺或者公开宣布的政策而推断企业将承担的责任，这些责任也使有关各方形成了企业将履行义务解脱责任的合理预期。例如，某企业多年来制定的一项销售政策，对于售出的商品提供一定期限内的售后保修服务，预期将为售出的商品提供的保修服务就属于推定义务，应当将其确认为一项负债。

2.负债预期会导致经济利益流出企业

预期会导致经济利益流出企业也是负债的一个本质特征，只有在企业履行义务时会导致经济利益流出企业的，才符合负债的定义；如果不会导致经济利益流出企业，就不符合负债的定义。在履行现时义务清偿负债时，导致经济利益流出企业的形式多种多样。例如，用现金偿还或以实物资产形式偿还，以提供劳务形式偿还，以部分转移资产、部分提供劳务形式偿还，将负债转为资本等。

3.负债是由企业过去的交易或者事项形成的

负债应当由企业过去的交易或者事项形成。换句话说，只有过去的交易或者事项才形成负债，企业未来将发生的承诺、签订的合同等交易或者事项，不形成负债。

【例 1-11】某企业向银行借款 2 500 万元，即过去的交易或者事项所形成的负债。企业同时还与银行达成了 3 个月后借入 8 000 万元的借款意向书，该交易就不属于过去的交易或者事项，不应形成企业的负债。

(二)负债的确认条件

将一项现时义务确认为负债,需要符合负债的定义,还需要同时满足以下两个条件:

1.与该义务有关的经济利益很可能流出企业

从负债的定义可以看到,预期会导致经济利益流出企业是负债的一个本质特征。在实务中,履行义务所需流出的经济利益带有不确定性,尤其是与推定义务相关的经济利益通常依赖于大量的估计。因此,负债的确认应当与经济利益流出的不确定性程度的判断结合起来。如果有确凿证据表明,与现时义务有关的经济利益很可能流出企业,就应当将其作为负债予以确认;反之,如果企业承担了现时义务,但是会导致经济利益流出企业的可能性很小,就不符合负债的确认条件,不应将其作为负债予以确认。

2.未来流出的经济利益的金额能够可靠地计量

负债的确认在考虑经济利益流出企业的同时,对于未来流出的经济利益的金额应当能够可靠计量。对于与法定义务有关的经济利益流出的金额,通常可以根据合同或者法律规定的金额予以确定,而经济利益的流出通常在未来期间,有时未来期间较长,有关金额的计量需要考虑货币时间价值等因素的影响。对于与推定义务有关的经济利益流出的金额,企业应当根据履行相关义务所需的支出进行估计,并综合考虑有关货币时间价值、风险等因素的影响。

## 三、所有者权益的定义及其确认条件

(一)所有者权益的定义

所有者权益是指企业资产扣除负债后,由所有者享有的剩余权益。公司的所有者权益又称为股东权益。所有者权益是所有者对企业资产的剩余索取权,它是从企业资产中扣除债权人权益后应由所有者享有的部分。

(二)所有者权益的来源构成

所有者权益的来源包括所有者投入的资本,直接计入所有者权益的利得和损失,留存收益等,通常由实收资本(或股本)、资本公积(含股本溢价或资本溢价、其他资本公积)、盈余公积和未分配利润构成。商业银行等金融企业从税后利润中提取的一般风险准备,也构成所有者权益。

所有者投入的资本是指所有者投入企业的所有资本,它既包括构成企业注册资本或者股本部分的金额,也包括投入资本超过注册资本或者股本部分的金额,即资本溢价或者股本溢价,这部分投入资本在我国企业会计准则体系中被计入了资本公积,并在资产负债表中的资本公积项目下反映。

直接计入所有者权益的利得和损失,是指不应计入当期损益的,会导致所有者权益发生增减变动的,与所有者投入资本或者向所有者分配利润无关的利得或者损失。其中,利得是指由企业非日常活动所形成的,会导致所有者权益增加的,与所有者投入资本无关的经济利益的流入。损失是指由企业非日常活动所发生的,会导致所有者权益减少的,与向所有者分配利润无关的经济利益的流出。直接计入所有者权益的利得和损失主要包括可供出售金融资产的公允价值变动额和现金流量套期中套期工具的公允价值变动额(有效套期部分)等。

留存收益是企业历年实现的净利润留存于企业的部分，主要包括累计计提的盈余公积和未分配利润。

(三)所有者权益的确认条件

所有者权益体现的是所有者在企业中的剩余权益。因此,所有者权益的确认主要依赖于其他会计要素,尤其是资产和负债的确认,所有者权益金额的确定也主要取决于资产和负债的计量。例如,企业接受投资者投入的资产,在该资产符合企业资产确认条件时,就相应地符合了所有者权益的确认条件;当该资产的价值能够可靠计量时,所有者权益的金额也就可以确定。

## 四、收入的定义及其确认条件

(一)收入的定义

收入是指企业在日常活动中形成的,会导致所有者权益增加的,与所有者投入资本无关的经济利益的总流入。根据收入的定义,收入具有以下几方面的特征:

1.收入是企业在日常活动中形成的

日常活动是指企业为完成其经营目标所从事的经常性活动以及与之相关的活动。例如,工业企业制造并销售产品,商业企业销售商品,保险公司签发保单,咨询公司提供咨询服务,软件企业为客户开发软件,安装公司提供安装服务,商业银行对外贷款,租赁公司出租资产等,均属于企业的日常活动。明确界定日常活动是为了将收入与利得相区分,因为企业不能将非日常活动所形成的经济利益的流入确认为收入,而应当将其计入利得。

**【例 1-12】**下列事项中,不属于企业收入的是(　　)

A. 销售商品所取得的收入

B. 提供劳务所取得的收入

C. 出售固定资产取得的净收益

D. 出租机器设备取得的收入

**【答案】**C

**【解析】**

因为出售固定资产取得净收益不属于企业的日常活动,不符合收入的定义。

2.收入是与所有者投入资本无关的经济利益的总流入

收入应当会导致经济利益的流入,从而导致资产的增加。例如,企业销售商品,应当收到现金或者在未来有权收到现金,才表明该交易符合收入的定义。在实务中,经济利益的流入有时是所有者投入资本的增加所导致的,不应当将其确认为收入,应当将其直接确认为所有者权益。

3.收入会导致所有者权益的增加

与收入相关的经济利益的流入应当会导致所有者权益的增加，不会导致所有者权益增加的经济利益的流入不符合收入的定义,不应将其确认为收入。例如,企业向银行借入款项,尽管也导致了企业经济利益的流入,但该流入并不导致所有者权益的增加,反而使企业承担了一项现时义务。企业对于因借入款项所导致的经济利益的增加,不应将其确认为收入,应当将其确认为一项负债。

(二)收入的确认条件

企业收入的来源渠道多种多样,不同来源的收入特征有所不同,其确认条件也往往存在差别,如销售商品收入、提供劳务收入、让渡资产使用权收入等。一般而言,收入只有在经济利益很可能流入从而导致企业资产增加或者负债减少,且经济利益的流入额能够可靠计量时才能予以确认。即收入的确认至少应当符合以下条件:一是与收入相关的经济利益很可能流入企业。二是经济利益流入企业的结果会导致企业资产的增加或者负债的减少。三是经济利益的流入额能够可靠地计量。

## 五、费用的定义及其确认条件

(一)费用的定义

费用是指企业在日常活动中发生的,会导致所有者权益减少的,与向所有者分配利润无关的经济利益的总流出。根据费用的定义,费用具有以下几方面的特征:

1.费用是企业在日常活动中形成的

费用必须是企业在其日常活动中所形成的,这些日常活动的界定与收入定义中涉及的日常活动的界定相一致。日常活动所产生的费用通常包括销售成本(营业成本)、职工薪酬、折旧费、无形资产摊销费等。将费用界定为日常活动所形成的,目的是为了将其与损失相区分。企业不能将非日常活动所形成的经济利益的流出确认为费用,而应当将其计入损失。

2.费用是与向所有者分配利润无关的经济利益的总流出

费用的发生应当会导致经济利益的流出,从而导致资产的减少或者负债的增加(最终也会导致资产的减少)。其表现形式包括现金或者现金等价物的流出,存货、固定资产和无形资产等的流出或者消耗等。鉴于企业向所有者分配利润也会导致经济利益的流出,而该经济利益的流出显然属于所有者权益的抵减项目,不应被确认为费用。

3.费用会导致所有者权益的减少

与费用相关的经济利益的流出应当会导致所有者权益的减少,不会导致所有者权益减少的经济利益的流出不符合费用的定义,不应被确认为费用。

【例 1-13】某企业用银行存款 800 万元购买生产用固定资产,该购买行为尽管使企业经济利益流出了 800 万元,但并不会导致企业所有者权益的减少,它使企业增加了另外一项资产。在这种情况下,就不应当将该经济利益的流出确认为费用。

【例 1-14】某企业用银行存款偿还了一笔应付账款 2 000 万元,该偿付行为尽管导致企业经济利益流出 2 000 万元,但是该流出没有导致企业所有者权益的减少,而是使企业负债(应付账款)减少了。因此,不应将该经济利益的流出作为费用予以确认。

(二)费用的确认条件

费用的确认除了应当符合定义外,也应当满足严格的条件,即费用只有在经济利益很可能流出从而导致企业资产减少或者负债增加,且经济利益的流出额能够可靠计量时才能予以确认。因此,费用的确认至少应当符合以下条件:一是与费用相关的经济利益很可能流出企业。二是经济利益流出企业的结果会导致资产的减少或者负债的增加。三是经济利益的流出额能够可靠计量。

## 六、利润的定义及其确认条件

(一)利润的定义

利润是指企业在一定会计期间的经营成果。通常情况下,如果企业实现了利润,表明企业的所有者权益将增加,业绩上升;反之,如果企业发生了亏损(利润为负数),表明企业的所有者权益将减少,业绩下滑。因此,利润往往是评价企业管理层业绩的一项重要指标,也是投资者等财务报告使用者进行决策时的重要参考。

(二)利润的来源构成

利润包括收入减去费用后的净额、直接计入当期利润的利得和损失等。其中收入减去费用后的净额反映的是企业日常活动的业绩,直接计入当期利润的利得和损失反映的是企业非日常活动的业绩。直接计入当期利润的利得和损失,是指应当计入当期损益的,最终会引起所有者权益发生增减变动的,与所有者投入资本或者向所有者分配利润无关的利得或者损失。企业应当严格区分收入和利得、费用和损失之间的区别,以更加全面地反映企业的经营业绩。

(三)利润的确认条件

利润反映的是收入减去费用、利得减去损失后的净额。因此,利润的确认主要依赖于收入和费用以及利得和损失的确认,其金额的确定也主要取决于收入、费用、利得和损失金额的计量。

## 七、会计要素计量属性及其应用原则

(一)会计要素计量属性

会计计量是为了将符合确认条件的会计要素登记入账并列报于财务报表而确定其金额的过程。企业应当按照规定的会计计量属性进行计量,确定相关金额。计量属性是指所予计量的某一要素的特性,如桌子的长度、铁矿的重量、楼房的高度等。从会计角度讲,计量属性反映的是会计要素金额的确定基础,主要包括历史成本、重置成本、可变现净值、现值和公允价值等。

1.历史成本

历史成本,又称为实际成本,就是取得或制造某项财产物资时所实际支付的现金或者其他等价物。在历史成本计量下,资产按照其购置时支付的现金或者现金等价物的金额,或者按照购置资产时所付出对价的公允价值计量;负债按照其因承担现时义务而实际收到的款项或者资产的金额,或者承担现时义务的合同金额,或者按照日常活动中为偿还负债预期需要支付的现金或者现金等价物的金额计量。

2.重置成本

重置成本又称现行成本,是指按照当前市场条件,重新取得同样一项资产所需支付的现金或现金等价物金额。在重置成本计量下,资产按照现在购买相同或者相似资产所需支付的现金或者现金等价物的金额计量,负债按照现在偿付该项债务所需支付的现金或者现金等价物的金额计量。

3.可变现净值

可变现净值，是指在正常生产经营过程中以预计售价减去进一步加工成本和销售所必需的预计税金、费用后的净值。在可变现净值计量下,资产按照其正常对外销售所能收到现金或者现金等价物的金额扣减该资产至完工时估计将要发生的成本、销售费用以及相关税金后的金额计量。

4.现值

现值是指对未来现金流量以恰当的折现率进行折现后的价值，是考虑货币时间价值因素等的一种计量属性。在现值计量下,资产按照预计从其持续使用和最终处置中所产生的未来净现金流入量的折现金额计量，负债按照预计期限内需要偿还的未来净现金流出量的折现金额计量。

5.公允价值

公允价值,是指在公平交易中,熟悉情况的交易双方自愿进行资产交换或者债务清偿的金额。在公允价值计量下,资产和负债按照在公平交易中,熟悉情况的交易双方自愿进行资产交换或者债务清偿的金额计量。

(二)会计计量属性的应用原则

企业在对会计要素进行计量时,一般应当采用历史成本计量属性。例如,企业购入存货、建造厂房、生产产品等,应当以所购入资产发生的实际成本作为资产计量的金额。采用重置成本、可变现净值、现值、公允价值计量的,应当保证所确定的会计要素金额能够取得并可靠计量。

在企业会计准则体系建设中适度、谨慎地引入公允价值这一计量属性,是因为随着我国资本市场的发展,股权分置改革的基本完成,越来越多的股票、债券、基金等金融产品在交易所挂牌上市,使得这类金融资产的交易已经形成了较为活跃的市场,即我国已经具备了引入公允价值的条件。在这种情况下,引入公允价值,更能反映企业的现实情况,对投资者等财务报告使用者的决策更加有用,而且也只有如此,才能实现我国会计准则与国际财务报告准则的趋同。

在引入公允价值的过程中，我国充分考虑了国际财务报告准则中公允价值应用的三个级次,即:第一,存在活跃市场的资产或负债,活跃市场中的报价应当用于确定其公允价值;第二,不存在活跃市场的,参考熟悉情况并自愿交易的各方最近进行的市场交易中使用的价格,或参照实质上相同的其他资产或负债的当前公允价值;第三,不存在活跃市场,且不满足上述两个条件的,应当采用估值技术等确定资产或负债的公允价值。

值得一提的是,我国引入公允价值是适度、谨慎和有条件的。原因是考虑到我国尚属新兴的市场经济国家,如果不加限制地引入公允价值,有可能出现公允价值计量不可靠,甚至出现人为操纵利润的现象。因此,在投资性房地产和生物资产等具体准则中规定,只有在存在活跃市场、公允价值能够取得并可靠计量的情况下,才能采用公允价值计量。

鉴于应用重置成本、可变现净值、现值、公允价值等其他计量属性,往往依赖于估计,为了使所估计的金额在提高会计信息的相关性的同时,又不影响其可靠性,企业会计准则要求企业应当保证根据重置成本、可变现净值、现值、公允价值所确定的会计要素金额能够取得并可靠计量;如果这些金额无法取得或不能可靠地计量,则不允许采用其他计量属性。

## 第六节 财务报告及历史演进

### 一、财务报告及其编制

财务报告是企业对外提供的反映企业某一特定日期的财务状况和某一会计期间的经营成果、现金流量等会计信息的文件。

根据财务报告的定义,财务报告具有以下几层含义:

1.财务报告应当是对外报告,其服务对象主要是投资者、债权人等外部使用者,专门为了满足内部管理需要的,具有特定目的的报告不属于财务报告的范畴。

2.财务报告应当综合反映企业的生产经营状况,包括某一时点的财务状况和某一时期的经营成果与现金流量等信息,以勾画出企业财务的整体和全貌。

3.财务报告必须形成一个系统的文件,不应是零星的或者不完整的信息。

我国会计法、公司法、证券法等为了保护投资者、债权人等的利益,规定企业应该定期编制财务报告。

### 二、财务报告构成的历史演进

历史地看,早期会计只是生产职能的附带部分,人们从事简单的会计活动,会计方法也不复杂,主要是为了帮助记忆而不是为了报告结果,因此早期会计系统并不重视最终的报告。财务报告产生的具体原因,会计史学界尚未取得共识,不过,大部分学者认为人类早期财务报告的产生原因是受托责任的出现。财务报告的演进是在财务报表的演进中形成的,在人类历史上它经历了账簿式、单一报表式、两表式和三表式财务报告时期。

(一)账簿式时期

财务报告的产生源远流长。账簿式财务报告时期是财务报告的萌芽期。在此时期,首先产生了单式簿记,并成为在自然经济占主导地位的各种社会形态中被普遍采用的主要会计方法。但是,账簿记录不一定就是财务报告。只有对核算对象进行必要的分类并在简要、总括描述的基础上向外传递的簿记才是账簿式财务报告。早期的财务报告,一种是口头汇报,一种是将账簿进行“上计”。我国早在西周时期对财务报告期限就有较为严格的规定。据《周礼·天官·冢宰》记载:“岁终,则令群吏岁会,月终,则令正月要,旬终,则令正日成,而以考其治。”财务报告的目标就是在岁终、月终和旬终分别考岁成、月成和旬成以“考其治”。在古代埃及,“每月,作为地方官的州长,都必须向宰相作一次财务报告”,主要表现为口头汇报。战国时期至秦朝记录会计事项的简册“计簿”的“上计”及汉代的“上计簿”就是财务报告的雏形。因为此时的财务报告尚无会计事项的具体分类,而且在形式上以叙述性的文字为主,因而是一种较为原始的财务报告。据出土的汉代简牍记载,为了保证财务报告的质量和及时上报,汉代已制定了规范财务报告的法规。唐宋时期,簿记理论进一步发展,此时期创建的“四柱结算法”为我国早期的财务报告的发展奠定了基础,旬报、月报和年报均以日常簿记资料为依据进行分类汇总而成。明清时期产生的复式簿记“龙门账”和“四脚账”属于典型的账簿式财务报告,因为它们在编制程序、要求及格式上更进一步规范、科学。在西方,账簿式财务报告时期始于12世纪,终于15世纪,曾先后经历了佛罗伦萨式簿记、热那亚式簿记及威尼斯式簿记三个阶段。1494年是簿记学术史上的新纪元,意大利数学家、会计学家卢卡·帕乔利(Luca Pacioli)的《算术、几何、比及比例概要》(亦译《数学大全》)一书中题为《计算与记录要论》(亦译《簿记论》)的一篇,被公认为世界上第一部会计著作。但是“这部著作中尚未提到‘资产负债表’和‘损益计算书’的编制,也未提及决算时‘财产目录’的编制。这说明威尼斯的复式簿记法和帕乔利的复式簿记理论正处于幼年时期”。

账簿式财务报告具有以下特点:(1)从形式上看,主要采用账户余额形式,账簿尚未与报告明确分离;(2)从内容上看,既包括会计事项的简单汇总,还包括财政、统计等方面的情况;(3)从格式上看,采用文字说明或数据组合报告。

(二)单一报表时期

众所周知,财务报表的出现晚于复式记账,财务报表是复式簿记系统的延伸和发展。帕乔利时代的复式记账经过500多年来不少国家的若干代人的实践与总结提高, 才发展为一个“会计处理数据、加工信息的特殊系统”。资产负债表是最早出现的财务报表,从其产生到20世纪30年代初的相当长的时期内,处于绝对的主导地位。人们通常认为它起源于16世纪的欧洲。关于资产负债表的前身,人们提法不一,有人认为是“定期财产目录”,有人认为是“试算平衡表”,还有人认为是“余额账户”。其实资产负债表在各地的出现并不同步,其演变的路径也不尽相同。1531年,德国纽伦堡商人Johann Gottieb在其所著的《简明德国簿记》中公布了世界上最早的资产负债表格式。在16世纪,意大利的企业在报告应税财产时也已开始编制资产负债表。当时企业的组织形式主要表现为独资企业和合伙企业,企业内外经济关系比较简单,经济活动也不复杂,企业均由投资者自我经营,单凭资产负债表基本能满足外部信息使用者的需要。业主或合伙人通过查阅损益类账户便可获悉企业收益成果,因此当时一般不编制损益表。在17世纪初,继意大利帕乔利以后的又一会计大师——荷兰会计学家西蒙·斯蒂文(Simen Stevin)在其《数学惯例法》一书中提出了“资本状况表”,进一步为现代资产负债表勾画了轮廓。17世纪的法国制定了一系列法律以避免欺诈性破产,商人们必须每两年进行存货的实物盘存,并提供盘存报告(资产负债表)。在英国,会计学者确立了“财产=资本”和“资产-负债=纯资本”的会计等式,创建了英国式资产负债表。1844—1862年的英国《公司法》的颁行,明确规定了资产负债表的标准格式。19世纪的德国同样也重视资产负债表,1861年《德意志商法》颁布,其中对企业定期编制资产负债表及如何对财产估价作出了规定。担任德国“账簿审计师协会”法律顾问的费希尔分别于1905年、1908年出版了专著《资产负债表价值·第一部》和《资产负债表价值·第二部》,紧接着他又相继出版了《资产负债表价值原理》(1909年版)及《商法簿记与资产负债表》等,为德国会计理论的进一步发展奠定了基础。美国的会计主要师承英国,同时博采众长,尤其注意引进德国的资产负债表学说。1909年,被誉为会计学泰斗的哈特菲尔德出版了其名作《近代会计学》,该书以资产负债表为主线,精辟地阐述了会计学中的一系列理论问题,奠定了美国会计学的基础。

我国于1985年发布施行的中外合资会计制度第一次引进西方资产负债表,但直到1993年的会计制度改革,我国企业才全面采用资产负债表取代1952年施行的资金平衡表。在2001年、2002年和2005年的会计制度改革中仍旧保留了资产负债表。

单一报表式财务报告是伴随着复式簿记理论的发展、传播、应用和社会经济的不断发展及企业组织形态的变化而得以发展和初步完善的。同时由于出资形式的内部化,经营者集投资者于一身,企业对外界承担的经管责任较少,作为单一报表的资产负债表基本能概括企业生产经营活动的全貌。

(三)两表式时期

收益表(又称损益表或利润表)的产生最早可追溯到17世纪的损益证明书,而其前身是18—20世纪初的《损益·原始资本计算书(损益表)》。大约从19世纪中叶至20世纪中叶,西方经济发达国家的财务报告已逐步定型于由资产负债表和损益表组合而成的两表体系,虽然其结构和内容存在差异,但总的来说,均已从不很成熟走向成熟,从不太健全走向健全。19世纪中叶以后,股份有限公司已成为英国一种很普遍的企业组织形式,由于所有权与经营权的两权分离,出现了职业经理阶层,企业所有者退出企业的经营。股东迫切需要了解企业经营的好坏,尤其是盈利能力及盈利分配情况;同时,生产经营的复杂性程度的加剧,导致过去单凭期初与期末净资产的对比计算出盈利已不合时宜,于是以反映企业一定期间生产经营成果的损益表便应运而生。此外,所得税法的引进与发展,使人们开始密切关注有关收入和费用的核算与报告问题。“20世纪20年代,在美国和英国,日益增加的企业已经提供它们的收益表了”。1929年,英国公司法首次正式要求企业编制收益表,使收益表成为企业第二个正式对外财务报表。当然,“从强调资产负债表转变到强调收益表,是第一次世界大战前后至20世纪30年代这一时期中发生于美国和欧洲的最重要的变革之一”(亨德里克森)。美国著名会计学家利特尔顿在《会计理论结构》中也多次强调了收益表的重要性,“收益表才能反映企业经营活动是成功还是失败这个主题”。因而,收益表已经逐渐成为财务报表的核心,直到今天很多企业尤其是上市公司在其年度报告中都把收益放在首位。

我国1949年前将收益表称为损益表,20世纪50年代初期也这样称呼,后来改称利润表。我国改革开放以来,1981年、1985年和1989年的会计制度改革仍称其为利润表,1993年的会计制度改革将其改称为损益表,1998年的《股份有限责任公司会计制度——会计科目和会计报表》及2001年、2002年及2005年的会计制度改革又将其改称为利润表。

(四)三表式时期

随着企业筹资手段的日益多样化和复杂化,与生产经营活动一样,企业的投资活动和理财活动也影响着企业的财务状况与经营成果。由资产负债表和收益表所提供的信息逐渐难以满足企业外部信息使用者了解企业财务状况变动情况的需要。因此,资金表或财务状况变动表作为财务报告的第三财务报表也应运而生。它最早出现于美国,在它尚未正式成为对外报表之前,美国有些企业就已自发地编制“资金表”或“资金来源和运用表”,以反映企业财务状况的变动情况,但名称和格式各异,编制方法也不一致。1961年,美国AICPA发布第2号会计研究公告——现金流量分析与资金表,建议对外提供资金表,并由CPA审计。1963年10月,美国的APB发布了第3号意见书,建议企业编制“资金来源和运用表”,并将其作为财务报告的辅助信息,但未作出强制要求。1971年3月,APB发表第19号意见书取代第3号意见书,建议将此表更名为“财务状况变动表”,并将其列为对外正式公布的基本财务报表。1987年11月,FASB公布95号财务会计准则公告(SFA95)《现金流量表》,取代了APB的第19号意见书,并要求企业在1988年7月15日以后,必须以现金流量表代替财务状况变动表。1989年,国际会计准则委员会(IASB)发布了第7号国际会计准则《现金流量表》,取代了1977年公布的第7号国际会计准则《财务状况变动表》。1992年12月,IASB对第7号国际会计准则进行了修订,并于1994年1月1日起生效。英国也于1991年颁布了《财务报告准则——现金流量表》,并于1996年进行了修订。

我国财政部于1995年4月21日完成了《企业会计准则——现金流量表》的征求意见稿,于1998年3月20日正式发布《企业会计准则——现金流量表》,要求以现金流量表取代1985年引进的财务状况变动表,并于1998年1月1日起在全国范围内施行。根据三年来的执行情况和经济环境的变化,财政部于2001年1月28日对原《企业会计准则——现金流量表》进行了修订,并要求于2001年1月1日起在全国范围内施行。

# 第二章 存货

## 第一节 存货的确认和初始计量

### 一、存货的概念与确认条件

(一)存货的概念

存货属于流动资产,在资产负债表中列示于应收款项之后,其流动性仅次于应收款项。

根据《企业会计准则第1号——存货》的规定,存货是指企业在日常活动中持有以备出售的产成品或商品,处在生产过程中的在产品,在生产过程或提供劳务过程中耗用的材料、物料等。

从存货的定义中可以看出,存货区别于固定资产等非流动资产的最基本的特征是:企业持有存货的最终目的是为了出售,不论是可供直接出售,如企业的产成品、商品等,还是需经过进一步加工后才能出售,如原材料等。

企业的存货通常包括以下内容:

1.原材料,指企业在生产过程中经加工改变其形态或性质并构成产品主要实体的各种原料及主要材料、辅助材料、外购半成品(外购件)、修理用备件(备品备件)、包装材料、燃料等。例如,宝钢钢铁公司的主要原材料之一是铁矿石,通过进口铁矿石,在此基础上加工成汽车板、造船板、家电板、管线钢、油管等高档产品。

值得注意的是,为建造固定资产等各项工程而储备的各种材料,虽然同属于材料,但是由于这些材料用于建造固定资产等各项工程,不符合存货的定义,因此不能将其作为企业的存货进行核算。

2.在产品,指企业正在制造尚未完工的产品,包括正在各个生产工序加工的产品和已加工完毕但尚未检验,或已检验但尚未办理入库手续的产品。

3.半成品,指经过一定生产过程并已检验合格交付半成品仓库保管,但尚未制造完工成为产成品,仍需进一步加工的中间产品。半成品与在产品的主要区别在于是否已验收入库。

4.产成品，指工业企业已经完成全部生产过程并验收入库，可以按照合同规定的条件送交订货单位或者可以作为商品对外销售的产品。对宝钢钢铁公司而言，造船板就是其众多产成品之一。

企业接受外来原材料加工制造的代制品和为外单位加工修理的代修品，制造和修理完成验收入库后，应视同企业的产成品。

5.商品，指商品流通企业外购或委托加工完成验收入库用于销售的各种商品。

6.周转材料，指企业能够多次使用，逐渐转移其价值但仍保持原有形态不确认为固定资产的材料，如包装物和低值易耗品。其中，包装物是指为了包装本企业商品而储备的各种包装容器，如桶、箱、瓶、坛、袋等。其主要作用是盛装、装潢产品或商品。低值易耗品是指不符合固定资产确认条件的各种用具物品，如工具、管理用具、玻璃器皿、劳动保护用品以及在经营过程中周转使用的容器等。

(二)存货的确认条件

根据《企业会计准则第1号——存货》的规定，存货必须在符合定义的前提下，同时满足下列两个条件，才能予以确认：

1.与该存货有关的经济利益很可能流入企业

资产最重要的特征是预期会给企业带来经济利益。存货作为企业的一项重要的流动资产，其确认关键是判断其是否很可能给企业带来经济利益或其所包含的经济利益是否很可能流入企业。

与存货所有权相联系的主要报酬和风险的转移与否是确定与该存货有关的经济利益是否很可能流入本企业的一个重要标志。通常，拥有存货的所有权可以确定与该存货有关的经济利益很可能流入本企业。但需要注意的是，在有些交易方式下，存货实物的交付及所有权的转移与所有权上主要风险和报酬的转移可能并不同步。此时，存货的确认应当根据实质重于形式的原则进行判断。在会计实务中应当注意以下几种情况的存货的确认：

(1)在途存货。在途存货，是指销货方已将货物发运给购货方但购货方尚未验收入库的存货。对于在途存货，购货方通常应根据所有权是否转移来判定是否应将其作为存货入账。存货的交货方式可分为目的地交货和起运地交货两种。在目的地交货的情况下，货物运至购货方指定的地点并交货后，所有权才转移给购货方，此时，购货方才将货物确认为本企业的存货；在起运地交货的情况下，销货方根据合同或协议的约定，在起运地办理完货物发运手续后，货物的所有权即转移给购货方，此时，购货方就应将该货物包括在本企业的存货之中，并通过“在途物资”科目核算。

(2)代销商品。代销商品，是指在委托代销方式下，由委托方交付受托方，受托方作为代理人代委托方销售的商品。代销商品具体可以分为视同买断方式和收取手续费方式两种。在视同买断方式下，当委托方将商品交付受托方时，通常可以认为商品所有权上主要的风险和报酬实质上已经转移给了受托方。因此，对于此类商品，委托方应将其作为商品销售处理，而受托方应将其作为购进商品处理，委托代销的商品应包括在受托方的存货之中。在收取手续费方式下，当委托方将商品交付给受托方时，商品所有权上的主要风险和报酬实质上并未转移给受托方，委托方仍应将委托代销的商品包括在本企业的存货之中，并通过“委托代销商品”科目核算。但需要注意的是,为了促使受托方加强对代销商品的管理,我国企业会计准则也要求受托方将受托代销的商品纳入其正式的会计账簿之内,通过“受托代销商品”科目核算。

(3)附回购协议的销售。售后回购,是指销货方在销售商品的同时,承诺在未来一定期限内以约定的价格购回该批商品的一种交易方式。售后回购交易的实质是销货方以商品向购货方融资,虽然商品的所有权已转移给了购货方,但销货方实质上仍然保留了所有权上的主要风险。因此,在售后回购交易方式下,销货方通常并不确认销售收入,所销售的商品仍应包括在销货方的存货之中。

(4)分期付款销售。在分期付款销售中,在买方付清所有款项之前,卖方通常会保留商品的法定所有权。但如果卖方能够合理估计坏账比率,则可以将其确认为销售。

(5)附有销售退回条件的商品销售。附有销售退回条件的商品销售,是指购货方依照有关协议有权退货的销售方式。例如,体育用品公司为了推销其新型健身器材,在与经销商签订的销售协议中约定,该经销商未售出的健身器材可以全部退货,体育用品公司将如数退回货款。在这种销售方式下,如果销货方能够按照以往的经验对退货的可能性作出合理估计,应在发出商品时,将这种销售作为一般商品销售处理,售出的商品不再包括在销货方的存货之中;对于不能合理估计退货可能性的发出商品,不确认销售收入,已发出的商品仍应包括在销货方的存货之中,并通过“发出商品”科目进行核算。

2.该存货的成本能够可靠地计量

成本能够可靠地计量是确认资产的一项基本条件。存货是企业资产的组成部分,要予以确认也必须能够对其成本进行可靠计量。存货的成本能够可靠地计量必须以取得的确凿证据为依据,并且具有可验证性。如果不能可靠确定存货的成本,就不能将其确认为购买企业的存货。

## 二、存货的初始计量

企业取得存货应当按照成本进行计量。存货的成本包括采购成本、加工成本和其他成本三个组成部分。企业取得存货的方式主要是外购和自制。

(一)外购存货的成本

企业的外购存货主要包括原材料和商品。外购存货的成本即存货的采购成本,指企业物资从采购到入库前所发生的全部支出,包括购买价款、相关税费、运输费、装卸费、保险费以及其他可归属于存货采购成本的费用。

商品流通企业在采购商品过程中发生的运输费、装卸费、保险费以及其他可归属于存货采购成本的费用等进货费用,应计入所购商品成本。在实务中,企业也可以将发生的运输费、装卸费、保险费以及其他可归属于存货采购成本的费用等进货费用先进行归集,期末按照所购商品的存销情况进行分摊。对于已销售商品的进货费用,计入主营业务成本;对于未售商品的进货费用,计入期末存货成本。商品流通企业采购商品的进货费用金额较小的,可以在发生时直接计入当期销售费用。

1.存货的购买价款,是指企业购入的材料或商品的发票账单上列明的价款,但不包括按规定可以抵扣的增值税额。

2.存货的相关税费,是指企业购买、自制或委托加工存货发生的进口关税、消费税、资源税和不能抵扣的增值税进项税额等应计入存货采购成本的税费。

3.其他可归属于存货采购成本的费用,即采购成本中除上述各项以外的可归属于存货采购成本的费用,如在存货采购过程中发生的仓储费、包装费、运输途中的合理损耗、入库前的挑选整理费用等。这些费用能分清负担对象的,应直接计入存货的采购成本;不能分清负担对象的,应选择合理的分配方法,分配计入有关存货的采购成本。分配方法通常包括按所购存货的数量或采购价格比例进行分配。

对于采购过程中发生的物资毁损、短缺等,除合理的途耗应当作为存货的其他可归属于存货采购成本的费用计入采购成本外,应区别不同情况进行会计处理:

(1)从供货单位、外部运输机构等收回的物资短缺或其他赔款,应冲减所购物资的采购成本。

(2)因遭受意外灾害发生的损失和尚待查明原因的途中损耗,暂作为待处理财产损溢进行核算,查明原因后再作处理。

【例 2-1】海天股份有限公司为一般纳税人,2008 年 5 月 18 日从华联公司购入原材料一批,取得的增值税专用发票上注明的原材料价款为 100 000 元,增值税税额为 17 000 元。

①假定发票等结算凭证已经收到,货款已通过银行转账支付,材料已运到并已经验收入库。据此,海天股份有限公司的账务处理如下:

借:原材料　　100 000

　　应交税费——应交增值税(进项税额)　　17 000

　　贷:银行存款　　117 000

②假定购入材料的发票等结算凭证已收到,货款已通过银行转账支付,但材料尚未运到。则海天股份有限公司应于收到发票等结算凭证时进行如下账务处理:

借:在途物资　　100 000

　　应交税费——应交增值税(进项税额)　　17 000

　　贷:银行存款　　117 000

在上述材料到达入库时,进行如下账务处理:

借:原材料　　100 000

　　贷:在途物资　　100 000

③假定购入的材料已经运到,并已验收入库,但发票等结算凭证尚未收到,货款尚未支付。5 月末,海天股份有限公司应按暂估价入账,假定其暂估价为 60 000 元,应进行如下账务处理:

借:原材料　　60 000

　　贷:应付账款——暂估应付账款　　60 000

6 月初将上述会计分录原账冲回:

借:应付账款——暂估应付账款　　60 000

　　贷:原材料　　60 000

在收到发票等结算凭证,并支付货款时:

借:原材料 100 000

　应交税费——应交增值税(进项税额) 17 000

　贷:银行存款 117 000

**【例 2-2】**某工业企业为增值税一般纳税人,购入乙种原材料 5 000 吨,收到的增值税专用发票上注明的售价为每吨 1 200 元,增值税额为 1 020 000 元。另发生运输费用 60 000 元(按税法规定,按 7%计算抵扣进项税额),装卸费用 20 000 元,途中保险费用 18 000 元。原材料运抵企业后,验收入库原材料为 4 996 吨,运输途中发生合理损耗 4 吨。该原材料的入账价值为(　　)元。

A.6 078 000　　B.6 098 000　　C.6 093 800　　D.6 089 000

**【答案】**C

**【解析】**

原材料的入账价值=5 000×1 200+60 000×(1-7%)+20 000+18 000=6 093 800(元)

(二)加工取得的存货的成本

企业通过进一步加工取得的存货,主要包括产成品、在产品、半成品、委托加工物资等,其成本由采购成本、加工成本构成。某些存货还包括使存货达到目前场所和状态所发生的其他成本,如可直接认定的产品设计费用等。通过进一步加工取得的存货的成本中采购成本是由所使用或消耗的原材料采购成本转移而来的,因此,计量加工取得的存货成本,重点是要确定存货的加工成本。

存货加工成本,由直接人工和制造费用构成,其实质是企业在进一步加工存货的过程中发生的追加生产成本,因此,不包括直接由材料存货转移来的价值。其中,直接人工,是指在企业生产产品的过程中,直接从事产品生产的工人的职工薪酬。直接人工和间接人工的划分依据通常是生产工人是否与所生产的产品直接相关(可否直接确定其服务的产品对象)。制造费用是指企业为生产产品和提供劳务而发生的各项间接费用。制造费用是一种间接生产成本,包括企业生产部门(如生产车间)管理人员的职工薪酬、折旧费、办公费、水电费、机物料消耗、劳动保护费、季节性和修理期间的停工损失等。

1.存货加工成本的确定原则

企业在加工存货的过程中发生的直接人工和制造费用,如果能够直接计入有关的成本核算对象,则应直接计入该成本核算对象。否则,应按照合理方法分配计入有关成本核算对象。分配方法一经确定,不得随意变更。存货加工成本在在产品和完工产品之间的分配应通过成本核算方法进行计算确定。

2.直接人工的分配

如果企业生产车间同时生产几种产品,则其发生的直接人工应采用合理方法分配计入各产品成本中。由于工资形成的方式不同,直接人工的分配方法也不同。比如,按计时工资或者按计件工资分配直接人工。

3.制造费用的分配

由于企业各个生产车间或部门的生产任务、技术装备程度、管理水平和费用水准各不相同,因此,制造费用的分配一般应按生产车间或部门进行。

企业应当根据制造费用的性质,合理选择分配方法。也就是说,企业所选择的制造费用分配方法,必须与制造费用的发生具有较密切的相关性,并且使分配到每种产品上的制造费用金额科学合理,同时还应当适当考虑计算步骤的简便。在各种产品之间分配制造费用的方法,通常有按生产工人工资、按生产工人工时、按机器工时、按耗用原材料的数量或成本、按直接成本(原材料、燃料、动力、生产工人工资等职工薪酬之和)及按产成品产量等。这些分配方法通常是对各月生产车间或部门的制造费用实际发生额进行分配的。

(三)其他方式取得的存货的成本

企业取得存货的其他方式主要包括接受投资者投资、非货币性资产交换、债务重组、企业合并等。

1.投资者投入存货的成本

投资者投入存货的成本,应当按照投资合同或协议约定的价值确定,但合同或协议约定价值不公允的除外。在投资合同或协议约定价值不公允的情况下,将该项存货的公允价值作为其入账价值。

【例 2-3】海天股份有限公司收到 A 股东作为资本投入的机器设备一台。该设备计税价格为 300 000 元,增值税专用发票上注明的税额为 51 000 元,投资各方确认该金额作为 A 股东的投入资本,可取得海天股份有限公司每股面值 1 元的普通股 200 000 股。

| | | |
|---|---|---|
| 借:固定资产 | 351 000 | |
| 　贷:股本 | | 200 000 |
| 　　资本公积——股本溢价 | | 151 000 |

2.盘盈存货的成本

盘盈的存货若金额较小,应将其重置成本作为入账价值,并通过“待处理财产损溢”科目进行会计处理,按管理权限报经批准后,冲减当期管理费用。

在实务中,对于金额比较大的存货盘盈,通常将其作为前期差错处理。

【例 2-4】海天股份有限公司在期末存货盘点中,发现多出原材料 400 件,当日的市场价格为 20 元/件,该批材料所占金额不大,不考虑其他税费。

| | | |
|---|---|---|
| 借:原材料 | 8 000 | |
| 　贷:待处理财产损溢 | | 8 000 |

报经批准处理后:

| | | |
|---|---|---|
| 借:待处理财产损溢 | 8 000 | |
| 　贷:管理费用 | | 8 000 |

除此之外,企业还通过非货币性资产交换、债务重组、企业合并等方式取得的存货,其存货成本的确定在以后章节讨论。

在确定存货成本的过程中应当注意,下列费用不应当计入存货成本,而应当在其发生时计入当期损益:

(1)非正常消耗的直接材料、直接人工及制造费用,应计入当期损益,不得计入存货成本。例如,企业超定额的废品损失以及因自然灾害而发生的直接材料、直接人工、制造费用,由于这些费用的发生无助于使该存货达到目前场所和状态,因此不应计入存货成本,而应计入当期损益。

(2)仓储费用,指企业在采购入库后发生的储存费用,应计入当期损益。但是,在生产过程中为达到下一个生产阶段所必需的仓储费用则应计入存货成本。例如,某酒类产品生产企业为使其生产的酒达到规定的产品质量标准,所必需的仓储费用就应计入酒的成本,而不应计入当期损益。

(3)不能归属于使存货达到目前场所和状态的其他支出,不符合存货的定义和确认条件,应在发生时计入当期损益,不得计入存货成本。

## 第二节 发出存货的计量

### 一、确定发出存货的成本

企业应当根据各类存货的实物流转方式、企业管理的要求、存货的性质等实际情况,合理地选择发出存货成本的计算方法,以合理确定当期发出存货的实际成本。

对于性质和用途相似的存货,应当采用相同的成本计算方法确定发出存货的实际成本。企业在确定发出存货的成本时,可以采用先进先出法、移动加权平均法、月末一次加权平均法和个别计价法四种方法。企业不得采用后进先出法确定发出存货的成本。

(一)先进先出法

先进先出法,是指以先购入的存货应先发出(销售或耗用)这样一种存货实物流转假设为前提,对发出存货进行计价。采用这种方法,先购入的存货成本在后购入存货成本之前转出,据此确定发出存货和期末存货的成本。

(二)移动加权平均法

移动加权平均法,是指以每次进货的成本加上原有库存存货的成本,除以每次进货数量加上原有库存存货的数量,据以计算加权平均单位成本,作为在下次进货前计算各次发出存货成本的依据。计算公式如下:

存货单位成本=(原有库存存货的实际成本+本次进货的实际成本)÷(原有库存存货数量+本次进货数量)

本次发出存货的成本=本次发出存货数量×本次发货前的存货单位成本

本月月末库存存货成本=月末库存存货的数量×本月月末存货单位成本

(三)月末一次加权平均法

月末一次加权平均法,是指以当月全部进货数量加上月初存货数量作为权数,去除当月全部进货成本加上月初存货成本,计算出存货的加权平均单位成本,以此为基础计算当月发出存货的成本和期末存货的成本的一种方法。计算公式如下:

存货单位成本=(月初结存存货成本+本月购进存货成本)÷(月初结存存货数量+本月购进存货数量)

本月发出存货的成本=本月发出存货的数量×存货单位成本

本月月末库存存货成本=月末库存存货的数量×存货单位成本

(四)个别计价法

个别计价法,亦称个别认定法、具体辨认法、分批实际法,其特征是注重所发出存货具体项目的实物流转与成本流转之间的联系,逐一辨认各批发出存货和期末存货所属的购进批别或生产批别,分别按其购入或生产时所确定的单位成本计算各批发出存货和期末存货的成本,即把每一种存货的实际成本作为计算发出存货成本和期末存货成本的基础。对于不能替代使用的存货、为特定项目专门购入或制造的存货以及提供的劳务,通常采用个别计价法确定发出存货的成本。在实际工作中,越来越多的企业采用计算机信息系统进行会计处理,个别计价法可以广泛应用于发出存货的计价,并且用该方法确定的存货成本最为准确。

企业销售存货,应当将已售存货的成本结转为当期损益,计入营业成本。这就是说,企业在确认存货销售收入的当期,应当将已经销售存货的成本结转为当期营业成本。这种结转是为了符合收入与费用相配比的要求。

存货为商品、产成品的,企业应采用先进先出法、移动加权平均法、月末一次加权平均法或个别计价法确定已销售商品的实际成本。存货为非商品存货的,如材料等,应将已出售的材料的实际成本予以结转,计入当期其他业务成本。这里所讲的材料销售不构成企业的主营业务。如果材料销售构成了企业的主营业务,则该材料为企业的商品存货,而不是非商品存货。

对已售存货计提了存货跌价准备,还应结转已计提的存货跌价准备,冲减当期主营业务成本或其他业务成本,这实际上是按已售产成品或商品的账面价值结转主营业务成本或其他业务成本。企业按存货类别计提存货跌价准备的,也应按比例结转相应的存货跌价准备。

企业因非货币性资产交换、债务重组等转出的存货成本,分别参见“非货币性资产交换”和“债务重组”。

## 二、确定发出包装物和低值易耗品的成本

企业应当采用一次转销法或者五五摊销法对包装物和低值易耗品进行摊销,将其计入相关资产的成本或者当期损益。如果对相关包装物或低值易耗品计提了存货跌价准备,还应结转已计提的存货跌价准备,冲减相关资产的成本或当期损益。

对于生产领用的包装物,应将其成本计入制造费用;对于随同商品出售但不单独计价的包装物,应将其成本计入当期销售费用;对于随同商品出售并单独计价的包装物,应将其成本计入当期其他业务成本。

(一)一次转销法

一次转销法,是指低值易耗品或包装物在领用时就将其全部账面价值计入相关资产成本或当期损益的方法。一次转销法通常适用于价值较低或极易损坏的管理用具、小型工具、卡具,在单件小批生产方式下为制造某批订货所用的专用工具等低值易耗品,生产领用的包装物和随同商品出售的包装物。对于数量不多,金额较小,且业务不频繁的出租或出借包装物,也可以采用一次转销法结转包装物的成本,但在以后收回使用过的出租和出借包装物

时，应加强实物管理，并在备查簿上进行登记。

低值易耗品报废时回收的残料和出租或出借的包装物因不能使用而作报废处理所取得的残料，应作为当月低值易耗品或包装物摊销额的减少，冲减有关资产成本或当期损益。

(二)五五摊销法

五五摊销法，是指低值易耗品在领用时或出租、出借包装物时先摊销其成本的一半，在报废时再摊销其成本的另一半，即低值易耗品或包装物分两次各按50%进行摊销。

# 第三节 存货的期末计量

## 一、存货期末计量原则

资产负债表日，存货应当按照成本与可变现净值孰低计量。

当存货成本低于可变现净值时，存货按成本计量；当存货成本高于可变现净值时，存货按可变现净值计量，同时按照成本高于可变现净值的差额计提存货跌价准备，计入当期损益。

成本与可变现净值孰低计量的理论基础主要是使存货符合资产的定义。当存货的可变现净值下跌至成本以下时，表明该存货给企业带来的未来经济利益低于其账面成本，因而应将这部分损失从资产价值中扣除，计入当期损益。存货的可变现净值低于成本时，如果仍然以其成本计量，就会出现虚计资产的现象。

## 二、可变现净值的含义

可变现净值，是指在日常活动中，存货的估计售价减去至完工时估计将要发生的成本、估计的销售费用以及相关税费后的金额。存货的可变现净值由存货的估计售价、至完工时将要发生的成本、估计的销售费用和估计的相关税费等内容构成。

(一)可变现净值的基本特征

1.确定存货可变现净值的前提是企业在进行日常活动

如果企业不是在进行正常的生产经营活动，比如企业处于清算过程，那么不能按照存货准则的规定确定存货的可变现净值。

2.可变现净值为存货的预计未来净现金流量，而不是存货的售价或合同价

企业预计的销售存货现金流量，并不完全等于存货的可变现净值。存货在销售过程中可能发生的销售费用、相关税费以及为达到预定可销售状态还可能发生的加工成本等相关支出，构成现金流入的抵减项目。企业预计的销售存货现金流量扣除这些抵减项目后，才能确定存货的可变现净值。

3.不同存货可变现净值的构成不同

(1)对于产成品、商品和用于出售的材料等直接用于出售的商品存货，在正常生产经营

过程中，应当以该存货的估计售价减去估计的销售费用和相关税费后的金额确定其可变现净值。

(2)对于需要经过加工的材料存货，在正常生产经营过程中，应当以所生产的产成品的估计售价减去至完工时估计将要发生的成本、估计的销售费用和相关税费后的金额，确定其可变现净值。

(二)确定存货的可变现净值时应考虑的因素

企业在确定存货的可变现净值时，应当以取得的确凿证据为基础，并且考虑持有存货的目的和资产负债表日后事项的影响等因素。

1.确定存货的可变现净值应当以取得确凿证据为基础

确定存货的可变现净值必须建立在取得的确凿证据的基础上。这里所讲的“确凿证据”是指对确定存货的可变现净值和成本有直接影响的客观证明。

(1)存货成本的确凿证据。存货的采购成本、加工成本、其他成本和以其他方式取得的存货的成本，应当以取得的外来原始凭证、生产成本账簿记录等作为确凿证据。

(2)存货可变现净值的确凿证据。存货可变现净值的确凿证据，是指对确定存货的可变现净值有直接影响的确凿证明，如产成品或商品的市场销售价格，与产成品或商品相同或类似商品的市场销售价格，销货方提供的有关资料和生产成本资料等。

2.确定存货的可变现净值应当考虑持有存货的目的

由于企业持有存货的目的不同，确定存货可变现净值的计算方法也不同。如用于出售的存货和用于继续加工的存货，其可变现净值的计算就不相同。因此，企业在确定存货的可变现净值时，应考虑持有存货的目的。企业持有存货的目的，通常可以分为：

(1)持有以备出售，如商品、产成品，其中又分为有合同约定的存货和没有合同约定的存货。

(2)将在生产过程或提供劳务过程中耗用，如材料等。

3.确定存货的可变现净值应当考虑资产负债表日后事项等的影响

资产负债表日后事项应当能够影响资产负债表日存货的存在状况，即在确定资产负债表日存货的可变现净值时，不仅要考虑在资产负债表日，与该存货相关的价格、成本的波动，而且还应考虑未来的相关事项。也就是说，不仅要考虑财务报告批准报出日之前发生的相关价格、成本的波动，还应考虑以后期间发生的相关事项。

## 三、存货期末计量的具体方法

(一)存货估计售价的确定

对于企业持有的各类存货，在确定其可变现净值时，最关键的问题是确定估计售价。企业应当区别如下情况确定存货的估计售价：

1.为执行销售合同或者劳务合同而持有的存货，通常应当以产成品或商品的合同价格作为其可变现净值的计算基础。如果企业与购买方签订了销售合同(或劳务合同，下同)，并且销售合同订购的数量等于企业持有存货的数量,在这种情况下,在确定与该项销售合同直接相关存货的可变现净值时，应当以销售合同价格作为其可变现净值的计算基础。也就是说,如果企业就其产成品或商品签订了销售合同,则该批产成品或商品的可变现净值应当以合同价格作为计算基础;如果企业销售合同所规定的标的物还没有生产出来,但企业持有专门用于该标的物生产的原材料，则该批产成品或商品的可变现净值也应当以合同价格作为计算基础。

【例 2-5】20×8 年 8 月 1 日,海天股份有限公司与乙公司签订了一份不可撤销的销售合同,双方约定,20×9 年 1 月 25 日,海天股份有限公司应按每台 72 万元的价格(假定本章中所称销售价格和成本均不含增值税)向乙公司提供 A 型机器 100 台。20×8 年 12 月 31 日,海天股份有限公司 A 型机器的成本为 6 500 万元,数量为 100 台,单位成本为 65 万元/台。20×8 年 12 月 31 日,A 型机器的市场销售价格为 70 万元/台。假定不考虑相关税费和销售费用。

【解析】

根据海天股份有限公司与乙公司签订的销售合同,该批 A 型机器的销售价格已由销售合同约定,并且其库存数量等于销售合同约定的数量。因此,在这种情况下,计算 A 型机器的可变现净值应以销售合同约定的价格 72 万元/台作为计算基础。即:

A 型机器的变现净值=72×100=7 200(万元)

2.如果企业持有存货的数量多于销售合同订购数量,超出部分的存货可变现净值应当以产成品或商品的一般销售价格(市场销售价格)作为计算基础。

【例 2-6】20×8 年 11 月 1 日,海天股份有限公司与丙公司签订了一份不可撤销的销售合同,双方约定,20×9 年 3 月 31 日,海天股份有限公司应按每台 16 万元的价格向丙公司提供 B 型机器 150 台。20×8 年 12 月 31 日,海天股份有限公司 B 型机器的成本为 2 800 万元,数量为 200 台,单位成本为 14 万元/台,B 型机器的市场销售价格为 15 万元/台。海天股份有限公司销售部门提供的资料表明,向丙公司销售的 B 型机器的平均运杂费等销售费用为 0.12 万元/台,向其他客户销售 B 型机器的平均运杂费等销售费用为 0.1 万元/台。

【解析】

在本例中,能够证明 B 型机器的可变现净值的确凿证据是海天股份有限公司与丙公司签订的有关 B 型机器的销售合同、市场销售价格资料、账簿记录和公司销售部门提供的有关销售费用的资料等。

根据该销售合同规定，库存的 B 型机器中的 150 台的销售价格已由销售合同约定,其余 50 台并没有由销售合同约定。因此,在这种情况下,对于销售合同约定的数量(150 台)的 B 型机器,其可变现净值应以销售合同约定的价格 16 万元/台作为计算基础,而对于超出部分(50 台)的 B 型机器,其可变现净值应以市场销售价格 15 万元/台作为计算基础。

B 型机器的可变现净值=(16×150−0.12×150)+(15×50−0.1×50)

=(2 400−18)+(750−5)

=2 382+745

=3 127(万元)

3.如果企业持有存货的数量少于销售合同订购数量,实际持有的与该销售合同相关的存货应以销售合同所约定的价格作为可变现净值的计算基础。如果该合同为亏损合同,还应按照《企业会计准则第13号——或有事项》的规定处理。

4.没有销售合同约定的存货(不包括用于出售的材料),其可变现净值应当以产成品或商品的一般销售价格作为计算基础。

【例2-7】20×8年12月31日,海天股份有限公司C型机器的账面成本为600万元,数量为12台,单位成本为50万元/台。20×8年12月31日,C型机器的市场销售价格为65万元/台。预计发生的相关税费和销售费用合计为4万元/台。海天股份有限公司没有签订有关C型机器的销售合同。

【解析】

由于海天股份有限公司没有就C型机器签订销售合同,所以在计算C型机器的可变现净值时,应以一般销售价格65万元/台作为计算基础。即:

C型机器的可变现净值=(65-4)×10=610(万元)

5.用于出售的材料等,通常以市场价格作为其可变现净值的计算基础。这里的市场价格是指材料等的市场销售价格。如果用于出售的材料存在销售合同约定,应以合同价格作为其可变现净值的计算基础。

【例2-8】20×8年11月1日,海天股份有限公司根据市场需求的变化,决定停止生产D型机器。为减少不必要的损失,决定将库存原材料中专门用于生产D型机器的外购原材料——A材料全部出售,20×8年12月31日其账面成本为400万元,数量为15吨。据市场调查,A材料的市场销售价格为25万元/吨,同时可能发生销售费用及相关税费共计8万元。

【解析】

在本例中,由于企业已决定不再生产D型机器,该批A材料的可变现净值不能再以D型机器的销售价格作为其计算基础,而应以其本身的市场销售价格作为计算基础。即:

该批A材料的可变现净值=25×15-8=367(万元)

(二)材料存货的期末计量

对于材料存货应当区分以下两种情况确定其期末价值:

1.对于为生产而持有的材料等,如果预计用其生产的产成品的可变现净值高于成本,则该材料仍然应当按照成本计量。这里的“材料”指原材料、在产品、委托加工材料等。“可变现净值高于成本”中的“成本”是指产成品的生产成本。

【例2-9】20×8年12月31日,海天股份有限公司库存原材料——B材料的账面成本为3 000万元,市场销售价格总额为2 800万元,假定不发生其他销售费用。用B材料生产的产成品——G1型机器的可变现净值高于成本。

【解析】

根据上述资料可知，20×8 年 12 月 31 日，B 材料的账面成本高于其市场价格，但是由于用其生产的产成品——G1 型机器的可变现净值高于成本，也就是用该原材料生产的最终产品此时并没有发生价值减损，B 材料即使其账面成本已高于市场价格，也不应计提存货跌价准备，仍应按 3 000 万元列示在 20×8 年 12 月 31 日的资产负债表的存货项目之中。

2.如果材料价格的下降导致产成品的可变现净值低于成本，则该材料应当按可变现净值计量。

【例 2-10】20×8 年 12 月 31 日，海天股份有限公司库存原材料——C 材料的账面成本为 900 万元，单位成本为 9 万元/件，数量为 100 件，可用于生产 100 台 G2 型机器。C 材料的市场销售价格为 7 万元/件。

C 材料市场销售价格下跌，导致用 C 材料生产的 G2 型机器的市场销售价格也下跌，由此造成 G2 型机器的市场销售价格由 19 万元/台降为 16.5 万元/台，但生产成本仍为 17 万元/台。将每件 C 材料加工成 G2 型机器尚需投入 8 万元，估计发生运杂费等销售费用 0.5 万元/台。

【解析】

根据上述资料，可按照以下步骤确定 C 材料的可变现净值。

首先，计算用该原材料所生产的产成品的可变现净值：

G2 型机器的可变现净值=G2 型机器估计售价-估计销售费用-估计相关税费

=16.5×100-0.5×100

=1 600(万元)

其次，将用该原材料所生产的产成品的可变现净值与其成本进行比较：

G2 型机器的可变现净值 1 600 万元小于其成本 1 700 万元，即 C 材料价格的下降表明 G2 型机器的可变现净值低于成本，因此 C 材料应当按可变现净值计量。

最后，计算该原材料的可变现净值：

C 材料的可变现净值=G2 型机器的售价总额-将 C 材料加工成 G2 型机器尚需投入的成本-估计销售费用-估计相关税费=16.5×100-8×100-0.5×100=800(万元)

C 材料的可变现净值 800 万元小于其成本 900 万元，因此 C 材料的期末价值应为其可变现净值 800 万元，即 C 材料应按 800 万元列示在 20×8 年 12 月 31 日资产负债表的存货项目之中。

(三)计提存货跌价准备的方法

1.企业通常应当按照单个存货项目计提存货跌价准备。在采用计算机信息系统进行会计处理的情况下，企业完全有可能做到按单个存货项目计提存货跌价准备。在这种方式下，企业应当将每个存货项目的成本与其可变现净值逐一进行比较，按较低者计量存货，并且按成本高于可变现净值的差额，计提存货跌价准备。这就要求企业应当根据管理要求和存货的特点，明确规定存货项目的确定标准。比如，将某一型号和规格的材料作为一个存货项目，将某一品牌和规格的商品作为一个存货项目等。

2.对于数量繁多、单价较低的存货,可以按照存货类别计提存货跌价准备。如果某一类存货的数量繁多并且单价较低,企业可以按存货类别计量成本与可变现净值,即将按存货类别确定的成本的总额与可变现净值的总额进行比较,每个存货类别均取较低者确定存货期末价值。

【例 2-11】海天股份有限公司的有关资料及存货期末计量见表 2-1,假设海天股份有限公司在此之前没有对存货计提跌价准备。假定不考虑相关税费和销售费用。

**表 2-1 按存货类别计提存货跌价准备**

20×8 年 12 月 31 日　　金额单位:元

| 商品 | 数量(台) | 成本 | | 可变现净值 | | 按存货类别确定的账面价值 | 由此计提的存货跌价准备 |
|---|---|---|---|---|---|---|---|
| | | 单价 | 总额 | 单价 | 总额 | | |
| 第一组 | | | | | | | |
| A 商品 | 300 | 10 | 3 000 | 7 | 2 100 | | |
| B 商品 | 500 | 7 | 3 500 | 8 | 4 000 | | |
| 合计 | | | 6 500 | | 6 100 | 6 100 | 400 |
| 第二组 | | | | | | | |
| C 商品 | 300 | 50 | 15 000 | 49 | 14 700 | | |
| D 商品 | 100 | 45 | 4 500 | 50 | 5 000 | | |
| 合计 | | | 19 500 | | 19 700 | 19 500 | 0 |
| 第三组 | | | | | | | |
| E 商品 | 700 | 100 | 70 000 | 80 | 56 000 | 56 000 | |
| 合计 | | | 70 000 | | 56 000 | 56 000 | 14 000 |
| 总计 | | | 96 000 | | 81 800 | 81 600 | 14 400 |

3.对于与在同一地区生产和销售的产品系列相关,具有相同或类似的最终用途或目的,且难以与其他项目分开计量的存货,可以合并计提存货跌价准备。存货具有相同或类似的最终用途或目的,并在同一地区生产和销售,意味着存货所处的经济环境、法律环境、市场环境等相同,具有相同的风险和报酬。在这种情况下,可以对该存货进行合并计提存货跌价准备。

4.存货存在下列情形之一的,通常表明存货的可变现净值低于成本。

(1)该存货的市场价格持续下跌,并且在可预见的未来无回升的希望。

(2)企业使用该项原材料生产的产品的成本大于产品的销售价格。

(3)企业因产品更新换代,原有库存原材料已不适应新产品的需要,而该原材料的市场价格又低于其账面成本。

(4)因企业所提供的商品或劳务过时或消费者偏好改变而使市场需求发生变化,导致市场价格逐渐下跌。

(5)其他足以证明该项存货实质上已经发生减值的情形。

5.存货存在下列情形之一的,通常表明存货的可变现净值为0。

(1)已霉烂变质的存货。

(2)已过期且无转让价值的存货。

(3)生产中已不再需要,并且已无使用价值和转让价值的存货。

(4)其他足以证明已无使用价值和转让价值的存货。

需要注意的是,资产负债表日,同一项存货中一部分有合同价格约定,其他部分不存在合同价格的,应当分别确定其可变现净值,并与其相对应的成本进行比较,分别确定存货跌价准备计提或转回的金额,由此计提的存货跌价准备不得相互抵消。

(四)存货跌价准备转回的处理

1.资产负债表日,企业应当确定存货的可变现净值。企业确定存货的可变现净值应当以资产负债表日的状况为基础确定,既不能提前确定存货的可变现净值,也不能延后确定存货的可变现净值,并且在每一个资产负债表日都应当重新确定存货的可变现净值。

2.如果以前减记存货价值的影响因素已经消失,则减记的金额应当予以恢复,并在原已计提的存货跌价准备的金额内转回,转回的金额计入当期损益。

企业的存货在符合条件的情况下,可以转回计提的存货跌价准备。存货跌价准备转回的条件是以前减记存货价值的影响因素已经消失,而不是在当期造成存货可变现净值高于成本的其他影响因素。

当符合存货跌价准备转回的条件时,应在原已计提的存货跌价准备的金额内转回,即在对该项存货、该类存货或该合并存货已计提的存货跌价准备的金额内转回。转回的存货跌价准备与计提该准备的存货项目或类别应当存在直接对应关系,但转回的金额以将存货跌价准备余额冲减至0为限。

【例2-12】20×8年12月31日海天股份有限公司G3型机器的账面成本为500万元,但由于G3型机器的市场价格下跌,预计可变现净值为400万元,由此计提存货跌价准备100万元。

(1)20×9年6月30日,G3型机器的账面成本仍为500万元,但由于G3型机器市场价格有所上升,使得G3型机器的预计可变现净值变为475万元。

(2)20×9年12月31日,G3型机器的账面成本仍为500万元,由于G3型机器的市场价格进一步上升,预计G3型机器的可变现净值为555万元。

【解析】

(1)20×9年6月30日,由于G3型机器市场价格上升,G3型机器的可变现净值有所恢复,应计提的存货跌价准备为500−475=25万元,则当期应冲减已计提的存货跌价准备为100−25=75万元,小于已计提的存货跌价准备100万元,因此,应转回的存货跌价准备为75万元。

会计分录为:

借:存货跌价准备　　750 000

贷:资产减值损失——存货减值损失 750 000

(2)20×9 年 12 月 31 日,G3 型机器的可变现净值又有所恢复,应冲减存货跌价准备为555-500=55 万元,但是对 G3 型机器已计提的存货跌价准备的余额为 25 万元,因此,当期应转回的存货跌价准备为 25 万元而不是 55 万元(以将对 G3 型机器已计提的“存货跌价准备”余额冲减至 0 为限)。

会计分录为:

借:存货跌价准备 250 000

贷:资产减值损失——存货减值损失 250 000

## 二、存货盘盈与盘亏的会计处理

(一)存货盘盈

存货盘盈,是指存货的实存数量超过账面结存数量的差额。存货发生盘盈时,应以其重置成本作为入账价值,借记“原材料”“库存商品”等科目,贷记“待处理财产损溢”科目;待查明原因,报经批准处理后,冲减当期管理费用。

在实务中,对于金额比较大的存货盘盈,通常将其作为前期差错处理,借记“原材料”“库存商品”等科目,贷记“盈余公积”“未分配利润——年初”科目。

(二)存货盘亏

存货盘亏,是指存货的实存数量少于账面结存数量的差额。存货发生盘亏,应将其账面成本及时转销,借记“待处理财产损溢”科目,贷记“原材料”“库存商品”等科目。盘亏存货涉及增值税的,还应进行相应处理。待查明原因,按管理权限报经批准后,根据造成存货盘亏或毁损的原因,分别按以下情况进行处理:

1.属于计量收发差错和管理不善等原因造成的存货短缺,应先扣除残料价值、可以收回的保险赔偿和过失人赔偿,将净损失计入“管理费用”科目。

2.属于自然灾害等非常原因造成的存货毁损,应先扣除处置收入(如残料价值)、可以收回的保险赔偿和过失人赔偿,将净损失计入“营业外支出”科目。

# 第三章　固定资产

## 第一节　固定资产的确认和初始计量

### 一、固定资产的定义和确认条件

(一)固定资产的定义

固定资产是指同时具有以下特征的有形资产:为生产商品、提供劳务、出租或经营管理而持有,使用寿命超过一个会计年度。

从固定资产的定义来看,固定资产具有以下三个特征:

1. 固定资产是为生产商品、提供劳务、出租或经营管理而持有的

企业持有固定资产的目的是出于生产商品、提供劳务、出租或经营管理的需要,而不像商品一样是为了对外出售,这是与存货等流动资产相区别的重要标志。

2. 固定资产使用寿命超过一个会计年度

通常情况下,固定资产的使用寿命是指使用固定资产的预计期间,如自用房屋建筑物的使用寿命以年限表示。对于某些机器设备或运输设备等固定资产,其使用寿命往往以该固定资产所能生产产品或提供劳务的数量来表示。例如,发电设备按其预计发电量估计使用寿命,汽车或飞机等按其预计行驶里程估计使用寿命。固定资产使用寿命超过一个会计年度,意味着固定资产属于长期资产。随着固定资产的使用和磨损,通过计提折旧方式逐渐减少账面价值。对固定资产计提折旧,是对固定资产进行后续计量的重要内容。

3. 固定资产为有形资产

固定资产具有实物特征,这一特征使固定资产与无形资产区别开来。

(二)固定资产的确认条件

固定资产的确认是指将符合固定资产确认条件的项目作为企业的固定资产加以记录,并将其列入企业资产负债表的过程。固定资产除需要符合其定义外,还应同时满足以下两个条件才能加以确认:

1. 与该固定资产有关的经济利益很可能流入企业

企业在确认固定资产时,需要判断与该项资产有关的经济利益是否很可能流入企业。在实务中,主要依据与该固定资产所有权相关的风险和报酬是否转移给了企业。而固定资产的所有权的取得与否是判断与固定资产所有权相关的风险和报酬是否转移给了企业的一个重要标志,但不是唯一标志。

一般情况下,取得固定资产的所有权是与该固定资产有关的经济利益很可能流入企业的标志。对于所有权已属于企业的固定资产,不论企业是否收到或持有该固定资产,均可将其作为企业的固定资产。反之,如果没有取得固定资产的所有权,即使是存放在企业的固定资产,也不能将其作为企业的固定资产,如经营租赁租入的固定资产。

特殊情况下,企业取得固定资产的所有权不能作为与该固定资产有关的经济利益很可能流入企业的标志。有时某项固定资产的所有权虽然不属于企业,但是该项固定资产所包含的经济利益能够在企业的控制下流入企业,与该固定资产所有权相关的风险和报酬实质上已经转移到了企业,如融资租赁租入的固定资产,满足固定资产确认的第一个条件。

2. 该固定资产的成本能够可靠地计量

作为企业资产的重要组成部分,要确认固定资产,企业取得该固定资产所发生的支出必须能够可靠地计量。企业在确定固定资产成本时,有时需要根据所获得的最新资料进行合理的估计。如果企业能够合理地估计出固定资产的成本,则视同固定资产的成本能够可靠地计量。例如,对于已达到预定可使用状态的固定资产,在尚未办理竣工决算前,企业需要根据工程预算、工程造价或者工程实际发生的成本等资料,按暂估价值确定固定资产的成本,待办理了竣工决算手续后再作调整。

## 二、固定资产的初始计量

固定资产的初始计量,指确定固定资产的取得成本。固定资产应该按照成本进行初始计量。

固定资产的成本是指企业在购建某项固定资产达到预定可使用状态前所发生的一切合理的、必要的支出。在实务中,企业取得固定资产的方式是多种多样的,包括外购、自行建造、投资者投入、非货币性资产交换、债务重组、企业合并和融资租赁等,取得的方式不同,其成本的具体构成内容及确定方法也不尽相同。

(一)外购固定资产

企业外购固定资产的成本,包括购买价款,相关税费,使固定资产达到预定可使用状态前所发生的可归属于该项资产的运输费、装卸费、安装费和专业人员服务费等。需要说明的是,根据《中华人民共和国增值税暂行条例》(2008 年 11 月 5 日国务院第 34 次常务会议修订,自 2009 年 1 月 1 日起施行)中的相关规定,我国增值税实现从生产型增值税到消费型增值税的转型,主要是机器、机械、运输工具以及其他与生产、经营有关的设备、工具、器具等固定资产的进项税额可以从销项税额中抵扣,与企业技术更新无关,且容易混为个人消费的应征消费税的小汽车、摩托车和游艇排除在上述设备范围之外。而纳入营业税征收范围的房屋、建筑物等不动产依然不能纳入增值税的抵扣范围。

外购固定资产是否达到预定可使用状态,需要根据具体情况进行分析判断。如果购入不需要安装的固定资产,购入后即可发挥作用,则购入后即可达到预定可使用状态。如果购入需要安装的固定资产,只有安装调试后,达到设计要求或合同规定的标准,该项固定资产才可发挥作用,才意味着达到预定可使用状态。

企业购入的固定资产分为不需要安装的固定资产和需要安装的固定资产两种情形。前者的取得成本为企业实际支付的购买价款、包装费、运杂费、保险费、专业人员服务费和相关税费等,其账务处理为:按应计入固定资产成本的金额,借记"固定资产"科目,贷记"银行存款""其他应付款""应付票据"等科目。后者的取得成本是在前者取得成本的基础上,加上安装调试成本等,其账务处理为:按应计入固定资产成本的金额,先记入"在建工程"科目,安装完毕交付使用时再转入"固定资产"科目。

【例 3-1】甲企业于 2009 年 3 月 31 日购入一台不需安装的生产用设备,增值税专用发票上注明的价款为 2 800 000 元,增值税额 476 000 元,支付运输费 200 000 元。固定资产无需安装,且取得了运费的增值税合法抵扣凭证(7%的抵扣率),以上货款均以银行存款支付。

账务处理如下:

借:固定资产　　2 986 000

　应交税费——应增值税(进项税额)　　490 000

　贷:银行存款　　3 476 000

注:固定资产的入账价值=2 800 000+200 000×93%=2 986 000(元)

　固定资产进项税额=476 000+200 000×7%=490 000(元)

【例 3-2】20×7 年 2 月 1 日,甲公司购入一台需要安装的机器设备,取得的增值税专用发票上注明的设备价款为 100 万元,增值税进项税额为 17 万元,支付的运输费为 2 500 元(不符合运费的增值税抵扣条件),款项均以银行存款支付。安装设备时,领用本公司原材料一批,价值 3 万元,购进该批原材料时支付的增值税进项税额为 5 100 元,支付安装工人的工资为 4 900 元。假定不考虑其他相关税费。

甲公司的账务处理如下:

(1)支付设备价款、增值税、运输费合计为 1 172 500 元

借:在建工程　　1 172 500

　贷:银行存款　　1 172 500

(2)领用本公司原材料、支付安装工人工资等费用合计为 40 000 元

借:在建工程　　40 000

　贷:原材料　　30 000

　　应交税费——应交增值税(进项税额转出)　　5 100

　　应付职工薪酬　　4 900

(3)设备安装完毕达到预定可使用状态

借:固定资产　　1 212 500

　贷:在建工程　　1 212 500

固定资产的成本=1 172 500 + 40 000 = 1 212 500(元)

在实务中,企业可能以一笔款项同时购入多项没有单独标价的资产。如果这些资产均符

合固定资产的定义,并满足固定资产的确认条件,则应将各项资产单独确认为固定资产,并按各项固定资产公允价值的比例对总成本进行分配,分别确定各项固定资产的成本。

有时,企业购买固定资产的价款会超过正常信用条件(通常在3年以上)延期支付,如采用分期付款方式购买资产,实际上具有融资的性质。在这种情况下,购入固定资产的成本不能以各期付款额之和确定,而应以各期付款额的现值之和确定。固定资产购买价款的现值,应当按照各期支付的价款选择恰当的折现率进行折现后的金额加以确定。各期实际支付的价款之和与其现值之间的差额,应当在信用期间内采用实际利率法进行摊销,摊销金额符合《企业会计准则第17号——借款费用》中规定的资本化条件的,应当计入固定资产成本,其余部分应当在信用期间内确认为财务费用,计入当期损益。其会计处理为:购入固定资产时,按购买价款的现值,借记“固定资产”或“在建工程”科目,按应支付的金额,贷记“长期应付款”科目,按其差额,借记“未确认融资费用”科目。

(二)自行建造固定资产

自行建造固定资产的成本,由建造该项资产达到预定可使用状态前所发生的必要支出构成。包括工程用物资成本、人工成本、交纳的相关税费、应予资本化的借款费用以及应分摊的间接费用等。

企业自行建造固定资产包括自营建造和出包建造两种方式。无论采用何种方式,所建工程都应当按照实际发生的支出确定其工程成本并单独核算。

企业购进用于自制固定资产的货物,按照增值税专用发票上注明的增值税额,借记“应交税费——应交增值税(进项税额)”科目,按照增值税专用发票上记载的应计入工程物资成本的金额,借记“工程物资”科目,按照应付或实际支付的金额,贷记“应付账款”“应付票据”“银行存款”“长期应付款”等科目。

企业购入作为存货核算的原材料等,如用于自行建造固定资产,则应按该部分存货的成本,借记“在建工程”等科目,贷记“原材料”等科目。

企业接受用于自制固定资产的应税劳务,按照增值税专用发票上注明的增值税额,借记“应交税费——应交增值税(进项税额)”科目,按照增值税专用发票上记载的应计入在建工程成本的金额,借记“在建工程”科目,按照应付或实际支付的金额,贷记“应付账款”“应付票据”“银行存款”等科目。

企业通过自营方式建造的固定资产,其入账价值应当按照该项资产达到预定可使用状态前所发生的必要支出确定,包括直接材料、直接人工、直接机械施工费等。企业为在建工程准备的各种物资,应以实际支付的购买价款、不能抵扣的增值税税额、运输费、保险费等相关税费,作为实际成本,并按各种专项物资的种类进行明细核算。工程完工后,剩余的工程物资转为本企业存货的按其实际成本或计划成本进行结转。建设期间发生的工程物资盘亏、报废及毁损,减去残料价值以及保险公司、过失人等赔款后的净损失,计入所建工程项目的成本;以盘盈的工程物资或处置净收益冲减所建工程项目的成本。工程完工后发生的工程物资盘盈、盘亏、报废、毁损,计入营业外收支。

建造固定资产领用工程物资、原材料或库存商品,应按其实际成本转入所建工程成本。自营方式建造固定资产应负担的职工薪酬,辅助生产部门为之提供的水、电、运输等劳务以及其他必要支出等也应计入所建工程项目的成本。上述项目涉及增值税的,还应结转其相应的增值税额。符合资本化条件,应计入所建造固定资产成本的借款费用按照《企业会计准则第17号——借款费用》的有关规定处理。

企业自营方式建造固定资产,发生的工程成本应通过“在建工程”科目核算,工程完工达到预定可使用状态时,从“在建工程”科目转入“固定资产”科目。

**【例3-3】**甲企业于20×7年6月20日自建生产线,购入为工程准备的各种物资2 000 000元,支付增值税340 000元,实际领用工程物资(含增值税)2 106 000元,剩余物资转为原材料。领用材料一批,实际成本300 000元,支付的增值税为51 000元,分配工程人员工资400 000元,企业辅助生产车间为工程提供有关劳务支出50 000元,外购劳务100 000元,支付增值税17 000元。以上均取得了增值税合法抵扣凭证,货款以银行存款支付,工程于20×7年9月28日交付使用。

账务处理如下:

(1)购入为工程准备的物资

借:工程物资　　2 340 000
　贷:银行存款　　2 340 000

(2)工程领用物资

借:在建工程　　2 106 000
　贷:工程物资　　2 106 000

(3)工程领用原材料

借:在建工程　　351 000
　贷:原材料　　300 000
　　应交税费——应交增值税(进项税额转出)　　51 000

(4)分配工程人员工资

借:在建工程　　400 000
　贷:应付职工薪酬　　400 000

(5)分配辅助生产车间提供的劳务支出

借:在建工程　　50 000
　贷:生产成本——辅助生产成本　　50 000

(6)支付外购劳务费用

借:在建工程　　100 000
　应交税费——应交增值税(进项税额)　　17 000
　贷:银行存款　　117 000

(7)交付使用时

借:固定资产　　3 007 000
　贷:在建工程　　3 007 000

2.出包方式建造固定资产

企业以出包方式建造固定资产，其成本由建造该项固定资产达到预定可使用状态前所发生的必要支出构成,包括发生的建筑工程支出、安装工程支出以及需分摊计入各固定资产价值的待摊支出。以出包方式建造固定资产的具体支出由建造承包商核算。

出包方式下,“在建工程”科目主要是企业与建造承包商办理工程价款的结算科目,企业支付给建造承包商的工程价款作为工程成本通过“在建工程”科目核算。企业应按合理估计的工程进度和合同规定结算的进度款,借记“在建工程——建筑工程(××工程)”“在建工程——安装工程(××工程)”科目,贷记“银行存款”“预付账款”等科目。工程完成时,按合同规定补付的工程款,借记“在建工程”科目,贷记“银行存款”等科目。企业将需安装设备运抵现场安装时,借记“在建工程——在安装设备(××设备)”科目,贷记“工程物资——××设备”科目;企业为建造固定资产发生的待摊支出,借记“在建工程——待摊支出”科目,贷记“银行存款”“应付职工薪酬”“长期借款”等科目。

在建工程达到预定可使用状态时,应首先计算分配待摊支出,待摊支出的分配率可按下列公式计算:

待摊支出分配率=累计发生的待摊支出÷(建筑工程支出+安装工程支出+在安装设备支出)×100%

某工程应分配的待摊支出=(某工程的建筑工程支出+安装工程支出+在安装设备支出)×待摊支出分配率

其次,计算确定已完工的固定资产成本:

房屋、建筑物等固定资产成本=建筑工程支出+应分摊的待摊支出

需要安装设备的成本=设备成本+为设备安装发生的基础、支座等建筑工程支出+安装工程支出+应分摊的待摊支出

最后,进行相应的会计处理,借记“固定资产”科目,贷记“在建工程——建筑工程”“在建工程——安装工程”“在建工程——待摊支出”等科目。

【例 3-4】甲公司经当地有关部门批准,新建一个火电厂。建造的火电厂由 3 个单项工程组成,包括建造发电车间、冷却塔以及安装发电设备。20×7 年 2 月 1 日,甲公司与乙公司签订合同,将该项目出包给乙公司承建。根据双方签订的合同,建造发电车间的价款为 1 000 万元,建造冷却塔的价款为 600 万元,安装发电设备需要支付安装费 100 万元。建造期间发生的有关事项如下(假定不考虑相关税费):

(1)20×7 年 2 月 10 日按合同约定向乙公司预付 10%备料款 160 万元,其中发电车间 100 万元,冷却塔 60 万元。

(2)20×7 年 8 月 2 日,建造发电车间和冷却塔的工程进度达到 50%,甲公司与乙公司办理工程价款结算 800 万元,其中发电车间 500 万元,冷却塔 300 万元。甲公司抵扣了预付备料款后,将余款用银行存款付讫。

(3)20×7 年 10 月 8 日,甲公司购入需要安装的发电设备,价款总计 700 万元,已用银行存款付讫。

(4)20×8 年 3 月 10 日,建筑工程主体已完工,甲公司与乙公司办理工程价款结算800 万元,其中,其中发电车间 500 万元,冷却塔 300 万元。甲公司向乙公司开具了一张期限为 3 个月的商业票据。

(5)20×8 年 4 月 1 日,甲公司将发电设备运抵现场,交乙公司安装。

(6)20×8 年 5 月 10 日,发电设备安装到位,甲公司与乙公司办理设备安装价款结算100 万元,款项已支付。

(7)工程项目发生管理费、可行性研究费、公证费、监理费共计 58 万元,已用银行存款付讫。

(8)20×8 年 5 月,进行负荷联合试车领用本企业材料 20 万元,发生其他试车费用10 万元,用银行存款支付,试车期间取得发电收入 40 万元。

(9)20×8 年 6 月 1 日,完成试车,各项指标达到设计要求。

账务处理如下:

(1)20×7 年 2 月 10 日,预付备料款

| | | |
|---|---|---|
| 借:预付账款 | 1 600 000 | |
| 　贷:银行存款 | | 1 600 000 |

(2)20×7 年 8 月 2 日,办理建筑工程价款结算

| | | |
|---|---|---|
| 借:在建工程——建筑工程(冷却塔) | 3 000 000 | |
| 　　　　　——建筑工程(发电车间) | 5 000 000 | |
| 　贷:银行存款 | | 6 400 000 |
| 　　预付账款 | | 1 600 000 |

(3)20×7 年 10 月 8 日,购入发电设备

| | | |
|---|---|---|
| 借:工程物资——发电设备 | 7 000 000 | |
| 　贷:银行存款 | | 7 000 000 |

(4)20×8 年 3 月 10 日,办理建筑工程价款结算

| | | |
|---|---|---|
| 借:在建工程——建筑工程(冷却塔) | 3 000 000 | |
| 　　　　　——建筑工程(发电车间) | 5 000 000 | |
| 　贷:应付票据 | | 8 000 000 |

(5)20×8 年 4 月 1 日,将发电设备交乙公司安装

| | | |
|---|---|---|
| 借:在建工程——在安装设备(发电设备) | 7 000 000 | |
| 　贷:工程物资——发电设备 | | 7 000 000 |

(6)20×8 年 5 月 10 日,办理安装工程价款结算

| | | |
|---|---|---|
| 借:在建工程——安装工程(发电设备) | 1 000 000 | |
| 　贷:银行存款 | | 1 000 000 |

(7)支付工程发生的管理费、可行性研究费、公证费、监理费

| | | |
|---|---|---|
| 借:在建工程——待摊支出 | 580 000 | |
| 　贷:银行存款 | | 580 000 |

(8)进行负荷联合试车

| | | |
|---|---|---|
| 借:在建工程——待摊支出 | 300 000 | |
| 　贷:原材料 | | 200 000 |
| 　　银行存款 | | 100 000 |

借:银行存款　　400 000

　　贷:在建工程——待摊支出　　400 000

(9)计算分配待摊支出,结转在建工程

待摊支出分配率=(58+30−40)÷(1 000+600+100+700)=2%

发电车间应分配的待摊支出=1 000×2%=20(万元)

冷却塔应分配的待摊支出=600×2%=12(万元)

发电设备应分配的待摊支出=(700+100)×2%=16(万元)

借:在建工程——建筑工程(发电车间)　　200 000

　　　　　——建筑工程(冷却塔)　　120 000

　　　　　——安装工程(发电设备)　　20 000

　　　　　——在安装工程(发电设备)　　140 000

　　贷:在建工程——待摊支出　　480 000

(10)计算已完工的固定资产成本

发电车间的成本=1 000+20=1 020(万元)

冷却塔应的成本=600+12=612(万元)

发电设备应分配的待摊支出=(700+100)+16=816(万元)

借:固定资产——发电车间　　10 200 000

　　　　　——冷却塔　　6 120 000

　　　　　——发电设备　　8 160 000

　　贷:在建工程——建筑工程(发电车间)　　10 200 000

　　　　　　——建筑工程(冷却塔)　　6 120 000

　　　　　　——安装工程(发电设备)　　1 020 000

　　　　　　——在安装工程(发电设备)　　7 140 000

(三)融资租入固定资产

融资租赁是指实质上转移了与资产所有权有关的全部风险和报酬的租赁。其所有权最终可能转移,也可能不转移。

一项租赁是否为融资租赁,取决于交易的实质而不是合同的行使。一项租赁业务如果符合下列一项或数项标准的,应当将其认定为融资租赁:

1.在租赁期届满时,租赁资产的所有权转移给承租人。

2.承租人有购买租赁资产的选择权,所订立的购买价款预计将远低于行使选择权时租赁资产的公允价值,因而在租赁开始日就可以合理确定承租人将会行使这种选择权。

3.即使资产的所有权不转让,但租赁期占租赁资产使用寿命的大部分。

4.承租人在租赁开始日的最低租赁付款额现值,几乎相当于租赁资产开始日的租赁资产公允价值。

5.租赁资产性质特殊,如果不作较大改造,只有承租人才能使用。

在租赁开始日,确认租赁资产的入账价值及负债。承租人应当将租赁开始日的租赁资产公允价值与最低租赁付款额现值两者中较低者作为租入资产的入账价值, 将最低租赁付款额作为长期应付款的入账价值，长期应付款与租入资产的入账价值的差额作为未确认融资费用，未确认融资费用应当在租赁期内各个期间进行分摊，承租人应采用实际利率法确认当期的融资费用。其中，租赁期开始日是指承租人有权行使其使用租赁资产权利的开始日。

最低租赁付款额是指在租赁期内，承租人应支付或可能被要求支付的款项(不包括或有租金和履约成本)，加上由承租人或与其有关的第三方担保的资产余值。如果租赁协议规定承租人有购买租赁资产的选择权，则最低租赁付款额等于租赁期内租金总额与期末购买租赁资产价款之和；如果租赁协议规定期满不转移租赁资产的所有权，承租人也没有购买租赁资产的选择权，则最低租赁付款额等于租赁期内租金总额与承租人担保的资产余值之和。其中资产余值是指在租赁开始日估计的租赁期届满时租赁资产的公允价值。

企业(承租人)在计算最低租赁付款额的现值时，如果知悉出租人的内含利率，就应采用出租人的内含利率作为折现率；否则，应采用租赁合同规定的利率。承租人无法取得出租人的租赁内含利率且租赁合同没有规定的利率的，应当采用同期银行贷款利率作为折现率。

在会计处理上，融资租赁租入的固定资产，应当单设明细科目进行核算。企业应在租赁开始日，按租赁资产的公允价值与最低租赁付款额的现值两者中较低者加上初始直接费用作为入账价值，借记“固定资产”或“在建工程”科目，按最低租赁付款额，贷记“长期应付款”科目，按其差额，借记“未确认融资费用”科目。租赁期满，企业取得该项固定资产所有权的，应将该项固定资产从“融资租入固定资产”明细科目转入有关明细科目。

**【例 3-5】**A 公司于 2005 年 1 月 1 日从 B 公司以融资租赁方式租入一套设备，租赁公司购置设备的成本为 50 万元，公允价值 50 万元，租赁期为 5 年，每年末支付租金 118 708 元，期满设备归 A 公司所有，租赁内含利率为 6%，同期银行贷款利率为 8%，设备寿命期为 5 年，期末预计净残值为 5%，该设备采用直线法计提折旧。(P/A，6%，5)=4.212 4。

(1)计算租赁开始日最低付款额的现值

确定租赁资产的入账价值最低租赁付款额现值=118 708×(P/A，6%，5)=118 708×4.212 4=500 045.58(元)

最低租赁付款额的现值大于公允价值，因此，租赁资产按公允价值 500 000 元入账。

最低租赁付款额=118 708×5=593 540(元)

未确认融资费用=593 540-500 000=93 540(元)

据此，在租赁开始日的会计分录为：

借：固定资产——融资租入固定资产　　500 000
　　未确认融资费用　　93 540
　　贷：长期应付款　　593 540

(2)确定融资费用的折现率和分摊额

由于租赁的内含利率为 6%，以此作为融资费用的折现率。在按实际利率法分摊未确认融资费用时，可编制摊销表，如表 3-1 所示。

表 3-1 未确认融资费用摊销表

单位:元

| 日期 | 年租金<br>① | 利息费用<br>②=期初④×6% | 本金减少额<br>③=①-② | 本金余额<br>期末④=期初④-③ |
|---|---|---|---|---|
| 2005 年 1 月 1 日 | | | | 500 000 |
| 2005 年 12 月 31 日 | 118 708 | 30 000 | 88 708 | 411 292 |
| 2006 年 12 月 31 日 | 118 708 | 24 678 | 94 030 | 317 262 |
| 2007 年 12 月 31 日 | 118 708 | 19 036 | 99 672 | 217 590 |
| 2008 年 12 月 31 日 | 118 708 | 13 056 | 105 652 | 111 938 |
| 2009 年 12 月 31 日 | 118 708 | 6 770 | 111 938 | 0 |
| 合计 | 593 540 | 93 540 | 500 000 | 0 |

(3)支付租金,并确认融资费用

2005 年 12 月 31 日支付第一期租金的会计分录为:

借:长期应付款——应付融资租赁款　　118 708

　贷:银行存款　　118 708

借:财务费用　　30 000

　贷:未确认融资费用　　30 000

以后各期支付租金,均按此作会计分录。

(4)在租赁期内各期计提折旧的会计处理

按直线法计提折旧,年折旧额=500 000×(1-5%)÷5=95 000(元)

借:制造费用——折旧费　　95 000

　贷:累计折旧　　95 000

(5)租赁期满,设备转为自有资产时

借:固定资产——专用设备　　500 000

　贷:固定资产——融资租入固定资产　　500 000

*(四)存在弃置费用的固定资产*

对于特殊行业的特定固定资产,确定其初始入账成本时还应考虑弃置费用。弃置费用通常是指根据国家法律和行政法规、国际公约等规定,企业承担的环境保护和生态恢复等义务所确定的支出,如核电站核设施等的弃置和恢复环境义务。对于这些特殊行业的特定固定资产,企业应当按照弃置费用的现值计入相关固定资产的成本。石油天然气开采企业应当按照油气资产的弃置费用现值计入相关油气资产的成本。在固定资产或油气资产的使用寿命内,按照预计负债的摊余成本和实际利率计算确定的利息费用,应当在发生时计入财务费用。

一般工商企业的固定资产发生的报废清理费用,不属于弃置费用,应当在发生时作为固定资产处置费用处理。

【例 3-6】经国家审批,某企业计划建造一个核电站,其主体设备核反应堆将会对当地的生态环境产生一定的影响。根据法律规定,企业应在该项设备使用期满后将其拆除,并对其造成的污染进行整治。2006 年 12 月 31 日,该项设备建造完成并交付使用,建造成本共 10 000 000 元,预计使用寿命 10 年,预计弃置费用为 500 000 元。假定折现率(实际利率)为 10%。(P/F,10%,10)=0.385 5。

(1)计算已完工的固定资产的成本

核反应堆属于特殊行业的特定固定资产,确定其成本时应考虑弃置费用。

2007 年 1 月 1 日,弃置费用的现值=500 000×(P/F,10%,10)=500 000×0.385 5=192 750(元)

固定资产入账价值=10 000 000+192 750=10 192 750(元)

借:固定资产　　10 192 750

　贷:在建工程　　10 000 000

　　预计负债　　192 750

(2)2007 年 12 月 31 日—2016 年 12 月 31 日利息费用的计算表见表 3-2。

表 3-2　利息费用计算表

单位:元

| 年度 | 利息费用<br>(1)=(2)×10% | 预计负债账面价值<br>(2)=上期(2)+(1) |
|---|---|---|
| 2006 年 | | 192 750 |
| 2007 年 | 19 275 | 212 025 |
| 2008 年 | 21 202.5 | 233 227.5 |
| 2009 年 | 23 322.75 | 256 550.25 |
| 2010 年 | 25 655.03 | 282 205.28 |
| 2011 年 | 28 220.53 | 310 425.81 |
| 2012 年 | 31 042.58 | 341 468.39 |
| 2013 年 | 34 146.84 | 375 615.23 |
| 2014 年 | 37 561.52 | 413 176.75 |
| 2015 年 | 41 317.68 | 454 494.43 |
| 2016 年 | 45 505.58* | 500 000 |

* 尾数调整

2007 年 12 月 31 日确认利息费用的账务处理如下:

借:财务费用　　　　19 275

　贷:预计负债　　　　19 275

2008—2016 年,确认利息费用的账务处理比照 2007 年的相关账务处理。

(五)其他方式取得的固定资产

1.投资者投入固定资产的成本,应当按照投资合同或协议约定的价值确定,但合同或协议约定价值不公允的除外。

2.非货币性资产交换、债务重组等方式取得的固定资产的成本,应当分别按照非货币性资产交换、债务重组的有关准则确定。

## 第二节　固定资产的后续计量

固定资产的后续计量主要包括固定资产折旧的计提、减值损失的确定,以及后续支出的计量。其中,固定资产的减值应当按照《企业会计准则第 8 号——资产减值》处理。

### 一、固定资产折旧

(一)固定资产折旧的定义

固定资产折旧,是指在固定资产使用寿命内,按照确定的方法对应计折旧额进行系统分摊。其中,使用寿命是指企业使用固定资产的预计期间,或者该固定资产所能生产产品或提供劳务的数量;应计折旧额是指应当计提折旧的固定资产的原价扣除其预计净残值后的金额。已计提减值准备的固定资产,还应当扣除已计提的固定资产减值准备累计金额。

固定资产在长期使用过程中,虽然其实物形态保持不变,但其价值随着固定资产的使用逐渐发生损耗,这种因损耗而减少的价值就体现为固定资产折旧。

(二)影响固定资产折旧的因素

影响固定资产折旧的因素主要有以下四个方面:

1.固定资产原价,指固定资产的成本。

2.预计净残值,指假定固定资产预计使用寿命已满并处于使用寿命终了时的预期状态,企业目前从该项资产处置中获得的扣除预计处置费用后的金额。

3.固定资产减值准备,指固定资产已计提的固定资产减值准备累计金额。固定资产计提减值准备后,应当在剩余使用寿命内根据调整后的固定资产账面价值(固定资产账面余额扣减累计折旧和累计减值准备后的金额)和预计净残值重新计算确定折旧率和折旧额。

4.固定资产的使用寿命,指固定资产预期使用的期限,或者该固定资产所能生产产品或提供劳务的数量。

企业在确定固定资产的使用寿命时,主要应当考虑下列因素:

(1)该项资产预计生产能力或实物产量。

(2)该项资产预计有形损耗和无形损耗,如设备使用中发生磨损,房屋建筑物受到自然侵蚀,因新技术的出现而使现有的资产技术水平相对陈旧,市场需求变化使产品过时等。

(3)法律或者类似规定对该项资产使用的限制。某些固定资产的使用寿命可能受法律或类似规定的约束。如对于融资租赁的固定资产,根据《企业会计准则第 21 号——租赁》规定,能够合理确定租赁期届满时将会取得租赁资产所有权的,应当在租赁资产使用寿命内计提折旧;如果无法合理确定租赁期届满时能够取得租赁资产所有权的,应当在租赁期与租赁资产使用寿命两者中较短的期间内计提折旧。

企业应当根据固定资产的性质和使用情况,合理确定固定资产的使用寿命和预计净残值。除企业在对固定资产的使用寿命,预计净残值定期进行核算时,发现固定资产使用寿命的预期数、预期净残值预计数与原先的估计数有差异外,固定资产的使用寿命,预计净残值一经确定,不得随意调整。

(三)固定资产折旧的范围

除以下情况外,企业应对所有的固定资产计提折旧:

1.已提足折旧仍继续使用的固定资产。

2.按照规定单独估价作为固定资产入账的土地。

此外,在确定固定资产计提折旧的范围时还应注意,企业一般应按月计提折旧,当月增加的固定资产,当月不提折旧,从下月起计提折旧;当月减少的固定资产,当月计提折旧,从下月起不提折旧。固定资产提足折旧后,不管能否继续使用,均不再计提折旧。提前报废的固定资产,也不再补提折旧。

已达到预定可使用状态但尚未办理竣工决算的固定资产,应当按照估计价值确定其成本,并计提折旧。待办理竣工决算后再按实际成本调整原来的暂估价值,但不需要调整原已计提的折旧额。

处于更新改造过程停止使用的固定资产,应将其账面价值转入在建工程,不再计提折旧。更新改造项目达到预计可使用状态转为固定资产后,再按照重新确定的折旧方法和该项固定资产尚可使用寿命计提折旧。

因进行大修理而停用的固定资产,应照提折旧,计提的折旧额应计入相关资产的成本或当期损益。

(四)固定资产的折旧方法

企业应当根据与固定资产有关的经济利益的预期实现方式合理选择固定资产折旧方法。可选用的折旧方法包括年限平均法、工作量法、年数总和法和双倍余额递减法等。固定资产的折旧方法一经确定,不得随意变更。

1.年限平均法

年限平均法又称直线法,是指将固定资产的应计折旧额均衡地分摊到固定资产预计使用寿命内的一种方法。采用这种方法计算的每期折旧额相等。计算公式如下:

年折旧率=(1-预计净残值率)÷预计使用寿命(年)×100%

月折旧率=年折旧率÷12

月折旧额=固定资产原价×月折旧率

2.工作量法

工作量法,是根据实际工作量计算每期应提折旧额的一种方法。计算公式如下:

单位工作量折旧额=固定资产原价×(1-预计净残值率)÷预计总工作量

某项固定资产月折旧额=该项固定资产当月工作量×单位工作量折旧额

【例 3-7】丙公司的一台机器设备原价为 400 000 元,预计生产产品产量为 2 000 000 个,预计净残值率为 5%,本月生产产品 20 000 个,假设甲公司没有对该机器设备计提减值准备。

该台机器设备的本月折旧额计算如下:

单个折旧额=400 000×(1-5%)÷2 000 000=0.19(元/个)

本月折旧额=20 000×0.19=3 800(元)

3.年数总和法

年数总和法,又称年限合计法,是指将固定资产的原价减去预计净残值后的余额,乘以一个以固定资产尚可使用寿命为分子,以预计使用寿命逐年数字总和为分母的逐年递减的分数计算每年的折旧额。计算公式如下:

年折旧率=尚可使用年限÷预计使用寿命的年数总和×100%

月折旧率=年折旧率÷12

月折旧额=(固定资产原价-预计净残值)×月折旧率

4.双倍余额递减法

双倍余额递减法,是指在不考虑固定资产预计净残值的情况下,根据每期期初固定资产原价减去累计折旧后的金额和双倍的直线法折旧率计算固定资产折旧的一种方法。应用这种方法计算折旧额时,由于每年年初固定资产净值没有扣除预计净残值,所以应在其折旧年限到期前两年内,将固定资产净值扣除预计净残值后的余额平均摊销。计算公式如下:

年折旧率=2÷预计使用寿命(年)×100%

月折旧率=年折旧率÷12

月折旧额=固定资产账面净值×月折旧率

【例 3-8】A 公司某项设备原价为 120 万元,预计使用寿命为 5 年,预计净残值率为4%,假设甲公司没有对该机器设备计提减值准备。分别用年限平均法、年数总和法和双倍余额递减法计算该项固定资产每年的折旧额。

不同折旧方法计算结果如下:

(1)年限平均法

年折旧率=(1-4%)÷5×100%=19.2%

年折旧额=120×19.2%=23.04(万元)

(2)年数总和法

采用年数总和法计算的各年折旧额如表 3-3 所示。

表 3-3 折旧额的计算

金额单位:元

| 年份 | 尚可使用年限 | 原价-净残值 | 变动折旧率 | 年折旧额 | 累计折旧 |
|---|---|---|---|---|---|
| 第 1 年 | 5 | 1 152 000 | 5/15 | 384 000 | 384 000 |
| 第 2 年 | 4 | 1 152 000 | 4/15 | 307 200 | 691 200 |
| 第 3 年 | 3 | 1 152 000 | 3/15 | 230 400 | 921 600 |
| 第 4 年 | 2 | 1 152 000 | 2/15 | 153 600 | 1 075 200 |
| 第 5 年 | 1 | 1 152 000 | 1/15 | 76 800 | 1 152 000 |

(3)双倍余额递减法

年折旧率=2÷5×100%=40%

第一年应提的折旧额=120×40%=48(万元)

第二年应提的折旧额=(120-48)×40%=28.8(万元)

第三年应提的折旧额=(120-48-28.8)×40%=17.28(万元)

从第四年起改按年限平均法(直线法)计提折旧:

第四年应提的折旧额=(120-48-28.8-17.28-120×4%)÷2=10.56(万元)

第五年应提的折旧额=(120-48-28.8-17.28-120×4%)÷2=10.56(万元)

双倍余额递减法和年数总和法都属于加速折旧方法，其特点是在固定资产使用的早期多提折旧,后期少提折旧,其递减的速度逐年加快,从而相对加快折旧的速度,目的是使固定资产成本在估计使用寿命期内加快得到补偿。

(五)固定资产折旧的会计处理

固定资产应当按月计提折旧,计提的折旧应通过“累计折旧”科目核算,并根据用途计入相关资产的成本或者当期损益。例如,企业自行建造固定资产过程中使用的固定资产,其计提的折旧应计入在建工程成本;基本生产车间所使用的固定资产,其计提的折旧应计入制造费用;管理部门所使用的固定资产,其计提的折旧应计入管理费用;销售部门所使用的固定资产,其计提的折旧应计入销售费用;经营租出的固定资产,其应提的折旧额应计入其他业务成本。

**【例 3-9】**甲公司 20×8 年 1 月份固定资产计提折旧情况如下:第一生产车间厂房计提折旧 8 万元,机器设备计提折旧 9 万元;管理部门房屋建筑物计提折旧 13 万元,运输工具计提折旧 5 万元;销售部门房屋建筑物计提折旧 7 万元,运输工具计提折旧 5.4 万元。此外,本月第一生产车间新购置一台设备,原价为 122 万元,预计使用寿命 12 年,预计净残值 2 万元,按年限平均法计提折旧。

**【解析】**

本例中,新购置的设备本月不提折旧,应从 20×8 年 2 月开始计提折旧。

甲公司 20×8 年 1 月份计提折旧的账务处理如下:

借:制造费用——第一生产车间　　　　170 000
　　管理费用　　　　180 000
　　销售费用　　　　124 000
　　贷:累计折旧　　　　474 000

(六)固定资产使用寿命、预计净残值和折旧方法的复核

在固定资产使用过程中,其所处的经济环境、技术环境以及其他环境有可能对固定资产使用寿命和预计净残值产生较大影响。例如,固定资产使用强度比正常情况大大加强,致使固定资产使用寿命大大缩短;替代该项固定资产的新产品的出现致使其实际使用寿命缩短,预计净残值减少等。为真实反映固定资产为企业提供经济利益的期间及每期实际的资产消耗,企业至少应当于每年年度终了,对固定资产使用寿命和预计净残值进行复核。如果固定资产使用寿命预计数与原先估计数有差异,应当调整固定资产使用寿命;如果固定资产预计净残值预计数与原先估计数有差异,应当调整预计净残值。

固定资产使用过程中所处经济环境、技术环境以及其他环境的变化也可能致使与固定资产有关的经济利益的预期实现方式发生重大改变。如果固定资产给企业带来经济利益的方式发生重大变化,企业也应相应改变固定资产折旧方法。例如,某企业以前年度采用年限平均法计提固定资产折旧,此次年度复核中发现,与该固定资产相关的技术发生很大变化,年限平均法已很难反映该项固定资产给企业带来经济利益的方式,因此,决定变年限平均法为加速折旧法。

## 二、固定资产的后续支出

固定资产的后续支出是指固定资产使用过程中发生的更新改造支出、修理费用等。企业的固定资产投入使用后,为了适应新技术发展的需要,或者为维护或提高固定资产的使用效能,往往需要对现有固定资产进行维护、改建、扩建或者改良。

后续支出的处理原则为:与固定资产有关的更新改造等后续支出,符合固定资产确认条件的,应当计入固定资产成本,同时将被替换部分的账面价值扣除;与固定资产有关的修理费用等后续支出,不符合固定资产确认条件的,应当计入当期损益。

(一)资本化的后续支出

企业将固定资产进行更新改造的,如符合资本化的条件,应将该固定资产的原价、已计提的累计折旧和减值准备转销,将固定资产的账面价值转入在建工程,并停止计提折旧。发生的后续支出,通过“在建工程”科目核算。在固定资产完工并达到预定可使用状态时,再从在建工程转为固定资产,并按重新确定的使用寿命、预计净残值和折旧方法计提折旧。

**【例 3-10】**某企业于 2007 年 9 月 5 日对一生产线进行改扩建,改扩建前该生产线的原价为 1 800 万元,已提折旧 400 万元,已提减值准备 100 万元。在改扩建过程中领用工程物资 600 万元,领用生产用原材料 117 万元,发生改扩建人员工资 160 万元,用银行存款支付其他费用 128 万元, 改扩建过程中被替换部分某一部件的账面价值为 5 万元。该生产线于 2007 年 12 月 20 日达到预定可使用状态。该企业对改扩建后的固定资产采用年限平均法计提折旧。预计尚可使用年限为 10 年,预计净残值为 100 万元。2009 年 12 月 31 日该生产线

的公允价值减去处置费用后的净额为 1 380 万元，预计未来现金流量的现值为 1 340 万元。假定固定资产按年计提折旧，固定资产计提减值准备不影响固定资产的预计使用年限和预计净残值。

要求：

(1) 编制上述与固定资产改扩建有关业务的会计分录。计算改扩建固定资产的入账价值。

(2)计算改扩建后的生产线 2008 年和 2009 年每年应计提的折旧额。

(3)计算 2009 年 12 月 31 日该生产线是否应计提减值准备,若计提减值准备编制相关会计分录。

(4)计算该生产线 2010 年和 2011 年每年应计提的折旧额。

相关处理如下：

(1)会计分录

借:在建工程　　13 000 000
　累计折旧　　4 000 000
　固定资产减值准备　　1 000 000
　贷:固定资产　　18 000 000

借:在建工程　　6 000 000
　贷:工程物资　　6 000 000

借:在建工程　　1 170 000
　贷:原材料　　1 170 000

借:在建工程　　1 600 000
　贷:应付职工薪酬　　1 600 000

借:在建工程　　1 280 000
　贷:银行存款　　1 280 000

借:原材料　　50 000
　贷:在建工程　　50 000

改扩建后在建工程账户的金额=1 300+600+117+160+128−5=2 300(万元)

借:固定资产　　23 000 000
　贷:在建工程　　23 000 000

(2)2008 年和 2009 年每年应计提的折旧额=(2 300−100)÷10=220(万元)

(3)2009 年 12 月 31 日该生产线的账面价值=2 300−220×2=1 860(万元)

2009 年 12 月 31 日该生产线的可收回金额为 1 380 万元,故应计提减值准备 480 万元。

借:资产减值损失　　4 800 000
　贷:固定资产减值准备　　4 800 000

(4)2010 年和 2011 年每年应计提的折旧额=(1 380−100)÷8=160(万元)

企业发生的一些固定资产后续支出可能涉及替换原固定资产的某组成部分，当发生的后续支出符合固定资产确认条件时,应将其计入固定资产成本,同时将被替换部分的账面价值扣除。这样可以避免将替换部分的成本和被替换部分的成本同时计入固定资产成本,导致固定资产成本虚高。

(二)费用化的后续支出

一般情况下,固定资产投入使用之后,由于固定资产磨损,各组成部分耐用程度不同,可能导致固定资产的局部损坏,为了维护固定资产的正常运转和使用,充分发挥其使用效能,企业将对固定资产进行必要的维护。固定资产的日常修理费用、大修理费用等支出只是确保固定资产的正常工作状况,通常不符合固定资产的确认条件,在发生时计入当期损益,不得采用预提或摊销方式处理。企业生产车间(部门)和行政管理部门等发生的固定资产修理费用等后续支出计入管理费用;企业设置专设销售机构的,其发生的与专设销售机构相关的固定资产修理费用等后续支出,计入销售费用。对于处于修理、更新改造过程而停止使用的固定资产,如果其修理、更新改造支出不满足固定资产的确认条件,在发生时也应直接计入当期损益。

在具体实务中,对于固定资产发生的下列各项后续支出,通常的处理方法为:

1.固定资产的修理费用,应当直接计入当期费用。

2.固定资产的改良支出,应当计入固定资产账面价值。

3.如果不能区分是固定资产修理还是固定资产改良,或固定资产修理和固定资产改良结合在一起,则企业应当判断,与固定资产有关的后续支出是否满足固定资产的确认条件。如果该后续支出满足了固定资产的确认条件,后续支出应当计入固定资产账面价值;否则,后续支出应当确认为当期费用。

4.固定资产装修费用,如果满足固定资产的确认条件,装修费用应当计入固定资产账面价值,并在“固定资产”科目下单设“固定资产装修”明细科目进行核算,在两次装修间隔期间与固定资产尚可使用年限两者中较短的期间内,采用合理的方法单独计提折旧。如果在下次装修时,与该固定资产相关的“固定资产装修”明细科目仍有账面价值,应将该账面价值一次全部计入当期营业外支出。

5.融资租入固定资产发生的固定资产后续支出比照上述原则处理。发生的固定资产装修费用等,满足固定资产确认条件的,应在两次装修间隔期间、剩余租赁期与固定资产尚可使用年限三者中较短的期间内,采用合理的方法单独计提折旧。

6.经营租入固定资产发生的改良支出,应通过“长期待摊费用”科目核算,并在剩余租赁期与租赁资产尚可使用年限两者中较短的期间内,采用合理的方法进行摊销。

**【例 3-11】**20×8 年 11 月 3 日,甲公司对其某栋办公楼进行修理,修理过程中领用本企业原材料一批,价值为 94 000 元,应支付维修人员的工资为 28 000 元;不考虑其他相关税费。

**【解析】**

本例中,对办公楼的修理,仅仅是为了维护固定资产的正常使用而发生的,不产生未来的经济利益,因此应在其发生时确认为费用。

甲公司的账务处理为:

借:管理费用　　　　　　　　　　122 000

　　贷:原材料　　　　　　　　　　　　94 000

应付职工薪酬　　28 000

【例 3-12】20×7 年 8 月 20 日，甲公司对采用经营租赁方式租入的一条生产线进行改良，发生如下有关支出：领用生产用原材料 24 000 元，购进该批原材料时支付的增值税进项税额为 4 080 元；辅助生产车间为生产线改良提供的劳务支出为 2 560 元；发生有关人员薪酬 54 720 元。20×7 年 12 月 31 日，生产线改良工程完工，达到预定可使用状态并交付使用。假定该生产线预计尚可使用年限为 6 年，剩余租赁期为 5 年，采用直线法进行摊销，不考虑其他因素。

甲公司的账务处理如下：

(1)改良工程领用原材料

借：在建工程　　28 080

　　贷：原材料　　24 000

　　　　应交税费——应交增值税(进项税额转出)　　4 080

(2)辅助生产车间为改良工程提供劳务

借：在建工程　　2 560

　　贷：生产成本——辅助生产成本　　2 560

(3)发生工程人员薪酬

借：在建工程　　54 720

　　贷：应付职工薪酬　　54 720

(4)改良工程达到预定可使用状态交付使用

借：长期待摊费用　　85 360

　　贷：在建工程　　85 360

(5)20×8 年度进行摊销

因该生产线尚可使用年限为 6 年，剩余租赁期仅为 5 年，故应按剩余租赁期 5 年进行摊销。

借：制造费用　　17 072

　　贷：长期待摊费用　　17 072

## 第三节　固定资产的处置

### 一、固定资产终止确认的条件

固定资产处置，包括固定资产的出售、转让、报废、毁损、对外投资、非货币性资产交换、债务重组等。

固定资产满足下列条件之一的，应当予以终止确认：

1.该固定资产处于处置状态。处于处置状态的固定资产不再用于生产商品、提供劳务、出租或经营管理,因此不再符合固定资产的定义,应予终止确认。

2.该固定资产预期通过使用或处置不能产生经济利益。固定资产的确认条件之一是"与该固定资产有关的经济利益很可能流入企业",如果一项固定资产预期通过使用或处置不能产生经济利益,那么它就不再符合固定资产的定义和确认条件,应予终止确认。

## 二、固定资产处置的会计处理

企业出售、转让、报废固定资产或发生固定资产毁损,应当将处置收入扣除账面价值和相关税费后的金额计入当期损益。固定资产处置一般通过"固定资产清理"科目进行核算。

(一)固定资产出售、报废或毁损的账务处理

1.固定资产转入清理

固定资产转入清理时,按固定资产账面价值,借记"固定资产清理"科目,按已计提的累计折旧,借记"累计折旧"科目,按已计提的减值准备,借记"固定资产减值准备"科目,按固定资产账面余额,贷记"固定资产"科目。

2.发生的清理费用

固定资产清理过程中发生的有关费用以及应支付的相关税费,借记"固定资产清理"科目,贷记"银行存款""应交税费"等科目。

3.收回残料或出售价款或保险赔偿

收回残料或出售价款,收到应收保险公司或过失人赔偿的损失等,借记"银行存款""原材料""其他应收款"等科目,贷记"固定资产清理"科目。

4.清理净损益

固定资产清理完成后的净损失,属于生产经营期间正常的处理损失的,借记"营业外支出——处置非流动资产损失"科目,贷记"固定资产清理"科目;属于生产经营期间由于自然灾害等非正常原因造成的,借记"营业外支出——非常损失"科目,贷记"固定资产清理"科目。固定资产清理完成后的净收益,借记"固定资产清理"科目,贷记"营业外收入"科目。

**【例 3-13】**A 公司有一台设备,因使用期满经批准报废。该设备原价为 186 400 元,累计已计提折旧 177 080 元、减值准备 2 300 元。在清理过程中,以银行存款支付清理费用 4 000 元,收到残料变卖收入 5 400 元,应支付相关税费 270 元。

有关账务处理如下:

(1)固定资产转入清理

| | | |
|---|---|---|
| 借:固定资产清理 | 7 020 | |
| 累计折旧 | 177 080 | |
| 固定资产减值准备 | 2 300 | |
| 贷:固定资产 | | 186 400 |

(2)发生清理费用和相关税费

| | | |
|---|---|---|
| 借:固定资产清理 | 4 270 | |
| 贷:银行存款 | | 4 000 |
| 应交税费 | | 270 |

(3)收到残料变价收入

借:银行存款　　5 400

　　贷:固定资产清理　　5 400

(4)结转固定资产净损益

借:营业外支出——处置非流动资产损失　　5 890

　　贷:固定资产清理　　5 890

(二)其他方式减少固定资产

企业持有待售的固定资产,应当调整该项固定资产的预计净残值,使该项固定资产的预计净残值能够反映其公允价值减去处置费用后的金额,但不得超过其账面价值。原账面价值高于预计净残值的差额,应作为资产减值损失计入当期损益。持有待售固定资产从划归为持有待售之日起停止计提折旧和减值准备。

其他方式减少的固定资产,如以固定资产清偿债务,投资转出固定资产,以非货币性资产交换换出固定资产等,分别按照债务重组、非货币性资产交换等的处理原则进行核算。

### 三、固定资产盘亏的会计处理

企业在财产清查中盘亏的固定资产,按盘亏固定资产的账面价值,借记"待处理财产损溢——待处理固定资产损溢"科目,按已计提的累计折旧,借记"累计折旧"科目,按已计提的减值准备,借记"固定资产减值准备"科目,按资产的原价,贷记"固定资产"科目。按管理权限报经批准后,按可收回的保险赔偿或过失人赔偿,借记"其他应收款"科目,按应计入营业外支出的金额,借记"营业外支出——盘亏损失"科目,贷记"待处理财产损溢"科目。

【例 3-14】A 公司进行财产清查时发现短缺一台笔记本电脑,原价 10 000 元,已提折旧 7 000 元。该企业对该项盘亏业务作如下会计分录:

(1)盘亏固定资产时

借:待处理财产损溢　　3 000

　　累计折旧　　7 000

　　贷:固定资产　　10 000

(2)报经批准转销时

借:营业外支出——盘亏损失　　3 000

　　贷:待处理财产损溢　　3 000

# 第四章 无形资产

## 第一节 无形资产的确认和初始计量

无形资产是企业拥有的一个特殊资产项目。科技的发展与经济的增长已经证明,无形资产日渐成为企业最活跃、最积极的要素,已经无可辩驳地成为企业核心竞争力的决定因素。因此,加强对无形资产会计核算与管理的重要性日益显著。

### 一、无形资产的概念及确认条件

(一)无形资产的概念

无形资产是指企业拥有或者控制的没有实物形态的可辨认非货币性资产。与企业其他资产相比,无形资产具有以下特征:

1.由企业拥有或者控制并能为其带来未来经济利益

资产的本质特征之一,是预计能为企业带来未来经济利益,无形资产也不例外。通常情况下,无形资产应当为企业所拥有并且能够为企业带来未来经济利益。但在某些情况下企业并不需要拥有其所有权,如果企业有权获得某项无形资产产生的经济利益,同时又能约束其他人获得这些经济利益,则说明企业控制了该无形资产,或者说控制了该无形资产产生的经济利益,具体表现为企业拥有该无形资产的法定所有权或使用权并受法律的保护。比如,企业自行研制的技术通过申请依法取得专利权后,企业在一定期限内拥有了该专利技术的法定所有权;又比如企业与其他企业签订合约转让商标权,由于合约的签订,使商标使用权转让方的相关权利受到法律的保护。

2.无形资产不具有实物形态

不具有实物形态是无形资产区别于其他资产的特征之一。无形资产通常表现为某种权利、某项技术或是某种获取超额利润的综合能力。它们不具有实物形态,看不见,摸不着,比如,土地使用权、非专利技术等。无形资产为企业带来经济利益的方式与固定资产不同,固定资产是通过实物价值的磨损和转移为企业带来未来经济利益的,而无形资产很大程度上是通过自身所具有的技术等优势为企业带来未来经济利益的。

需要指出的是,某些无形资产的存在依赖于一定的实物载体。比如,计算机软件需要存储在磁盘中,但这并不改变无形资产本身不具有实物形态的特性。当确定一项包含无形和有形要素的资产是属于固定资产,还是属于无形资产,判断的依据通常是哪个要素更重要。例如,若计算机控制的机械工具没有特定计算机软件就不能运行,则说明该软件是构成相关硬件不可缺少的组成部分,该软件应作为固定资产处理;如果计算机软件不是相关硬件不可缺少的组成部分,则该软件应作为无形资产核算。无论是否存在实物载体,只要将一项资产归类为无形资产,不具有实物形态就是无形资产的特征之一。

3.无形资产具有可辨认性

一项资产要作为无形资产进行核算,该资产必须是能够区别于其他资产可单独辨认的,如企业持有的专利权、非专利技术、商标权、土地使用权、特许权等。从可辨认性角度考虑,商誉是与企业整体价值联系在一起,无法与企业自身分离,不具有可辨认性的,因此不符合无形资产的定义。企业合并中取得的商誉代表购买方为从不能单独辨认且不能独立确认的资产中获得预期未来经济利益而付出的代价。这些未来经济利益可能产生于取得的可辨认资产之间的协同作用,也可能产生于购买者在企业合并中准备支付的,但不符合在财务报表上确认条件的资产。从计量上来讲,商誉是企业合并成本大于合并中取得的各项可辨认资产、负债公允价值份额的数额,代表的是企业未来现金流量大于每一单项资产产生未来现金流量的合计金额,其存在无法与企业自身区分开来。由于不具有可辨认性,虽然商誉也是没有实物形态的非货币性资产,但不构成无形资产。

符合以下条件之一的,则认为其具有可辨认性:

(1)能够从企业中分离或者划分出来,并能单独用于出售或转让等,而不需要处置在同一获利活动中的其他资产。某些情况下无形资产可能需要与有关的合同一起用于出售、转让等,这种情况下也视为可辨认无形资产。

(2)产生于合同性权利或其他法定权利,无论这些权利是否可以从企业或其他权利和义务中转移或者分离。如一方通过与另一方签订特许权合同而获得的特许使用权,通过法律程序申请获得的商标权、专利权等。

内部产生的品牌、报刊名、刊头、客户名单等实质上类似的项目的支出不能与整个业务开发成本区分开来,因此,这类项目不应被确认为无形资产。

4.无形资产属于非货币性资产

货币性资产主要有现金、银行存款、应收账款、应收票据和短期有价证券等。它们的共同特点是直接表现为固定的货币数额,或在将来收到一定货币数额的权利。非货币性资产,是指企业持有的货币资金和将以固定或可确定的金额收取的资产以外的其他资产。无形资产由于没有发达的交易市场,一般不容易转化成现金,并且在持有过程中为企业带来未来经济利益的情况不确定,因此不属于以固定或可确定的金额收取的资产,而属于非货币性资产。应收款项等资产也没有实物形态,其与无形资产的区别在于无形资产属于非货币性资产,而应收款项等资产则不属于非货币性资产。另外,虽然固定资产也属于非货币性资产,但其为企业带来经济利益的方式与无形资产不同。固定资产是通过实物价值的磨损和转移来为企业带来未来经济利益的,而无形资产很大程度上是通过某些权利、技术等优势为企业带来未来经济利益的。

(二)无形资产的内容

无形资产通常包括专利权、非专利技术、商标权、著作权、特许权、土地使用权等。

1.专利权

专利权，是指国家专利主管机关依法授予发明创造专利申请人对其发明创造在法定期限内所享有的专有权利,包括发明专利权、实用新型专利权和外观设计专利权。

2.非专利技术

非专利技术,也称专有技术。它是指不为外界所知,但在生产经营活动中已采用了的,不享有法律保护的，可以带来经济效益的各种技术和诀窍。非专利技术一般包括工业专有技术、商业贸易专有技术、管理专有技术等。

3.商标权

商标是用来辨认特定的商品或劳务的标记。商标权指专门在某类指定的商品或产品上使用特定的名称或图案的权利。

4.著作权

著作权又称版权,指作者对其创作的文学、科学和艺术作品依法享有的某些特殊权利。著作权包括作品署名权、发表权、修改权和保护作品完整权,还包括复制权、发行权、出租权、展览权、表演权、放映权、广播权、信息网络传播权、摄制权、改编权、翻译权、汇编权以及应当由著作权人享有的其他权利。

5.特许权

特许权,又称经营特许权、专营权,指企业在某一地区经营或销售某种特定商品的权利或是一家企业接受另一家企业使用其商标、商号、技术秘密等的权利。通常有两种形式,一种是由政府机构授权,准许企业使用或在一定地区享有经营某种业务的特权,如水、电、邮电通信等专营权、烟草专卖权等等;另一种是企业依照签订的合同,有限期或无限期使用另一家企业的某些权利,如连锁店分店使用总店的名称的权利等。

6.土地使用权

土地使用权,指国家准许某企业在一定期间内对国有土地享有开发、利用、经营的权利。根据我国《土地管理法》的规定,我国土地实行公有制,任何单位和个人不得侵占、买卖或者以其他形式非法转让土地。企业取得土地使用权的方式大致有行政划拨取得、外购取得(例如以缴纳土地出让金方式取得)及投资者投资取得。

通常情况下,作为投资性房地产或者作为固定资产核算的土地,按照投资性房地产或者固定资产核算；以缴纳土地出让金等方式外购的土地使用权和以投资者投入等方式取得的土地使用权,按照无形资产核算。

(三)无形资产的确认条件

无形资产应当在符合定义的前提下,同时满足以下两个确认条件时,才能予以确认。

1.与该资产有关的经济利益很可能流入企业

作为企业无形资产予以确认的项目，必须具备产生的经济利益很可能流入企业这项基本条件。通常情况下,无形资产产生的未来经济利益可能包括在销售商品、提供劳务的收入中,或者企业使用该项无形资产而减少或节约的成本中,或体现在企业获得的其他利益中。例如,生产加工企业在生产工序中使用了某种知识产权,使其降低了未来生产成本,而不是增加未来收入。

实务中,要确定无形资产创造的经济利益是否很可能流入企业,需要进行职业判断。在进行这种判断时,需要对无形资产在预计使用寿命内可能存在的各种经济因素作出合理估计,并且应当有明确的证据支持,比如,企业是否有足够的人力资源,高素质的管理队伍,相关的硬件设施,相关的原材料等来配合无形资产为企业创造经济利益。同时,更为重要的是关注一些外界因素的影响,比如是否存在相关新技术、新产品的冲击或产品的市场变化等。在进行判断时,企业的管理当局应对无形资产的预计使用寿命内存在的各种因素作出最稳健的估计。

2.该无形资产的成本能够可靠地计量

成本能够可靠地计量是资产确认的一项基本条件。对于无形资产来说,这个条件显得十分重要。比如,企业内部产生的品牌、报刊名等,因其成本无法可靠计量,不作为无形资产确认。又比如,一些高新科技企业的科技人才,假定其与企业签订了服务合同,且合同规定其在一定期限内不能为其他企业提供服务,在这种情况下,虽然这些科技人才的知识在规定的期限内预期能够为企业创造经济利益,但由于这些技术人才的知识难以辨认,且形成这些知识所发生的支出难以计量,因而不能将其作为企业的无形资产加以确认。

## 二、无形资产初始计量

无形资产通常按实际成本计量,即以取得无形资产并使之达到预定用途而发生的全部支出作为无形资产的成本。不同来源的无形资产,其初始成本构成也不尽相同。

(一)外购的无形资产成本

外购的无形资产,其成本包括购买价款、相关税费以及直接归属于使该项资产达到预定用途所发生的其他支出。其中,直接归属于使该项资产达到预定用途所发生的其他支出包括使无形资产达到预定用途所发生的专业服务费用,测试无形资产是否能够正常发挥作用的费用等。

下列各项不包括在无形资产的初始成本中:

1.为引入新产品进行宣传发生的广告费、管理费用及其他间接费用。

2.无形资产已经达到预定用途以后发生的费用。例如,在形成预定经济规模之前发生的初始运作损失以及在无形资产达到预定用途之前发生的其他经营活动的支出,如果该经营活动不是无形资产达到预定用途必不可少的,则有关经营活动的损益应于发生时计入当期损益,而不构成无形资产的成本。

对于外购的无形资产,应按其取得成本进行初始计量。如果购入的无形资产超过正常信用条件延期支付价款(如付款期在 3 年以上),这实质上是具有融资性质的,应按所取得无形资产购买价款的现值计量其成本,将现值与应付价款之间的差额作为未确认的融资费用,在付款期间内按照实际利率法将其确认为利息费用。

【例 4-1】因甲公司某项生产活动需要乙公司已获得的专利技术,如果使用了该项专利技术,甲公司预计其生产能力比原先提高 20%,销售利润率增长 15%。为此,甲公司从乙公司购入一项专利权。按照协议约定以现金支付,实际支付的价款为 300 万元,并支付相关税费 1 万元和有关专业服务费用 5 万元,款项已通过银行转账支付。

**【解析】**

(1)甲公司购入的专利权符合无形资产的定义,即甲公司能够拥有或者控制该项符合可辨认条件的专利技术,同时该项专利技术是不具有实物形态的非货币性资产。

(2)甲公司购入的专利权符合无形资产的确认条件。首先,甲公司的某项生产活动需要乙公司已获得的专利技术,甲公司使用了该项专利技术,预计甲公司的生产能力比原先提高20%,销售利润率增长15%,即经济利益很可能流入;其次,甲公司购买该项专利权的成本为300 万元,另外支付相关税费 1 万元,有关专业服务费用 5 万元,即成本能够可靠计量。由此可知,符合无形资产的确认条件。

无形资产初始计量的成本=300+1+5=306(万元)

甲公司的账务处理如下:

| | | |
|---|---|---|
| 借:无形资产——专利权 | 3 060 000 | |
| 贷:银行存款 | | 3 060 000 |

**【例 4-2】**20×8 年 1 月 8 日,甲公司从乙公司购买一项商标权,由于甲公司资金周转比较紧张,经与乙公司协议采用分期付款方式支付款项。合同规定,该项商标权总计 2 000 000 元,每年年末付款 1 000 000 元,2 年付清。假定银行同期贷款利率为 6%。为了简化核算,假定不考虑其他有关税费。已知(P/A, 6%,2)=1.833 4。

**【解析】**

无形资产现值=1 000 000×1.833 4=1 833 400(元)

未确认的融资费用=2 000 000−1 833 400=166 600(元)

第一年应确认的融资费用=1 833 400×6%=110 004(元)

第二年应确认的融资费用=166 600−110 004=56 596 (元)

甲公司的账务处理如下:

(1)20×8 年 1 月 8 日购买时

| | | |
|---|---|---|
| 借:无形资产——商标权 | 1 833 400 | |
| 未确认融资费用 | 166 600 | |
| 贷:长期应付款 | | 2 000 000 |

(2)20×8 年底付款时

| | | |
|---|---|---|
| 借:长期应付款 | 1 000 000 | |
| 贷:银行存款 | | 1 000 000 |
| 借:财务费用 | 110 004 | |
| 贷:未确认融资费用 | | 110 004 |

(3)20×9 年底付款时

| | | |
|---|---|---|
| 借:长期应付款 | 1 000 000 | |
| 贷:银行存款 | | 1 000 000 |

借:财务费用　　　　　　　　　　　　　　　56 596

　贷:未确认融资费用　　　　　　　　　　　　　56 596

(二)投资者投入的无形资产成本

对于投资者投入的无形资产的成本，应当按照投资合同或协议约定的价值确定无形资产的取得成本。如果投资合同或协议约定价值不公允,应将无形资产的公允价值作为无形资产初始成本入账。

**【例 4-3】**因乙公司创立的商标已有较好的声誉,甲公司预计使用乙公司商标后可使其未来利润增长 30%。为此,甲公司与乙公司协议商定,乙公司以其商标权投资于甲公司,双方协议价格(等于公允价值)为 500 万元,甲公司另支付印花税等相关税费 2 万元,款项已通过银行转账支付。

**【解析】**

该商标权的初始计量,应当以取得时的成本为基础。取得时的成本为投资协议约定的价格 500 万元,加上支付的相关税费 2 万元。

甲公司接受乙公司作为投资的商标权的成本=500+2=502(万元)

甲公司的账务处理如下:

借:无形资产——商标权　　　　　　　　　　5 020 000

　贷:实收资本(或股本)　　　　　　　　　　　5 000 000

　　银行存款　　　　　　　　　　　　　　　　　20 000

(三)通过非货币性资产交换取得的无形资产成本

企业通过非货币性资产交换取得的无形资产,包括以投资、存货、固定资产或无形资产换入的无形资产等。非货币性资产交换具有商业实质且公允价值能够可靠计量的,在发生补价的情况下,支付补价方应当以换出资产的公允价值加上支付的补价(换入无形资产的公允价值)和应支付的相关税费,作为换入无形资产的成本;收到补价方,应当以换入无形资产的公允价值(或换出资产的公允价值减去补价)和应支付的相关税费,作为换入无形资产的成本。

(四)通过债务重组取得的无形资产成本

通过债务重组取得的无形资产，是指企业作为债权人取得的债务人用于偿还债务的且将其作为无形资产管理的非现金资产。通过债务重组取得的无形资产成本,应当以其公允价值入账。

(五)通过政府补助取得的无形资产成本

通过政府补助取得的无形资产成本，应当按照公允价值计量；公允价值不能可靠取得的,按照名义金额计量。

(六)土地使用权的处理

企业取得的土地使用权,通常应当按照取得时所支付的价款及相关税费确认无形资产。土地使用权用于自行开发建造厂房等地上建筑物时，土地使用权的账面价值不与地上建筑物合并计算其成本,而单独作为无形资产进行核算,土地使用权与地上建筑物分别进行摊销和提取折旧。但下列情况除外:

1.房地产开发企业取得的土地使用权用于建造对外出售的房屋建筑物,相关的土地使用权应当计入所建造的房屋建筑物成本。

2.企业外购的房屋建筑物,实际支付的价款中包括土地以及建筑物的价值,则应当对支付的价款按照合理的方法(例如,按公允价值比例)在土地和地上建筑物之间进行分配;如果确实无法在地上建筑物与土地使用权之间进行合理分配,应当按照全部价款确认固定资产,按照固定资产确认和计量的规定进行处理。

企业改变土地使用权的用途,停止自用土地使用权而将其用于出租或增值目的时,应将其转为投资性房地产。

(七)企业合并中取得的无形资产成本

对于企业合并中取得的无形资产,按照企业合并的分类,分别处理:

1.同一控制下吸收合并,按照被合并企业无形资产的账面价值确认取得时的初始成本;同一控制下控股合并,合并方在合并日编制合并报表时,应当将被合并方无形资产的账面价值作为合并基础。

2.非同一控制下的企业合并,购买方取得的无形资产应以其在购买日的公允价值计量,包括:

(1)被购买企业原已确认的无形资产。

(2)被购买企业原未确认的无形资产,如果其公允价值能够可靠计量,购买方就应在购买日将其独立于商誉确认为一项无形资产。例如,被购买方正在进行的一个研究开发项目,符合无形资产的定义且其公允价值能够可靠计量,则购买方应将其独立于商誉确认为一项无形资产。

公允价值的取得一般有以下途径:

(1)活跃市场中的市场报价,该报价提供了无形资产公允价值的最可靠的估计。恰当的市场价格一般是现行出价。在无法获得现行出价的情况下,如果类似交易的最近交易日和资产公允价值估计日之间的经济情况没有发生重大变化,则以类似交易的最近价格为基础来估计公允价值。

(2)如果无形资产不存在活跃市场,则其公允价值应以购买日从购买方获得的信息为基础,按照在熟悉情况并自愿的当事人之间进行的公平交易中为取得该资产所支付的金额确定,如对无形资产预计产生的未来现金流量进行折现。

在企业合并中,如果取得的无形资产本身可以单独辨认,但其计量或处置必须与有形的或其他无形的资产一并作价,如天然矿泉水的商标可能与特定的泉眼有关,因此不能将其独立于该泉眼出售。在这种情况下,如果该无形资产及其相关资产各自的公允价值不能可靠计量,则应将该资产组(无形资产与其相关的有形资产)独立于商誉确认为单项资产。

## 第二节 内部研究开发费用的确认和计量

通常情况下,企业自创商誉以及企业内部产生的无形资产不应被确认为无形资产,如企业内部产生的品牌、报刊名等。但是,由于确定研究与开发费用是否符合无形资产的定义和相关特征(如可辨认性),能否或者何时能够为企业产生经济利益以及成本能否可靠地计量尚存在不确定因素,因此,研究与开发活动发生的费用,除了要遵循无形资产确认和初始计量的一般要求外,还需要满足其他特定的条件,才能够被确定为一项无形资产。首先,为评价内部产生的无形资产是否满足确认标准,企业应当将资产的形成过程分为研究阶段与开发阶段两部分;其次,对于开发过程中发生的费用,在符合一定条件的情况下,才可将其确认为一项无形资产。在实务工作中,对于研究阶段与开发阶段的划分以及是否符合资本化的条件,应当根据企业的实际情况以及相关信息予以判断。

## 一、研究阶段和开发阶段的划分

对于企业自行的研究开发项目,应当区分研究阶段与开发阶段两个部分分别进行核算。

(一)研究阶段

研究阶段,是指为获取新的技术和知识等进行的有计划的调查阶段,有关研究活动的例子包括:意于获取知识而进行的活动,研究成果或其他知识的应用研究、评价和最终选择,材料、设备、产品、工序、系统或服务替代品的研究,新的或经改进的材料、设备、产品、工序、系统或服务的可能替代品的配制、设计、评价和最终选择等。

研究阶段的特点在于:

1.计划性。计划性是研究阶段的特征之一。研究阶段建立在有计划的调查基础上,即研发项目已经董事会或者相关管理层的批准,并着手收集相关资料,进行市场调查等。例如,某药品公司为研究开发某药品,经董事会或者相关管理层的批准,有计划地收集相关资料,进行市场调查,比较市场中相关药品的药性、效用等活动。

2.探索性。研究阶段基本上是探索性的,为进一步的开发活动进行资料及相关方面的准备,在这一阶段不会形成阶段性成果。

从研究活动的特点看,其研究能否在未来形成成果,即通过开发后是否会形成无形资产均具有很大的不确定性,企业也无法证明其能够带来未来经济利益,因此,研究阶段的有关支出在发生时,应当予以费用化,将其计入当期损益(管理费用)。

(二)开发阶段

开发阶段是指在进行商业性生产或使用前,将研究成果或其他知识应用于某项计划或设计,以生产出新的或具有实质性改进的材料、装置、产品等。有关开发活动的例子包括:生产前或使用前的模型的设计、建造和测试,含新技术的工具、夹具、模具和冲模的设计,不具有商业性生产经济规模的试生产设施的设计、建造和运营,新的或经改造的材料、设备、产品、工序、系统或服务所选定的替代品的设计、建造和测试等。

开发阶段的特点在于:

1.具有针对性。开发阶段是建立在研究阶段基础上,因而,对项目的开发具有针对性。

2.形成成果的可能性较大。进入开发阶段的研发项目往往形成成果的可能性较大。

相对于研究阶段来讲,开发阶段更进一步,进入开发阶段,则很大程度上形成一项新产品或新技术的基本条件已经具备,此时如果企业能够证明满足无形资产的定义及相关确认条件,所发生的开发支出可资本化,就应确认无形资产的成本。

(三)研究阶段与开发阶段的不同点

1.目标不同。研究阶段一般目标不具体,不具有针对性,而开发阶段多是针对具体目标、产品、工艺等。

2.对象不同。研究阶段一般很难具体化到特定项目上,而开发阶段往往形成对象化的成果。

3.风险不同。研究阶段的成功概率很难判断,一般成功率很低,风险比较大;而开发阶段的成功率较高,风险相对较小。

4.结果不同。研究阶段的结果多是研究报告等基础性成果,而开发阶段的结果则多是具体的新技术、新产品等。

## 二、开发阶段有关支出资本化的条件

对于企业内部研究开发项目在开发阶段的支出, 应当同时满足下列条件才能将其确认为无形资产:

1.完成该无形资产以使其能够使用或出售在技术上具有可行性。企业在判断是否满足该条件时,应以目前阶段的成果为基础,说明在此基础上进一步进行开发所需的技术条件等已经具备,基本上不存在技术上的障碍或其他不确定性。企业在判断时,应提供相关的证据和材料。

2.具有完成该无形资产并使用或出售的意图。开发某项产品或专利技术产品等,通常是根据管理当局决定该项研发活动的目的或者意图从而决定其使用或出售的, 即研发项目形成成果以后,是将其出售,还是自己使用并从使用中获得经济利益,应当以管理当局意图而定。因此,企业的管理当局应能够说明其持有拟开发无形资产的目的,并具有完成该项无形资产开发并使其能够使用或出售的可能性。

3.能够证明运用该无形资产生产的产品存在市场或无形资产自身存在市场,无形资产将在内部使用的,应当证明其有用性。符合无形资产定义的主要表现之一,是能够为企业带来未来经济利益。就其能够为企业带来未来经济利益的方式来讲, 如果无形资产在形成以后,主要是用于形成新产品或新工艺的,企业应对运用该无形资产生产的产品的市场情况进行估计,应能够证明所生产的产品存在市场,并能够带来经济利益的流入;如果无形资产开发以后主要是用于对外出售的,则企业应能够证明市场上存在对该类无形资产的需求,开发以后存在外在的市场可供其出售并带来经济利益的流入; 如果无形资产开发以后不是用于生产产品,也不是用于对外出售,而是在企业内部使用的,则企业应能够证明其在企业内部使用时对企业的有用性。

4.有足够的技术、财务资源和其他资源支持,以完成该无形资产的开发,并有能力使用或出售该无形资产。这一条件主要包括:

(1)完成该项无形资产开发具有技术上的可靠性。开发无形资产并使其形成成果,在技术上的可靠性是继续开发活动的关键。因此,必须有确凿证据证明企业继续开发该项无形资产有足够的技术支持和技术能力。

(2)财务和其他资源支持。财务和其他资源支持是能够完成该项无形资产开发的经济基础。因此,企业必须能够证明为完成该项无形资产的开发所需的财务和其他资源是否足以支持企业完成该项无形资产的开发。

(3)企业能够在开发过程中获得所需的技术、财务和其他资源的证明以及企业获得这些资源的相关计划等。如在企业自有资金不足以提供支持的情况下,是否存在外部其他方面的资金支持,如企业有银行等金融机构愿意为该无形资产的开发提供所需资金的声明,并有能力使用或出售该无形资产。

(4)属于该无形资产开发阶段的支出能够可靠地计量。企业为开发活动发生的支出应单独核算,如发生的开发人员的工资、材料费等。在企业同时从事多项开发活动的情况下,所发生的支出同时用于支持多项开发活动的,应按照一定的标准在各项开发活动之间进行分配,无法明确分配的,应予费用化计入当期损益,不计入开发活动的成本。

## 三、内部开发的无形资产的计量

内部开发活动形成的无形资产的成本,由可直接归属于该资产的创造、生产并使该资产能够以管理层预定的方式运作的所有必要支出组成。可直接归属成本包括:开发该无形资产时耗费的材料、劳务成本、注册费,在开发该无形资产过程中使用的其他专利权和特许权的摊销以及按照借款费用的处理原则可资本化的利息支出。

在开发无形资产过程中发生的除上述可直接归属于无形资产开发活动外的其他销售费用、管理费用等间接费用,无形资产达到预定用途前发生的可辨认的无效和初始运作损失,为运行该无形资产发生的培训支出等不构成无形资产的开发成本。

值得说明的是, 内部开发无形资产的成本仅包括在满足资本化条件的时点至无形资产达到预定用途前发生的支出总和, 对于同一项无形资产在开发过程中达到资本化条件之前已经费用化计入当期损益的支出,不再进行调整。

## 四、内部研究开发费用的会计处理

企业内部研究和开发无形资产,其在研究阶段的支出全部费用化,计入当期损益(管理费用);开发阶段的支出符合条件的资本化,不符合资本化条件的计入当期损益(管理费用)。如果确实无法区分研究阶段的支出和开发阶段的支出, 应将其所发生的研发支出全部费用化,计入当期损益。

1.企业自行开发无形资产发生的研发支出,不满足资本化条件的,借记“研发支出——费用化支出”科目,满足资本化条件的,借记“研发支出——资本化支出”科目,贷记“原材料”“银行存款”“应付职工薪酬”等科目。

2.企业以其他方式取得的正在进行中的研究开发项目,应按确定的金额,借记“研发支出”科目,贷记“银行存款”等科目。以后发生的研发支出,应当比照上述第一条原则进行处理。

3.研究开发项目达到预定用途形成无形资产的,应按“研发支出——资本化支出”科目的余额,借记“无形资产”科目,贷记“研发支出——资本化支出”科目。

【例 4-4】20×8 年 1 月 1 日,甲公司经董事会批准研发某项新产品专利技术,该公司董事会认为,研发该项目具有可靠的技术和财务等资源的支持,并且一旦研发成功将降低该公司的生产成本。该公司在研究开发过程中发生材料费 5 000 万元,人工工资 1 000 万元,其他费用 4 000 万元,总计 10 000 万元。其中,符合资本化条件的支出为 6 000 万元。20×7 年 12 月 31 日,该专利技术已经达到预定用途。

【解析】

首先,甲公司经董事会批准研发某项新产品专利技术,认为完成该项新型技术在技术和财务等方面都能够得到可靠的资源支持,并且一旦研发成功将降低公司的生产成本,因此,符合条件的开发费用可以资本化。其次,甲公司在开发该项新型技术时,累计发生 10 000 万元的研究与开发支出,其中符合资本化条件的开发支出为 6 000 万元,符合“属于该无形资产开发阶段的支出能够可靠地计量”这一条件。

甲公司的账务处理如下:

(1)发生研发支出

借:研发支出——费用化支出　　40 000 000

　　　　　——资本化支出　　60 000 000

　贷:原材料　　50 000 000

　　　应付职工薪酬　　10 000 000

　　　银行存款　　40 000 000

(2)20×8 年 12 月 31 日,该专利技术已经达到预定用途

借:管理费用　　40 000 000

　　无形资产　　60 000 000

　贷:研发支出——费用化支出　　40 000 000

　　　　　　——资本化支出　　60 000 000

## 第三节　无形资产的后续计量

### 一、无形资产后续计量的原则

在无形资产初始确认和计量之后,使用该项无形资产期间内,应以成本减去累计摊销额和累计减值损失后的余额计量。要确定无形资产在使用过程中的累计摊销额,基础是估计其使用寿命。对于使用寿命有限的无形资产,需要在估计使用寿命内采用系统合理的方法进行摊销,对于使用寿命不确定的无形资产则不需要摊销。

(一)估计无形资产的使用寿命

企业应当于取得无形资产时分析判断其使用寿命。如果无形资产的使用寿命为有限的,应当估计该使用寿命的年限或者使用寿命内的产量等类似计量单位的数量;无法预计无形资产为企业带来未来经济利益期限的,应当将其视为使用寿命不确定的无形资产。

估计无形资产使用寿命应考虑的主要因素包括：

1.该资产通常的产品寿命周期以及可获得的类似资产使用寿命的信息。

2.技术、工艺等方面的现实情况及对未来发展的估计。

3.该资产在该行业运用的稳定性和生产的产品或服务的市场需求情况。

4.现在或潜在的竞争者预期采取的行动。

5.维持该资产产生未来经济利益的能力所需要的维护支出以及企业预计支付有关支出的能力。

6.对该资产的控制期限以及对该资产使用的法律或类似限制，如特许使用期间、租赁期间等。

7.与企业持有的其他资产使用寿命的关联性等。

例如，企业以支付土地出让金方式取得一块土地50年的使用权，如果企业准备持续持有，在50年期间内没有计划出售，则该项土地使用权预期为企业带来未来经济利益的期间为50年。

(二)无形资产使用寿命的确定

某些无形资产的取得源自合同性权利或其他法定权利，其使用寿命不应超过合同性权利或其他法定权利的期限。但如果企业使用资产的预期期限短于合同性权利或其他法定权利规定的期限，则应当按照企业预期的期限确定其使用寿命。

如果合同性权利或其他法定权利能够在到期时因续约等延续，则仅当有证据表明企业续约不需要付出重大成本时，续约期才能够包括在使用寿命的估计中。下列情况下，一般说明企业无需付出重大成本即可延续合同性权利或其他法定权利：有证据表明合同性权利或法定权利将被重新延续，如果在延续之前需要第三方同意，则还需有第三方将会同意的证据；有证据表明为获得重新延续所必需的所有条件将被满足，并且企业为延续持有无形资产付出的成本与预期从重新延续中流入企业的未来经济利益相比不具有重要性。如果企业为延续无形资产持有期间付出的成本与预期从重新延续中流入企业的未来经济利益相比具有重要性，则从本质上来看，延续的无形资产是企业获得的一项新的无形资产。

没有明确的合同或法律规定无形资产的使用寿命的，企业应当综合各方面情况，例如企业经过努力，聘请相关专家进行论证，与同行业的情况进行比较以及参考企业的历史经验等，确定无形资产为企业带来未来经济利益的期限。如果经过这些努力，仍无法合理确定无形资产为企业带来经济利益的期限，则应将该无形资产作为使用寿命不确定的无形资产。

(三)无形资产使用寿命的复核

企业至少应当于每年年度终了，对无形资产的使用寿命及摊销方法进行复核，如果有证据表明无形资产的使用寿命及摊销方法不同于以前的估计，如由于合同的续约或无形资产应用条件的改善，延长了无形资产的使用寿命，则对于使用寿命有限的无形资产，应改变其摊销年限及摊销方法并按照会计估计变更进行处理。

对于使用寿命不确定的无形资产，如果有证据表明其使用寿命是有限的，则应视为会计估计变更处理，并按照使用寿命有限的无形资产的处理原则进行处理。

## 二、使用寿命有限的无形资产

使用寿命有限的无形资产，其应摊销金额应在预计的使用寿命内采用系统合理的方法进行分摊。应摊销金额,是指无形资产的成本扣除残值后的金额。已计提减值准备的无形资产,还应扣除已计提的无形资产减值准备累计金额。使用寿命有限的无形资产,其残值一般应当视为0。

(一)摊销期和摊销方法

无形资产的摊销期自其可供使用(达到预定用途)时起至终止确认时止,即当月增加的无形资产,当月开始摊销;当月减少的无形资产,当月不再摊销。

在无形资产的使用寿命内系统地分摊其应摊销金额,存在多种方法,这些方法包括直线法、生产总量法等。企业选择的无形资产摊销方法,应当能够反映与该项无形资产有关的经济利益的预期实现方式。例如,对于受技术陈旧因素影响较大的专利权和专有技术等无形资产,可采用类似固定资产加速折旧的方法进行摊销;对于有特定产量限制的特许经营权或专利权,应采用产量法进行摊销;无法可靠确定其预期实现方式的,应当采用直线法进行摊销。企业应将其所选择的无形资产摊销方法一致地运用于不同的会计期间。

无形资产的摊销一般应计入当期损益，但如果某项无形资产是专门用于生产某种产品或者其他资产的,其所包含的经济利益是通过转入到所生产的产品或其他资产中实现的,则无形资产的摊销费用应当计入相关资产的成本。

(二)残值的确定

除下列情况外,无形资产的残值一般为0:

1.有第三方承诺在无形资产使用寿命结束时购买该项无形资产。

2.可以根据活跃市场得到无形资产预计残值信息,并且该市场在该项无形资产使用寿命结束时可能存在。

无形资产的残值意味着在其经济寿命结束之前,企业预计将会处置该无形资产,并且从该处置中取得利益。估计无形资产的残值应以资产处置时的可收回金额为基础,此时的可收回金额是指在预计出售日，出售一项使用寿命已满且处于类似使用状况下的同类无形资产的预计处置价格(扣除相关税费)。残值确定以后,在持有无形资产的期间,至少应于每年年末进行复核,预计其残值与原估计金额不同的,应按照会计估计变更进行处理。如果无形资产的残值重新估计以后高于其账面价值,则无形资产不再摊销,直至残值降至低于账面价值时再恢复摊销。

(三)使用寿命有限的无形资产摊销的账务处理

对于使用寿命有限的无形资产,应当在其使用寿命内,采用合理的摊销方法进行摊销。摊销时,应当考虑该项无形资产所服务的对象,并以此为基础将其摊销价值计入相关资产的成本或者当期损益。

**【例 4-5】**20×7 年 1 月 1 日,A 公司从外单位购得一项非专利技术，支付价款 5 000 万元,款项已支付,估计该项非专利技术的使用寿命为 10 年,该项非专利技术用于产品生产。同时,购入一项商标权,支付价款 3 000 万元,款项已支付,估计该商标权的使用寿命为 15 年。

假定这两项无形资产的净残值均为 0,并按直线法摊销。

【解析】

本例中,A 公司外购的非专利技术的估计使用寿命为 10 年，表明该项无形资产是使用寿命有限的无形资产,且该项无形资产用于产品生产,因此,应当将其摊销金额计入相关产品的制造成本。A 公司外购的商标权的估计使用寿命为 15 年,表明该项无形资产同样也是使用寿命有限的无形资产,而商标权的摊销金额通常直接计入当期管理费用。

A 公司的账务处理如下：

(1)取得无形资产时

| | | |
|---|---|---|
| 借:无形资产——非专利技术 | 50 000 000 | |
| 　无形资产——商标权 | 30 000 000 | |
| 　贷:银行存款 | | 80 000 000 |

(2)按年摊销时

| | | |
|---|---|---|
| 借:制造费用——非专利技术 | 5 000 000 | |
| 　管理费用——商标权 | 2 000 000 | |
| 　贷:累计摊销 | | 7 000 000 |

如果 A 公司 20×8 年 12 月 31 日根据科学技术发展的趋势判断,20×7 年购入的该项非专利技术在 4 年后将被淘汰，不能再为企业带来经济利益，决定将其使用 4 年后就不再使用,为此,A 公司应当在 20×8 年 12 月 31 日据此变更该项非专利技术的估计使用寿命,并按会计估计变更进行处理。

20×8 年 12 月 31 日该项无形资产累计摊销金额为 500×2=1 000 万元,20×9 年该项无形资产的摊销金额为(5 000–1 000)÷4=1 000 万元。

A 公司 20×9 年对该项非专利技术按年摊销的账务处理如下：

| | | |
|---|---|---|
| 借:制造费用——非专利技术 | 10 000 000 | |
| 　贷:累计摊销 | | 10 000 000 |

## 三、使用寿命不确定的无形资产

根据可获得的相关信息判断，如果有确凿的证据表明无法合理估计某项无形资产的使用寿命，应将其作为使用寿命不确定的无形资产进行核算。对于使用寿命不确定的无形资产,在持有期间内不需要摊销,但应当在每个会计期间进行减值测试。其减值测试的方法按照资产减值的原则进行处理,如经减值测试表明已发生减值,则需要计提相应的减值准备,其相关的账务处理为:借记“资产减值损失”科目,贷记“无形资产减值准备”科目。

**【例 4–6】**20×8 年 1 月 1 日,A 公司购入一项市场领先的畅销产品的商标的成本为 6 000 万元,该商标按照法律规定还有 5 年的使用寿命,但是在保护期届满时,A 公司可每 10 年以较低的手续费申请延期,同时 A 公司有充分的证据表明其有能力申请延期。此外,有关调查表明,根据产品生命周期、市场竞争等方面情况综合判断,该商标将在不确定的期间内为企业带来现金流量。

20×9 年底,A 公司对该商标按照资产减值的原则进行减值测试，经测试表明该商标已发生减值。20×9 年底,该商标的公允价值为 4 000 万元。

【解析】

根据上述情况,该商标可视为使用寿命不确定的无形资产,在持有期间内不需要进行摊销。

则 A 公司的账务处理如下:

(1)20×8 年购入商标时

借:无形资产——商标权　　60 000 000

　　贷:银行存款　　60 000 000

(2)20×9 年发生减值时

借:资产减值损失　　20 000 000

　　贷:无形资产减值准备——商标权　　20 000 000

## 第四节　无形资产的处置和报废

无形资产的处置,主要是指无形资产出售、对外出租、对外捐赠,或者无法为企业带来未来经济利益时,应予终止确认并转销。

### 一、无形资产的出售

企业出售某项无形资产,表明企业放弃无形资产的所有权,应将所取得的价款与该无形资产账面价值的差额计入当期损益。

值得注意的是,对于企业出售无形资产确认其利得的时点,应按照收入确认中的有关原则进行确定。

出售无形资产时,应按实际收到的金额,借记"银行存款"等科目,按已计提的累计摊销,借记"累计摊销"科目,原已计提减值准备的,借记"无形资产减值准备"科目;按应支付的相关税费,贷记"应交税费"等科目,按其账面余额,贷记"无形资产"科目,按其差额,贷记"营业外收入——处置非流动资产利得"科目或借记"营业外支出——处置非流动资产损失"科目。

【例 4-7】20×8 年 1 月 1 日,B 公司拥有某项专利技术的成本为 1 000 万元,已摊销金额为 500 万元,已计提的减值准备为 20 万元。该公司于 20×8 年将该项专利技术出售给 C 公司,取得出售收入 600 万元,应交纳的营业税等相关税费为 36 万元。

B 公司的账务处理为:

借:银行存款　　6 000 000

　　累计摊销　　5 000 000

　　无形资产减值准备　　200 000

　　贷:无形资产　　10 000 000

　　　　应交税费——应交营业税　　360 000

营业外收入——处置非流动资产利得　　　　840 000

如果该公司转让该项专利技术取得收入 4 000 000 元，应交纳的营业税等相关税费为 240 000 元,则 B 公司的账务处理为：

借:银行存款　　　　4 000 000
　累计摊销　　　　5 000 000
　无形资产减值准备　　　　200 000
　营业外支出——处置非流动资产损失　　　　1 040 000
　贷:无形资产　　　　10 000 000
　　应交税费——应交营业税　　　　240 000

## 二、无形资产的出租

企业将所拥有的无形资产的使用权让渡给他人,并收取租金,在满足收入确认条件的情况下,应确认相关的收入及成本,并通过其他业务收支科目进行核算。

让渡无形资产使用权而取得的租金收入,借记"银行存款"等科目,贷记"其他业务收入"等科目;摊销出租无形资产的成本并发生与转让有关的各种费用支出时,借记"其他业务成本"科目,贷记"累计摊销"等科目。

**【例 4-8】**20×8 年 1 月 1 日,A 企业将一项专利技术出租给 B 企业使用，该专利技术账面余额为 500 万元,摊销期限为 10 年,出租合同规定,承租方每销售一件用该专利生产的产品,必须付给出租方 10 元专利技术使用费。假定承租方当年销售该产品 10 万件,出租方应交的营业税金为 5 万元。

A 企业的账务处理如下：

(1)取得该项专利技术使用费时

借:银行存款　　　　1 000 000
　贷:其他业务收入　　　　1 000 000

(2)按年对该项专利技术进行摊销并计算应交的营业税

借:其他业务成本　　　　550 000
　贷:累计摊销　　　　500 000
　　应交税费——应交营业税　　　　50 000

## 三、无形资产的报废

如果无形资产预期不能为企业带来未来经济利益,例如,该无形资产已被其他新技术所替代或超过法律保护期,不能再为企业带来经济利益,则不再符合无形资产的定义,应将其报废并予以转销,其账面价值转作当期损益。转销时,应按已计提的累计摊销,借记"累计摊销"科目;按其账面余额,贷记"无形资产"科目;按其差额,借记"营业外支出"科目。已计提减值准备的,还应同时结转减值准备。

**【例 4-9】**D 企业拥有某项专利技术,根据市场调查,用其生产的产品已没有市场,决定予以转销。转销时,该项专利技术的账面余额为 8 000 万元,摊销期限为 10 年,采用直线法进行摊销,已摊销了5年,假定该项专利权的残值为0,已累计计提的减值准备为2 000万元,假定不考虑其他相关因素。

D公司的账务处理如下:

| | | |
|---|---|---|
| 借:累计摊销 | 40 000 000 | |
| 无形资产减值准备 | 20 000 000 | |
| 营业外支出——处置非流动资产损失 | 40 000 000 | |
| 贷:无形资产——专利权 | | 80 000 000 |

# 第五章　投资性房地产

## 第一节　投资性房地产概述

随着我国社会主义市场经济的发展和完善,房地产市场日益活跃,企业持有的房地产除了用作自身管理、生产经营活动场所和对外销售之外,出现了将房地产用于赚取租金或增值收益的活动,甚至是个别企业的主营业务。用于出租或增值的房地产就是投资性房地产,它在用途、状态、目的等方面与企业自用的厂房、办公楼等作为生产经营场所的房地产和房地产开发企业用于销售的房地产是不同的。在我国,土地归国家或集体所有,企业只能取得土地使用权。因此,房地产中的土地是指土地使用权,房屋是指土地上的房屋等建筑物及构筑物。

### 一、投资性房地产的定义及特征

投资性房地产,是指为赚取租金或使资本增值,或者两者兼有而持有的房地产。投资性房地产应当能够单独计量和出售。

投资性房地产主要有以下特征:

(一)投资性房地产是一种经营性活动

投资性房地产的主要形式是建筑物使用权、土地使用权。房地产租金就是让渡资产使用权取得的使用费收入,是企业为完成其经营目标所从事的经营性活动以及与之相关的其他活动形成的经济利益总流入。投资性房地产的另一种形式是持有并准备增值后转让的土地使用权,尽管其增值收益通常与市场供求、经济发展等因素相关,但目的是为了增值后转让以赚取增值收益,通过这种形式取得的收入也是企业为完成其经营目标所从事的经营性活动以及与之相关的其他活动形成的经济利益总流入。根据税法的规定,企业房地产出租、国有土地使用权增值后转让均属于一种经营活动,其取得的房地产租金收入或国有土地使用权转让收益应当缴纳营业税等。按照国家有关规定认定的闲置土地,不属于持有并准备增值后转让的土地使用权。在我国实务中,“持有并准备增值后转让的土地使用权”这种形式较少。

(二)投资性房地产在用途、状态、目的等方面区别于作为生产经营场所的房地产和用于销售的房地产

企业持有的房地产除了用作自身管理、生产经营活动场所和对外销售之外,还用于赚取租金或增值收益的活动,这类活动甚至是个别企业的主营业务。这就需要将投资性房地产单独作为一项资产核算和反映,与自用的厂房、办公楼等房地产和作为存货(已建完工商品房)的房地产加以区别,从而更加清晰地反映企业所持有房地产的构成情况和盈利能力。企业在首次执行投资性房地产准则时,应当根据投资性房地产的定义对资产进行重新分类,凡是符合投资性房地产定义和确认条件的建筑物和土地使用权,应当归为投资性房地产。

(三)投资性房地产有两种后续计量模式

企业通常应当采用成本模式对投资性房地产进行后续计量,在满足特定条件的情况下,即有确凿证据表明其所有投资性房地产的公允价值能够持续可靠取得的,也可以采用公允价值模式进行后续计量。也就是说,投资性房地产准则适当引入公允价值模式,在满足特定条件的情况下,可以对投资性房地产采用公允价值模式进行后续计量,但是,同一企业只能采用一种模式对所有投资性房地产进行后续计量,不得同时采用两种计量模式。

## 二、投资性房地产的范围

投资性房地产的范围包括:已出租的土地使用权,持有并准备增值后转让的土地使用权以及已出租的建筑物。

(一)已出租的土地使用权

已出租的土地使用权,是指企业通过出让或转让方式取得的,以经营租赁方式出租的土地使用权。企业取得的土地使用权通常包括在一级市场上以交纳土地出让金的方式取得土地使用权,也包括在二级市场上接受其他单位转让的土地使用权。例如,甲公司与乙公司签署了土地使用权租赁协议,甲公司以年租金720万元租赁使用乙公司拥有的40万平方米土地使用权,那么,自租赁协议约定的租赁期开始日起,这项土地使用权属于乙公司的投资性房地产。

对于以经营租赁方式租入土地使用权再转租给其他单位的,不能将其确认为投资性房地产。

(二)持有并准备增值后转让的土地使用权

持有并准备增值后转让的土地使用权,是指企业通过出让或转让方式取得并准备增值后转让的土地使用权。这类土地使用权很可能给企业带来资本增值收益,符合投资性房地产的定义。例如,企业发生转产或厂址搬迁,部分土地使用权停止自用,管理层决定继续持有这部分土地使用权,待其增值后转让以赚取增值收益。

企业依法取得土地使用权后,应当按照国有土地有偿使用合同或建设用地批准书规定的期限动工开发建设。根据1999年4月26日国土资源部发布的《闲置土地处理办法》的规定,土地使用者依法取得土地使用权后,未经原批准地人民政府的同意,超过规定的期限未动工开发建设的建设用地属于闲置土地。具有下列情形之一的,也可以认定为闲置土地:国有土地有偿使用合同或者建设用地批准书未规定动工开发建设日期,自国有土地有偿使用

合同生效或者土地行政主管部门建设用地批准书颁发之日起满1年未动工开发建设的;已动工开发建设但开发建设的面积占应动工开发建设总面积不足1/3或者已投资额占总投资额不足25%且未经批准中止开发建设连续满1年的;法律、行政法规规定的其他情形。《闲置土地处理办法》还规定,经法定程序批准,对闲置土地可以选择延长开发建设时间(不超过1年),改变土地用途,办理有关手续后继续开发建设等处置方案。

按照国家有关规定认定的闲置土地不属于持有并准备增值后转让的土地使用权,也就不属于投资性房地产。

(三)已出租的建筑物

已出租的建筑物,是指企业拥有产权并以经营租赁方式出租的房屋等建筑物,包括自行建造或开发活动完成后用于出租的建筑物。比如,甲公司将其拥有的某栋厂房整体出租给乙公司,租赁期2年,对于甲公司而言,自租赁期开始日起,这栋厂房属于其投资性房地产。企业在判断和确认已出租的建筑物时,应当把握以下要点:

1.用于出租的建筑物是指企业拥有产权的建筑物。企业以经营租赁方式租入再转租的建筑物不属于投资性房地产。

例如,甲企业与乙企业签订了一项经营租赁合同,乙企业将其持有产权的一栋办公楼出租给甲企业,为期5年。甲企业一开始将该办公楼改装后用于自行经营餐馆。2年后,由于连续亏损,甲企业将餐馆转租给丙公司,以赚取租金差价。在这种情况下,对于甲企业而言,该栋楼不属于其投资性房地产,对于乙企业而言,则属于其投资性房地产。

2.已出租的建筑物是企业已经与其他方签订了租赁协议,约定以经营租赁方式出租的建筑物。自租赁协议规定的租赁期开始日起,经营租出的建筑物属于已出租的建筑物。对于企业持有以备经营出租的空置建筑物,只有企业管理当局(董事会或类似机构)作出正式书面决议,明确表明将其用于经营出租且持有意图短期内不再发生变化的,才可将其视为投资性房地产。这里的"空置建筑物",指的是企业新购入、自行建造或开发完工但尚未使用的建筑物以及不再用于日常生产经营活动,且经整理后达到可经营出租状态的建筑物。

例如,甲企业在当地房地产交易中心通过竞拍取得一块土地的使用权,甲企业按照合同规定对这块土地进行了开发,并在这块土地上建造了一栋商场,拟用于整体出租,但尚未开发完工。本例中,该尚未开发完工的商场不属于空置建筑物,不属于投资性房地产。

3.企业将建筑物出租,按租赁协议向承租人提供的相关辅助服务在整个协议中不重大的,应当将该建筑物确认为投资性房地产。

例如,企业将其办公楼出租,同时向承租人提供维护、保安等日常辅助服务,企业应当将其确认为投资性房地产。再如,甲企业购买一栋写字楼,共12层,其中1层经营出租给某家大型超市,2~5层经营出租给乙公司,6~12层经营出租给丙公司,甲企业同时为该写字楼提供保安、维修等日常辅助服务。本例中,甲企业将写字楼出租,同时提供的辅助服务不重大。对于甲企业而言,这栋写字楼属于甲企业的投资性房地产。

## 三、不属于投资性房地产的项目

(一)自用房地产

自用房地产是指为生产商品、提供劳务或者经营管理而持有的房地产。企业生产经营用的厂房和办公楼属于固定资产,企业生产经营用的土地使用权属于无形资产。自用房地产的特征在于它服务于企业自身的生产经营活动,其价值将随着房地产的使用而逐渐转移到企业的产品或服务中去,它通过销售商品或提供服务为企业带来经济利益,在产生现金流量的过程中与企业持有的其他资产密切相关。例如,企业出租给本企业职工居住的宿舍,虽然收取租金,但间接为企业自身的生产经营服务,因此具有自用房地产的性质。

(二)作为存货的房地产

作为存货的房地产通常是指房地产开发企业在正常经营过程中销售的或为销售而正在开发的商品房和土地。这部分房地产属于房地产开发企业的存货,其生产、销售构成企业的主营业务活动,产生的现金流量也与企业的其他资产密切相关。因此,具有存货性质的房地产不属于投资性房地产。

从事房地产经营开发的企业依法取得的,用于开发后出售的土地使用权属于房地产开发企业的存货,即使是房地产开发企业决定待增值后再转让其开发的土地,也不得将其确认为投资性房地产。

在实务中,存在某项房地产部分自用或作为存货出售,部分用于赚取租金或资本增值的情形。如某项投资性房地产不同用途的部分能够单独计量和出售,应当分别将其各部分确认为固定资产、无形资产、存货和投资性房地产。例如,甲房地产开发商建造了一栋商住两用楼盘,一层出租给一家大型超市,已签订经营租赁合同,其余楼层均为普通住宅正在公开销售中。在这种情况下,如果一层商铺能够单独计量和出售,应当将其确认为甲企业的投资性房地产,其余楼层为甲企业的存货,即开发产品。

## 四、投资性房地产的确认

将某个项目确认为投资性房地产,首先应当符合投资性房地产的概念,其次要同时满足投资性房地产的两个确认条件,才能予以确认。

1.与该投资性房地产有关的经济利益很可能流入企业。

2.该投资性房地产的成本能够可靠地计量。

对于已出租的土地使用权、建筑物,其作为投资性房地产的确认时点为租赁期开始日,即土地使用权、建筑物进入出租状态,开始赚取租金的日期。但企业管理当局对企业持有以备经营出租的空置建筑物作出正式书面决议,明确表明将其用于经营出租且持有意图短期内不再发生变化的,可视为投资性房地产,其作为投资性房地产的时点为企业管理当局就该事项作出正式书面决议的日期。对于持有并准备增值后转让的土地使用权,其作为投资性房地产的确认时点为企业将自用土地使用权停止自用,准备增值后转让的日期。

# 第二节 投资性房地产的会计处理

根据投资性房地产准则的规定,投资性房地产应当按照成本进行初始确认和计量。在后续计量时,通常应当采用成本模式,在满足特定条件的情况下也可以采用公允价值模式。但是,同一企业只能采用一种模式对所有投资性房地产进行后续计量,不得同时采用两种计量模式。

## 一、采用成本模式计量的投资性房地产

成本模式的会计处理比较简单,主要涉及“投资性房地产”“投资性房地产累计旧(摊销)”“投资性房地产减值准备”等科目,可比照“固定资产”“无形资产”“累计折旧”“累计摊销”“固定资产减值准备”“无形资产减值准备”等相关科目进行处理。

(一)外购或自行建造的投资性房地产

1.外购投资性房地产的确认和初始计量

对于外购的房地产,只有在购入的同时开始出租,才能将其作为投资性房地产加以确认。例如,某公司拟购入一栋写字楼并将其中一层租赁给其他企业使用,在购买过程中,该公司就与其他公司签订了租赁协议,约定该层写字楼购入时开始起租。在这种情况下,该层写字楼的购入日同时也是租赁期开始日,应当在购入日将其作为投资性房地产加以确认。如果该企业所签订的租赁协议约定在购入后3个月再出租,则应当先将其作为固定资产加以确认,直至租赁期开始日才能从固定资产转换为投资性房地产。

对于外购采用成本模式计量的土地使用权和建筑物,应当按照取得时的实际成本进行初始计量,借记“投资性房地产”科目,贷记“银行存款”等科目。其成本包括购买价款、相关税费和可直接归属于该资产的其他支出。企业购入的房地产,部分用于出租(或资本增值),部分自用,用于出租(或资本增值)的部分应当予以单独确认,应按照不同部分的公允价值占公允价值总额的比例将成本在不同部分之间进行合理分配。

【例5-1】20×7年3月,甲企业计划购入一栋写字楼用于对外出租。3月15日,甲企业与乙企业签订了经营租赁合同,约定自写字楼购买日起将这栋写字楼出租给乙企业,为期5年。4月5日,甲企业实际购入写字楼,支付价款共计5 000万元。假设不考虑其他因素,甲企业采用成本模式进行后续计量。

甲企业的账务处理如下:

借:投资性房地产——写字楼 50 000 000

贷:银行存款 50 000 000

2.投资性房地产的确认和初始计量

企业自行建造或开发活动完成后用于出租的房地产属于投资性房地产。只有在自行建造或开发活动完成的同时开始出租,才能将自行建造或开发完成的房地产确认为投资性房

地产。例如,某房地产开发企业拟将开发的商业一条街出租,在开发活动完成前就已经完成了招租工作,与进驻该商业街的其他企业签订了房产租赁合同,约定交付使用的日期为租赁期开始日。在这种情况下,商业街的开发完成日同时也是租赁期开始日,应当在当日将其作为投资性房地产加以确认。如果租赁协议约定竣工后半年才开始起租,或者该公司在竣工后半年才开始招租,则应当先将该项房地产作为固定资产、开发产品加以确认,直至租赁期开始日,才能将其从固定资产、存货转换为投资性房地产。

在采用成本模式计量下,自行建造投资性房地产,其成本由建造该项资产达到预定可使用状态前发生的必要支出构成,包括土地开发费、建安成本、应予以资本化的借款费用、支付的其他费用和分摊的间接费用等。建造过程中发生的非正常性损失直接计入当期损益,不计入建造成本。按照建造过程中发生的成本,借记"投资性房地产"科目,贷记"银行存款"等科目。

(二)非投资性房地产转换为投资性房地产

非投资性房地产转换为投资性房地产,实质上是因房地产用途发生改变而对房地产进行的重新分类。这里所说的房地产转换是针对房地产用途发生改变而言的,而不是后续计量模式的转变。企业必须有确凿证据表明房地产用途发生改变,才能将投资性房地产转换为非投资性房地产或者将非投资性房地产转换为投资性房地产,这里的确凿证据包括两个方面:一是企业管理当局应当就改变房地产用途形成正式的书面决议;二是房地产因用途改变而发生实际状态上的改变,如从自用状态改为出租状态。房地产转换形式主要包括:作为存货的房地产改为出租;自用建筑物或土地使用权停止自用,改为出租;自用土地使用权停止自用,改用于资本增值;投资性房地产开始自用。

1.作为存货的房地产转换为投资性房地产

作为存货的房地产转换为投资性房地产,通常指房地产开发企业将其持有的开发产品以经营租赁的方式出租,存货相应地转换为投资性房地产。这种情况下,转换日为房地产的租赁期开始日。租赁期开始日是指承租人有权行使其使用租赁资产权利的日期。

企业将作为存货的房地产转换为采用成本模式计量的投资性房地产,应当按该项存货在转换日的账面价值,借记"投资性房地产"科目,原已计提跌价准备的,借记"存货跌价准备"科目,按其账面余额,贷记"开发产品"等科目。

**【例 5-2】**甲企业是从事房地产开发业务的企业,20×7 年 3 月 10 日,甲企业与乙企业签订了租赁协议,将其开发的一栋写字楼出租给乙企业使用,租赁期开始日为 20×7 年 4 月 15 日。20×7 年 4 月 15 日,该写字楼的账面余额 45 000 万元,未计提存货跌价准备。

**【解析】**

本例中,租赁期开始日为 20×7 年 4 月 15 日,当日由存货转换为投资性房地产。

甲企业的账务处理如下:

借:投资性房地产——写字楼　　450 000 000

　贷:开发产品　　450 000 000

2.自用房地产转换为投资性房地产

自用房地产转换为投资性房地产,也就是说,企业将原本用于生产商品、提供劳务或者经营管理的房地产改用于出租或资本增值。在这种情况下，转换日为企业停止将该项土地使用权用于生产商品、提供劳务或经营管理且管理当局作出房地产转换决议的日期。

企业应于转换日，按照固定资产或无形资产的账面价值，将固定资产或无形资产相应地转换为投资性房地产。

企业将自用土地使用权或建筑物转换为以成本模式计量的投资性房地产时，应当按该项建筑物或土地使用权在转换日的原价、累计折旧、减值准备等，分别转入“投资性房地产”“投资性房地产累计折旧(摊销)”“投资性房地产减值准备”科目，按其账面余额，借记“投资性房地产”科目，贷记“固定资产”或“无形资产”科目，按已计提的折旧或摊销，借记“累计折旧”或“累计摊销”科目，贷记“投资性房地产累计折旧(摊销)”科目，原已计提减值准备的，借记“固定资产减值准备”或“无形资产减值准备”科目，贷记“投资性房地产减值准备”科目。

**【例 5-3】**甲企业拥有一栋办公楼，用于本企业总部办公。20×7 年 3 月 10 日，甲企业与乙企业签订了经营租赁协议，将这栋办公楼整体出租给乙企业使用，租赁期开始日为20×7 年 4 月 15 日，为期 5 年。20×7 年 4 月 15 曰，这栋办公楼的账面余额 45 000 万元，已计提折旧 300 万元。假设甲企业采用成本计量模式。

甲企业的账务处理如下：

借：投资性房地产——写字楼　　450 000 000

　累计折旧　　3 000 000

　贷：固定资产　　450 000 000

　　投资性房地产累计折旧(摊销)　　3 000 000

(三)投资性房地产的后续计量

对于采用成本模式进行后续计量的投资性房地产，应当按照《企业会计准则第 4 号——固定资产》或《企业会计准则第 6 号——无形资产》的有关规定，按期(月)计提折旧或摊销，借记“其他业务成本”等科目，贷记“投资性房地产累计折旧(摊销)”。取得的租金收入，借记“银行存款”等科目，贷记“其他业务收入”等科目。

投资性房地产存在减值迹象的，还应当按照《企业会计准则第 8 号——资产减值》的有关规定，经减值测试后确定发生减值的，应当计提减值准备，借记“资产减值损失”科目，贷记“投资性房地产减值准备”科目。如果已经计提减值准备的投资性房地产的价值又得以恢复，不得转回。

**【例 5-4】**甲企业一栋办公楼出租给乙企业使用，已确认为投资性房地产，采用成本模式进行后续计量。假设该栋办公楼的成本为 2 280 万元，按照直线法计提折旧，使用寿命为 20 年，预计净残值为 0。按照经营租赁合同约定，乙企业每月支付甲企业租金 10 万元。当年 12 月，这栋办公楼发生减值迹象，经减值调试，其可收回金额为 1 700 万元，此时办公楼的账面价值为 2 000 万元，以前未计提减值准备。

甲企业的账务处理如下：

(1)计提折旧

每月计提折旧=2280÷20÷12=9.5(万元)

借：其他业务成本　　95 000

贷:投资性房地产累计折旧(摊销) 95 000

(2)确认租金

借:银行存款(或其他应收款) 100 000

贷:其他业务收入 100 000

(3)计提减值准备

借:资产减值损失 3 000 000

贷:投资性房地产减值准备 3 000 000

(四)与投资性房地产有关的后续支出

1.资本化的后续支出

与投资性房地产有关的后续支出,满足投资性房地产确认条件的,应当计入投资性房地产成本。例如,企业为了提高投资性房地产的使用效能,往往需要对投资性房地产进行改建、扩建而使其更加坚固耐用,或者通过装修而改善其室内装潢,改扩建或装修支出满足确认条件的,应当将其资本化。

采用成本模式计量的,投资性房地产进入改良或装修阶段后,应当将其账面价值转入"投资性房地产——××(在建)"科目。借记"投资性房地产——××(在建)""投资性房地产累计折旧(摊销)"等科目,贷记"投资性房地产"科目。发生资本化的改良或装修支出,通过"投资性房地产——××(在建)"科目归集,借记"投资性房地产——××(在建)"科目,贷记"银行存款""应付账款"等科目。改良或装修完成后,继续用于投资性房地产的,应当从在建工程转入投资性房地产,借记"投资性房地产"科目,贷记"投资性房地产——××(在建)"科目。

【例 5-5】20×7 年 3 月,甲企业与乙企业的一项厂房经营租赁合同即将到期,该厂房按照成本模式进行后续计量,原价为 2 000 万元,已计提折旧 600 万元。为了提高厂房的租金收入,甲企业决定在租赁期满后对厂房进行改扩建,并与丙企业签订了经营租赁合同,约定自改扩建完工时将厂房出租给丙企业。3 月 15 日,与乙企业的租赁合同到期,厂房随即进入改扩建工程。12 月 15 日,厂房改扩建工程完工,共发生支出 150 万元,即日甲企业按照租赁合同将其出租给丙企业。

**【解析】**

本例中,改扩建支出属于资本化的后续支出,应当记入投资性房地产的成本。

甲企业的账务处理如下:

(1)20×7 年 3 月 15 日,投资性房地产转入改扩建工程

借:投资性房地产——厂房(在建) 14 000 000

投资性房地产累计折旧(摊销) 6 000 000

贷:投资性房地产——厂房 20 000 000

(2)20×7 年 3 月 15 日—12 月 15 日

借:投资性房地产——厂房(在建) 1 500 000

贷:银行存款 1 500 000

(3)20×7 年 12 月 15 日,改扩建工程完工

借:投资性房地产——厂房 15 500 000

贷:投资性房地产——厂房(在建) 15 500 000

2.费用化的后续支出

与投资性房地产有关的后续支出，不满足投资性房地产确认条件的应当在发生时计入当期损益。例如,企业对投资性房地产进行日常维护所发生的支出。企业在发生投资性房地产费用化的后续支出时,借记“其他业务成本”等科目,贷记“银行存款”等科目。

**【例 5-6】**甲企业对其某项投资性房地产进行日常维修,发生维修支出 5 万元。

**【解析】**

本例中,日常维修支出属于费用化的后续支出,应当记入当期损益。

甲企业的账务处理如下:

借:其他业务成本 50 000

贷:银行存款 50 000

(五)投资性房地产转换为自用房地产

企业将原本用于赚取租金或资本增值的房地产改用于生产商品、提供劳务或者经营管理时,投资性房地产相应地转换为固定资产或无形资产。例如,企业将出租的厂房收回,并用于生产本企业的产品。在此种情况下,转换日为房地产达到自用状态,企业开始将房地产用于生产商品、提供劳务或者经营管理的日期。

投资性房地产开始自用,转换日是指房地产达到自用状态,企业开始将房地产用于生产商品、提供劳务或者经营管理的日期。

企业将投资性房地产转换为自用房地产时，应当按该项投资性房地产在转换日的账面余额、累计折旧或摊销、减值准备等,分别转入“固定资产”“累计折旧”“固定资产减值准备”等科目;按投资性房地产的账面余额,借记“固定资产”或“无形资产”科目,贷记“投资性房地产”科目;按已计提的折旧或摊销,借记“投资性房地产累计折旧(摊销)”科目,贷记“累计折旧”或“累计摊销”科目;原已计提减值准备的,借记“投资性房地产减值准备”科目,贷记“固定资产减值准备”或“无形资产减值准备”科目。

**【例 5-7】**20×7 年 8 月 1 日，甲企业将出租在外的厂房收回，开始用于本企业生产商品。该项房地产在转换日前采用成本模式计量,其账面价值为 2 800 万元,其中,原价 5 000 万元,累计已提折旧 2 200 万元。

甲企业的账务处理如下:

借:固定资产 50 000 000

投资性房地产累计折旧(摊销) 22 000 000

贷:投资性房地产——厂房 50 000 000

累计折旧 22 000 000

(六)投资性房地产的处置

当投资性房地产被处置,或者永久退出使用且企业不能从其处置中取得经济利益时,应当终止确认该投资性房地产。

企业可以通过对外出售或转让的方式处置投资性房地产，对于那些由于使用而不断磨损直到最终报废,或者由于遭受自然灾害等非正常损失发生毁损的投资性房地产,应当及时进行清理。此外,企业因其他原因,如非货币性资产交换等而减少投资性房地产也属于投资性房地产的处置。企业出售、转让、报废投资性房地产或者发生投资性房地产毁损,应当将处置收入扣除其账面价值和相关税费后的金额计入当期损益。

处置采用成本模式计量的投资性房地产时,应当按实际收到的金额,借记"银行存款"等科目,贷记"其他业务收入"等科目;按该项投资性房地产的账面价值,借记"其他业务成本"科目,按其账面余额,贷记"投资性房地产"科目;按照已计提的折旧或摊销,借记"投资性房地产累计折旧(摊销)"科目;原已计提减值准备的,借记"投资性房地产减值准备"科目。

【例 5-8】甲公司将其出租的一栋写字楼确认为投资性房地产,采用成本模式计量。租赁期届满后,甲公司将该栋写字楼出售给乙公司,合同价款为 30 000 万元,乙公司已用银行存款付清。出售时,该栋写字楼的成本为 28 000 万元,已计提折旧 3 000 万元。

甲企业的账务处理如下:

| | | |
|---|---|---|
| 借:银行存款 | 300 000 000 | |
| 贷:其他业务收入 | | 300 000 000 |
| 借:其他业务成本 | 250 000 000 | |
| 投资性房地产累计折旧(摊销) | 30 000 000 | |
| 贷:投资性房地产——写字楼 | | 280 000 000 |

【例 5-9】甲企业为了满足市场需求,扩大再生产,将生产车间从市中心搬迁到郊区。20×6 年 3 月,管理层决定,将原厂区陈旧厂房拆除平整后,持有已备增值后转让。土地使用权的账面余额为 3 000 万元,已计提摊销 900 万元,剩余使用年限 40 年,按照直线法摊销,不考虑残值。20×9 年 3 月,甲企业将原厂区出售,取得转让收入 4 000 万元。假设不考虑相关税费。

甲企业的账务处理如下:

(1)转换日

| | | |
|---|---|---|
| 借:投资性房地产——土地使用权 | 30 000 000 | |
| 累计摊销 | 9 000 000 | |
| 贷:无形资产——土地使用权 | | 30 000 000 |
| 投资性房地产累计折旧(摊销) | | 9 000 000 |

(2)计提摊销(假设按年)

| | | |
|---|---|---|
| 借:其他业务成本 | 525 000 | |
| 贷:投资性房地产累计折旧(摊销) | | 525 000 |

(3)出售时

| | | |
|---|---|---|
| 借:银行存款 | 40 000 000 | |
| 贷:其他业务收入 | | 40 000 000 |
| 借:其他业务成本 | 28 425 000 | |
| 投资性房地产累计折旧(摊销) | 1 575 000 | |
| 贷:投资性房地产——土地使用权 | | 30 000 000 |

## 二、采用公允价值模式计量的投资性房地产

对于投资性房地产，只有存在确凿证据表明其公允价值能够持续可靠取得时，才能采用公允价值模式计量。企业一旦选择公允价值模式，就应当对其所有投资性房地产采用公允价值模式进行后续计量。在极少情况下，采用公允价值对投资性房地产进行后续计量的企业，有证据表明，当企业首次取得某项投资性房地产(或某项现有房地产在完成建造或开发活动或改变用途后首次成为投资性房地产)时，该投资性房地产的公允价值不能持续可靠取得的，应当对该投资性房地产采用成本模式计量直至处置，并且假设无残值。但是，采用成本模式对投资性房地产进行后续计量的企业，即使有证据表明，企业首次取得某项投资性房地产时，该投资性房地产的公允价值能够持续可靠取得的，该企业仍应对该投资性房地产采用成本模式进行后续计量。

采用公允价值模式计量投资性房地产，应当同时满足以下两个条件：一是投资性房地产所在地有活跃的房地产交易市场。所在地，通常指投资性房地产所在的城市，对于大中型城市，应当为投资性房地产所在的城区。二是企业能够从房地产交易市场上取得同类或类似房地产的市场价格及其他相关信息，从而对投资性房地产的公允价值做出科学合理的估计。同类或类似的房地产，对建筑物而言，是指所处地理位置和地理环境相同，性质相同，结构类型相同或相近，新旧程度相同或相近，可使用状况相同或相近的建筑物；对土地使用权而言，是指同一位置区域，所处地理环境相同或相近，可使用状况相同或相近的土地。这两个条件必须同时具备，缺一不可。

确定投资性房地产的公允价值时，企业可以参照活跃市场上同类或类似房地产的现行市场价格(市场公开报价)来确定投资性房地产的公允价值；无法取得同类或类似房地产现行市场价格的，可以参照活跃市场上同类或类似房地产的最近交易价格，并考虑交易情况、交易日期、所在区域等因素予以确定。也可以基于预计未来获得的租金收益和相关现金流量予以计量。企业可以采用具有相关资质和经验的资产评估师评估确定投资性房地产的公允价值。

(一)外购或自行建造的投资性房地产

对于外购或自行建造的采用公允价值模式计量的投资性房地产，应当按照取得时的成本进行初始计量。其实际成本的确定与外购或自行建造的采用成本模式计量的投资性房地产一致。企业应当在“投资性房地产”科目下设置“成本”和“公允价值变动”两个明细科目，外购或自行建造时发生的实际成本，计入“投资性房地产(成本)”科目。

**【例 5-10】**20×7 年 3 月，甲企业计划购入一栋写字楼用于对外出租。3 月 15 日，甲企业与乙企业签订了经营租赁合同，约定自写字楼购买日起将这栋写字楼出租给乙企业，为期 5 年。4 月 5 日，甲企业实际购入写字楼，支付价款共计 1 200 万元。假设甲企业拥有的投资性房地产符合采用公允价值模式计量的条件，采用公允价值模式进行后续计量。

甲企业的账务处理如下：

| | | |
|---|---|---|
| 借：投资性房地产——成本(写字楼) | 12 000 000 | |
| 　　贷：银行存款 | | 12 000 000 |

(二)非投资性房地产转换为投资性房地产

1.作为存货的房地产转换为投资性房地产

企业将作为存货的房地产转换为采用公允价值模式计量的投资性房地产时，应当按该项房地产在转换日的公允价值,借记“投资性房地产(成本)”科目;原已计提跌价准备的,借记“存货跌价准备”科目;按其账面余额,贷记“开发产品”等科目。同时,转换日的公允价值小于账面价值的,按其差额,借记“公允价值变动损益”科目;转换日的公允价值大于账面价值的,按其差额,贷记“资本公积——其他资本公积”科目。待该项投资性房地产处理时,因转换计入资本公积的部分应转入当期的其他业务收入,借记“资本公积——其他资本公积”科目,贷记“其他业务收入”科目。

【例 5-11】20×7 年 3 月 10 日,甲房地产开发企业与乙企业签订了租赁协议,将其开发的一栋写字楼出租给乙企业。租赁期开始日为 20×7 年 4 月 15 日。20×7 年 4 月 15 日,该写字楼的账面余额为 45 000 万元,公允价值为 47 000 万元。20×7 年 12 月 31 日,该项投资性房地产的公允价值为 48 000 万元。

甲企业的账务处理如下:

(1)20×7 年 4 月 15 日

借:投资性房地产——成本　　470 000 000

　贷:开发产品　　450 000 000

　　资本公积——其他资本公积　　20 000 000

(2)20×7 年 12 月 31 日

借:投资性房地产——公允价值变动　　10 000 000

　贷:公允价值变动损益　　10 000 000

2.自用房地产转换为投资性房地产

企业将自用房地产转换为采用公允价值模式计量的投资性房地产时，应当按该项土地使用权或建筑物在转换日的公允价值,借记“投资性房地产(成本)”科目;按已计提的累计摊销或累计折旧,借记“累计摊销”或“累计折旧”科目;原已计提减值准备的,借记“无形资产减值准备”“固定资产减值准备”科目;按其账面余额,贷记“固定资产”或“无形资产”科目。同时,转换日的公允价值小于账面价值的,按其差额,借记“公允价值变动损益”科目;转换日的公允价值大于账面价值的,按其差额,贷记“资本公积——其他资本公积”科目。待该项投资性房地产处置时，因转换计入资本公积的部分应转入当期的营业外收入，借记 “资本公积——其他资本公积”科目,贷记“其他业务收入”科目。

【例 5-12】20×7 年 6 月,甲企业打算搬迁至新建办公楼,由于原办公楼处于商业繁华地段,甲企业准备将其出租,以赚取租金收入。20×7 年 10 月,甲企业完成了搬迁工作,原办公楼停止自用。20×7 年 12 月,甲企业与乙企业签订了租赁协议,将其原办公楼租赁给乙企业使用,租赁期开始日为 20×8 年 1 月 1 日,租赁期限为 3 年。20×8 年 1 月 1 日,该办公楼的公允价值为 35 000 万元,其原价为 50 000 万元,已提折旧 14 250 万元。假设甲企业对投资性房地产采用公允价值模式计量。

甲企业的账务处理如下:

甲企业应当于租赁期开始日(20×8 年 1 月 1 日)将自用房地产转换为投资性房地产。

借:投资性房地产——成本 350 000 000

公允价值变动损益 7 500 000

累计折旧 142 500 000

贷:固定资产 500 000 000

(三)投资性房地产的后续计量

投资性房地产采用公允价值模式进行后续计量的,不计提折旧或摊销,应当以资产负债表日的公允价值计量。资产负债表日, 按照投资性房地产的公允价值高于其账面余额的差额,借记“投资性房地产——公允价值变动”科目,贷记“公允价值变动损益”科目;按照公允价值低于其账面余额的差额做相反的账务处理。

【例 5-13】甲公司为从事房地产经营开发的公司。20×7 年 8 月,甲公司与乙公司签订租赁协议, 约定将甲公司开发的一栋精装修的写字楼于开发完成的同时开始租赁给乙公司使用,租赁期为 10 年。当年 10 月 1 日,该写字楼开发完成并开始起租,写字楼的造价为 9 000 万元。20×7 年 12 月 31 日,该写字楼的公允价值为 9 200 万元。假设甲公司对投资性房地产采用公允价值模式计量。

甲公司的账务处理如下:

(1)20×7 年 10 月 1 日,甲公司开发完成写字楼并出租

借:投资性房地产——成本 90 000 000

贷:开发成本 90 000 000

(2)20×7 年 12 月 31 日,以公允价值为基础调整其账面价值,公允价值与原账面价值之间的差额计入当期损益

借:投资性房地产——公允价值变动 2 000 000

贷:公允价值变动损益 2 000 000

(四)投资性房地产的后续支出

1.资本化的后续支出

与投资性房地产有关的后续支出, 满足投资性房地产确认条件的应当计入投资性房地产成本。

采用公允价值模式计量的,投资性房地产进入改良或装修阶段,借记“在建工程”科目,贷记“投资性房地产——成本”“投资性房地产——公允价值变动”等科目;在改良或装修完成后,继续用于投资性房地产的,借记“投资性房地产——成本”科目,贷记“在建工程”科目。

【例 5-14】20×7 年 3 月,甲企业与乙企业的一项厂房经营租赁合同即将到期。为了提高厂房的租金收入,甲企业决定在租赁期满后对厂房进行改扩建,并与丙企业签订了经营租赁合同,约定自改扩建完工时将厂房出租给丙企业。3 月 15 日,甲企业与乙企业的租赁合同到期,厂房随即进入改扩建工程。11 月 10 日,厂房改扩建工程完工,共发生支出 150 万元,即日甲企业按照租赁合同将厂房出租给丙企业。3 月 15 日厂房账面余额为 1 200 万元,其中成本 1 000 万元,累计公允价值变动 200 万元。假设甲企业对投资性房地产采用公允价值模式计量。

【解析】

本例中,改扩建支出属于资本化的后续支出,应当记入投资性房地产的成本。

甲企业的账务处理如下:

20×7 年 3 月 15 日,投资性房地产转入改扩建工程

借:投资性房地产——厂房(在建) 12 000 000

　　贷:投资性房地产——成本 10 000 000

　　　　　　　　——公允价值变动 2 000 000

20×7 年 3 月 15 日—11 月 10 日

借:投资性房地产——厂房(在建) 1 500 000

　　贷:银行存款 1 500 000

20×7 年 1 月 10 日,改扩建工程完工

借:投资性房地产——成本 13 500 000

　　贷:投资性房地产——厂房(在建) 13 500 000

2.费用化的后续支出

与投资性房地产有关的后续支出,不满足投资性房地产确认条件的应当在发生时计入其他业务成本等当期损益。

(五)投资性房地产转换为自用房地产

企业进行房地产开发,由于市场等原因将开发的房地产用于经营出租,开发的房地产从存货转换为投资性房地产;将用于经营出租的房地产收回且重新用于对外销售的,用于经营出租的房地产相应地从投资性房地产再转换为存货时,应当以其转换当日的公允价值作为存货的账面价值,公允价值与原账面价值的差额计入当期损益。

企业将采用公允价值模式计量的投资性房地产转换为自用房地产时,应当以其转换当日的公允价值作为自用房地产的账面价值,公允价值与原账面价值的差额计入当期损益。

转换日,按该项投资性房地产的公允价值,借记“固定资产”或“无形资产”科目;按该项投资性房地产的成本,贷记“投资性房地产——成本”科目;按该项投资性房地产的累计公允价值变动,贷记或借记“投资性房地产——公允价值变动”科目;按其差额,贷记或借记“公允价值变动损益”科目。

【例 5-15】20×7 年 10 月 15 曰,甲企业因租赁期满,将出租的写字楼收回,准备作为办公楼用于本企业的行政管理。20×7 年 12 月 1 日,该写字楼正式开始自用,相应地由投资性房地产转换为自用房地产,当日的公允价值为 4 800 万元。该项房地产在转换前采用公允价值模式计量,原账面价值为 4 750 万元,其中,成本为 4 500 万元,公允价值变动为增值 250 万元。

甲企业的账务处理如下:

借:固定资产 48 000 000

　　贷:投资性房地产——成本 45 000 000

　　　　　　　　——公允价值变动 2 500 000

　　　公允价值变动损益 500 000

(六)投资性房地产的处置

出售、转让采用公允价值模式计量的投资性房地产时,应当按实际收到的金额,借记"银行存款"等科目,贷记"其他业务收入"科目;按该项投资性房地产的账面余额,借记"其他业务成本"科目;按其成本,贷记"投资性房地产——成本"科目;按其累计公允价值变动,贷记或借记"投资性房地产——公允价值变动"科目。同时,将投资性房地产累计公允价值变动转入其他业务成本,借记或贷记"公允价值变动损益"科目,贷记或借记"其他业务成本"科目。若存在原转换日计入资本公积的金额,也一并转入其他业务成本,借记"资本公积——其他资本公积"科目,贷记"其他业务成本"科目。

**【例 5-16】**甲企业为一家房地产开发企业,20×7 年 3 月 10 日,甲企业与乙企业签订了租赁协议,将其开发的一栋写字楼出租给乙企业使用,租赁期开始日为 20×7 年 4 月 15 日。20×7 年 4 月 15 日,该写字楼的账面余额为 45 000 万元,公允价值为 47 000 万元。20×7 年 12 月 31 日,该项投资性房地产的公允价值为 48 000 万元。20×8 年 6 月租赁期届满,企业收回该项投资性房地产,并以 55 000 万元出售,出售款项已收讫。假设甲企业采用公允价值模式计量。

甲企业的账务处理如下:

(1)20×7 年 4 月 15 日,存货转换为投资性房地产

借:投资性房地产——成本　　470 000 000
　贷:开发产品　　450 000 000
　　资本公积——其他资本公积　　20 000 000

(2)20×7 年 12 月 31 日,公允价值变动

借:投资性房地产——公允价值变动　　10 000 000
　贷:公允价值变动损益　　10 000 000

(3)20×8 年 6 月,收回并出售投资性房地产

借:银行存款　　550 000 000
　贷:其他业务收入　　550 000 000

借:其他业务成本　　480 000 000
　贷:投资性房地产——成本　　470 000 000
　　　　——公允价值变动　　10 000 000

同时,将投资性房地产累计公允价值变动损益转入其他业务成本:

借:公允价值变动损益　　10 000 000
　贷:其他业务成本　　10 000 000

同时,将原转换日计入资本公积的部分转入其他业务成本:

借:资本公积——其他资本公积　　20 000 000
　贷:其他业务成本　　20 000 000

# 第三节 投资性房地产后续计量模式的变更

为保证会计信息的可比性,企业对投资性房地产的计量模式一经确定,不得随意变更。只有在存在确凿证据表明投资性房地产的公允价值能够持续可靠取得，且能够满足采用公允价值模式计量条件的情况下，才允许企业对投资性房地产从成本模式计量变更为公允价值模式计量。但是,同一企业只能采用一种模式对所有投资性房地产进行后续计量,不得同时采用两种计量模式。

成本模式转为公允价值模式的,应当作为会计政策变更处理,并按计量模式变更时公允价值与账面价值的差额,调整期初留存收益。已采用公允价值模式计量的投资性房地产,不得从公允价值模式转为成本模式。

【例 5-17】20×7 年,甲企业将一栋写字楼对外出租,采用成本模式进行后续计量。20×9 年 2 月 1 日,假设甲企业持有的投资性房地产满足采用公允价值模式计量的条件,甲企业决定采用公允价值模式对该写字楼进行后续计量。20×9 年 2 月 1 日,该写字楼的原价为 9 000 万元,已计提折旧 270 万元,账面价值为 8 730 万元,公允价值为 9 500 万元。甲企业按净利润的 10%计提盈余公积。

甲企业的账务处理如下:

借:投资性房地产——成本　　95 000 000
　累计折旧　　2 700 000
　贷:投资性房地产　　90 000 000
　　利润分配——未分配利润　　6 930 000
　　盈余公积　　770 000

# 第六章　金融资产

## 第一节　金融资产的定义和分类

金融资产属于企业资产的重要组成部分，主要包括：库存现金、银行存款、应收账款、应收票据、其他应收款、股权投资、债权投资、衍生工具形成的资产等。

本章不涉及以下金融资产的会计处理：

1.货币资金。

2.对子公司、联营企业、合营企业的投资以及在活跃市场上没有报价的长期股权投资，其会计处理见第七章“长期股权投资”。

企业应当结合自身业务特点、投资策略和风险管理要求，将取得的金融资产在初始确认时划分为以下几类：

1.以公允价值计量且其变动计入当期损益的金融资产。

2.持有至到期投资。

3.贷款和应收款项。

4.可供出售的金融资产。

概括来讲，这四类的划分应该体现管理者的意图，根据管理者的意图对金融资产做出不同的分类。比如，企业购买一项债券投资（3 年期），若管理者的意图是很快将其出售，那么应将其划分为以公允价值计量且其变动计入当期损益的金融资产；若管理者的意图为持有到3年后再出售，那么应将其划分为持有至到期投资；若管理者的意图不是很明确，那么可以将其划分为可供出售金融资产。这就意味着对于同一项债券投资，可能因管理者的意图不同而将其划分为不同类别的金融资产进行核算。

对金融资产进行不同的分类，其目的是为了进行不同的会计处理。

1.初始计量：第一类金融资产的初始计量与后三类有区别。第一类金融资产以其买价（公允价值）入账，作为金融资产的取得成本，发生的相关交易费用不计入投资成本，应计入投资收益。后三类都应用其公允价值加上交易费用来确认金融资产的初始成本。

2.后续计量：第一类金融资产应以其公允价值来计量，直接调整相关资产账户。第二类和第三类金融资产应按照摊余成本来进行后续计量。第四类金融资产应按照公允价值进行后续计量,公允价值变动不计入当期损益,而计入资本公积。

金融资产的上述分类一经确定,不得随意变更。以公允价值计量且其变动计入当期损益的金融资产不能重分类为其他类金融资产,其他类金融资产也不能重分类为以公允价值计量且其变动计入当期损益的金融资产。持有至到期投资、贷款和应收款项、可供出售金融资产三类金融资产之间,不得随意重分类。

金融资产的重分类如图 6-1 所示。

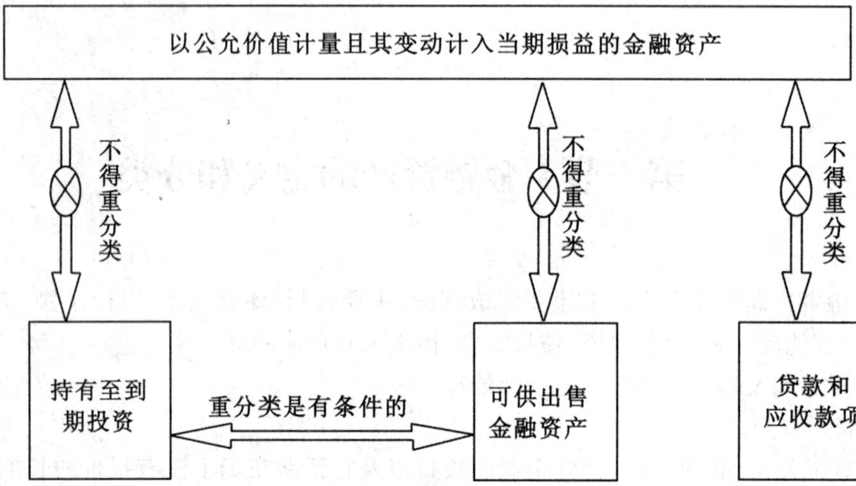


图 6-1 金融资产的重分类

# 第二节 以公允价值计量且其变动计入当期损益的金融资产

## 一、以公允价值计量且其变动计入当期损益的金融资产概述

对于以公允价值计量且其变动计入当期损益的金融资产,可以进一步将其划分为交易性金融资产或指定为以公允价值计量且其变动计入当期损益的金融资产。同时,将某项金融资产划分为以公允价值计量且其变动计入当期损益的金融资产后,不能再将其重分类为其他类别的金融资产;其他类别的金融资产也不能再重分类为以公允价值计量且其变动计入当期损益的金融资产。

(一)交易性金融资产

金融资产满足下列条件之一的,应当将其划分为交易性金融资产:

1.取得该金融资产,主要是为了近期内出售或回购,比如企业以赚取差价为目的从二级市场购入的股票、债券、基金等。

2.属于进行集中管理的可辨认金融工具组合的一部分,且有客观证据表明企业近期采用短期获利方式对该组合,进行管理,比如企业基于其投资策略和风险管理的需要,将某些金融资产进行组合,从事短期获利活动,对于组合中的金融资产,应采用公允价值计量,并将其相关公允价值变动计入当期损益。

3.属于衍生工具,比如国债期货、远期合同、股指期货等,其公允价值变动大于0时,应将其相关变动金额确认为交易性金融资产,同时计入当期损益。但是,如果衍生工具被企业指定为有效套期关系中的套期工具,那么对于该衍生工具初始确认后的公允价值变动,应根据其对应的套期关系(公允价值套期、现金流量套期或境外经营净投资套期),采用相应的方法进行处理。

(二)指定为以公允价值计量且其变动计入当期损益的金融资产

企业将某项金融资产指定为以公允价值计量且其变动计入当期损益的金融资产，通常是指对于不满足交易性金融资产确认条件的金融资产，企业仍可在符合某些特定条件时将其按公允价值计量,并将其公允价值变动计入当期损益。

通常情况下,只有符合下列条件之一的金融资产,才可以在初始确认时将其指定为以公允价值计量且其变动计入当期损益的金融资产:

1.该指定可以消除或明显减少由于该金融资产的计量基础不同所导致的相关利得或损失在确认或计量方面不一致的情况。

2.企业风险管理或投资策略的正式书面文件已载明,该金融资产组合或该金融资产和金融负债组合,以公允价值为基础进行管理、评价并向关键管理人员报告。

## 二、以公允价值计量且其变动计入当期损益的金融资产的会计处理

(一)初始计量

对于以公允价值计量且其变动计入当期损益的金融资产,在初始确认时,应按公允价值计量,相关交易费用应当直接计入当期损益。其中,交易费用是指可直接归属于购买、发行或处置金融工具新增的外部费用,包括支付给代理机构、咨询公司、券商等的手续费和佣金及其他必要支出,但不包括债券溢价、折价、融资费用、内部管理成本及其他与交易不直接相关的费用。企业为发行金融工具所发生的差旅费等,不属于此处所讲的交易费用。

企业取得以公允价值计量且其变动计入当期损益的金融资产所支付的价款中，包含的已宣告但尚未发放的现金股利或已到付息期但尚未领取的债券利息，应当单独确认为应收项目。在持有期间取得的利息或现金股利,应当确认为投资收益。

企业取得以公允价值计量且其变动计入当期损益的金融资产时,按其公允价值(不含支付的价款中所包含的已宣告但尚未发放的现金股利或已到付息期但尚未领取的债券利息),借记“交易性金融资产——成本”科目;按发生的交易费用,借记“投资收益”科目;按已宣告但尚未发放的现金股利或已到付息期但尚未领取的债券利息,借记“应收股利”或“应收利息”科目;按实际支付的金额,贷记“银行存款”等科目;收到上列现金股利或债券利息时,借记“银行存款”科目,贷记“应收股利”或“应收利息”科目。

**【例6-1】**20×7年5月10日,甲公司以620万元(含已宣告但尚未领取的现金股利20万元)购入乙公司股票200万股作为交易性金融资产,另支付手续费6万元,5月30日,甲公

司收到现金股利 20 万元。

账务处理如下:

(1)20×7 年 5 月 10 日购入股票时

| | | |
|---|---|---|
| 借:交易性金融资产——成本 | 6 000 000 | |
| 应收股利 | 200 000 | |
| 投资收益 | 60 000 | |
| 贷:银行存款 | | 6 260 000 |

(2)20×7 年 5 月 30 日收到股利时

| | | |
|---|---|---|
| 借:银行存款 | 200 000 | |
| 贷:应收股利 | | 200 000 |

(二)持有收益的确认

企业在持有期间获得现金股利或债券利息时,应当将其确认为投资收益。

持有期间被投资单位宣告发放现金股利时,投资企业按应享有的份额,借记“应收股利”科目,贷记“投资收益”科目;资产负债表日,投资企业按分期付息、一次还本债券投资的票面利率计提利息时,借记“应收利息”科目,贷记“投资收益”科目。收到上列现金股利或债券利息时,借记“银行存款”科目,贷记“应收股利”或“应收利息”科目。

【例 6-2】接例 6-1 资料。20×7 年 8 月 10 日,乙公司宣告分派现金股利,每股 0.20 元,8 月 20 日,甲公司收到分派的现金股利。

账务处理如下:

(1)20×7 年 8 月 10 日宣告分派现金股利时 ,应收股利=0.20×2 000 000=400 000(元)

| | | |
|---|---|---|
| 借:应收股利 | 400 000 | |
| 贷:投资收益 | | 400 000 |

(2)20×7 年 8 月 20 日收到股利时

| | | |
|---|---|---|
| 借:银行存款 | 400 000 | |
| 贷:应收股利 | | 400 000 |

(三)期末计量及处置

1.期末计量

根据企业会计准则的规定,对于以公允价值计量且其变动计入当期损益的金融资产,应按资产负债表日的公允价值反映,公允价值的变动计入当期损益。

资产负债表日,公允价值高于其账面价值时,应按二者之间的差额,调增交易性金融资产的账面价值,同时确认公允价值上升的收益,借记“交易性金融资产——公允价值变动”科目,贷记“公允价值变动损益”科目;公允价值低于其账面价值时,应按二者之间的差额,调减交易性金融资产的账面价值,同时确认公允价值下跌的损失,借记“公允价值变动损益”科目,贷记“交易性金融资产——公允价值变动”科目。

【例 6-3】接例 6-1 资料。20×7 年 6 月 30 日该股票每股市价为 3.2 元,至 12 月 31 日,甲公司仍持有该交易性金融资产,期末每股市价为 3.6 元。假定甲公司每年 6 月 30 日和 12 月 31 日对外提供财务报告。

账务处理如下:

(1)20×7 年 6 月 30 日,公允价值变动损益=2 000 000×3.2−6 000 000=400 000(元)

借:交易性金融资产——公允价值变动　　400 000

　贷:公允价值变动损益　　400 000

(2)20×7 年 12 月 31 日,公允价值变动损益=2 000 000×3.6−2 000 000×3.2=800 000(元)

借:交易性金融资产——公允价值变动　　800 000

　贷:公允价值变动损益　　800 000

2.处置

企业处置以公允价值计量且其变动计入当期损益的金融资产的主要会计问题，是正确确认处置损益。处置该金融资产时,应将其公允价值与初始入账金额之间的差额确认为投资收益,同时调整公允价值变动损益。

具体会计处理如下:按实际收到的处置价款,借记“银行存款”科目,按该交易性金融资产的初始成本,贷记“交易性金融资产——成本”科目,按该交易性金融资产的公允价值变动,贷记或借记“交易性金融资产——公允价值变动”科目,按其差额,贷记或借记“投资收益”科目。同时,将该交易性金融资产持有期间已确认的公允价值变动净损益,转入“投资收益”科目,借记或贷记“公允价值变动损益”科目,贷记或借记“投资收益”科目。

【例 6-4】接例 6-3、例 6-2 和例 6-1 资料。20×8 年 1 月 3 日,甲公司以 630 万元出售该交易性金融资产。

账务处理如下:

借:银行存款　　6 300 000

　投资收益　　900 000

　贷:交易性金融资产——成本　　6 000 000

　　　　　　　　——公允价值变动　　1 200 000

借:公允价值变动损益　　1 200 000

　贷:投资收益　　1 200 000

该交易性金融资产的累计损益=−6+40+40+80−120+30=64(万元)

【例 6-5】甲企业为工业生产企业,20×8 年 1 月 1 日,从二级市场购入某公司发行的债券,支付价款 2 040 000 元(含已到付息期但尚未领取的利息 40 000 元),另发生交易费用 40 000 元。该债券面值为2 000 000 元,剩余期限为 2 年,票面年利率为 4%,每半年付息一次,甲企业将其划分为交易性金融资产。其他资料如下:

(1)20×8 年 1 月 5 日,收到该债券 20×7 年下半年利息 40 000 元。

(2)20×8 年 6 月 30 日,该债券的公允价值为 2 300 000 元(不含利息)。

(3)20×8 年 7 月 5 日,收到该债券半年利息。

(4)20×8 年 12 月 31 日,该债券的公允价值为 2 200 000 元(不含利息)。

(5)20×9 年 1 月 5 日,收到该债券 20×8 年下半年利息。

(6)20×9 年 3 月 31 日,甲企业将该债券出售,取得价款 2 360 000 元(含 1 季度利息 20 000 元)。

假定不考虑其他因素。

要求:编制甲企业上述有关业务的会计分录。

(1)20×8 年 1 月 1 日,购入债券

| | | |
|---|---|---|
| 借:交易性金融资产——成本 | 2 000 000 | |
| 应收利息 | 40 000 | |
| 投资收益 | 40 000 | |
| 贷:银行存款 | | 2 080 000 |

(2)20×8 年 1 月 5 日,收到该债券 20×7 年下半年利息

| | | |
|---|---|---|
| 借:银行存款 | 40 000 | |
| 贷:应收利息 | | 40 000 |

(3)20×8 年 6 月 30 日,确认债券公允价值变动和投资收益

| | | |
|---|---|---|
| 借:交易性金融资产——公允价值变动 | 300 000 | |
| 贷:公允价值变动损益 | | 300 000 |
| 借:应收利息 | 40 000 | |
| 贷:投资收益 | | 40 000 |

(4) 20×8 年 7 月 5 日,收到该债券半年利息

| | | |
|---|---|---|
| 借:银行存款 | 40 000 | |
| 贷:应收利息 | | 40 000 |

(5)20×8 年 12 月 31 日,确认债券公允价值变动和投资收益

| | | |
|---|---|---|
| 借:公允价值变动损益 | 100 000 | |
| 贷:交易性金融资产——公允价值变动 | | 100 000 |
| 借:应收利息 | 40 000 | |
| 贷:投资收益 | | 40 000 |

(6) 20×9 年 1 月 5 日,收到该债券 20×8 年下半年利息

| | | |
|---|---|---|
| 借:银行存款 | 40 000 | |
| 贷:应收利息 | | 40 000 |

(7)20×9 年 3 月 31 日,将该债券予以出售

| | | |
|---|---|---|
| 借:银行存款 | 2 360 000 | |
| 公允价值变动损益 | 200 000 | |
| 贷:交易性金融资产——成本 | | 2 000 000 |
| ——公允价值变动 | | 200 000 |
| 投资收益 | | 360 000 |

# 第三节　持有至到期投资

## 一、持有至到期投资概述

持有至到期投资,是指到期日固定,回收金额固定或可确定,且企业有明确意图和能力

持有至到期的非衍生金融资产。通常情况下,能够划分为持有至到期投资的金融资产主要是债权性投资,比如从二级市场上购入的固定利率国债、浮动利率金融债券等。股权投资因其没有固定的到期日,因而不能划分为持有至到期投资。持有至到期投资通常具有长期性质,但对于期限较短(1年以内)的债券投资,若符合持有至到期投资条件,也可将其划分为持有至到期投资。

企业不能将下列非衍生金融资产划分为持有至到期投资:在初始确认时即被指定为以公允价值计量,且其变动计入当期损益的非衍生金融资产;在初始确认时被指定为可供出售的非衍生金融资产;符合贷款和应收款项的定义的非衍生金融资产。

企业在将金融资产划分为持有至到期投资时,应当注意把握其特征。

(一)该金融资产到期日固定、回收金额固定或可确定

"到期日固定、回收金额固定或可确定"是指相关合同明确了投资者在确定的期间内获得或应收取现金流量(如投资利息和本金等)的金额和时间。因此,从投资者角度看,如果不考虑其他条件,在将某项投资划分为持有至到期投资时,可以不考虑可能存在的发行方重大支付风险。

(二)企业有明确意图将该金融资产持有至到期

"有明确意图持有至到期"是指投资者在取得投资时,其意图就是明确的,除非遇到一些企业所不能控制,预期不会重复发生且难以合理预计的独立事项,否则将持有至到期。

存在下列情况之一的,表明企业没有明确意图将金融资产投资持有至到期:

1.持有该金融资产的期限不确定。

2.发生市场利率变化、流动性需要变化、替代投资机会及其投资收益率变化、融资来源和条件变化、外汇风险变化等情况时,将出售该金融资产。但是,无法控制,预期不会重复发生且难以合理预计的独立事项引起的金融资产出售除外。

3.该金融资产的发行方可以按照明显低于其摊余成本的金额清偿。

4.其他表明企业没有明确意图将该金融资产持有至到期的情况。

据此,对于发行方可以赎回的债务工具,如发行方行使赎回权,投资者仍可收回其几乎所有初始净投资(含支付的溢价和交易费用),那么投资者可以将此类投资划分为持有至到期投资。但是,对于投资者有权要求发行方赎回的债务工具投资,投资者不能将其划分为持有至到期投资。

(三)企业有能力将该金融资产持有至到期

"有能力持有至到期"是指企业有足够的财力资源,并不受外部因素影响而将投资持有至到期。

存在下列情况之一的,表明企业没有能力将具有固定期限的金融资产投资持有至到期:

1.没有可利用的财务资源持续地为该金融资产投资提供资金支持,以使该金融资产投资持有至到期。

2.受法律、行政法规的限制,使企业难以将该金融资产投资持有至到期。

3.其他表明企业没有能力将具有固定期限的金融资产投资持有至到期的情况。

企业应当于每个资产负债表日对持有至到期投资的意图和能力进行评价。发生变化的,

应当将其重分类为可供出售金融资产进行处理。

企业将某金融资产划分为持有至到期投资后，可能会发生到期前将该金融资产予以处置或重分类的情况。这种情况的发生,通常表明企业违背了将投资持有至到期的最初意图。

企业将尚未到期的某项持有至到期投资在本会计年度内出售或重分类为可供出售金融资产的金额,相对于该类投资(企业全部持有至到期投资)在出售或重分类前的总额较大时,则企业在处置或重分类后应立即将其剩余的持有至到期投资（全部持有至到期投资扣除已处置或重分类的部分)重分类为可供出售金融资产,且在本会计年度及以后两个完整的会计年度内不得再将该金融资产划分为持有至到期投资。但是,下列情况除外:

1.出售日或重分类日距离该项投资到期日或赎回日较近(如到期前三个月内),市场利率变化对该项投资的公允价值没有显著影响。

2.根据合同约定的定期偿付或提前还款方式收回该投资的几乎所有初始本金后,将剩余部分予以出售或重分类。

3.出售或重分类是由于企业无法控制,预期不会重复发生且难以合理预计的独立事项所引起的。此种情况主要包括:

(1)因被投资单位信用状况严重恶化,将持有至到期投资予以出售。

(2)因相关税收法规取消了持有至到期投资的利息税前可抵扣政策或显著减少了税前可抵扣金额,将持有至到期投资予以出售。

(3)因发生重大企业合并或重大处置,为保持现行利率风险头寸或维持现行信用风险政策,将持有至到期投资予以出售。

(4)因法律、行政法规对允许投资的范围或特定投资品种的投资限额作出重大调整,将持有至到期投资予以出售。

(5)因监管部门要求大幅度提高资产流动性,或大幅度提高持有至到期投资在计算资本充足率时的风险权重,将持有至到期投资予以出售。

【例 6-6】20×6 年 11 月,甲公司采用控股合并方式合并了乙公司,甲公司的管理层为此也作了调整。甲公司的新管理层认为,乙公司的某些持有至到期债券期限过长,合并完成后再将其划分为持有至到期投资不合理。为此,在购买日编制的合并资产负债表内,甲公司决定将这部分持有至到期债券重分类为可供出售金融资产。在这种情况下,甲公司在合并资产负债表内进行这种重分类没有违背划分为持有至到期投资所要求的“有明确意图和能力”。

值得说明的是，甲公司如果因为要合并乙公司而将其自身的持有至到期投资的较大部分予以出售,则违背了划分为持有至到期投资所要求的“有明确意图和能力”。

## 二、持有至到期投资的初始计量

持有至到期投资应当以取得时的公允价值和相关交易费用之和作为初始入账金额。对于实际支付的价款中包括的已到付息期但尚未领取的债券利息,应单独确认为应收项目。

具体会计处理如下:按该投资的面值,借记“持有至到期投资——成本”科目,按支付的价款中包含的已到付息期但尚未领取的利息,借记“应收利息”科目,按实际支付的金额,贷记“银行存款”等科目,按其差额借记或贷记“持有至到期投资——利息调整”科目。收到支付的价款中包含的已到付息期但尚未领取的利息,借记“银行存款”科目,贷记“应收利息”科目。

**【例 6-7】**A 公司于 20×7 年 1 月 1 日从证券市场上购入 B 公司于 20×6 年 1 月 1 日发行的债券,该债券为 5 年期,票面年利率为 5%,每年 12 月 31 日付息。A 公司购入债券的面值为 80 000 元,实际支付价款为 81 850 元,其中包含已到付息期但尚未领取的利息 4 000 元。A 公司购入该债券后将其划分为持有至到期投资。

其账务处理如下:

(1)购入债券时

借:持有至到期投资——B 公司债券(成本)　　80 000

　　应收利息　　4 000

　　贷:银行存款　　81 850

　　　　持有至到期投资——B 公司债券(利息调整)　　2 150

(2)收到债券利息时

借:银行存款　　4 000

　　贷:应收利息　　4 000

## 三、持有至到期投资利息收入的确认

持有至到期投资在持有期间应当按照摊余成本和实际利率计算确认利息收入，计入投资收益。实际利率应当在取得持有至到期投资时确定,实际利率与票面利率差别较小的,也可按票面利率计算利息收入,计入投资收益。

实际利率,应当在持有至到期投资初始确认时计算确定,并在该持有至到期投资预期存续期间或适用的更短期间内保持不变。实际利率,是指将金融资产或金融负债在预期存续期间或适用的更短期间内的未来现金流量，折现为该金融资产或金融负债当前账面价值所使用的利率。企业在确定实际利率时,应当在考虑金融资产或金融负债所有合同条款(包括提前还款权、看涨期权、类似期权等)的基础上预计未来现金流量,但不应考虑未来信用损失。

按照摊余成本和实际利率计算确认利息收入的方法称为实际利率法。企业应在持有至到期投资的持有期间，以持有至到期投资期初账面摊余成本乘以实际利率作为当期利息收入,计入投资收益;以当期投资收益与当期按票面利率计算确定的应收未收利息的差额作为当期账面成本摊销额。

具体会计处理如下:

1.持有至到期投资如为分期付息、一次还本债券投资,应将于资产负债表日按票面利率计算确定的应收未收的利息,借记“应收利息”科目,按持有至到期投资期初摊余成本和实际利率计算的利息收入,贷记“投资收益”科目,按其差额,借记或贷记“持有至到期投资——利息调整”科目。收到分期付息、一次还本持有至到期投资的持有期间的利息,借记“银行存款”科目,贷记“应收利息”科目。

2.持有至到期投资如为一次还本付息债券投资,应将于资产负债表日按票面利率计算确定的应收未收利息,借记“持有至到期投资——应计利息”科目,按持有至到期投资摊余成本和实际利率计算确定的利息收入,贷记“投资收益”科目,按其差额,借记或贷记“持有至到期期投资——利息调整”科目。

【例 6-8】A 公司于 2007 年 1 月 2 日从证券市场上购入 B 公司于 2007 年 1 月 1 日发行的债券,该债券为 3 年期,票面年利率为 4%,到期日为 2010 年 1 月 1 日,到期日一次归还本金和利息。A 公司购入债券的面值为 1 000 万元,实际支付的价款为 947.50 万元,另支付相关费用 20 万元。A 公司购入该债券后将其划分为持有至到期投资。购入债券的实际利率为 5%。假定按年计提利息,利息不是以复利计算的。

要求:编制 A 公司从 2007 年 1 月 2 日至 2010 年 1 月 1 日上述有关业务的会计分录。

(1)2007 年 1 月 2 日

借:持有至到期投资——成本　　10 000 000

　贷:银行存款　　9 675 000

　　持有至到期投资——利息调整　　325 000

(2)2007 年 12 月 31 日

应确认的投资收益为 967.50×5%=48.38 万元,持有至到期投资——利息调整为 48.38-1 000×4%=8.38 万元。

借:持有至到期投资——应计利息　　400 000

　持有至到期投资——利息调整　　83 800

　贷:投资收益　　483 800

(3)2008 年 12 月 31 日

应确认的投资收益为(967.50+48.38)×5%=50.79 万元,持有至到期投资——利息调整为 50.79-1 000×4%=10.79 万元。

借:持有至到期投资——应计利息　　400 000

　持有至到期投资——利息调整　　107 900

　贷:投资收益　　507 900

(4)2009 年 12 月 31 日

持有至到期投资——利息调整为 32.50-8.38-10.79=13.33 万元,投资收益为 40+13.33=53.33 万元。

借:持有至到期投资——应计利息　　400 000

　持有至到期投资——利息调整　　133 300

　贷:投资收益　　533 300

(8)2010 年 1 月 1 日

借:银行存款　　11 200 000

　贷:持有至到期投资——成本　　10 000 000

　　　　　　　　　——应计利息　　1 200 000

## 四、持有至到期投资重分类

因持有至到期投资部分出售或重分类的金额较大,且不属于企业会计准则所允许的例外情况,使该投资的剩余部分不再适合划分为持有至到期投资的,企业应当将该投资的剩余部分重分类为可供出售金融资产，并以公允价值进行后续计量。重分类日，该投资剩余部分的账面价值与其公允价值之间的差额计入所有者权益，在该可供出售金融资产发生减值或终止确认时转出，计入当期损益。

具体会计处理如下：在重分类日按投资的公允价值，借记“可供出售金融资产”科目，按投资的账面余额，贷记“持有至到期投资——成本”“持有至到期投资——应计利息”科目，贷记或借记“持有至到期投资——利息调整”科目，按其差额，贷记或借记“资本公积——其他资本公积”科目。已计提减值准备的，还应同时结转减值准备。

【例 6-9】20×7 年 3 月，由于贷款基准利率的变动和其他市场因素的影响，乙公司持有的，原划分为持有至到期投资的某公司债券价格持续下跌。为此，乙公司于 4 月 1 日对外出售该持有至到期债券投资 10%，收取价款 1 200 000 元(所出售债券的公允价值)。假定 4 月 1 日该债券出售前的账面余额(成本)为 10 000 000 元，不考虑债券出售等其他相关因素的影响。

乙公司相关的账务处理如下：

| | | |
|---|---|---|
| 借：银行存款 | 1 200 000 | |
| 　贷：持有至到期投资——成本 | | 1 000 000 |
| 　　投资收益 | | 200 000 |
| 借：可供出售金融资产——成本 | 10 800 000 | |
| 　贷：持有至到期投资——成本 | | 9 000 000 |
| 　　资本公积——其他资本公积 | | 1 800 000 |

假定 4 月 23 日，乙公司将该债券全部出售，收取价款 11 800 000 元，则乙公司相关账务处理如下：

| | | |
|---|---|---|
| 借：银行存款 | 11 800 000 | |
| 　贷：可供出售金融资产——成本 | | 10 800 000 |
| 　　投资收益 | | 1 000 000 |
| 借：资本公积——其他资本公积 | 1 800 000 | |
| 　贷：投资收益 | | 1 800 000 |

## 五、持有至到期投资减值

资产负债表日，持有至到期投资通常应以账面摊余成本计量。但有客观证据表明其发生减值时，应当将该金融资产的账面价值与预计未来现金流量现值之间的差额确认为减值损失，计入当期损益。

在考虑持有至到期投资的减值测试时，应当根据企业的实际情况，先将其分为单项金额大的金融资产，单独进行减值测试。对单项金额不大的金融资产，可以单独进行减值测试，也可以包括在具有类似信用风险特征的持有至到期投资组合中进行减值测试。单独测试未发现减值的持有至到期投资(包括单项金额大和不大的金融资产)，应当包括在具有类似信用风险特征的持有至到期投资组合中再进行减值测试。已单项确认减值损失的持有至到期投资，不应包括在具有类似信用风险特征的持有至到期投资组合中进行减值测试。

在实务中,企业可以根据具体情况确定单项金额大的标准。该项标准一经确定,应当一致运用,不得随意变更。

在预计未来现金流量现值时,应当按照该金融资产的原实际利率折现确定。原实际利率是初始确认该金融资产时计算确定的实际利率。即使合同条款因债务方或金融资产发行方发生财务困难而重新商定或修改,在确认减值损失时,仍用条款修改前所计算的该金融资产的原实际利率计算。

在确认减值损失后,如有客观证据表明该持有至到期投资价值已恢复,且客观上与确认该损失后发生的事项有关(如债务人的信用评级已提高等),原确认的减值损失应当予以转回,计入当期损益。但是,转回后的账面价值不应当超过假定不计提减值准备情况下该持有至到期投资在转回日的摊余成本。

具体会计处理如下:资产负债表日,持有至到期投资发生减值,按应减记的金额,借记"资产减值损失"科目,贷记"持有至到期投资减值准备"科目;已计提减值准备的持有至到期投资,若其价值以后又得以恢复的,应在原已计提的减值准备金额内,按恢复增加的金额,借记"持有至到期投资减值准备"科目,贷记"资产减值损失"科目。

【例 6-10】海天股份有限公司于 20×7 年 1 月 1 日(债券发行日)购入面值为 400 000 元,期限为 6 年,票面利率是 6%,每年 12 月 31 日付息的甲公司债券作为持有至到期投资。20×9 年 12 月 31 日,海天股份有限公司在对持有至到期投资进行减值测试时发现,因甲公司发生财务困难,所持有的甲公司债券预计只能收回分期支付的利息以及 90%的本金。该项持有至到期投资在初始确认时确定的实际利率为 5%,20×9 年 12 月 31 日,甲公司债券账面摊余成本为 410 000 元,则:

甲公司债券预计到期可收回本金=400 000×90%=360 000(元)

甲公司债券预计每年可收回利息=400 000×6%=24 000(元)

查复利现值系数和年仅现值系数表可知,3 年期、5%复利现值系数和年仅现值系数分别为 0.863 8 和 2.723 2。甲公司债券预计可收回本金和利息以 5%作为折现率计算的现值如下:

甲公司债券预计可收回本息的现值=360 000×0.863 8+24 000×2.723 2=376 324.8(元)

持有至到期投资减值准备=410 000−376 324.8=33 675.2(元)

借:资产减值损失　　33 675.2

　贷:持有至到期投资减值准备　　33 675.2

## 六、持有至到期投资的处置

处置持有至到期投资时,应将所取得价款与持有至到期投资账面价值之间的差额,计入投资收益。

具体会计处理如下:按实际收到的金额,借记"银行存款"科目,按持有至到期投资账面余额,贷记"持有至到期投资——成本""持有至到期投资——应计利息"科目,贷记或借记"持有至到期投资——利息调整"科目,按其差额,贷记或借记"投资收益"科目。已计提减值准备的,还应同时结转减值准备。

# 第四节　贷款和应收款项

## 一、贷款和应收款项概述

贷款和应收款项，是指在活跃市场中没有报价，回收金额固定或可确定的非衍生金融资产，比如金融企业发放的贷款和其他债权，但又不限于金融企业发放的贷款和其他债权。非金融企业持有的现金和银行存款，销售商品或提供劳务形成的应收款项，企业持有的其他企业的债权（不包括在活跃市场上有报价的债务工具）等，只要符合贷款和应收款项的定义，就可以将其划分为这一类。

企业不应当将下列非衍生金融资产划分为贷款和应收款项：

1.准备立即出售或在近期出售的非衍生金融资产，应将这类非衍生金融资产划分为交易性金融资产。

2.初始确认时被指定为以公允价值计量且其变动计入当期损益的非衍生金融资产。

3.初始确认时被指定为可供出售的非衍生金融资产。

4.因债务人信用恶化以外的原因，使持有方可能难以收回几乎所有初始投资的非衍生金融资产，如企业所持有的证券投资基金或类似的基金等。

贷款和应收款项泛指一类金融资产，主要是金融企业发放的贷款和其他债权，但不限于金融企业发放的贷款和其他债权。非金融企业持有的现金和银行存款，销售商品或提供劳务形成的应收款项，企业持有的其他企业的债权（不包括在活跃市场上有报价的债务工具）等，只要符合贷款和应收款项的定义，可以将其划分为这一类。划分为贷款和应收款项的金融资产，与划分为持有至到期投资的金融资产，其主要差别在于前者不是在活跃市场上有报价的金融资产，并且不像持有至到期投资那样在出售或重分类方面受到较多限制。如果某债务工具投资在活跃市场上没有报价，则企业不能将其划分为持有至到期投资。

## 二、贷款和应收款项的会计处理

贷款和应收款项的会计处理原则，与持有至到期投资大体相同。具体而言：

1.金融企业按当前市场条件发放的贷款，应以发放贷款的本金和相关交易费用之和作为初始确认金额。一般企业对外销售商品或提供劳务形成的应收债权，通常应以从购货方应收的合同或协议价款作为初始确认金额。

2.贷款持有期间所确认的利息收入，应当根据实际利率计算。实际利率应在取得贷款时确定，在该贷款预期存续期间或适用的更短期间内保持不变。实际利率与合同利率差别较小的，也可按合同利率计算利息收入。

3.企业收回或处置贷款或应收款项时，应将取得的价款与该贷款或应收款项账面价值之间的差额计入当期损益。

【例 6-11】20×6 年 1 月 1 日,E 银行向某客户发放一笔贷款 100 000 000 元,期限 2 年,合同利率 10%,按季计、结息。假定该贷款发放无交易费用,实际利率与合同利率相同,每半年对贷款进行减值测试一次。其他资料如下:

(1)20×6 年 3 月 31 日、6 月 30 日、9 月 30 日和 12 月 31 日,分别确认贷款利息 2 500 000 元。

(2)20×6 年 12 月 31 日,综合分析与该贷款有关的因素发现该贷款存在减值迹象,采用单项计提减值准备的方式确认减值损失 10 000 000 元。

(3)20×7 年 3 月 31 日,从客户处收到利息 1 000 000 元,且预期 20×7 年度第二季度末和第三季度末很可能收不到利息。

(4)20×7 年 4 月 1 日,经协商,E 银行从客户处取得一项房地产(固定资产)充作抵债资产,该房地产的公允价值为 85 000 000 元,自此 E 银行与客户的债权债务关系了结;相关手续办理过程中发生税费 200 000 元。

E 银行拟将其处置,不转作自用固定资产。在实际处置前暂时对外出租。

(5)20×7 年 6 月 30 日,从租户处收到上述房地产的租金 800 000 元。当日,该房地产的可变现净值为 84 000 000 元。

(6)20×7 年 12 月 31 日,从租户处收到上述房地产租金 1 600 000 元。E 银行当年为该房地产发生维修费用 200 000 元,并不打算再出租。

(7)20×7 年 12 月 31 日,该房地产的可变现净值为 83 000 000 元。

(8)20×8 年 1 月 1 日,E 银行将该房地产处置,取得价款 83 000 000 元,发生相关税费 1 500 000 元。

假定不考虑其他因素,E 银行的账务处理如下:

(1)发放贷款

借:贷款——本金　　100 000 000

　　贷:吸收存款　　100 000 000

(2)20×6 年 3 月 31 日、6 月 30 日、9 月 30 日和 12 月 31 日,分别确认贷款利息

借:应收利息　　2 500 000

　　贷:利息收入　　2 500 000

借:存放中央银行款项(或吸收存款)　　2 500 000

　　贷:应收利息　　2 500 000

(3)20×6 年 12 月 31 日,确认减值损失 10 000 000 元

借:资产减值损失　　10 000 000

　　贷:贷款损失准备　　10 000 000

借:贷款——已减值　　100 000 000

　　贷:贷款——本金　　100 000 000

此时,贷款的摊余成本为 100 000 000-10 000 000=90 000 000 元。

【补充】

确认减值后需要做两笔核算:①按减值后的贷款摊余成本计算确认以后期间的贷款利息

收入,同时借记“贷款损失准备”科目。②确认从客户处收到的利息,此时的利息收入应按实际收到的金额确认,同时因减值已经将贷款本金及未收到的利息全部转入“贷款——已减值”科目,收到的利息应该冲减“贷款——已减值”科目。实际收到的利息与原确认的应收利息金额不一定相等。

(4)20×7 年 3 月 31 日,确认从客户处收到利息 1 000 000 元

借:存放中央银行款项(或吸收存款)　　1 000 000

　　贷:贷款——已减值　　1 000 000

按实际利率法,以摊余成本为基础应确认的利息收入为 90 000 000×10%÷4=2 250 000 元。

借:贷款损失准备　　2 250 000

　　贷:利息收入　　2 250 000

此时,贷款的摊余成本为 90 000 000−1 000 000+2 250 000=91 250 000 元。

(5)20×7 年 4 月 1 日,收到抵债资产

借:抵债资产　　85 000 000

　　营业外支出　　6 450 000

　　贷款损失准备　　7 750 000

　　贷:贷款——已减值　　99 000 000

　　　　应交税费　　200 000

(6)20×7 年 6 月 30 日,从租户处收到上述房地产的租金 800 000 元

借:存放中央银行款项　　800 000

　　贷:其他业务收入　　800 000

确认抵债资产跌价准备为 85 000 000−84 000 000=1 000 000 元。

借:资产减值损失　　1 000 000

　　贷:抵债资产跌价准备　　1 000 000

(7)20×7 年 12 月 31 日,确认抵债资产租金等

借:存放中央银行款项　　1 600 000

　　贷:其他业务收入　　1 600 000

确认发生的维修费用 200 000 元

借:其他业务成本　　200 000

　　贷:存放中央银行款项等　　200 000

确认抵债资产跌价准备为 84 000 000−83 000 000=1 000 000 元。

借:资产减值损失　　1 000 000

　　贷:抵债资产跌价准备　　1 000 000

(8)20×8 年 1 月 1 日,确认抵债资产处理

借:存放中央银行款项　　83 000 000

　　抵债资产跌价准备　　2 000 000

　　营业外支出　　1 500 000

　　贷:抵债资产　　85 000 000

应交税费　　　　　　　　　　　　　　1 500 000

# 第五节　可供出售金融资产

## 一、可供出售金融资产概述

可供出售金融资产，是指初始确认时即被指定为可供出售的非衍生金融资产以及除下列各类资产以外的金融资产：贷款和应收款项，持有至到期投资，以公允价值计量且其变动计入当期损益的金融资产。例如，企业购入的在活跃市场上有报价的股票、债券和基金等，没有划分为以公允价值计量且其变动计入当期损益的金融资产或持有至到期投资等金融资产的，可归为此类。

可供出售金融资产可以重分类为持有至到期投资。

企业应当设置"可供出售金融资产"科目，核算持有的可供出售金融资产的公允价值，并按照可供出售金融资产类别和品种，分别以"成本""利息调整""应计利息""公允价值变动"等进行明细核算。

## 二、可供出售金融资产的初始计量

可供出售金融资产应当按取得金融资产的公允价值和相关税费之和作为初始确认金额。如果支付的价款中包含已宣告但尚未发放的现金股利或已到付息期但尚未领取的债券利息，应当将其单独确认为应收项目(应收股利或应收利息)。

具体会计处理如下：企业取得可供出售金融资产，应按其公允价值与交易费用之和，借记"可供出售金融资产——成本"科目，按支付的价款中包含的已宣告但尚未发放的现金股利，借记"应收股利"科目，按实际支付的金额，贷记"银行存款"等科目。企业取得的可供出售金融资产如为债券投资，应按债券的面值，借记"可供出售金融资产——成本"，按支付的价款中包含的已到付息期但尚未领取的利息，借记"应收利息"科目，按实际支付的金额，贷记"银行存款"等科目，按其差额，借记或贷记"可供出售金融资产——利息调整"科目。

收到支付的价款中包含的已宣告但尚未发放的现金股利或已到付息期但尚未领取的利息，借记"银行存款"科目，贷记"应收利息"或"应收股利"科目。

【例 6-12】乙公司于 20×6 年 7 月 13 日从二级市场购入股票 1 000 000 股，每股市价 15 元，手续费 30 000 元。初始确认时，将该股票划分为可供出售金融资产。乙公司至 20×6 年 12 月 31 日仍持有该股票，该股票当时的市价为 16 元。20×7 年 2 月 1 日，乙公司将该股票售出，售价为每股 13 元，另支付交易费用 30 000 元。

假定不考虑其他因素，乙公司的账务处理如下：

(1)20×6 年 7 月 13 日，购入股票

借：可供出售金融资产——成本　　　　　　　15 030 000

贷:银行存款　　15 030 000

(2)20×6 年 12 月 31 日,确认股票价格变动

借:可供出售金融资产——公允价值变动　　970 000

贷:资本公积——其他资本公积　　970 000

(3)20×7 年 2 月 1 日,出售股票

借:银行存款　　12 970 000

资本公积——其他资本公积　　970 000

投资收益　　2 060 000

贷:可供出售金融资产——成本　　15 030 000

——公允价值变动　　970 000

## 三、可供出售金融资产持有收益的确认

可供出售金融资产在持有期间收到的利息或现金股利,应当计入投资收益。

具体会计处理如下:

1.可供出售权益工具投资持有期间被投资单位宣告发放现金股利,按应享有的份额,借记“应收股利”科目,贷记“投资收益”科目;收到可供出售权益工具投资发放的现金股利,借记“银行存款”科目,贷记“应收股利”科目。

2.可供出售金融资产如为分期付息、一次还本债券投资,应按票面利率计算确定应收未收利息,借记“应收利息”科目,按可供出售债券摊余成本和实际利率计算确定的利息收入,贷记“投资收益”科目,按其差额,借记或贷记“可供出售金融资产——利息调整”科目,收到可供出售金融资产持有期间支付的利息,借记“银行存款”科目,贷记“应收利息”科目。可供出售金融资产如为一次还本付息债券投资,应于资产负债表日按票面利率计算确定应收未收的利息,借记“可供出售金融资产——应计利息”科目,按可供出售债券的摊余成本和实际利率计算确定的利息收入,贷记“投资收益”科目,按其差额,借记或贷记“可供出售金融资产——利息调整”科目。

## 四、可供出售金融资产的期末计量

### (一)可供出售金融资产公允价值变动

资产负债表日,可供出售金融资产以公允价值计量,公允价值变动计入“资本公积——其他资本公积”科目。

具体会计处理如下:资产负债表日,按可供出售金融资产公允价值大于账面余额(如可供出售金融资产为债券,即为其摊余成本)的金额,借记“可供出售金融资产——公允价值变动”科目,贷记“资本公积——其他资本公积”科目;公允价值低于其账面余额的,借记“资本公积——其他资本公积”科目,贷记“可供出售金融资产——公允价值变动”科目。

【例 6-13】20×7 年 1 月 1 日甲保险公司支付价款 1 028.24 万元购入某公司发行的 3 年期公司债券,该公司债券的票面总金额为 1 000 万元,票面利率为 4%,实际利率为 3%,利息每年末支付,本金到期支付。甲保险公司将该公司债券划分为可供出售金融资产。20×7 年 12

月31日,该债券的市场价格为1 000.09万元。

假定无交易费用和其他因素的影响,甲保险公司的账务处理如下:

(1)20×7年1月1日,购入债券

借:可供出售金融资产——成本　　10 000 000

　　　　　　　　　　——利息调整　　282 400

　贷:银行存款　　10 282 400

(2)20×7年12月31日,收到债券利息,确认公允价值变动

实际利息=1 028.24×3%=30.847 2≈30.85(万元)

年末摊余成本=1 028.24+30.85−40=1 019.09(万元)

借:应收利息　　400 000

　贷:投资收益　　308 500

　　可供出售金融资产——利息调整　　91 500

借:银行存款　　400 000

　贷:应收利息　　400 000

借:资本公积——其他资本公积　　90 000

　贷:可供出售金融资产——公允价值变动　　90 000

(二)可供出售金融资产减值

对于可供出售权益工具投资,其公允价值低于其成本本身不足以说明可供出售权益工具投资已发生减值,而应当综合相关因素判断该投资公允价值下降是否是严重或非暂时性下跌的。通常情况下,如果可供出售金融资产的公允价值发生较大幅度下降,或在综合考虑各种相关因素后,预期这种下降是属于非暂时性的,可以认定该可供出售金融资产已发生减值。

可供出售金融资产发生减值时,即使该金融资产没有终止确认,原直接计入所有者权益中的因公允价值下降形成的累计损失也应当予以转出,计入当期损益。该转出的累计损失,等于可供出售金融资产的初始取得成本扣除已收回本金、已摊余金额、当前公允价值、原已计入损益的减值损失后的余额。

对于已确认减值损失的可供出售债务工具,在随后的会计期间公允价值已上升且客观上与确认原减值损失后发生的事项有关的,原确认的减值损失应当予以转回,计入当期损益。

可供出售权益工具投资发生的减值损失,不得通过损益转回。但是,在活跃市场中没有报价且其公允价值不能可靠计量的权益工具投资,或与该权益工具挂钩并须通过交付该权益工具结算的衍生金融资产发生的减值损失,不得转回。

【例6-14】20×5年1月1日,A公司按面值从债券二级市场购入B公司发行的债券10 000张,每张面值100元,票面利率3%,划分为可供出售金融资产。20×5年12月31日,该债券的市场价格为每张100元。20×6年,B公司因投资决策失误,发生严重财务困难,但仍可支付该债券当年的票面利息。20×6年12月31日,该债券的公允价值下降为每张80元。A公司预计,如果B不采取措施,该债券的公允价值会持续下跌。20×7年,B公司调整产品结

构并整合其他资源,致使上年发生的财务困难大为好转。20×7 年 12 月 31 日,该债券的公允价值已上升至每张 95 元。

假定 A 公司初始确认该债券时计算确定的债券实际利率为 3%,且不考虑其他因素,则 A 公司有关的账务处理如下:

(1)20×5 年 1 月 1 日购入债券

借:可供出售金融资产——成本　　1 000 000

　贷:银行存款　　1 000 000

(2)20×5 年 12 月 31 日确认利息、公允价值变动

借:应收利息　　30 000

　贷:投资收益　　30 000

借:银行存款　　30 000

　贷:应收利息　　30 000

债券的公允价值变动为 0,故不做账务处理。

(3)20×6 年 12 月 31 日确认利息收入及减值损失

借:应收利息　　30 000

　贷:投资收益　　30 000

借:银行存款　　30 000

　贷:应收利息　　30 000

借:资产减值损失　　200 000

　贷:可供出售金融资产——公允价值变动　　200 000

由于该债券的公允价值预计会持续下跌,A 公司应确认减值损失。

(4)20×7 年 12 月 31 日确认利息收入及减值损失转回

应确认的利息收入=(期初摊余成本-发生的减值损失)×3%

=(1 000 000-200 000)×3%

=24 000(元)

借:应收利息　　30 000

　贷:投资收益　　24 000

　　可供出售金融资产——利息调整　　6 000

借:银行存款　　30 000

　贷:应收利息　　30 000

减值损失转回前,该债券的摊余成本为 1 000 000-200 000-6 000=794 000 元。20×7 年 12 月 31 日,该债券的公允价值为 950 000 元,应转回的金额为 950 000-794 000=156 000 元。

借:可供出售金融资产——公允价值变动　　156 000

　贷:资产减值损失　　156 000

**【例 6-15】**20×5 年 5 月 1 日,C 公司从股票二级市场以每股 15 元(含已宣告发放但尚未领取的现金股利 0.2 元)的价格购入 D 公司发行的股票 2 000 000 股,占 D 公司有表决权股

份的5%,对D公司无重大影响,C公司将该股票划分为可供出售金融资产。其他资料如下:

(1)20×5年5月10日,C公司收到D公司发放的上年现金股利400 000元。

(2)20×5年12月31日,该股票的市场价格为每股13元。C公司预计该股票的价格下跌是暂时的。

(3)20×6年,D公司因违反相关证券法规,受到证券监管部门查处。受此影响,D公司股票的价格发生下挫。至20×6年12月31日,该股票的市场价格下跌到每股6元。

(4)20×7年,D公司整改完成,加之市场宏观面好转,股票价格有所回升,至12月31日,该股票的市场价格上升到每股10元。

假定20×6年和20×7年均未分派现金股利,不考虑其他因素的影响,则D公司有关的账务处理如下:

(1)20×5年1月1日购入股票

借:可供出售金融资产——成本　　29 600 000
　应收股利　　400 000
　贷:银行存款　　30 000 000

(2)20×5年5月确认现金股利

借:银行存款　　400 000
　贷:应收股利　　400 000

(3)20×5年12月31日确认股票公允价值变动

借:资本公积——其他资本公积　　3 600 000
　贷:可供出售金融资产——公允价值变动　　3 600 000

(4)20×6年12月31日,确认股票投资的减值损失

借:资产减值损失　　17 600 000
　贷:资本公积——其他资本公积　　3 600 000
　　可供出售金融资产——公允价值变动　　14 000 000

(5)20×7年12月31日确认股票价格上涨

借:可供出售金融资产——公允价值变动　　8 000 000
　贷:资本公积——其他资本公积　　8 000 000

## 五、可供出售金融资产的处置

可供出售金融资产处置时,因可供出售金融资产公允价值变动而产生的"资本公积——其他资本公积"要转入"投资收益"科目。

【例6-16】20×7年5月6日,甲公司支付价款10 160 000元(含交易费用10 000元和已宣告但尚未发放的现金股利150 000元),购入乙公司发行的股票2 000 000股,占乙公司有表决权股份的0.5%。甲公司将其划分为可供出售金融资产。其他资料如下:

(1)20×7年5月10日,甲公司收到乙公司发放的现金股利150 000元。

(2)20×7年6月30日,该股票市价为每股5.2元。

(3)20×7年12月31日,甲公司仍持有该股票,当日,该股票市价为每股5元。

(4)20×8 年 5 月 9 日，乙公司宣告发放股利 40 000 000 元。

(5)20×8 年 5 月 13 日，甲公司收到乙公司发放的现金股利。

(6)20×8 年 5 月 20 日，甲公司以每股 4.9 元的价格将该股票全部转让。

假定不考虑其他因素的影响，甲公司的账务处理如下：

(1)20×7 年 5 月 6 日，购入股票

借：应收股利　　150 000

　可供出售金融资产——成本　　10 010 000

　贷：银行存款　　10 160 000

(2)20×7 年 5 月 10 日，收到现金股利

借：银行存款　　50 000

　贷：应收股利　　50 000

(3)20×7 年 6 月 30 日，确认股票的价格变动

借：可供出售金融资产——公允价值变动　　390 000

　贷：资本公积——其他资本公积　　390 000

(4)20×7 年 12 月 31 日，确认股票价格变动

借：资本公积——其他资本公积　　400 000

　贷：可供出售金融资产——公允价值变动　　400 000

(5)20×8 年 5 月 9 日，确认应收现金股利，即 40 000 000×0.5%=200 000(元)

借：应收股利　　200 000

　贷：投资收益　　200 000

(6)20×8 年 5 月 13 日，收到现金股利

借：银行存款　　200 000

　贷：应收股利　　200 000

(7)20×8 年 5 月 20 日，出售股票

借：银行存款　　9 800 000

　投资收益　　210 000

　可供出售金融资产——公允价值变动　　10 000

　贷：可供出售金融资产——成本　　10 010 000

　　资本公积——其他资本公积　　10 000

# 第七章 长期股权投资

## 第一节 长期股权投资的初始计量

### 一、长期股权投资的初始计量原则

长期股权投资在取得时,应按初始投资成本入账。长期股权投资的初始投资成本应分企业合并和非企业合并两种情况确定。

本章所指长期股权投资包括以下内容:

1.投资企业能够对被投资单位实施控制的权益性投资,即对子公司投资。

2.投资企业与其他合营方一同对被投资单位实施共同控制的权益性投资,即对合营企业投资。

3.投资企业对被投资单位具有重大影响的权益性投资即对联营企业投资。

4.投资企业持有的对被投资单位不具有共同控制或重大影响,并且在活跃市场中没有报价,公允价值不能可靠计量的权益性投资。

企业对长期股权投资,应当设置“长期股权投资”账户,反映企业长期股权投资增减变动和结存情况。该账户属于资产类账户,其借方登记长期股权投资的增加额,贷方登记长期股权投资的减少额,期末余额在借方,表示企业期末长期股权投资的持有额。

### 二、企业合并形成的长期股权投资

企业合并是指两个或者两个以上单独的企业合并形成一个报告主体的交易或事项。企业合并形成的长期股权投资,初始投资成本的确定应区分企业合并的类型,分同一控制下企业合并与非同一控制下企业合并确定形成长期股权投资的初始投资成本。

(一)同一控制下企业合并形成的长期股权投资

同一控制下的企业合并是指参与合并的企业在合并前后均受同一方或相同的多方最终控制且该控制并非暂时性的企业合并。对于同一控制下的企业合并,从能够对参与合并各方在合并前及合并后均实施最终控制的一方来看,最终控制方在企业合并前及合并后能够控制的资产并没有发生变化。合并方通过企业合并形成的对被合并方的长期股权投资，其成本代表的是在被合并方账面所有者权益中享有的份额。

1.合并方以支付现金、转让非现金资产或承担债务方式作为合并对价的，应当在合并日以取得被合并方所有者权益账面价值的份额作为长期股权投资的初始投资成本。长期股权投资的初始投资成本与支付的现金、转让的非现金资产及所承担债务账面价值之间的差额，应当调整资本公积(资本溢价或股本溢价)；资本公积(资本溢价或股本溢价)的余额不足冲减的，调整留存收益。

具体进行会计处理时，合并方在合并日按取得被合并方所有者权益账面价值的份额，借记“长期股权投资”科目，按应享有被投资单位已宣告但尚未发放的现金股利或利润，借记“应收股利”科目，按支付的合并对价的账面价值，贷记有关资产或借记有关负债科目，按其差额，贷记“资本公积——资本溢价或股本溢价”科目；如为借方差额，应借记“资本公积——资本溢价或股本溢价”科目，资本公积(资本溢价或股本溢价)不足冲减的，借记“盈余公积”“利润分配——未分配利润”科目。

2.合并方以发行权益性证券作为合并对价的，应以发行股份的面值总额作为股本，长期股权投资初始投资成本与所发行股份面值总额之间的差额，应当调整资本公积(资本溢价或股本溢价)；资本公积(资本溢价或股本溢价)不足冲减的，调整留存收益。

具体进行会计处理时，合并方在合并日应按取得被合并方所有者权益账面价值的份额，借记“长期股权投资”科目，按应享有被投资单位已宣告但尚未发放的现金股利或利润，借记“应收股利”科目，按发行权益性证券的面值贷记“股本”科目，按其差额，贷记“资本公积——资本溢价或股本溢价”科目；如为借方差额，应借记“资本公积——资本溢价或股本溢价”科目，资本公积(资本溢价或股本溢价)不足冲减的，借记“盈余公积”“利润分配——未分配利润”科目。

在上述按照合并日应享有被合并方账面所有者权益的份额，确定长期股权投资的初始投资成本时，前提是合并前合并方与被合并方采用的会计政策一致。企业合并前合并方与被合并方采用的会计政策不同的，应首先按照合并方的会计政策对被合并方资产、负债的账面价值进行调整，在此基础上计算确定形成长期股权投资的初始投资成本。

**【例 7-1】**甲公司和乙公司同为奥美集团的子公司，20×7 年 5 月 1 日，甲公司以银行存款 700 万元取得乙公司所有者权益的 80%，同日乙公司所有者权益的账面价值为 1 000 万元。

甲公司的会计账务处理如下：

(1)若甲公司支付银行存款 700 万元

| | | |
|---|---|---|
| 借：长期股权投资——乙公司 | 8 000 000 | |
| 　贷：银行存款 | | 7 000 000 |
| 　　资本公积——资本溢价 | | 1 000 000 |

(2)若甲公司支付银行存款 900 万元

| | | |
|---|---|---|
| 借：长期股权投资 | 8 000 000 | |
| 　资本公积——资本溢价 | 1 000 000 | |
| 　贷：银行存款 | | 9 000 000 |

如果资本公积不足冲减,则冲减留存收益。

【例 7-2】甲公司和乙公司同为奥美集团的子公司,20×7 年 5 月 1 日,甲公司发行 700 万普通股(每股面值 1 元)作为对价取得乙公司 80%的股权,同时乙公司账面净资产总额为 1 000 万元。

甲公司的账务处理如下:

| | |
|---|---|
| 借:长期股权投资——乙公司 | 8 000 000 |
| 贷:股本 | 7 000 000 |
| 资本公积——资本溢价 | 1 000 000 |

通过多次交换交易,分步取得股权最终形成企业合并的,在个别财务报表中,应当以持股比例计算的合并日应享有被合并方所有者权益份额作为该项投资的初始投资成本。初始投资成本与其原长期股权投资账面价值加上合并日取得进一步股份新支付对价的公允价值之和的差额,调整资本公积(资本溢价或股本溢价),资本公积不足冲减的,冲减留存收益。

(二)非同一控制下企业合并形成的长期股权投资

非同一控制下企业合并是指参与合并的各方在合并前后不受同一方或相同的多方最终控制的企业合并。非同一控制下企业合并,在购买日取得对其他参与合并企业控制权的一方为购买方,参与合并的其他企业为被购买方。购买日是指购买方实际取得对被购买方控制权的日期。

非同一控制下的企业合并, 购买方应将企业合并作为一项购买交易, 合理确定合并成本,作为长期股权投资的初始投资成本。购买方应当区别下列情况确定合并成本:

1.非同一控制下的企业合并中,购买方应当以确定的企业合并成本作为长期股权投资的初始投资成本。企业合并成本包括购买方付出的资产,发生或承担的负债,发行的权益性证券的公允价值之和。购买方为企业合并发生的审计、法律服务、评估咨询等中介费用以及其他相关管理费用,应于发生时计入当期损益;购买方作为合并对价发行的权益性证券或债务性证券的交易费用,应当计入权益性证券或债务性证券的初始确认金额。企业合并成本中包含的应自被投资单位收取的,已宣告但尚未发放的现金股利或利润,应作为应收股利进行核算。

非同一控制下的企业合并,投出资产为非货币性资产时,投出资产公允价值与其账面价值的差额应按不同的投出资产进行会计处理:

(1)投出资产为固定资产或无形资产,其差额计入营业外收入或营业外支出。

(2)投出资产为存货,按其公允价值确认主营业务收入或其他业务收入,按其成本结转主营业务成本或其他业务成本。

(3)投出资产为可供出售金融资产等投资的,其差额计入投资收益,同时应将可供出售金融资产持有期间公允价值变动确认的资本公积(其他资本公积)转入投资收益。

【例 7-3】海天股份有限公司和德祥公司为两个互相不联系的独立企业,合并之前不存在任何投资关系。20×7 年 3 月 1 日, 海天股份有限公司以一台固定资产和银行存款 2 000 万元向德祥公司投资,占德祥公司注册资本的 60%,该固定资产的账面原值为 1 000 万元,累计已计提折旧 300 万元,已计提减值准备 100 万元,公允价值为800 万元,发生固定资产清理费用10万元。不考虑其他相关税费。

海天公司的账务处理如下：

(1)转销参与合并的固定资产账面价值

借：固定资产清理　　600
　累计折旧　　300
　固定资产减值准备　　100
　贷：固定资产　　1 000

(2)支付清理费用

借：固定资产清理　　100 000
　贷：银行存款　　100 000

(3)确认长期股权投资初始成本

长期股权投资初始成本=2 000+800=2 800（万元）

资产增值收益=800−600−10=190(万元)

借：长期股权投资——德祥公司(成本)　　2 800
　贷：固定资产清理　　610
　　银行存款　　2 000
　　营业外收入　　190

**【例 7-4】**海天股份有限公司与德祥公司为两个独立企业，合并之前不存在任何投资关系。20×7 年 4 月 5 日，海天股份有限公司以存货和承担德祥公司的短期还贷义务换取德祥公司持有的丙公司股权，20×7 年 6 月 1 日合并日丙公司可辨认净资产公允价值 1 000 万元，海天股份有限公司取得60%的份额。海天股份有限公司投出存货的公允价值 400 万元，增值税 68 万元，账面成本 350 万元，承担归还贷款义务 200 万元。

海天股份有限公司的账务处理如下：

借：长期股权投资——德祥公司(成本)　　6 680 000
　贷：短期借款　　2 000 000
　　主营业务收入　　4 000 000
　　应交税费——应交增值税(销项税额)　　680 000

借：主营业务成本　　3 500 000
　贷：库存商品　　3 500 000

2.企业通过多次交易分步实现非同一控制下企业合并的，应当区分个别财务报表和合并财务报表进行相关会计处理。在个别财务报表中，应当以购买日之前所持被购买方的股权投资的账面价值与购买日新增投资成本之和，作为该项投资的初始投资成本；购买日之前持有的被购买方的股权涉及其他综合收益的，应当在处置该项投资时将与其相关的其他综合收益(例如可供出售金融资产公允价值变动计入资本公积的部分，下同)转入当期投资收益。在合并财务报表中，对于购买日之前持有的被购买方的股权，应当按照该股权在购买日的公允价值进行重新计量，公允价值与其账面价值的差额计入当期投资收益；购买日之前持有的被购买方的股权涉及其他综合收益的，与其相关的其他综合收益应当转为购买日所属当期投资收益。购买方应当在附注中披露其在购买日之前持有的被购买方的股权在购买日的公允价值、按照公允价值重新计量产生的相关利得或损失的金额。

## 三、企业合并以外其他方式取得的长期股权投资

除企业合并形成的长期股权投资应遵循特定的会计处理原则外，其他方式取得的长期股权投资,取得时初始投资成本的确定应遵循以下规定:

1.以支付现金取得的长期股权投资,应当以实际支付的购买价款作为长期股权投资的初始投资成本,包括购买过程中支付的手续费等必要支出。但所支付价款中包含的被投资单位已宣告但尚未发放的现金股利或利润应作为应收项目核算，不构成取得长期股权投资的成本。

【例 7-5】海天股份有限公司于 20×7 年 2 月 10 日,自公开市场中买入乙公司 20%的股份,实际支付价款 8 000 万元。另外,在购买过程中支付手续费等相关费用 200 万元。甲公司取得该部分股权后,能够对乙公司的生产经营决策施加重大影响。

甲公司应当以实际支付的购买价款作为取得长期股权投资的成本,其账务处理为:

借:长期股权投资　　82 000 000

　贷:银行存款　　82 000 000

2.以发行权益性证券方式取得的长期股权投资,其成本为所发行权益性证券的公允价值,但不包括自被投资单位收取的已宣告但尚未发放的现金股利或利润。

为发行权益性证券支付给有关证券承销机构等的手续费、佣金等与权益性证券发行直接相关的费用，不构成取得长期股权投资的成本。该部分费用按照《企业会计准则第 37 号——金融工具列报》的规定,应自权益性证券的溢价发行收入中扣除,权益性证券的溢价收入不足冲减的,应冲减盈余公积和未分配利润。

【例 7-6】20×7 年 3 月,A 公司通过增发 2 000 万股本公司普通股(每股面值 1 元)取得 B 公司 15%的股权,按照增发前后的平均股价计算,该 2 000 万股股票的公允价值为5 500 万元。为增发该部分股票,A 公司向证券承销机构等支付了 150 万元的佣金和手续费。假定 A 公司取得该部分股权后,能够对 B 公司的生产经营决策施加重大影响。

A 公司应当以所发行股票的公允价值作为取得长期股权投资的成本,账务处理为:

借:长期股权投资　　55 000 000

　贷:股本　　20 000 000

　　资本公积——股本溢价　　35 000 000

发行权益性证券过程中支付的佣金和手续费,应冲减权益性证券的溢价发行收入,账务处理为:

借:资本公积——股本溢价　　1 500 000

　贷:银行存款　　1 500 000

3.投资者投入的长期股权投资,应当以投资合同或协议约定的价值作为初始投资成本,但合同或协议约定的价值不公允的除外。

投资者投入的长期股权投资，是指投资者以其持有的对第三方的投资作为出资投入企

业，接受投资的企业原则上应当以投资各方在投资合同或协议中约定的价值作为取得投资的初始成本。

【例 7-7】海天股份有限公司的乙股东以其持有的 G 公司每股面值 1 元的普通股股票 250 万股作为资本金投入企业，投资协议约定的股权投资价值为 600 万元，可折换海天股份有限公司每股面值 1 元的普通股股票 200 万股。

海天股份有限公司应进行的账务处理为：

借：长期股权投资　　6 000 000

　贷：股本　　2 000 000

　　资本公积——股本溢价　　4 000 000

4.以债务重组、非货币性资产交换等方式取得的长期股权投资，其初始投资成本应按照《企业会计准则第 12 号——债务重组》和《企业会计准则第 7 号——非货币性资产交换》的规定确定。

### 四、投资成本中包含的已宣告尚未发放的现金股利或利润的处理

企业无论以何种方式取得长期股权投资，取得投资时，对于投资成本中包含的被投资单位已经宣告但尚未发放的现金股利或利润，应作为应收项目单独核算，不构成取得长期股权投资的初始投资成本。即企业在支付对价取得长期股权投资时，对于实际支付的价款中包含的对方已经宣告但尚未发放的现金股利或利润，应作为预付款，构成企业的一项债权，其与取得的对被投资单位的长期股权投资应作为两项金融资产。

## 第二节　长期股权投资的后续计量

长期股权投资在持有期间，根据投资企业对被投资单位的影响程度及是否存在活跃市场，公允价值能否可靠取得等进行划分，应当分别采用成本法及权益法进行核算。

### 一、长期股权投资的成本法

(一)成本法的定义及适用范围

成本法，是指投资按成本计价的方法。长期股权投资的成本法适用于以下情况：

1.企业能够对被投资单位实施控制的长期股权投资。

控制，是指有权决定一个企业的财务和经营政策，并能从该企业的经营活动中获取利益。控制一般存在于以下情况：一是投资企业直接拥有被投资单位 50%以上的表决权资本。二是投资企业直接拥有被投资单位 50%以下的表决权资本，但具有实质控制权。可通过以下情形判定：按照与其他投资者的协议，投资企业拥有被投资单位 50%以上表决权资本的控制权；根据章程或协议，投资企业有权控制被投资单位的财务和经营政策；有权任免被投资单位董事会等类似权力机构的多数成员；在被投资单位董事会或类似权力机构会议上有半数

以上投票权。

投资企业能够对被投资单位实施控制的,被投资单位为其子公司,投资企业应当将子公司纳入合并财务报表的合并范围。投资企业对子公司的长期股权投资,应当采用成本法核算,编制合并财务报表时按照权益法进行调整。

2.投资企业对被投资单位不具有共同控制或重大影响,且在活跃市场中没有报价,公允价值不能可靠计量的长期股权投资。

共同控制是指按照合同约定对某项经济活动共有的控制,仅在与该项经济活动相关的重要财务和经营政策需要分享控制权的投资方一致同意时存在。投资企业与其他方对被投资单位实施共同控制的,被投资单位为其合营企业。在确定是否构成共同控制时一般可以考虑将以下情况作为确定基础:

(1)任何一个合营方均不能单独控制合营企业的生产经营活动。

(2)涉及合营企业基本经营活动的决策需要各合营方一致同意。

(3)各合营方可能通过合同或协议的形式任命其中的一个合营方对合营企业的日常活动进行管理,但其必须在各合营方已经一致同意的财务和经营政策范围内行使管理权。

重大影响,是指对一个企业的财务和经营政策有参与决策的权力,但并不能够控制或者与其他方一起共同控制这些政策的制定。投资企业直接或通过子公司间接拥有被投资单位20%以上但低于50%的表决权股份时,一般认为对被投资单位具有重大影响。投资企业拥有被投资单位有表决权股份的比例低于20%的,一般认为对被投资单位不具有重大影响,但符合下列情况之一的,应认为对被投资单位具有重大影响:

(1)在被投资单位的董事会或类似权力机构中派有代表,并享有相应的实质性的参与决策权,投资企业可以通过该代表参与被投资单位经营政策的制定,达到对被投资单位施加重大影响。

(2)参与被投资单位的政策制定过程,包括股利分配政策等的制定。这种情况下,因可以参与被投资单位的政策制定过程,在制定政策过程中可以为其自身利益提出建议或意见,可以对被投资单位施加重大影响。

(3)与被投资单位之间发生重要交易。有关的交易因对被投资单位的日常经营具有重要性,进而在一定程度上可以影响到被投资单位的生产经营决策。

(4)向被投资单位派出管理人员。这种情况下,通过投资企业对被投资单位派出管理人员,管理人员有权力参与并负责被投资单位的财务和经营活动,从而能够对被投资单位施加重大影响。

(5)向被投资单位提供关键技术资料。被投资单位的生产经营需要依赖投资企业的技术或技术资料,表明投资企业对被投资单位具有重大影响。

在确定能否对被投资单位施加重大影响时,一方面应考虑投资企业直接或间接地持有被投资单位的表决权股份,同时要考虑企业及其他方持有的现行可执行潜在表决权在假定转换为对被投资单位的股权后产生的影响,如被投资单位发行的现行可转换的认股权证、股票期权及可转换公司债券等的影响,如果其在转换为对被投资单位的股权后,能够增加投资企业的表决权比例或是降低被投资单位其他投资者的表决权比例,从而使得投资企业能够参与被投资单位的财务和经营决策的，应当认为投资企业对被投资单位具有重大影响。

(二)成本法的核算

采用成本法核算的长期股权投资，初始投资或追加投资时，按照初始投资或追加投资的成本增加长期股权投资的账面价值。被投资单位宣告分派的现金股利或利润中，投资企业按应享有的部分确认为当期投资收益。

企业按照上述规定确认自被投资单位应分得的现金股利或利润后，应当考虑长期股权投资是否发生减值。在判断该类长期股权投资是否存在减值迹象时，应当关注长期股权投资的账面价值是否大于享有被投资单位净资产(包括相关商誉)账面价值的份额等类似情况。出现类似情况时，企业应当按照《企业会计准则第8号——资产减值》对长期股权投资进行减值测试，可收回金额低于长期股权投资账面价值的，应当计提减值准备。

**【例7-8】**A公司于20×8年1月取得对C公司5%的股权，成本为800万元。20×9年2月，A公司又以1200万元取得对C公司6%的股权。假定A公司对C公司的生产经营决策不具有重大影响或共同控制，且该投资不存在活跃的交易市场，公允价值无法取得。20×9年3月，C公司宣告分派现金股利，A公司按其持股比例可取得10万元。

A公司应进行的会计处理为：

| | | |
|---|---|---|
| 借：长期股权投资 | 8 000 000 | |
| 　　贷：银行存款 | | 8 000 000 |
| 借：长期股权投资 | 12 000 000 | |
| 　　贷：银行存款 | | 12 000 000 |
| 借：应收股利 | 100 000 | |
| 　　贷：投资收益 | | 100 000 |

## 二、长期股权投资的权益法

(一)权益法的定义及其适用范围

权益法，是指投资以初始投资成本计量后，在投资持有期间根据投资企业享有被投资单位所有者权益的份额的变动对投资的账面价值进行调整的方法。

投资企业对被投资单位具有共同控制或重大影响的长期股权投资，即对合营企业投资及对联营企业投资，应当采用权益法核算。

(二)权益法核算

权益法可以分为简单权益法、购买权益法和完全权益法。简单权益法是按被投资单位账面净利润乘以投资方投资持股比例确定长期股权投资和投资收益；购买权益法是在被投资单位账面净利润的基础上，调整投资时被投资单位可辨认资产公允价值和账面价值的差额对当期损益的影响计算被投资单位调整后净利润，在此基础上乘以投资持股比例确定长期股权投资和投资收益；完全权益法是在购买法的基础上，消除投资企业和被投资企业的内部交易。我国企业会计准则采用完全权益法。

1.初始投资成本的调整

投资企业取得对联营企业或合营企业的投资以后，对于取得投资时投资成本与应享有

被投资单位可辨认净资产公允价值份额之间的差额,应视情况分别处理:

(1)初始投资成本大于取得投资时应享有被投资单位可辨认净资产公允价值份额的,该部分差额从本质上是投资企业在取得投资的过程中,通过购买作价体现出的与所取得股权份额相对应的商誉及不符合确认条件的资产价值。这种情况不要求对长期股权投资的成本进行调整。

(2)初始投资成本小于取得投资时应享有被投资单位可辨认净资产公允价值份额的,两者之间的差额体现为双方在交易作价过程中转让方的让步,应将该部分经济利益流入作为收益处理,计入取得投资当期的营业外收入,同时调整增加长期股权投资的账面价值。

【例 7-9】海天股份有限公司以 2 000 万元现金取得 B 公司 40%的股权。

①如 B 公司可辨认净资产公允价值为 4 500 万元,则海天股份有限公司的账务处理为:

借:长期股权投资——B 公司(成本)　　20 000 000

　贷:银行存款　　20 000 000

注:商誉为 2 000-4 500×40%=200 万元,体现在长期股权投资成本中。

②如投资时 B 公司可辨认净资产的公允价值为 5 600 万元,则海天股份有限公司应进行的处理为:

借:长期股权投资——B 公司(成本)　　20 000 000

　贷:银行存款　　20 000 000

借:长期股权投资——B 公司(成本)　　2 400 000

　贷:营业外收入　　2 400 000

2. 投资损益的确认

投资企业取得长期股权投资后,应当按照应享有或应分担的被投资单位实现净利润或发生净亏损的份额(法规或章程规定不属于投资企业净损益的除外),调整长期股权投资的账面价值,并确认为当期投资损益。

在确认应享有或应分担被投资单位的净利润或净亏损时,在被投资单位账面净利润的基础上,应考虑以下因素的影响进行适当调整:

(1)被投资单位采用的会计政策及会计期间与投资企业不一致的,应按投资企业的会计政策及会计期间对被投资单位的财务报表进行调整。

(2)以取得投资时被投资单位固定资产、无形资产的公允价值为基础计提的折旧额或摊销额以及以投资企业取得投资时的公允价值为基础计算确定的资产减值准备金额等对被投资单位净利润的影响。

被投资单位个别利润表中的净利润是以其持有的资产、负债账面价值为基础持续计算的,而投资企业在取得投资时,是以被投资单位有关资产、负债的公允价值为基础确定投资成本的。长期股权投资的投资收益所代表的是被投资单位资产、负债在公允价值计量的情况下在未来期间通过经营产生的损益中归属于投资企业的部分。取得投资时有关资产、负债的公允价值与其账面价值不同的,未来期间,在计算归属于投资企业应享有的净利润或应承担的净亏损时,应以投资时被投资单位有关资产对投资企业的成本,即取得投资时的公允价值为基础计算确定,从而产生了需要对被投资单位账面净利润进行调整的情况。

在针对上述事项对被投资单位实现的净利润进行调整时，应考虑重要性原则，不具重要性的项目可不予调整。符合下列条件之一的，投资企业可以以被投资单位的账面净利润为基础，计算确认投资损益，同时应在会计报表附注中说明不能按照准则中的规定进行核算的原因：

①投资企业无法合理确定取得投资时被投资单位各项可辨认资产等的公允价值。②投资时被投资单位可辨认资产的公允价值与其账面价值相比，两者之间的差额不具重要性。③其他原因导致无法取得被投资单位的有关资料，不能按照准则中规定的原则对被投资单位的净损益进行调整。

**【例 7-10】**海天股份有限公司于 20×7 年 1 月 10 日购入天宇股份有限公司 30%的股份，购买价款为 3 250 万元，并自取得投资之日起派人参与天宇股份有限公司的生产经营决策。取得投资当日，天宇股份有限公司可辨认净资产公允价值为 9 500 万元，除表 7-1 所列项目外，天宇股份有限公司其他资产、负债的公允价值与账面价值相同。

**表 7-1　天宇股份有限公司部分资产的公允价值**

单位：万元

| 项目 | 账面原价 | 已提折旧或摊销 | 公允价值 | 天宇股份有限公司预计使用年限 | 海天股份有限公司取得投资后剩余使用年限 |
|---|---|---|---|---|---|
| 存货 | 600 | | 900 | | |
| 固定资产 | 2 000 | 400 | 2 400 | 20 | 12 |
| 无形资产 | 1 200 | 150 | 1 000 | 8 | 8 |
| 合计 | 3 800 | 550 | 4 300 | | |

假定天宇股份有限公司于 20×7 年实现净利润 900 万元，其中在海天股份有限公司取得投资时的账面存货有 70%对外出售。海天股份有限公司与天宇股份有限公司的会计年度及采用的会计政策相同。固定资产、无形资产均按直线法提取折旧或摊销，预计净残值均为 0。海天股份有限公司与天宇股份有限公司之间未发生任何内部交易。

海天股份有限公司在确定其应享有的投资收益时，应在天宇股份有限公司实现净利润的基础上，根据取得投资时天宇股份有限公司有关资产的账面价值与其公允价值差额的影响进行调整(假定不考虑所得税影响)：

存货账面价值与公允价值的差额应调整减少的利润=(900−600)×70%=210(万元)

固定资产公允价值与账面价值差额应调整减少的折旧额=2 400÷12−2 000÷20=100(万元)

无形资产公允价值与账面价值差额应调整增加的摊销额=1 200÷8−1 000÷8=25(万元)

调整后的净利润=900−210−100+25=615(万元)

海天股份有限公司应享有份额=615×30%=184.50(万元)

确认投资收益的账务处理为：

借：长期股权投资——天宇股份有限公司(损益调整)　　1 845 000

　贷：投资收益　　1 845 000

若考虑所得税影响，假定税率为 25%。

调整后的净利润=900-(210+100-25)×(1-25%)= 686.25(万元)

海天股份有限公司应享有份额=686.25×30%=205.875(万元)

(3)除考虑公允价值的调整外,对于投资企业与其联营企业及合营企业之间发生的未实现内部交易损益应予抵消。即对于投资企业与联营企业及合营企业之间发生的未实现内部交易损益,按照持股比例计算归属于投资企业的部分应当予以抵消,在此基础上确认投资损益。投资企业与被投资单位发生的内部交易损失,按照《企业会计准则第 8 号——资产减值》等规定属于资产减值损失的,应当全额确认。投资企业对于纳入其合并范围的子公司与其联营企业及合营企业之间发生的内部交易损益,也应当按照上述原则进行抵消,在此基础上确认投资损益。

应当注意的是,该未实现内部交易损益的抵消既包括顺流交易也包括逆流交易,其中,顺流交易是指投资企业向其联营企业或合营企业出售资产,逆流交易是指联营企业或合营企业向投资企业出售资产。当该未实现内部交易损益体现在投资企业或其联营企业、合营企业持有的资产账面价值中时,相关的损益在计算确认投资损益时应予抵消。

①对于联营企业或合营企业向投资企业出售资产的逆流交易,在该交易存在未实现内部交易损益的情况下(有关资产未对外部独立第三方出售),投资企业在采用权益法计算确认应享有联营企业或合营企业的投资损益时,应抵消该未实现内部交易损益的影响。当投资企业自其联营企业或合营企业购买资产时,在将该资产出售给外部独立第三方之前,不应确认联营企业或合营企业因该交易产生的损益中本企业应享有的部分。

因逆流交易产生的未实现内部交易损益,在未对外部独立第三方出售之前,体现在投资企业持有资产的账面价值当中。投资企业对外编制合并财务报表的,应在合并财务报表中对长期股权投资及包含未实现内部交易损益的资产账面价值进行调整,抵消有关资产账面价值中包含的未实现内部交易损益,并相应调整对联营企业或合营企业的长期股权投资。

【例 7-11】海天股份有限公司于 20×8 年 1 月取得乙公司 20%有表决权股份,能够对天宇股份有限公司施加重大影响。假定海天股份有限公司取得该项投资时,天宇股份有限公司各项可辨认资产、负债的公允价值与其账面价值相同。20×8 年 11 月,天宇股份有限公司将其成本为 1 000 万元的某商品以 1 600 万元的价格出售给海天股份有限公司,海天股份有限公司将取得的商品作为存货。至 20×8 年资产负债表日,海天股份有限公司未对外出售该存货。天宇股份有限公司 20×8 年实现净利润 2 600 万元。假定不考虑所得税因素的影响。

海天股份有限公司在按照权益法确认应享有天宇股份有限公司 20×8 年净损益时,应进行以下会计处理:

借:长期股权投资——天宇股份有限公司(损益调整)　　4 000 000

　　贷:投资收益　　4 000 000

进行上述处理后,海天股份有限公司如有子公司,需要编制合并财务报表,在其 20×8 年合并财务报表中,因该未实现内部交易体现在投资企业持有存货的账面价值当中,应在合并财务报表中进行以下调整:

借:长期股权投资——天宇股份有限公司(损益调整)　　1 200 000

贷:存货 1 200 000

应当说明的是,在合并财务报表中进行调整实际上是实体观的体现。也就是说,把合并财务报表的会计主体看作包含联营、合营企业中母公司所占权益份额在内的一个完整主体,但联营、合营企业因为对其没有控制,不能采用常规的合并报表方式进行处理,只能采用“单行合并”处理。相当于先把联营、合营企业净资产和净利润(抵消内部交易前)的份额加总到合并工作底稿中,然后再将内部交易中对应于母公司持股比例的部分予以抵消。抵消时,对于母公司一方仍使用正常的会计科目,但对于联营、合营企业一方则以“长期股权投资”和“投资收益”分别取代其联营、合营企业报表上的“净资产类”和“损益类”的具体会计科目。

上例中在合并财务报表中进行调整可以理解为,先按照抵消内部交易未实现损益前的子公司净利润和净资产确认投资收益:

借:长期股权投资——损益调整 5 200 000

贷:投资收益 5 200 000

然后,抵消内部交易未实现损益:

未实现利润体现为投资企业公司账面上存货的虚增,因此要冲减存货;同时体现为合营、联营企业账面上收入、成本和毛利的虚增,但因为合营、联营企业的利润表不纳入合并范围,所以以“投资收益”取代收入和成本项目:

借:投资收益 1 200 000

贷:存货 1 200 000

上述两笔分录合并后,与例 7-12 相同。

假定在 20×9 年,海天股份有限公司将该商品以 2 000 万元的价格对外部独立第三方出售,因该部分内部交易损益已经实现,海天股份有限公司在确认应享有天宇股份有限公司 20×9 年净损益时,应考虑将原未确认的该部分内部交易损益计入投资收益,即应在考虑其他因素计算确定的投资损益基础上调整增加 120 万元。

②对于投资企业向联营企业或合营企业出售资产的顺流交易,在该交易存在未实现内部交易损益的情况下(有关资产未对外部独立第三方出售),投资企业在采用权益法计算确认应享有联营企业或合营企业的投资损益时,应抵消该未实现内部交易损益的影响,同时调整对联营企业或合营企业长期股权投资的账面价值。当投资企业向联营企业或合营企业出资或是将资产出售给联营企业或合营企业,同时有关资产由联营企业或合营企业持有时,投资方因投出或出售资产应确认的损益仅限于与联营企业或合营企业其他投资者交易的部分。即在顺流交易中,投资方投出资产或出售资产给其联营企业或合营企业产生的损益中,按照持股比例计算确定归属于本企业的部分不予确认。

**【例 7-12】**甲企业持有乙公司 20%有表决权股份,能够对乙公司生产经营决策施加重大影响。20×8 年,甲公司将其账面价值为 600 万元的商品以 1 000 万元的价格出售给乙公司。至 20×8 年资产负债表日,该批商品尚未对外部第三方出售。假定甲企业取得取该项投资时,乙公司各项可辨认资产、负债的公允价值与其账面价值相同,两者在以前期间未发生过内部交易。乙公司 20×8 年净利润为 2 000 万元。假定不考虑所得税因素。

甲企业在该项交易中实现利润 400 万元,其中 80 万元(400 万元×20%)是针对本企业

持有的对联营企业的权益份额,在采用权益法计算确认投资损益时应予抵消,即甲企业应当进行的账务处理为:

借:长期股权投资——损益调整　　3 200 000
　贷:投资收益　　3 200 000

甲企业如需编制合并财务报表,在合并财务报表中对该未实现内部交易损益应在个别报表已确认投资损益的基础上进行以下调整:

借:营业收入　　2 000 000
　贷:营业成本　　1 200 000
　　投资收益　　800 000

上例在合并财务报表中进行调整可以理解为,先按照抵消内部交易未实现损益前的子公司净利润和净资产确认投资收益:

借:长期股权投资——损益调整　　4 000 000
　贷:投资收益　　4 000 000

然后,抵消内部交易未实现损益:

未实现利润体现为合营、联营企业账面上存货的虚增,因此要抵消长期股权投资(替代合营、联营企业的存货),同时抵消投资企业的营业收入、营业成本。

借:营业收入　　2 000 000
　贷:营业成本　　1 200 000
　　长期股权投资——损益调整　　800 000

上述两笔分录合并后,与例 7-13 相同。

应当说明的是,投资企业与其联营企业及合营企业之间发生的,无论是顺流交易还是逆流交易产生的未实现内部交易损失,属于所转让资产发生减值损失的,有关的未实现内部交易损失不应予以抵消。

3.取得现金股利或利润的处理

按照权益法核算的长期股权投资,投资企业自被投资单位取得的现金股利或利润,应抵减长期股权投资的账面价值。在被投资单位宣告分派现金股利或利润时,借记“应收股利”科目,贷记“长期股权投资——损益调整”科目;自被投资单位取得的现金股利或利润超过已确认损益调整的部分应视同投资成本的收回,冲减长期股权投资的账面价值。

4.超额亏损的确认

按照权益法核算的长期股权投资,投资企业确认应分担被投资单位发生的损失,原则上应以长期股权投资及其他实质上构成对被投资单位净投资的长期权益减记至 0 为限,投资企业负有承担额外损失义务的除外。这里所讲“其他实质上构成对被投资单位净投资的长期权益”通常是指长期应收项目,比如,企业对被投资单位的长期债权,该债权没有明确的清收计划,且在可预见的未来期间不准备收回,实质上构成对被投资单位的净投资,但不包括投资企业与被投资单位之间因销售商品、提供劳务等日常活动所产生的长期债权。

投资企业在确认应分担被投资单位发生的亏损时,具体应按照以下顺序处理:

首先,减记长期股权投资的账面价值。

其次，在长期股权投资的账面价值减记至0的情况下，对于未确认的投资损失，考虑除长期股权投资以外，账面上是否有其他实质上构成对被投资单位净投资的长期权益项目。如果有，则应以其他长期权益的账面价值为限，继续确认投资损失，冲减长期应收项目等的账面价值。

最后，经过上述处理，按照投资合同或协议约定，投资企业仍需要承担额外损失弥补等义务的，应按预计将承担的义务金额确认预计负债，计入当期投资损失。

企业在实务操作过程中，在发生投资损失时，应借记"投资收益"科目，贷记"长期股权投资——损益调整"科目。在长期股权投资的账面价值减记至0以后，考虑其他实质上构成对被投资单位净投资的长期权益。继续确认的投资损失，应借记"投资收益"科目，贷记"长期应收款"科目；因投资合同或协议约定导致投资企业需要承担额外义务的，按照或有事项准则的规定，对于符合确认条件的义务，应确认为当期损失，同时确认预计负债，借记"投资收益"科目，贷记"预计负债"科目。

在确认了有关的投资损失以后，被投资单位于以后期间实现盈利的，应按以上相反顺序分别减记已确认的预计负债，恢复其他长期权益及长期股权投资账面价值，同时确认投资收益。即应当按顺序分别借记"预计负债""长期应收款""长期股权投资"科目，贷记"投资收益"科目。

**【例7-13】**海天股份有限公司持有S公司30%的股权，采用权益法核算。由于S公司持续亏损，海天股份有限公司在确认了20×3年度的投资损失后，该项股权投资的账面价值已减至400万元，其中，"长期股权投资——S公司(成本)"账户借方余额2 400万元，"长期股权投资——S公司(损益调整)"账户贷方余额2 000万元。海天股份有限公司未对该项投资计提减值准备。除对S公司的长期股权投资外，海天股份有限公司还有一笔S公司金额为200万元的应收长期债权，该项债券没有明确的清收计划，且在可预见的未来期间不准备收回。20×4年度S公司继续亏损，当年亏损额为1 500万元；20×5年度S公司仍然亏损，当年亏损额为800万元；20×6年度S公司经过资产重组，经营状况良好，当年取得净收益300万元；20×7年S公司经营状况进一步好转，当年取得净收益600万元；20×8年度S公司取得净收益1 000万元；20×9年取得净收益1 500万元。

海天股份有限公司的账务处理为：

(1)确认20×4年应分担的亏损额

应分担的亏损额=1 500×30%=450(万元)

| | | |
|---|---|---|
| 借：投资收益 | 4 500 000 | |
| 贷：长期股权投资——S公司(损益调整) | | 4 000 000 |
| 长期应收款——S公司 | | 500 000 |

(2)确认20×5年应分担的亏损额

应分担的亏损额=800×30%=240(万元)

| | | |
|---|---|---|
| 借：投资收益 | 1 500 000 | |
| 贷：长期应收款——S公司 | | 1 500 000 |

(3)确认20×6年应享有的收益金额

应享有的收益金额=300×30%=90(万元)

由于海天股份有限公司20×5年未确认的应分担亏损金额为90万元,20×6年应享有的收益金额正好抵消该未确认的应分担亏损金额,因此,不恢复长期应收款及长期股权投资的账面价值,不做正式的账务处理,但要在备查登记簿中抵消未确认的应分担亏损金额90万元。

(4)确认20×7年应享有的收益金额

应享有的收益金额=600×30%=180(万元)

由于20×6年海天股份有限公司抵消了以前年度的未确认应分担亏损金额,故海天股份有限公司应首先恢复长期应收款的账面价值。

借:长期应收款——S公司　　1 800 000

　贷:投资收益　　1 800 000

(5)确认20×8年应享有的收益金额

应享有的收益金额=1 000×30%=300(万元)

由于当年应享有的收益金额超过了尚未恢复的长期应收款的账面价值,故在完全恢复了长期应收款的账面价值后,应按超过部分继续恢复长期股权投资的账面价值。

借:长期应收款——S公司　　200 000

　长期股权投资——S公司(损益调整)　　2 800 000

　贷:投资收益　　3 000 000

(6)确认20×9年应享有的收益金额

应享有的收益金额=1 500×30%=450(万元)

借:长期股权投资——S公司(投资损益)　　4 500 000

　贷:投资收益　　4 500 000

5.被投资单位除净损益以外所有者权益的其他变动

采用权益法核算时,投资企业对于被投资单位除净损益以外所有者权益的其他变动,在持股比例不变的情况下,应按照持股比例与被投资单位除净损益以外所有者权益的其他变动中归属于本企业的部分,相应调整长期股权投资的账面价值,同时增加或减少资本公积。

【例7-14】海天股份有限公司持有A公司30%的股份,采用权益法核算。20×7年12月21日,A公司持有的一项成本为1 000万元的可供出售金融资产,公允价值升至1 200万元。A公司按公允价值超过成本的差额200万元调增该项可供出售金融资产的账面价值,并计入资本公积。

借:长期股权投资——D公司(其他权益变动)　　600 000

　贷:资本公积——其他资本公积　　600 000

6.股票股利的处理

被投资单位分派的股票股利,投资企业不做账务处理,但应于除权日注明所增加的股数,以反映股份的变化情况。

## 三、长期股权投资减值

长期股权投资在按照规定进行核算确定其账面价值的基础上,如果存在减值迹象,应当按照相关准则的规定计提减值准备。其中对子公司、联营企业及合营企业的投资，应当按照《企业会计准则第8号——资产减值》的规定确定其可收回金额及应予计提的减值准备；企业持有的对被投资单位不具有共同控制或重大影响，在活跃市场中没有报价，公允价值不能可靠计量的长期股权投资，应当按照《企业会计准则第22号——金融工具确认和计量》的规定确定其可收回金额及应予计提的减值准备。上述有关长期股权投资的减值准备在提取以后，均不允许转回。

## 四、长期股权投资方法的转换

1.权益法转为成本法。投资企业因为减少投资等原因对被投资单位不再具有共同控制或重大影响的，并且在活跃市场中没有报价，公允价值不能可靠计量的长期股权投资，应当改按成本法核算，并以权益法下长期股权投资的账面价值作为按照成本法核算的初始投资成本。

2.成本法转为权益法。因追加投资等原因能够对被投资单位实施共同控制或重大影响但不构成控制的，应当改按权益法核算，并以成本法下长期股权投资的账面价值或按《企业会计准则第22号——金融工具确认和计量》确定的投资账面价值作为按照权益法核算的初始投资成本。若该初始投资成本小于转换时应享有被投资单位可辨认净资产公允价值的份额，则应将其差额计入当期损益(营业外收入)，同时调整初始投资成本。

## 五、长期股权投资的处置

企业处置长期股权投资时，应相应结转与所售股权相对应的长期股权投资的账面价值，对于出售所得价款与处置长期股权投资账面价值之间的差额，应确认为处置损益。

采用权益法核算的长期股权投资，原计入资本公积中的金额，在处置时亦应进行结转，将与所出售股权相对应的部分在处置时自资本公积转入当期损益。

【例7-15】海天股份有限公司对持有的S公司股份采用权益法核算。2007年4月12日，海天股份有限公司将持有的S公司股份全部转让，收到转让价款3 500万元，其中包括海天股份有限公司应收S公司已宣告但尚未发放的现金股利250万元。转让日，该项股份投资的账面价值为2 650万元，其中，成本1 500万元，损益调整(借方)1 000万元，其他权益变动(借方)150万元。

其账务处理为：

| | | |
|---|---|---|
| 借：银行存款 | 35 000 000 | |
| 贷：长期股权投资——S公司(成本) | | 15 000 000 |
| ——S公司(损益调整) | | 10 000 000 |
| ——S公司(其他权益变动) | | 1 500 000 |
| 应收股利 | | 2 500 000 |
| 投资收益 | | 6 000 000 |
| 借：资本公积——其他资本公积 | 1 500 000 | |
| 贷：投资收益 | | 1 500 000 |

# 第八章 资产减值

## 第一节 资产减值概述

资产减值,是指资产的可收回金额低于其账面价值。当企业资产的可收回金额低于其账面价值时,即表明资产发生了减值,企业应当确认资产减值损失,并把资产的账面价值减记至可收回金额。

企业所有的资产在发生减值时,原则上都应当及时加以确认和计量,但由于不同资产特性不同,其减值会计处理也有所不同,因而所适用的具体准则也不尽相同。本章主要涉及了企业非流动资产的减值问题,具体包括以下资产的减值:

1.对子公司、联营企业和合营企业的长期股权投资。

2.采用成本模式进行后续计量的投资性房地产。

3.固定资产。

4.生产性生物资产。

5.无形资产。

6.商誉。

7.探明石油天然气矿区权益、井及相关设施等。

企业在资产负债表日应当判断资产是否存在可能发生减值的迹象,如果资产存在减值迹象,应当进行减值测试,估计资产的可收回金额。可收回金额低于账面价值的,应当按照可收回金额低于账面价值的金额,计提减值准备。

资产可能发生减值的迹象主要可从外部信息来源和内部信息来源两个方面加以判断:

从企业外部信息来源来看,如果出现了资产的市价在当期大幅度下跌,其跌幅明显高于因时间的推移或者正常使用而预计的下跌;企业经营所处的经济、技术或者法律等环境以及资产所处的市场在当期或者将在近期发生重大变化,从而对企业产生不利影响;市场利率或者其他市场投资报酬率在当期已经提高,从而影响企业计算资产预计未来现金流量现值的折现率,导致资产可收回金额大幅度降低等,均属于资产可能发生减值的迹象,企业需要据此估计资产的可收回金额,决定是否需要确认减值损失。

从企业内部信息来源来看,如果有证据表明资产已经陈旧过时或者其实体已经损坏;资产已经或者将被闲置、终止使用或者计划提前处置;企业内部报告的证据表明资产的经济绩效已经低于或者将低于预期,如资产所创造的净现金流量或者实现的营业利润远远低于原来的预算或者预计金额,资产发生的营业损失远远高于原来的预算或者预计金额,资产在建造或者收购时所需的现金支出远远高于最初的预算,资产在经营、维护中所需的现金支出远远高于最初的预算等,均属于资产可能发生减值的迹象。

上述列举的资产减值迹象并不能穷尽所有的减值迹象,企业应当根据实际情况来认定资产可能发生减值的迹象。有确凿证据表明资产存在减值迹象的,应当在资产负债表日进行减值测试,估计资产的可收回金额。资产存在减值迹象是资产需要减值测试的必要前提,但是有两项资产除外,即因企业合并形成的商誉和使用寿命不确定的无形资产。因企业合并所形成的商誉和使用寿命不确定的无形资产在后续计量中不再进行摊销,但是考虑到这两类资产的价值和产生的未来经济利益有较大的不确定性,为了避免资产价值高估,及时确认商誉和使用寿命不确定的无形资产的减值损失,如实反映企业财务状况和经营成果,对于这两类资产,企业至少应当于每年年度终了进行减值测试。

## 第二节 资产可收回金额的计量

### 一、估计资产可收回金额的基本方法

资产存在减值迹象的,应当估计其可收回金额,然后将所估计的资产可收回金额与其账面价值相比较,以确定资产是否发生了减值以及是否需要计提资产减值准备并确认相应的减值损失。在估计资产可收回金额时,原则上应当以单项资产为基础,如果企业难以对单项资产的可收回金额进行估计,应当以该资产所属的资产组为基础确定资产组的可收回金额。有关资产组的认定及其减值处理将在本章第四节中阐述。

资产可收回金额的估计,应当根据其公允价值减去处置费用后的净额与资产预计未来现金流量的现值两者之间较高者确定。因此,要估计资产的可收回金额,通常需要同时估计该资产的公允价值减去处置费用后的净额和资产预计未来现金流量的现值,但是在下列情况下,可以有例外或者做特殊考虑:

1.资产的公允价值减去处置费用后的净额与资产预计未来现金流量的现值,只要有一项超过了资产的账面价值,就表明资产没有发生减值,不需再估计另一项金额。

2.没有确凿证据或者理由表明资产预计未来现金流量现值显著高于其公允价值减去处置费用后的净额的,可以将资产的公允价值减去处置费用后的净额视为资产的可收回金额。企业持有待售的资产往往属于这种情况,即该资产在持有期间(处置之前)所产生的现金流量可能很少,其最终取得的未来现金流量往往就是资产的处置净收入。在这种情况下,以资产公允价值减去处置费用后的净额作为其可收回金额是适宜的,因为资产的未来现金流量

现值不大会显著高于其公允价值减去处置费用后的净额。

3.资产的公允价值减去处置费用后的净额如果无法可靠估计,应当以该资产预计未来现金流量的现值作为其可收回金额。

## 二、资产的公允价值减去处置费用后的净额的估计

资产的公允价值减去处置费用后的净额，通常反映的是资产如果被出售或者处置时可以收回的净现金收入。其中,资产的公允价值是指在公平交易中,熟悉情况的交易双方自愿进行资产交换的金额;处置费用是指可以直接归属于资产处置的增量成本,包括与资产处置有关的法律费用、相关税费、搬运费以及为使资产达到可销售状态所发生的直接费用等,但是财务费用和所得税费用等不包括在内。

企业在估计资产的公允价值减去处置费用后的净额时,应当按照下列顺序进行:

首先，应当根据公平交易中资产的销售协议价格减去可直接归属于该资产处置费用的金额,确定资产的公允价值减去处置费用后的净额。这是估计资产的公允价值减去处置费用后的净额的最佳方法,企业应当优先采用这一方法。但是在实务中,企业的资产往往都是内部持续使用的,取得资产的销售协议价格并不容易,为此,需要采用其他方法估计资产的公允价值减去处置费用后的净额。

其次,在资产不存在销售协议但存在活跃市场的情况下,应当根据该资产的市场价格减去处置费用后的金额确定。资产的市场价格通常应当按照资产的买方出价确定,但是如果难以获得资产在估计日的买方出价，企业可以以资产最近的交易价格作为其公允价值减去处置费用后的净额的估计基础,其前提是资产的交易日和估计日之间,有关经济、市场环境等没有发生重大变化。

再次,在既不存在资产销售协议又不存在资产活跃市场的情况下,企业应当以可获取的最佳信息为基础,根据在资产负债表日如果处置资产,熟悉情况的交易双方自愿进行公平交易愿意提供的交易价格减去资产处置费用后的金额，估计资产的公允价值减去处置费用后的净额。在实务中,该金额可以参考同行业类似资产的最近交易价格或者结果进行估计。

如果企业按照上述要求仍然无法可靠估计资产的公允价值减去处置费用后的净额,应当以该资产预计未来现金流量的现值作为其可收回金额。

## 三、资产预计未来现金流量的现值的估计

资产预计未来现金流量的现值，应当按照资产在持续使用过程中和最终处置时所产生的预计未来现金流量,选择恰当的折现率对其折现后的金额加以确定。

因此,预计资产未来现金流量的现值,主要应当综合考虑以下因素:资产的预计未来现金流量、资产的使用寿命、折现率。

### (一)资产未来现金流量的预计

1.预计资产未来现金流量的基础

为了估计资产未来现金流量的现值,需要首先预计资产的未来现金流量。为此,企业管理层应当在合理和有依据的基础上对资产剩余使用寿命内整个经济状况进行最佳估计,并

将资产未来现金流量的预计建立在经企业管理层批准的最近财务预算或者预测数据之上。但是出于数据可靠性和便于操作等方面的考虑，建立在该预算或者预测基础上的预计现金流量最多涵盖5年,企业管理层如能证明更长的期间是合理的,则可以涵盖更长的期间。

如果资产未来现金流量的预计还包括最近财务预算或者预测期之后的现金流量，企业应当以该预算或者预测期之后稳定的或者递减的增长率为基础进行估计。但是,企业管理层如能证明递增的增长率是合理的,可以以递增的增长率为基础进行估计。同时,所使用的增长率除了企业能够证明更高的增长率是合理的之外,不应当超过企业经营的产品、市场、所处的行业或者所在国家或者地区的长期平均增长率，或者该资产所处市场的长期平均增长率。在恰当、合理的情况下,该增长率可以是0或者负数。

由于经济环境随时都在变化,资产的实际现金流量往往会与预计数有出入,而且在预计资产未来现金流量时的假设也有可能发生变化,因此,企业管理层在每次预计资产未来现金流量时,应当首先分析以前期间现金流量预计数与现金流量实际数出现差异的情况,以评判当期现金流量预计所依据的假设的合理性。通常情况下,企业管理层应当确保当期现金流量预计所依据的假设与前期实际结果相一致。

2.预计资产未来现金流量应当包括的内容

(1)资产持续使用过程中预计产生的现金流入。

(2)为实现资产持续使用过程中产生的现金流入所必需的预计现金流出(包括为使资产达到预定可使用状态所发生的现金流出)。该现金流出应当是可直接归属于或者可通过合理和一致的基础分配到资产中的现金流出,后者通常是指那些与资产直接相关的间接费用。

对于在建工程、开发过程中的无形资产等,企业在预计其未来现金流量时,就应当包括预期为使该类资产达到预定可使用状态(或者可销售状态)而发生的全部现金流出数。

(3)资产使用寿命结束时,处置资产所收到或者支付的净现金流量。该现金流量应当是在公平交易中,熟悉情况的交易双方自愿进行交易时,企业预期可从资产的处置中获取或者支付的,减去预计处置费用后的金额。

3.预计资产未来现金流量应当考虑的因素

(1)以资产的当前状况为基础预计资产未来现金流量。企业资产在使用过程中有时会因为改良、重组等原因而发生变化。因此,在预计资产未来现金流量时,企业应当以资产的当前状况为基础,不应当包括与将来可能会发生的,尚未作出承诺的重组事项有关的或者与资产改良有关的预计未来现金流量,具体包括以下几层意思:

①企业已经承诺重组的,在确定资产的未来现金流量的现值时,预计的未来现金流入和流出数，应当反映重组所能节约的费用和由重组所带来的其他利益以及因重组所导致的估计未来现金流出数。其中重组所能节约的费用和由重组带来的其他利益,通常应当根据企业管理层批准的最近财务预算或者预测数据进行估计；因重组所导致的估计未来现金流出数应当根据《企业会计准则第13号——或有事项》所确认的因重组所发生的预计负债金额进行估计。

②企业在发生与资产改良(包括提高资产的运营绩效)有关的现金流出之前,预计的资产未来现金流量仍然应当以资产的当前状况为基础，不应当包括因与该现金流出相关的未

来经济利益增加而导致的预计未来现金流入金额。

③企业未来发生的现金流出如果是为了维持资产正常运转或者资产正常产出水平而必要的支出或者属于资产维护支出,应当在预计资产未来现金流量时将其考虑在内。

(2)预计资产未来现金流量不应当包括筹资活动和所得税收付产生的现金流量。其原因:一是所筹集资金的货币时间价值已经通过折现因素予以考虑。二是折现率是以税前基础计算确定的。因此,现金流量的预计也必须建立在税前基础之上,这样可以有效避免在资产未来现金流量现值的计算过程中可能出现的重复计算等问题,以保证现值计算的正确性。

(3)对通货膨胀因素的考虑应当和折现率相一致。企业在预计资产未来现金流量和折现率时,考虑因一般通货膨胀而导致物价上涨的因素,应当采用一致的基础。如果折现率考虑了因一般通货膨胀而导致的物价上涨影响因素,资产预计未来现金流量也应予以考虑;反之,如果折现率没有考虑因一般通货膨胀而导致的物价上涨影响因素,资产预计未来现金流量也应当剔除这一影响因素。总之,在考虑通货膨胀因素的问题上,资产未来现金流量的预计和折现率的预计,应当保持一致。

(4)内部转移价格应当予以调整。在一些企业集团里,出于集团整体战略发展的考虑,某些资产生产的产品或者其他产出可能是供其集团内部其他企业使用或者对外销售的,所确定的交易价格或者结算价格基于内部转移价格,而内部转移价格很可能与市场交易价格不同。在这种情况下,为了如实测算企业资产的价值,就不应当简单地以内部转移价格为基础预计资产未来现金流量,而应当采用在公平交易中企业管理层能够达成的最佳的未来价格估计数进行预计。

4.预计资产未来现金流量的方法

预计资产未来现金流量,通常应当根据资产未来每期最有可能产生的现金流量进行预测。这种方法通常叫做传统法,它使用单一的未来每期预计现金流量和单一的折现率计算资产未来现金流量的现值。

在实务中,有时影响资产未来现金流量的因素较多,情况较为复杂,带有很大的不确定性,为此,使用单一的现金流量可能并不会如实地反映资产创造现金流量的实际情况。这样,企业应当采用期望现金流量法预计资产未来现金流量。

【例 8-1】A 企业拥有甲固定资产,该固定资产剩余使用年限为 3 年,假定利用甲固定资产生产的产品受市场行情波动影响大,企业预计未来 3 年每年的现金流量情况如表 8-1 所示。

**表 8-1 A 企业甲固定资产未来三年现金流量情况**

单位:万元

| | 产品行情好(30%的可能性) | 产品行情一般(60%的可能性) | 产品行情差(10%的可能性) |
|---|---|---|---|
| 第一年 | 300 | 200 | 100 |
| 第二年 | 160 | 100 | 40 |
| 第三年 | 40 | 20 | 0 |

在本例中下，采用期望现金流量法就比传统法更为合理。在期望现金流量法下，资产未来现金流量应当根据每期现金流量期望值进行预计，每期现金流量期望值按照各种可能情况下的现金流量与其发生概率加权计算。按照表 8-1 提供的情况，企业应当计算资产每年的预计未来现金流量如下：

第 1 年的预计现金流量（期望现金流量）=300×30%+200×60%+100×10%=220（万元）

第 2 年的预计现金流量（期望现金流量）=160×30%+100×60%+40×10%=112（万元）

第 3 年的预计现金流量（期望现金流量）=40×30%+20×60%+0×l0%=24（万元）

企业在预计资产未来现金流量的现值时，如果资产未来现金流量的发生时间不确定，企业应当根据资产在每一种可能情况下的现值及其发生概率直接加权计算资产未来现金流量的现值。

（二）折现率的预计

为了资产减值测试的目的，计算资产未来现金流量现值时所使用的折现率应当是反映当前市场货币时间价值和资产特定风险的税前利率。该折现率是企业在购置或者投资资产时所要求的必要报酬率。需要说明的是，如果在预计资产的未来现金流量时已经对资产特定风险的影响作了调整，折现率的估计不需要考虑这些特定风险。如果用于估计折现率的基础是税后的，应当将其调整为税前的折现率，以便与资产未来现金流量的估计基础相一致。

企业在确定折现率时，应当首先以该资产的市场利率为依据。如果该资产的利率无法从市场获得，可以使用替代利率估计。在估计替代利率时，企业应当充分考虑资产剩余寿命期间的货币时间价值和其他相关因素，比如资产未来现金流量金额及其时间的预计离散程度，资产内在不确定性的定价等，如果资产预计未来现金流量已经对这些因素作了有关调整，应当予以剔除。

在估计替代利率时，可以根据企业加权平均资金成本、增量借款利率或者其他相关市场借款利率作适当调整后确定。调整时，应当考虑与资产预计现金流量有关的特定风险以及其他有关政治风险、货币风险和价格风险等。

企业在估计资产未来现金流量现值时，通常应当使用单一的折现率。但是，如果资产未来现金流量的现值对未来不同期间的风险差异或者利率的期间结构反应敏感，企业应当在未来各不同期间采用不同的折现率。

（三）资产未来现金流量现值的预计

在预计资产未来现金流量和折现率的基础之上，资产未来现金流量的现值只需将该资产的预计未来现金流量按照预计的折现率在预计期限内加以折现即可确定。

其计算公式如下：

$$\text{资产未来现金流量的现值}=\sum\frac{\text{第 1 年预计资产未来现金流量}(NCF_t)}{(1+\text{折现率 }r)^t}$$

**【例 8-2】**A 航运公司于 2000 年末对一艘远洋运输船进行减值测试。该船账面价值为 16 000 万元，预计尚可使用年限为 8 年。

公司管理层批准的财务预算显示：公司将于 2005 年更新船的发动机系统，预计为此发生资本性支出 1 500 万元，这一支出将降低船的运输油耗，提高使用效率等，因此，将提高资产的运营绩效。

【解析】

该船的公允价值减去处置费用后的净额难以确定,因此,企业需要通过计算其未来现金流量的现值确定资产的可收回金额。假定公司当初购置该船用的资金是银行长期借款资金,借款年利率为15%,公司认为15%是该资产的最低必要报酬率,已考虑了与该资产有关的货币时间价值和特定风险。因此,在计算其未来现金流量现值时,使用15%作为其折现率(税前)。

为了计算船在2000年末未来现金流量的现值,公司首先必须预计其未来现金流量。假定公司管理层批准的2000年末的该船预计未来现金流量如表8-2所示,现值的计算如表8-3所示。

**表8-2 未来现金流量预计表**

单位:万元

| 年份 | 预计未来现金流量(不包括改良的影响金额) | 预计未来现金流量(包括改良的影响金额) |
|---|---|---|
| 2001 | 2 500 | |
| 2002 | 2 460 | |
| 2003 | 2 380 | |
| 2004 | 2 360 | |
| 2005 | 2 390 | |
| 2006 | 2 470 | 3 290 |
| 2007 | 2 500 | 3 280 |
| 2008 | 2 510 | 3 300 |

**表8-3 现值的计算**

单位:万元

| 年份 | 预计未来现金流量(不包括改良的影响金额) | 以折现率为15%的折现系数 | 预计未来现金流量的现值 |
|---|---|---|---|
| 2001 | 2 500 | 0.869 6 | 2 174 |
| 2002 | 2 460 | 0.756 1 | 1 860 |
| 2003 | 2 380 | 0.657 5 | 1 565 |
| 2004 | 2 360 | 0.571 8 | 1 349 |
| 2005 | 2 390 | 0.497 2 | 1 188 |
| 2006 | 2 470 | 0.432 3 | 1 068 |
| 2007 | 2 500 | 0.375 9 | 940 |
| 2008 | 2 510 | 0.326 9 | 821 |
| 合计 | | | 10 965 |

由于在2000年末,船的账面价值(尚未确认减值损失)为16 000万元,而其可收回金额为10 965万元,账面价值高于其可收回金额,因此,应当确认减值损失,并计提相应的资产减值准备。应确认的减值损失为:16 000-10 965=5 035(万元)。

假定在2001—2004年间该船没有发生进一步减值的迹象,因此不必再进行减值测试,无需计算其可收回金额。2005发生了1 500万元的资本性支出,改良了资产绩效,使其未来现金流量增加,但由于我国资产减值准备不允许将以前期间已经确认的资产减值损失予以转回,因此,在这种情况下,不必计算其可收回金额。

(四)外币未来现金流量及其现值的预计

随着我国企业日益融入世界经济体系和国际贸易的不断发展,企业使用资产所收到的未来现金有可能为外币。在这种情况下,企业应当按照以下顺序确定资产未来现金流量的现值:

首先应当以该资产所产生的未来现金流量的结算货币为基础预计其未来现金流量,并按照该货币适用的折现率计算资产的现值。

然后将该外币现值按照计算资产未来现金流量现值当日的即期汇率进行折算,从而折现成按照记账本位币表示的资产未来现金流量的现值。

最后在该现值基础上,将其与资产公允价值减去处置费用后的净额相比较,确定其可收回金额。根据将可收回金额与资产账面价值相比较,确定是否需要确认减值损失以及确认多少减值损失。

## 第三节　资产减值损失的确认与计量

### 一、资产减值损失确认与计量的一般原则

企业在对资产进行减值测试并计算了资产可收回金额后,如果资产的可收回金额低于其账面价值,应当将资产的账面价值减记至可收回金额,减记的金额确认为资产减值损失,计入当期损益,同时计提相应的资产减值准备。这样,企业当期确认的减值损失应当反映在其利润表中,而计提的资产减值准备应当作为相关资产的备抵项目,反映在其资产负债表中,从而夯实企业资产价值,避免利润虚增,如实反映企业的财务状况和经营成果。

资产减值损失确认后,应当在未来期间对减值资产的折旧或者摊销费用作相应调整,以使该资产在剩余使用寿命内,系统地分摊调整后的资产账面价值(扣除预计净残值)。比如,固定资产计提了减值准备后,固定资产账面价值将根据计提的减值准备相应抵减,因此,固定资产在未来计提折旧时,应当按照新的固定资产账面价值为基础计提每期折旧。

一方面考虑到固定资产、无形资产、商誉等资产发生减值后,价值回升的可能性比较小,通常属于永久性减值;另一方面从会计信息谨慎性要求考虑,为了避免确认资产重估增值和操纵利润,资产减值准则规定,资产减值损失一经确认,在以后会计期间不得转回。以前期间

计提的资产减值准备,在资产处置、出售、对外投资、以非货币性资产交换方式换出、在债务重组中抵偿债务等时,才可予以转出。

## 二、资产减值损失的账务处理

为了正确核算企业确认的资产减值损失和计提的资产减值准备,企业应当设置“资产减值损失”科目,按照资产类别进行明细核算,反映各类资产在当期确认的资产减值损失金额;同时,应当根据不同的资产类别,分别设置“固定资产减值准备”“在建工程减值准备”“投资性房地产减值准备”“无形资产减值准备”“商誉减值准备”“长期股权投资减值准备”“生产性生物资产减值准备”等科目。

当企业确定资产发生了减值时,应当根据所确认的资产减值金额,借记“资产减值损失”科目,贷记“固定资产减值准备”“在建工程减值准备”“投资性房地产减值准备”“无形资产减值准备”“商誉减值准备”“长期股权投资减值准备”“生产性生物资产减值准备”等科目。在期末,企业应当将“资产减值损失”科目余额转入“本年利润”科目,结转后该科目无余额。

各资产减值准备科目累积每期计提的资产减值准备,直至相关资产被处置时才能予以转出。

【例 8-3】沿用例 8-2,根据测试和计算结果,A 航运公司应确认的船的减值损失为 5 035 万元,账务处理如下:

借:资产减值损失——固定资产减值损失　　50 350 000

　贷:固定资产减值准备　　50 350 000

计提资产减值准备后,船的账面价值变为 10 965 万元,在该船剩余使用寿命内,公司应当以此为基础计提折旧。如果发生进一步减值,再作进一步的减值测试。

【例 8-4】A 公司 20×5 年 5 月初增加无形资产一项,实际成本 360 万元,预计受益年限6年。20×7 年末对该项无形资产进行检查后,估计其可收回金额为 160 万元,则至 20×8 年末该项无形资产的账面价值为(　)万元。

A.140　　B. 152　　C.157　　D.112

【答案】D

【解析】

该项无形资产原先每年应摊销额为 360÷6=60 万元,至 2007 年末已摊销金额为 60×8÷12+60+60=160 万元,账面价值为 360−160=200 万元,而 2007 年末的估计可收回金额为 160 万元,说明该项无形资产已发生减值,应计提的减值准备为 200−160=40 万元,2008 年度应摊销金额为 160÷(12×3+4)×12=48 万元,因此,至 2008 年末该项无形资产累计摊销金额为 40+60+60+48=208 万元,2008 年末该项无形资产的账面价值为 360−208−40=112 万元。

# 第四节　资产组的认定及减值处理

## 一、资产组的认定

如果有迹象表明一项资产可能发生减值，企业应当以单项资产为基础估计其可收回金额。但是在企业难以对单项资产的可收回金额进行估计的情况下，应当以该资产所属的资产组为基础确定资产组的可收回金额。因此，资产组的认定十分重要。

(一)资产组的概念

资产组是企业可以认定的最小资产组合，其产生的现金流入应当基本上独立于其他资产或者资产组。资产组应当由创造现金流入相关的资产组成。

(二)认定资产组应当考虑的因素

1.资产组的认定，应当以资产组产生的主要现金流入是否独立于其他资产或者资产组的现金流入为依据。因此，资产组能否独立产生现金流入是认定资产组的最关键因素。比如，企业的某一生产线、营业网点、业务部门等，如果能够独立于其他部门或者单位等创造收入，产生现金流，或者其创造的收入和现金流入绝大部分独立于其他部门或者单位，并且属于可认定的最小的资产组合，通常应将该生产线、营业网点、业务部门等认定为一个资产组。

在资产组的认定中，企业几项资产的组合生产的产品(或者其他产出)存在活跃市场的，无论这些产品或者其他产出是用于对外出售还是仅供企业内部使用，均表明这几项资产的组合能够独立创造现金流入，在符合其他相关条件的情况下，应当将这些资产的组合认定为资产组。

2.资产组的认定，应当考虑企业管理层对生产经营活动的管理或者监控方式(如是按照生产线、业务种类还是按照地区或者区域等)和对资产的持续使用或者处置的决策方式等。比如企业各生产线都是独立生产、管理和监控的，那么各生产线很可能应当被认定为单独的资产组；如果某些机器设备是相互关联、互相依存的，其使用和处置是一体化决策的，那么这些机器设备很可能应当被认定为一个资产组。

(三)资产组认定后不得随意变更

资产组一经确定，在各个会计期间应当保持一致，不得随意变更，即资产组的各项资产构成通常不能随意变更。比如，甲设备在20×6年归属于A资产组，若无特殊情况，该设备在20×7年仍然应当归属于A资产组，而不能随意将其变更至其他资产组。但是，如果由于企业重组、变更资产用途等原因，致使资产组构成确需变更的，企业可以进行变更，但企业管理层应当证明该变更是合理的，并应当在附注中作相应说明。

## 二、资产组减值测试

资产组减值测试的原理和单项资产减值测试的原理是一致的，即企业需要预计资产组的可收回金额和计算资产组的账面价值,并将两者进行比较,如果资产组的可收回金额低于其账面价值,表明资产组发生了减值损失,应当予以确认。

(一)资产组账面价值和可收回金额的确定基础

资产组账面价值的确定基础应当与其可收回金额的确定方式相一致。因为这样的比较才有意义,否则,如果将两者在不同的基础上进行估计和比较,就难以正确估算资产组的减值损失。

资产组的可收回金额在确定时,应当按照该资产组的公允价值减去处置费用后的净额与其预计未来现金流量的现值两者之间较高者确定。

资产组的账面价值应当包括可直接归属于资产组并可以合理和一致地分摊至资产组的资产账面价值,通常不应当包括已确认负债的账面价值,但如不考虑该负债金额就无法确定资产组可收回金额的除外。这是因为在预计资产组的可收回金额时,既不包括与该资产组的资产无关的现金流量,也不包括与已在财务报表中确认的负债有关的现金流量。因此,为了与资产组可收回金额的确定基础相一致,资产组的账面价值也不应当包括这些项目。

在处置资产组时如要求购买者承担一项负债(如环境恢复等),该负债金额已经确认并计入相关资产账面价值,而且企业只能取得包括上述资产和负债在内的单一公允价值减去处置费用后的净额,为了比较资产组的账面价值和可收回金额,在确定资产组的账面价值及其预计未来现金流量的现值时,应当将已确认的负债金额从中扣除。

(二)资产组减值的会计处理

根据减值测试的结果,资产组(包括资产组组合)在后述有关总部资产或者商誉的减值测试时涉及的可收回金额如低于其账面价值,应当确认相应的减值损失。对于减值损失金额,应当按照以下顺序进行分摊:

首先抵减分摊至资产组中商誉的账面价值。

然后根据资产组中除商誉之外的其他各项资产的账面价值所占比重,按比例抵减其他各项资产的账面价值。

以上资产账面价值的抵减,应当作为各单项资产(包括商誉)的减值损失处理,计入当期损益。抵减后的各资产的账面价值不得低于以下三者中的最高者:该资产的公允价值减去处置费用后的净额(如可确定的),该资产预计未来现金流量的现值(如可确定的)和0。对于因此而导致的未能分摊的减值损失金额,应当按照相关资产组中其他各项资产的账面价值所占比重进行分摊。

【例8-5】甲公司有一条甲生产线,该生产线生产某精密仪器,由A、B、C三部机器构成,成本分别为40万元、60万元和100万元。使用年限为10年,净残值为0,以年限平均法计提折旧。各机器均无法单独产生现金流量,但整条生产线构成完整的产销单位,属于一个资产组。20×7年甲生产线所生产的精密仪器有替代产品上市,到年底,导致公司精密仪器的销路锐减40%,因此,对甲生产线进行减值测试。

20×7年12月31日,A、B、C三部机器的账面价值分别为20万元、30万元、50万元。估计A机器的公允价值减去处置费用后的净额为15万元,无法合理估计B、C机器的公允价值减去处置费用后的净额以及未来现金流量的现值。

整条生产线预计尚可使用5年。经估计其未来5年的现金流量及恰当的折现率后,得到该生产线预计未来现金流量的现值为60万元。由于公司无法合理估计生产线的公允价值减去处置费用后的净额,公司以该生产线预计未来现金流量的现值为其可收回金额。

鉴于在20×7年12月31日,该生产线的账面价值为100万元,而其可收回金额为60万元,生产线的账面价值高于其可收回金额,因此该生产线已经发生了减值,公司应当确认减值损失40万元,并将该减值损失分摊到构成生产线的3部机器中。由于A机器的公允价值减去处置费用后的净额为15万元,因此,A机器分摊了减值损失后的账面价值不应低于15万元。具体分摊过程如表8-4所示。

表8-4 减值损失分摊表

单位:万元

| | 机器A | 机器B | 机器C | 整个生产线(资产组) |
|---|---|---|---|---|
| 账面价值 | 20 | 30 | 50 | 100 |
| 可收回金额 | | | | 60 |
| 减值损失 | | | | 40 |
| 减值损失分摊比例 | 20% | 30% | 50% | |
| 分摊减值损失 | 5 | 12 | 20 | 37 |
| 分摊后账面价值 | 15 | 18 | 30 | |
| 尚未分摊的减值损失 | | | | 3 |
| 二次分摊比例 | | 37.50% | 62.50% | |
| 二次分摊减值损失 | | 1.125 | 1.875 | 3 |
| 二次分摊后应确认减值损失总额 | | 13.125 | 21.875 | |
| 二次分摊后账面价值 | 15 | 16.875 | 28.125 | 60 |

注:按照分摊比例,机器A应当分摊的减值损失为40×20%=8万元,但由于机器A的公允价值减去处置费用后的净额为15万元,因此机器A最多只能确认减值损失20-15=5万元,未能分摊的减值损失为8-5=3万元,应当在机器B和机器C之间进行再分摊。

根据上述计算和分摊结果,对于构成甲生产线的机器A、机器B和机器C,应当分别确认减值损失5万元、13.125万元和21.875万元,账务处理如下:

借:资产减值损失——机器A　　50 000
　　　　　　　　——机器B　　131 250
　　　　　　　　——机器C　　218 750
　贷:固定资产减值准备——机器A　　50 000
　　　　　　　　　　——机器B　　131 250
　　　　　　　　　　——机器C　　218 750

### 三、总部资产的减值测试

企业总部资产包括企业集团或其事业部的办公楼、电子数据处理设备、研发中心等资产。总部资产的显著特征是难以脱离其他资产或者资产组产生独立的现金流入,而且其账面价值难以完全归属于某一资产组。因此,对总部资产通常难以单独进行减值测试,需要结合其他相关资产组或者资产组组合进行。资产组组合,是指由若干个资产组组成的最小资产组组合,包括资产组或者资产组组合以及按合理方法分摊的总部资产部分。

在资产负债表日,如果有迹象表明某项总部资产可能发生减值,企业应当计算确定该总部资产所归属的资产组或者资产组组合的可收回金额,然后将其与相应的账面价值相比较,据以判断是否需要确认减值损失。

企业对某一资产组进行减值测试时,应当先认定所有与该资产组相关的总部资产,再根据相关总部资产能否按照合理和一致的基础分摊至该资产组,分别按下列情况处理:

1.对于相关总部资产能够按照合理和一致的基础分摊至该资产组的部分,应当将该部分总部资产的账面价值分摊至该资产组,再据以比较该资产组的账面价值(包括已分摊的总部资产的账面价值部分)和可收回金额,并按照前述有关资产组减值测试的顺序和方法处理。

2.对于相关总部资产中有部分资产难以按照合理和一致的基础分摊至该资产组的情况,应当按照下列步骤处理:首先,在不考虑相关总部资产的情况下,估计和比较资产组的账面价值和可收回金额,并按照前述有关资产组减值测试的顺序和方法处理。其次,认定由若干个资产组组成的最小的资产组组合,该资产组组合应当包括所测试的资产组与可以按照合理和一致的基础将该部分总部资产的账面价值分摊至其上的部分。最后,比较所认定的资产组组合的账面价值(包括已分摊的总部资产的账面价值部分)和可收回金额,并按照前述有关资产组减值测试的顺序和方法处理。

## 第五节 商誉减值测试与处理

### 一、商誉减值测试的基本要求

企业如果拥有因企业合并所形成的商誉,至少应当在每年年度终了进行减值测试。由于商誉难以独立产生现金流量,因此,商誉应当结合与其相关的资产组或者资产组组合进行减值测试。

为了进行资产减值测试,对于因企业合并形成的商誉的账面价值,应当自购买日起按照合理的方法分摊至相关的资产组;难以分摊至相关的资产组的,应当将其分摊至相关的资产组组合。

企业因重组等原因改变了其报告结构,从而影响到已分摊商誉的一个或者若干个资产组或者资产组组合构成的,应当按照合理的方法,将商誉重新分摊至受影响的资产组或者资产组组合。

## 二、商誉减值测试的方法与会计处理

企业在对包含商誉的相关资产组或者资产组组合进行减值测试时，如与商誉相关的资产组或者资产组组合存在减值迹象，应当首先对不包含商誉的资产组或者资产组组合进行减值测试,计算可收回金额,并与相关账面价值相比较,确认相应的减值损失;然后对包含商誉的资产组或者资产组组合进行减值测试，比较这些相关资产组或者资产组组合的账面价值(包括所分摊的商誉的账面价值部分)与其可收回金额,如相关资产组或者资产组组合的可收回金额低于其账面价值,应当就其差额确认减值损失,减值损失金额应当首先抵减分摊至资产组或者资产组组合中商誉的账面价值；再根据资产组或者资产组组合中除商誉之外的其他各项资产的账面价值所占比重,按比例抵减其他各项资产的账面价值。

与资产减值测试的处理一样,以上资产账面价值的抵减,也都应当作为各单项资产(包括商誉)的减值损失处理,计入当期损益。抵减后的各资产的账面价值不得低于以下三者中的最高者:该资产的公允价值减去处置费用后的净额(如可确定的),该资产预计未来现金流量的现值(如可确定的)和0。因此而导致的未能分摊的减值损失金额,应当按照相关资产组或者资产组组合中其他各项资产的账面价值所占比重进行分摊。

因企业合并所形成的商誉是母公司根据其在子公司所拥有的权益而确认的商誉，对于子公司中归属于少数股东的商誉,并没有在合并财务报表中予以确认。因此,在对与商誉相关的资产组或者资产组组合进行减值测试时，由于其可收回金额的预计包括归属于少数股东的商誉价值部分,因此为了使减值测试建立在一致的基础上,企业应当调整资产组的账面价值,将归属于少数股东权益的商誉包括在内,然后根据调整后的资产组账面价值与其可收回金额进行比较,以确定资产组(包括商誉)是否发生了减值。

上述资产组如发生减值,应当首先抵减商誉的账面价值,但由于根据上述方法计算的商誉减值损失包括了应由少数股东权益承担的部分，而少数股东权益拥有的商誉价值及其减值损失都不在合并财务报表中反映,合并财务报表只反映归属于母公司的商誉减值损失,因此应当将商誉减值损失在可归属于母公司和少数股东权益部分之间按比例进行分摊，以确认归属于母公司的商誉减值损失。

## 三、商誉减值损失的确定及会计处理

**【例8-6】**A企业于20×7年1月1日以1 600万元的价格收购了B企业80%股权。在收购日,B企业可辨认资产的公允价值为1 500万元,没有负债和或有负债。因此,A企业在其合并财务报表中确认商誉为1 600-1 500×80%=400万元,B企业可辨认净资产1 500万元和少数股东权益1 500×20%=300万元。

假定B企业的所有资产被认定为一个资产组。由于该资产组包含商誉,因此,至少应当于每年年度终了对其进行减值测试。在20×7年末,A企业确定该资产组的可收回金额为1 000万元,可辨认净资产的账面价值为1 350万元。B企业的所有资产作为一个单独资产组,其可收回金额 1 000 万元包括归属于少数股东权益在商誉价值中享有的部分。

【补充】

合并日的抵消分录为:

借:银行存款等 15 000 000

商誉 4 000 000

贷:长期股权投资 16 000 000

少数股东权益 3 000 000

【说明】

B 企业可辨认净资产的公允价值 1 500 万元,不包含商誉的价值,因为商誉是不具有可辨认性的,所以在进行减值测试时应根据包含全部商誉后的子公司的账面价值 1 850 万元(其中 A 企业享有的商誉价值为 400 万元,少数股东享有的商誉价值为 100 万元)与可收回金额 1 000 万元进行比较。

少数股东享有的商誉价值推算过程为:A 企业以 1 600 万元购入了企业的 80%的股权,少数股东购入 20%的股权应该付出的成本为 1 600×(20%÷80%)=400 万元,少数股东享有的乙企业可辨认净资产的份额为1 500×20%=300 万元,所以少数股东对应的商誉为 400-300=100 万元。商誉减值测试过程见表 8-5。

表 8-5 商誉减值测试过程表

单位:万元

| 20×7 年末 | 商誉 | 可辨认资产 | 合计 |
|---|---|---|---|
| 账面价值 | 400 | 1 350 | 1 750 |
| 未确认的归属于少数股东权益的商誉价值 | 100 | — | 100 |
| 调整后账面价值 | 500 | 1 350 | 1 850 |
| 可收回金额 | | | 1 000 |
| 减值损失 | | | 850 |

以上计算出的减值损失 850 万元应当先冲减商誉的账面价值,再将剩余部分分摊至资产组中的其他资产。商誉减值分摊表见表 8-6。

表 8-6 商誉减值分摊表

单位:万元

| 20×7 年末 | 商 誉 | 可辨认资产 | 合 计 |
|---|---|---|---|
| 账面价值 | 400 | 1 350 | 1 750 |
| 确认的减值损失 | (400) | (350) | (750) |
| 确认减值损失后的账面价值 | — | 1 000 | 1 000 |

合并财务报表中计提减值的账务处理为：

借：资产减值损失　　4 000 000

　贷：商誉——商誉减值准备　　4 000 000

借：资产减值损失　　3 500 000

　贷：××资产减值准备　　3 500 000

# 第九章 非货币性资产交换

非货币性资产交换是指交易双方主要以存货、固定资产、无形资产和长期股权投资等非货币性资产进行的交换，是一种非经常性的特殊交易行为。该交换不涉及或只涉及少量的货币性资产(补价)。交易双方通过非货币性资产交换不但可以满足各自生产经营的需要，而且可在一定程度上减少货币性资产的流出。

非货币性资产交换准则不涉及如下交易和事项：

1.与所有者或所有者以外方面进行的非货币性资产非互惠转让。非互惠转让，是指企业将其拥有的非货币性资产无代价地转让给其所有者或其他企业，或由其所有者或其他企业将非货币性资产无代价地转让给企业。本章所述的非货币性资产交换是企业之间主要以非货币性资产形式进行的互惠转让，即企业取得一项非货币性资产，必须以付出自己拥有的非货币性资产作为代价，而不是单方面的非互惠转让。实务中，与所有者进行的非互惠转让，如以非货币性资产作为股利发放给股东等，属于资本性交易，适用《企业会计准则第 37 号——金融工具列报》。企业与所有者以外方面进行的非互惠转让，如政府无偿提供非货币性资产给企业建造固定资产，属于政府以非互惠方式提供非货币性资产，适用《企业会计准则第 16 号——政府补助》。

2.在企业合并、债务重组和发行股票中取得的非货币性资产。在企业合并、债务重组中取得的非货币性资产，其成本确定分别适用《企业会计准则第20 号——企业合并》和《企业会计准则第 12 号——债务重组》；企业以发行股票形式取得的非货币性资产，相当于以权益工具换入非货币性资产，其成本确定适用《企业会计准则第 37 号——金融工具列报》。

## 第一节 非货币性资产交换的确认和计量

### 一、非货币性资产交换的认定

货币性资产，是指企业持有的货币资金和将以固定或可确定的金额收取的资产，包括现金、银行存款、应收账款和应收票据以及准备持有至到期的债券投资等。非货币性资产，是指货币性资产以外的资产，非货币性资产有别于货币性资产的最基本特征是非货币性资产在将来为企业带来的经济利益，即货币金额是不固定的或不可确定的。其通常包括：存货(原材料、包装物、低值易耗品、库存商品、委托加工物资、委托代销商品等)、长期股权投资、投资性房地产、固定资产、在建工程、工程物资、无形资产等。

非货币性资产交换一般不涉及或只涉及少量货币性资产，即涉及少量的补价。涉及少量货币性资产的交换为非货币性资产交换，是以补价占整个资产交换金额的比例是否低于25%作为参考比例的。支付的货币性资产占换入资产公允价值(换出资产公允价值与支付的货币性资产之和)的比例或者收到的货币性资产占换出资产公允价值(换入资产公允价值和收到的货币性资产之和)的比例低于25%(不含25%)的，视为非货币性资产交换；高于25%(含25%)的，则视为货币性资产交换，适用《企业会计准则第14号——收入》等相关准则的规定。

## 二、确认和计量原则

在非货币性资产交换的情况下，不论是一项资产换入一项资产，一项资产换入多项资产，多项资产换入一项资产，还是多项资产换入多项资产，换入资产的成本都有两种计量基础。

(一)公允价值

非货币性资产交换若同时满足下列两个条件，应当以公允价值和应支付的相关税费作为换入资产的成本，公允价值与换出资产账面价值的差额计入当期损益：

1.该项交换具有商业实质。

2.换入资产或换出资产的公允价值能够可靠地计量。

换入资产和换出资产公允价值若均能够可靠计量，则应当以换出资产公允价值作为确定换入资产成本的基础，即取得资产的成本应当按照所放弃资产的对价来确定。在非货币性资产交换中，换出资产就是放弃的对价，如果其公允价值能够可靠确定，应当优先考虑以换出资产的公允价值作为确定换入资产成本的基础；如果有确凿证据表明换入资产的公允价值更加可靠，则应当以换入资产公允价值为基础确定换入资产的成本，发生这种情况多是由于补价的存在，这表明换入资产和换出资产公允价值不相等，一般不能直接以换出资产的公允价值作为换入资产的成本。

(二)账面价值

非货币性资产交换若不具有商业实质或交换涉及资产的公允价值均不能可靠计量，则应当以换出资产的账面价值和应支付的相关税费作为换入资产的成本，无论是否支付补价，均不确认损益。收到或支付的补价作为确定换入资产成本的调整因素，其中，收到补价方应当以换出资产的账面价值减去补价加上应支付的相关税费作为换入资产的成本，支付补价方应当以换出资产的账面价值加上补价和应支付的相关税费作为换入资产的成本。

## 三、商业实质的判断

非货币性资产交换具有商业实质，是换入资产能够采用公允价值计量的重要条件之一。

(一)判断条件

企业发生的符合下列条件之一的非货币性资产交换，视为具有商业实质。

1.换入资产的未来现金流量在风险、时间和金额方面与换出资产显著不同,主要包括以下几种情况:

(1)未来现金流量的风险、金额相同,时间不同。这是指换入资产和换出资产产生的未来现金流量总额相同,获得这些现金流量的风险也相同,但现金流量流入企业的时间明显不同。比如,某企业以一批存货换入一项设备,因存货流动性强,能够在较短的时间内产生现金流量,而设备作为固定资产要在较长的时间内为企业带来现金流量,假定两者产生的未来现金流量总额和风险均相同,但由于两者产生现金流量的时间相差较大,则上述存货与固定资产的未来现金流量显著不同,因而该交换具有商业实质。

(2)未来现金流量的时间、金额相同,风险不同。这是指换入资产和换出资产产生的未来现金流量的时间和金额都相同,但企业获得现金流量的不确定程度存在明显不同。比如,某企业以其不准备持有至到期的国库券换入一幢公寓楼来出租,预计未来每年收到的国库券利息与公寓楼租金在金额和流入时间上相同,但是国库券所获得的利息风险明显低于公寓楼租金的取得风险,所以两者的未来现金流量显著不同,进而可判断该两项资产的交换具有商业实质。

(3)未来现金流量的风险、时间相同,金额不同。这是指换入资产和换出资产产生的未来现金流量总额相同,预计为企业带来现金流量的时间相同,风险也相同,但各年产生的现金流量金额存在明显的差异。比如,某企业以一项专利技术换入另一企业的一项商标权,预计两项无形资产的使用寿命相同,在使用寿命内预计为企业带来的现金流量总额相同,但是换出的专利技术是新开发的,预计开始阶段产生的未来现金流量明显少于后期,而换入的商标每年产生的现金流量比较均衡,则两者各年产生的现金流量金额差异明显,则两者的未来现金流量显著不同,因而该两项资产的交换具有商业实质。

2.换入资产与换出资产的预计未来现金流量现值不同,且其差额与换入资产和换出资产的公允价值相比是重大的。

若按照第一个条件难以判断非货币性资产交换是否具有商业实质,可以再通过计算换入资产和换出资产的预计未来现金流量现值进行判断。第二个条件是指换入资产对换入企业的特定价值与换出资产存在明显差异。资产的预计未来现金流量现值,应当按照资产在持续使用过程和最终处置时所产生的预计税后未来现金流量,根据企业自身而不是市场参与者对资产特定风险的评价,选择恰当的折现率对其进行折现。比如,某企业以一项专利技术换入另一企业拥有的长期股权投资,该项专利技术与该项长期股权投资的公允价值相同,两项资产未来现金流量的风险、时间和金额亦相同,但是对换入企业来讲,换入该项长期股权投资使该企业对被投资方由重大影响变为控制,从而对换入企业产生的预计未来现金流量现值与换出的专利权有较大差异;而对另一企业来讲,换入的专利技术能够解决生产中的技术难题,从而对换入企业产生的预计未来现金流量现值与换出的长期股权投资有明显差异,因而该两项资产的交换具有商业实质。

(二)关联方之间交换资产与商业实质的关系

在确定非货币性资产交换是否具有商业实质时,企业应当关注交易各方之间是否存在关联方关系。若存在关联方关系,可能使发生的非货币性资产交换不具有商业实质。

# 第二节 非货币性资产交换的会计处理

## 一、以公允价值计量的会计处理

非货币性资产交换具有商业实质且公允价值能够可靠计量的，应当以换出资产的公允价值和应支付的相关税费作为换入资产的成本，除非有确凿证据表明换入资产的公允价值比换出资产的公允价值更加可靠。公允价值与换出资产账面价值的差额计入当期损益。

符合下列情况之一的，表明换入资产或换出资产的公允价值能够可靠地计量：

1.换入资产或换出资产存在活跃市场，应当以该资产的市场价格为基础确定其公允价值。

2.换入资产或换出资产不存在活跃市场，但同类或类似资产存在活跃市场，应当以同类或类似资产市场价格为基础确定其公允价值。

3.换入资产或换出资产不存在同类或类似资产的可比市场交易，应当采用估值技术确定其公允价值。该公允价值估计数的变动区间很小，或在公允价值估计数变动区间内各种用于确定公允价值估计数的概率能够合理确定的，视为公允价值能够可靠计量。

### (一)不涉及补价的会计处理

具有商业实质且公允价值能够可靠计量的非货币性资产交换，不涉及补价的，按照换出资产的公允价值作为确定换入资产成本的基础，除非有确凿证据表明换入资产的公允价值更加可靠，才以换入资产的公允价值作为确定换入资产成本的基础。换出资产账面价值与其公允价值之间的差额，应计入当期损益。

换出资产公允价值与其账面价值的差额，应当分不同情况处理：

1.换出资产为固定资产、无形资产的，换出资产公允价值与其账面价值的差额，计入营业外收入或营业外支出。

2.换出资产为存货的，应当作为销售处理，根据《企业会计准则第14号——收入》相关内容的规定，按其公允价值确认收入，同时结转相应的成本。

3.换出资产为长期股权投资、可供出售金融资产的，换出资产公允价值与其账面价值的差额，计入投资收益。

换入资产与换出资产涉及相关税费的，如换出存货视同销售计算的销项税额，换入资产作为存货应当确认的可抵扣增值税进项税额，换出固定资产、无形资产视同转让应缴纳的营业税等，按照相关税收规定计算确定。

**【例9-1】**甲公司以生产经营过程中使用的车床交换乙公司库存商品办公家具，换入的办公家具作为库存商品进行管理。车床的账面原值为100 000元，累计折旧为50 000元，公允价值为75 000元。办公家具的账面价值为60 000元，公允价值为75 000元，计税价格为75 000元。销售办公家具的增值税税率为17%，换入的车床作为固定资产管理。假设整个交换过程不涉及其他相关税费。

【解析】

整个资产交换过程没有涉及收付货币性资产,因此,该项交换属于非货币性资产交换。本例是以固定资产换入存货,对甲公司来讲,换入的是办公家具,作为库存商品,对乙公司来讲,换入的设备是车床,作为固定资产,两项资产交换后对换入企业的特定价值显著不同,两项资产的交换具有商业实质;同时,两项资产的公允价值都能够可靠地计量,符合以公允价值计量的两个条件。因此,甲公司和乙公司均应当以换出资产的公允价值为基础,确定换入资产的成本,并确认产生的损益。

(1)甲公司的账务处理如下:

换入资产的入账成本=75 000(元)

应当计入当期的损益=75 000-(100 000-50 000)=25 000(元)

| | | |
|---|---|---|
| 借:固定资产清理 | 50 000 | |
| 　累计折旧 | 50 000 | |
| 　贷:固定资产——车床 | | 10 0000 |
| 借:库存商品——家具 | 75 000 | |
| 　应交税金——应交增值税(进项税额) | 12 750 | |
| 　贷:固定资产清理 | | 50 000 |
| 　　营业外收入 | | 37 750 |

(2)乙公司的账务处理如下:

换入资产的入账成本=75 000+75 000×17%=87 750(元)

应当计入当期的损益=75 000-60 000=15 000(元)

换出家具的增值税销项税额=75 000×17%=12 750(元)

| | | |
|---|---|---|
| 借:固定资产——车床 | 87 750 | |
| 　贷:主营业务收入 | | 75 000 |
| 　　应交税金——应交增值税(销项税额) | | 12 750 |
| 借:主营业务成本 | 60 000 | |
| 　贷:库存商品——家具 | | 60 000 |

(二)涉及补价的会计处理

非货币性资产交换具有商业实质且其公允价值能够可靠计量的,在发生补价时,支付补价方和收到补价方应当分情况处理:

1.支付补价方应当以换入资产的公允价值(换出资产的公允价值加上支付的补价)和应支付的相关税费,作为换入资产的成本;换入资产成本与换出资产账面价值加支付的补价、应支付的相关税费之和的差额计入当期损益。

2.收到补价方应当以换入资产的公允价值(换出资产的公允价值减去补价)加上应支付的相关税费,作为换入资产的成本;换入资产成本加收到的补价之和与换出资产账面价值加应支付的相关税费之和的差额计入当期损益。

在涉及补价的情况下,对于支付补价方而言,作为补价的货币性资产构成换入资产所放弃对价的一部分,对于收到补价方而言,作为补价的货币性资产构成换入资产的一部分。

【例 9-2】A 公司与 B 公司经协商,A 公司以其拥有的全部用于经营出租的一幢公寓楼与 B 公司持有的用于交易的股票投资交换。A 公司的公寓楼符合投资性房地产定义,但公司未采用公允价值模式计量。在交换日,该幢公寓楼的账面原价为 11 500 万元,已提折旧 4 000 万元,未计提减值准备,在交换日的公允价值和计税价格均为 10 000 万元,营业税税率为 5%;B 公司持有的用于交易的股票投资账面价值为 8 000 万元。B 公司对该股票投资采用公允价值模式计量,在交换日的公允价值为 9 600 万元,并支付了 400 万元的补价。B 公司换入公寓楼后仍然继续用于经营出租,并拟采用公允价值计量模式,A 公司换入股票投资后也仍然用于交易。转让公寓楼的营业税尚未支付,假定除营业税外,该项交易过程中不涉及其他相关税费。

【解析】

该项资产交换涉及收付货币性资产,即补价 400 万元。A 公司的公寓楼在交换日双方都接受的公允价值应为 10 000 万元,即换入股票投资公允价值 9 600 万元,加上收到的补价 400 万元。

对 A 公司而言, 收到的补价 400 万元÷换出资产的公允价值 10 000 万元=4%<25%,属于非货币性资产交换。

对 B 公司而言, 支付的补价 400 万元÷换入资产的公允价值 10 000 万元=4%<25%,属于非货币性资产交换。

对 A 公司而言,换入以交易为目的的股票投资使得企业可以在希望变现的时候取得现金,但风险程度要比租金稍大;用于经营出租目的的公寓楼可以获得稳定均衡的租金,但是不能满足企业急需大量现金的需要。因此,交易性股票投资带来的未来现金流量在时间、风险方面与用于出租的公寓楼带来的现金流有显著区别, 因而可判断两项资产的交换具有商业实质。同时,股票投资和公寓楼的公允价值均能够可靠地计量,故 A、B 公司均应当以公允价值为基础确定换入资产的成本,并确认产生的损益。

(1)A 公司的账务处理如下:

换入的股票投资成本=换入资产的公允价值(换出资产的公允价值-补价)+支付的相关税费=9 600(万元)

当期损益=换出资产公允价值-换出资产账面价值-应交的税费=10 000-(11 500-4 000)-10 000×5%=2 000(万元)

| | | |
|---|---|---|
| 借:交易性金融资产 | 96 000 000 | |
| 　银行存款 | 4 000 000 | |
| 　贷:其他业务收入 | | 100 000 000 |
| 借:其他业务成本 | 75 000 000 | |
| 　投资性房地产累计折旧 | 40 000 000 | |
| 　贷:投资性房地产 | | 115 000 000 |
| 借:营业税金及附加 | 5 000 000 | |
| 　贷:应交税费——应交营业税 | | 5 000 000 |

(2)B 公司的账务处理如下:

换入的公寓楼成本=换入资产的公允价值(换出资产的公允价值+补价)+支付的相关税费=10 000(万元)

当期损益=换出资产公允价值-换出资产的账面价值=9 600-8 000=1 600(万元)

| | | |
|---|---|---|
| 借:投资性房地产 | 100 000 000 | |
| 贷:交易性金融资产 | | 80 000 000 |
| 银行存款 | | 4 000 000 |
| 投资收益 | | 16 000 000 |

## 二、以换出资产账面价值计量的处理

非货币性资产交换不具有商业实质或者虽然具有商业实质但换入资产和换出资产的公允价值均不能可靠计量的,应当以换出资产账面价值为基础确定换入资产成本,无论是否支付补价,均不确认损益。

若换入资产和换出资产的公允价值都不能可靠计量,则该项非货币性资产交换通常不具有商业实质。因为在此情况下,比较两项资产产生的未来现金流量在时间、风险和金额方面的差异很困难,判断两项资产交换后对企业经济状况改变所起的不同效用也很困难,因而此类资产交换通常不具有商业实质。

(一)不涉及补价情况下的会计处理

在不具有商业实质的非货币性资产交换中,不涉及补价的,企业换入的资产应当以换出资产账面价值和应支付的相关税费作为其成本。

**【例 9-3】**甲公司以其运输产品的货运汽车与乙公司作为运输工具的货运汽车进行交换。甲公司换出设备的账面原价为 120 000 元,已提折旧为 20 000 元,预计未来现金流量现值为 110 000 元。为此项交换,甲公司以银行存款支付了设备清理费用 100 元。乙公司换出货运汽车的账面原价为 140 000 元,已提折旧为 30 000 元,其未来现金流量的现值为 110 000 元。假定甲公司换入货运汽车仍然作为运输公司产品使用,并作为固定资产管理。甲公司未对换出设备计提减值准备。

**【解析】**

本例中,甲公司运输产品的货运汽车换入乙公司同样作为运输工具的货运汽车,在这项交易中,由于交换的非货币性资产均为货运汽车,其性质、用途均相同,换入资产与换出资产的预计未来现金流量现值也相同。因此,该项交易不具有商业实质。同时该项交易不涉及补价,因此,属于不涉及补价的非货币性资产交换。

甲公司的账务处理如下:

(1)将固定资产净值转入固定资产清理

| | | |
|---|---|---|
| 借:固定资产清理 | 100 000 | |
| 累计折旧 | 20 000 | |
| 贷:固定资产 | | 120 000 |

(2)支付清理费用

借:固定资产清理　　100
　贷:银行存款　　100

(3)换入货运汽车的入账价值=100 000+100=100 100(元)

借:固定资产　　100 100
　贷:固定资产清理　　100 100

由上述例子可见,甲公司换入的货运汽车按换出汽车的账面价值加上支付的相关税费,作为换入的货运汽车的入账价值(成本)。

(二)涉及补价情况下的会计处理

在不具有商业实质的非货币性资产交换中,涉及补价的,企业换入资产的入账价值应当分别确定:

1.支付补价方,应当以换出资产的账面价值加上支付的补价和应支付的相关税费,作为换入资产的入账价值,不确认损益。

2.收到补价方,应当以换出资产的账面价值,减去收到的补价加上应支付的相关税费,作为换入资产的成本,不确认损益。

**【例 9-4】**丙公司拥有一台专有设备,该设备账面原价 900 万元,已计提折旧 660 万元,丁公司拥有一项长期股权投资,账面价值 180 万元,两项资产均未计提减值准备。丙公司决定以其专有设备交换丁公司的长期股权投资,该专有设备是生产某种产品必需的设备。由于专有设备系当时专门制造,性质特殊,其公允价值不能可靠计量;丁公司拥有的长期股权投资在活跃市场中没有报价,其公允价值也不能可靠计量。经双方商定,丁支付了 40 万元补价。假定交易中没有涉及相关税费。

**【解析】**

该项资产交换涉及收付货币性资产,即补价 40 万元。对丙公司而言,收到的补价40 万元÷换出资产账面价值 240 万元≈16.7%<25%,因此,该项交换属于非货币性资产交换,丁公司也一样。由于两项资产的公允价值不能可靠计量,因此,对于该项资产交换,换入资产的成本应当按照换出资产的账面价值确定。

(1)丙公司的账务处理如下:

借:固定资产清理　　2 400 000
　累计折旧　　6 600 000
　贷:固定资产——专有设备　　9 000 000
借:长期股权投资　　2 000 000
　银行存款　　400 000
　贷:固定资产清理　　2 400 000

(2)丁公司的账务处理如下:

借:固定资产——专有设备　　2 200 000
　贷:长期股权投资　　1 800 000
　　银行存款　　400 000

从上例可以看出,尽管丁公司支付了 40 万元补价,但由于整个非货币性资产交换是以账面价值为基础计量的,支付补价方和收到补价方均不确认损益。对丙公司而言,换入资产是长期股权投资和银行存款40万元,换出资产是专有设备的账面价值减去货币性补价的差额,即200万元;对丁公司而言,换出资产是长期股权投资和银行存款40万元,换入资产专有设备的成本等于换出资产的账面价值,即220万元。由此可见,在以账面价值计量的情况下,发生的补价是用来调整换入资产的成本的,不涉及确认损益问题。

## 三、涉及多项非货币性资产交换的会计处理

涉及多项非货币性资产交换包括以下情况:企业以一项非货币性资产同时换入另一企业的多项非货币性资产,以多项非货币性资产同时换入另一企业的一项非货币性资产,以多项非货币性资产同时换入另一企业的多项非货币性资产。在这些情况下,企业无法将换出的某一资产与换入的某一特定资产相对应。涉及多项非货币性资产交换的计量,与单项非货币性资产之间的交换一样,应当首先判断是否符合以公允价值计量的两个条件,然后再分情况确定各项换入资产的成本。

按照会计处理方法,涉及多项非货币性资产的交换一般包括以下几种情况:

1.资产交换具有商业实质,且各项换出资产和各项换入资产的公允价值均能够可靠计量。在该情况下,换入资产的总成本应当以换出资产的公允价值总额为基础确定,除非有确凿证据证明换入资产的公允价值总额更可靠,才以换入资产的公允价值作为换入资产的总成本。将各项换入资产的公允价值占换入资产公允价值总额的比例乘以换入资产总成本,作为各项换入资产的成本。

2.资产交换具有商业实质,且换入资产的公允价值能够可靠计量,换出资产的公允价值不能可靠计量。在该情况下,换入资产的总成本应当按照换入资产的公允价值总额为基础确定,将各项换入资产的公允价值占换入资产公允价值总额的比例乘以换入资产总成本,作为各项换入资产的成本。

3.资产交换具有商业实质,换出资产的公允价值能够可靠计量,但换入资产的公允价值不能可靠计量。在该情况下,换入资产的总成本应当以换出资产的公允价值总额为基础确定,将各项换入资产的原账面价值占换入资产原账面价值总额的比例乘以换出资产公允价值总额,作为各项换入资产的成本。

4.资产交换不具有商业实质,或换入资产和换出资产的公允价值均不能可靠计量。在该情况下,换入资产的总成本应当以换出资产原账面价值总额为基础确定,各项换入资产的成本,应当按照各项换入资产的原账面价值占换入资产原账面价值总额的比例,对按照换出资产账面价值总额为基础确定的换入资产总成本进行分配,确定各项换入资产的成本。

对于上述第1、2、3种情况,换入资产总成本都是按照公允价值计量的,而各单项换入资产成本的确定,则视各单项换入资产的公允价值能否可靠计量而分情况处理;第4种情况属于不符合公允价值计量的条件,因此换入资产总成本按照换出资产账面价值总额确定,而各单项换入资产成本的确定,则按照各单项换入资产的原账面价值占换入资产原账面价值总额的比例确定。

(一)以公允价值计量的情况

【例 9-5】为满足业务发展的需要,经协商,甲饮食公司决定以生产经营过程中使用的餐厅和一台食品加工机换入乙出租汽车公司的一辆丰田汽车和一辆奔驰汽车。甲饮食公司餐厅的账面原值为 800 000 元,累计折旧为 105 000 元,公允价值为 700 000 元;食品加工机的账面原值为 1 000 000 元,累计折旧为 405 000 元,公允价值为 600 000 元。乙出租汽车公司丰田汽车的账面原值为 1 850 000 元,累计折旧为 1 000 000 元,公允价值为 850 000 元;奔驰汽车的账面原值为 800 000 元,累计折旧为 300 000 元,公允价值为 550 000 元。甲饮食公司另外向乙出租汽车公司支付银行存款 100 000 元。假设整个交换过程不涉及其他相关税费,则甲饮食公司、乙出租汽车公司应如何进行账务处理?

【解析】

对甲公司来说,支付的货币性资产占换出资产公允价值总额与支付的货币性资产之和的比例为:100 000÷(700 000+600 000+100 000)≈7.14%,低于 25%,故此笔交换是非货币性资产交换。为了适应业务发展,甲公司需要汽车,乙公司需要餐厅和设备,换入资产对换入企业均能发挥更大的作用,该项涉及多项资产的非货币性资产交换具有商业实质;同时,各项换入资产和换出资产的公允价值均能可靠计量。因此,甲、乙公司均应当以公允价值为基础确定换入资产的总成本,确认产生的相关损益。然后,按照各单项换入资产的公允价值占换入资产公允价值总额的比例,确定各单项换入资产的成本。

(1)甲饮食公司的账务处理如下:

换入资产的入账价值=700 000+600 000+100 000=1 400 000(元)

丰田汽车公允价值占换入各项资产公允价值总额的比例=850 000÷(850 000+550 000)≈60.71%

丰田汽车的入账价值=1 400 000×60.71%≈8 500 000(元)

奔驰汽车公允价值占换入各项资产公允价值总额的比例=550 000÷(850 000+550 000)≈39.3%

奔驰汽车的入账价值=1 400 000×39.3%≈ 550 000(元)

| | | |
|---|---|---|
| 借:固定资产清理 | 1 290 000 | |
| 累计折旧 | 510 000 | |
| 贷:固定资产——餐厅 | | 800 000 |
| ——食品加工机 | | 1 000 000 |
| 借:固定资产——丰田汽车 | 850 000 | |
| ——奔驰汽车 | 550 000 | |
| 贷:固定资产清理 | | 1 290 000 |
| 银行存款 | | 100 000 |
| 营业外收入 | | 10 000 |

(2)乙出租汽车公司的账务处理如下:

换入资产(不包括补价)的入账价值=850 000+550 000-100 000=1 300 000(元)

餐厅公允价值占换入各项资产公允价值总额的比例=700 000÷(700 000+600 000)≈

53.85%

餐厅的入账价值=1 300 000×53.85%≈700 000(元)

食品加工机公允价值占换入各项资产公允价值总额的比例≈600 000÷(700 000+600 000)≈46.15%

食品加工机的入账价值=1 300 000×46.15%≈600 000(元)

| | | |
|---|---|---|
| 借:固定资产清理 | 1 350 000 | |
| 累计折旧 | 1 300 000 | |
| 贷:固定资产——丰田汽车 | | 1 850 000 |
| ——奔驰汽车 | | 800 000 |
| 借:固定资产——餐厅 | 700 000 | |
| ——食品加工机 | 600 000 | |
| 银行存款 | 100 000 | |
| 贷:固定资产清理 | | 1350 000 |
| 营业外收入 | | 50 000 |

(二)以账面价值计量的情况

【例 9-6】20×9 年 5 月,A 公司因经营战略发生较大转变,产品结构发生较大调整,原生产产品的专有设备和专利技术等已不符合生产新产品的需要,经与 B 公司协商,将其专用设备连同专利技术与 B 公司正在建造过程中的一幢建筑物和对 C 公司的长期股权投资进行交换。A 公司换出专有设备的账面原价为 2 400 万元,已提折旧 1 500 万元;专利技术账面原价为 900 万元,已摊销金额为 540 万元。B 公司在建工程截至交换日的成本为 1 050 万元,对 C 公司的长期股权投资账面余额为 300 万元。由于 A 公司持有的专有设备和专利技术在市场上已不多见,因此,公允价值不能可靠计量。B 公司的在建工程因完工程度难以合理确定,其公允价值不能可靠计量。由于 C 公司不是上市公司,B 公司对 C 公司长期股权投资的公允价值也不能可靠计量。假定 A、B 公司均未对上述资产计提减值准备。

【解析】

本例不涉及收付货币性资产,属于非货币性资产交换。由于换入资产、换出资产的公允价值均不能可靠计量,A、B 公司均应当以换出资产账面价值总额作为换入资产的成本,各项换入资产的成本,应当按各项换入资产的账面价值占换入资产账面价值总额的比例分配后确定。

(1)A 公司的账务处理如下:

①计算换入资产、换出资产账面价值总额

换入资产账面价值总额=1 050+300=1 350(万元)

换出资产账面价值总额=(2 400−1500)+(900−540)=1 260(万元)

②确定换入资产总成本

换入资产总成本=换出资产账面价值总额=1 260(万元)

③计算各项换入资产账面价值占换入资产账面价值总额的比例

在建工程占换入资产账面价值总额的比例=1 050÷1 350≈77.8%

长期股权投资占换入资产账面价值总额的比例=300÷1 350≈22.2%

④确定各项换入资产成本

在建工程成本=1 260×77.8%=980.28(万元)

长期股权投资成本=1 260×22.2%=279.72(万元)

⑤会计分录

借:固定资产清理　　9 000 000
　累计折旧　　15 000 000
　贷:固定资产——专有设备　　24 000 000

借:在建工程　　9 802 800
　长期股权投资　　2 797 200
　累计摊销　　5 400 000
　贷:固定资产清理　　9 000 000
　　无形资产——专利技术　　9 000 000

(2)B公司的账务处理如下:

①计算换入资产、换出资产账面价值总额

换入资产账面价值总额=(2 400-1500)+(900-540)=1 260(万元)

换出资产账面价值总额=1 050+300=1 350(万元)

②确定换入资产总成本

换入资产总成本=换出资产账面价值总额=1 350(万元)

③计算各项换入资产账面价值占换入资产账面价值总额的比例

专有设备占换入资产账面价值总额的比例=900÷1 260≈71.4%

专利技术占换入资产账面价值总额的比例=360÷1 260≈28.6%

④确定各项换入资产成本

专有设备成本=1 350×71.4%=963.9(万元)

专利技术成本=1 350×28.6%=386.1(万元)

⑤会计分录

借:固定资产——专有设备　　9 639 000
　无形资产——专利技术　　3 861 000
　贷:在建工程　　10 500 000
　　长期股权投资　　3 000 000

# 第十章 流动负债

## 第一节 负债的定义、特征及其分类

负债代表的是一种优先求偿权,即企业清算时,只有先偿还了债权人的权益,才可偿付股东权益。负债的优先求偿权是对债权人的一种保护,因为债权人虽然和股东在资本市场中都属于企业外部的投资者,但股东因为拥有投票权而可能对管理当局的经营和财务政策施加影响,而债权人在企业正常经营的情况下,除了定期收取利息和到期收回本金外,基本上无法对企业的经营活动产生实质的影响。

### 一、负债的定义

我国《企业会计准则——基本准则》将负债定义为"企业过去的交易或者事项形成的,预期会导致经济利益流出企业的现时义务"。根据负债的定义,负债具有以下特征:

(一)负债是企业承担的现时义务

负债必须是企业承担的现时义务,这是负债的一个基本特征。其中,现时义务是指企业在现行条件下已承担的义务。未来发生的交易或者事项形成的义务,不属于现时义务,不应当确认为负债。这里所指的义务可以是法定义务,也可以是推定义务。其中法定义务是指具有约束力的合同或者法律法规规定的义务,通常必须依法执行。例如,企业购买原材料形成应付账款,企业向银行贷入款项形成借款,企业按照税法规定应当交纳的税款等,均属于企业承担的法定义务,需要依法予以偿还。推定义务是指根据企业多年来的习惯做法、公开的承诺或者公开宣布的政策而导致企业将承担的责任,这些责任也使有关各方形成了企业将履行义务解脱责任的合理预期。例如,某企业多年来制定有一项销售政策,对于售出商品提供一定期限内的售后保修服务,预期将为售出商品提供的保修服务就属于推定义务,应当将其确认为一项负债。

(二)负债预期会导致经济利益流出企业

预期会导致经济利益流出企业也是负债的一个本质特征,只有企业在履行义务时会导致经济利益流出企业的，才符合负债的定义。在履行现时义务清偿负债时，导致经济利益流出企业的形式多种多样，例如用现金偿还或以实物资产形式偿还；以提供劳务形式偿还；以部分转移资产、部分提供劳务形式偿还；将负债转为资本等。

（三）负债是由企业过去的交易或者事项形成的

负债应当由企业过去的交易或者事项所形成。换句话说，只有过去的交易或者事项才形成负债，企业将在未来发生的承诺、签订的合同等交易或者事项，不形成负债。

## 二、负债的分类

（一）基本分类

负债的分类方式取决于不同的分类标志，其中最重要的分类标志是按偿还期长短将其分为流动负债和非流动负债。传统上，流动负债和非流动负债区分是以一年为界限，即将在一年以内偿付的负债归为流动负债，将在一年以上偿付的负债列为非流动负债。这种以“一年”为标准的划分方法，尽管易于理解和操作，却过于武断，因为它没有考虑到行业的特点，对那些经营周期超过一年的行业，这一划分往往是对企业财务状况的歪曲。所谓“经营周期”是指企业在正常生产经营过程中从购买商品和劳务到通过销售和收款取得现金这一时间跨度。通常，商业企业的经营周期较短，工业企业的经营周期较长，有的甚至超过一年。为了使经营周期较长的企业的财务状况也能得到正确的反映，目前公认的做法是以“一年或一个经营周期孰长”作为划分流动负债和非流动负债的一项标准，即流动负债是偿付期在一年或一个经营周期之内的负债，超过一年或一个经营周期的属于非流动负债。

（二）流动负债的分类

负债是企业承担的债务责任，但它的偿付是将来发生的，因此，所有的负债都带有一定的不确定性。根据这种不确定性程度的大小，可将流动负债进一步分为以下 4 类：

1.金额确定的流动负债

这类负债是指根据合同或法律规定，在到期日必须偿付，并具有确定金额的流动负债。如短期借款、短期应付票据、应付账款、预收账款、应付职工薪酬、其他应付款及应付股利等。

2.金额视经营情况而定的流动负债

该类负债是指债务的金额必须等到一个会计期末，根据企业一定时期的经营状况才能计算确定的流动负债。也就是说，不到会计期末，负债金额是难以确定的。如应交税费、应付股利等。

3.金额不确定需要估计的流动负债

该类负债是指金额在会计期末，甚至在到期日，都无法预计，但确实是过去已经发生的经营业务所引起的，并必须于未来某一确定日期偿付的流动负债。对这类流动负债，企业必须根据已经掌握的客观资料，评价以往的经验和类似企业的经验，合理地估计其金额，如产品质量担保负债等。

以上 3 类负债，通常都是以书面或隐含的合同或法律规定为依据的，从而大大减少了相关债务在偿付金额、风险和时间方面的不确定性。它们都具有两个特点：第一，企业产生负债的事实已经明确，即企业已经不可避免地承担了这项负债；第二，负债的未来偿付金额、偿付日期和收款人都是相当明确的,或者虽不是明确的但可以通过合理的估计加以确定。

4.或有负债

该类负债是指由于可能导致损失的或有事项而形成的流动负债。其基本特点是:它的发生与否以及偿付金额、偿付日期和受款人的确定,主要取决于有关的未来事件是否发生,因而在目前具有很大的不确定性。如未决诉讼、信用担保等。

(三)非流动负债的分类

企业的非流动负债一般包括长期借款、应付债券及长期应付款等。长期借款是指企业向银行或金融机构借入的、期限在一年以上的借款,该借款往往不是用于应付临时的资金需要,而是为了更新企业的技术实力、购买大型设备等。应付债券是企业通过发行债券,通过资本市场向社会公众筹集资金的主要方式之一。长期应付款往往核算企业融资租入固定资产、补偿贸易购买设备等承担的债务。

## 第二节 金额确定的流动负债

### 一、短期借款

短期借款是指企业向银行或其他金融机构等借入的期限在一年以下(含一年)的各种借款。企业借入的短期借款无论用于哪方面,只要借入了这笔资金,就构成了一项负债。对于企业发生的短期借款,应设置"短期借款"科目核算;对于短期借款的利息,企业应当按照应计的金额,借记"财务费用""利息支出(金融企业)"等科目,贷记"应付利息"等科目。具体会计处理如下:

1.企业取得短期借款时,借记"银行存款",贷记"短期借款"。

2.短期借款利息。如果企业的短期借款按月支付利息,或者虽在借款到期时与本金一起偿还,但金额较小的,则企业可直接依据银行计息通知将短期借款的利息计入"财务费用——利息费用"。

借:财务费用——利息费用

　　贷:应付利息

### 二、应付票据

应付票据是由出票人出票、委托付款人在指定日期无条件支付特定的金额给收款人或者持票人的票据。企业应设置"应付票据"科目进行核算。应付票据按是否带息分为带息应付票据和不带息应付票据两种。

(一)带息应付票据的处理

应付票据如为带息票据,其票据的面值就是票据的现值。由于我国商业汇票期限较短,因此,通常在期末对尚未支付的应付票据计提利息,计入当期财务费用;票据到期支付票款时，尚未计提的利息部分直接计入当期财务费用。

(二)不带息应付票据的处理

不带息应付票据，其面值就是票据到期时的应付金额。

**【例 10-1】**某企业为增值税一般纳税人，采购原材料采用商业汇票方式结算货款，根据有关发票账单，购入材料的实际成本为 30 万元，增值税专用发票上注明的增值税为 5.1 万元。材料已经验收入库。企业开出三个月承兑的商业汇票，并用银行存款支付运杂费。假如该企业采用实际成本进行材料的日常核算。

根据上述资料，企业应做如下会计分录：

| | | |
|---|---|---|
| 借：原材料 | 300 000 | |
| 应交税费——应交增值税(进项税额) | 51 000 | |
| 贷：应付票据 | | 351 000 |

开出并承兑的商业承兑汇票如果不能如期支付的，应在票据到期时，将“应付票据”账面价值转入“应付账款”科目。待协商后再行处理，如果重新签发新的票据以清偿原应付票据的，再从“应付账款”科目转入“应付票据”科目。银行承兑汇票如果票据到期，企业无力支付到期票款时，承兑银行除凭票向持票人无条件付款外，对出票人尚未支付的汇票金额转作逾期贷款处理，并按照每天万分之五计收利息。企业无力支付到期银行承兑汇票，在接到银行转来的“××号汇票无款支付转入逾期贷款户”等有关凭证时，借记“应付票据”科目，贷记“短期借款”科目。对计收的利息，按短期借款利息的处理办法处理。

## 三、应付及预收款项

(一)应付账款

应付账款指因购买材料、商品或接受劳务供应等而发生的债务。这是买卖双方在购销活动中由于取得物资与支付货款在时间上不一致而产生的负债。

应付账款入账时间的确定，一般应以与所购买物资所有权有关的风险和报酬已经转移或劳务已经接受为标志。但在实际工作中，应区别不同情况进行处理：在物资和发票账单同时到达的情况下，应付账款一般待物资验收入库后，才按发票账单登记入账，这主要是为了确认所购入的物资是否在质量、数量和品种上都与合同上订购的条件相符，以免因先入账而在验收入库时发现购入物资错、漏、破损等问题再行调账，在会计期末仍未完成验收的，则应先按合理估计金额将物资和应付债务入账，事后发现问题再行更正；在物资和发票账单未同时到达的情况下，由于应付账款需根据发票账单登记入账，有时货物已到，发票账单要间隔较长时间才能到达，由于这笔负债已经成立，应作为一项负债反映。为在资产负债表上客观反映企业所拥有的资产和承担的债务，在实际工作中常采用在月份末将所购物资和应付债务估计入账，待下月初再用红字予以冲回的办法。因购买商品等而产生的应付账款，应设置“应付账款”科目进行核算，用以反映这部分负债的价值。

应付账款一般按应付金额入账，而不按到期应付金额的现值入账。如果购入的资产在形成一笔应付账款时是带有现金折扣的，应付账款入账金额的确定按发票上记载的应付金额的总值(不扣除折扣)记账。在这种方法下，应按发票上记载的全部应付金额，借记有关科目，贷记“应付账款”科目;获得的现金折扣冲减财务费用。

【例 10-2】海天股份有限公司 20×9 年 5 月 10 日以 30 000 元的价格购买天宇股份有限公司的一批商品已经入库(假定不考虑相关税费),双方约定 2 个月后付款,现金折扣条件为“5/30,n/60”。

具体会计处理如下:

20×9 年 5 月 10 日:

借:库存商品　30 000

　贷:应付账款　30 000

若企业在 30 天内付款,则:

借:应付账款　30 000

　贷:银行存款　28 500

　　财务费用　1 500

(二)预收账款

如果销售方比购货方更有信誉,或者销售方生产的商品属于稀缺商品,那么销售方在与购买方的博弈中就可能占据优势,其直接体现就是要求购货方预付一部分货款。

预收账款是买卖双方协议商定,由购货方预先支付一部分货款给供应方而发生的一项负债。预收账款的核算应视企业的具体情况而定,如果预收账款比较多的,可以设置“预收账款”科目;预收账款不多的,也可以不设置“预收账款”科目,直接计入“应收账款”科目的贷方。单独设置“预收账款”科目核算的,其“预收账款”科目的贷方,反映预收的货款和补付的货款;借方反映应收的货款和退回多收的货款;期末贷方余额,反映尚未结清的预收款项,借方余额反映应收的款项。

【例 10-3】20×8 年 1 月,乙公司欲向甲公司购买商品一批,预先交付定金 500 000 元。20×8 年 3 月,甲公司向乙公司销售商品,价值 700 000 元。

(1)收到乙公司预付定金时,甲公司的会计处理如下:

借:银行存款　500 000

　贷:预收账款——乙公司　500 000

(2)甲公司向乙公司销售商品时,会计处理如下:

借:预收账款—— 乙公司　500 000

　银行存款　200 000

　贷:主营业务收入　700 000

## 四、职工薪酬

(一)职工薪酬的内容

职工薪酬是指企业为获得职工提供的服务而给予各种形式的报酬以及其他相关支出。这里所称“职工”比较宽泛,包括 3 类人员:一是与企业订立劳动合同的所有人员,含全职、兼职和临时职工;二是未与企业订立劳动合同,但由企业正式任命的企业治理层和管理层人员,如董事会成员、监事会成员等;三是在企业的计划和控制下虽未与企业订立劳动合同或未由其正式任命但为其提供与职工类似服务的人员。

职工薪酬主要包括以下内容：

1.职工工资、奖金、津贴和补贴，是指按照国家统计局的规定构成工资总额的计时工资、计件工资、支付给职工的超额劳动报酬和增收节支的劳动报酬、为了补偿职工特殊或额外的劳动消耗和因其他特殊原因支付给职工的津贴，以及为了保证职工工资水平不受物价影响支付给职工的物价补贴等。

2.职工福利费，是指企业为职工集体提供的福利，如补助生活困难职工等。

3.社会保险费，是指企业按照国务院、各地方政府或企业年金计划规定的基准和比例计算，向社会保险经办机构缴纳的医疗保险费、养老保险费(包括向社会保险经办机构缴纳的基本养老保险费和向企业年金基金相关管理人缴纳的补充养老保险费)、失业保险费、工伤保险费和生育保险费。企业以购买商业保险形式提供给职工的各种保险待遇属于企业提供的职工薪酬，应当按照职工薪酬的原则进行确认、计量和披露。

4.住房公积金，是指企业按照国务院《住房公积金管理条例》规定的基准和比例计算，向住房公积金管理机构缴存的住房公积金。

5.工会经费和职工教育经费，是指企业为了改善职工文化生活、为职工学习先进技术和提高文化水平和业务素质，用于开展工会活动和职工教育及职业技能培训等相关支出。

6.非货币性福利，是指企业以自己的产品或外购商品发放给职工作为福利，企业提供给职工无偿使用自己拥有的资产或租赁资产供职工无偿使用的权利，比如提供给企业高级管理人员使用的住房等，免费为职工提供诸如医疗保健的服务或向职工提供企业支付了一定补贴的商品或服务等，比如以低于成本的价格向职工出售住房等。

7.因解除与职工的劳动关系给予的补偿，是指由于分离社会职能、实施主辅分离辅业改制分流安置富余人员、实施重组、改组计划及职工不能胜任等原因，企业在职工劳动合同尚未到期之前解除与职工的劳动关系，或者为鼓励职工自愿接受裁减而提出补偿建议的计划中给予职工的经济补偿，即国际财务报告准则中所指的辞退福利。

8.其他与获得职工提供的服务相关的支出，是指除上述7种薪酬以外的其他为获得职工提供的服务而给予的薪酬，比如企业提供给职工以权益形式结算的认股权，以现金形式结算但以权益工具公允价值为基础确定的现金股票增值权等。

总之，从薪酬的涵盖时间和支付形式来看，职工薪酬包括企业在职工在职期间和离职后给予的所有货币性薪酬和非货币性福利；从薪酬的支付对象来看，职工薪酬包括提供给职工本人及其配偶、子女或其他被赡养人的福利，比如支付给因公伤亡职工的配偶、子女或其他被赡养人的抚恤金。

(二)职工薪酬的确认和计量

企业应当在职工为其提供服务的会计期间，将应付的职工薪酬确认为负债，除因解除与职工的劳动关系给予的补偿外，应当根据职工提供服务的受益对象，分下列情况进行处理：

第一，应由生产产品、提供劳务负担的职工薪酬，计入产品成本或劳务成本。生产产品、提供劳务中的直接生产人员和直接提供劳务人员发生的职工薪酬，计入存货成本，但非正常消耗的直接生产人员和直接提供劳务人员的职工薪酬，应当在发生时确认为当期损益。

第二,应由在建工程、无形资产负担的职工薪酬,计入建造固定资产或无形资产成本。自行建造固定资产和自行研究开发无形资产过程中发生的职工薪酬，能否计入固定资产或无形资产成本,取决于相关资产的成本确定原则。比如企业在研究阶段发生的职工薪酬不能计入自行开发无形资产的成本,在开发阶段发生的职工薪酬,符合无形资产资本化条件的,应当计入自行开发无形资产的成本。

第三,上述两项之外的其他职工薪酬,计入当期损益。除直接生产人员、直接提供劳务人员、建造固定资产人员及开发无形资产人员以外的职工,包括公司总部管理人员、董事会成员及监事会成员等人员相关的职工薪酬,因难以确定直接对应的受益对象,均应当在发生时计入当期损益。

1.货币性职工薪酬的计量

对于货币性薪酬,在确定应付职工薪酬和应当计入成本费用的职工薪酬金额时,企业应当区分两种情况:

(1)具有明确计提标准的货币性薪酬。对于国务院有关部门、省、自治区、直辖市人民政府或经批准的企业年金计划规定了计提基础和计提比例的职工薪酬项目，企业应当按照规定的计提标准,计量企业承担的职工薪酬义务和计入成本费用的职工薪酬。其中:①“五险一金”。对于医疗保险费、养老保险费、失业保险费、工伤保险费、生育保险费和住房公积金,企业应当按照国务院、所在地政府或企业年金计划规定的标准计量应付职工薪酬义务和应相应计入成本费用的薪酬金额。②工会经费和职工教育经费。企业应当按照国家相关规定,分别按照职工工资总额的2%和1.5%计量应付职工薪酬(工会经费、职工教育经费)义务金额和应相应计入成本费用的薪酬金额;从业人员技术要求高、培训任务重、经济效益好的企业,可根据国家相关规定,按照职工工资总额的2.5%计量应计入成本费用的职工教育经费。按照明确标准计算确定应承担的职工薪酬义务后，再根据受益对象计入相关资产的成本或当期费用。

(2)没有明确计提标准的货币性薪酬。对于国家(包括省、市、自治区政府)相关法律法规没有明确规定计提基础和计提比例的职工薪酬，企业应当根据历史经验数据和自身实际情况,计算确定应付职工薪酬金额和应计入成本费用的薪酬金额。

【例10-4】海天股份有限公司20×8年2月的工资总额为840 000元,其中,产品生产工人工资400 000元,在建工程员工工资200 000元,行政管理人员工资150 000元,销售人员工资90 000元。企业按照14%计提福利费。另外,企业按照规定代扣职工个人所得税30 000元,代扣公用事业公司水电费10 000元。

有关会计分录记录如下:

| | | |
|---|---|---|
| 借:生产成本 | 456 000 | |
| 在建工程 | 228 000 | |
| 管理费用 | 171 000 | |
| 销售费用 | 102 600 | |
| 贷:应付职工薪酬——工资 | | 800 000 |
| ——职工福利 | | 117 600 |

其他应付款——代扣职工个人所得税 30 000

——代扣职工水电费 10 000

2.非货币性职工薪酬的计量

企业向职工提供的非货币性职工薪酬,应当分情况进行处理:

(1)以自产产品或外购商品发放给职工作为福利。①企业以其生产的产品作为非货币性福利提供给职工的,应当按照该产品的公允价值和相关税费,核算应计入成本费用的职工薪酬金额,并确认为主营业务收入,其销售成本的结转和相关税费的处理,与正常商品销售相同。②以外购商品作为非货币性福利提供给职工的,应当按照该商品的公允价值和相关税费核算,计量应计入成本费用的职工薪酬金额。

需要注意的是,在以自产产品或外购商品发放给职工作为福利的情况下,企业在进行账务处理时,应当先通过“应付职工薪酬”科目归集当期应计入成本费用的非货币性薪酬金额,以确定完整准确的企业职工成本金额。

**【例 10-5】**甲公司 20×8 年 12 月 15 日发放给生产职工(170 人)和行政部门职工(30 人)每人一台自产笔记本电脑,该笔记本电脑成本 10 000 元,售价 14 000 元,增值税税率为 17%。

甲公司相应的会计处理如下:

借:生产成本 2 784 600

管理费用 491 400

贷:应付职工薪酬——非货币性福利 3 276 000

借:应付职工薪酬——非货币性福利 3 276 000

贷:主营业务收入 2 800 000

应交税费——应交增值税(销项税额) 476 000

借:主营业务成本 2 000 000

贷:库存商品 2 000 000

(2)将拥有的房屋等资产无偿提供给职工使用,或租赁住房等资产供职工无偿使用。企业将拥有的房屋等资产无偿提供给职工使用的,应当根据受益对象,将住房每期应计提的折旧计入相关资产成本或费用,同时确认应付职工薪酬。租赁住房等资产供职工无偿使用的,应当根据受益对象,将每期应付的租金计入相关资产成本或费用,并确认应付职工薪酬。难以认定受益对象的,直接计入当期损益,并确认应付职工薪酬。

**【例 10-6】**丙公司为总部各部门经理级别以上职工提供汽车免费使用,同时为副总裁以上高级管理人员每人租赁一套住房。该公司总部共有部门经理以上职工 25 名,每人提供一辆桑塔纳汽车免费使用。假定每辆桑塔纳汽车每月计提折旧 500 元,该公司共有副总裁以上高级管理人员 5 名,公司为其每人租赁一套面积为 100 平方米带有家具和电器的公寓,月租金为每套 4 000 元。

该公司每月应做如下账务处理:

借:管理费用 32 500

贷:应付职工薪酬——非货币性福利 32 500

借:应付职工薪酬——非货币性福利　　32 500
　贷:累计折旧　　12 500
　　其他应付款　　20 000

3.向职工提供企业支付补贴的商品或服务

企业有时以低于其成本的价格向职工提供商品或服务，如以低于成本的价格向职工出售住房或提供医疗保健服务,其实质是企业向职工提供补贴。对此,企业应根据出售商品或服务合同条款的规定分情况进行处理:

(1)如果合同规定职工在取得住房等商品或服务后至少应提供服务的年限,企业应将出售商品或服务的价格与其成本间的差额,作为长期待摊费用处理,在合同规定的服务年限内平均摊销,根据受益对象分别计入相关资产成本或当期损益。

(2)如果合同没有规定职工在取得住房等商品或服务后至少应提供服务的年限,企业应将出售商品或服务的价格与其成本间的差额,作为对职工过去提供服务的一种补偿,直接计入向职工出售商品或服务当期的损益。

【例 10-7】20×8 年 1 月,某公司为留住人才,将以每套 100 万元的价格购买并按照固定资产入账的 50 套公寓,以每套 60 万元的价格出售给公司管理层和生产一线的优秀职工。其中,出售给公司管理层 20 套,出售给一线生产工人 30 套。出售合同规定,职工在取得住房后必须在公司服务 10 年,不考虑相关税费。

公司出售住房时,应做如下账务处理:

借:银行存款　　30 000 000
　　长期待摊费用　　20 000 000
　贷:固定资产　　50 000 000

出售住房后的 10 年内,公司应按照直线法摊销该项长期待摊费用,并作如下账务处理:

借:生产成本　　1 200 000
　　管理费用　　800 000
　贷:应付职工薪酬——非货币性福利　　2 000 000
借:应付职工薪酬——非货币性福利　　2 000 000
　贷:长期待摊费用　　2 000 000

(三)辞退福利的确认和计量

1.辞退福利的含义

辞退福利包括两方面的内容:一是,在职工劳动合同尚未到期前,不论职工本人是否愿意,企业决定解除与职工的劳动关系而给予的补偿。二是,在职工劳动合同尚未到期前为鼓励职工自愿接受裁减而给予的补偿,职工有权利选择继续在职或接受补偿离职。辞退福利通常采取解除劳动关系时一次性支付补偿的方式，也有通过提高退休后养老金或其他离职后福利的标准,或者在职工不再为企业带来经济利益后,将职工工资部分支付到辞退后未来某一期间。

在确定企业提供的经济补偿是否为辞退福利时,应当注意以下两个问题:

(1)辞退福利与正常退休养老金应当区分开来。辞退福利是在职工与企业签订的劳动合同到期前,企业根据法律、与职工本人或职工代表(工会)签订的协议,或者基于商业惯例,承诺当其提前终止对职工的雇佣关系时支付的补偿,引发补偿的事项是辞退,因此,企业应当在辞退时进行确认和计量。

职工在正常退休时获得的养老金,是其与企业签订的劳动合同到期时,或者职工达到了国家规定的退休年龄时获得的退休后生活补偿金额, 此种情况下给予补偿的事项是职工在职时提供的服务而不是退休本身,因此,企业应当是在职工提供服务的会计期间确认和计量。

(2)无论职工因何种原因离开都要支付的福利属于离职后福利,不是辞退福利。有些企业对职工本人提出的自愿辞退比企业提出的要求职工非自愿辞退情况下支付的补偿较少,在这种情况下,非自愿辞退提供的补偿与职工本人要求辞退提供的补偿之间的差额,才属于辞退福利。

2.辞退福利的确认

企业在职工劳动合同到期之前解除与职工的劳动关系, 或者为鼓励职工自愿接受裁减而提出给予补偿的建议,同时满足下列条件的,应当确认因解除与职工的劳动关系给予补偿而产生的预计负债,同时计入当期管理费用:

(1)企业已经制定正式的解除劳动关系计划或提出自愿裁减建议,并即将实施。该计划或建议应当包括拟解除劳动关系或裁减的职工所在部门、职位及数量;根据有关规定按工作类别或职位确定的解除劳动关系或裁减补偿金额;拟解除劳动关系或裁减的时间。这里所称解除劳动关系计划和自愿裁减建议应当经过董事会或类似权力机构的批准; 即将实施是指辞退工作一般应当在一年内实施完毕但因付款程序等原因使部分付款推迟到一年后支付的,视为符合辞退福利预计负债确认条件。

(2)企业不能单方面撤回解除劳动关系计划或裁减建议。如果企业能够单方面撤回解除劳动关系计划或裁减建议,则表明未来经济利益流出不是很可能,因而不符合负债确认条件。

由于被辞退的职工不再为企业带来未来经济利益,因此,对于满足负债确认条件的所有辞退福利,均应当于辞退计划满足预计负债确认条件的当期计入费用,不计入资产成本。在确认辞退福利时,需要注意的是,对于分期或分阶段实施的解除劳动关系计划或自愿裁减建议,企业应当将整个计划看做是由一个个单项解除劳动关系计划或自愿裁减建议组成。在每期或每阶段计划符合预计负债确认条件时, 将该期或该阶段计划中由提供辞退福利产生的预计负债予以确认,计入该部分计划满足预计负债确认条件的当期管理费用,不能等待全部计划都符合确认条件时再予以确认。

对于企业实施的职工内部退休计划,由于这部分职工不再为企业带来经济利益,企业应当比照辞退福利处理。在内退计划符合职工薪酬准则规定的确认条件时,按照内退规定,将自职工停止服务日至正常退休日期间, 企业拟支付的内退人员工资和缴纳的社会保险费等确认为预计负债,一次计入当期管理费用,而不能在职工内退后各期分期确认因支付内退职工工资和为其缴纳社会保险费而产生的义务。

3.辞退福利的计量

企业应当严格按照辞退计划条款的规定,合理预计并确认辞退福利产生的负债。辞退福利的计量因辞退计划中职工有无选择权而有所不同：

(1)对于职工没有选择权的辞退计划,应当根据计划条款规定拟解除劳动关系的职工数量、每一职位的辞退补偿等计提应付职工薪酬(预计负债)。

(2)对于自愿接受裁减建议,因接受裁减的职工数量不确定,企业应当参照或有事项的规定,预计将会接受裁减建议的职工数量,根据预计的职工数量和每一职位的辞退补偿等计提应付职工薪酬(预计负债)。

(3)实质性辞退工作在一年内实施完毕,但补偿款项超过一年支付的辞退计划,企业应当选择恰当的折现率,以折现后的金额计量应计入当期管理费用的辞退福利金额,该项金额与实际应支付的辞退福利之间的差额,作为未确认融资费用,在以后各期实际支付辞退福利款项时,计入财务费用。账务处理上,确认因辞退福利产生的预计负债时,借记"管理费用""未确认融资费用"科目,贷记"应付职工薪酬——辞退福利"科目;各期支付辞退福利款项时,借记"应付职工薪酬——辞退福利"科目,贷记"银行存款"科目;同时,借记"财务费用"科目,贷记"未确认融资费用"科目。

## 五、应付利息

应付利息,是指企业按照合同约定应支付的利息,包括吸收存款、分期付息到期还本的长期借款、企业债券等应支付的利息。

资产负债表日,应按摊余成本和实际利率计算确定的利息费用,借记"利息支出""在建工程""财务费用""研发支出"等科目,按合同利率计算确定的应付未付利息,贷记"应付利息",按借贷双方之间的差额,借记或贷记"长期借款——利息调整"等科目。

合同利率与实际利率差异较小的,也可以采用合同利率计算确定利息费用。实际支付利息时,借记"应付利息",贷记"银行存款"等科目。

本科目期末贷方余额,反映企业应付未付的利息。

## 六、应付股利

应付股利,是指企业经股东大会或类似机构审议批准分配的现金股利或利润。企业股东大会或类似机构审议批准的利润分配方案、宣告分派的现金股利或利润,在实际支付前,形成企业的负债。

企业董事会或类似机构通过的利润分配方案中拟分配的现金股利或利润, 不应确认负债,但应在附注中披露。

企业经股东大会或类似机构审议批准的利润分配方案,按应支付的现金股利或利润时,借记"利润分配"科目,贷记"应付股利";实际支付现金股利或利润时,借记"应付股利",贷记"银行存款"等科目。

## 七、其他应付款

其他应付款,是指企业除应付票据、应付账款、预收账款、应付职工薪酬、应付利息、应付股利、应交税费及长期应付款等以外的其他各项应付、暂收的款项。

企业采用售后回购方式融入资金的,应按实际收到的金额,借记“银行存款”科目,贷记“其他应付款”“应交税费”等科目。回购价格与原销售价格之间的差额,应在售后回购期间按期计提利息费用,借记“财务费用”科目,贷记“其他应付款”。按照合同约定购回该项商品时,应按实际支付的金额,借记“其他应付款”科目和“应交税费”科目,贷记“银行存款”科目。

企业发生的其他各种应付、暂收款项,借记“管理费用”等科目,贷记“其他应付款”;支付的其他各种应付、暂收款项,借记“其他应付款”,贷记“银行存款”等科目。

## 第三节 应交增值税

增值税是就货物或应税劳务的增值部分征收的一种税。按照增值税暂行条例规定,企业购入货物或接受应税劳务支付的增值税(进项税额),可以从销售货物或提供劳务按规定收取的增值税(销项税额)中抵扣。按照规定,企业购入货物或接受劳务必须具备以下凭证,其进项税额才能予以扣除。值得注意的是,按照修订后的《中华人民共和国增值税暂行条例》,企业购入的机器设备等生产经营用固定资产所支付的增值税在符合税收法规规定情况下,也应从销项税额中扣除,不再计入固定资产成本。按照税收法规规定,购入的用于集体福利或个人消费等目的的固定资产而支付的增值税,不能从销项税额中扣除,仍应计入固定资产成本。

增值税专用发票。实行增值税以后,一般纳税企业销售货物或者提供应税劳务均应开具增值税专用发票,增值税专用发票记载了销售货物的售价、税率以及税额等,购货方以增值税专用发票上记载的购入货物已支付的税额,作为扣税和记账的依据。

完税凭证。企业进口货物必须交纳增值税,其交纳的增值税在完税凭证上注明,进口货物交纳的增值税根据从海关取得的完税凭证上注明的增值税额,作为扣税和记账依据。

购进免税农产品或收购废旧物资,按照经税务机关批准的收购凭证上注明的价款或收购金额的一定比率计算进项税额,并以此作为扣税和记账的依据。

企业购入货物或者接受应税劳务,没有按照规定取得并保存增值税扣税凭证,或者增值税扣税凭证上未按照规定注明增值税额及其他有关事项的,其进项税额不能从销项税额中抵扣。会计核算中,如果企业不能取得有关的扣税证明,则购进货物或接受应税劳务支付的增值税额不能作为进项税额扣税,其已支付的增值税只能计入购入货物或接受劳务的成本。

(一)科目设置

企业应交的增值税,在“应交税费”科目下设置“应交增值税”明细科目进行核算。“应交增值税”明细科目的借方发生额,反映企业购进货物或接受应税劳务支付的进项税额、实际已交纳的增值税等;贷方发生额,反映销售货物或提供应税劳务应交纳的增值税额、出口货物退税及转出已支付或应分担的增值税等;期末借方余额,反映企业尚未抵扣的增值税。“应交税费——应交增值税”科目分别设置“进项税额”“已交税金”“销项税额”“出口退税”“进项税额转出”“转出未交增值税”“转出多交增值税”“减免税款”“出口抵减内销产品应纳税额”

等专栏。

(二)一般纳税企业一般购销业务的会计处理

实行增值税的一般纳税企业从税务角度看,一是可以使用增值税专用发票,企业销售货物或提供劳务可以开具增值税专用发票(或完税凭证、购进免税农产品凭证、收购废旧物资凭证及外购物资支付的运输费用的结算单据,下同);二是购入货物取得的增值税专用发票上注明的增值税额可以用销项税额抵扣;三是如果企业销售货物或者提供劳务采用销售额和销项税额合并定价方法的,按公式"销售额=含税销售额÷(1+增值税税率)"还原为不含税销售额,并按不含税销售额计算销项税额。

根据上述特点,一般纳税企业在账务处理上的主要特点:一是在购进阶段,会计处理时实行价与税的分离,价与税分离的依据为增值税专用发票上注明的价款与增值税,属于价款部分,计入购入货物的成本;属于增值税额部分,计入进项税额。二是在销售阶段,销售价格中不再含税,如果定价时含税,应还原为不含税价格作为销售收入,向购买方收取的增值税作为销项税额。

【例 10-8】某企业为增值税一般纳税人,本期购入一批原材料,增值税专用发票上注明的原材料价款为500万元,增值税额为85万元。货款已经支付,材料已经到达并验收入库。该企业当期销售产品收入为800万元(不含应向购买者收取的增值税),符合收入确认条件,货款已经收到。假如该产品的增值税率为17%,不缴纳消费税。

根据上述经济业务,企业应做如下账务处理:

(1)购买原材料时

借:原材料　　5 000 000

　应交税费——应交增值税(进项税额)　　850 000

　贷:银行存款　　5 850 000

(2)销售产品时

借:银行存款　　9 360 000

　贷:主营业务收入　　8 000 000

　　应交税费——应交增值税(销项税额)　　1 360 000

(三)一般纳税企业购入免税产品的会计处理

按照增值税暂行条例规定,对农业生产者销售的自产农业产品、古旧图书等部分项目免征增值税。企业销售免征增值税项目的货物,不能开具增值税专用发票,只能开具普通发票。企业购进免税产品,一般情况下不能扣税,但按税法规定,对于购入的免税农业产品、收购废旧物资等可以按买价(或收购金额)的一定比率计算进项税额,并准予从销项税额中抵扣;这里购入免税农业产品的买价是指企业购进免税农业产品支付给农业生产者的价款。在会计核算时,一是按购进免税农业产品有关凭证上确定的金额(买价)或者按收购金额,扣除一定比例的进项税额作为购进农业产品(或收购废旧物资)的成本;二是扣除的部分作为进项税额,待以后用销项税额抵扣。

【例 10-9】某企业为增值税一般纳税人,本期收购农业产品,实际支付的价款为200万元,收购的农业产品已验收入库,款项已经支付。

企业应作如下账务处理(该企业采用计划成本进行日常材料核算,原材料入库分录略):

进项税额=200×13%=26(万元)

借:材料采购　　　　　　　　　　　　1 740 000

　　应交税费——应交增值税(进项税额)　260 000

　　贷:银行存款　　　　　　　　　　　　2 000 000

(四)小规模纳税企业的会计处理

小规模纳税企业的特点有:一是小规模纳税企业销售货物或者提供应税劳务,一般情况下只能开具普通发票,不能开具增值税专用发票;二是小规模纳税企业销售货物或提供应税劳务,实行简易办法计算应纳税额,按照销售额的一定比例计算;三是小规模纳税企业的销售额不包括其应纳税额。采用销售额和应纳税额合并定价方法的,按照公式"销售额=含税销售额÷(1+征收率)"还原为不含税销售额计算。

从会计核算角度看,首先,小规模纳税企业购入货物无论是否具有增值税专用发票,其支付的增值税额均不计入进项税额,不得由销项税额抵扣,应计入购入货物的成本。相应地,其他企业从小规模纳税企业购入货物或接受劳务支付的增值税额,如果不能取得增值税专用发票,也不能作为进项税额抵扣,而应计入购入货物或应税劳务的成本;其次,小规模纳税企业的销售收入按不含税价格计算;另外,小规模纳税企业"应交税费——应交增值税"科目,应采用三栏式账户。

**【例 10-10】**某工业生产企业核定为小规模纳税人,本期购入原材料,按照增值税专用发票上记载的原材料价款为 100 万元,支付的增值税额为 17 万元,企业开出承兑的商业汇票,材料尚未到达。该企业本期销售产品,销售价格总额为 90 万元(含税),假定符合收入确认条件,货款尚未收到。

根据上述经济业务,企业应做如下账务处理:

购进货物时

借:材料采购　　　　　　　　　　　　1 170 000

　　贷:应付票据　　　　　　　　　　　　1 170 000

销售货物时

不含税价格=90÷(1+6%)=84.905 7(万元)

应交增值税=84.905 7×6%=5.094 3(万元)

借:应收账款　　　　　　　　　　　　900 000

　　贷:主营业务收入　　　　　　　　　　849 057

　　　　应交税费——应交增值税(销项税额)　50 943

(五)视同销售的会计处理

按照增值税暂行条例实施细则的规定,对于企业将自产、委托加工或购买的货物分配给股东或投资者;将自产、委托加工的货物用于集体福利或个人消费等行为,视同销售货物,需计算交纳增值税。对于税法上某些视同销售的行为,如对外投资,从会计角度看不属于销售行为,企业不会由于对外投资而取得销售收入,增加现金流量。因此,会计核算不作为销售处理,按成本转账。但是,无论会计上是否作销售处理,只要税法规定需要交纳增值税的,应当计算交纳增值税销项税额,并计入"应交税费——应交增值税"科目中的"销项税额"专栏。

【例 10-11】甲公司为增值税一般纳税人,本期以原材料对乙公司投资,双方协议按成本作价。该批原材料的成本 200 万元,计税价格为 220 万元。假如该原材料的增值税税率为 17%。

根据上述经济业务,甲、乙(假如甲、乙公司原材料均采用实际成本进行核算)企业应分别做如下账务处理:

甲公司

对外投资转出原材料计算的销项税额=220×17%=37.4(万元)

借:长期股权投资 2 574 000

　　贷:主营业务收入 2 200 000

　　　　应交税费——应交增值税(销项税额) 374 000

借:主营业务成本 2 000 000

　　贷:库存商品 2 000 000

乙公司

收到投资时,视同购进处理

借:原材料 2 200 000

　　应交税费——应交增值税(进项税额) 374 000

　　贷:实收资本 2 574 000

(六)不予抵扣项目的会计处理

按照增值税暂行条例及其实施细则的规定,企业购进的用于非应税项目的货物或者应税劳务等按规定不予抵扣增值税进项税额。属于购入货物时即能认定其进项税额不能抵扣的,如购进固定资产、购入的货物直接用于免税项目及直接用于非应税项目,或者直接用于集体福利和个人消费的,进行会计处理时,其增值税专用发票上注明的增值税额,计入购入货物及接受劳务的成本。属于购入货物时不能直接认定其进项税额能否抵扣的,增值税专用发票上注明的增值税额,按照增值税会计处理方法计入"应交税费——应交增值税(进项税额)"科目;如果这部分购入货物以后用于按规定不得抵扣进项税额项目的,应将原已计入进项税额并已支付的增值税转入有关的承担者予以承担,通过"应交税费——应交增值税(进项税额转出)"科目转入有关的"在建工程""应付职工薪酬——职工福利""待处理财产损溢"等科目。

【例 10-12】某企业为增值税一般纳税人,本期购入一批材料,增值税专用发票上注明的增值税额为 20.4 万元,材料价款 120 万元。材料已入库,货款已经支付(假如该企业材料采用实际成本进行核算)。材料入库后,该企业将该批材料全部用于工程建设项目。

根据该项经济业务,企业可做如下账务处理:

(1)材料入库时

借:原材料 1 200 000

　　应交税费——应交增值税(进项税额) 204 000

　　贷:银行存款 1 404 000

(2)工程领用材料时

借:在建工程　　1 404 000

　贷:应交税费——应交增值税(进项税额转出)　　204 000

　　原材料　　1 200 000

(七)转出多交增值税和未交增值税的会计处理

为了分别反映增值税一般纳税人欠交增值税款和待抵扣增值税的情况，确保企业及时足额上交增值税，避免出现企业用以前月份欠交增值税抵扣以后月份未抵扣的增值税的情况,企业应在“应交税费”科目下设置“未交增值税”明细科目,核算企业月份终了从“应交税费——应交增值税”科目转入的当月未交或多交的增值税;同时,在“应交税费——应交增值税”科目下设置“转出未交增值税”和“转出多交增值税”专栏。月份终了,企业计算出当月应交未交的增值税,借记“应交税费——应交增值税(转出未交增值税)”科目,贷记“应交税费——未交增值税”科目;当月多交的增值税,借记“应交税费——未交增值税”科目,贷记“应交税费——应交增值税(转出多交增值税)”科目,经过结转后,月份终了,“应交税费——应交增值税”科目的余额,反映企业尚未抵扣的增值税。

值得注意的是,企业当月交纳当月的增值税,仍然通过“应交税费——应交增值税(已交税金)”科目核算;当月交纳以前各月未交的增值税,通过“应交税费——未交增值税”科目,不通过“应交税费——应交增值税(已交税金)”科目核算。

## 第四节　其他应交税费

除了本章前面所讲的增值税之外,企业在资本市场中进行经营活动时,还承担其他纳税义务,下面进行简单的介绍。

### 一、消费税

为了正确引导消费方向,国家在普遍征收增值税的基础上,选择部分消费品,再征收一道消费税。消费税的征收方法采取从价定率和从量定额两种方法。实行从价定率办法计征的应纳税额的税基为销售额,如果企业应税消费品的销售额中未扣除增值税税款,或者因不能开具增值税专用发票而发生价款和增值税税款合并收取的,在计算消费税时,按公式“应税消费品的销售额=含增值税的销售额÷(1+增值税税率或征收率)”换算为不含增值税税款的销售额。实行从量定额办法计征的应纳税额的销售数量是指应税消费品的数量;属于销售应税消费品的,为应税消费品的销售数量;属于自产自用应税消费品的,为应税消费品的移送使用数量;属于委托加工应税消费品的,为纳税人收回的应税消费品数量;进口的应税消费品,为海关核定的应税消费品进口征税数量。

(一)科目设置

企业按规定应交的消费税,在“应交税费”科目下设置“应交消费税”明细科目核算。“应交消费税”明细科目的借方发生额,反映实际交纳的消费税和待扣的消费税;贷方发生额,反映按规定应交纳的消费税;期末贷方余额反映尚未交纳的消费税;期末借方余额,反映多交或待扣的消费税。

(二)产品销售的会计处理

企业销售产品时应交纳的消费税,应分情况进行处理:

企业将生产的产品直接对外销售的,对外销售产品应交纳的消费税,通过“营业税金及附加”科目核算;企业按规定计算出应交的消费税,借记“营业税金及附加”科目,贷记“应交税费——应交消费税”科目。

【例 10-13】某企业一季度销售 40 辆摩托车,每辆销售价格 10 000 元(不含应向购买方收取的增值税额),产品已经发出,符合收入确认条件,款项尚未收到。摩托车每辆成本为 6 000 元。摩托车的增值税税率为 17%,消费税税率为 10%。根据这项经济业务,企业可做如下账务处理:

(1)应向购买者收取的增值税额=10 000×40×17%=68 000(元)

(2)应交的消费税=10 000×40×10%=40 000(元)

借:应收账款　　468 000

　　贷:主营业务收入　　400 000

　　　　应交税费——应交增值税(销项税额)　　68 000

借:营业税金及附加　　40 000

　　贷:应交税费——应交消费税　　40 000

借:主营业务成本　　240 000

　　贷:库存商品　　240 000

企业用应税消费品对外投资,或用于在建工程、非生产机构等其他方面按规定应交纳的消费税,应计入有关的成本。例如,企业以应税消费品对外投资,应交的消费税计入投资的初始投资成本;企业以应税消费品用于在建工程项目,应交的消费税计入在建工程成本。

(三)委托加工应税消费品的会计处理

按照税法规定,企业委托加工的应税消费品,由受托方在向委托方交货时代扣代缴税款(除受托加工或翻新改制金银首饰按规定由受托方交纳消费税外)。委托加工的应税消费品,委托方用于连续生产应税消费品的, 所纳税款准予按规定抵扣。这里的委托加工应税消费品,是指由委托方提供原料和主要材料,受托方只收取加工费和代垫部分辅助材料加工的应税消费品, 对于由受托方提供原材料生产的应税消费品, 或者受托方先将原材料卖给委托方,然后再接受加工的应税消费品,以及由受托方以委托方名义购进原材料生产的应税消费品,都不作为委托加工应税消费品,而应当按照销售自制应税消费品交纳消费税。委托加工的应税消费品直接出售的,不再征收消费税。

在会计处理时,需要交纳消费税的委托加工应税消费品,于委托方提货时,由受托方代收代缴税款。受托方按应扣税款金额,借记“应收账款”“银行存款”等科目,贷记“应交税费——应交消费税”科目。委托加工应税消费品收回后,直接用于销售的,委托方应将代收代缴的消费税计入委托加工的应税消费品成本,借记“委托加工物资”“生产成本”等科目,贷记

“应付账款”“银行存款”等科目,待委托加工应税消费品销售时,不需要再交纳消费税;委托加工的应税消费品收回后用于连续生产应税消费品,按规定准予抵扣的,委托方应按代收代缴的消费税款,借记“应交税费——应交消费税”科目,贷记“应付账款”“银行存款”等科目,待用委托加工的应税消费品生产出应纳消费税的产品销售时,再交纳消费税。

委托加工或翻新改制金银首饰按规定由受托方交纳消费税。企业应于向委托方交货时,按规定交纳的消费税,借记“营业税金及附加”科目,贷记“应交税费——应交消费税”科目。

**【例 10-14】**某企业委托外单位加工材料(非金银首饰),原材料价款 20 万元,加工费用 5 万元,由受托方代收代缴的消费税 0.5 万元(不考虑增值税),材料已经加工完毕验收入库,加工费用尚未支付。假定该企业材料采用实际成本核算。

根据该项经济业务,委托方应做如下账务处理:

(1)如果委托方收回加工后的材料用于继续生产应税消费品,委托方的会计处理如下。

| | | |
|---|---|---|
| 借:委托加工物资 | 200 000 | |
| 贷:原材料 | | 200 000 |
| 借:委托加工物资 | 50 000 | |
| 应交税费——应交消费税 | 5 000 | |
| 贷:应付账款 | | 55 000 |
| 借:原材料 | 250 000 | |
| 贷:委托加工物资 | | 250 000 |

(2)如果委托方收回加工后的材料直接用于销售,委托方的账务处理如下。

| | | |
|---|---|---|
| 借:委托加工物资 | 200 000 | |
| 贷:原材料 | | 200 000 |
| 借:委托加工物资 | 55 000 | |
| 贷:应付账款 | | 55 000 |
| 借:原材料 | 255 000 | |
| 贷:委托加工物资 | | 255 000 |

(四)进出口产品的会计处理

需要交纳消费税的进口消费品,其交纳的消费税应计入该进口消费品的成本,借记“固定资产”“材料采购”等科目,贷记“银行存款”等科目。

免征消费税的出口应税消费品分不同情况进行账务处理:属于生产企业直接出口应税消费品或通过外贸企业出口应税消费品,按规定直接予以免税的,可以不计算应交消费税;属于委托外贸企业代理出口应税消费品的生产企业,应在计算消费税时,按应交消费税额,借记“应收账款”科目,贷记“应交税费——应交消费税”科目。应税消费品出口收到外贸企业退回的税金时,借记“银行存款”科目,贷记“应收账款”科目。发生退关、退货而补交已退的消费税,作相反的会计分录。

## 二、营业税

营业税是对提供劳务、转让无形资产或者销售不动产的单位和个人征收的一种税。营业税按照营业额和规定的税率计算应纳税额,其公式为:应纳税额=营业额×税率。这里的营业额是指企业提供应税劳务、转让无形资产或者销售不动产向对方收取的全部价款和价外费用。价外费用包括向对方收取的手续费、基金、集资费、代收款项、代垫款项及其他各种性质的价外收费。

(一)科目设置

企业按规定应交的营业税,在"应交税费"科目下设置"应交营业税"明细科目,"应交营业税"明细科目的借方发生额,反映企业已交纳的营业税;其贷方发生额,反映企业应交的营业税;期末借方余额,反映企业多交的营业税;期末贷方余额,反映尚未交纳的营业税。

(二)其他业务收入相关营业税的会计处理

工业企业经营工业生产以外的其他业务所取得的收入,按规定应交的营业税,通过"其他业务成本"和"应交税费——应交营业税"科目核算。

【例 10-15】某企业对外提供运输劳务,收入 35 万元,营业税税率 3%。当期用银行存款上交营业税 1 万元。

根据该项经济业务企业应做如下账务处理:

应交营业税=35×3%=1.05(万元)

| | | |
|---|---|---|
| 借:营业税金及附加 | 10 500 | |
| 贷:应交税费——应交营业税 | | 10 500 |
| 借:应交税费——应交营业税 | 10 000 | |
| 贷:银行存款 | | 10 000 |

(三)销售不动产相关的营业税的会计处理

企业销售不动产,应当向不动产所在地主管税务机关申报交纳营业税。销售不动产按规定应交的营业税,在"固定资产清理"科目核算。

(四)出租或出售无形资产相关营业税的会计处理

在会计核算时,由于企业出租无形资产所发生的支出是通过"其他业务成本"科目核算的,而出售无形资产所发生的损益是通过营业外收支核算的,所以,出租无形资产应交纳的营业税应通过"其他业务成本"科目核算,出售无形资产应交纳的营业税,通过"营业外收入"或"营业外支出"科目核算。

## 三、资源税

资源税是国家对在我国境内开采矿产品或者生产盐的单位和个人征收的一种税。资源税按照应税产品的课税数量和规定的单位税额计算,公式为:应纳税额=课税数量×单位税额。这里的课税数量为:开采或者生产应税产品销售的,以销售数量为课税数量;开采或者生产应税产品自用的,以自用数量为课税数量。

(一)科目设置

企业按规定应交的资源税,在"应交税费"科目下设置"应交资源税"明细科目核算。"应交资源税"明细科目的借方发生额,反映企业已交的或按规定允许抵扣的资源税;贷方发生额,反映应交的资源税;期末借方余额反映多交或尚未抵扣的资源税;期末贷方余额,反映尚未交纳的资源税。

(二)销售产品或自产自用产品相关的资源税的会计处理

在会计核算时,企业按规定计算出销售应税产品应交纳的资源税,借记“营业税金及附加”科目,贷记“应交税费——应交资源税”科目;企业计算出自产自用的应税产品应交纳的资源税,借记“生产成本”“制造费用”等科目,贷记“应交税费——应交资源税”科目。

**【例 10-16】**某企业将自产的煤炭 1 000 吨用于产品生产,每吨应交资源税 5 元。

根据该项经济业务,企业应做账务处理如下:

自产自用煤炭应交的资源税=1 000×5=5 000(元)

借:生产成本　　5 000

　贷:应交税费——应交资源税　　5 000

(三)收购未税矿产品相关资源税的会计处理

按照资源税暂行条例的规定,收购未税矿产品的单位为资源税的扣缴义务人。企业应按收购未税矿产品实际支付的收购款以及代扣代缴的资源税,作为收购矿产品的成本,将代扣代缴的资源税计入“应交税费——应交资源税”科目。

(四)外购液体盐加工固体盐相关资源税的会计处理

按规定,企业外购液体盐加工固体盐的,所购入液体盐交纳的资源税可以抵扣。在会计核算时,购入液体盐时,按所允许抵扣的资源税,借记“应交税费——应交资源税”科目,按外购价款扣除允许抵扣资源税后的数额,借记“材料采购”等科目,按应支付的全部价款,贷记“银行存款”“应付账款”等科目;企业加工成固体盐后,在销售时,按计算出的销售固体盐应交的资源税,借记“营业税金及附加”科目,贷记“应交税费——应交资源税”科目;将销售固体盐应纳资源税抵扣液体盐已纳资源税后的差额上交时,借记“应交税费——应交资源税”科目,贷记“银行存款”科目。

## 四、土地增值税

国家从 1994 年起开征了土地增值税,转让国有土地使用权、地上建筑物及其附着物并取得收入的单位和个人,均应交纳土地增值税。土地增值税按照转让房地产所取得的增值额和规定的税率计算征收。这里的增值额是指转让房地产所取得的收入减除规定扣除项目金额后的余额。企业转让房地产所取得的收入,包括货币收入、实物收入和其他收入。计算土地增值额的主要扣除项目有:(1)取得土地使用权所支付的金额;(2)开发土地的成本、费用;(3)新建房屋及配套设施的成本、费用,或者旧房及建筑物的评估价格;(4)与转让房地产有关的税金。

在会计处理时,企业交纳的土地增值税通过“应交税费——应交土地增值税”科目核算。兼营房地产业务的企业,应由当期收入负担的土地增值税,借记“其他业务成本”科目,贷记“应交税费——应交土地增值税”科目。转让的国有土地使用权与其地上建筑物及其附着物一并在“固定资产”或“在建工程”科目核算的,转让时应交纳的土地增值税,借记“固定资产清理”“在建工程”科目,贷记“应交税费——应交土地增值税”科目。企业在项目全部竣工结算前转让房地产取得的收入,按税法规定预交的土地增值税,借记“应交税费——应交土地增值税”科目,贷记“银行存款”等科目;待该项房地产销售收入实现时,再按上述销售业务的会计处理方法进行处理。该项目全部竣工、办理结算后进行清算,收到退回多交的土地增值税,借记“银行存款”等科目,贷记“应交税费——应交土地增值税”科目,补交的土地增值税作相反的会计分录。

## 五、房产税、土地使用税、车船税和印花税

房产税是国家对在城市、县城、建制镇和工矿区征收的由产权所有人交纳的一种税。房产税依照房产原值一次减除10%~30%后的余额计算交纳。没有房产原值作为依据的,由房产所在地税务机关参考同类房产核定;房产出租的,以房产租金收入为房产税的计税依据。土地使用税是国家为了合理利用城镇土地,调节土地级差收入,提高土地使用效益,加强土地管理而开征的一种税, 以纳税人实际占用的土地面积为计税依据; 依照规定税额计算征收。车船税由拥有并且使用车船的单位和个人交纳。车船税按照适用税额计算交纳,企业按规定计算应交的房产税、土地使用税、车船税时,借记“管理费用”科目,贷记“应交税费——应交房产税(或土地使用税、车船税)”科目;上交时,借记“应交税费——应交房产税(或土地使用税、车船税)”科目,贷记“银行存款”科目。

印花税是对书立、领受购销合同等凭证行为征收的税款,实行由纳税人根据规定自行计算应纳税额,购买并一次贴足印花税票的交纳方法。应纳税凭证包括:购销、加工承揽、建设工程承包、财产租赁、货物运输、仓储保管、借款、财产保险及技术合同或者具有合同性质的凭证;产权转移书据;营业账簿;权利、许可证照等。纳税人根据应纳税凭证的性质,分别按比例税率或者按件定额计算应纳税额。

由于企业交纳的印花税是由纳税人根据规定自行计算应纳税额以购买并一次贴足印花税票的方法交纳的税款。即一般情况下,企业需要预先购买印花税票,待发生应税行为时,再根据凭证的性质和规定的比例税率或者按件计算应纳税额, 将已购买的印花税票粘贴在应纳税凭证上,并在每枚税票的骑缝处盖戳注销或者划销,办理完税手续。企业交纳的印花税,不会发生应付未付税款的情况,不需要预计应纳税金额,同时也不存在与税务机关结算或清算的问题,因此,企业交纳的印花税不需要通过“应交税费”科目核算,于购买印花税票时,直接借记“管理费用”科目,贷记“银行存款”科目。

## 六、城市维护建设税

为了加强城市的维护建设,扩大和稳定城市维护建设资金的来源,国家开征了城市维护建设税。在会计核算时,企业按规定计算出的城市维护建设税,借记“营业税金及附加”“其他业务成本”等科目,贷记“应交税费——应交城市维护建设税”科目;实际上交时,借记“应交税费——应交城市维护建设税”科目,贷记“银行存款”科目。

## 七、所得税

企业的生产、经营所得和其他所得，依照有关所得税暂行条例及其细则的规定需要交纳所得税。企业应交纳的所得税在“应交税费”科目下设置“应交所得税”明细科目核算；当期应计入损益的所得税，作为一项费用，在净收益前扣除。企业按照一定方法计算，计入损益的所得税，借记“所得税费用”等科目，贷记“应交税费——应交所得税”科目。有关所得税的会计处理，参见“所得税”一章。

## 八、耕地占用税

耕地占用税是国家为了利用土地资源，加强土地管理，保护农用耕地而征收的一种税。耕地占用税以实际占用的耕地面积计税，按照规定税额一次征收。企业交纳的耕地占用税，不需要通过“应交税费”科目核算。企业按规定计算交纳耕地占用税时，借记“在建工程”科目，贷记“银行存款”科目。

# 第十一章 长期负债

## 第一节 长期负债概述

### 一、长期负债的性质和特点

长期负债是指同时满足以下条件的负债:(1)预计超过一个正常营业周期中清偿,其中正常的营业周期是指企业购买用于加工的资产起至实现现金或现金等价物的周期;(2)不是为交易目的而持有,所谓交易目的主要针对的是金融负债,企业持有金融负债是为交易目的而持有;(3)偿还期限超过一年。

长期负债性质上属于非流动负债,其除了具有负债的共同特点外,还具有以下特点:(1)债务偿还的期限较长,期限超过一年且一个正常的营业周期以上;(2)债务的金额较大;(3)可以采用分期偿还的方式或者分期偿还利息,待一定日期后再偿还本金,或者在债务到期时一次偿还本息。

一般企业为了满足生产经营的需要,特别是为了拓展企业经营规模,有必要购建大型机械设备、地产,增建或扩建厂房等。这些都需要企业投入大量的长期占用资金,而企业拥有生产经营资金是无法满足这种需要的。如果等待用企业内部形成的资本积累再去购置,则可能丧失企业发展的有利时机,因此需要筹集长期资金。

筹集长期资金的方式主要有两种:一是由投资者投入新的资本;另一种是举借长期负债,即通常所说的“举债经营”。

举借长期负债与增发股票比较起来,有以下优点:

(1)保持企业原有的股权结构不变和股价的稳定。增发股票会改变原有持股股东的持股比例,从而影响原有的股权结构,而且增发股票会使每股收益下降,从而可能导致股票价格下跌。

(2)不影响股东对企业的控制权。债权人只拥有到期收回本金和利息的权利,对企业的经营决策没有表决权,而增发股票由于新股东的介入会影响原有股东对企业的控制权。

(3)长期负债支付的利息具有抵税作用。当然,举借长期负债也有不足之处:举借长期负债增加了企业的财务风险。一旦企业经营状况不好,不能及时支付本金和利息,则债权人有权向法院提出申请,迫使债务人破产。因此,企业举债经营应慎重。

### 二、长期负债的分类

根据筹措方式的不同,长期负债主要分为长期借款、应付债券、长期应付款、预计负债及递延所得税负债等。本章主要论述长期借款、应付债券和长期应付款的会计处理。

长期借款是指企业从银行或其他金融机构借入的期限在一年以上(不含一年)的借款。

应付债券是指企业为筹集长期使用资金而发行的期限在一年以上的债券。

长期应付款是指企业除长期借款和应付债券以外的其他各种长期应付款项,包括应付融资租入固定资产的租赁费、以分期付款方式购入固定资产发生的应付款项等。

此外,长期负债可按不同的偿还方式分为定期偿还的长期负债和分期偿还的长期负债两种。所谓定期偿还的长期负债是指在规定的债务到期日一次还清的长期负债,应付债券常常采用这种方式;分期偿还的长期负债则是在举债期限内,按规定分若干次偿还的长期负债,融资租入固定资产应付款常常采用这种方式。长期负债还可按有无担保的不同,分为担保长期负债和信用长期负债。所谓担保长期负债指以企业提供的担保为基础的长期负债;信用长期负债指以企业的信誉为基础举借的长期负债。

## 第二节 长期借款

### 一、长期借款的定义及分类

长期借款,是指企业从银行或其他金融机构借入的期限在一年以上(不含一年)的借款。

根据划分标准不同,长期借款可以分为:按借款用途不同可分为流动资产借款和固定资产借款;按偿还方式的不同可分为定期偿还和分期偿还;按币种不同可分为人民币借款和外币借款。

### 二、长期借款的核算

企业借入各种长期借款时,按实际收到的款项,借记“银行存款”科目,贷记“长期借款——本金”;按借贷双方之间的差额,借记“长期借款——利息调整”。

在资产负债表日,企业应按长期借款的摊余成本和实际利率计算确定的长期借款的利息费用,借记“在建工程”“财务费用”“制造费用”等科目,按借款本金和合同利率计算确定的应付未付利息,贷记“应付利息”科目,按其差额,贷记“长期借款——利息调整”科目。

企业归还长期借款,按归还的长期借款本金,借记“长期借款——本金”科目,按转销的利息调整金额,贷记“长期借款——利息调整”科目,按实际归还的款项,贷记“银行存款”科目,按借贷双方之间的差额,借记“在建工程”“财务费用”及“制造费用”等科目。

【例 11-1】20×6 年 12 月 31 日,长江公司向银行借入一笔期限为 3 年、利率为 10%的借款 500 000 元,分期付息到期还本。借款用于建造厂房,厂房于 20×8 年 12 月 31 日交付使用,则长江公司应做会计分录为:

(1)20×6 年 12 月 31 日借款时

借:银行存款　　500 000

　贷:长期借款　　500 000

(2)20×7 年、20×8 年末计算利息

借:在建工程　　50 000

　贷:应付利息　　50 000

支付利息时

借:应付利息　　50 000

　贷:银行存款　　50 000

(3)20×9 年末

借:财务费用　　50 000

　长期借款　　500 000

　贷:银行存款　　550 000

## 第三节　应付债券

### 一、债券的定义及分类

债券是指发行人对持有人支付本金和利息的书面承诺。根据划分标准的不同,债券有以下几种分类方法:

1.按发行的债券是否有担保分为有担保债券和无担保债券。有担保债券是指以特定的财产作为抵押发行的债券;无担保债券是指依靠企业良好的信用和强大的经济实力发行的债券。对债券持有人来说,有担保债券比无担保债券风险小。

2.按债券是否记名分为记名债券和无记名债券。

3.按还本方式的不同分为一次还本债券和分次还本债券。

4.特殊形式的债券包括可转换公司债券、可赎回债券、收益债券和收入债券。可转换公司债券是指债券持有人在持有一定时期后可按照规定的比率转换为公司的普通股的债券;可赎回债券是指债券发行企业有权在债券到期日以前,按确定的价格提前赎回的债券;收益债券是指发行企业有盈利才支付利息的债券;收入债券是指发行企业用某种特定的收入来源支付利息的债券,即发行企业取得该种收入就支付利息。

## 二、一般公司债券

(一)公司债券发行价格的确定及发行时的账务处理

债券的主要内容包括:债券的面值也称债券的到期值,即公司债券到期应偿还的本金;债券利率也称票面利率,一般用年利率表示,票面利率是在债券发行前,根据当时的市场利率确定的;付息日和到期日;偿还方式。

企业发行的超过一年期以上的债券,构成了企业的长期负债。债券的发行价格是由发行时的实际利率所决定的。由于债券准备发行与债券实际发行有很长一段时间间隔,所以两个时间的市场利率不一定相同。因此,公司债券的发行方式有3种,即面值发行、溢价发行及折价发行。假设其他条件不变,债券的票面利率高于市场利率时,可按超过债券票面价值的价格发行,称为溢价发行。溢价是企业以后各期多付利息而事先得到的补偿。如果债权的票面利率低于市场利率,可按低于债券面值的价格发行,称为折价发行。折价是企业以后各期少付利息而预先给投资者的补偿。如果债券的票面利率与市场利率相同,可按票面价格发行,称为面值发行。溢价或折价是发行债券企业在债券存续期间内利息费用的一种调整。

企业发行债券时,按实际收到的款项,借记"银行存款""库存现金"等科目,按债券票面价值,贷记"应付债券——面值"科目,按实际收到的款项与票面价值之间的差额,贷记或借记"应付债券——利息调整"科目。

**【例 11-2】**海天股份有限公司于20×8年1月1日发行公司债券:面值为1 000 000元,期限为5年,票面利率为10%,每年付息一次,到期一次还本。分以下情况进行账务处理:假设发行时实际利率为8%,则实际收到的金额为1 079 850元;假设发行时实际利率为10%,则实际收到的金额为1 000 000元;假设发行时实际利率为12%,则实际收到的金额为927 910元。

海天股份有限公司的账务处理如下:

(1)溢价发行时

| | | |
|---|---|---|
| 借:银行存款 | 1 079 850 | |
| 　贷:应付债券——面值 | | 10 000 000 |
| 　　　　　——利息调整 | | 79 850 |

(2)平价发行时

| | | |
|---|---|---|
| 借:银行存款 | 1 000 000 | |
| 　贷:应付债券——面值 | | 1 000 000 |

(3)溢价发行时

| | | |
|---|---|---|
| 借:银行存款 | 927 910 | |
| 　应付债券——利息调整 | 72 090 | |
| 　贷:应付债券——面值 | | 10 000 000 |

(二)利息调整的摊销

利息调整应在债券存续期间采用实际利率法进行摊销。实际利率法是指按照应付债券的实际利率计算其摊余成本及各期利息费用的方法;实际利率是指将应付债券在债券存续期间的未来现金流量,折现为该债券当前账面价值所使用的利率。

资产负债表日,对于分期付息、一次还本的债券,企业应按应付债券的摊余成本和实际利率计算确定的债券利息费用,借记"在建工程""制造费用""财务费用"等科目,按票面利率计算确定的应付未付利息,贷记"应付利息"科目,按其差额,借记或贷记"应付债券——利息调整"科目。

【例 11-3】2007 年 12 月 31 日,甲公司经批准发行 5 年期一次还本、分期付息的公司债券 10 000 000 元,债券利息在每年 12 月 31 日支付,票面利率为年利率 6%。假定债券发行时的市场利率为 5%,则甲公司该批债券实际发行价格为:

10 000 000×0.783 5+10 000 000×6%×4.329 5=10 432 700(元)

甲公司根据上述资料,采用实际利率法和摊余成本计算确定的利息费用,如表 11-1 所示。

**表 11-1 利息费用一览表**

单位:元

| 付息日期 | 支付利息 | 利息费用 | 摊销的利息调整 | 应付债券摊余成本 |
|---|---|---|---|---|
| 2007 年 12 月 31 日 | | | | 10 432 700.00 |
| 2008 年 12 月 31 日 | 600 000 | 521 635.00 | 78 365.00 | 10 354 335.00 |
| 2009 年 12 月 31 日 | 600 000 | 517 716.75 | 82 283.25 | 10 272 051.75 |
| 2010 年 12 月 31 日 | 600 000 | 513 602.59 | 86 397.41 | 10 185 654.34 |
| 2011 年 12 月 31 日 | 600 000 | 509 282.72 | 90 717.28* | 10 094 937.06 |
| 2012 年 12 月 31 日 | 600 000 | 505 062.94 | 94 937.06 | 10 000 000.00 |

* 尾数调整。

根据表 11-1 的资料,甲公司的账务处理如下:

(1)2007 年 12 月 31 日发行债券时

借:银行存款　　10 432 700

　贷:应付债券——面值　　10 000 000

　　　　　　——利息调整　　432 700

(2)2008 年 12 月 31 日计算利息费用时

借:财务费用等　　521 635

　应付债券——利息调整　　78 365

　贷:应付利息　　600 000

2009 年、2010 年、2011 年确认利息费用的会计处理同 2008 年。

(3)2012 年 12 月 31 日归还债券本金及最后一期利息费用时

借:财务费用　　505 062.94

　应付债券——面值　　10 000 000

　　　　——利息调整　　94 937.06

贷:银行存款 10 600 000

对于一次还本付息的债券，应于资产负债表日按摊余成本和实际利率计算确定的债券利息费用,借记“在建工程”“制造费用”“财务费用”等科目,按票面利率计算确定的应付未付利息,贷记“应付债券——应计利息”科目,按其差额,借记或贷记“应付债券——利息调整”科目。

(三)债券的偿还

企业发行的债券通常分为到期一次还本付息或一次还本、分期付息两种。采用一次还本付息方式的,企业应于债券到期支付债券本息时,借记“应付债券——面值、应计利息”科目,贷记“银行存款”科目。采用一次还本、分期付息方式的,在每期支付利息时,借记“应付利息”科目,贷记“银行存款”科目;债券到期偿还本金并支付最后一期利息时,借记“应付债券——面值”“在建工程”“财务费用”“制造费用”等科目,贷记“银行存款”科目,按借贷双方之间的差额,借记或贷记“应付债券——利息调整”科目。

## 三、可转换公司债券

我国发行可转换公司债券采取记名式无纸化发行方式,债券最短期限为 3 年,最长期限为 5 年。企业发行的可转换公司债券在“应付债券”科目下设置“可转换公司债券”明细科目核算。

企业发行的可转换公司债券，应当在初始确认时将其包含的负债成分和权益成分进行分拆,将负债成分确认为应付债券,将权益成分确认为资本公积。在进行分拆时,应当先对负债成分的未来现金流量进行折现确定负债成分的初始确认金额，再按发行价格总额扣除负债成分初始确认金额后的金额确定权益成分的初始确认金额。发行可转换公司债券发生的交易费用,应当在负债成分和权益成分之间按照各自的相对公允价值进行分摊。企业应按实际收到的款项,借记“银行存款”等科目,按可转换公司债券包含的负债成分面值,贷记“应付债券——可转换公司债券(面值)”科目,按权益成分的公允价值,贷记“资本公积——其他资本公积”科目,按借贷双方之间的差额,借记或贷记“应付债券——可转换公司债券(利息调整)”科目。

【例 11-4】甲股份有限公司(本题下称“甲公司”)为上市公司,其相关交易或事项如下:

(1)经相关部门批准,甲公司于 20×6 年 1 月 1 日按面值发行分期付息、到期一次还本的可转换公司债券 2 000 万份,每份面值为 100 元。可转换公司债券发行价格总额为 200 000 万元,发行费用为 3 200 万元,实际募集资金已存入银行专户。

根据可转换公司债券募集说明书的约定，可转换公司债券的期限为 3 年，自 20×6 年1 月 1 日起至 20×8 年 12 月 31 日止;可转换公司债券的票面年利率为:第一年 1.5%,第二年 2%,第三年 2.5%;可转换公司债券的利息自发行之日起每年支付一次,起息日为可转换公司债券发行之日即 20×6 年 1 月 1 日，付息日为可转换公司债券发行之日起每满一年的当日,即每年的 1 月 1 日;可转换公司债券在发行 1 年后可转换为甲公司普通股股票,初始转股价格为每股 10 元,每份债券可转换为 10 股普通股股票(每股面值 1 元);发行可转换公司债券募集的资金专项用于生产用厂房的建设。

(2)甲公司将募集资金陆续投入生产用厂房的建设，截至 20×6 年 12 月 31 日，全部募集资金已使用完毕。生产用厂房于 20×6 年 12 月 31 日达到预定可使用状态。

(3)20×7 年 1 月 1 日，甲公司支付 20×6 年度可转换公司债券利息 3 000 万元。

(4)20×7 年 7 月 1 日，由于甲公司股票价格涨幅较大，全体债券持有人将其持有的可转换公司债券全部转换为甲公司普通股股票。

(5)其他资料如下：

①甲公司将发行的可转换公司债券的负债成分划分为以摊余成本计量的金融负债。

②甲公司发行可转换公司债券时无债券发行人赎回和债券持有人回售条款以及变更初始转股价格的条款，发行时二级市场上与之类似的没有附带转换权的债券市场利率为6%。

③在当期付息前转股的，不考虑利息的影响，按债券面值及初始转股价格计算转股数量。

④不考虑所得税影响。

(6)本题涉及的复利现值系数和年金现值系数如下：

①复利现值系数表(见表 11-2)

表 11-2 甲公司复利现值系数表

| 期数 | 5% | 6% | 7% | 8% | 10% |
|---|---|---|---|---|---|
| 1 | 0.952 4 | 0.943 4 | 0.934 6 | 0.925 9 | 0.909 1 |
| 2 | 0.907 0 | 0.890 0 | 0.873 4 | 0.857 3 | 0.826 4 |
| 3 | 0.836 8 | 0.839 6 | 0.816 3 | 0.793 8 | 0.751 3 |

②年金现值系数表(见表 11-3)

表 11-3 甲公司年金现值系数表

| 期数 | 5% | 6% | 8% | 10% | 12% |
|---|---|---|---|---|---|
| 1 | 0.952 4 | 0.943 4 | 0.925 9 | 0.909 1 | 0.892 9 |
| 2 | 1.859 4 | 1.833 4 | 1.783 3 | 1.735 5 | 1.690 1 |
| 3 | 2.737 2 | 2.673 0 | 2.577 1 | 2.486 9 | 2.401 8 |

(1)计算甲公司发行可转换公司债券时负债成分和权益成分的公允价值。

负债成分的公允价值=200 000×1.5%×0.943 4+200 000×2%×0.890 0+200 000×(1+2.5%)×0.839 6=178 508.2(万元)

权益成分公允价值=200 000−178 508.2=21 491.8(万元)

(2)计算甲公司可转换公司债券负债成分和权益成分应分摊的发行费用。

负债成分应分摊的发行费用=178 508.2÷200 000×3 200=2 856.13(万元)

权益成分应分摊的发行费用=3 200−2 856.13=343.87(万元)

(3)甲公司发行可转换公司债券时的会计分录为：

借：银行存款　　196 800

　应付债券——可转换公司债券(利息调整)　　24 347.93

　贷：应付债券——可转换公司债券(面值)　　200 000

　　资本公积——其他资本公积　　21 147.93

(4)计算甲公司可转换公司债券负债成分的实际利率及20×6年12月31日的摊余成本，并编制甲公司确认及支付20×6年度利息费用的会计分录。

利率为6%的现值=178 508.2(万元)

利率为7%的现值=200 000×1.5%×0.934 6+200 000×2%×0.873 4+200 000×(1+2.5%)×0.816 3=173 638.9(万元)

| 现值 | 利率 |
| --- | --- |
| 178 | 508.26% |
| 175 | 652.07 $R$ |
| 173 | 638.97% |

经计算，$R$=6.59%

20×6年12月31日的摊余成本=175 652.07×(1+6.59%)−200 000×1.5%=184 227.54(万元)

借：在建工程　　11 575.47

　贷：应付利息　　3 000

　　应付债券——可转换公司债券(利息调整)　　8 575.47

借：应付利息　　3 000

　贷：银行存款　　3 000

(5)计算甲公司可转换公司债券负债成分20×7年6月30日的摊余成本，并编制甲公司确认20×7年上半年利息费用的会计分录。

20×7年6月30日的摊余成本=184 227.54+184 227.54×6.59%÷2−200 000×2%÷2=188 297.84(万元)。

借：财务费用　　6 070.30

　贷：应付利息　　2 000

　　应付债券——可转换公司债券(利息调整)　　4 070.30

(6)编制甲公司20×7年7月1日可转换公司债券转换为普通股股票时的会计分录。

借：应付债券——可转换公司债券(面值)　　200 000

　资本公积——其他资本公积　　21 147.93

　应付利息　　2 000

　贷：应付债券——可转换公司债券(利息调整)　　11 702.16

　　股本　　20 000

　　资本公积——股本溢价　　191 445.77

企业发行附有赎回选择权的可转换公司债券，其在赎回日可能支付的利息补偿金，即债券约定赎回期届满日应当支付的利息减去应付债券票面利息的差额，应当在债券发行日至债券约定赎回届满日期间计提应付利息，计提的应付利息，分别计入相关资产成本或财务费用。

# 第四节 长期应付款

长期应付款，是指企业除长期借款和应付债券以外的其他各种长期应付款项，包括应付融资租入固定资产的租赁费、以分期付款方式购入固定资产发生的应付款项等。

(一)应付融资租入固定资产的租赁费

企业采用融资租赁方式租入的固定资产，应在租赁期开始日，将租赁开始日租赁资产公允价值与最低租赁付款额现值两者中较低者，加上初始直接费用，作为租入资产的入账价值。借记“固定资产”等科目，按最低租赁付款额，贷记“长期应付款”科目，按发生的初始直接费用，贷记“银行存款”等科目，按其差额，借记“未确认融资费用”科目。

企业在计算最低租赁付款额的现值时，能够取得出租人租赁内含利率的，应当采用租赁内含利率作为折现率；否则，应当采用租赁合同规定的利率作为折现率。企业无法取得出租人的租赁内含利率且租赁合同没有规定利率的，应当采用同期银行贷款利率作为折现率。租赁内含利率，是指在租赁开始日，使最低租赁收款额的现值与未担保余值的现值之和等于租赁资产公允价值与出租人的初始直接费用之和的折现率。

未确认融资费用应当在租赁期内各个期间进行分摊。企业应当采用实际利率法计算确认当期的融资费用。

(二)具有融资性质的延期付款购买资产

企业购买资产有可能延期支付有关价款。如果延期支付的购买价款超过正常信用条件，实质上具有融资性质的，所购资产的成本应当以延期支付购买价款的现值为基础确定。实际支付的价款与购买价款的现值之间的差额，应当在信用期间内采用实际利率法进行摊销，计入相关资产成本或当期损益。具体来说，企业购入资产超过正常信用条件延期付款实质上具有融资性质时，应按购买价款的现值，借记“固定资产”“在建工程”等科目，按应支付的价款总额，贷记“长期应付款”科目，按其差额，借记“未确认融资费用”科目。

# 第十二章　债务重组

## 第一节　债务重组概述

债务重组,是指在债务人发生财务困难的情况下,债权人按照其与债务人达成的协议或者法院的裁定做出让步的事项。

债务重组概念中有一个重要前提条件是债务人处于财务困难，并突出了债权人做出让步的实质内容。债务人发生财务困难,是指因债务人出现资金周转困难、经营陷入困境或者其他方面的原因,导致其无法或者没有能力按原定条件偿还债务。债权人做出让步,是指债权人同意发生财务困难的债务人现在或者将来以低于重组债务账面价值的金额或者价值偿还债务。"债权人做出让步"的情形主要包括:债权人减免债务人部分债务本金或者利息、降低债务人应付债务的利率等。债权人从而排除了债务人不处于财务困难条件下的债务重组、处于清算或改组时的债务重组,以及虽修改了债务条件,但实质上债权人并未做出让步的债务重组事项，如在债务人发生财务困难时，债权人同意债务人用等值库存商品抵偿到期债务,但不调整偿还金额,实质上债权人并未做出让步,不属于债务重组准则规范的内容。

债务重组的方式主要包括以下几种：

1.以资产清偿债务,是指债务人转让其资产给债权人以清偿债务的债务重组方式。债务人用于清偿债务的资产包括现金资产和非现金资产,主要有现金、存货、各种投资(包括股票投资、债券投资、基金投资及权证投资等)、固定资产及无形资产等。

2.将债务转为资本,是指债务人将债务转为资本,同时债权人将债权转为股权的债务重组方式。债务转为资本时,对股份有限公司而言,是将债务转为股本;对其他企业而言,是将债务转为实收资本。将债务转为资本的结果是,债务人因此而增加股本或实收资本,债权人因此而增加股权。

3.修改其他债务条件,是指修改不包括上述第 1、第 2 种方式在内的债务条件进行债务重组的方式,比如降低利率、减少债务本金、延长偿还期及免去应付未付的利息等。

4.以上 3 种方式的组合,是指综合运用以上 3 种方式的组合共同清偿债务的债务重组形式。比如以资产清偿某债务的一部分,而剩下的部分债务转化为资本。

# 第二节 债务重组的会计处理

## 一、以资产清偿债务

(一)以现金清偿债务的会计处理

以现金清偿债务的,债务人应当在满足金融负债终止确认条件时,终止确认债务重组,并将重组债务的账面价值与实际支付现金之间的差额,确认为债务重组利得,计入营业外收入。

以现金清偿债务的,债权人应当将重组债权的账面余额与收到的现金之间的差额,确认为债务重组损失,计入营业外支出。债权人已对债权计提减值准备的,应当先将该差额冲减减值准备,冲减后尚有余额的,计入营业外支出;冲减后减值准备仍有余额的,应予转回并抵减当期资产减值损失。

**【例 12-1】**甲企业于 20×9 年 1 月 20 日销售一批材料给乙企业,不含税价格为 100 000 元,增值税税率为 17%,按合同规定,乙企业应于 20×9 年 4 月 1 日前偿付货款。由于乙企业发生财务困难,无法按合同规定的期限偿还债务,经双方协议于 7 月 1 日进行债务重组。债务重组协议规定,甲企业同意减免乙企业 15 000 元债务,余额用现金立即偿清。乙企业于当日通过银行转账支付了该笔剩余款项,甲企业随即收到了通过银行转账偿还的款项。甲企业已为该项应收债权计提了 10 000 元的坏账准备。

(1)乙企业的账务处理:

①计算债务重组利得

| | |
|---|---|
| 应付账款账面余额 | 117 000 |
| 减:支付的现金 | 102 000 |
| 债务重组利得 | 15 000 |

②应做会计分录

借:应付账款　　117 000
　贷:银行存款　　102 000
　　营业外收入——债务重组利得　　15 000

(2)甲企业的账务处理:

①计算债务重组损失

| | |
|---|---|
| 应收账款账面余额 | 117 000 |
| 减:收到的现金 | 102 000 |
| 差额 | 15 000 |
| 减:已计提坏账准备 | 10 000 |
| 债务重组损失 | 5 000 |

②应做会计分录

| | | |
|---|---|---|
| 借:银行存款 | 102 000 | |
| 　营业外支出——债务重组损失 | 5 000 | |
| 　坏账准备 | 10 000 | |
| 　贷:应收账款 | | 117 000 |

(二)以非现金资产清偿债务的会计处理

债务人以非现金资产清偿某项债务的，债务人应当将重组债务的账面价值与转让的非现金资产的公允价值之间的差额确认为债务重组利得,作为营业外收入,计入当期损益。其中,相关重组债务应当在满足金融负债终止确认条件时予以终止确认。转让的非现金资产的公允价值与其账面价值的差额作为转让资产损益,计入当期损益。

债务人在转让非现金资产的过程中发生的一些税费,如资产评估费、运杂费等,直接计入转让资产损益。对于增值税应税项目,如债权人不向债务人另行支付增值税,则债务重组利得应为转让非现金资产的公允价值和该非现金资产的增值税销项税额与重组债务账面价值的差额;如债权人向债务人另行支付增值税,则债务重组利得应为转让非现金资产的公允价值与重组债务账面价值的差额。

债务人以非现金资产清偿某项债务的，债权人应当对受让的非现金资产按其公允价值入账,重组债权的账面余额与受让的非现金资产的公允价值之间的差额,确认为债务重组损失,作为营业外支出,计入当期损益,其中,相关重组债权应当在满足金融资产终止确认条件时予以终止确认。重组债权已经计提减值准备的，应当先将上述差额冲减已计提的减值准备,冲减后仍有损失的,计入营业外支出(债务重组损失);冲减后减值准备仍有余额的,应予转回并抵减当期资产减值损失。对于增值税应税项目，如债权人不向债务人另行支付增值税,则增值税进项税额可以作为冲减重组债权的账面余额处理;如债权人向债务人另行支付增值税,则增值税进项税额不能作为冲减重组债权的账面余额处理。

债权人收到非现金资产时发生的有关运杂费等,应当计入相关资产的价值。

1.以库存材料、商品产品抵偿债务

债务人以库存材料、商品产品抵偿债务,应视同销售进行核算。企业可将该项业务分为两部分,一是将库存材料、商品产品出售给债权人,取得货款。出售库存材料、商品产品业务与企业正常的销售业务处理相同，其发生的损益计入当期损益。二是以取得的货币清偿债务。当然在这项业务中实际上并没有发生相应的货币流入与流出。

**【例 12-2】**甲公司欠乙公司购货款 700 000 元。由于甲公司财务发生困难,短期内不能支付已于 20×9 年 5 月 1 日到期的货款。20×9 年 7 月 1 日,经双方协商,乙公司同意甲公司以其生产的产品偿还债务。该产品的公允价值为 400 000 元,实际成本为 240 000 元。甲公司为增值税一般纳税人,适用的增值税税率为 17%。乙公司于 20×9 年 8 月 1 日收到甲公司抵债的产品,并作为库存商品入库;乙公司对该项应收账款计提了 100 000 元的坏账准备。

(1)甲公司的账务处理:

①计算债务重组利得

| | |
|---|---|
| 应付账款的账面余额 | 700 000 |
| 减:所转让产品的公允价值 | 400 000 |
| 增值税销项税额 | 68 000 |
| 债务重组利得 | 232 000 |

②应做会计分录

借:应付账款　　700 000

　贷:主营业务收入　　400 000

　　应交税费——应交增值税(销项税额)　　68 000

　　营业外收入——债务重组利得　　232 000

借:主营业务成本　　240 000

　贷:库存商品　　40 000

在本例中,甲公司销售产品取得的利润体现在营业利润中,债务重组利得作为营业外收入处理。

(2)乙公司的账务处理:

①计算债务重组损失

| | |
|---|---|
| 应收账款账面余额 | 700 000 |
| 减:受让资产的公允价值 | 400 000 |
| 增值税进项税额 | 68 000 |
| 差额 | 232 000 |
| 减:已计提坏账准备 | 100 000 |
| 债务重组损失 | 132 000 |

②应做会计分录

借:库存商品　　400 000

　应交税费——应交增值税(进项税额)　　68 000

　坏账准备　　100 000

　营业外支出——债务重组损失　　132 000

　贷:应收账款　　700 000

2.以固定资产抵偿债务

债务人以固定资产抵偿债务, 应将固定资产的公允价值与该项固定资产账面价值和清理费用的差额作为转让固定资产的损益处理。同时,将固定资产的公允价值与应付债务的账面价值的差额,作为债务重组利得,计入营业外收入。债权人收到的固定资产应按公允价值计量。

【例 12-3】甲公司于 20×8 年 1 月 1 日销售给乙公司一批材料,价值 800 000 元(包括应收取的增值税额),按购销合同约定,乙公司应于 20×8 年 10 月 31 日前支付货款,但至20×9 年 1 月 31 日乙公司尚未支付货款。由于乙公司财务发生困难,短期内不能支付货款。20×9 年 2 月 3 日,与甲公司协商,甲公司同意乙公司以一台设备偿还债务。该项设备的账面原价为 700 000 元,已提折旧 100 000 元,设备的公允价值为 720 000 元(假定企业转让该项设备不需要交纳增值税)。甲公司对该项应收账款已提取坏账准备 40 000 元。抵债设备已于 20×9 年 3 月 10 日运抵甲公司。假定不考虑该项债务重组相关的税费。

(1)乙公司的账务处理:

①计算固定资产清理损益与债务重组利得

| | |
|---|---|
| 固定资产公允价值 | 720 000 |
| 减:固定资产净值 | 600 000 |
| 处置固定资产净收益 | 120 000 |

②计算债务重组利得

| | |
|---|---|
| 应付账款的账面余额 | 800 000 |
| 减:固定资产公允价值 | 720 000 |
| 债务重组利得 | 80 000 |

③应做会计分录如下

将固定资产净值转入固定资产清理

借:固定资产清理　600 000

　累计折旧　100 000

　贷:固定资产　700 000

确认债务重组利得

借:应付账款　800 000

　贷:固定资产清理　720 000

　　营业外收入——债务重组利得　80 000

确认固定资产处置利得

借:固定资产清理　120 000

　贷:营业外收入——处置固定资产利得　120 000

(2)甲公司的账务处理:

①计算债务重组损失

| | |
|---|---|
| 应收账款账面余额 | 800 000 |
| 减:受让资产的公允价值 | 720 000 |
| 差额 | 80 000 |
| 减:已计提坏账准备 | 40 000 |
| 债务重组损失 | 40 000 |

②应做会计分录如下

借:固定资产　720 000

　坏账准备　40 000

　营业外支出——债务重组损失　40 000

　贷:应收账款　800 000

3.以股票、债券等金融资产抵偿债务

债务人以股票、债券等金融资产清偿债务,应按相关金融资产的公允价值与其账面价值的差额,作为转让金融资产的利得或损失处理;相关金融资产的公允价值与重组债务的账面价值的差额,作为债务重组利得。债权人收到的相关金融资产应按公允价值计量。

**【例 12-4】**甲公司于 20×8 年 7 月 1 日销售给乙公司一批产品,价值 900 000 元(包括应收取的增值税额),乙公司于 20×8 年 7 月 1 日开出六个月承兑的商业汇票。乙公司于20×8 年 12 月 31 日尚未支付货款。由于乙公司财务发生困难,短期内不能支付货款。当日经与甲公司协商，甲公司同意乙公司以其所拥有并作为以公允价值计量且公允价值变动计入当期损益的某公司股票抵偿债务。乙公司该股票的账面价值为 800 000 元(假定该资产账面公允价值变动额为 0),当日的公允价值 760 000 元。假定甲公司为该项应收账款提取了坏账准备 80 000 元。用于抵债的股票于当日即办理相关转让手续,甲公司将取得的股票作为以公允价值计量且公允价值变动计入当期损益的金融资产处理。债务重组前甲公司已将该项应收票据转入应收账款;乙公司已将应付票据转入应付账款。假定不考虑与商业汇票或者应付款项有关的利息。

(1)乙公司的账务处理:

①计算债务重组利得

| | |
|---|---|
| 应付账款的账面余额 | 900 000 |
| 减:股票的公允价值 | 760 000 |
| 债务重组利得 | 140 000 |

②计算转让股票损益

| | |
|---|---|
| 股票的公允价值 | 760 000 |
| 减:股票的账面价值 | 800 000 |
| 转让股票损益 | -40 000 |

③应做会计分录如下

| | | |
|---|---|---|
| 借:应付账款 | 900 000 | |
| 　投资收益 | 40 000 | |
| 　贷:交易性金融资产 | | 800 000 |
| 　　营业外收入——债务重组利得 | | 140 000 |

(2)甲公司的账务处理:

①计算债务重组损失

| | |
|---|---|
| 应收账款账面余额 | 900 000 |
| 减:受让股票的公允价值 | 760 000 |
| 差额 | 140 000 |
| 减:已计提坏账准备 | 80 000 |
| 债务重组损失 | 60 000 |

②应做会计分录如下

| | | |
|---|---|---|
| 借:交易性金融资产 | 760 000 | |
| 　营业外支出——债务重组损失 | 60 000 | |
| 　坏账准备 | 80 000 | |

贷:应收账款　　　　900 000

## 二、以债务转为资本

将债务转为资本,对债务人而言,若债务人为股份有限公司时,应当将债权人放弃债权而享有股份的面值总额确认为股本,股份的公允价值总额与股本之间的差额确认为资本公积。重组债务的账面价值与股份的公允价值总额之间的差额,确认为债务重组利得,计入当期营业外收入;若债务人为其他企业时,应当将债权人放弃债权而享有股权份额确认为实收资本,股权的公允价值与实收资本之间的差额确认为资本公积。重组债务的账面价值与股权的公允价值总额之间的差额,确认为债务重组利得,计入当期营业外收入。

债务转为资本,债务人可能由此会发生一些税费,若是与股票发行直接相关的手续费,可以作为抵减资本公积处理,其他税费,可以直接计入当期损益。

将债务转为资本,对债权人而言,应当将因放弃债权而享有股份的公允价值确认为对债务人的投资,重组债权的账面余额与股份的公允价值之间的差额,确认为债务重组损失,计入营业外支出。债权人已对债权计提减值准备的,应当先将该差额冲减已计提的减值准备,减值准备不足以冲减的,应将该差额确认为债务重组损失,计入营业外支出。发生的相关税费,分别按照长期股权投资或者金融工具确认和计量等准则的规定进行处理。

**【例 12-5】**20×8 年 7 月 1 日,甲公司应收乙公司账款的账面余额为 120 000 元,由于乙公司发生财务困难,无法偿付应付账款。经双方协商同意,采取将乙公司所欠债务转为乙公司股本的方式进行债务重组,假定乙公司普通股的面值为 1 元,乙公司以 40 000 股抵偿该项债务,股票每股市价为 2.5 元。甲公司对该项应收账款计提了坏账准备 4 000 元。股票登记手续已办理完毕,甲公司对其作为长期股权投资处理。

(1)乙公司的账务处理:

①计算应计入资本公积的金额

| | |
|---|---|
| 股票的公允价值 | 100 000 |
| 减:股票的面值总额 | 40 000 |
| 应计入资本公积 | 60 000 |

②计算应确认的债务重组利得

| | |
|---|---|
| 债务账面价值 | 120 000 |
| 减:股票的公允价值 | 100 000 |
| 债务重组利得 | 20 000 |

③应做会计分录如下

| | | |
|---|---|---|
| 借:应付账款 | 120 000 | |
| 　贷:股本 | | 40 000 |
| 　　资本公积——股本溢价 | | 60 000 |
| 　　营业外收入——债务重组利得 | | 20 000 |

(2)甲公司的账务处理:

①计算债务重组损失

| | |
|---|---|
| 应收账款账面余额 | 120 000 |
| 减:所转股权的公允价值 | 100 000 |
| 差额 | 20 000 |
| 减:已计提坏账准备 | 4 000 |
| 债务重组损失 | 16 000 |

②应做会计分录如下

借:长期股权投资　　100 000

　营业外支出——债务重组损失　　16 000

　坏账准备　　4 000

　贷:应收账款　　120 000

## 三、以修改其他债务条件清偿债务

以修改其他债务条件进行债务重组的,债务人和债权人应分别根据以下情况处理:

(一)不附或有条件的债务重组

不附或有条件的债务重组,是指在债务重组中不存在或有应付(或应收)金额,该或有条件需要根据未来某种事项出现而发生的应付(或应收)金额,并且该未来事项的出现具有不确定性。

不附或有条件的债务重组,债务人应将修改其他债务条件后债务的公允价值作为重组后债务的入账价值。重组债务的账面价值与重组后债务的入账价值之间的差额计入当期损益。

以修改其他债务条件进行债务重组,如修改后的债务条款不涉及或有应收金额,则债权人应当将修改其他债务条件后的债权的公允价值作为重组后债权的账面价值,重组债权的账面余额与重组后债权账面价值之间的差额确认为债务重组损失,计入当期损益。如果债权人已对该债权计提了减值准备,应当首先冲减已计提的减值准备。

【例 12-6】甲公司 20×7 年 12 月 31 日应收乙公司票据的账面余额为 65 400 元,其中,5 400 元为累计未付的利息,票面年利率 4%。由于乙公司连年亏损,资金周转困难,不能偿付应于 20×7 年 12 月 31 日前支付的应付票据。经双方协商,于 20×8 年 1 月 5 日进行债务重组。甲公司同意将债务本金减至 50 000 元;免去债务人所欠的全部利息;将利率从 4%降低到 2%(等于实际利率),并将债务到期日延至 20×9 年 12 月 31 日,利息按年支付。该项债务重组协议从协议签订日起开始实施。甲、乙公司已将应收、应付票据转入应收、应付账款。甲公司已为该项应收款项计提了 5 000 元坏账准备。

(1)乙公司的账务处理:

①计算债务重组利得

| | |
|---|---|
| 应付账款的账面余额 | 65 400 |
| 减:重组后债务公允价值 | 50 000 |
| 债务重组利得 | 15 400 |

②债务重组时的会计分录

借:应付账款　65 400
　贷:应付账款——债务重组利得　50 000
　　营业外收入——债务重组利得　15 400

③20×8 年 12 月 31 日支付利息

借:财务费用　1 000
　贷:银行存款(50 000×2%)　1 000

④20×9 年 12 月 31 日偿还本金和最后一年利息

借:应付账款——债务重组　50 000
　财务费用　1 000
　贷:银行存款　51 000

(2)甲公司的账务处理:

①计算债务重组损失

| | |
|---|---|
| 应收账款账面余额 | 65 400 |
| 减:重组后债权公允价值 | 50 000 |
| 差额 | 15 400 |
| 减:已计提坏账准备 | 5 000 |
| 债务重组损失 | 10 400 |

②债务重组日的会计分录

借:应收账款——债务重组　50 000
　营业外支出——债务重组损失　10 400
　坏账准备　5 000
　贷:应收账款　65 400

③20×8 年 12 月 31 日收到利息

借:银行存款　1 000
　贷:财务费用(50 000×2%)　1 000

④20×9 年 12 月 31 日收到本金和最后一年利息

借:银行存款　51 000
　贷:财务费用　1 000
　　应收账款　50 000

(二)附或有条件的债务重组

附或有条件的债务重组,是指在债务重组协议中附有应付条件的重组。或有应付金额,是指依未来某种事项的出现而发生的支出。未来事项的出现具有不确定性。

对债务人而言,修改后的债务条款如涉及或有应付金额,且该或有应付金额符合或有事项中有关预计负债确认条件的,债务人应当将该或有应付金额确认为预计负债。重组债务的账面价值与重组后债务的入账价值和预计负债金额之和的差额,作为债务重组利得,计入营业外收入。

对债权人而言,修改后的债务条款中涉及或有应收金额的,不应当确认或有应收金额,不得将其计入重组后债权的账面价值。根据谨慎性原则,或有应收金额属于或有资产,或有资产不予确认。只有在或有应收金额实际发生时,才计入当期损益。

## 四、以上3种方式的组合方式

以上3种方式的组合方式进行债务重组,主要有以下几种情况:

1.债务人以现金、非现金资产两种方式的组合清偿某项债务的,应将重组债务的账面价值与支付的现金、转让的非现金资产的公允价值的差额作为债务重组利得。非现金资产的公允价值与其账面价值的差额作为转让资产损益。

债权人应将重组债权的账面价值与收到的现金、受让的非现金资产的公允价值,以及已提减值准备的差额作为债务重组损失。

2.债务人以现金、债务转为资本两种方式的组合清偿某项债务的,应将重组债务的账面价值与支付的现金、债权人因放弃债权而享有的股权的公允价值的差额作为债务重组利得。股权的公允价值与股本(或实收资本)的差额作为资本公积。

债权人应将重组债权的账面价值与收到的现金、因放弃债权而享有股权的公允价值,以及已提减值准备之间的差额作为债务重组损失。

3.债务人以非现金资产、债务转为资本两种方式的组合清偿某项债务的,应将重组债务的账面价值与转让的非现金资产的公允价值、债权人因放弃债权而享有的股权的公允价值的差额为债务重组利得。非现金资产的公允价值与账面价值的差额作为转让资产损益;股权的公允价值与股本(或实收资本)的差额作为资本公积。

债权人应将重组债权的账面价值与受让的非现金资产的公允价值、因放弃债权而享有的股权的公允价值,以及已提减值准备的差额作为债务重组损失。

4.债务人以现金、非现金资产、债务转为资本3种方式的组合清偿某项债务的,应将重组债务的账面价值与支付的现金、转让的非现金资产的公允价值及债权人因放弃债权而享有股权的公允价值的差额作为债务重组利得;非现金资产的公允价值与其账面价值的差额作为转让资产损益;股权的公允价值与股本(或实收资本)的差额作为资本公积。

债权人应将重组债权的账面价值与收到的现金、受让的非现金资产的公允价值、因放弃债权而享有的股权的公允价值,以及已提减值准备的差额作为债务重组损失。

5.债务人以资产、债务转为资本等方式清偿某项债务的一部分,并对该项债务的另一部分以修改其他债务条件进行债务重组。在这种情况下,债务人应先以支付的现金、转让的非现金资产的公允价值及债权人因放弃债权而享有的股权的公允价值冲减重组债务的账面价值,余额与重组后债务的公允价值进行比较,据此计算债务重组利得。债权人因放弃债权而享有的股权的公允价值与股本(或实收资本)的差额作为资本公积;非现金资产的公允价值与其账面价值的差额作为转让资产损益,于当期确认。

债权人应先以收到的现金、受让非现金资产的公允价值及因放弃债权而享有的股权的公允价值冲减重组债权的账面价值,余额与重组后债务的公允价值进行比较,据此计算债务重组损失。

# 第十三章　或有事项

## 第一节　或有事项概述

### 一、或有事项的概念及其特征

根据或有事项准则的规定,或有事项是指过去的交易或者事项形成的,其结果须由某些未来事项的发生或不发生才能决定的不确定事项。常见的或有事项主要包括:未决诉讼或未决仲裁、债务担保、产品质量保证(含产品安全保证)、亏损合同、重组义务、环境污染整治及承诺等。或有事项具有以下特征:

(一)或有事项是由过去的交易或者事项形成的

或有事项作为一种不确定事项,是由企业过去的交易或者事项形成的。所谓由过去的交易或者事项形成,是指或有事项的现存状况是过去交易或者事项所引起的客观存在。例如,未决诉讼虽然是现存的一种状况,但该诉讼是企业因过去的经济行为导致起诉其他单位或被其他单位起诉,而不是未来将要发生的事项。正是基于或有事项是因过去的交易或者事项而形成这一特征,未来可能发生的自然灾害、交通事故及经营亏损等事项,不包括在或有事项准则规范的范围之内。

(二)或有事项的结果具有不确定性

或有事项的结果具有不确定性具体包含两方面的内容,一方面是指或有事项的结果是否发生具有不确定性,另一方面是指或有事项的结果预计将会发生,但发生的具体时间或金额具有不确定性。例如有些未决诉讼,被告是否会败诉,在案件审理过程中有时是难以确定的,需要根据法院的判决情况加以确定。再如,某企业因生产排污治理不力对周围环境造成污染而被起诉,如无特殊情况,该企业很可能败诉。但是,在诉讼成立时,该企业因败诉将支出多少金额,或者何时将发生这些支出是难以确定的。

(三)或有事项的结果须由未来事项决定

由未来事项决定,是指或有事项的结果只能由未来不确定事项的发生或不发生才能决定。或有事项对企业会产生有利影响还是不利影响,或已知是有利影响或不利影响,但影响具体有多大,在或有事项发生时是难以确定的,只能由未来不确定事项的发生或不发生才能证实。例如,企业为其他单位提供债务担保,该担保事项最终是否会要求企业履行偿还债务的连带责任,一般只能看被担保方的未来经营情况和偿债能力。如果被担保方经营情况和财务状况良好且有较好的信用,那么企业将不需要履行该连带责任。只有在被担保方到期无力还款时,企业(担保方)才承担偿还债务的连带责任。

或有事项与不确定性联系在一起,但会计处理过程中存在的不确定性并非都会成为或有事项准则所规范的内容,企业应当按照或有事项的定义和特征进行判断。例如,折旧的提取虽然涉及对固定资产净残值和使用寿命的估计,具有一定的不确定性,但固定资产折旧是已经发生的损耗,固定资产原值是确定的,其价值最终会转移到成本或费用中也是确定的,从而该事项的结果是确定的,因此对固定资产计提折旧不是或有事项。

## 二、或有负债和或有资产

### (一)或有负债

或有负债,是指过去的交易或者事项形成的潜在义务,其存在须通过未来不确定事项的发生或不发生予以证实;或过去的交易或者事项形成的现时义务,履行该义务不是很可能导致经济利益流出企业或该义务的金额不能可靠地计量。

或有负债涉及两类义务:一类是潜在义务;另一类是现时义务。潜在义务是指结果取决于不确定未来事项的可能义务。也就是说,潜在义务最终是否转变为现时义务,由未来某些不确定事项的发生或不发生才能决定。或有负债作为一项潜在义务,其结果只能由未来不确定事项的发生或不发生来证实。现时义务是指企业在现行条件下已承担的义务。或有负债作为现时义务,其特征在于:该现时义务的履行不是很可能导致经济利益流出企业,或者该现时义务的金额不能可靠地计量。其中,“不是很可能导致经济利益流出企业”是指该现时义务导致经济利益流出企业的可能性不超过50%(含50%)。“金额不能可靠地计量”是指该现时义务导致经济利益流出企业的“金额”难以合理预计,现时义务履行的结果具有较大的不确定性。例如,甲公司涉及一桩诉讼案,根据以往的审判案例推断,甲公司很可能要败诉。但法院尚未判决,甲公司无法根据经验判断未来将要承担多少赔偿金额,因此该现时义务的金额不能可靠地计量,该诉讼案件即形成一项甲公司的或有负债。

### (二)或有资产

或有资产,是指过去的交易或者事项形成的潜在资产,其存在须通过未来不确定事项的发生或不发生予以证实。

或有资产作为一种潜在资产,其结果具有较大的不确定性,只有随着经济情况的变化,通过某些未来不确定事项的发生或不发生才能证实其是否会形成企业真正的资产。例如,甲企业向法院起诉乙企业侵犯了其专利权。法院尚未对该案件进行公开审理,甲企业是否胜诉尚难判断。对于甲企业而言,将来可能胜诉而获得的赔偿属于一项或有资产,但这项或有资产是否会转化为真正的资产,要由法院的判决结果确定。如果终审判决结果是甲企业胜诉,那么这项或有资产就转化为甲企业的一项资产。如果终审判决结果是甲企业败诉,那么或有资产就消失了,更不可能形成企业的资产。

(三)或有负债和或有资产转化为负债(预计负债)和资产

或有负债和或有资产不符合负债要素或资产要素的定义和确认条件的，企业不应当确认或有负债和或有资产，而应当按照或有事项准则的规定进行相应的披露。但是，影响或有负债和或有资产的多种因素处于不断变化之中，企业应当持续地对这些因素予以关注。随着时间推移和事态的进展，或有负债对应的潜在义务可能转化为现时义务，原本不是很可能导致经济利益流出的现时义务也可能被证实将很可能导致企业经济利益的流出，并且现时义务的金额也能够可靠计量。这时，或有负债就转化为企业的负债或预计负债，符合负债(预计负债)的确认条件，应当予以确认，但企业不应当就未来经营亏损确认为预计负债。或有资产也是一样，其对应的潜在资产最终是否能够流入企业会逐渐变得明确，如果某一时点企业基本确定能够收到这项潜在资产并且其金额能够可靠计量，则应当将其确认为企业的资产。

例如未决诉讼，对于预期会胜诉的原告而言，因未决诉讼产生了一项或有资产，该或有资产最终是否转化为企业的资产，要根据诉讼的最终判决而定，最终判决原告胜诉的，这项或有资产就转化为一项真正的资产。对于预期会败诉的被告而言，因未决诉讼产生了一项或有负债或预计负债，如为或有负债，那么该或有负债是否转化为企业的预计负债或负债，只能根据诉讼的进展而定。企业根据法律规定、律师建议等因素判断自己很可能败诉且赔偿金额能够合理估计的，这项或有负债就转化为企业的预计负债；如果在法院最终判决之前，企业未能对判决结果做出可靠估计，那么法院最终判决其败诉时，该或有事项就直接转化为企业的负债。

履行或有事项相关义务导致经济利益流出的可能性，通常按照一定的概率区间加以判断。一般情况下，发生的概率分为以下几个层次：基本确定、很可能、可能及极小可能。其中，“基本确定”是指发生的可能性大于95%但小于100%；“很可能”是指发生的可能性大于50%但小于或等于95%；“可能”是指发生的可能性大于5%但小于或等于50%；“极小可能”是指发生的可能性大于0但小于或等于5%。

## 第二节 或有事项的确认和计量

或有事项的确认和计量通常是指预计负债的确认和计量。或有事项形成的或有资产只有在企业基本确定能够收到的情况下，才转变为真正的资产，从而予以确认。

### 一、或有事项的确认

与或有事项相关的义务同时满足下列3个条件时，应当确认为预计负债：该义务是企业承担的现时义务；履行该义务很可能导致经济利益流出企业；该义务的金额能够可靠地计量。

(一)该义务是企业承担的现时义务

该义务是企业承担的现时义务，是指与或有事项相关的义务是在企业当前条件下已承担的义务,企业没有其他现实的选择,只能履行该现时义务。这里所指的义务包括法定义务和推定义务。其中,法定义务,是指因合同、法规或其他司法解释等产生的义务,通常是企业在经济管理和经济协调中,依照经济法律、法规的规定必须履行的责任。例如,企业与另外企业签订购货合同产生的义务,就属于法定义务。推定义务,是指因企业的特定行为而产生的义务。企业的特定行为,泛指企业以往的习惯做法、已公开的承诺或已公开宣布的经营政策。由于以往的习惯做法,或通过这些承诺或公开的声明,企业向外界表明了它将承担特定的责任,从而使受影响的各方形成了其将履行那些责任的合理预期。例如,甲公司是一家化工企业,因扩大经营规模,到A国创办了一家分公司。假定A国尚未针对甲公司这类企业的生产经营可能产生的环境污染制定相关法律,因而甲公司的分公司对在A国生产经营可能产生的环境污染不承担法定义务。但是,甲公司为在A国树立良好的形象,自行向社会公告,宣称将对生产经营可能产生的环境污染进行治理。甲公司的分公司为此承担的义务就属于推定义务。

(二)履行该义务很可能导致经济利益流出企业

履行该义务很可能导致经济利益流出企业,是指履行与或有事项相关的现时义务时,导致经济利益流出企业的可能性超过50%但小于或等于95%。

企业因或有事项承担了现时义务,并不说明该现时义务很可能导致经济利益流出企业。例如,20×2年7月1日,甲企业与乙企业签订协议,承诺为乙企业的3年期银行借款提供全额担保。对于甲企业而言,由于担保事项而承担了一项现时义务,但这项义务的履行是否很可能导致经济利益流出企业,需依据乙企业的经营情况和财务状况等因素加以确定。假定20×2年末,乙企业的财务状况恶化,且没有迹象表明可能发生好转。此种情况出现,表明乙企业很可能违约,从而甲企业履行承担的现时义务将很可能导致经济利益流出企业。

(三)该义务的金额能够可靠地计量

该义务的金额能够可靠地计量,是指与或有事项相关的现时义务的金额能够合理地估计。由于或有事项具有不确定性,因或有事项产生的现时义务的金额也具有不确定性,需要估计。要对或有事项确认一项预计负债,除了需要满足上述两个条件外,相关现时义务的金额应当能够可靠地估计。例如,甲企业(被告)涉及一起诉讼案。根据以往的审判案例推断,甲企业很可能要败诉,相关的赔偿金额也可以估算出一个合理的区间。这种情况下,可以认为甲企业因未决诉讼承担的现时义务的金额能够可靠地估计。如果同时满足其他两个条件,就应将未决诉讼所形成的义务确认为一项预计负债。

## 二、预计负债的计量

或有负债的计量主要涉及两个问题:一是,最佳估计数的确定;二是,预期可获得补偿的处理。

(一)最佳估计数的确定

预计负债应当按照履行相关现时义务所需支出的最佳估计数进行初始计量。最佳估计数的确定应当分以下两种情况进行处理:

1.所需支出存在一个连续范围,且该范围内各种结果发生的可能性相同,则最佳估计数应当按照该范围内的中间值,即上下限金额的平均数确定。

【例 13-1】20×7 年 12 月 27 日,甲企业因合同违约而涉及一起诉讼案。根据企业的法律顾问判断,最终的判决很可能对甲企业不利。20×7 年 12 月 31 日,甲企业尚未接到法院的判决,诉讼须承担的赔偿金额也无法准确地确定。不过,据专业人士估计,赔偿金额可能是800 000~1 000 000 元之间的某一金额,而且这个区间内每个金额发生的可能性都大致相同。

根据企业会计准则的规定,甲企业应在 20×7 年 12 月 31 日的资产负债表中确认一项金额为 900 000 元的负债。

2.所需支出不存在一个连续范围,或者虽然存在一个连续范围但该范围内各种结果发生的可能性不相同。在这种情况下,最佳估计数按照如下方法确定:

(1)或有事项涉及单个项目的,按照最可能发生金额确定。"涉及单个项目"指或有事项涉及的项目只有一个,如一项未决诉讼、一项未决仲裁或一项债务担保等。

【例 13-2】甲公司涉及一起诉讼。根据类似案件的经验以及公司所聘律师的意见判断,甲公司在该起诉讼中胜诉的可能性有 40%,败诉的可能性有 60%。如果败诉,将要赔偿 1 000 000 元。

在上述情况下,甲公司应确认的负债金额应为最可能发生金额 1 000 000 元。

(2)或有事项涉及多个项目的,按照各种可能结果及相关概率计算确定。"涉及多个项目"指或有事项涉及的项目不止一个,如产品质量保证。在产品质量保证中,提出产品保修要求的可能有许多客户。相应地,企业对这些客户负有保修义务。

【例 13-3】20×7 年,乙企业销售产品 30 000 件,销售额 120 000 000 元。乙企业的产品质量保证条款规定:产品售出后一年内,如发生正常质量问题,乙企业将免费负责修理。根据以往的经验,如果出现较小的质量问题,则须发生的修理费为销售额的 1%;而如果出现较大的质量问题,则须发生的修理费为销售额的 2%。据预测,本年度已售产品中,80%不会发生质量问题,15%将发生较小质量问题,5%将发生较大质量问题。

本例中,20×7 年末乙企业应确认的预计负债金额 (最佳估计数)=(120 000 000×1%)×15%+(120 000 000×2%)×5%=300 000(元)

(二)预期可获得补偿的处理

企业清偿预计负债所需支出全部或部分预期由第三方或其他方补偿的, 该补偿金额只有在基本确定能够收到时才能作为资产单独确认, 确认的补偿金额不应当超过所确认负债的账面价值。

企业预期从第三方获得的补偿,是一种潜在资产,其最终是否真的会转化为企业真正的资产(企业是否能够收到这项补偿)具有较大的不确定性,企业只能在基本确定能够收到补偿时才能对其进行确认。其次,根据资产和负债不能随意抵消的原则,预期可获得的补偿在基本确定能够收到时应当确认为一项资产,而不能作为预计负债金额的扣减。预期可能获得补偿的情况通常有:发生交通事故等情况时,企业通常可从保险公司获得合理的赔偿;在某些索赔诉讼中,企业可对索赔人或第三方另行提出赔偿要求;在债务担保业务中,企业在履行担保义务的同时,通常可向被担保企业提出追偿要求。

补偿金额的确认涉及两个问题:一是确认时间,补偿只有在"基本确定"能够收到时予以确认;二是确认金额,确认的金额是基本确定能够收到的金额,而且不能超过相关预计负债的账面价值。

【例 13-4】20×7 年 12 月 31 日,甲公司因或有事项而确认了一笔金额为 500 000 元的负债;同时,公司因该或有事项,基本确定可从乙公司获得 200 000 元的赔偿。

本例中,甲公司应分别确认一项金额为 500 000 元的负债和一项金额为 200 000 元的资产,而不能只确认一项金额为 300 000 元(500 000-200 000)的负债。同时,公司所确认的补偿金额 200 000 元不能超过所确认的负债的账面价值 500 000 元。

(三)预计负债计量需要考虑的因素

企业在确定最佳估计数时应当综合考虑与或有事项有关的风险、不确定性、货币时间价值和未来事项等因素。

1.风险和不确定性

风险是对过去的交易或事项其结果变化的可能性的一种描述。

风险的变动可能增加预计负债的金额。预计负债具有一定的不确定性,企业在不确定的情况下进行判断需要谨慎,不可高估收益或资产,也不能低估费用或负债。但是,不确定性并不意味着企业应当确认过多的预计负债或故意夸大支出和费用。企业需要谨慎从事,充分考虑与或有事项有关的风险和不确定性,既不能忽略风险和不确定性对或有事项计量的影响,也要避免对风险和不确定性进行重复调整,从而在低估和高估预计负债金额之间寻找平衡点。

2.货币时间价值

预计负债的金额通常应当等于未来应支付的金额。但是,因货币时间价值的影响,资产负债表日后不久发生的现金流出,要比一段时间之后发生的同样金额的现金流出负有更大的义务。所以,如果预计负债的确认时点距离实际清偿有较长的时间跨度,货币时间价值的影响重大(通常时间为 3 年以上且金额较大),那么在确定预计负债的确认金额时,应考虑采用现值计量,即通过对相关未来现金流出进行折现后确认最佳估计数。

将未来现金流出折算为现值时,需要注意以下 3 点:

(1)折现率的选择。用来计算现值的折现率,应当是反映货币时间价值的当前市场估计和相关负债特有风险的税前利率。

(2)风险和不确定性因素的处理。风险和不确定性因素既可以在计量未来现金流出时作为调整因素,也可以在确定折现率时予以考虑,但不能重复反映。

(3)随着时间的推移,即使在未来现金流出和折现率均不改变的情况下,预计负债的现值将逐渐增长。企业应当在资产负债表日,对预计负债的现值进行重新计量。

3.未来事项

在确定预计负债金额时,企业应当考虑可能影响履行现时义务所需金额的相关未来事项。也就是说,对于这些未来事项,如果有足够的客观证据表明它们将发生,则应当在预计负债计量中予以考虑相关未来事项的影响,但不应考虑预期处置相关资产形成的利得。

预期的未来事项可能对预计负债的计量较为重要。例如,某核电企业预计在生产结束时清理核废料的费用将因未来技术的变化而显著降低。那么,该企业因此确认的预计负债金额应当反映有关专家对技术发展以及清理费用减少做出的合理预测。但是,这种预计需要得到相当客观的证据予以支持。

### 三、对预计负债账面价值的复核

企业应当在资产负债表日对预计负债的账面价值进行复核。有确凿证据表明该账面价值不能真实反映当前最佳估计数的，应当按照当前最佳估计数对该账面价值进行调整。

例如，某化工企业对环境造成了污染，按照当时的法律规定，只需要对污染进行清理。随着国家对环境保护越来越重视，按照现在的法律规定，该企业不但需要对污染进行清理，还很可能要对居民进行赔偿。这种法律要求的变化，会对企业预计负债的计量产生影响。企业应当在资产负债表日对为此确认的预计负债金额进行复核，相关因素发生变化表明预计负债金额不再能反映真实情况时，需要按照当前情况下企业清理和赔偿支出的最佳估计数对预计负债的账面价值进行相应的调整。

## 第三节　或有事项会计处理原则的具体运用

### 一、未决诉讼或未决仲裁

诉讼，是指当事人不能通过协商解决争议，因而在人民法院起诉、应诉，请求人民法院通过审判程序解决纠纷的活动。诉讼尚未裁决之前，对于被告来说，可能形成一项或有负债或者预计负债；对于原告来说，则可能形成一项或有资产。

仲裁，是指经济法的各方当事人依照事先约定或事后达成的书面仲裁协议，共同选定仲裁机构并由其对争议依法做出具有约束力裁决的一种活动。作为当事人一方，仲裁的结果在仲裁决定公布以前是不确定的，会构成一项潜在义务或现时义务，或者潜在资产。

【例 13-5】20×7 年 11 月 1 日，A 股份有限公司因合同违约而被 D 公司起诉。20×7 年 12 月 31 日，公司尚未接到法院的判决。D 公司预计，如无特殊情况很可能在诉讼中获胜，假定 D 公司估计将来很可能获得赔偿金额 1 900 000 元。在咨询了公司的法律顾问后，A 公司认为最终的法律判决很可能对公司不利。假定 A 公司预计将要支付的赔偿金额、诉讼费等费用为 1 600 000~2 000 000 元之间的某一金额，而且这个区间内每个金额的可能性都大致相同，其中诉讼费为 30 000 元。

此例中，D 公司不应当确认或有资产，而应当在 20×7 年 12 月 31 日的报表附注中披露或有资产 1 900 000 元。

A 股份有限公司应在资产负债表中确认一项预计负债，金额为：

(1 600 000+2 000 000)÷2=1 800 000(元)

同时在 20×7 年 12 月 31 日的附注中进行披露。

A 公司的有关账务处理如下：

借:管理费用——诉讼费 30 000

营业外支出 1 770 000

贷:预计负债——未决诉讼 1 800 000

【例 13-6】20×7 年 9 月 1 日,甲公司因与乙公司签订了互相担保协议,成为相关诉讼的第二被告。截至 20×7 年 12 月 31 日,诉讼尚未判决。但由于乙公司经营困难,甲公司很可能要承担连带还款责任。据预计,公司承担还款金额 2 000 000 元的可能性为 60%,而承担还款金额 1 000 000 元的可能性为 40%(假定不考虑诉讼费)。

本例中,甲公司因连带责任而承担了现实义务,该义务的履行很可能导致经济利益流出企业,且该义务的金额能够可靠计量。根据或有事项准则的规定,甲公司在 20×7 年 12 月 31 日确认一项预计负债 2 000 000 元(最可能发生金额),并在附注中作相关披露。

有关账务处理如下:

借:营业外支出——赔偿支出 2 000 000

贷:预计负债——未决诉讼 2 000 000

应当注意的是,对于未决诉讼,企业当期实际发生的诉讼损失金额与已计提的相关预计负债之间的差额,应分情况进行处理:

第一,企业在前期资产负债表日,依据当时实际情况和所掌握的证据合理预计了预计负债,应当将当期实际发生的诉讼损失金额与已计提的相关预计负债之间的差额,直接计入或冲减当期营业外支出。

第二,企业在前期资产负债表日,依据当时实际情况和所掌握的证据,原本应当能够合理估计诉讼损失,但企业所作的估计却与当时的事实严重不符(如未合理预计损失或不恰当地多计或少计损失),应当按照重大会计差错更正的方法进行处理。

第三,企业在前期资产负债表日,依据当时实际情况和所掌握的证据,确实无法合理预计诉讼损失,因而未确认预计负债,则在该项损失实际发生的当期,直接计入当期营业外支出。

第四,资产负债表日后至财务报告批准报出日之间发生的需要调整或说明的未决诉讼,按照资产负债表日后事项的有关规定进行会计处理。

## 二、债务担保

债务担保在企业中是较为普遍的现象。作为提供担保的一方,在被担保方无法履行合同的情况下,常常承担连带责任。从保护投资者、债权人的利益出发,客观、充分地反映企业因担保义务而承担的潜在风险是十分必要的。

【例 13-7】20×6 年 10 月,B 公司从银行贷款人民币 10 000 000 元,期限 2 年,由 A 公司全额担保;20×8 年 4 月,C 公司从银行贷款美元 1 000 000 元, 期限 1 年, 由 A 公司担保 50%;20×8 年 6 月,D 公司通过银行从 G 公司贷款人民币 10 000 000 元,期限 2 年,由 A 公司全额担保。

截至 20×8 年 12 月 31 日,各贷款单位的情况如下:B 公司贷款逾期未还,银行已起诉 B 公司和 A 公司,A 公司因连带责任需赔偿多少金额尚无法确定;C 公司由于受政策影响和内部管理不善等原因,经营效益不如以往,可能不能偿还到期美元债务;D公司经营情况良好,预期不存在还款困难。

本例中,对B公司而言,A公司很可能需履行连带责任,但损失金额是多少,目前还难以预计;就C公司而言,A公司可能需履行连带责任;就D公司而言,A公司履行连带责任的可能性极小。这3项债务担保形成A公司的或有负债,不符合预计负债的确认条件,A公司在20×8年12月31日编制财务报表时,应当在附注中作相应披露。

## 三、亏损合同

待执行合同变为亏损合同,同时该亏损合同产生的义务满足预计负债的确认条件,应当确认为预计负债。其中,待执行合同,是指合同各方尚未履行任何合同义务,或部分履行了同等义务的合同。企业与其他企业签订的商品销售合同、劳务合同及租赁合同等,均属于待执行合同,待执行合同不属于或有事项准则规范的内容。

但是,待执行合同变为亏损合同的,应当作为或有事项,根据或有事项准则进行处理。亏损合同,是指在履行合同义务过程中,不可避免发生的成本将超过预期与执行合同相关的未来经济利益流入的合同。这里所称"不可避免发生的成本"是指一旦履行合同义务将不可避免发生的成本,反映了退出该合同的最低净成本,即履行该合同的成本与未能履行该合同而发生的补偿或处罚两者之中的较低者。

企业对亏损合同进行会计处理,需要遵循以下两点:

(1)如果与亏损合同相关的义务不需支付任何补偿即可撤销,企业通常就不存在现时义务,不应确认预计负债;如果与亏损合同相关的义务不可撤销,企业就存在了现时义务,同时满足该义务很可能导致经济利益流出企业和金额能够可靠地计量的,通常应当确认预计负债。

(2)待执行合同变为亏损合同时,若合同存在标的资产,就应当对标的资产进行减值测试并按规定确认减值损失,如果预计亏损超过该减值损失,应将超过部分确认为预计负债;若合同不存在标的资产,亏损合同相关义务满足预计负债确认条件时,应当确认为预计负债。

**【例13-8】**甲上市公司20×7年1月1日采用经营租赁方式租入一条生产线生产A产品,租赁期4年。甲上市公司利用该生产线生产的A产品每年可获利20万元。

20×8年12月31日,甲上市公司因市政规划调整不得不迁址,且因宏观政策调整决定停产A产品,但经营租赁合同不可撤销,还要持续2年,且生产线无法转租给其他单位。

本例中,甲公司与其他公司签订了不可撤销的经营租赁合同,负有法定义务,必须继续履行租赁合同(交纳租金)。因此,甲公司执行原经营租赁合同不可避免要发生的费用很可能超过预期获得的经济利益,该经营租赁合同变成亏损合同,应当在20×8年12月31日根据未来应支付租金的最佳估计数确认预计负债。

**【例13-9】**乙企业20×6年1月1日与某外贸公司签订了一项产品销售合同,约定在20×6年2月15日以每件150元的价格向外贸公司提供1万件A产品,若不能按期交货,将对乙企业处以总价款30%的违约金。由于这批产品为定制产品,签订合同时产品尚未开始生产。但企业开始筹备原材料以生产这批产品时,原材料价格突然上升,预计生产每件产品需要花费成本 175 元。

假设乙企业产品成本为每件 175 元,而销售为每件 150 元,每销售 1 件亏 25 元,共计损失 25 万元。如果撤销合同,则需要交纳 45 万元的违约金。因此,这项销售合同变成一项亏损合同。

有关账务处理如下:

(1)乙企业应当按照履行合同所需成本与违约金中的较低者(25 万元)确认一项预计负债。

借:营业外支出　　　　　　　　　　250 000

　　贷:预计负债　　　　　　　　　　　250 000

(2)待相关产品生产完成后,将已确认的预计负债(25 万元)冲减产品成本。

借:预计负债　　　　　　　　　　　250 000

　　贷:库存商品　　　　　　　　　　　250 000

## 四、产品质量保证

产品质量保证,通常指销售商或制造商在销售产品或提供劳务后,对客户提供服务的一种承诺。在约定期内(或终身保修),若产品或劳务在正常使用过程中出现质量或与之相关的其他属于正常范围的问题,企业负有更换产品、免费或只收成本价进行修理等责任。为此,企业应当在符合确认条件的情况下,于销售成立时确认预计负债。

在对产品质量保证确认预计负债时,需要注意的是:

1.如果发现保证费用的实际发生额与预计数相差较大,应及时对预计比例进行调整;

2.如果企业针对特定批次产品确认预计负债,则在保修期结束时,应将"预计负债——产品质量保证"余额冲销,不留余额;

3.已对其确认预计负债的产品,如企业不再生产了,那么应在相应的产品质量保证期满后,将"预计负债——产品质量保证"余额冲销,不留余额。

## 五、重组义务

重组是指企业制定和控制的,将显著改变企业组织形式、经营范围或经营方式的计划实施行为。属于重组的事项主要包括:

(1)出售或终止企业的部分业务;

(2)对企业的组织结构进行较大调整;

(3)关闭企业的部分营业场所,或将营业活动由一个国家或地区迁移到其他国家或地区。

企业应当将重组与企业合并、债务重组区别开。因为重组通常是企业内部资源的调整和组合,谋求现有资产效能的最大化;企业合并是在不同企业之间的资本重组和规模扩张;债务重组是债权人对债务人做出让步,债务人减轻债务负担,债权人尽可能减少损失。

企业因重组而承担了重组义务,并且同时满足预计负债确认条件时,才能确认预计负债。同时存在下列情况的,表明企业承担了重组义务:

(1)有详细、正式的重组计划,包括重组涉及的业务、主要地点、需要补偿的职工人数、预计重组支出及计划实施时间等;

(2)该重组计划已对外公告。其次,需要判断重组义务是否同时满足预计负债确认条件,即判断其承担的重组义务是不是现时义务、履行重组义务是否很可能导致经济利益流出企业、重组义务的金额是否能够可靠计量。只有同时满足这3个确认条件,才能将重组义务确认为预计负债。

例如,某公司董事会决定关闭一个事业部。如果有关决定尚未传达到受影响的各方,也未采取任何措施实施该项决定,该公司就没有开始承担重组义务,不应确认预计负债;如果有关决定已经传达到受影响的各方并使各方对企业将关闭事业部形成合理预期,通常表明企业开始承担重组义务,同时满足该义务很可能导致经济利益流出企业和金额能够可靠地计量的,应当确认预计负债。

企业应当按照与重组有关的直接支出确定预计负债金额。其中,直接支出是企业重组必须承担的直接支出,不包括留用职工岗前培训、市场推广、新系统和营销网络投入等支出。

由于企业在计量预计负债时不应当考虑预期处置相关资产的利得,在计量与重组义务相关的预计负债时,也不考虑处置相关资产(厂房、店面,有时是一个事业部整体)可能形成的利得或损失,即使资产的出售构成重组的一部分也是如此。

企业可以参照表13-1判断某项支出是否属于与重组有关的直接支出。

**表13-1　与重组有关支出的判断表**

| 支出项目 | 包括 | 不包括 | 不包括的原因 |
|---|---|---|---|
| 自愿遣散 | √ | | |
| 强制遣散(如果自愿遣散目标未满足) | √ | | |
| 将不再使用的厂房的租赁撤销费 | √ | | |
| 将职工和设备从拟关闭的工厂转移到继续使用的工厂 | | √ | 支出与继续进行的活动相关 |
| 剩余职工的再培训 | | √ | 支出与继续进行的活动相关 |
| 新经理的招募成本 | | √ | 支出与继续进行的活动相关 |
| 推广公司新形象的营销成本 | | √ | 支出与继续进行的活动相关 |
| 对新分销网络的投资 | | √ | 支出与继续进行的活动相关 |
| 重组的未来可辨认经营损失(最新预计值) | | √ | 支出与继续进行的活动相关 |
| 特定不动产、厂场和设备的减值损失 | | √ | 资产减值准备应当按照《企业会计准则第8号——资产减值》进行计提,并作为资产的抵减项 |

# 第十四章 借款费用

## 第一节 借款费用概述

### 一、借款费用的范围

所谓借款费用,是企业因借入资金而发生的利息及其他相关成本。它包括因借款而发生的利息、折价或者溢价的摊销、因外币借款而发生的汇兑损益以及借款过程中发生的辅助费用,如手续费、佣金等。

因借款而发生的利息,包括企业向银行或者其他金融机构等借入资金发生的利息、发行公司债券发生的利息,以及为购建或者生产符合资本化条件的资产而发生的带息债务所承担的利息等。

因借款而发生的折价或者溢价主要是指发行债券等所发生的折价或者溢价。发行债券中的折价或者溢价,其实质是对债券票面利息的调整(将债券票面利率调整为实际利率),属于借款费用的范畴。

若债券为折价发行,比如面值为 1 000 万元的债券以 800 万元的价格发行,那么差额 200 万元就是发行时产生的折价。

以后各期的实际利息费用=按面值和票面利率计算的应计利息+折价的摊销额

若债券为溢价发行,比如面值为 1 000 万元的债券以 1 100 万元的价格发行,那么差额 100 万元就是发行时产生的溢价。

以后各期的实际利息费用=按面值和票面利率计算的应计利息-溢价的摊销额

因外币借款而发生的汇兑差额,是指由于汇率变动对外币借款本金及其利息的记账本位币金额所产生的影响金额。由于汇率的变化往往和利率的变化相联动,它是企业外币借款所需承担的风险,因此,因外币借款相关汇率变化所导致的汇兑差额属于借款费用的有机组成部分。

因借款而发生的辅助费用,是指企业在借款过程中发生的诸如手续费、佣金等费用,由于这些费用是因安排借款而发生的,也属于借入资金所付出的代价,是借款费用的构成部分。

### 二、借款的范围

借款包括专门借款和一般借款。

专门借款是指为购建或者生产符合资本化条件的资产而专门借入的款项。专门借款通常有明确的用途，即为购建或者生产某项符合资本化条件的资产而专门借入的，并通常具有标明该用途的借款合同。

一般借款是指除专门借款之外的借款，相对于专门借款而言，一般借款在借入时，其用途通常没有特指用于符合资本化条件的资产的购建或者生产。

### 三、符合资本化条件的资产

符合资本化条件的资产是指需要经过相当长时间的购建或者生产活动才能达到预定可使用或者可销售状态的固定资产、投资性房地产和存货等资产。

符合资本化条件的存货，主要包括房地产开发企业开发的用于对外出售的房地产开发产品、企业制造的用于对外出售的大型机械设备等，"相当长时间"应当是指为资产的购建或者生产所必要的时间，通常为 1 年以上(含 1 年)。比如，飞机制造厂制造的飞机；自行研发无形资产，开发支出的时间在 1 年以上；建造合同的建造时间在 1 年以上等，借款费用都可以资本化。

## 第二节 借款费用的确认

根据我国会计准则规定，借款费用确认的基本原则为：企业发生的借款费用，可直接归属于符合资本化条件的资产的购建或者生产的，应当予以资本化，计入相关资产成本；其他借款费用，应当在发生时根据其发生额确认为费用，计入当期损益。

企业发生的借款费用能否直接归属于相关资产成本，还应进行资本化期间的界定。企业只有对发生在资本化期间内的有关借款费用，才允许资本化。借款费用资本化期间，是指从借款费用开始资本化时点到停止资本化时点的期间，但不包括借款费用暂停资本化期间，如图 14-1。

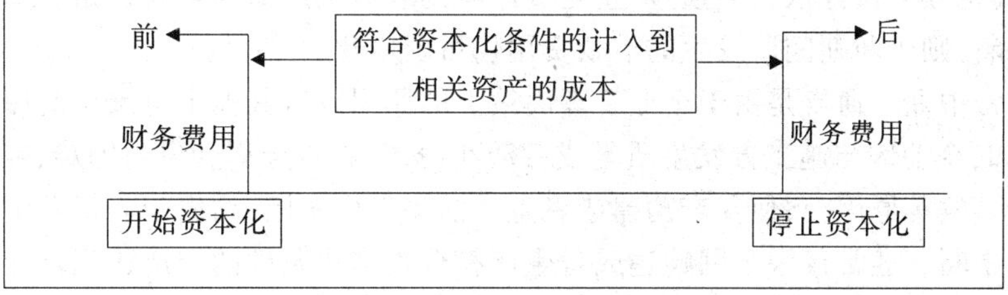


图 14-1 借款费用资本化期间示意图

## 一、借款费用开始资本化的时点

借款费用允许开始资本化必须同时满足3个条件:(1)资产支出已经发生;(2)借款费用已经发生;(3)为使资产达到预定可使用或者可销售状态所必要的购建或者生产活动已经开始。这3个条件中,只要有一个条件没有满足,相关借款费用就不能资本化。

(一)资产支出已经发生

"资产支出"包括支付现金、转移非现金资产和承担带息债务形式所发生的支出。

1.支付现金,是指用货币资金支付符合资本化条件的资产的购建或者生产支出。

2.转移非现金资产,是指企业将自己的非现金资产直接用于符合资本化条件的资产的购建或者生产。

3.承担带息债务,是指企业为了购建或者生产符合资本化条件的资产所需用物资等而承担的带息应付款项(如带息应付票据)。企业以赊购方式购买这些物资所产生的债务可能带息,也可能不带息。如果企业赊购这些物资承担的是不带息债务,就不应当将购买价款计入资产支出,因为该债务在偿付前不需要承担利息,也没有占用借款资金。企业只有等到实际偿付债务发生了资源流出时,才能将其作为资产支出。如果企业赊购物资承担的是带息债务,则企业要为这笔债务付出代价,支付利息,与企业向银行借入款项用以支付资产支出在性质上是一致的。所以,企业为购建或者生产符合资本化条件的资产而承担的带息债务应当作为资产支出,当该带息债务发生时,视同资产支出已经发生。

(二)借款费用已经发生

"借款费用已经发生",是指企业已经发生了因购建或者生产符合资本化条件的资产而专门借入款项的借款费用或者所占用的一般借款的借款费用。

(三)为使资产达到预定可使用或者可销售状态所必要的购建或者生产活动已经开始

"为使资产达到预定可使用或者可销售状态所必要的购建或者生产活动已经开始",是指符合资本化条件的资产的实体建造或者生产工作已经开始,例如主体设备的安装、厂房的实际开工建造等。它不包括仅仅持有资产但没有发生为改变资产形态而进行的实质上的建造或者生产活动。

## 二、借款费用暂停资本化的时间

符合资本化条件的资产在购建或者生产过程中发生非正常中断,且中断时间连续超过3个月(含3个月),应当暂停借款费用的资本化。其中中断期间发生的借款费用,不计入资产成本,而将其直接计入当期损益,直至资产购建或者生产活动重新开始。如果中断原因属于正常中断,则中断期间所发生的借款费用仍可资本化。

非正常中断,通常是由于企业管理决策上的原因或者其他不可预见的原因等所导致的中断。例如,企业因与施工方发生质量或劳动纠纷,或者资金周转发生困难,或是施工生产发生了安全事故等原因,致使资产购建或者生产活动发生中断,均属于非正常中断。

正常中断,通常仅限于因购建或者生产符合资本化条件的资产达到预定可使用或者可销售状态所必要的程序,或者事先可以预见的不可抗力因素导致的中断。例如,某些工程建造到一定阶段必须暂停下来进行必要的质量或安全检查;某些地区的工程在建造过程中,由于可预见的不可抗力因素(如雨季或冰冻季节等原因)导致施工出现停顿,属于正常中断。

### 三、借款费用停止资本化的时点

购建或者生产符合资本化条件的资产达到预定可使用或者可销售状态时，借款费用应当停止资本化。在符合资本化条件的资产达到预定可使用或者可销售状态之后所发生的借款费用,应当在发生时根据其发生额确认为费用,计入当期损益。

## 第三节　借款费用的计量

借款费用的计量,主要是对发生在资本化期间的各项借款费用进行资本化金额的确定。

### 一、借款利息资本化金额的确定

在资本化期间,每一会计期间的利息(包括折价或溢价的摊销)资本化金额,不应当超过当期相关借款实际发生的利息金额。资本化金额确定原则如下:

(一)专门借款利息费用的资本化金额

为购建或者生产符合资本化条件的资产而借入专门借款的，应当以专门借款当期实际发生的利息费用减去将尚未动用的借款资金存入银行取得的利息收入或者进行暂时性投资取得的投资收益后的金额确定。

专门借款发生的利息费用净支出,在资本化期间,应当全部计入符合资本化条件的资产成本,不计算借款资本化率。

**【例 14-1】**某企业于 20×8 年 1 月 1 日正式动工兴建一栋厂房,工期预计为 18 个月,工程采用出包方式，分别于 20×8 年 1 月 1 日、20×8 年 7 月 1 日和 20×9 年 1 月 1 日支付工程进度款。厂房于 20×9 年 6 月 30 日完工,达到预定可使用状态。

该企业为建造厂房于 20×8 年 1 月 1 日专门借款 1 000 万元,借款期限为 3 年,年利率为 6%。另外,在 20×8 年 7 月 1 日又借入专门借款 4 000 万元,借款期限为 5 年,年利率为 7%,借款利息按年支付。

闲置借款资金均用于固定收益债券短期投资,该短期投资月收益率为 0.5%。该企业建造厂房的支出金额如表 14-1 所示。

由于该企业使用了专门借款建造厂房,而且厂房建造支出没有超过专门借款金额,企业 20×8 年、20×9 年为建造厂房应予资本化的利息金额计算如下:

(1)确定借款费用资本化期间为 20×8 年 1 月 1 日至 20×9 年 6 月 30 日。

(2)计算在资本化期间专门借款实际发生的利息金额:

20×8 年专门借款发生的利息金额=1 000×6%+4 000×7%×6/12=200(万元)

20×9 年专门借款发生的利息金额=1 000×6%×6/12+4 000×7%×6/12=170(万元)

表 14-1 建造厂房支出金额表

单位:万元

| 日期 | 每期资产支出金额 | 资产支出累计金额 | 闲置借款资金用于短期投资金额 |
|---|---|---|---|
| 20×8 年 1 月 1 日 | 500 | 500 | 500 |
| 20×8 年 7 月 1 日 | 2 500 | 3 000 | 2 000 |
| 20×9 年 1 月 1 日 | 1 500 | 4 500 | 500 |
| 总　计 | 4 500 | — | 3 000 |

(3)计算在资本化期间利用闲置的专门借款资金进行短期投资的收益:

20×8 年短期投资收益=500×0.5%×6+2 000×0.5%×6=75(万元)

20×9 年短期投资收益=500×0.5%×6=15(万元)

(4)计算专门借款在资本化期间发生的利息费用净支出金额:

20×8 年的利息资本化金额=200−75=125(万元)

20×9 年的利息资本化金额=170−15=155(万元)

(二)一般借款利息费用的资本化金额

在借款费用资本化期间,为购建或者生产符合资本化条件的资产占用了一般借款的,应当根据累计资产支出超过专门借款部分的资产支出加权平均数乘以所占用一般借款的资本化率,计算确定一般借款应予资本化的利息金额。资本化率应当根据一般借款加权平均利率计算确定(若只涉及一笔一般借款,资本化率为该项借款的利率)。企业占用一般借款购建或者生产符合资本化条件的资产时,一般借款的利息费用资本化金额的确定应当与资产支出挂钩。有关计算公式如下:

一般借款利息费用资本化金额=累计资产支出超过专门借款部分的资产支出加权平均数×所占用一般借款的资本化率

累计资产支出超过专门借款部分的资产支出加权平均数

$$=\sum\left(\text{超过专门借款部分的每笔资产支出金额}\times\frac{\text{每笔资产支出当期占用天数}}{\text{当期天数}}\right)$$

所占用一般借款的资本化率=所占用一般借款加权平均利率=所占用一般借款当期实际发生的利息之和÷所占用一般借款本金加权平均数

所占用一般借款本金加权平均数

$$=\sum\left(\text{所占用每笔一般借款本金}\times\frac{\text{每笔一般借款在当期所占用的天数}}{\text{当期天数}}\right)$$

【例 14-2】某公司 20×7 年初拟建一栋产品研发测试楼,工期预计为 14 个月,工程采用出包方式,公司分 6 次支付工程进度款。由于审批手续等原因,楼房于 20×7 年 4 月 1 日才开始动工兴建。楼房于 20×8 年 9 月 30 日完工,达到预定可使用状态。其中,由于施工质量问题工程于 20×7 年 9 月 1 日至 12 月 31 日停工 4 个月。

该公司建造楼房于 20×7 年 1 月 1 日向银行专门借款 5 000 万元,借款期限为 3 年,年利率为 12%。除专门借款外,在楼房建造过程中公司还占用了两笔一般借款:一笔是20×6 年 8 月 1 日借款 2 000 万元,借款期限为 3 年,年利率为 8%;另一笔是 20×7 年 8 月 1 日借款

3 000 万元，借款期限为 2 年，年利率为 10%。借款利息按年支付。

专门借款中未支出部分全部存入银行，存款月利率为 0.5%，全年按 360 天计算。建造该楼房的支出情况如表 14–2 所示。

表 14–2 建造楼房支出金额表

单位：万元

| 日期 | 每期资产支出金额 | 资产支出累计金额 | 闲置借款资金存入银行金额 |
|---|---|---|---|
| 20×7 年 4 月 1 日 | 2 000 | 2 000 | 3 000 |
| 20×7 年 6 月 1 日 | 1 000 | 3 000 | 2 000 |
| 20×7 年 7 月 1 日 | 3 000 | 6 000 | |
| 20×8 年 1 月 1 日 | 1 000 | 7 000 | |
| 20×8 年 4 月 1 日 | 500 | 7 500 | |
| 20×8 年 7 月 1 日 | 500 | 8 000 | |
| 总 计 | 8 000 | — | 5 000 |

根据上述资料，公司 20×7 年、20×8 年为建造楼房应予资本化的利息金额计算如下：

(1)确定借款费用资本化期间为 20×7 年 4 月 1 日至 20×8 年 9 月 30 日，20×8 年 1 月 1 日至20×8 年 9 月30 日。

(2)计算 20×7 年、20×8 年全年发生的专门借款和一般借款利息金额：

20×7 年专门借款利息=5 000×12%=600(万元)

20×7 年一般借款利息=2 000×8%=160(万元)

20×8 年专门借款利息=5 000×12%=600(万元)

20×8 年一般借款利息=2 000×8%+3 000×10%=460(万元)

(3)计算 20×7 年借款利息资本化金额和应计入当期损益金额：

①计算 20×7 年专门借款应予资本化的利息金额。

20×7 年未开工及暂停资本化期间发生的利息费用

=5 000×12%×7/12=350(万元)

20×7 年专门借款存入银行取得的利息收入

=5 000×0.5%×3+3 000×0.5%×2+2 000×0.5%×1=115(万元)

其中，在资本化期间取得的利息收入

=3 000×0.5%×2+2 000×0.5%×1=40(万元)

公司在 20×7 年应予资本化的专门借款利息金额=600–350–40=210(万元)

公司在 20×7 年应当计入当期损益的专门借款利息金额=350–(115–40)=275(万元)

②计算 20×7 年一般借款应予资本化的利息金额。

公司在 20×7 年占用一般借款资金的资产支出加权平均数

=1 000×60/360=166.67(万元)

公司在 20×7 年一般借款应予资本化的利息金额

=166.67×8%=13.33(万元)

公司在 20×7 年应当计入当期损益的一般借款利息金额

=160-13.33=146.67(万元)

③计算 20×7 年应予资本化和应计入当期损益的利息金额。

20×7 年应予资本化的借款利息金额=210+13.33=223.33(万元)

20×7 年应当计入当期损益的借款利息金额=275+146.67=421.67(万元)

(4)计算 20×8 年借款利息资本化金额和应计入当期损益金额:

①计算 20×8 年专门借款应予资本化的利息金额。

公司在 20×8 年应予资本化的专门借款利息金额

=5 000×12%×9/12=450(万元)

公司在 20×8 年应当计入当期损益的专门借款利息金额

=600-450=150(万元)

②计算 20×8 年一般借款应予资本化的利息金额。

公司在 20×8 年占用一般借款资金的资产支出加权平均数

=2 000×270/360+500×180/360+500×90/360=1 875(万元)

公司在 20×8 年所占用一般借款资本化率的计算:

$$一般借款加权平均利率=\frac{2\ 000\times8\%\times9/12+3\ 000\times10\%\times6/12}{2\ 000\times9/9+3\ 000\times6/9}=6.75\%$$

公司在 20×8 年一般借款应予资本化的利息金额

=1 875×6.75%=126.56(万元)

公司在 20×8 年应当计入当期损益的一般借款利息金额

=460-126.56=333.44(万元)

③计算 20×8 年应予资本化和应计入当期损益的利息金额。

20×8 年应予资本化的借款利息金额=450+126.56=576.56(万元)

20×8 年应当计入当期损益的借款利息金额=150+333.44=483.44(万元)

## 二、借款辅助费用资本化金额的确定

对于企业因专门借款及一般借款而发生的辅助费用，在所购建或者生产的符合资本化条件的资产达到预定可使用或者可销售状态之前发生的，应当在发生时根据其发生额予以资本化,计入符合资本化条件的资产的成本;在所购建或者生产的符合资本化条件的资产达到预定可使用或者可销售状态之后发生的,应当在发生时根据其发生额确认为费用,计入当期损益。

## 三、外币专门借款汇兑差额资本化金额的确定

企业为购建或者生产符合资本化条件的资产所借入的外币专门借款，因其持有期间外汇汇率发生变化而产生汇兑差额,应当予以资本化。从简化核算出发,在资本化期间内,外币专门借款本金及其利息的汇兑差额应予资本化,计入符合资本化条件的资产成本。而除外币专门借款之外的其他外币借款本金及其利息所产生的汇兑差额,应当作为财务费用,计入当期损益。

# 第十五章 收入、费用和利润

## 第一节 收入概述

在市场经济条件下，收入作为影响利润指标的重要因素，越来越受到企业和投资者等利益相关者的重视。

### 一、收入定义

收入是会计对象的要素之一，对收入一词，目前世界上存在着两种不同的理解，即广义和狭义两种。在企业的所有收入中，有来自商品或劳务的经营性收入，还有来自押金收入、罚款收入等的非经营性收入，这些非经营性收入带有偶然性。按照不同的收入观点，即是否把非经营性收入算入收入，分成广义的收入和狭义的收入。

广义的收入是把所有经营和非经营活动的所得都看做收入，也就是说，所有使企业净资产增加的部分都是收入，很明显，这种收入的含义是非常广泛的，包括营业收入，也包括营业外收入。

狭义的收入是仅仅将来自经营活动的收入即营业收入包括在内，其他不属于经营收入的偶然所得则除外，也就是说，站在狭义的收入的立场上，就要明确区分营业收入和非营业收入。我国《企业会计准则》对收入做了狭义的定义。

按照我国现行《企业会计准则》的定义，收入是指企业在日常活动中形成的、会导致所有者权益增加的、与所有者投入资本无关的经济利益的总流入。其中，日常活动是指企业为完成其经营目标所从事的经常性活动以及与之相关的其他活动。

收入主要包括企业为完成其经营目标所从事的经常性活动实现的收入，如工业企业生产并销售产品、商业企业销售商品、餐饮企业为顾客提供的服务、咨询公司提供咨询服务、软件公司为客户开发软件、安装公司提供安装服务、商业银行对外贷款、保险公司签发保单、租赁公司出租资产等实现的收入；另外，企业发生的与经常性活动相关的其他活动，如工业企业对外出售不需用的原材料、利用闲置资金对外投资、对外转让无形资产使用权等所形成的经济利益的总流入也构成收入。企业发生的既不属于经常性活动也不属于与经常性活动相关的其他活动,如工业企业处置固定资产和无形资产、应收取的罚款等形成的经济利益的总流入属于营业外收入。

## 二、收入分类

收入的种类有很多种,可以按不同的标准进行分类:

一是按企业从事日产活动的性质划分,收入分为商品销售收入、劳务收入、让渡资产使用权收入和建造合同收入等。

二是按企业经营业务主次划分,收入分为主营业务收入和其他业务收入。其他业务收入是指与企业为完成其经营目标所从事的经常性活动相关的活动实现的收入,例如对于工业企业来说,制造并销售产品是其为完成经营目标所从事的经常性活动,因此制造并销售产品形成的收入为主营业务收入,而出租房屋及出售原材料为与其从事的经常性活动相关的活动,这部分收入为其他业务收入,同样是租赁业务收入,对于租赁公司来说就是主营业务收入。

本章主要涉及销售商品、提供劳务、让渡资产使用权、建造合同等的收入确认和计量。

**【例 15-1】**下列项目中,应确认为收入的是( )

A.固定资产出售收入 B.罚款收入 C. 设备出租 D.销售商品收取的增值税

**【答案】**C

**【解析】**选项 AB 属于非日常活动,计入营业外收入;选项 D 与收入定义无关。

# 第二节 销售商品收入的确认和计量

## 一、销售商品收入的确认

商品包括企业为销售而生产的产品和为转售而购进的商品,如工业企业生产的产品、商业企业购进的商品等,企业销售的其他存货,如原材料、包装物等,也视同企业的商品。

收入准则规定,销售商品收入同时满足下列条件的,才能予以确认:(1)企业已将商品所有权上的主要风险和报酬转移给购货方;(2)企业既没有保留通常与所有权相联系的继续管理权,也没有对已售出的商品实施有效控制;(3)收入的金额能够可靠地计量;(4)相关的经济利益很可能流入企业;(5)相关的已发生或将发生的成本能够可靠地计量。

(一)企业已将商品所有权上的主要风险和报酬转移给购货方

企业已将商品所有权上的主要风险和报酬转移给购货方,是指与商品所有权有关的主要风险和报酬同时转移给了购货方。其中,与商品所有权有关的风险,是指商品可能发生减值或毁损等形成的损失;与商品所有权有关的报酬,是指商品价值增值或通过使用商品等形成的经济利益。

判断企业是否已将商品所有权上的主要风险和报酬转移给购货方,应当关注交易的实质而不是形式,并结合所有权凭证的转移或实物的交付进行判断。如果与商品所有权有关的任何损失均不需要销货方承担,与商品所有权有关的任何经济利益也不归销货方所有,就意味着商品所有权上的主要风险和报酬转移给了购货方。

1.通常情况下,转移商品所有权凭证并交付实物后,商品所有权上的所有风险和报酬随之转移,如订货销售商品、托收承付方式销售商品等。

订货销售,是指已收到全部或部分货款而库存没有现货,需要通过制造等程序才能将商品交付购买方的销售方式。在这种销售方式下,企业通常应在发出商品并符合收入确认条件时确认收入,在此之前预收的货款应确认为负债。

采用托收承付方式销售商品的,在办妥托收手续时,表明商品所有权上的主要风险和报酬已经转移给购货方,因此可以确认收入。

2.某些情况下,转移商品所有权凭证但未交付实物,商品所有权上的主要风险和报酬随之转移,企业只保留商品所有权上的次要风险和报酬,如视同买断方式委托代销商品等。在这种情形下,应当视同商品所有权上的所有风险和报酬已经转移给购货方。

**【例 15-2】**A 公司销售一批商品给 B 公司。B 公司已根据 A 公司开出的发票账单支付了货款,取得了提货单,但 A 公司尚未将商品移交 B 公司。

根据本例的资料,A 公司采用交款提货的销售方式,即购买方已根据销售方开出的发票账单支付货款,并取得卖方开出的提货单。在这种情况下,购买方支付货款并取得提货单,说明商品所有权上的主要风险和报酬已转移给购买方(B 公司),虽然商品未实际交付,卖方(A 公司)仍可以认为商品所有权上的主要风险和报酬已经转移。

3.某些情况下,转移商品所有权凭证或交付实物后商品所有权上的主要风险和报酬并未随之转移。

(1)企业销售的商品在质量、品种、规格等方面不符合合同或协议要求,又未根据正常的保证条款予以弥补,因而仍负有责任。

**【例 15-3】**海天股份有限公司向天宇股份有限公司销售一批商品,商品已经发出,天宇股份有限公司已经预付部分货款,剩余货款由天宇股份有限公司开出一张商业承兑汇票,销售发票账单已交付天宇股份有限公司。天宇股份有限公司收到商品后,发现商品质量没有达到合同约定的要求,立即根据合同有关条款与海天股份有限公司交涉,要求在价格上给予一定折让,否则要求退货。双方没有就此达成一致意见,海天股份有限公司也未采取任何补救措施。

本例中,尽管商品已经发出,并将发票账单交付买方,同时收到部分货款,看似收入确认条件已经齐备,但是由于双方在商品质量的弥补方面未达成一致意见,说明购买方尚未正式接受商品,商品可能被退回。因此,商品所有权上的主要风险和报酬仍保留在海天股份有限公司,没有随商品所有权凭证的转移或实物的交付而转移。

(2)企业销售商品的收入是否能够取得,取决于购买方是否已将商品销售出去。如采用支付手续费方式委托代销商品等。

支付手续费方式委托代销商品,是指委托方和受托方签订合同或协议,委托方根据代销商品数量向受托方支付手续费的销售方式。在这种方式下,委托方发出商品时,商品所有权上的主要风险和报酬并未转移给受托方,委托方在发出商品时通常不应确认销售商品收入,而应在收到受托方开出的代销清单时确认销售商品收入;受托方应在商品销售后,按合同或协议约定的方法计算确定的手续费确认收入。

(3)视同买断方式代销商品。委托方和受托方之间的协议明确标明,受托方在取得代销商品后,无论是否能够卖出、是否获利,均与委托方无关,那么委托方和受托方之间的代销商品交易,与委托方直接销售商品给受托方没有实质区别,在符合销售商品收入确认条件时,委托方应确认相关销售商品收入。

【例 15-4】海天股份有限公司委托天宇股份有限公司销售商品 200 件，协议价为 100 元/件,成本为 80 元/件。代销协议约定,天宇股份有限公司在取得代销商品后,无论是否能够卖出、是否获利,均与海天股份有限公司无关。这批商品已经发出,货款尚未收到,海天股份有限公司开出的增值税专用发票上注明的增值税额为 3 400 元。

根据本例的资料，海天股份有限公司采用视同买断方式委托天宇股份有限公司代销商品。视同买断方式代销商品,是指委托方和受托方签订合同或协议,委托方按合同或协议收取代销的货款，实际售价由受托方自定，实际售价与合同或协议价之间的差额归受托方所有。如果委托方和受托方之间的协议明确标明,受托方在取得代销商品后,无论是否能够卖出、是否获利,均与委托方无关,那么委托方和受托方之间的代销商品交易,与委托方直接销售商品给受托方没有实质区别,在符合销售商品收入确认条件时,委托方应确认相关销售商品收入。本例中,海天股份有限公司应当确认 20 000 元的销售收入,并结转相应的成本 16 000 元。

(4)企业尚未完成售出商品的安装或检验工作,且安装或检验工作是销售合同或协议的重要组成部分,如需要安装或检验的销售等。

【例 15-5】海天股份有限公司向天宇股份有限公司销售一台设备，设备已经运抵天宇股份有限公司,发票账单已经交付,同时收到部分货款。合同约定,海天股份有限公司应负责该设备的安装工作,在安装工作结束并经天宇股份有限公司验收合格后,天宇股份有限公司应立即支付剩余货款。设备安装调试工作通常是设备销售合同的重要组成部分。

根据本例的资料,设备安装调试工作通常是电梯销售合同的重要组成部分,在安装过程中可能会发生一些不确定因素,影响设备销售收入的实现。因此,设备实物的交付并不表明商品所有权上的主要风险和报酬随之转移。

需要说明的是,在需要安装或检验的销售中,如果安装程序比较简单或检验是为了最终确定合同或协议价格而必须进行的程序,企业可以在发出商品时确认收入。

(5)销售合同或协议中规定了买方由于特定原因有权退货的条款,且企业又不能确定退货的可能性。

【例 15-6】海天股份有限公司为推销一种研制的新型健身器材，承诺凡购买新产品的客户均有一个月的试用期,在试用期内如果对产品使用效果不满意,海天股份有限公司无条件给予退货。该种新产品已交付买方,货款已收讫。

根据本例的资料,海天股份有限公司虽然已将产品售出,并已收到货款,但是由于是新产品,海天股份有限公司无法估计退货的可能性,这表明产品所有权上的主要风险和报酬并未随实物的交付而发生转移。

(二)企业既没有保留通常与所有权相联系的继续管理权,也没有对已售出的商品实施有效控制

通常情况下,企业售出商品后不再保留与商品所有权相联系的继续管理权,也不再对售出商品实施有效控制,商品所有权上的主要风险和报酬已经转移给购货方,通常应在发出商品时确认收入。

**【例 15-7】** 海天股份有限公司属于房地产开发商。海天股份有限公司将住宅小区销售给客户后,接受客户委托代售住宅小区商品房并管理住宅小区物业。

根据本例的资料,海天股份有限公司接受客户委托代售住宅小区商品房并管理住宅小区物业是与住宅小区销售无关的另一项提供劳务的交易。海天股份有限公司虽然仍对住宅小区进行管理,但这种管理与住宅小区的所有权无关,因为住宅小区的所有权属于客户。

**【例 15-8】** 天宇股份有限公司属于软件开发公司。天宇股份有限公司销售某成套软件给某会计师事务所后,接受客户委托对该成套软件进行日常管理。

根据本例的资料,天宇股份有限公司接受客户委托对成套软件进行日常管理,是与成套软件销售无关的另一项提供劳务的交易。天宇股份有限公司虽然仍对该成套软件进行管理,但这种管理与成套软件所有权无关,因为成套软件的所有权属于客户。

对售出商品实施继续管理既可能源于仍拥有商品的所有权,也可能与商品的所有权没有关系。如果商品售出后,企业仍保留与商品所有权相联系的继续管理权,则说明此项销售交易没有完成,销售不能成立,不应确认销售商品收入。同样的道理,如果商品售出后,企业仍对商品可以实施有效控制,如售后租回等,销售不能成立,不应确认销售商品收入。

(三)收入的金额能够可靠地计量

收入的金额能够可靠地计量,是指收入的金额能够合理地估计。如果收入的金额不能够合理估计,就无法确认收入。企业在销售商品时,商品销售价格通常已经确定。但是,由于销售商品过程中某些不确定因素的影响,也有可能存在商品销售价格发生变动的情况。在这种情况下,新的商品销售价格未确定前通常不应确认销售商品收入。企业通常应按从购货方已收或应收的合同或协议价款确定收入金额;合同或协议价款延期收取具有融资性质时,企业应按应收的合同或协议价款的公允价值确定收入金额;已收或应收的价款不公允的,企业应按公允的交易价格确定收入金额。

(四)相关的经济利益很可能流入企业

相关的经济利益很可能流入企业,是指销售商品价款收回的可能性超过 50%。企业在确定销售商品价款收回的可能性时,应当结合以前和买方交往的直接经验、政府有关政策、其他方面取得信息等因素进行分析。企业销售的商品符合合同或协议要求,已将发票账单交付买方,买方承诺付款,通常表明满足本确认条件(相关的经济利益很可能流入企业)。如果企业判断销售商品收入满足确认条件确认了一笔应收债权,以后由于购货方资金周转困难无法收回该债权时,不应调整原确认的收入,而应对该债权计提坏账准备、确认坏账损失。如果企业根据以前与买方交往的直接经验判断买方信誉较差,或销售时得知买方在另一项交易中发生了巨额亏损,资金周转十分困难,或在出口商品时不能肯定进口企业所在国政府是否

允许将款项汇出等,就可能会出现与销售商品相关的经济利益不能流入企业的情况,不应确认收入。

(五)相关的已发生或将发生的成本能够可靠地计量

通常情况下,销售商品相关的已发生或将发生的成本能够合理地估计,如库存商品的成本、商品运输费用等。如果库存商品是本企业生产的,其生产成本能够可靠计量;如果是外购的,购买成本能够可靠计量。有时,销售商品相关的已发生或将发生的成本不能够合理地估计,此时企业不应确认收入,已收到的价款应确认为负债。

【例 15-9】海天股份有限公司与天宇股份有限公司签订协议,约定海天股份有限公司生产并向天宇股份有限公司销售一台大型设备。限于自身生产能力不足,海天股份有限公司委托天宇股份有限公司生产该大型设备的一个主要部件。海天股份有限公司与天宇股份有限公司签订的协议约定,天宇股份有限公司生产该主要部件发生的成本经海天股份有限公司认定后,其金额的120%即为海天股份有限公司应支付给天宇股份有限公司的款项。假定海天股份有限公司本身负责的部件生产任务和天宇股份有限公司负责的部件生产任务均已完成,并由海天股份有限公司组装后运抵天宇股份有限公司,天宇股份有限公司验收合格后及时支付了货款。但是,天宇股份有限公司尚未将由其负责的部件相关的成本资料交付海天股份有限公司认定。

本例中,虽然海天股份有限公司已将大型设备交付天宇股份有限公司,且已收到货款。但是,海天股份有限公司为该大型设备发生的相关成本因天宇股份有限公司相关资料未送达而不能可靠地计量,也不能合理估计。因此,海天股份有限公司收到货款时不应确认为收入。

如果海天股份有限公司为该大型设备发生的相关成本因天宇股份有限公司相关资料未送达而不能可靠地计量,但是海天股份有限公司基于以往经验能够合理估计出该大型设备的成本,仍可以认为满足本确认条件。

## 二、销售商品收入的计量

(一)通常情况下销售商品收入的处理

确认销售商品收入时,企业应按已收或应收的合同或协议价款加上应收取的增值税额,借记“银行存款”“应收账款”“应收票据”等科目,按确定的收入金额,贷记“主营业务收入”“其他业务收入”等科目,按应收取的增值税额,贷记“应交税费——应交增值税(销项税额)”科目;同时或在资产负债表日,按应交纳的消费税、资源税、城市维护建设税、教育费附加等税费金额,借记“营业税金及附加”科目,贷记“应交税费——应交消费税(应交资源税、应交城市维护建设税等)”科目。

如果售出商品不符合收入确认条件,则不应确认收入,已经发出的商品,应当通过“发出商品”科目进行核算。

【例 15-10】海天股份有限公司向天宇公司销售商品 20 000 件,开出的增值税专用发票上注明的增值税额为 3 400 元,产品已经发出,款项尚未收到。该批产品成本为 16 000 元。天宇公司已将产品验收入库。假定不考虑其他因素。

海天股份有限公司的账务处理如下:

借:应收账款 23 400

贷:主营业务收入 20 000

应交税费——应交增值税(销项税额) 3 400

借:主营业务成本 16 000

贷:库存商品 16 000

(二)销售商品涉及现金折扣、商业折扣、销售折让的处理

企业销售商品有时也会遇到现金折扣、商业折扣、销售折让等问题,应当分不同情况进行处理:

1.现金折扣,是指债权人为鼓励债务人在规定的期限内付款而向债务人提供的债务扣除。企业销售商品涉及现金折扣的,应当按照扣除现金折扣前的金额确定销售商品收入金额。现金折扣在实际发生时计入财务费用。

2.商业折扣,是指企业为促进商品销售而在商品标价上给予的价格扣除。企业销售商品涉及商业折扣的,应当按照扣除商业折扣后的金额确定销售商品收入金额。

3.销售折让,是指企业因售出商品的质量不合格等原因而在售价上给予的减让。对于销售折让,企业应分不同情况进行处理:

(1)已确认收入的售出商品发生销售折让的,通常应当在发生时冲减当期销售商品收入;

(2)已确认收入的销售折让属于资产负债表日后事项的,应当按照有关资产负债表日后事项的相关规定进行处理。

【例 15-11】海天股份有限公司在 20×9 年 4 月 1 日向天宇股份有限公司销售一批商品,开出的增值税专用发票上注明的销售价款为 30 000 元,增值税税额为 5 100 元,销售成本为 20 000 元。为及早收回货款,海天股份有限公司和天宇股份有限公司约定的现金折扣条件为:2/20,1/30,*n*/45。假定计算现金折扣时不考虑增值税额。

海天股份有限公司的账务处理如下:

(1)4 月 1 日销售实现时,按销售总价确认收入。

借:应收账款 35 100

贷:主营业务收入 30 000

应交税费——应交增值税(销项税额) 5 100

借:库存商品 20 000

贷:主营业务成本 20 000

(2)如果天宇股份有限公司在 4 月 19 日付清货款,则按销售总价 30 000 元的 2%享受现金折扣 600(30 000×2%)元,实际付款 34 500(35 100-600)元。

借:银行存款 34 500

财务费用 600

贷:应收账款 35 100

(3)如果天宇股份有限公司在 4 月 28 日付清货款,则按销售总价 30 000 元的 1%享受现金折扣300(30 000×1%)元,实际付款 34 800(35 100-300)元。

借:银行存款 34 800

财务费用　　　　　　　　　　　　　　　300

贷:应收账款　　　　　　　　　　　　　　　35 100

(4)如果天宇股份有限公司在5月17日才付清货款,则按全额付款。

借:银行存款　　　　　　　　　　　　　35 100

贷:应收账款　　　　　　　　　　　　　　　35 100

【例15-12】海天股份有限公司向天宇股份有限公司销售一批商品,开出的增值税专用发票上注明的销售价款为800 000元,增值税额为136 000元,成本为600 000元。天宇股份有限公司在验收过程中发现商品质量不合格,要求在价格上给予5%的折让。假定海天股份有限公司已确认销售收入,款项尚未收到,发生的销售折让允许扣减当期增值税额。

海天股份有限公司的账务处理如下:

(1)销售实现时

借:应收账款　　　　　　　　　　　　　936 000

贷:主营业务收入　　　　　　　　　　　　800 000

应交税费——应交增值税(销项税额)　　　　136 000

借:主营业务成本　　　　　　　　　　　600 000

贷:库存商品　　　　　　　　　　　　　　600 000

(2)发生销售折让时

借:主营业务收入　　　　　　　　　　　40 000

应交税费——应交增值税(销项税额)　6 800

贷:应收账款　　　　　　　　　　　　　　46 800

(3)实际收到款项时

借:银行存款　　　　　　　　　　　　　889 200

贷:应收账款　　　　　　　　　　　　　　889 200

(三)销售退回的处理

销售退回,是指企业售出的商品由于质量、品种不符合要求等原因而发生的退货。对于销售退回,企业应分不同情况进行会计处理:

1.对于未确认收入的售出商品发生销售退回的,企业应按已计入"发出商品"科目的商品成本金额,借记"库存商品"科目,贷记"发出商品"科目。采用计划成本或售价核算的,应按计划成本或售价计入"库存商品"科目,同时计算产品成本差异或商品进销差价。

2.对于已确认收入的售出商品发生退回的,企业应在发生时冲减当期销售商品收入,同时冲减当期销售商品成本。如该项销售退回已发生现金折扣的,应同时调整相关财务费用的金额;如该项销售退回允许扣减增值税额的,应同时调整"应交税费——应交增值税(销项税额)"科目的相应金额。

3.已确认收入的售出商品发生的销售退回属于资产负债表日后事项的,应当按照有关资产负债表日后事项的相关规定进行会计处理。

【例15-13】海天股份有限公司在20×8年11月1日向天宇股份有限公司销售一批商品,开出的增值税专用发票上注明的销售价款为60 000元,增值税额为10 200元。该批商品成本为36 000元。为及早收回货款,海天股份有限公司和天宇股份有限公司约定的现金折扣条件为:2/10,1/20,n/30。天宇股份有限公司在20×7年12月19日支付货款。20×9年6月5日,该批商品因质量问题被天宇股份有限公司退回,海天股份有限公司当日支付有关款项。假定计算现金折扣时不考虑增值税,销售退回不属于资产负债表日后事项。

海天股份有限公司的账务处理如下:

(1)20×8年11月1日销售实现,按销售总价确认收入时

借:应收账款　　70 200

　贷:主营业务收入　　60 000

　　应交税费——应交增值税(销项税额)　　10 200

借:主营业务成本　　36 000

　贷:库存商品　　36 000

(2)在20×8年11月19日收到货款时,按销售总价60 000元的1%享受现金折扣60 000×1%=600元,实际收款70 200-600=69600元

借:银行存款　　69 600

　财务费用　　600

　贷:应收账款　　70 200

(3)20×9年6月5日发生销售退回时

借:主营业务收入　　60 000

　应交税费——应交增值税(销项税额)　　10 200

　贷:银行存款　　69 600

　　财务费用　　600

借:库存商品　　36 000

　贷:主营业务成本　　36 000

(四)销售商品不符合收入确认条件的会计处理

如果售出商品不符合收入确认条件,则不应确认收入,已经发出的商品,应当通过"发出商品"科目进行核算。

【例15-14】海天股份有限公司采用托收承付方式向天宇股份有限公司销售一批商品,开出的增值税专用发票上注明的销售价款为800 000元,增值税额为136 000元,成本为600 000元。海天股份有限公司在售出该商品时已得知天宇公司资金周转发生暂时困难,但为了减少存货积压,同时也为了维持与天宇股份有限公司长期以来建立的商业关系,海天股份有限公司仍将商品发出并办妥托收手续。假定海天股份有限公司销售该商品的纳税义务已经发生,不考虑其他因素。

海天股份有限公司账务处理如下:

(1)发生商品

借:发出商品　　600 000

　贷:库存商品　　600 000

借:应收账款　　136 000

贷:应交税费——应交增值税(销项税额) 136 000

(2)得知天宇股份有限公司经营情况出现好转,海天股份有限公司承诺近期付款时

借:应收账款 800 000

贷:主营业务收入 800 000

借:发出商品 600 000

贷:主营业务成本 600 000

## 三、特殊销售商品业务

现代企业竞争日趋激烈,这个过程也伴随着商品交易的形式的日益多样化。在将销售商品收入和计量原则运用于特殊销售商品收入的会计处理时,应结合这些特殊销售商品交易的形式,并注重交易的实质而不是形式。

(一)代销商品

代销商品分以下情况进行处理:

1.视同买断方式

视同买断方式代销商品,是指委托方和受托方签订合同或协议,委托方按合同或协议收取代销的货款,实际售价由受托方自定,实际售价与合同或协议价之间的差额归受托方所有。如果委托方和受托方之间的协议明确标明,受托方在取得代销商品后,无论是否能够卖出、是否获利,均与委托方无关,那么,委托方和受托方之间的代销商品交易,与委托方直接销售商品给受托方没有实质区别,在符合销售商品收入确认条件时,委托方应确认相关销售商品收入。

如果委托方和受托方之间的协议明确标明,将来受托方没有将商品售出时可以将商品退回给委托方,或受托方因代销商品出现亏损时可以要求委托方补偿,那么,委托方在交付商品时不确认收入,受托方也不作购进商品处理。受托方将商品销售后,按实际售价确认销售收入,并向委托方开具代销清单,委托方收到代销清单时,再确认本企业的销售收入。

【例15-15】海天股份有限公司委托天宇股份有限公司销售商品500件,协议价为100元/件,成本为80元/件。代销协议约定,天宇股份有限公司在取得代销商品后,无论是否能够卖出、是否获利,均与海天股份有限公司无关。这批商品已经发出,货款尚未收到,海天股份有限公司开出的增值税专用发票上注明的增值税额为8 500元。

根据本例的资料,海天股份有限公司采用视同买断方式委托天宇股份有限公司代销商品,协议约定,无论是否能够卖出、是否获利,均与海天股份有限公司无关。

海天股份有限公司在发出商品时的账务处理如下:

借:应收账款 58 500

贷:主营业务收入 50 000

应交税费——应交增值税(销项税额) 8 500

借:主营业务成本 40 000

贷:库存商品 40 000

拓展:海天股份有限公司采用视同买断方式委托天宇股份有限公司代销商品,如果协议

约定,将来受托方没有将商品售出时可以将商品退回给委托方,或受托方因代销商品出现亏损时可以要求委托方补偿,则海天股份有限公司在发出商品时的账务处理如下:

借:委托代销商品　　40 000
　贷:库存商品　　40 000

2.收取手续费方式

委托方应在收到受托方开出的代销清单时确认销售商品收入。受托方应在销售商品后,按合同或协议约定的方法计算确定手续费收入。

【例 15-16】海天股份有限公司委托天宇股份有限公司销售商品 200 件,商品已经发出,每件成本为 60 元。合同约定天宇股份有限公司应按每件 100 元对外销售,海天股份有限公司按售价的 10%向天宇股份有限公司支付手续费。天宇股份有限公司对外实际销售 100 件,开出的增值税专用发票上注明的销售价款为 10 000 元,增值税额为 1 700 元,款项已经收到。海天股份有限公司收到天宇股份有限公司开具的代销清单时,向天宇股份有限公司开具一张相同金额的增值税专用发票。假定海天股份有限公司发出商品时纳税义务尚未发生,不考虑其他因素。

海天股份有限公司的账务处理如下:

(1)发出商品时

借:委托代销商品　　12 000
　贷:库存商品　　12 000

(2)收到代销清单时

借:应收账款　　11 700
　贷:主营业务收入　　10 000
　　应交税费——应交增值税(销项税额)　　1 700

借:主营业务成本　　6 000
　贷:委托代销商品　　6 000

借:销售费用　　1 000
　贷:应收账款　　1 000

(3)收到天宇股份有限公司支付的货款时

借:银行存款　　10 700
　贷:应收账款　　10 700

天宇股份有限公司的账务处理如下:

(1)收到商品时

借:受托代销商品　　20 000
　贷:受托代销商品款　　20 000

(2)对外销售时

借:银行存款　　11 700
　贷:应付账款　　10 000
　　应交税费——应交增值税(销项税额)　　1 700

(3)收到增值税专用发票时

借:应交税费——应交增值税(进项税额) 1 700

　　贷:应付账款 1 700

借:受托代销商品款 10 000

　　贷:受托代销商品 10 000

(4)支付货款并计算代销手续费时

借:应付账款 11 700

　　贷:银行存款 10 700

　　　　主营业务收入 1 000

(二)预收款销售商品

预收款销售商品,是指购买方在商品尚未收到前按合同或协议约定分期付款,销售方在收到最后一笔款项时才交货的销售方式。在这种方式下,销售方直到收到最后一笔款项才将商品交付购货方,表明商品所有权上的主要风险和报酬只有在收到最后一笔款项时才转移给购货方,企业通常应在发出商品时确认收入,在此之前预收的货款应确认为负债。

【例 15-17】海天股份有限公司与天宇股份有限公司签订协议,采用预收款方式向天宇股份有限公司销售一批商品。该批商品实际成本为 600 000 元。协议约定,该批商品销售价格为 800 000 元,增值税额为136 000 元;天宇股份有限公司应在协议签订时预付 50%的货款(按销售价格计算),剩余货款于两个月后支付。

海天股份有限公司的账务处理如下:

收到 50%货款时:

借:银行存款 400 000

　　贷:预收账款 400 000

收到剩余货款及增值税额并确认收入时

借:预收账款 400 000

　　银行存款 536 000

　　贷:主营业务收入 800 000

　　　　应交税费——应交增值税(销项税额) 136 000

借:主营业务成本 600 000

　　贷:库存商品 600 000

(三)分期收款销售商品

企业销售商品,有时会采取递延方式分期付款。如果延期收取的货款具有融资性质,其实质是企业向购货方提供免息的信贷时,企业应当按照应收的合同或协议价款的公允价值确定收入金额。应收的合同或协议价款的公允价值,通常应当按照其未来现金流量的现值或商品现销价格计算确定。

应收的合同或协议价款与其公允价值之间的差额,应当在合同要求协议期间内,按照应收款项的摊余成本和实际利率计算确定的金额进行摊销,冲减财务费用。其中,实际利率是指具有类似信用等级的企业发行类似工具的现实利率,或者将应收的合同或协议及款折现为商品现销价格时的折现率等。

应收的合同或协议价款与其公允价值之间的差额，按照实际利率法摊销与直线法摊销结果相差不大的，也可以采用直线法进行摊销。

【例 15-18】20×7 年 1 月 1 日，甲公司采用分期收款方式向乙公司出售大型设备一套，合同约定的价款为 20 000 万元，分 5 年于每年末分期收款，每年收取 4 000 万元。该套设备的成本为 15 000 万元，若购货方在销售当日支付货款，只需付 16 000 万元即可。假定甲公司在发出商品时开具增值税专用发票，同时收取增值税税额 3 400 万元，企业经计算得出实际利率为 7.93%。不考虑其他因素。

要求：(1)计算 20×7 年至 20×1 年每年未实现融资收益的摊销额。

(2)编制 20×7 年 1 月 1 日至 20×1 年有关业务的会计分录。

(1)20×7 年应确认的未实现融资收益=20 000-16 000=4 000(万元)

20×7 年未实现融资收益摊销

=(20 000-4000)×7.93%=16 000×7.93%=1 268.8(万元)

20×8 年未实现融资收益摊销

=(16 000+1 268.8-4 000)×7.93%=13 268.8×7.93%=1 052.22(万元)

20×9 年未实现融资收益摊销

=(13 268.8+1 052.23-4 000)×7.93%=10 321.02×7.93%=818.46(万元)

20×0 年未实现融资收益摊销

=(10 321.02+818.46-4 000)×7.93%=7 139.48× 7.93%=566.16(万元)

20×1 年未实现融资收益摊销

=4 000-1 268.8-1 052.23-818.46-566.16=294.36(万元)

(2)①20×7 年 1 月 1 日销售成立时

借：长期应收款　　20 000
　　银行存款　　3 400
　贷：主营业务收入　　16 000
　　　应交税费——应交增值税(销项税额)　　3 400
　　　未实现融资收益　　4 000
借：主营业务成本　　15 000
　贷：库存商品　　15 000

②20×7 年 12 月 31 日

借：银行存款　　4 000
　贷：长期应收款　　4 000
借：未实现融资收益　　1 268.8
　贷：财务费用　　1 268.8

③20×8 年 12 月 31 日

借：银行存款　　4 000
　贷：长期应收款　　4 000

借:未实现融资收益 1 052.22

　贷:财务费用 1 052.22

④20×9 年 12 月 31 日

借:银行存款 4 000

　贷:长期应收款 4 000

借:未实现融资收益 818.46

　贷:财务费用 818.46

⑤20×0 年 12 月 31 日

借:银行存款 4 000

　贷:长期应收款 4 000

借:未实现融资收益 566.16

　贷:财务费用 566.16

⑥20×1 年 12 月 31 日

借:银行存款 4 000

　贷:长期应收款 4 000

借:未实现融资收益 294.36

　贷:财务费用 294.36

(四)附有销售退回条件的商品销售

附有销售退回条件的商品销售,是指购买方依照有关协议有权退货的销售方式。

在这种销售方式下,企业根据以往经验能够合理估计退货可能性且确认与退货相关负债的,通常应在发出商品时确认收入;企业不能合理估计退货可能性的,通常应在售出商品退货期满时确认收入。

【例 15-19】海天股份有限公司是一家健身器材销售公司。20×7 年 1 月 1 日,海天股份有限公司向天宇股份有限公司销售 5 000 件健身器材,单位销售价格为 500 元,单位成本为 400 元,开出的增值税专用发票上注明的销售价款为 2 500 000 元,增值税额为 425 000 元。协议约定,天宇股份有限公司应于 2 月 1 日之前支付货款,在 6 月 30 日之前有权退还健身器材。健身器材已经发出,款项尚未收到。假定海天股份有限公司根据过去的经验,估计该批健身器材退货率约为 20%;健身器材发出时纳税义务已经发生;实际发生销售退回时有关的增值税额允许冲减。

海天股份有限公司的账务处理如下:

(1)1 月 1 日发出健身器材时

借:应收账款 2 925 000

　贷:主营业务收入 2 500 000

　　应交税费——应交增值税(销项税额) 425 000

借:主营业务成本 2 000 000

　贷:库存商品 2 000 000

(2)1 月 31 日确认估计的销售退回时

借:主营业务收入　　500 000
　贷:主营业务成本　　400 000
　　预计负债　　100 000

(3)2 月 1 日前收到货款时

借:银行存款　　2 925 000
　贷:应收账款　　2 925 000

(4)6 月 30 日发生销售退回,实际退货量为 1 000 件,款项已经支付

借:库存商品　　400 000
　应交税费——应交增值税(销项税额)　　85 000
　预计负债　　100 000
　贷:银行存款　　585 000

实际退货量为 800 件时

借:库存商品　　320 000
　应交税费——应交增值税(销项税额)　　68 000
　主营业务成本　　80 000
　预计负债　　100 000
　贷:银行存款　　468 000
　　主营业务收入　　100 000

实际退货量为 1 200 件时

借:库存商品　　480 000
　应交税费——应交增值税(销项税额)　　102 000
　主营业务收入　　100 000
　预计负债　　100 000
　贷:主营业务成本　　80 000
　　银行存款　　702 000

(5)6 月 30 日之前如果没有发生退货

借:主营业务成本　　400 000
　预计负债　　100 000
　贷:主营业务收入　　500 000

即(2)的相反分录。

**【例 15-20】**沿用上例的资料。假定海天股份有限公司无法根据过去的经验估计该批健身器材的退货率,健身器材发出时纳税义务已经发生。

海天股份有限公司的账务处理如下:

(1)1 月 1 日发出健身器材时

借:应收账款　　425 000
　贷:应交税费——应交增值税(销项税额)　　425 000

借:发出商品　　2 000 000

贷:库存商品 2 000 000

(2)2 月 1 日前收到货款时

借:银行存款 2 925 000

贷:预收账款 2 500 000

应收账款 425 000

(3)6 月 30 日退货期满没有发生退货时

借:预收账款 2 500 000

贷:主营业务收入 2 500 000

借:主营业务成本 2 000 000

贷:发出商品 2 000 000

(4)6 月 30 日退货期满,发生 2 000 件退货时

借:预收账款 2 500 000

应交税费——应交增值税(销项税额) 170 000

贷:主营业务收入 1 500 000

银行存款 1 170 000

借:主营业务成本 1 200 000

库存商品 800 000

贷:发出商品 2 000 000

(五)售后回购

售后回购,是指销售商品的同时,销售方同意日后再将同样或类似的商品购回的销售方式。在这种方式下,销售方应根据合同或协议条款判断销售商品是否满足收入确认条件。通常情况下,售后回购交易属于融资交易,商品所有权上的主要风险和报酬没有转移,收到的款项应确认为负债;回购价格大于原售价的差额,企业应在回购期间按期计提利息,计入财务费用。有确凿证据表明售后回购交易满足销售商品收入确认条件的,销售的商品按售价确认收入,回购的商品作为购买商品处理。

【例 15-21】20×7 年 5 月 1 日,海天股份有限公司向天宇股份有限公司销售一批商品,开出的增值税专用发票上注明的销售价款为 100 万元,增值税额为 17 万元。该批商品成本为 80 万元;商品已经发出,款项已经收到。协议约定,海天股份有限公司应于 9 月 30 日将所售商品购回,回购价为110 万元(不含增值税额)。

海天股份有限公司的账务处理如下:

(1)5 月 1 日发出商品时

借:银行存款 1 170 000

贷:其他应付款 1 000 000

应交税费——应交增值税(销项税额) 170 000

借:发出商品 800 000

贷:库存商品 800 000

(2)回购价大于原售价的差额,应在回购期间按期计提利息费用,计入当期财务费用。由

于回购期间为 5 个月,货币时间价值影响不大,采用直线法计提利息费用,每月计提利息费用为(110−100)÷5=2 万元。

借:财务费用　　20 000
　贷:其他应付款　　20 000

(3)9 月 30 日回购商品时,收到的增值税专用发票上注明的商品价格为 110 万元,增值税额为 18.7 万元。假定商品已验收入库,款项已经支付。

借:财务费用　　20 000
　贷:其他应付款　　20 000
借:库存商品　　800 000
　贷:发出商品　　800 000
借:其他应付款　　1 100 000
　应交税费——应交增值税(进项税额)　　187 000
　贷:银行存款　　1 287 000

(六)售后租回

售后租回,是指销售商品的同时,销售方同意在日后再将同样的商品租回的销售方式。在这种方式下,销售方应根据合同或协议条款判断销售商品是否满足收入确认条件。通常情况下,售后租回属于融资交易,企业保留了与所有权相联系的继续管理权,或能够对其实施有效控制,企业不应确认收入,收到的款项应确认为负债;售价与资产账面价值之间的差额应当采用合理的方法进行分摊,作为折旧费用或租金费用的调整。有确凿证据表明认定为经营租赁的售后租回交易是按照公允价值达成的,销售的商品按照售价确认收入,并按照账面价值结转成本。

(七)以旧换新销售

以旧换新销售,是指销售方在销售商品的同时回收与所售商品相同的旧商品。在这种情况下,销售的商品应当按照销售商品收入确认条件确认收入,回收的商品作为购进商品处理。

## 第三节　提供劳务收入的确认和计量

### 一、提供劳务的交易结果能够可靠估计

企业在资产负债日提供劳务交易的结果能够可靠估计的,应当采用完工百分比法确认提供劳务收入。

(一)提供劳务的交易结果能够可靠估计的条件

提供劳务的交易结果能否可靠估计,是指同时满足下列条件:

1.收入的金额能够可靠地计量,是指提供劳务收入的总额能够合理地估计。通常情况下,企业应当按照从接受劳务方已收或应收的合同或协议价款确定提供劳务收入总额。随着

劳务的不断提供,可能会根据实际情况增加或减少已收或应收的合同或协议价款,此时,企业应及时调整提供劳务收入总额。

2.相关的经济利益很可能流入企业,是指提供劳务收入总额收回的可能性大于不能收回的可能性。企业在确定提供劳务收入总额能否收回时,应当结合接受劳务方的信誉、以前的经验以及双方就结算方式和期限达成的合同或协议条款等因素,综合进行判断。

企业在确定提供劳务收入总额收回的可能性时,应当进行定性分析。如果确定提供劳务收入总额收回的可能性大于不能收回的可能性, 即可认为提供劳务收入总额很可能流入企业。通常情况下,企业提供的劳务符合合同或协议要求,接受劳务方承诺付款,就表明提供劳务收入总额收回的可能性大于不能收回的可能性。如果企业判断提供劳务收入总额不是很可能流入企业,应当提供确凿证据。

3.交易的完工进度能够可靠地确定,是指交易的完工进度能够合理地估计。企业确定提供劳务交易的完工进度,可以选用下列方法:

(1)已完工作的测量,这是一种比较专业的测量方法,由专业测量师对已经提供的劳务进行测量,并按一定方法计算确定提供劳务交易的完工程度。

(2)已经提供的劳务占应提供劳务总量的比例,这种方法主要以劳务量为标准确定提供劳务交易的完工程度。

(3)已经发生的成本占估计总成本的比例,这种方法主要以成本为标准确定提供劳务交易的完工程度。只有已提供劳务的成本才能包括在已经发生的成本中,只有已提供或将提供劳务的成本才能包括在估计总成本中。

4.交易中已发生和将发生的成本能够可靠地计量,是指交易中已经发生和将要发生的成本能够合理地估计。企业应当建立完善的内部成本核算制度和有效的内部财务预算及报告制度,准确地提供每期发生的成本,并对完成剩余劳务将要发生的成本做出科学、合理的估计。同时应随着劳务的不断提供或外部情况的不断变化,随时对将要发生的成本进行修订。

(二)完工百分比法的具体应用

完工百分比法,是指按照提供劳务交易的完工进度确认收入和费用的方法。在这种方法下, 确认的提供劳务收入金额能够提供各个会计期间关于提供劳务交易及其业绩的有用信息。

企业应当在资产负债表日按照提供劳务收入总额乘以完工进度扣除以前会计期间累计已确认提供劳务收入后的金额,确认当期提供劳务收入;同时,按照提供劳务估计总成本乘以完工进度扣除以前会计期间累计已确认劳务成本后的金额,结转当期劳务成本。用公式表示如下:

本期确认的收入=劳务总收入×本期末止劳务的完工进度-以前期间已确认的收入

本期确认的费用=劳务总成本×本期末止劳务的完工进度-以前期间已确认的费用

在采用完工百分比法确认提供劳务收入的情况下, 企业应按计算确定的提供劳务收入金额,借记“应收账款”“银行存款”等科目,贷记“主营业务收入”科目。结转提供劳务成本时,借记“主营业务成本”科目,贷记“劳务成本”科目。

【例 15-22】东方公司 20×7 年 6 月 30 日接受西方公司一项设备安装劳务，合同期限为 2.5 年，合同收入为 500 万元，分 3 年收取。原估计总成本为 360 万元(全部为职工薪酬)。20×7 年实际成本 90 万元，估计总成本不变，预收货款 150 万元；截至 20×8 年末累计发生的总成本为 252 万元，估计总成本不变，本年另收到货款 200 万元；20×9 年东方公司实际发生的成本为 108 万元，但是由于西方公司经营业务方向的转变，西方公司财务出现困难，东方公司没有按期收到西方公司的货款，并且东方公司预计 20×9 年发生的成本全部不能得到补偿，假设东方公司按照完工百分比法确认收入。

要求：编制 20×7 年、20×8 年、20×9 年会计分录。

20×7 年

(1)借：劳务成本　900 000

　　贷：应付职工薪酬　900 000

(2)借：银行存款　1 500 000

　　贷：预收账款　1 500 000

(3)20×7 年的完工进度=90÷360=25%

20×7 年确认收入=500×25%=125(万元)

20×7 年确认成本=360×25%=90(万元)

借：预收账款　1 250 000

　贷：主营业务收入　1 250 000

借：主营业务成本　900 000

　贷：劳务成本　900 000

20×8 年

(1)借：劳务成本(2 520 000-900 000)　1 620 000

　　贷：应付职工薪酬　1 620 000

(2)借：银行存款　2 000 000

　　贷：预收账款　2 000 000

(3)20×8 年的完工进度=252÷360=70%

20×8 年确认收入=500×70%-125=225(万元)

20×8 年确认成本=360×70%-90=162(万元)

借：预收账款　2 250 000

　贷：主营业务收入　2 250 000

借：主营业务成本　1 620 000

　贷：劳务成本　1 620 000

20×9 年

(1)借：劳务成本　1 080 000

　　贷：应付职工薪酬　1 080 000

(2)由于西方公司发生财务困难，提供劳务交易的结果不能可靠估计，并且预计20×9 年发生的成本全部不能得到补偿，所以不确认收入，将发生的劳务成本计入当期损益。

借:主营业务成本　　　　1 080 000

　贷:劳务成本　　　　1 080 000

【例 15-23】海天股份有限公司于 20×7 年 10 月 1 日与天宇股份有限公司签订合同,为天宇股份有限公司订制一项软件,工期大约 5 个月,合同总收入 8 000 000 元。至 20×7 年 12 月 31 日,海天股份有限公司已发生成本 4 400 000 元(假定均为开发人员薪酬),预收账款 5 000 000 元。海天股份有限公司预计开发该软件还将发生成本 1 600 000 元。20×7 年 12 月 31 日,经专业测量师测量,该软件的完工进度为 60%。假定海天股份有限公司按季度编制财务报表。

海天股份有限公司的账务处理如下:

(1)计算

20×7 年 12 月 31 日确认提供劳务收入=8 000 000×60%-0=4 800 000(元)

20×7 年 12 月 31 日确认提供劳务成本=(4 400 000+1 600 000)×60%-0

=3 600 000(元)

(2)账务处理

①实际发生劳务成本时

借:劳务成本　　　　4 400 000

　贷:应付职工薪酬　　　　4 400 000

②预收劳务款项时

借:银行存款　　　　5 000 000

　贷:预收账款　　　　5 000 000

③20×7 年 12 月 31 日确认提供劳务收入并结转劳务成本时

借:预收账款　　　　4 800 000

　贷:主营业务收入　　　　4 800 000

借:主营业务成本　　　　3 600 000

　贷:劳务成本　　　　3 600 000

## 二、提供劳务交易结果不能可靠估计

企业在资产负债表日提供劳务交易结果不能够可靠估计的, 即不能满足上述 3 个条件中的任何一条时,企业不能采用完工百分比法确认提供劳务收入。此时,企业应正确预计已经发生的劳务成本能够得到补偿和不能得到补偿,分别进行会计处理:

1.已经发生的劳务成本预计全部能够得到补偿

已经发生的劳务成本预计全部能够得到补偿的, 应按已收或预计能够收回的金额确认提供劳务收入,并结转已经发生的劳务成本。

2.已经发生的劳务成本预计部分能够得到补偿

已经发生的劳务成本预计部分能够得到补偿的, 应按能够得到补偿的劳务成本金额确认提供劳务收入,并结转已经发生的劳务成本。

3.已经发生的劳务成本预计全部不能得到补偿

已经发生的劳务成本预计全部不能得到补偿的，应将已经发生的劳务成本计入当期损益(主营业务成本)，不确认提供劳务收入。

【例 15-24】海天股份有限公司于 20×8 年 11 月 25 日接受天宇股份有限公司委托，为其培训一批学员，培训期为 6 个月，20×9 年 1 月 1 日开学。协议约定，天宇股份有限公司应向海天股份有限公司支付的培训费总额为 90 000 元，分 3 次等额支付，第一次在开学时预付，第二次在 20×9 年 3 月 1 日支付，第三次在培训结束时支付。

20×9 年 1 月 1 日，天宇股份有限公司预付第一次培训费。至 20×9 年 2 月 28 日，海天股份有限公司发生培训成本 40 000 元(假定均为培训人员薪酬)。20×9 年 3 月 1 日，海天股份有限公司得知天宇股份有限公司经营发生困难，后两次培训费能否收回难以确定。

海天股份有限公司的账务处理如下：

(1)20×9 年 1 月 1 日收到天宇股份有限公司预付的培训费时

借：银行存款　　30 000

　　贷：预收账款　　30 000

(2)实际发生培训支出 30 000 元时

借：劳务成本　　40 000

　　贷：应付职工薪酬　　40 000

(3)20×9 年 2 月 28 日确认提供劳务收入并结转劳务成本时

借：预收账款　　30 000

　　贷：主营业务收入　　30 000

借：主营业务成本　　40 000

　　贷：劳务成本　　40 000

## 三、同时销售商品和提供劳务交易

企业与其他企业签订的合同或协议，有时既包括销售商品又包括提供劳务，如销售电梯的同时负责安装工作、销售软件后继续提供技术支持、设计产品同时负责生产等。此时，如果销售商品部分和提供劳务部分能够区分且能够单独计量的，企业应当分别核算销售商品部分和提供劳务部分，将销售商品的部分作为销售商品处理，将提供劳务的部分作为提供劳务处理；如果销售商品部分和提供劳务部分不能够区分，或虽能区分但不能够单独计量的，企业应当将销售商品部分和提供劳务部分全部作为销售商品部分进行会计处理。

【例 15-25】海天股份有限公司与天宇股份有限公司签订合同，向天宇股份有限公司销售一部电梯并负责安装。海天股份有限公司开出的增值税专用发票上注明的价款合计为 2 000 000 元，其中电梯销售价格为 1 960 000 元，安装费为 40 000 元，增值税额为 340 000 元。电梯的成本为 900 000 元；电梯安装过程中发生安装费 30 000 元，均为安装人员薪酬。假定电梯已经安装完成并经验收合格，款项尚未收到；安装工作是销售合同的重要组成部分。

海天股份有限股份有限公司的账务处理如下：

(1)电梯发出结转成本 900 000 元时

借：发出商品　　900 000

贷:库存商品　　900 000

(2)实际发生安装费用30 000元时

借:劳务成本　　30 000

贷:应付职工薪酬　　30 000

(3)电梯销售实现确认收入1 960 000元时

借:应收账款　　2 340 000

贷:主营业务收入　　1 960 000

应交税费——应交增值税(销项税额)　　340 000

借:主营业务成本　　900 000

贷:发出商品　　900 000

(4)确认安装费收入40 000元并结转安装成本30 000元时

借:应收账款　　40 000

贷:主营业务收入　　40 000

借:主营业务成本　　30 000

贷:劳务成本　　30 000

【例15-26】沿用上例的资料,同时假定电梯销售价格和安装费用无法区分。

海天股份有限公司的账务处理如下:

(1)电梯发出结转成本900 000元时

借:发出商品　　900 000

贷:库存商品　　900 000

(2)发生安装费用30 000元时

借:劳务成本　　30 000

贷:应付职工薪酬　　30 000

(3)销售实现确认收入2 000 000元并结转成本572 000元时

借:应收账款　　2 340 000

贷:主营业务收入　　2 000 000

应交税费——应交增值税(销项税额)　　340 000

借:主营业务成本　　930 000

贷:库存商品　　900 000

劳务成本　　30 000

## 四、建设经营移交方式参与公共基础设施建设业务

建设经营移交方式(BOT)参与公共基础设施建设业务,应当同时满足以下条件:(1)合同授予方为政府及其有关部门或政府授权进行招标的企业。(2)合同投资方为按照有关程序取得该特许经营权合同的企业(以下简称合同投资方)。合同投资方按照规定设立项目公司(以下简称项目公司)进行项目建设和运营。项目公司除取得建造有关基础设施的权利以外,在基础设施建造完成以后的一定期间内负责提供后续经营服务。(3)特许经营权合同中对所

建造基础设施的质量标准、工期、开始经营后提供服务的对象、收费标准及后续调整作出约定,同时在合同期满,合同投资方负有将有关基础设施移交给合同授予方的义务,并对基础设施在移交时的性能、状态等作出明确规定。

某些情况下,合同投资方为了服务协议目的建造或从第三方购买的基础设施,豁免合同授予方基于服务协议目的提供给合同投资方经营的现有基础设施,也应比照 BOT 业务的处理原则。

1.与 BOT 业务相关收入的确认。

(1)建造期间,项目公司对于所提供的建造服务,应当按照《企业会计准则第 15 号——建造合同》确认相关的收入和费用。基础设施建成后,项目公司应当按照《企业会计准则第 14 号——收入》确认与后续经营服务相关的收入和费用。

建造合同收入应当按照收取或应收对价的公允价值计量,并分别按照以下情况在确认收入的同时,确认金融资产或无形资产:

①合同规定基础设施建成后的一定期间内,项目公司可以无条件地自合同授予方收取确定金额的货币资金或其他金融资产的,或在项目公司提供经营服务的收费低于某一限定金额的情况下,合同授予方按照合同规定负责将有关差价补偿给项目公司的,应当在确认收入的同时确认金融资产,并按照《企业会计准则第 22 号——金融工具确认和计量》的规定处理。项目公司应根据已收取或应收取对价的公允价值,借记"银行存款""应收账款"等科目,贷记"工程结算"科目。

②合同规定项目公司在有关基础设施建成后,从事经营的一定期间内有权利向获取服务的对象收取费用,但收费金额不确定的,该权利不构成一项无条件收取现金的权利,项目公司应当在确认收入的同时确认无形资产。建造过程如果发生借款利息,应当按照《企业会计准则第 17 号——借款费用》的规定处理。项目公司应根据应收取对价的公允价值,借记"无形资产"科目,贷记"工程结算"科目。

(2)项目公司未提供实际建造服务,将基础设施建造发包给其他方的,不应确认建造服务收入,应当按照建造过程中支付的工程价款等考虑合同规定,分别确认为金融资产或无形资产。

2.按照合同规定,企业为使有关基础设施保持一定的服务能力或在移交给合同授予方之前保持一定的使用状态,预计将发生的支出,应当按照《企业会计准则第 13 号——或有事项》的规定处理。

3.按照特许经营权合同规定,项目公司应提供不止一项服务(如既提供基础设施建造服务又提供建成后经营服务)的,各项服务能够单独区分时,其收取或应收的对价应当按照各项服务的相对公允价值比例分配给所提供的各项服务。

4.BOT 业务所建造的基础设施不应作为项目公司的固定资产。

5.在 BOT 业务中,授予方可能向项目公司提供除基础设施以外的其他资产,如果该资产构成授予方应付合同价款的一部分,不应作为政府补助处理。项目公司自授予方取得资产时,应以其公允价值确认,未提供与获取该资产相关的服务前应确认为一项负债。

## 五、授予客户奖励积分

某些情况下企业在销售产品或提供劳务的同时会授予客户奖励积分，如航空公司给予客户的里程累计等，客户在满足一定条件后将奖励积分兑换为企业或第三方提供的免费或折扣的商品或服务。企业对该交易事项应当分别按照以下情况进行处理：

1.在销售产品或提供劳务的同时,应当将销售取得的货款或应收货款在本次商品销售或劳务提供产生的收入与奖励积分的公允价值之间进行分配，将取得的货款或应收货款扣除奖励积分公允价值的部分确认为收入,奖励积分的公允价值确认为递延收益。奖励积分的公允价值为单独销售可取得的金额。如果奖励积分的公允价值不能够直接观察到,授予企业可以参考被兑换奖励的公允价值或其他估值技术估计奖励积分的公允价值。在下列情况下,授予企业可能减少奖励积分的公允价值:(1)向未从初始销售中获得奖励积分的客户提供奖励积分的公允价值;(2)奖励积分中预期不会被客户兑换的部分。

2.获得奖励积分的客户满足条件时有权取得授予企业的商品或服务,在客户兑换奖励积分时,授予企业应将原计入递延收益的与所兑换积分相关的部分确认为收入,确认为收入的金额应当以被兑换用于换取奖励的积分数额占预期将兑换用于换取奖励的积分总数比例为基础计算确定。获得奖励积分的客户满足条件时有权取得第三方提供的商品或劳务的,如果授予企业代表第三方归集对价，授予企业应在第三方有义务提供奖励且有权接受因提供奖励的计价时,将原计入递延收益的金额与应支付给第三方的价款之间的差额确认为收入;如果授予企业自身归集对价,应在履行奖励义务时按分配至奖励积分的对价确认收入。企业因提供奖励积分而发生的不可避免成本超过已收和应收对价时,应按《企业会计准则第13号——或有事项》有关部门亏损合同的规定处理。

此外,在实务中,企业向其顾客提供广告服务以换取该顾客向其提供广告服务的,这样的易货交易只有在所交换的广告服务不相同或相似,而且符合收入确认条件时,才能确认收入。该收入通常无法用所收到广告服务的公允价值进行可靠计量,因此应采用所提供广告服务的公允价值进行计量。企业只有参照其通过收现等方式向顾客提供广告服务这样的非易货交易而且该非易货交易同时满足规定条件时，才能认定为其在非易货交易中提供广告服务的公允价值是能够可靠计量的,这里所指非易货交易应满足的规定条件包括:(1)该非易货交易中的广告与易货交易中的广告相同或相似;(2)该非易货交易应经常发生;(3)该非易货交易和提供相同或相似广告的易货交易相比，应代表绝大多数交易和金额的情况;(4)该非易货交易收取的是现金和(或)其他形式的公允价值能够可靠计量的对价(如上市证券、非货币性资产和其他服务);(5)该非易货交易涉及的顾客和易货交易涉及的顾客不相同。

## 六、特殊劳务收入

下列提供劳务满足收入确认条件的,应按规定确认收入:

1.安装费,在资产负债表日根据安装的完工进度确认为收入。安装工作是商品销售附带条件的,安装费通常应在确认商品销售实现时确认为收入。

2.宣传媒介的收费,在相关的广告或商业行为开始出现于公众面前时确认为收入。广告的制作费,通常应在资产负债表日根据广告的完工进度确认为收入。

3.为特定客户开发软件的收费,在资产负债表日根据开发的完工进度确认为收入。

4.包括在商品售价内可区分的服务费,在提供服务的期间内分期确认为收入。

5.艺术表演、招待宴会和其他特殊活动的收费,在相关活动发生时确认为收入。收费涉及几项活动的,预收的款项应合理分配给每项活动,分别确认为收入。

6.申请入会费和会员费只允许取得会籍,所有其他服务或商品都要另行收费的,通常应在款项收回不存在重大不确定性时确认为收入。申请入会费和会员费能使会员在会员期内得到各种服务或出版物,或者以低于非会员的价格销售商品或提供服务的,通常应在整个受益期内分期确认为收入。

7.属于提供设备和其他有形资产的特许权费,通常应在交付资产或转移资产所有权时确认为收入;属于提供初始及后续服务的特许权费,通常应在提供服务时确认为收入。

8.长期为客户提供重复劳务收取的劳务费,通常应在相关劳务活动发生时确认为收入。

**【例 15-27】**海天股份有限公司与某住宅小区物业产权人签订合同,为该住宅小区所有住户提供维修、清洁、绿化、保安及代收水电费等劳务,每月末收取劳务费 80 000 元。假定月末款项均已收到,不考虑其他因素。

海天股份有限公司的账务处理如下:

借:银行存款　　　　　　　　80 000

　　贷:主营业务收入　　　　　　　　80 000

# 第四节　让渡资产使用权收入的确认和计量

让渡资产使用权收入主要包括:

(1)利息收入,主要是指金融企业对外贷款形成的利息收入,以及同业之间发生往来形成的利息收入等。

(2)使用费收入,主要是指企业转让无形资产(如商标权、专利权、专营权、软件、版权)等资产的使用权形成的使用费收入。

企业对外出租资产收取的租金、进行债权投资收取的利息、进行股权投资取得的现金股利,也构成让渡资产使用权收入,有关的会计处理,参照有关租赁、金融工具确认和计量、长期股权投资等内容。

让渡资产使用权收入同时满足下列条件的,才能予以确认:

(1)相关的经济利益很可能流入企业。

(2)收入的金额能够可靠地计量。

## 一、利息收入

企业应在资产负债表日，按照他人使用本企业货币资金的时间和实际利率计算确定利息收入金额。按计算确定的利息收入金额,借记“应收利息”“银行存款”等科目,贷记“利息收入”“其他业务收入”等科目。

【例 15-28】甲商业银行于 20×7 年 10 月 1 日向乙公司发放一笔贷款 100 万元,期限为 1 年,年利率为 5%,甲银行发放贷款时没有发生交易费用,该贷款合同利率与其实际利率相同。假定甲商业银行按季度编制财务报表,不考虑其他因素。

甲商业银行的账务处理如下:

(1)20×7 年 10 月 1 日对外贷款时

借:贷款　　1 000 000

　　贷:吸收存款　　1 000 000

(2)20×7 年 12 月 31 确认利息收入时

借:应收利息　　12 500

　　贷:利息收入　　12 500

利息收入金额=100×5%÷4=1.25(万元)

## 二、使用费收入

使用费收入应当按照有关合同或协议约定的收费时间和方法计算确定。不同的使用费收入,收费时间和方法各不相同。有一次性收取一笔固定金额的,如一次收取 10 年的场地使用费;有在合同或协议规定的有效期内分期等额收取的,如合同或协议规定在使用期内每期收取一笔固定的金额;也有分期不等额收取的,如合同或协议规定按资产使用方每期销售额的百分比收取使用费等。

如果合同或协议规定一次性收取使用费,且不提供后续服务的,应当视同销售该项资产一次性确认收入;提供后续服务的,应在合同或协议规定的有效期内分期确认收入。如果合同或协议规定分期收取使用费的,应按合同或协议规定的收款时间和金额或规定的收费方法计算确定的金额分期确认收入。

【例 15-29】甲公司向丁公司转让其商品的商标使用权,约定丁公司每年年末按年销售收入的 10%支付使用费,使用期 10 年。第一年,丁公司实现销售收入 2 000 000 元;第二年,丁公司实现销售收入 2 800 000 元。假定甲公司均于每年年末收到使用费,不考虑其他因素。

甲公司的账务处理如下:

(1)第一年年末确认使用费收入时

借:银行存款　　200 000

　　贷:主营业务收入　　200 000

使用费收入金额=2 000 000×10%=200 000(元)

(2)第二年年末确认使用费收入时

借:银行存款　　280 000

　　贷:主营业务收　　280 000

使用费收入金额=2 800 000×10%=280 000(元)

# 第五节 建造合同收入的确认与计量

## 一、建造合同概述

建筑安装企业和生产飞机、船舶、大型机械设备等产品的工业制造企业,其生产活动、经营方式有其特殊性:这类企业所建造或生产的产品通常体积巨大,如建造的房屋、道路、桥梁、水坝等,或生产的飞机、船舶、大型机械设备等;建造或生产产品的周期比较长,往往跨越一个或几个会计期间;所建造或生产的产品的价值比较大。因此,在现实经济生活中,这类企业在开始建造或生产产品之前,通常要与产品的需求方(客户)签订建造合同。建造合同是指为建造一项或数项在设计、技术、功能、最终用途等方面密切相关的资产而订立的合同。合同的甲方称为客户,乙方称为建造承包商。正因为建造承包商的生产活动及经营方式有其特殊性,因此,与建造合同相关的收入、费用的确认和计量也有其特殊性。

建造合同可以分为固定造价合同和成本加成合同。

固定造价合同,是指按照固定的合同价或固定单价确定工程价款的建造合同。例如,建造一座学生食堂,合同规定总造价为 2 000 万元;建造一条铁路,合同规定每公里单价为 300 万元。

成本加成合同,是指以合同约定或其他方式议定的成本为基础,加上该成本的一定比例或定额费用确定工程价款的建造合同。例如,建造一台大型水利发电机组,合同总价款以建造该船舶的实际成本为基础,加收 20%计取。

## 二、合同的分立与合并

企业通常应当按照单项建造合同进行会计处理。但是,在某些情况下,为了反映一项或一组合同的实质,需要将单项合同进行分立或将数项合同进行合并。

(一)合同分立

有的资产建造虽然形式上只签订了一项合同,但各项资产在商务谈判、设计施工、价款结算等方面都是可以相互分离的,实质上是多项合同,在会计上应当作为不同的核算对象。

一项包括建造数项资产的建造合同,同时满足下列 3 项条件的,每项资产应当分立为单项合同:

(1)每项资产均有独立的建造计划。

(2)与客户就每项资产单独进行谈判,双方能够接受或拒绝与每项资产有关的合同条款。

(3)每项资产的收入和成本可以单独辨认。

例如,某建筑公司与客户签订一项合同,为客户建造一栋宿舍楼和一座食堂。在签订合同时,建筑公司与客户分别就所建宿舍楼和食堂进行谈判,并达成一致意见:宿舍楼的工程造价为500万元,食堂的工程造价为200万元。宿舍楼和食堂均有独立的施工图预算,宿舍楼的预计总成本为450万元,食堂的预计总成本为170万元。根据上述资料分析:由于宿舍楼和食堂均有独立的施工图预算,因此符合条件(1);由于在签订合同时,建筑公司与客户分别就所建宿舍楼和食堂进行谈判,并达成一致意见,因此符合条件(2);由于宿舍楼和食堂均有单独的造价和预算成本,因此符合条件(3)。建筑公司应将建造宿舍楼和食堂分立为两个单项合同进行会计处理。

有的资产建造虽然形式上签订了多项合同,但各项资产在设计、技术、功能、最终用途上是密不可分的,实质上是一项合同,在会计上应当作为一个核算对象。

一组合同无论对应单个客户还是多个客户,同时满足下列3项条件的,应当合并为单项合同:

(1)该组合同按一揽子交易签订。

(2)该组合同密切相关,每项合同实际上已构成一项综合利润率工程的组成部分。

(3)该组合同同时或依次履行。

例如:为建造一个冶炼厂,某建造承包商与客户一揽子签订了3项合同,分别建造1个选矿车间、1个冶炼车间和1个工业污水处理系统。根据合同规定这3个工程将由该建造承包商同时施工,并根据整个项目的施工进度办理价款结算。根据上述资料分析:由于这3项合同是一揽子签订的,表明符合条件(1)。对客户而言,只有这3项合同全部完工交付使用时,该冶炼厂才能投料生产,发挥效益;对建造承包商而言,这3项合同的各自完工进度,直接关系到整个建设项目的完工进度和价款结算,并且建造承包商对工程施工人员和工程用料实行统一管理。因此,该组合同密切相关,已构成一项综合利润率工程项目,表明符合条件(2)。该组合同同时履行,表明符合条件(3)。因此,该建造承包商应将该组合同合并为一个合同进行会计处理。

(二)追加资产的建造

有时,建造合同在执行中,客户可能会提出追加建造资产的要求,从而与建造承包商协商变更原合同内容或者另行签订建造追加资产的合同。根据不同情况,建造追加资产的合同可能与原合同合并为一项合同进行会计核算,也可能作为单项合同单独核算。

追加资产的建造,满足下列条件之一的,应当作为单项合同:

(1)该追加资产在设计、技术或功能上与原合同包括的一项或数项资产存在重大差异。

(2)议定该追加资产的造价时,不需要考虑原合同价款。

例如:某建筑商与客户签订了一项建造合同。合同规定,建筑商为客户设计并建造一栋教学楼,教学楼的工程造价(含设计费用)为600万元,预计总成本为550万元。合同履行一段时间后,客户决定追加建造一座地上车库,并与该建筑商协商一致,变更了原合同内容。根据上述资料分析:由于该地上车库在设计、技术和功能上与原合同包括的教学楼存在重大差异,表明符合条件(1),因此该追加资产的建造应当作为单项合同。

## 三、合同收入与合同成本

### (一)合同收入的组成

合同收入包括两部分内容：

(1)合同规定的初始收入。即建造承包商与客户签订的合同中最初商定的合同总金额，它构成了合同收入的基本内容。

(2)因合同变更、索赔、奖励等形成的收入。

合同变更是指客户为改变合同规定的作业内容而提出的调整。合同变更款同时满足下列条件的，才能构成合同收入：

(1)客户能够认可因变更而增加的收入。

(2)该收入能够可靠地计量。例如，某建造承包商与客户签订了一项建造图书馆的合同，建设期3年。第二年，客户要求将原设计中采用的铝合金门窗改为采用塑钢门窗，并同意增加合同造价50万元。本例中，建造承包商可在第二年将因合同变更而增加的收入50万元认定为合同收入的组成部分；假如建造承包商认为此项变更应增加造价50万元，但双方最终只达成增加造价40万元的协议，则只能将40万元认定为合同收入的组成部分。

索赔款是指因客户或第三方的原因造成的、向客户或第三方收取的、用以补偿不包括在合同造价中成本的款项。索赔款同时满足下列条件的，才能构成合同收入：

(1)根据谈判情况，预计对方能够同意该项索赔。

(2)对方同意接受的金额能够可靠地计量。

例如，某建造承包商与客户签订了一项建造水电站的合同。合同规定的建设期是20×1年1月至20×4年12月；同时规定，发电机由客户采购，于20×3年10月交付建造承包商进行安装。该项合同在执行过程中，客户于20×4年1月才将发电机交付建造承包商。建造承包商因客户交货延期要求客户支付延误工期款150万元。本例中，假如客户不同意支付延误工期款，则不能将150万元计入合同总收入；假如客户只同意支付延误工期款100万元，则只能将100万元认定为合同收入的组成部分。

奖励款是指工程达到或超过规定的标准，客户同意支付的额外款项。奖励款同时满足下列条件的，才能构成合同收入：

(1)根据合同目前完成情况，足以判断工程进度和工程质量能够达到或超过规定的标准。

(2)奖励金额能够可靠地计量。

例如，某建造承包商与客户签订一项建造大桥的合同，合同规定的建设期为20×1年10月25日至20×3年10月25日。20×3年7月，主体工程已基本完工，工程质量符合设计要求，有望提前3个月竣工，客户同意向建造承包商支付提前竣工奖100万元。本例中，假如该项合同的主体工程虽于20×3年7月基本完工，但是经工程监理人员认定，工程质量未达到设计要求，还需进一步施工，则不能认定奖励款构成合同收入。

### (二)合同成本的组成

合同成本是指为建造某项合同而发生的相关费用，合同成本包括从合同签订开始至合同完成止所发生的、与执行合同有关的直接费用和间接费用。这里所说的“直接费用”是指为完成合同所发生的、可以直接计入合同成本核算对象的各项费用支出;“间接费用”是指为完成合同所发生的、不宜直接归属于合同成本核算对象而应分配计入有关合同成本核算对象的各项费用支出。实务中,间接费用的分配方法主要有人工费用比例法、直接费用比例法等。与合同有关的零星收益,即在合同执行过程中取得的,非经常性的零星收益,如完成合同后处置残余物资取得的收益,不应计入合同收入而应冲减合同成本。

1.直接费用的组成

合同的直接费用包括 4 项内容:耗用的材料费用、耗用的人工费用、耗用的机械使用费和其他直接费用。

耗用的材料费用主要包括施工生产过程中耗用的构成工程实体或有助于形成工程实体的原材料、辅助材料、构配件、零件、半成品的成本和周转材料的摊销及租赁费用。周转材料是指企业在施工过程中能多次使用并可基本保持原来的实物形态而逐渐转移其价值的材料,如施工中使用的模板、挡板和脚手架等。

耗用的人工费用主要包括从事工程建造的人员的工资、奖金、福利费、工资性质的津贴等支出。

耗用的机械使用费主要包括施工生产过程中使用自有施工机械所发生的机械使用费、租用外单位施工机械支付的租赁费和施工机械的安装、拆卸和进出场费。

其他直接费用是指在施工过程中发生的除上述 3 项直接费用以外的其他可以直接计入合同成本核算对象的费用。主要包括有关的设计和技术援助费用、施工现场材料的二次搬运费、生产工具和用具使用费、检验试验费、工程定位复测费、工程点交费用、场地清理费用等。

2.间接费用的组成

间接费用主要包括临时设施摊销费用和企业下属的施工、生产单位组织和管理施工生产活动所发生的费用,如管理人员薪酬、劳动保护费、固定资产折旧费及修理费、物料消耗、取暖费、水电费、办公费、差旅费、财产保险费、工程保修费、排污费等。这里所说的“施工单位”是指建筑安装企业的施工队、项目经理部等;“生产单位”是指船舶、飞机、大型机械设备等制造企业的生产车间。这些单位可能同时组织实施几项合同,其发生的费用应由这几项合同的成本共同负担。

在实务中,间接费用的分配方法主要有人工费用比例法、直接费用比例法等。

人工费用比例法。人工费用比例法是以各合同实际发生的人工费为基数分配间接费用的方法。计算公式如下:

间接费用分配率=当期实际发生的全部间接费用÷当期各合同实际发生的人工费之和

某合同当期应负担的间接费用=该合同当期实际发生的人工费×间接费用分配率

【例 15-30】某建筑公司第一项目经理部同时承建 A、B、C 3 项合同工程,已知 A 合同发生人工费 140 万元,B 合同发生人工费 160 万元,C 合同发生人工费 200 万元。

第一项目经理部当期共发生间接费用 50 万元。

间接费用分配率=50÷(140+160+200)=10%

A 合同应负担的间接费用=140×10%=14(万元)

B 合同应负担的间接费用=160×10%=16(万元)

C 合同应负担的间接费用=200×10%=20(万元)

其账务处理如下：

实际发生的间接费用：

借：工程施工——间接费用　　　　　　　　500 000

　贷：银行存款等　　　　　　　　　　　　　500 000

资产负债表日将间接费用分配计入各合同成本：

借：工程施工——合同成本——A 合同　　　140 000

　　　　　　　　　　　——B 合同　　　160 000

　　　　　　　　　　　——C 合同　　　200 000

　贷：工程施工——间接费用　　　　　　　　500 000

直接费用比例法。直接费用比例法是以各合同实际发生的直接费用为基数分配间接费用的方法。计算公式如下：

间接费用分配率=当期实际发生的全部间接费用÷当期各合同实际发生的直接费用之和

某合同当期应负担的间接费用=该合同当期实际发生的直接费用×间接费用分配率

3.不计入合同成本的各项费用

下列各项费用属于期间费用，应在发生时计入当期损益，不计入建造合同成本：

(1)企业行政管理部门为组织和管理生产经营活动所发生的管理费用。这里所述的"企业行政管理部门"包括建筑安装公司的总公司、船舶、飞机、大型机械设备制造企业等企业总部。

(2)船舶等制造企业的销售费用。

(3)企业为建造合同借入款项所发生的、不符合借款费用准则规定的资本化条件的借款费用。例如：企业在建造合同完成后发生的利息净支出、汇兑净损失、金融机构手续费以及筹资发生的其他财务费用。

(4)因订立合同而发生的有关费用。如企业为订立合同而发生的差旅费、投标费等。

## 四、合同收入与合同费用的确认

合同收入与合同费用确认的基本原则是：如果建造合同的结果能够可靠估计，企业应根据完工百分比法在资产负债表日确认合同收入和合同费用；如果建造合同的结果不能够可靠估计，应分两种情况进行处理：合同成本能够收回的，合同收入根据能够收回的实际合同成本金额予以确认，合同成本在其发生的当期确认为合同费用，合同成本不可能收回的，应在发生时立即确认为合同费用，不确认合同收入。

合同预计总成本超过合同总收入的，应当将预计损失确认为当期费用。

(一)结果能够可靠估计的建造合同

建造合同的结果能够可靠估计的，企业应根据完工百分比法在资产负债表日确认合同收入和合同费用。完工百分比法是根据合同完工进度确认合同收入和费用的方法，运用这种方法确认合同收入和费用，能为报表使用者提供有关合同进度及本期业绩的有用信息，体现了权责发生制的要求。

1.建造合同的结果能够可靠估计的认定标准

固定造价合同的结果能够可靠估计的认定标准为：

(1)合同总收入能够可靠地计量。

(2)与合同相关的经济利益很可能流入企业。

(3)实际发生的合同成本能够清楚地区分和可靠地计量。

(4)合同完工进度和为完成合同尚需发生的成本能够可靠地确定。

成本加成合同的结果能够可靠估计的认定标准为：

(1)与合同相关的经济利益很可能流入企业。

(2)实际发生的合同成本能够清楚地区分和可靠地计量。

2.完工进度的确定

确定合同完工进度有以下 3 种方法：

(1)根据累计实际发生的合同成本占合同预计总成本的比例确定。该方法是确定合同完工进度比较常用的方法。计算公式如下：

合同完工进度=累计实际发生的合同成本÷合同预计总成本×100%

累计实际发生的合同成本是指形成工程完工进度的工程实体和工作量所耗用的直接成本和间接成本,不包括与合同未来活动相关的合同成本(如施工中尚未安装、使用或耗用的材料成本),以及在分包工程的工作量完成之前预付给分包单位的款项(根据分包工程进度支付的分包工程进度款,应构成累计实际发生的合同成本)。

【例 15-31】某建筑公司承建 A 工程,工期 2 年,A 工程的预计总成本为 2 000 万元。第一年,该建筑公司的“工程施工——A 工程”账户的实际发生额为 1 200 万元。其中,人工费 400 万元,材料费 500 万元,机械作业费 250 万元,其他直接费和工程间接费 50 万元。经查明,A 工程领用的材料中有一批虽已运到施工现场但尚未使用，尚未使用的材料成本为100万元。根据上述资料计算第一年的完工进度如下：

合同完工进度=(1 200-100)÷2 000×100%=55%

(2)根据已经完成的合同工作量占合同预计总工作量的比例确定。该方法适用于合同工作量容易确定的建造合同,如道路工程、土石方挖掘、砌筑工程等。计算公式如下：

合同完工进度=已经完成的合同工作量÷合同预计总工作量×100%

(3)根据实际测定的完工进度确定。该方法是在无法根据上述两种方法确定合同完工进度时所采用的一种特殊的技术测量方法,适用于一些特殊的建造合同,如水下施工工程等。需要注意的是,这种技术测量并不是由建造承包商自行随意测定,而应由专业人员现场进行科学测定。

3.完工百分比法的运用

确定建造合同的完工进度后，就可以根据完工百分比法确认和计量当期的合同收入和费用。当期确认的合同收入和费用可用下列公式计算：

当期确认的合同收入=合同总收入×完工进度-以前会计期间累计已确认的收入

当期确认的合同费用=合同预计总成本×完工进度-以前会计期间累计已确认的费用

当期确认的合同毛利=当期确认的合同收入-当期确认的合同费用

上述公式中的完工进度指累计完工进度。

对于当期完成的建造合同，应当按照实际合同总收入扣除以前会计期间累计已确认收入后的金额，确认为当期合同收入；同时，按照累计实际发生的合同成本扣除以前会计期间累计已确认费用后的金额，确认为当期合同费用。

**【例 15-32】**某建筑企业签订了一项总金额为 2 700 000 元的固定造价合同，合同完工进度按照累计实际发生的合同成本占合同预计总成本的比例确定。工程已于 20×1 年 2 月开工，预计 20×3 年 9 月完工。最初预计的工程总成本为 2 500 000 元，到 20×2 年底，由于材料价格上涨等因素调整了预计总成本，预计工程总成本已为 3 000 000 元。该建筑企业于20×3 年 7 月提前两个月完成了建造合同，工程质量优良，客户同意支付奖励款 300 000 元。建造该工程的其他有关资料如表 15-1 所示。

表 15-1　建造某工程的相关数据

单位：元

| 项目 | 20×1 年 | 20×2 年 | 20×3 年 |
|---|---|---|---|
| 累计实际发生成本 | 800 000 | 2 100 000 | 2 950 000 |
| 预计完成合同尚需发生成本 | 1 700 000 | 900 000 | — |
| 结算合同价款 | 1 000 000 | 1 100 000 | 900 000 |
| 实际收到价款 | 800 000 | 900 000 | 1 300 000 |

该建筑企业对本项建造合同的有关账务处理如下(为简化起见，会计分录以汇总数反映，有关纳税业务的会计分录略)：

(1)20×1 年账务处理

登记实际发生的合同成本：

借：工程施工——合同成本　　800 000

　　贷：原材料、应付职工薪酬、机械作业等　　800 000

登记已结算的合同价款：

借：应收账款　　1 000 000

　　贷：工程结算　　1 000 000

登记实际收到的合同价款：

借：银行存款　　800 000

　　贷：应收账款　　800 000

确认计量当年的合同收入和费用，并登记入账：

20×1 年的完工进度=800 000÷(800 000+1 700 000)×100%=32%

20×1 年确认的合同收入=2 700 000×32%=864 000(元)

20×1 年确认的合同费用=(800 000+1 700 000)×32%=800 000(元)

20×1 年确认的合同毛利=864 000−800 000=64 000(元)

借：主营业务成本　　800 000

　　工程施工——合同毛利　　64 000

贷:主营业务收入　　864 000

(2)20×2 年的账务处理

登记实际发生的合同成本:

借:工程施工——合同成本　　1 300 000

贷:原材料、应付职工薪酬、机械作业等　　1 300 000

登记结算的合同价款:

借:应收账款　　1 100 000

贷:工程结算　　1 100 000

登记实际收到的合同价款:

借:银行存款　　900 000

贷:应收账款　　900 000

确认计量当年的合同收入和费用,并登记入账:

20×2 年的完工进度=2 100 000÷(2 100 000+900 000)×100%=70%

20×2 年确认的合同收入 2 700 000×70%-864 000=1 026 000(元)

20×2 年确认的合同费用=(2 100 000+900 000)×70%-800 000=1 300 000(元)

20×2 年确认的合同毛利=1 026 000-1 300 000=-274 000(元)

20×2 年确认的合同预计损失=(2 100 000+900 000-2 700 000)×(1-70%)=90 000(元)

注:在 20×2 年底,由于该合同预计总成本(3 000 000 元)大于合同总收入(2 700 000 元),预计发生损失总额为 300 000 元,由于已在"工程施工——合同毛利"中反映了-210 000(64 000-274 000)元的亏损,因此应将剩余的、为完成工程将发生的预计损失 90 000 元确认为当期费用。

借:主营业务成本　　1 300 000

贷:主营业务收入　　1 026 000

工程施工——合同毛利　　274 000

借:资产减值损失　　90 000

贷:存货跌价准备　　90 000

(3)20×3 年的账务处理

登记实际发生的合同成本:

借:工程施工——合同成本　　850 000

贷:原材料、应付职工薪酬、机械作业等　　850 000

登记结算的合同价款:

借:应收账款　　900 000

贷:工程结算　　900 000

登记实际收到的合同价款:

借:银行存款　　1 300 000

贷:应收账款　　1 300 000

确认计量当年的合同收入和费用,并登记入账:

20×3 年确认的合同收入=(2 700 000+300 000)-(864 000+1 026 000)=1 110 000(元)

20×3 年确认的合同费用=2 950 000-800 000-1 300 000=850 000(元)

20×3 年确认的合同毛利=1 110 000-850 000=260 000(元)

借:主营业务成本 850 000

　工程施工——合同毛利 260 000

　贷:主营业务收入 1 110 000

20×3 年工程全部完工,应将“存货跌价准备”科目相关余额冲减“主营业务成本”,将“工程施工”科目的余额与“工程结算”科目的余额相对冲:

借:存货跌价准备 90 000

　贷:主营业务成本 90 000

借:工程结算 3 000 000

　贷:工程施工——合同成本 2 950 000

　　　　　——合同毛利 50 000

(二)结果不能可靠估计的建造合同

如果建造合同的结果不能可靠估计,则不能采用完工百分比法确认和计量合同收入和费用,而应区别以下两种情况进行会计处理:

(1)合同成本能够收回的,合同收入根据能够收回的实际合同成本予以确认,合同成本在其发生的当期确认为合同费用;

(2)合同成本不可能收回的,应在发生时立即确认为合同费用,不确认合同收入。

【例 15-33】某建筑公司与客户签订了一项总金额为 120 万元的建造合同。第一年实际发生工程成本 50 万元,双方均能履行合同规定的义务,但建筑公司在年末时对该项工程的完工进度无法可靠确定。

本例中,该公司不能采用完工百分比法确认收入。由于客户能够履行合同,当年发生的成本均能收回,所以公司可将当年发生的成本金额同时确认为当年的收入和费用,当年不确认利润。

该公司的账务处理如下:

借:主营业务成本 500 000

　贷:主营业务收入 500 000

如果该公司当年与客户只办理价款结算 30 万元,其余款项可能收不回来。这种情况下,该公司只能将 30 万元确认为当年的收入,50 万元应确认为当年的费用。

该公司的账务处理如下:

借:主营业务成本 500 000

　贷:主营业务收入 300 000

　　工程施工——合同毛利 200 000

使建造合同的结果不能可靠估计的不确定因素不复存在的,就不应再按照上述规定确认合同收入和费用,而应转为按照完工百分比法确认合同收入和费用。

【例 15-34】沿用上例,如果到第二年,完工进度无法可靠确定的因素消除。第二年实际发生成本为 30 万元,预计为完成合同尚需发生的成本为 20 万元,则企业应当计算合同收入和费用如下:

第二年合同完工进度=(50+30)÷(50+30+20)=80%

第二年确认的合同收入=120×80%-30=66(万元)

第二年确认的合同成本=(50+30+20)×80%-50=30(万元)

第二年确认的合同毛利=66-30=36(万元)

账务处理如下:

借:主营业务成本 300 000
　工程施工——合同毛利 360 000
　贷:主营业务收入 660 000

(三)合同预计损失的处理

建造承包商正在建造的资产,类似于工业企业的在产品,性质上属于建造承包商的存货,期末应当对其进行减值测试。如果建造合同的预计总成本超过合同总收入,则形成合同预计损失,应提取损失准备,并确认为当期费用。合同完工时,将已提取的损失准备冲减合同费用。

【例 15-35】某建筑公司签订了一项总金额为 120 万元的固定造价合同,最初预计总成本为 100 万元。第一年实际发生成本 70 万元,年末,预计为完成合同尚需发生成本 55 万元。该合同的结果能够可靠估计。

该公司在年末应进行如下账务处理:

第一年合同完工进度=70÷(70+55)×100%=56%

第一年确认的合同收入=120×56%=67.2(万元)

第一年确认的合同费用=(70+55)×56%=70(万元)

第一年确认的合同毛利=67.2-70=-2.8(万元)

第一年预计的合同损失=[(70+55)-120]×(1-56%)=2.2(万元)

其账务处理如下:

借:主营业务成本 700 000
　贷:主营业务收入 672 000
　　工程施工——合同毛利 28 000

借:资产减值损失 22 000
　贷:存货跌价准备 22 000

## 第六节 费用

### 一、费用的确认

费用是指企业在日常活动中发生的、会导致所有者权益减少的、与向所有者分配利润无关的经济利益的总流出。

费用有狭义和广义之分。广义的费用泛指企业各种日常活动发生的所有耗费，狭义的费用仅指与本期营业收入相配比的那部分耗费。费用应按照权责发生制和配比原则确认，凡应属于本期发生的费用，不论其款项是否支付，均确认为本期费用；反之，不属于本期发生的费用，即使其款项已在本期支付，也不确认为本期费用。

在确认费用时，首先应当划分生产费用与非生产费用的界限。生产费用是指与企业日常生产经营活动有关的费用，如生产产品所发生的原材料费用、人工费用等；非生产费用是指不应由生产费用负担的费用，如用于购建固定资产所发生的费用，不属于生产费用。其次，应当分清生产费用与产品成本的界限。生产费用与一定的时期相联系，而与生产的产品无关；产品成本与一定品种和数量的产品相联系，而不论发生在哪一期。第三，应当分清生产费用与期间费用的界限。生产费用应当计入产品成本；而期间费用直接计入当期损益。

在确认费用时，对于确认为期间费用的费用，必须进一步划分为管理费用、销售费用和财务费用。对于确认为生产费用的费用，必须根据该费用发生的实际情况分别不同的费用性质将其确认为不同产品生产所负担的费用；对于几种产品共同发生的费用，必须按受益原则，采用一定方法和程序将其分配计入相关产品的生产成本。本节所指的费用主要指期间费用。

## 二、期间费用

期间费用是企业当期发生的费用中的重要组成部分，是指本期发生的、不能直接或间接归入某种产品成本的、直接计入损益的各项费用，包括管理费用、销售费用和财务费用。

### （一）管理费用

管理费用是指企业为组织和管理企业生产经营所发生的管理费用，包括企业在筹建期间内发生的开办费、董事会和行政管理部门在企业的经营管理中发生的或者应由企业统一负担的公司经费（行政管理部门职工工资及福利费、物料消耗、低值易耗品摊销、办公费和差旅费等）、工会经费、董事会费（董事会成员津贴、会议费和差旅费等）、聘请中介机构费、咨询费（含顾问费）、诉讼费、业务招待费、房产税、车船使用税、土地使用税、印花税、技术转让费、矿产资源补偿费、研究费用、排污费以及企业生产车间（部门）和行政管理部门等发生的固定资产修理费用等。

企业发生的管理费用，在“管理费用”科目核算，并在“管理费用”科目中按费用项目设置明细账，进行明细核算。期末，“管理费用”科目的余额结转“本年利润”科目后无余额。

### （二）销售费用

销售费用是指企业在销售商品和材料、提供劳务的过程中发生的各种费用，包括企业为销售本企业商品而专设的销售机构（含销售网点、售后服务网点等）的费用。其具体项目包括：

1.产品自销费用，包括应由本企业负担的包装费、运输费、装卸费、保险费。

2.产品促销费用，包括展览费、广告费、经营租赁费、装卸费、保险费。

3.销售部门的费用，一般是指专设的销售机构的职工工资、福利费、差旅费、办公费、折旧费、修理费、物料消耗和其他经费。

4.委托代销费用,主要是指企业委托其他单位代销,按代销合同规定支付的委托代销手续费。

5.商品流通企业的进货费用,是指商品流通企业在进货过程中发生的运输费、装卸费、包装费、保险费、运输途中的合理损耗和入库前的挑选整理费等。

企业发生的销售费用,在“销售费用”科目核算,并在“销售费用”科目中按费用项目设置明细账,进行明细核算。期末,“销售费用”科目的余额结转“本年利润”科目后无余额。

(三)财务费用

财务费用是指企业为筹集生产经营所需资金等而发生的筹资费用,包括利息支出(减利息收入)、汇兑损益以及相关的手续费、企业发生的现金折扣或收到的现金折扣等。

企业发生的财务费用,在“财务费用”科目核算,并在“财务费用”科目中按费用项目设置明细账,进行明细核算。期末,“财务费用”科目的余额结转“本年利润”科目后无余额。

## 第七节 利润

### 一、利润的概念

利润是指企业在一定会计期间的经营成果。企业作为独立的经济实体,应当以自己的经营收入抵补其成本费用,并且实现盈利。企业盈利的大小在很大程度上反映企业生产经营的经济效益,表明企业在每一会计期间的最终经营成果。

对于处在正常生产经营活动中的企业来说, 如果利润为正则表明企业的所有者权益将增加,业绩得到了提升;反之,则表明企业所有者权益将减少,业绩下滑。利润是评价企业管理层受托责任履行情况的重要指标之一,也是投资者、债权人等财务报告使用者进行决策时的重要参考,此外它也是企业进行分配的重要依据。

### 二、利润的构成

利润包括收入减去费用后的净额、直接计入当期利润的利得和损失等。其中直接计入当期的利得和损失,是指应当计入当期损益、会导致所有者权益发生增减变动的、与所有者投入资本或者向所有者分配利润无关的利得或者损失。

根据我国《企业会计准则第 30 号——财务报表列报》的规定,利润分为营业利润、利润总额和净利润 3 个层次。

利润相关计算公式如下:

(一)营业利润

营业利润,是利润总额的基本组成部分,是指企业一定期间的日常活动取得的利润,它是企业利润的重要来源。具体构成,可以用以下公式表示:

营业利润=营业收入-营业成本-营业税金及附加-销售费用-管理费用-财务费用-资产减值损失+公允价值变动收益(-公允价值变动损失)+投资收益(-投资损失)

其中,营业收入是指企业经营业务所确定的收入总额,包括主营业务收入和其他业务收入。营业成本是指企业经营业务所发生的实际成本总额,包括主营业务成本和其他业务成本。资产减值损失是指企业计提各项资产减值准备所形成的损失。公允价值变动收益(或损失)是指企业交易性金融资产等公允价值变动形成的应计入当期损益的利得(或损失)。投资收益(或损失)是指企业以各种方式对外投资所取得的收益(或发生的损失)。

(二)利润总额

利润总额,是指企业一定期间的营业利润,加上营业收入减去营业外支出后的所得税前利润总额,即:

利润总额=营业利润+营业外收入-营业外支出

其中,营业外收入(或支出)是指企业发生的与日常活动无直接关系的各项利得(或损失)。

1.营业外收入

营业外收入是指企业发生的与其日常活动无直接关系的各项利得。营业外收入并不是由企业经营资金耗费所产生的,不需要企业付出代价,实际上是一种纯收入,不可能也不需要与有关费用进行配比。因此,在会计核算上,应当严格区分营业外收入与营业收入的界限。营业外收入主要包括:非流动资产处置利得、非货币性资产交换利得、债务重组利得、政府补助、盘盈利得、捐赠利得等。具体如下:

(1)非流动资产处置利得,主要包括处置固定资产和无形资产利得。

(2)非货币性资产交换利得,是指在具有商业实质且公允价值能够可靠计量的非货币性资产交换中,因换出固定资产或无形资产的公允价值高于其账面价值而获得的资产增值收益。

(3)债务重组利得,是指企业在进行债务重组时,债务人因用于偿债的现金及非现金资产公允价值、债权人放弃债权而享有股份的公允价值、修改其他债务条件重组后债务人的入账价值等低于重组债务的账面价值,而应当计入当期损益的利得。

(4)罚没利得,是指企业收取的滞纳金、违约金以及其他形式的罚款,在弥补了由于对方违约而造成的经济损失后的净收益。

(5)政府补助,指企业从政府无偿取得货币性资产或非货币性资产形成的利得。

(6)无法支付的应付款项,是指由于债权单位撤销或其他原因而无法支付,或者将应付款项划转给关联方等其他企业而无法支付或无需支付,按规定程序报经批准转入当期损益的应付款项。

(7)盘盈利得,是指企业在财产清查中发现的现金实存数量超过账面数量而获得的资产溢余利得。固定资产盘盈应作为前期差错更正处理,不计入当期营业外收入。

(8)捐赠利得,是指企业接受外部现金和非现金资产捐赠而获得的利得。

2.营业外支出

营业外支出是指企业发生的与日常活动无直接关系的各项损失。营业外支出主要包括:非流动资产处置损失、非货币性资产交换损失、债务重组损失、公益性捐赠支出、非常损失、盘亏损失、罚款支出等。具体如下：

(1)非流动资产处置损失,主要包括固定资产处置损失和无形资产出售损失。固定资产处置损失,指企业出售固定资产所取得价款或报废固定资产的材料价值和变价收入等,不足抵补处置固定资产的账面价值、清理费用、处置相关税费后的净损失;无形资产出售损失,指企业出售无形资产所取得价款,不足抵补出售无形资产的账面价值、出售相关税费的净损失。

(2)非货币性资产交换损失,指在非货币资产交换中换出资产为固定资产、无形资产的,换入资产公允价值小于换出资产账面价值的差额,扣除相关费用后计入营业外支出的金额。

(3)债务重组损失,指重组债权的账面余额与受让资产的公允价值、所转股份的公允价值、或者重组后债权的账面价值之间的差额。

(4)公益性捐赠支出,指企业对外进行公益性捐赠发生的支出。

(5)非常损失,指企业对于因客观因素(如自然灾害等)造成的损失,在扣除保险公司赔偿后计入营业外支出的净损失。

(6)盘亏损失,是指企业在财产清查中发现的固定资产实存数量少于账面数量而发生的资产短缺损失。

(7)罚款支出,是指企业由于违反合同、违法经营、偷税漏税、拖欠税款等而支付的违约金、罚款、滞纳金等支出。

需要注意的是,营业外收入和营业外支出应当分别核算。在具体核算时,不得以营业外支出直接冲减营业外收入,也不得以营业外收入冲减营业外支出,即企业在会计核算时,应当区别营业外收入和营业外支出进行核算。期末,应将营业外收入和营业外支出的发生额转入“本年利润”科目,结转后该科目无余额。

(三)净利润

净利润,是指企业一定期间利润总额减去所得税费用后的净额,即：

净利润=利润总额-所得税费用

其中,所得税费用是指企业确认的应从当期利润总额中扣除的所得税费用。

## 三、本年利润的会计处理

企业应设置“本年利润”科目,核算企业当期实现的净利润(或发生的净亏损)。

企业期(月)末结转利润时,应将各损益类科目的金额转入本科目,结平各损益类科目。结转后本科目的贷方余额为当期实现的净利润,借方余额为当期发生的净亏损。

年度终了,应将本年收入和支出相抵后结出的本年实现的净利润转入“利润分配”科目,借记本科目,贷记“利润分配——未分配利润”科目;如为净亏损作相反的会计分录。结转后本科目应无余额。

# 第十六章 所得税

## 第一节 所得税会计概述

企业的会计核算和税收处理分别遵循不同的原则,服务于不同的目的。在我国,会计的确认、计量、报告应当遵从企业会计准则的规定,为投资者、债权人以及其他会计信息使用者提供对其决策有用的信息。税法则是根据国家有关税收法律、法规的规定,确定一定时期内纳税人应交纳的税额,如根据所得税法对企业的经营所得征税。

所得税会计是指研究处理会计收益与应税收益差异的会计理论和方法。所谓会计收益,是指按照会计准则计算出来的税前会计利润;应税收益,则是指按照税法规定计算出来的应纳税所得额。所得税会计的形成和发展是所得税法规和会计准则规定相互分离的必然结果,两者分离的程度和差异的种类、数量直接影响和决定了所得税会计处理方法的改进。

我国现行所得税会计采用资产负债表债务法,要求企业从资产负债表出发,通过比较资产负债表上列示的资产、负债按照会计准则规定确定的账面价值与按照税法规定确定的计税基础,对于两者之间的差异分别应纳税暂时性差异与可抵扣暂时性差异,确认相关的递延所得税负债与递延所得税资产,并在此基础上确定每一会计期间利润表中的所得税费用。

### 一、资产负债表债务法的理论基础

资产负债表债务法在所得税的会计核算方面贯彻了资产、负债的界定。从资产负债角度考虑,资产的账面价值代表的是某项资产在持续持有及最终处置的一定期间内为企业带来未来经济利益的总额,而其计税基础代表的是该期间内按照税法规定就该项资产可以税前扣除的总额。资产的账面价值小于其计税基础的,表明该项资产于未来期间产生的经济利益流入低于按照税法规定允许税前扣除的金额,产生可抵减未来期间应纳税所得额的因素,减少未来期间以应交所得税的方式流出企业的经济利益,应确认为资产。反之,一项资产的账面价值大于其计税基础的,两者之间的差额会增加企业于未来期间应纳税所得额的增加,对企业形成经济利益流出的义务,应确认为负债。

## 二、所得税会计核算的一般程序

在资产负债表债务法下,企业一般应于每一资产负债表日进行所得税的核算。但是,当企业合并等特殊交易或事项发生时,在确认因交易或事项取得的资产、负债时即应确认相关的所得税影响。所得税核算一般应遵循以下程序:

(一)确定资产负债表中有关资产、负债项目的账面价值

即按照会计准则的规定确定资产负债表中除递延所得税资产和递延所得税负债以外的其他资产和负债项目的账面价值。资产、负债的账面价值,是指企业按照相关会计准则的规定进行核算后在资产负债表中列示的金额。

(二)确定资产负债表中有关资产、负债项目的计税基础

按照会计准则中对于资产和负债计税基础的确定方法,以适用的税收法规为基础,确定资产负债表中有关资产、负债项目的计税基础。

(三)比较资产、负债的账面价值与其计税基础

两者之间存在差异的,除准则中规定的特殊情况外,应分别暂时性差异与可抵扣暂时性差异并乘以所得税税率,确定资产负债表日递延所得税负债和递延所得税资产的应有金额,并与期初余额相比确定当期应进一步确认的递延所得税资产和递延所得税负债的金额或应予转销的金额,作为当期递延所得税。

(四)计算应交税费——应交所得税

按照适用的税法规定对当期发生的交易或事项计算确定当期应纳税所得额, 即在会计利润总额的基础上,加/减会计与税法的差异,得到应纳税所得额,再乘以当期适用的所得税税率,得到应交所得税。

(五)确定利润表中的所得税费用

利润表中的所得税费用包括当期所得税(应交所得税)和递延所得税两个组成部分,两者之和(或之差),是利润表中的所得税费用。所得税核算程序如图 16-1 所示。

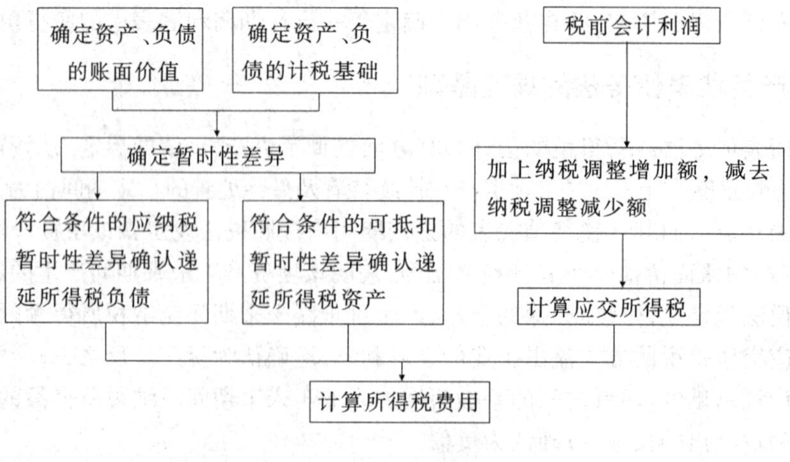


图 16-1 所得税核算程序

# 第二节　资产、负债的计税基础及暂时性差异

所得税会计的关键在于确定资产、负债的计税基础。在确定资产、负债的计税基础时，应严格遵循税收法规中对于资产的税务处理以及可税前扣除的费用等的规定。

## 一、资产的计税基础

资产的计税基础，是指企业收回资产账面价值过程中，计算应纳税所得额时按照税法规定可以自应税经济利益中抵扣的金额，即某一项资产在未来期间计税时按照税法规定可以税前扣除的金额。如果有关的经济利益不纳税，则资产的计税基础即为其账面价值（如国债）。

资产在初始确认时，其计税基础一般为取得成本，即企业为取得某项资产支付的成本在未来期间准予税前扣除。在资产持续持有的过程中，其计税基础是指资产的取得成本减去以前期间按照税法规定已经税前扣除的金额后的余额。如固定资产在某一资产负债表日的计税基础是指其成本扣除按照税法规定已在以前期间税前扣除的累计折旧额后的金额。

以下对部分资产项目计税基础的确定举例说明：

(一)固定资产

以各种方式取得的固定资产，初始确认时按照会计准则规定确定的入账价值基本上是被税法认可的，即取得时其账面价值一般等于计税基础。

在持有期间进行后续计量时，由于会计与税收规定就折旧方法、折旧年限以及固定资产减值准备的提取等处理的不同，可能造成固定资产的账面价值与计税基础的差异。

1.折旧方法、折旧年限的差异

会计准则规定，企业应当根据与固定资产有关的经济利益的预期实现方式合理选择折旧方法，可以选择直线法、双倍余额递减法、年数总和法等，而税法一般会规定固定资产的折旧方法，除某些可以加速折旧外，基本上可以税前扣除的是按照直线法计提的折旧。

税法还就每一类固定资产的折旧年限做出了规定，而会计处理时按照准则规定折旧年限是由企业根据固定资产的性质和使用情况合理确定的。两者也可能产生固定资产持有期间账面价值与计税基础的差异。

2.因计提固定资产减值准备产生的差异

在对固定资产计提了减值准备以后，税法规定企业计提的资产减值准备在发生实质性损失前不允许税前扣除，因而造成固定资产的账面价值与计税基础的差异。

**【例 16–1】**甲企业于 20×7 年末以 120 万元购入一项固定资产，按照该项固定资产的预计使用情况，甲企业在会计核算时估计其使用寿命为 4 年，税法规定该类固定资产的折旧年限为 3 年，不考虑净残值，会计与税法均按直线法计提折旧，20×8 年该项固定资产按照12 个月计提折旧。

【解析】

该项固定资产在20×8年12月31日的账面价值=120-120÷4=90(万元)

该项固定资产在20×8年12月31日的计税基础=120-120÷3=80(万元)

该项固定资产的账面价值90万元与其计税基础80万元之间产生的10万元差额,将计入未来期间的应纳税所得额。

【例16-2】海天股份有限公司20×6年12月31日取得的某项机器设备,原价为1 000万元,预计使用年限为10年,会计处理时按照年限平均法计提折旧,税收处理允许加速折旧,海天股份有限公司在计税时对该项资产按双倍余额递减法计提折旧,预计净残值为0。计提了两年的折旧后,20×8年12月31日,海天股份有限公司对该项固定资产计提了80万元的固定资产减值准备。20×8年12月31日,该固定资产的计税基础为(　　)万元。

A.640　　B.720　　C.80　　D.0

【答案】A

【解析】

该项固定资产的计税基础=1 000-200-160=640(万元)。

(二)无形资产

无形资产的差异主要产生于内部研究开发形成的无形资产以及使用寿命不确定的无形资产,其他方式取得的无形资产初始确认时入账价值与计税基础之间一般不存在差异。

1.内部研究开发形成的无形资产。会计准则规定,有关研究开发支出区分为两个阶段:研究阶段的支出应当费用化计入当期损益,开发阶段符合资本化条件以后发生的支出应当资本化作为无形资产的成本;税法规定,企业为开发新技术、新产品、新工艺发生的研究开发费用,未形成无形资产计入当期损益的,在按照规定据实扣除的基础上,按照研究开发费用的50%加计扣除;形成无形资产的,按照无形资产成本的150%摊销。

对于内部研究开发形成的无形资产,一般情况下初始确认时按照会计准则规定确定的成本与计税基础应当是相同的。对于享受税收优惠的研究开发支出,在形成无形资产时,按照会计准则规定确定的成本为研究开发过程中符合资本化条件后至达到预定用途前发生的支出,而因税法规定按照无形资产成本的150%摊销,则其计税基础应在会计入账价值的基础上加计50%,因而产生账面价值与计税基础在初始确认时的差异,但如该无形资产的确认不是产生于合并交易、同时在确认时既不影响会计利润也不影响应纳税所得额,则按照所得税会计准则的规定,不确认有关暂时性差异的所得税影响。

【例16-3】假设企业内部研发新技术,发生开发支出100万元符合资本化条件,计入了无形资产,按照税法规定,这项无形资产可以按照150万元(100×150%)来摊销(该项无形资产在未来期间税法允许税前扣除的金额为150万元)。所以,无形资产的账面价值为100万元,而计税基础为150万元。账面价值小于计税基础,形成50万元的差额。

2.后续计量时,会计与税收的差异主要产生于是否需要摊销及无形资产减值准备的提取。会计准则规定,应根据无形资产的使用寿命情况,区分为使用寿命有限的无形资产与使用寿命不确定的无形资产。使用寿命不确定的无形资产不要求摊销,但持有期间每年应进行减值测试。税法规定,企业取得的无形资产成本应在一定期限内摊销,即所有的无形资产均应摊销。因而对于使用寿命不确定的无形资产会造成账面价值与计税基础的差异。

在对无形资产计提减值准备的情况下，因税法规定计提的无形资产减值准备在转变为实质性损失前不允许税前扣除，即无形资产的计税基础不会随减值准备的提取发生变化，从而造成无形资产的账面价值与计税基础的差异。

**【例 16-4】**乙企业于 20×8 年 1 月 1 日取得的某项无形资产，取得成本为 1 500 万元，取得该项无形资产后，根据各方面情况判断，乙企业无法合理预计其使用期限，将其作为使用寿命不确定的无形资产。20×8 年 12 月 31 日，对该项无形资产进行减值测试表明其未发生减值。企业在计税时，对该项无形资产按照 10 年的期限摊销，摊销金额允许税前扣除。

**【解析】**

会计上将该项无形资产作为使用寿命不确定的无形资产，因未发生减值，其在 20×8 年 12 月 31 日的账面价值为取得成本 1 500 万元。

该项无形资产在 20×8 年 12 月 31 日的计税基础为 1 350(成本 1 500-按照税法规定可予税前扣除的摊销额 150)万元。

该项无形资产的账面价值 1 500 万元与其计税基础 1 350 万元之间的差额 150 万元将计入未来期间的应纳税所得额。

**【例 16-5】**海天股份有限公司当期发生研究开发支出计 500 万元，其中研究阶段支出 100 万元，开发阶段不符合资本化条件的支出 100 万元，开发阶段符合资本化条件的支出 300 万元，假定海天股份有限公司当期摊销无形资产 20 万元。海天股份有限公司当期期末无形资产的计税基础为(　　)万元。

A.0　　B.280　　C.140　　D.420

**【答案】**D

**【解析】**

海天股份有限公司当期期末无形资产的账面价值=300-20=280(万元)，计税基础=280×150%= 420(万元)。

(三)以公允价值计量的金融资产

会计准则规定，以公允价值计量且其变动计入当期损益的金融资产于某一会计期末的账面价值为公允价值。税法规定，企业以公允价值计量的金融资产、金融负债以及投资性房地产等，持有期间公允价值的变动不计入应纳税所得额，即以公允价值计量的金融资产在持有期间市价的波动计税时不予考虑，其在某一会计期末的计税基础为其取得成本，造成在公允价值变动的情况下，对以公允价值计量的金融资产账面价值与计税基础之间的差异。

企业持有的可供出售金融资产计税基础的确定，与以公允价值计量且其变动计入当期损益的金融资产类似。

**【例 16-6】**甲公司 20×9 年 1 月 1 日购入一项交易性金融资产，成本 100 万元，20×9 年 12 月 31 日其公允价值为 120 万元。

**【解析】**

20×9 年 12 月 31 日该项交易性金融资产的账面价值为 120 万元，但税法不认可公允价值的变动，即其计税基础为 100 万元，账面价值大于计税基础，产生 20 万元的差异，将计入未来期间的应纳税所得额。

假定该项交易性金融资产在20×9年12月31日的公允价值下跌至90万元，此时账面价值为90万元，而计税基础仍为100万元，产生10万元的差异。

【例16-7】20×8年11月8日，甲公司自公开的市场上取得一项基金投资，作为可供出售金融资产核算，该投资的成本为1 500万元。20×8年12月31日，其市价为1 575万元。

【解析】

按照会计准则规定，该项金融资产在会计期末应以公允价值计量，其账面价值应为期末公允价值1 575万元。

因税法规定资产在持有期间公允价值变动不计入应纳税所得额，则该项可供出售金融资产的期末计税基础应维持其原取得成本不变，为1 500万元。

该金融资产在20×8年资产负债表日的账面价值1 575万元与其计税基础1 500万元之间产生的75万元暂时性差异，将会增加未来该资产处置期间的应纳税所得额。

(四)其他资产

1.投资性房地产

企业持有的投资性房地产后续计量时，会计准则规定可以采用两种模式：成本模式与公允价值模式。

对于采用成本模式进行后续计量的投资性房地产，涉及折旧(摊销)、减值准备的计提等，因此与固定资产(无形资产)类似，也可能产生暂时性差异。

对于采用公允价值模式进行后续计量的投资性房地产，其期末账面价值为公允价值，而如果税法规定不认可该类资产在持有期间因公允价值变动产生的利得或损失，则其计税基础应以取得时支付的历史成本为基础计算确定。

【例16-8】甲公司于20×8年1月以265万元取得一项投资性房地产，采用公允价值模式计量。20×8年12月31日该项投资性房地产的公允价值为320万元。该公司的折旧政策与税法规定相同，房屋采用直接法按20年计提折旧，残值率为5%。

【解析】

按照税法规定不认可该类资产在持有期间因公允价值变动产生的利得或损失，20×8年末该项投资性房地产的计税基础为原值减去税法规定的折旧额。

税法规定的月折旧额=265×(1−5%)÷20÷12=1.05(万元)，计税基础=265−1.05×11=253.45(万元)。

该项投资性房地产在20×8年末资产负债表日的账面价值320万元，与其计税基础253.45万元之间产生了66.55万元暂时性差异。

2. 其他计提了资产减值准备的各项资产

有关资产计提了减值准备后，其账面价值会随之下降，而税法规定资产在发生实质性损失之前不允许税前扣除，即其计税基础不会因减值准备的提取而变化，造成在计提资产减值准备以后，资产的账面价值与计税基础之间的差异。

【例16-9】20×8年12月31日，甲公司库存商品成本为500万元，预计产品不含增值税的销售价格为480万元，销售费用为15万元。假定该库存商品未计提过存货跌价准备。

【解析】

该项库存商品期末可变现净值为480–15=465(万元)< 成本,应计提的存货跌价准备=500–465=35(万元)。计提存货跌价准备后,该项库存商品的账面价值为465万元。

该项库存商品的计税基础不会因存货跌价准备的提取而发生变化，其计税基础为500万元不变。

该存货的账面价值465万元与其计税基础500万元之间产生了35万元的暂时性差异,该差异会减少企业在未来期间的应纳税所得额。

【例16–10】甲公司20×8年12月31日应收账款余额为3 000万元,该公司期末对应收账款计提了300万元的坏账准备。税法规定，企业提取的应收账款坏账准备不允许税前扣除。假定该企业期初应收账款及坏账准备的余额均为0。

【解析】

该项应收账款在20×8年12月31日的账面价值为2 700万元(3 000–300)。其计税基础为账面余额3 000万元,该计税基础与其账面价值之间产生了300万元暂时性差异,会减少未来期间的应纳税所得额。

## 二、负债的计税基础

负债的计税基础，是指负债的账面价值减去未来期间计算应纳税所得额时按照税法规定可予抵扣的金额。用公式表示即为:

负债的计税基础=账面价值–未来期间按照税法规定可予税前扣除的金额

负债的确认与偿还一般不会影响企业的损益,也不会影响应纳税所得额,因而未来期间计算应纳税所得额时按照税法规定可予抵扣的金额为0,计税基础即为账面价值。但是,有些负债的确认可能会影响企业的损益,进而影响不同期间的应纳税所得额,使得其计税基础与账面价值之间产生差异,如按照会计规定确认的某些预计负债。

(一)企业因销售商品提供售后服务等原因确认的预计负债

按照或有事项准则规定，企业对于预计提供售后服务将发生的支出在满足有关确认条件时,销售当期即应确认为费用和预计负债。税法规定,与销售产品相关的支出应于实际发生时税前扣除。因该类事项产生的预计负债在期末的计税基础为其账面价值与未来期间实际发生时可税前扣除的金额之间的差额,即为0;其他交易或事项中确认的预计负债,应按照税法规定的计税原则确定其计税基础。某些情况下,因某些事项确认的预计负债,税法规定其支出无论是否实际发生均不允许税前扣除，即未来期间按照税法规定可予抵扣的金额为0,计税基础等于账面价值。

【例16–11】某企业因销售产品预计了产品保修费用100万元,同时确认为预计负债,税法规定有关的支出实际发生时可全部税前扣除,当年度未发生任何保修支出。

【解析】

该项预计负责的账面价值为100万元;

负债的计税基础=账面价值–未来期间税法允许税前扣除的金额=100–100=0(万元);

账面价值100>计税基础0,产生暂时性差异。

(二)预收账款

企业在收到客户预付的款项时,因不符合收入确认条件,会计上将其确认为负债。税法中对于收入的确认原则一般与会计规定相同,即会计上未确认收入时,计税时一般亦不计入应纳税所得额,该部分经济利益在未来期间计税时可予税前扣除的金额为0,计税基础等于账面价值。

如果不符合企业会计准则规定的收入确认条件,但按税法规定应计入当期应纳税所得额时,有关预收账款的计税基础为0。

**【例16-12】**海天股份有限公司20×8年12月31日收到客户预付的款项100万元。

(1)若预收时不计入应纳税所得额

20×8年12月31日预收账款的账面价值为100万元。

20×8年12月31日预收账款的计税基础=账面价值100-可从未来经济利益中扣除的金额0=100(万元)。

(2)若预收的款项计入当期应纳税所得额

20×8年12月31日预收账款的账面价值为100万元。

因按税法规定预收的款项已计入当期应纳税所得额,所以在以后年度减少预收账款确认收入时,由税前会计利润计算应纳税所得额时应将其扣除。

20×8年12月31日预收账款的计税基础=账面价值100-可从未来经济利益中扣除的金额100=0。

(三)应付职工薪酬

会计准则规定,企业为获得职工提供的服务给予的各种形式的报酬以及其他相关支出均应作为企业的成本费用,在未支付之前确认为负债。税法中对于合理的职工薪酬基本允许税前扣除,但税法中明确规定了税前扣除标准的,按照会计准则规定计入成本费用支出的金额超过规定标准部分,应进行纳税调整。

**【例16-13】**甲企业20×8年12月计入成本费用的职工工资总额为1 000万元,至20×8年12月31日尚未支付。按照适用税法规定,当期计入成本费用的1 000万元工资支出中,可予税前扣除的合理部分为800万元。

**【解析】**

应付职工薪酬账面价值=1 000(万元)。

按照税法规定,税前扣除标准为800万,会计上计入成本费用的职工薪酬金额超过扣除标准的部分为200万元,而未来期间税法上也不允许企业再税前扣除这200万元,因此这项职工薪酬未来可税前扣除的金额是0。所以,应付职工薪酬计税基础=1 000-0=1 000(万元),与账面价值相等,不形成暂时性差异。

需要说明的是,对于以现金结算的股份支付,企业在每一个资产负债表日应确认应付职工薪酬,税法规定,实际支付时可计入应纳税所得额,未来期间可予税前扣除的金额为其账面价值,即计税基础为0。

**【例16-14】**20×7年1月1日,B公司为其200名中层以上管理人员每人授予100份现金股票增值权,这些人员从20×7年1月1日起必须在该公司连续服务3年,即可自20×9年

12 月 31 日起根据股价的增长幅度获得现金,该增值权应在 20×1 年 12 月 31 日之前行使完毕。B 公司 20×7 年 12 月 31 日计算确定的应付职工薪酬的余额为 200 万元,按税法规定,实际支付时可计入应纳税所得额。20×7 年 12 月 31 日,该应付职工薪酬的计税基础为(　　)万元。

A.200　　B.0　　C.100　　D.–200

**【答案】**B

**【解析】**

应付职工薪酬的计税基础=200–200=0。

(四)其他负债

企业应交的罚款和滞纳金等,在尚未支付之前按照会计规定确认为费用,同时作为负债反映。税法规定,罚款和滞纳金不得税前扣除,即该部分费用无论是在发生当期还是在以后期间均不允许税前扣除, 其计税基础为账面价值减去未来期间计税时可予税前扣除的金额 0 之间的差额,即计税基础等于账面价值,不产生暂时性差异。

**【例 16–15】**甲公司 20×8 年 12 月因违反当地有关环保法规的规定,接到环保部门的处罚通知,要求其支付罚款 300 万元。税法规定,企业因违反国家有关法律法规支付的罚款和滞纳金,计算应纳税所得额时不允许税前扣除。至 20×8 年 12 月 31 日,该项罚款尚未支付。

**【解析】**

应支付罚款产生的负债账面价值为 300 万元。

该项负债的计税基础=账面价值 300 万元–未来期间计算应纳税所得额时按照税法规定可予抵扣的金额 0 万元=300 万元。

该项负债的账面价值 300 万元与其计税基础 300 万元相同,不形成差异。

## 三、暂时性差异

暂时性差异是指资产、负债的账面价值与其计税基础不同产生的差额。因资产、负债的账面价值与其计税基础不同,产生了在未来收回资产或清偿负债的期间内,应纳所得额增加或减少并导致未来期间应交所得税增加或减少的情况,在有关暂时性差异发生当期,符合确认条件的情况下,应当确认相关的递延所得税负债或递延所得税资产。

按暂时性差异对未来期间应纳税所得额的影响, 可分为应纳税暂时性差异和可抵扣暂时性差异:

(一)应纳税暂时性差异

应纳税暂时性差异,是指在确定未来收回资产或清偿负债期间的应纳税所得额时,将导致产生应税金额的暂时性差异,即在未来期间不考虑该事项影响的应纳税所得额的基础上,由于该暂时性差异的转回,会进一步增加转回期间的应纳税所得额和应缴所得税金额。在应纳税暂时性差异产生当期,应当确认相关的递延所得税负债。

应纳税暂时性差异一般产生于以下情况:

1.资产的账面价值大于其计税基础

资产的账面价值代表的是企业在持续使用或最终出售该项资产时将取得的经济利益的总额,而计税基础代表的是资产在未来期间可予税前扣除的金额。资产的账面价值大于其计税基础,则该项资产未来期间产生的经济利益不能全部税前抵扣,两者的差额需要交税,产生应纳税暂时性差异。

2.负债的账面价值小于其计税基础

负债的账面价值为企业预计在未来期间清偿该项负债时的经济利益流出，而其计税基础代表的是账面价值在扣除税法规定未来期间允许税前扣除的金额之后的差额。负债的账面价值与其计税基础不同产生的暂时性差异，实质上是税法规定就该项负债在未来期间可以税前扣除的金额。即：

负债产生的暂时性差异=账面价值-计税基础

=账面价值-(账面价值-未来期间计税时按照税法规定可予税前扣除的金额)

=未来期间计税时按照税法规定可予税前扣除的金额

负债的账面价值小于其计税基础，则意味着就该项负债在未来期间可以税前抵扣的金额为负数,即应在未来期间应纳税所得额的基础上调增,增加应纳税所得额和应交所得税金额,产生应纳税暂时性差异,应确认相关的递延所得税负债。

【例 16-16】下列项目中,产生应纳税暂时性差异的有(　　)。

A.期末预提产品质量保证费用

B.税法折旧大于会计折旧形成的差额部分

C.对可供出售金融资产,企业根据期末公允价值大于取得成本的部分进行了调整

D.对投资性房地产,企业根据期末公允价值大于账面价值的部分进行了调整

E.对无形资产,企业根据期末可收回金额小于账面价值的部分计提了减值准备

【答案】B、C、D

【解析】

选项 A 和 E 属于可抵扣暂时性差异。

(二)可抵扣暂时性差异

可抵扣暂时性差异是指在确定未来收回资产或清偿负债期间的应纳税所得额时，将导致产生可抵扣金额的暂时性差异。该差异在未来期间转回时会减少转回期间的应纳税所得额,减少未来期间的应交所得税。在可抵扣暂时性差异产生当期,符合确认条件时,应当确认相关的递延所得税资产。

可抵扣暂时性差异一般产生于以下情况：

1.资产的账面价值小于其计税基础

资产的账面价值小于其计税基础意味着资产在未来期间产生的经济利益少，按照税法规定允许税前扣除的金额多，两者的差额可以减少企业在未来期间的应纳税所得额并减少应交所得税,符合有关条件时,应当确认相关的递延所得税资产。

2.负债的账面价值大于其计税基础

负债的账面价值大于其计税基础，意味着未来期间按照税法规定与负债相关的全部或部分支出可以自未来应税经济利益中扣除,减少未来期间的应纳税所得额和应交所得税。符

合有关确认条件时,应确认相关的递延所得税资产。

**【例 16-17】**企业当年发生的下列会计事项中,可产生可抵扣暂时性差异的有(　　)。

A.预计产品质量保证损失

B.年末交易性金融负债的公允价值小于其账面成本(计税成本)并按公允价值调整

C.年初新投入使用一台设备,会计上采用年数总和法计提折旧,而税法上要求采用直线法计提折旧

D.计提建造合同预计损失准备

E.按持股比例确认被投资企业净收益以外的所有者权益增加应享有的份额

**【答案】**A、C、D

**【解析】**

选项 B 和 E 使资产账面价值大于其计税基础,产生应纳税暂时性差异。

(三)特殊项目产生的暂时性差异

1.未作为资产、负债确认的项目产生的暂时性差异

某些交易或事项会计上未确认资产或负债,但税法上能确定其计税基础,其账面价值与计税基础产生的差异也构成暂时性差异,比如企业的广告费和业务宣传费。按照会计准则规定,该类费用在发生时计入当期损益,不形成资产负债表中的资产;税法规定,企业发生的符合条件的广告费和业务宣传费支出,除另有规定外,不超过当年销售收入 15%的部分,准予扣除;超过部分准予在以后纳税年度结转扣除。例如企业当年销售收入为 1 000 万元,发生广告费和业务宣传费支出 200 万元,按照税法规定,当期可以税前扣除 150 万元,未来可以扣除 50 万元。会计上这部分费用支出已全部计入销售费用,不形成资产,相当于资产的账面价值为 0,但按照税法规定其计税基础为 50 万元,两者的差异形成暂时性差异。

2.可抵扣亏损及税款抵减产生的暂时性差异

按照税法规定, 不考虑特殊因素, 企业当年发生的亏损可在未来的 5 个年度内税前弥补。因此,对于这部分亏损,可使未来期间的应交所得税减少,相当于企业得到了一部分所得税收益。对于这部分收益,企业应该将其反映在本期的报表上。具体如下:

按照税法规定可以结转以后年度的未弥补亏损及税款抵减,虽不是因资产、负债的账面价值与计税基础不同产生的,但与可抵扣暂时性差异具有同样的作用,均能够减少未来期间的应纳税所得额,进而减少未来期间的应交所得税。会计处理上视同可抵扣暂时性差异,符合条件的情况下,应确认与其相关的递延所得税资产。

**【例 16-18】**甲公司于 20×8 年因政策性原因发生经营亏损 1 500 万元, 按照税法规定, 该亏损可用于抵减以后 5 个年度的应纳税所得额。该公司预计其在未来 5 年期间能够产生足够的应纳税所得额弥补该亏损。

**【解析】**

该经营亏损不是资产、负债的账面价值与其计税基础不同产生的,但从性质上看可以减少未来期间的应纳税所得额和应交所得税,属于可抵扣暂时性差异。企业预计未来期间能够产生足够的应纳税所得额,利用可抵扣亏损时,应确认相关的递延所得税资产。

# 第三节 递延所得税负债及递延所得税资产的确认

企业在计算确定了应纳税暂时性差异与可抵扣暂时性差异后，应当按照所得税会计准则规定的原则确认相关的递延所得税负债以及递延所得税资产。

## 一、递延所得税负债的确认和计量

(一)递延所得税负债的确认

递延所得税负债产生于应纳税暂时性差异。企业在确认递延所得税负债时,应遵循以下原则:

1.除所得税准则中明确规定可不确认递延所得税负债的情况以外,企业对于所有的应纳税暂时性差异均应确认相关的递延所得税负债。除与直接计入所有者权益的交易或事项以及企业合并中取得资产、负债相关的以外,在确认递延所得税负债的同时,应增加利润表中的所得税费用。

**【例 16-19】**某公司 20×7 年 12 月 7 日购入的一套生产设备,原价为 2 000 万元,使用年限为 10 年,按照直线法计提折旧,税法规定允许按双倍余额递减法计提折旧,预计净残值为 0,税率为 25%。

**【解析】**

20×8 年末该项设备的账面价值= 2 000-2 000÷10=1 800(万元)

20×8 年末该项设备的计税基础= 2 000-2 000×2/10=1 600(万元)

该项资产的账面价值大于计税基础产生应纳税暂时性差异 200 万元，应确认递延所得税负债 200×25%=50(万元)。

2.与直接计入所有者权益的交易或事项相关的可抵扣暂时性差异,相应的递延所得税资产应计入所有者权益(资本公积)。如因可供出售金融资产公允价值下降而应确认的递延所得税资产。

**【例 16-20】**企业期初购买可供出售金融资产的成本为 100 万元,期末公允价值为 80 万元,税率为 25%,则分录为:

借:资本公积——其他资本公积 200 000

　贷:可供出售金融资产——公允价值变动 200 000

此时资产的账面价值 80 万元小于计税基础 100 万元,产生可抵扣暂时性差异 20 万元,应确认递延所得税资产 5 万元(20×25%):

借:递延所得税资产 50 000

　贷:资本公积——其他资本公积 50 000

3.不确认递延所得税负债的特殊情况。有时虽然资产、负债的账面价值与其计税基础不同,产生了应纳税暂时性差异,但出于各方面考虑,并不确认相应的递延所得税负债,主要包括：

(1)商誉的初始确认。非同一控制下的企业合并中,合并成本大于合并中取得的被购买方可辨认净资产公允价值份额的差额,按照会计准则规定应确认为商誉。因会计与税收的划分标准不同,按照税法规定计税时作为免税合并的情况下,计税时不认可商誉的价值,其计税基础为0,形成的应纳税暂时性差异不确认递延所得税负债。

需要说明的是,在非免税合并的情况下,非同一控制下的企业合并形成的商誉,若将被合并方出售时,商誉的价值可计入应纳税所得额,则初始确认商誉时,商誉的账面价值与计税基础相等。继后期间商誉计提减值准备,使得商誉的账面价值小于计税基础,会产生可抵扣暂时性差异。

(2)如果除企业合并以外的其他交易或事项发生时既不影响会计利润,也不影响应纳税所得额,则其产生的资产、负债的初始确认金额与计税基础之间的应纳税暂时性差异,不确认相应的递延所得税负债。

该规定主要是考虑到由于交易发生时既不影响会计利润,也不影响应纳税所得额,确认递延所得税负债的直接结果是增加有关资产的账面价值或是降低所确认负债的账面价值,使得资产、负债在初始确认时,违背历史成本原则,影响会计信息的可靠性。

(3)与子公司、联营企业、合营企业投资等相关的应纳税暂时性差异,一般应确认相应的递延所得税负债,但同时满足以下两个条件的除外:一是投资企业能够控制暂时性差异转回的时间;二是该暂时性差异在可预见的未来很可能不会转回。满足上述条件时,投资企业可以运用自身的影响力决定暂时性差异的转回,如果不希望其转回,则在可预见的未来该项暂时性差异即不会转回,从而无须确认相应的递延所得税负债。

(二)计量

准则规定,资产负债表日,应当根据适用税法规定对递延所得税负债按照预期收回该资产或清偿该负债期间的适用税率计量,即递延所得税负债应以相关应纳税暂时性差异转回期间按照税法规定适用的所得税税率计量。无论应纳税暂时性差异的转回期间如何,相关的递延所得税负债不要求折现。

## 二、递延所得税资产的确认和计量

(一)递延所得税资产的确认

1.递延所得税资产产生于可抵扣暂时性差异

其确认的一般原则为：

(1)其确认应以未来期间很可能取得的用来抵扣可抵扣暂时性差异的应纳税所得额为限。

在可抵扣暂时性差异转回的未来期间内，企业如果无法产生足够的应纳税所得额用以利用可抵扣暂时性差异的影响,使得与可抵扣暂时性差异相关的经济利益无法实现的,不应确认递延所得税资产；有明确的证据表明可抵扣暂时性差异转回的未来期间能够产生足够的应纳税所得额,进而利用可抵扣暂时性差异的,应以可能取得的应纳税所得额为限,确认相关的递延所得税资产。

判断可抵扣暂时性差异转回的未来期间是否能够产生足够的应纳税所得额时，应考虑两个方面的影响：

一是企业在未来期间通过正常的生产经营活动能够实现的应纳税所得额；

二是以前期间产生的应纳税暂时性差异在未来期间转回时将增加的应纳税所得额。

(2)对与子公司、联营企业、合营企业的投资相关的可抵扣暂时性差异,同时满足下列条件的,应当确认相关的递延所得税资产:一是暂时性差异在可预见的未来很可能转回;二是未来很可能获得用来抵扣可抵扣暂时性差异的应纳税所得额。

对联营企业和合营企业等的投资产生的可抵扣暂时性差异，主要产生于权益法下的被投资单位发生亏损时，投资企业按照持股比例确认应予承担的部分相应减少长期股权投资的账面价值,但税法规定长期股权投资的成本在持有期间不发生变化,造成长期股权投资的账面价值小于其计税基础,产生可抵扣暂时性差异。

(3)对于按照税法规定可以结转以后年度的未弥补亏损和税款抵减,应视同可抵扣暂时性差异处理。

在有关的亏损或税款抵减金额得到税务部门的认可,或预计能够得到税务部门的认可,且预计可利用可弥补亏损或税款抵减的未来期间能够取得足够的应纳税所得额时，应当以很可能取得的应纳税所得额为限,确认相应的递延所得税资产,同时减少确认当期的所得税费用。

2.不确认递延所得税资产的情况

如果某项交易或事项不属于企业合并，并且交易发生时既不影响会计利润也不影响应纳税所得额,且该项交易中产生的资产、负债的初始确认金额与其计税基础不同,产生可抵扣暂时性差异的,准则中规定在交易或事项发生时不确认相应的递延所得税资产。其原因在于,如果确认递延所得税资产,则需调整资产、负债的入账价值,对实际成本进行调整将有违会计核算中的历史成本原则,影响会计信息的可靠性,该种情况下不确认相应的递延所得税资产。

**【例 16-21】**甲企业进行内部研究开发所形成的无形资产成本为 1 200 万元,因按照税法规定可予未来税前扣除的金额为 1 800 万元,其计税基础为 1 800 万元。

**【解析】**

该项无形资产并非产生于企业合并，同时在初始确认时既不影响会计利润也不影响应纳税所得额，确认其账面价值与计税基础之间产生暂时性差异的所得税影响需要调整该项资产的历史成本。准则规定,因该项资产并非产生于企业合并,同时在其初始确认时既不影响会计利润也不影响应纳税所得额,不应确认相关的递延所得税资产。

(二)计量

1.适用税率的确定

同递延所得税负债的计量原则相一致，确认递延所得税资产应当以预期收回该资产期间的适用所得税税率为基础。无论相关的可抵扣暂时性差异转回期间如何,递延所得税资产均不要求折现。

2.递延所得税资产的减值

资产负债表日,应当对递延所得税资产的账面价值进行复核。如果未来期间很可能无法取得足够的应纳税所得额用以利用可抵扣暂时性差异带来的利益，应当减记递延所得税资产的账面价值。减记的递延所得税资产，除原确认时计入所有者权益的递延所得税资产，其减记金额亦应计入所有者权益外，其他的情况均应增加所得税费用。

因无法取得足够的应纳税所得额利用可抵扣暂时性差异减记递延所得税资产账面价值的，以后期间根据新的环境和情况判断能够产生足够的应纳税所得额利用可抵扣暂时性差异，使得递延所得税资产包含的经济利益能够实现的，应相应恢复递延所得税资产的账面价值。

递延所得税资产和递延所得税负债的计量如图 16-2 所示。

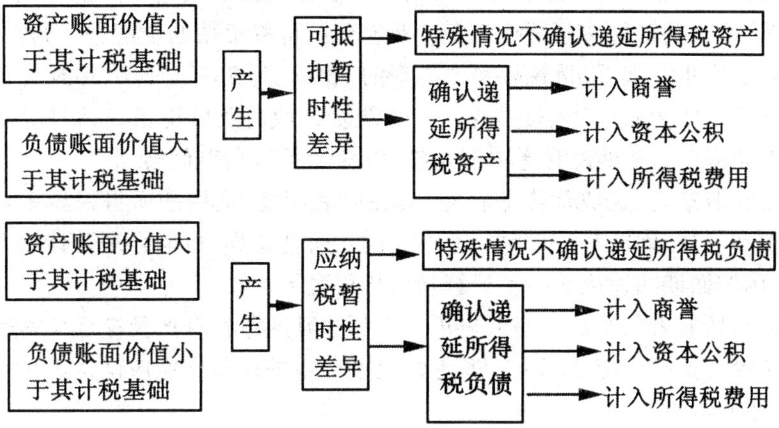


图 16-2 递延所得税资产和递延所得税负债的计量

## 三、特殊交易或事项中产生资产、负债计税基础的确定

除企业在正常生产经营活动过程中取得的资产和负债以外，对于某些特殊交易中产生的资产、负债，其计税基础的确定应遵从税法规定，如企业合并过程中取得资产、负债计税基础的确定。

《企业会计准则第 20 号——企业合并》中，企业合并视参与合并各方在合并前及合并后是否为同一方或相同的多方最终控制，分为同一控制下的企业合并与非同一控制下的企业合并两种类型。对于同一控制下的企业合并，合并中取得的有关资产、负债基本上维持其原账面价值不变，合并中不产生新的资产和负债；对于非同一控制下的企业合并，合并中取得的有关资产、负债应按其在购买日的公允价值计量，企业合并成本大于合并中取得可辨认净资产公允价值的份额部分确认为商誉，企业合并成本小于合并中取得可辨认净资产公允价值的份额部分计入合并当期损益。

对于企业合并的税收处理，通常情况下，被合并企业应视为按公允价值转让、处置全部资产，计算资产的转让所得，依法缴纳所得税。合并企业接受被合并企业的有关资产，计税时可以按经评估确认的价值确定计税成本。另外，在考虑有关企业合并是应税合并还是免税合并时，还需要考虑在合并中涉及的非股权支付的比例，具体划分标准和条件应遵从税法规定。

由于会计准则与税收法规对企业合并的划分标准不同,处理原则不同,某些情况下,会造成企业合并中取得的有关资产、负债的入账价值与其计税基础的差异。

### 四、适用税率变化对已确认递延所得税资产和递延所得税负债的影响

因税收法规的变化,导致企业在某一会计期间适用的所得税税率发生变化的,企业应对已确认的递延所得税资产和递延所得税负债按照新的税率进行重新计量。

递延所得税资产和递延所得税负债的金额代表的是有关可抵扣暂时性差异或应纳税暂时性差异于未来期间转回时导致企业应交所得税金额的减少或增加的情况。适用税率变动的情况下,应对原已确认的递延所得税资产及递延所得税负债的金额进行调整。如按税法规定,从 2008 年 1 月 1 日起,所得税税率由原来的 33%改为 25%。计算 2007 年的应交所得税采用 33%的税率,但 2007 年底确认递延所得税资产或递延所得税负债时应采用 25%的税率,因为 2007 年底产生的暂时性差异只能在 2008 年及以后期间转回。

对于享有税收减免、税收优惠的企业,其在以后年度,适用的所得税税率可能与目前适用的所得税税率不同,因此对于该类企业产生的暂时性差异,也应合理预计该暂时性差异的转回期间,采用转回期间适用的税率计算递延所得税资产。

除直接计入所有者权益的交易或事项产生的递延所得税资产及递延所得税负债,相关的调整金额应计入所有者权益以外,其他情况下产生的调整金额应确认为税率变化当期的所得税费用(或收益)。

## 第四节 所得税费用的确认和计量

企业核算所得税,主要是为确定当期应交所得税以及利润表中应确认的所得税费用。在用资产负债表债务法核算所得税下,利润表的所得税费用包括当期所得税和递延所得税两部分。

### 一、当期所得税

当期所得税是指企业按照税法规定计算确定的针对当期发生的交易和事项,应交纳给税务部门的所得税金额,即当期应交所得税。

企业在确定当期应交所得税时,对于当期发生的交易或事项,会计处理与税收处理不同的,应在会计利润的基础上,按照适用税收法规的规定进行调整,计算出当期应纳税所得额,按照应纳税所得额与适用所得税税率计算确定当期应交所得税,即:

当期应交所得税=应纳税所得额×适用的所得税税率

应纳税所得额可在会计利润的基础上考虑会计与税收之间的差异,按照以下公式计算确定:

应纳税所得额=会计利润+按照会计准则规定计入利润表但计税时不允许税前扣除的费用±计入利润表的费用与按照税法规定可予税前抵扣的金额之间的差额±计入利润表的收入与按照税法规定应计入应纳税所得的收入之间的差额-税法规定的不征税收入±其他需要调整的因素

## 二、递延所得税

递延所得税是指按照所得税准则规定当期应予确认的递延所得税资产和递延所得税负债金额,即递延所得税资产及递延所得税负债当期发生额的综合结果,但不包括计入所有者权益的交易或事项的所得税影响。用公式表示为:

递延所得税=(递延所得税负债的期末余额-递延所得税负债的期初余额)-(递延所得税资产的期末余额-递延所得税资产的期初余额)

企业因确认递延所得税资产和递延所得税负债产生的递延所得税,一般应当计入所得税费用,但以下两种情况除外:

1.某项交易或事项按照会计准则规定应计入所有者权益的,由该交易或事项产生的递延所得税资产或递延所得税负债及其变化亦应计入所有者权益不构成利润表中的递延所得税费用,参见例16-15。

2.企业合并中取得的资产、负债,其账面价值与计税基础不同,应确认相关递延所得税的,该递延所得税的确认影响合并中产生的商誉或是计入当期损益的金额,不影响所得税费用。

## 三、所得税费用

计算确定了当期所得税及递延所得税以后,利润表中应予确认的所得税费用为两者之和,即:

所得税费用=当期所得税+递延所得税

**【例16-22】**甲公司20×7年末、20×8年实现的利润总额分别为3 800万元、5 200万元。20×7年所得税税率为33%,20×8年所得税税率改为25%。与所得税有关经济业务如下:

(1)20×7年

①20×7年计提存货跌价准备145万元。

②20×6年12月购入固定资产,原值为1 800万元,折旧年限为10年,净残值为0,会计采用双倍余额递减法计提折旧;税法要求采用直线法计提折旧,折旧年限为10年,净残值为0。

③20×7年支付非广告性赞助支出为300万元,向红十字会捐款100万元。

④20×7年本年发生研究开发支出1 200万元,较20×6年增长20%,其中850万元资本化支出计入无形资产成本。税法规定可按照实际发生研究开发支出的150%加计扣除。假定年末达到预定使用状态(假定从20×8年1月开始摊销,会计上按10年摊销)。

⑤20×7年支付违反税收罚款支出150万元。

(2)20×8年

①20×8 年计提存货跌价准备 175 万元,累计计提存货跌价准备 320 万元。本年计提固定资产减值准备 80 万元。

②20×8 年支付非广告赞助支出为 400 万元。

③20×8 年无形资产摊销 85 万元。

④20×8 年计提产品质量保证金 160 万元。

【解析】

(1)20×7 年暂时性差异见表 16-1。

**表 16-1 20×7 年暂时性差异**

单位:万元

| 项目 | 账面价值 | 计税基础 | 暂时性差异 | |
|---|---|---|---|---|
| | | | 可抵扣暂时性差异 | 应纳税暂时性差异 |
| 存货 | 500 | 645 | 145 | |
| 固定资产原值 | 1 800 | 1 800 | | |
| 减:累计折旧 | 360 | 180 | | |
| 固定资产减值准备 | 0 | 0 | | |
| 固定资产账面价值 | 1 440 | 1 620 | 180 | |
| 无形资产 | 850 | 0 | | 850 |
| 合计 | 2 790 | 2 265 | 325 | 850 |

(2)20×7 年应交所得税=[3 800+145+180+300−(1 200×150%−350)+150]×33%=1 031.25(万元)。

(3)20×7 年递延所得税资产和递延所得税负债为:

递延所得税资产=(145+180)×25%=81.25(万元)

递延所得税负债=850×25%=212.5(万元)

递延所得税费用=212.5−81.25=131.25(万元)

(4)20×7 年利润表确认的所得税费用=1 031.25+131.25=1 162.5(万元)。

20×7 年会计分录为:

借:所得税费用　　11 625 000

　递延所得税资产　　812 500

　贷:递延所得税负债　　2 125 000

　　应交税费——应交所得税　　10 312 500

(5)20×8 年暂时性差异见表 16-2。

表 16-2 20×8 年暂时性差异

单位：万元

| 项目 | 账面价值 | 计税基础 | 暂时性差异 | |
|---|---|---|---|---|
| | | | 可抵扣暂时性差异 | 应纳税暂时性差异 |
| 存货 | 1 000 | 1 320 | 320 | |
| 固定资产原值 | 1 800 | 1 800 | | |
| 减：累计折旧 | 648 | 360 | | |
| 固定资产减值准备 | 80 | 0 | | |
| 固定资产账面价值 | 1 072 | 1 440 | 368 | |
| 无形资产 | 765 | 0 | | 765 |
| 预计负债 | 160 | 0 | 160 | |
| 合计 | | | 848 | 765 |

固定资产 20×7 年计提的折旧=1 800×20%=360(万元)

固定资产 20×8 年计提的折旧=(1 800-360)×20%=288(万元)

20×8 年末固定资产累计折旧=360+288=648(万元)

(6)20×8 年应交所得税=[5 200+175+(288-180)+80+400+160+85]×25%=1 552(万元)。

(7)20×8 年递延所得税资产和递延所得税负债发生额为：

①期末递延所得税资产=848×25%=212(万元)

期初递延所得税资产=81.25(万元)

递延所得税资产发生额=212-81.25=130.75(万元)

②期末递延所得税负债=765×25%=191.25(万元)

期初递延所得税负债=212.5(万元)

递延所得税负债发生额=191.25-212.5=-21.25(万元)

③递延所得税费用=-21.25-130.75=-152(万元)

(8)20×8 年利润表确认的所得税费用=1 552-152=1 400(万元)。

20×8 年会计分录(单位为元)为：

借：所得税费用　　14 000 000

　递延所得税资产　　1 307 500

　递延所得税负债　　212 500

　贷：应交税费——应交所得税　　15 520 000

# 第十七章 外币业务

随着经济全球化的发展,资本的跨国流动和国际贸易不断扩大,企业可能采用不同货币对发生的交易进行计价或结算,为了反映企业或企业集团的经营业绩和财务状况,需要将不同货币计量的资产、负债、收入、费用等折算为一种货币反映,或将以其他货币反映的子公司、联营企业、合营企业和分支机构的经营业绩和财务状况折算为企业记账本位币反映,这属于外币业务的核算范围。

外币业务是指以记账本位币以外的其他货币进行收付、往来结算和计价的经济业务。外币业务包括外币交易和外币报表折算：外币交易是指企业以非记账本位币进行的收付结算等业务；外币报表折算是满足特定的目的将一种货币单位表述的会计报表换算成所要求的另一种货币单位所表述的会计报表。

## 第一节 记账本位币的确定

### 一、记账本位币的定义

企业选定的用于反映企业经营业绩和财务状况的货币即为记账本位币，记账本位币以外的货币称为外币,以外币计价或者结算的交易称为外币交易,将外币交易或外币财务报表折算为记账本位币反映的过程即为外币折算。

记账本位币是指企业经营所处的主要经济环境中的货币。主要经济环境,通常是指企业主要产生和支出现金的环境，使用该环境中的货币最能反映企业主要交易的经济结果。例如,我国大多数企业主要产生和支出现金的环境在国内,因此,一般以人民币作为记账本位币。

### 二、记账本位币的确定

我国《会计法》规定,业务收支以人民币以外的货币为主的单位,可以选定其中一种货币作为记账本位币,但是编报的财务会计报告应当折算为人民币。企业选定记账本位币,应当考虑下列因素：

1.该货币主要影响商品和劳务销售价格,通常以该货币进行商品和劳务销售价格的计价和结算;

2.该货币主要影响商品和劳务所需人工、材料和其他费用,通常以该货币进行上述费用的计价和结算;

3.融资活动获得的资金以及保存从经营活动中收取款项时所使用的货币,即视融资活动获得的资金占其销售收入的比重大小,或者企业通常留存销售收入的货币而定。

例如,国内甲外商投资企业,其超过80%的营业收入来自向各国的出口,商品销售价格一般以美元结算,主要受美元的影响,因此,从影响商品和劳务销售价格的角度看,该企业应选择美元作为记账本位币。

如果甲企业除厂房设施、25%的人工成本在国内以人民币采购,生产所需原材料、机器设备及75%以上的人工成本都来自于美国投资者,并用美元在国际市场进行采购,则可进一步确定甲企业的记账本位币是美元。

如果甲企业的人工成本、原材料及相应的厂房设施、机器设备等95%以上在国内采购并以人民币计价,则难以确定甲企业的记账本位币,需要考虑第三项因素。如果甲企业取得的美元营业收入在汇回国内时可随时换成人民币存款,且甲企业对所有以美元结算的资金往来的外币风险都进行了套期保值,则甲企业应当选定人民币为其记账本位币。

在确定企业的记账本位币时,上述因素的重要程度因企业具体情况不同而不同,需要企业管理当局根据实际情况进行判断。一般情况下,综合考虑前两项即可确定企业的记账本位币,第三项为参考因素,视其对企业收支现金的影响程度而定。在综合考虑前两项因素仍不能确定企业记账本位币的情况下,第三项因素对企业记账本位币的确定起重要作用。

企业根据实际情况确定的记账本位币只有一种货币,选择的记账本位币一经确定,不得改变,除非与确定记账本位币相关的企业经营所处的主要经济环境发生重大变化。

## 三、境外经营记账本位币的确定

境外经营是指企业在境外的子公司、合营企业、联营企业、分支机构。当企业在境内的子公司、联营企业、合营企业或者分支机构,选定的记账本位币不同于企业的记账本位币时,也应当视同境外经营。即境外经营不是以位置是否在境外为判定标准,而是要看其选定的记账本位币是否与企业相同。

企业选定境外经营的记账本位币,除考虑前面所讲的因素外,还应考虑下列因素:

1.境外经营对其所从事的活动是否拥有很强的自主性。如果其所从事的活动是视同企业经营活动的延伸,该境外经营应当选择与企业记账本位币相同的货币作为记账本位币;如果所从事的活动拥有极大的自主性,境外经营不能选择与企业记账本位币相同的货币作为记账本位币。

2.境外经营活动中与企业的交易是否在境外经营活动中占有较大比重。如果其与企业的交易在境外经营活动中所占的比例较高,境外经营应当选择与企业记账本位币相同的货币作为记账本位币,反之,应选择其他货币。

3.境外经营活动产生的现金流量是否直接影响企业的现金流量、是否可以随时汇回。如果其产生的现金流量直接影响企业的现金流量,并可随时汇回,境外经营应当选择与企业记账本位币相同的货币作为记账本位币,反之,应选择其他货币。

4.境外经营活动产生的现金流量是否足以偿还其现有债务和可预期的债务。如果其产生的现金流量在企业不提供资金的情况下,难以偿还现有债务和正常情况下可预期的债务,境外经营应当选择与企业记账本位币相同的货币作为记账本位币,反之,应选择其他货币。

### 四、记账本位币变更的会计处理

企业因经营所处的主要经济环境发生重大变化,确需变更记账本位币的,应当采用变更当日的即期汇率将所有项目折算为变更后的记账本位币,折算后的金额作为新的记账本位币的历史成本。由于采用同一即期汇率进行折算,因此不会产生汇兑差额。

企业需要提供确凿的证据证明企业经营所处的主要经济环境确实发生了重大变化,并应当在附注中披露变更的理由。

企业记账本位币发生变更的,其比较财务表应当以可比当日的即期汇率折算所有资产负债表和利润表项目。

## 第二节 外币交易的会计处理

### 一、外币交易的核算程序

外币交易的记账方法有外币统账制和外币分账制两种:

外币统账制是指企业在发生外币交易时,即折算为记账本位币入账;外币分账制是指企业在日常核算时分币种记账,资产负债表日分货币性项目和非货币性项目进行调整。货币性项目按资产负债表日即期汇率折算,非货币性项目按交易日即期汇率折算;产生的汇兑差额计入当期损益。

从我国目前的情况看,绝大多数企业采用外币统账制,只有银行等少数金融企业由于外币交易频繁,涉及外币币种较多,可以采用分账制记账方法进行日常核算。无论是采用分账制还是采用统账制,只是账务处理程序不同,但产生的结果相同,即计算出的汇兑差额相同;相应的会计处理也相同,即均计入当期损益。

本节主要介绍外币统账制下的账户设置及其会计核算的基本程序。

(一)账户设置

外币统账制方法下,对外币交易的核算不单独设置科目,对外币交易金额因汇率变动而产生的差额可在“财务费用”科目下设置二级科目“汇兑差额”反映。该科目借方反映因汇率变动而产生的汇兑损失,贷方反映因汇率变动而产生的汇兑收益。期末余额结转入“本年利润”科目后一般无余额。

(二)会计核算的基本程序

企业发生外币交易时,其会计核算的基本程序为:

1. 将外币金额按照交易日的即期汇率或即期汇率的近似汇率折算为记账本位币金额,按照折算后的记账本位币金额登记有关账户;在登记有关记账本位币账户的同时,按照外币金额登记相应的外币账户。

2.期末,将所有外币货币性项目的外币余额,按照期末即期汇率折算为记账本位币金额,并与原记账本位币金额相比较,其差额计入"财务费用——汇兑差额"科目。

3.结算外币货币性项目时,将其外币结算金额按照当日即期汇率折算为记账本位币金额,并与原记账本位币金额相比较,其差额计入"财务费用——汇兑差额"科目。

## 二、即期汇率和即期汇率的近似汇率

(一)即期汇率的选择

汇率是指两种货币相兑换的比率,是一种货币用另一种货币单位所表示的价格。通常在银行见到的汇率有 3 种表示方式:买入价、卖出价和中间价。买入价指银行买入其他货币的价格,卖出价指银行出售其他货币的价格,中间价是银行买入价与卖出价的平均价,银行的卖出价一般高于买入价,以获取其中的差价。

无论买入价,还是卖出价均是立即交付的结算价格,都是即期汇率,即期汇率是相对于远期汇率而言的,远期汇率是在未来某一日交付时的结算价格。为方便核算,企业用于记账的即期汇率一般指当日中国人民银行公布的人民币汇率的中间价。但是,在企业发生单纯的货币兑换交易或涉及货币兑换的交易时,仅用中间价不能反映货币买卖的损益,需要使用买入价或卖出价折算。

企业发生的外币交易只涉及人民币与美元、欧元、日元、港元之间折算的,可直接采用中国人民银行每日公布的人民币汇率的中间价作为即期汇率进行折算;企业发生的外币交易涉及人民币与其他货币之间折算的,应当按照国家外汇管理局公布的各种货币兑美元折算率采用套算的方法进行折算,发生的外币交易涉及人民币以外的货币之间折算的,可直接采用国家外汇管理局公布的各种货币对美元折算率进行折算。

(二)即期汇率的近似汇率

在汇率变动不大时,为简化核算,企业也可选择即期汇率的近似汇率折算。即期汇率的近似汇率是指按照系统合理的方法确定的、与交易发生日即期汇率近似的汇率,通常是指当期平均汇率或加权平均汇率等。

确定即期汇率的近似汇率的方法应在前后各期保持一致。如果汇率波动使得采用即期汇率的近似汇率折算不适当时,应当采用交易发生日的即期汇率折算。而何时不适当,需要企业根据汇率变动情况及计算近似汇率的方法等进行判断。

## 三、外币交易的会计处理

外币交易是指企业发生以外币计价或者结算的交易,包括:

第一,买入或者卖出以外币计价的商品或者劳务。例如,以人民币为记账本位币的国内

A 公司向国外 B 公司销售商品，货款以美元结算;A 公司购买 S 公司发行的 H 股股票,A 公司从境外以美元购买固定资产或生产用原材料等。

第二,借入或者借出外币资金。例如,以人民币为记账本位币的甲公司从中国银行借入欧元、经批准向海外发行美元债券等。

第三,其他以外币计价或者结算的交易,指除上述两种外以记账本位币以外的货币计价或结算的其他交易,例如接受外币现金捐赠等。

(一)初始确认

1.以外币计价的商品购销

企业发生外币交易，应在初始确认时采用交易日的即期汇率或即期汇率的近似汇率将外币金额折算为记账本位币金额。

【例 17-1】国内甲公司的记账本位币为人民币。20×8 年 6 月 5 日,甲公司向国外乙公司出口销售商品一批,根据销售合同,货款共计 100 000 美元,当日的即期汇率为 1 美元=6.8 元人民币。假定不考虑增值税等相关税费,货款尚未收到。

甲公司应作如下账务处理:

借:应收账款——美元(100 000×6.8)　　680 000

　贷:主营业务收入(100 000×6.8)　　680 000

【例 17-2】国内某公司的记账本位币为人民币,属于增值税一般纳税企业。20×8 年4 月 10 日,该公司从国外购入某原材料,共计 50 000 欧元,当日的即期汇率为 1 欧元=10 元人民币,按照规定计算应缴纳的进口关税(计入成本)为 50 000 元人民币,支付的进口增值税为 85 000 元人民币,货款尚未支付,进口关税及增值税已用银行存款支付。

该公司相关账务处理如下:

借:原材料(50 000×10+50 000)　　550 000

　应交税费——应交增值税(进项税额)　　85 000

　贷:应付账款——欧元(50 000×10)　　500 000

　　银行存款(50 000+85 000)　　135 000

进口的关税需要计入材料的成本,因为企业属于增值税一般纳税企业,所以增值税不计入材料成本。

2.外币的借贷

【例 17-3】国内某企业的记账本位币是人民币。20×8 年 5 月 12 日,该企业从中国银行借入英镑10 000 元,期限为 6 个月,年利率为 6%,当日的即期汇率为 1 英镑=10 元人民币。假定借入的英镑暂存银行。

该企业的相关账务处理如下:

借:银行存款——英镑(10 000×10)　　100 000

　贷:短期借款——英镑　　100 000

如果企业本身有英镑,因借贷方使用的折算汇率相同,不产生汇兑差额。但归还时与借款时的汇率可能有不同。因为是辅币记账,账上反映的英镑金额已还清不产生汇兑差额,反映的人民币金额可能会产生汇兑差额,这个差额期末再进行调整。

3.外币的买卖

**【例 17-4】**甲公司记账本位币为人民币,20×9 年 1 月 10 日将 10 万美元卖给银行,买入价是 1 美元=7 元人民币,同时交易日的平均汇率为 1 美元=7.1 元人民币,企业取得人民币。

**【解析】**

甲公司取得人民币,但是从银行的角度看是买入美元,所以应使用买入价计算取得的人民币的金额;同时,还应采用交易日的平均汇率将银行存款美元账户折算成人民币,两者的差额计入财务费用。

该企业的账务处理为:

借:银行存款——人民币(100 000×7)　　700 000

　财务费用　　10 000

　贷:银行存款——美元(100 000×7.1)　　710 000

**【例 17-5】**甲公司 20×9 年 2 月 10 日从银行买入 10 万美元,银行卖出价为 1 美元=7.3 元人民币,交易日的平均汇率为 1 美元=7.2 元人民币。

则该公司的账务处理是:

借:银行存款——美元(100 000×7.2)　　720 000

　财务费用　　10 000

　贷:银行存款——人民币(100 000×7.3)　　730 000

4.接受外币资本的投资

企业收到投资者以外币投入的资本,无论是否有合同约定汇率,均不采用合同约定汇率和即期汇率的近似汇率折算,而是采用交易日即期汇率折算,外币投入资本与相应的货币性项目的记账本位币金额相等,不产生外币资本折算差额。

**【例 17-6】**国内甲公司的记账本位币为人民币。2008 年 12 月 12 日,甲公司与某外商签订投资合同,当日收到外商投入资本 20 000 美元,当日的即期汇率为 1 美元=6.82 元人民币,假定投资合同约定的汇率为 1 美元=6.9 元人民币。

甲公司应进行以下账务处理:

借:银行存款——美元(20 000×6.82)　　136 400

　贷:实收资本　　136 400

(二)期末调整或结算

期末,企业应当分外币货币性项目和外币非货币性项目进行处理:

1.货币性项目

货币性项目是企业持有的货币和将以固定或可确定金额的货币收取的资产或者偿付的负债。货币性项目分为货币性资产和货币性负债,货币性资产包括现金、银行存款、应收账款、其他应收款、长期应收款等;货币性负债包括应付账款、其他应付款、短期借款、应付债券、长期借款、长期应付款等。

期末或结算货币性项目时,应以当日即期汇率折算外币货币性项目,该项目因当日即期汇率不同于该项目初始入账时或前一期末即期汇率而产生的汇率差额计入当期损益。

**【例 17-7】**沿用例 17-3,假定 20×7 年 5 月 31 日的即期汇率为 1 英镑=10.5 元人民币,则由该笔交易产生的“银行存款——英镑”和“短期借款——英镑”产生的汇兑差额均为5 000元人民币[10 000×(10.5–10)],由于借贷方均为货币性项目,产生的汇兑差额相互抵消。

相应的账务处理如下:

借:银行存款　　5 000
　贷:短期借款　　5 000

也可以这样做:

借:银行存款　　5 000
　贷:财务费用——汇兑差额　　5 000
借:财务费用——汇兑差额　　5 000
　贷:短期借款　　5 000

20×8 年 11 月 12 日以人民币归还所借英镑,当日银行的英镑卖出价为 1 英镑=11 元人民币,假定借款利息在到期归还本金时一并支付,则当日应归还银行借款利息为10 000×6%÷12×6=300 英镑,按当日英镑卖出价折算为人民币为 300×11=3 300 元。

相关账务处理如下:

借:短期借款——英镑　　105 000
　财务费用　　5 000
　贷:银行存款——人民币(10 000×11)　　110 000
借:财务费用　　3 300
　贷:银行存款　　3 300

2.非货币性项目

非货币性项目是货币性项目以外的项目,如存货、预付账款、长期股权投资、交易性金融资产、固定资产、无形资产等。

(1)对于以历史成本计量的外币非货币性项目,已在交易发生日按当日即期汇率折算,资产负债表日不应改变其原记账本位币金额,不产生汇兑差额。

(2)对于以成本与可变现净值孰低计量的存货,如果其可变现净值以外币确定,则在确定存货的期末价值时,应先将可变现净值折算为记账本位币,再与以记账本位币反映的存货成本进行比较。

【例 17–8】某上市公司以人民币为记账本位币。20×7 年 11 月 20 日,该公司以 1 000 美元/台的价格从美国某供货商处购入国际最新型号的甲器材 12 台(该器材在国内市场尚无供应),并于当日支付了相应货款(假定该上市公司有美元存款)。至 20×7 年 12 月 31 日,该公司已经售出甲器材 2 台,库存尚有 10 台,国内市场仍无甲器材供应,其在国际市场的价格已降至 980 美元/台。11 月 20 日的即期汇率是 1 美元=6.9 元人民币,12 月 31 日的即期汇率是 1 美元=6.8 元人民币。假定不考虑增值税等相关税费。

该公司应该进行如下账务处理:

12 月 31 日对甲器材计提的存货跌价准备=10×1 000×6.9(账面价值)–10×980×6.8(可变现净值)=2 360(元人民币)

借:资产减值损失　　2 360

贷:存货跌价准备　　　　　　　　　　2 360

(3)对于以公允价值计量的股票、基金等非货币性项目,如果期末的公允价值以外币反映,则应当先将该外币按照公允价值确定当日的即期汇率折算为记账本位币金额,再与原记账本位币金额进行比较,其差额作为公允价值变动损益,计入当期损益。

【例 17-9】国内甲公司的记账本位币为人民币。20×7 年 12 月 5 日该公司以每股 3.5 港元的价格购入乙公司的 H 股 10 000 股作为交易性金融资产,当日汇率为 1 港元=1 元人民币,款项已支付。20×7 年 12 月 31 日,当月购入的乙公司 H 股的市价变为每股 3 港元,当日汇率为1 港元=1.2 元人民币。假定不考虑相关税费的影响。

20×7 年 12 月 5 日,该公司对上述交易应进行如下账务处理:

借:交易性金融资产成本(3.5×10 000×1)　　　　35 000

　贷:银行存款——港元　　　　　　　　　　35 000

上述交易性金融资产在资产负债表日应按 36 000 元人民币(3×10 000×1.2)入账,与原账面价值 35 000 元的差额为 1 000 元人民币,应计入公允价值变动损益。

相应的账务处理如下:

借:交易性金融资产公允价值变动　　　　1 000

　贷:公允价值变动损益　　　　　　　　1 000

这 1 000 元人民币既包含甲公司所购乙公司 H 股公允价值变动的影响,又包含人民币与港元之间汇率变动的影响。

20×8 年 2 月 27 日,甲公司将所购乙公司 H 股按当日市价每股 4 港元全部售出,所得价款为 40 000 港元,按当日汇率 1 港元=1.1 元人民币折算为 44 000 元人民币 (4×10 000×1.1),与其原账面价值 36 000 元人民币(35 000+1 000)的差额为 8 000 元人民币。对于汇率的变动和股票市价的变动不进行区分,均作为投资收益进行处理。

因此,售出当日,甲公司应进行如下账务处理:

借:银行存款——港元　　　　　　　　44 000

　贷:交易性金融资产　　　　　　　　　36 000

　　投资收益　　　　　　　　　　　　　8 000

借:公允价值变动损益　　　　　　　　1 000

　贷:投资收益　　　　　　　　　　　　1 000

## 第三节　外币财务报表折算

在将企业的境外经营通过合并、权益法核算等纳入到企业的财务报表中时,需要将企业境外经营的财务报表折算为以企业记账本位币反映的财务报表,即进行外币财务报表折算。可见,境外经营及其记账本位币的确定是进行财务报表折算的关键。有关境外经营记账本位币的确定见本章第一节。

## 一、境外经营财务报表的折算

(一)折算方法

在对企业境外经营财务报表进行折算前,应当调整境外经营的会计期间和会计政策,使之与企业会计期间和会计政策相一致,根据调整后会计政策及会计期间编制相应货币(记账本位币以外的货币)的财务报表,再按照以下方法对境外经营财务报表进行折算:

1.资产负债表中的资产和负债项目,采用资产负债表日的即期汇率折算,所有者权益项目除“未分配利润”项目外,其他项目采用发生时的即期汇率折算。

2.利润表中的收入和费用项目,采用交易发生日的即期汇率或即期汇率的近似汇率折算。

3.产生的外币财务报表折算差额,在编制合并会计报表时,应在合并资产负债表中所有者权益项目下单独作为“外币报表折算差额”项目列示。外币报表折算差额为以记账本位币反映的净资产减去以记账本位币反映的实收资本、累计盈余公积及累计未分配利润后的余额。

比较财务报表的折算比照上述规定处理。

【例 17–10】国内 A 公司的记账本位币为人民币,该公司在德国有一子公司 B 公司,B 公司确定的记账本位币应为欧元。根据合同约定,A 公司拥有 B 公司 70%的股权,并能够对 B 公司的财务和经营政策施加重大影响。

20×7 年 12 月 31 日,A 公司确认其在 B 公司的投资应分享或分担的 B 公司实现的净损益的份额时,需要先将 B 公司的欧元财务报表折算为人民币表述。B 公司有关资料见表 17–1。

**表 17–1 利润表**

编制单位:B 公司　　20×7 年　　单位:万元

| 项 目 | 期末数(欧元) | 折算汇率 | 折算为人民币金额(人民币) |
|---|---|---|---|
| 一、营业收入 | 3 000 | 10 | 30 000 |
| 减:营业成本 | 1 800 | 10 | 18 000 |
| 管理费用 | 200 | 10 | 2 000 |
| 财务费用 | 100 | 10 | 1 000 |
| 二、营业利润 | 900 | — | 9 000 |
| 加:营业外收入 | 100 | 10 | 1 000 |
| 三、利润总额 | 1 000 | — | 10 000 |
| 减:所得税费用 | 300 | 10 | 3 000 |
| 四、净利润 | 700 | — | 7 000 |
| 五、每股收益 | — | — | — |
| 六、其他综合收益 | — | — | — |
| 七、综合收益总额 | — | — | — |

20×7 年 12 月 31 日的汇率为 1 欧元=11 元人民币，20×7 年的平均汇率为 1 欧元=10 元人民币，实收资本、资本公积发生日的即期汇率为 1 欧元=8 元人民币，20×6 年 12 月 31 日的累计盈余公积为 140 万欧元，折算为人民币 1 190 万元，累计未分配利润为 100 万欧元，折算为人民币 900 万元，A、B 两公司均在年末提取盈余公积。B 公司的所有者权益变动表见表 17–2。

**表 17–2　所有者权益变动表**

编制单位：B 公司　　　　20×7 年　　　　单位：万元

| | 收资本 | | | 盈余公积 | | | 未分配利润 | | 外币报表折算差额 | 所有者权益合计（人民币） |
|---|---|---|---|---|---|---|---|---|---|---|
| | 欧元 | 折算汇率 | 人民币 | 欧元 | 折算汇率 | 人民币 | 欧元 | 人民币 | | |
| 一、本年年初余额 | 6 000 | 8 | 48 000 | 140 | | 1 190 | 100 | 900 | | 50 090 |
| 二、本年增减变动金额 | | | | | | | | | | |
| （一）净利润 | | | | | | | 700 | 7 000 | | 7 000 |
| （二）直接计入所有者权益的利得和损失 | | | | | | | | | | 19 250 |
| 其中：外币报表折算差额 | | | | | | | | | 19 250 | 19 250 |
| （三）利润分配 | | | | | | | | | | |
| 提取盈余公积 | | | | 160 | 10 | 1 600 | –160 | –1 600 | | |
| 三、本年年末余额 | 6 000 | 8 | 48 000 | 300 | | 2 790 | 640 | 6 300 | 19 250 | 76 340 |

当期计提的盈余公积采用当期平均汇率折算，期初盈余公积为以前年度计提的盈余公积按相应年度平均汇率折算后金额的累计，期初未分配利润记账本位币金额为以前年度未分配利润记账本位币金额的累计。B 公司的资产负债表见表 17–3。

表 17–3　资产负债表

编制单位:B 公司　　　　20×7 年 12 月 31 日　　　　单位:万元

| 资　产 | 期末数(万欧元) | 折算汇率 | 折算为人民币金额(万人民币) | 负债和股东权益 | 期末数(万欧元) | 折算汇率 | 折算为人民币金额(万人民币) |
|---|---|---|---|---|---|---|---|
| 流动资产: | | | | 流动负债: | | | |
| 银行存款 | 1 000 | 11 | 11 000 | 应付账款 | 360 | 11 | 3 960 |
| 应收账款 | 1 800 | 11 | 19 800 | 应付职工薪酬 | 800 | 11 | 8 800 |
| 存货 | 1 500 | 11 | 16 500 | | | | |
| 流动资产合计 | 4 300 | | 47 300 | 流动负债合计 | 1 160 | | 12 760 |
| 非流动资产: | | | | 非流动负债: | | | |
| 长期应收款 | 1 000 | 11 | 11 000 | 长期负债 | 1 200 | 11 | 13 200 |
| 固定资产 | 5 000 | 11 | 55 000 | 非流动负债合计 | 1 200 | | 13 200 |
| 减:累计折旧 | 2 000 | 11 | 22 000 | 负债合计 | 2 360 | | 25 960 |
| 无形资产 | 1 000 | 11 | 11 000 | 股东权益: | | | |
| 非流动资产合计 | 5 000 | | 55 000 | 实收资本 | 6 000 | 8 | 48 000 |
| | | | | 盈余公积 | 300 | | 2 790 |
| | | | | 未分配利润 | 640 | | 6 300 |
| | | | | 外币报表折算差额 | | | 19 250 |
| | | | | 股东权益合计 | 6 940 | | 76 340 |
| 资产总计 | 9 300 | | 102 300 | 负债和股东权益总计 | 9 300 | | 102 300 |

外币报表折算差额为以记账本位币反映的净资产减去以记账本位币反映的实收资本、累计盈余公积及累计未分配利润后的余额。

## 二、恶性通货膨胀经济情况下外币财务报表的折算

(一)恶性通货膨胀经济的判定

当一个国家经济环境显示出(但不局限于)以下特征时,应当判断该国处于恶性通货膨胀经济中:

1.三年累计通货膨胀率接近或超过100%;

2.利率、工资和物价与物价指数挂钩,物价指数是物价变动趋势和幅度的相对数;

3.一般公众不是以当地货币,而是以相对稳定的外币为单位作为衡量货币金额的基础;

4.一般公众倾向于以非货币性资产或相对稳定的外币来保存自己的财富,持有的当地货币立即用于投资以保持购买力;

5.即使信用期限很短,赊销、赊购交易仍按补偿信用期预计购买力损失的价格成交。

(二)处于恶性通货膨胀经济中境外经营财务报表的折算

企业在通过合并或权益法核算将处于恶性通货膨胀经济中境外经营的财务报表纳入本企业财务报表时,需要先对其财务报表进行重述;对资产负债表项目运用一般物价指数予以重述,对利润表项目运用一般物价指数变动予以重述,然后,按照重述后的财务报表进行折算。在境外经营不再处于恶性通货膨胀经济中时,应当停止重述,按照停止之日的价格水平重述的财务报表进行折算。

1.资产负债表项目的重述

在对资产负债表项目进行重述时,由于现金、应收账款、其他应收款等货币性项目已经以资产负债表日的计量单位表述,因此不需要对其进行重述;通过协议与物价变动挂钩的资产和负债,应根据协议约定进行调整;非货币性项目中,有些是以资产负债表日的计量单位列示的,如存货如果已经以可变现净值列示,资产负债表日就不需要进行重述。其他非货币性项目,如固定资产、无形资产等,应自购之日起以一般物价指数变动予以重述。

2.利润表项目的重述

在对利润表项目进行重述时,所有项目金额都需要自其初始确认之日起,以一般物价指数变动进行重述,以使利润表的所有项目都以资产负债表日的计量单位表述。由于上述重述而产生的差额计入当期净利润。

对资产负债表和利润表项目进行重述后,在按资产负债表日的即期汇率对资产负债表项目和利润表项目进行折算。

## 三、境外经营的处置

企业可能通过出售、清算、返还股本或放弃全部或部分权益等方式处置其在境外经营中的利益。在包含境外经营的财务报表中,将已列入所有者权益的外币报表折算差额中与该境外经营相关部分,自所有者权益项目中转入处置当期损益;如果是部分处置境外经营,应当按处置的比例计算处置部分的外币报表折算差额,转入处置当期损益。

# 第十八章 财务报告

## 第一节 财务报告概述

### 一、财务报表的内容

财务报告是企业正式对外揭示或表述财务信息的总结性书面文件。在市场经济中,由于所有权与经营权分离,企业必须面向市场进行筹资、投资和经营活动,这在客观上要求企业向市场披露信息以便帮助现在和潜在的投资者、债权人、其他信息使用者对投资及信贷等做出正确的财务信息决策,并为国家进行必要的宏观调控提供所需要的基本数据。在企业对外披露的财务信息中,有些是通过财务报表提供的,另一些则是通过其他财务报告提供的。一般来说,财务报表是财务报告的核心,企业对外提供的主要财务信息都应纳入财务报表。通常,财务报告应当提供以下信息:

1.提供企业的经济资源,这些资源上的权利以及引起资源和资源权利变动的各种交易、事项的信息。

2.提供企业在报告期内的经营绩效,即企业经营活动(投资活动、筹资活动和分配活动)中引起资产、负债和所有者权益的变动及其结果的信息。

3.提供企业现金流动的信息。因为一个企业过去、现在和未来的现金流动(尤其是净现金流动)是现在企业在经济上有无活力、在财务上有无弹性、在未来发展上有无后劲的重要标志。就财务报告的外部使用者来说,他们特别关注企业的到期信息与本金能否用现金偿还,应付股利能否用现金分派,以及表明影响企业变现能力或偿债能力的其他信息。

4.反映企业管理当局向资源提供者报告如何利用受托使用的资源,进行资源的保值、增值活动并履行法律与合同规定的其他义务等有关受托责任的信息。

5.根据社会经济的发展,逐渐扩大财务报告信息的内容,包括非财务信息和未来信息,如企业未来经营预测和社会责任的履行情况。

## 二、财务报告的作用

由于财务报告的目标是向财务报告的使用者提供与企业的财务状况、经营成果和现金流量等有关的会计信息,反映企业管理层受托责任的履行情况,所以有助于财务报告的使用者做出经济决策。财务报告使用者包括投资者、债权人、政府及有关部门和社会公众等。

财务报告的作用表现在以下几方面:(1)有助于投资者和债权人等进行合理的决策;(2)能够反映企业管理当局受托责任的履行情况;(3)能够帮助企业管理当局改善经营管理,协调企业与相关利益集团的关系,促进企业快速、稳定地发展;(4)能够帮助国家有关部门实现其经济与社会目标,并进行必要的宏观调控,促进社会资源的有效配置。

## 三、财务报告的分类

财务报告包括财务报表和其他应当在财务报告中披露的相关信息和资料。财务报表可以按不同的标准分为以下几类:

(一)按财务报表编报期间的不同,可以分为中期财务报表和年度财务报表

中期财务报表是以短于一个完整会计年度的报告期间为基础编制的财务报表, 包括月报、季报和半年报等。中期财务报表至少应当包括资产负债表、利润表、现金流量表和附注,其中,中期资产负债表、利润表和现金流量表应当是完整报表,其格式和内容应当与年度财务报表相一致。与年度财务报表相比,中期财务报表中的附注披露可适当简略。

(二)按财务报表编报主体的不同,可以分为个别财务报表和合并财务报表

个别财务报表是由企业在自身会计核算基础上对账簿记录进行加工而编制的财务报表,它主要用以反映企业自身的财务状况、经营成果和现金流量情况。合并财务报表是以母公司和子公司组成的企业集团为会计主体,根据母公司和所属子公司的财务报表,由母公司编制的综合反映企业集团财务状况、经营成果及现金流量的财务报表。

(三)按照财务报表反映的内容,可以分为动态报表和静态报表

动态报表是指反映企业一定时期内资金耗费和资金收回的报表, 如利润表是反映企业一定时期内经营成果的报表;静态报表是指综合反映一定时点企业财产、负债和所有者权益的报表,如资产负债表是反映资产负债表日企业资产总额和权益总额的报表,从企业资产总量方面反映企业的财务状况,从而反映企业资产的变现能力和偿债能力。

## 四、财务报表列报的基本要求

(一)遵循各项会计准则进行确认和计量

企业应当根据实际发生的交易和事项,遵循各项具体会计准则的规定进行确认和计量,并在此基础上编制财务报表。企业应当在附注中对遵循企业会计准则编制的财务报表作出声明,只有遵循了企业会计准则的所有规定时,财务报表才应当被称为“遵循了企业会计准则”。

企业不应以在附注中披露代替对交易和事项的确认和计量,也就是说,企业采用的不恰当的会计政策,不得通过在附注中披露等其他形式予以更正,企业应当对交易和事项进行正

确的确认和计量。

(二)列报基础为持续经营

持续经营是会计的基本前提,是会计确认、计量及编制财务报表的基础。企业会计准则规范的是持续经营条件下企业对所发生交易和事项确认、计量及报表列报;相反,如果企业经营出现了非持续经营,致使以持续经营为基础编制财务报表不再合理的,企业应当采用其他基础编制财务报表。

在编制财务报表的过程中,企业管理层应当对企业持续经营的能力进行评价,需要考虑的因素包括市场经营风险、企业目前或长期的盈利能力、偿债能力、财务弹性以及企业管理层改变经营政策的意向等。评价后对企业持续经营的能力产生严重怀疑的,应当在附注中披露导致对持续经营能力产生重大怀疑的重要的不确定因素。

非持续经营是企业在极端情况下出现的一种情况, 非持续经营往往取决于企业所处的环境以及企业管理部门的判断。一般而言,企业如果存在以下情况之一,则通常表明其处于非持续经营状态:

1.企业已在当期进行清算或停止营业;

2.企业已经正式决定在下一个会计期间进行清算或停止营业;

3.企业已确定在当期或下一个会计期间没有其他可供选择的方案而将被迫进行清算或停止营业。

企业处于非持续经营状态时,应当采用其他基础编制财务报表,比如破产企业的资产采用可变现净值计量、负债按照其预计的结算金额计量等。由于企业在持续经营和非持续经营环境下采用的会计计量基础不同,产生的经营成果和财务状况不同,因此在附注中披露非持续经营信息对报表使用者而言非常重要。在非持续经营情况下,企业应当在附注中声明财务报表未以持续经营为基础列报,披露未以持续经营为基础的原因以及财务报表的编制基础。

(三)重要性和项目列报

财务报表是通过对大量的交易或事项进行处理而生成的, 这些交易或事项按其性质或功能汇总归类而形成财务报表中的项目。关于项目在财务报表中是单独列报还是合并列报,应当依据重要性原则来判断。总的原则是,如果某项目单个看不具有重要性,则可将其与其他项目合并列报;如具有重要性,则应当单独列报。具体而言,应当遵循以下几点:

1.性质或功能不同的项目,一般应当在财务报表中单独列报,但是不具有重要性的项目可以合并列报,比如存货和固定资产在性质上和功能上都有本质差别,必须分别在资产负债表上单独列报。

2.性质或功能类似的项目,一般可以合并列报,但是对其具有重要性的类别应该单独列报。比如原材料、低值易耗品等项目在性质上类似,均通过生产过程形成企业的产品存货,因此可以合并列报,合并之后的类别统称为“存货”进行单独列报。

3.项目单独列报的原则不仅适用于报表,还适用于附注。某些项目的重要性程度不足以在资产负债表、利润表、现金流量表或所有者权益变动表中单独列示,但是对附注而言可能具有重要性,在这种情况下应当在附注中单独披露。仍以上述存货为例,对某制造业企业而言,原材料、包装物及低值易耗品、在产品、库存商品等项目的重要性程度不足以在资产负债表上单独列示，因此在资产负债表上合并列示，但是鉴于其对该制造业企业的重要性，应当在附注中单独披露。

4.无论是《企业会计准则第 30 号——财务报表列报》规定的单独列报项目，还是其他具体会计准则规定单独列报的项目，企业都应当予以单独列报。

重要性是判断项目是否单独列报的重要标准。企业在进行重要性判断时，应当根据所处环境，从项目的性质和金额大小两方面予以判断：一方面，应当考虑该项目的性质是否属于企业日常活动、是否对企业的财务状况和经营成果具有较大影响等因素；另一方面，判断项目金额大小的重要性，应当通过单项金额占资产总额、负债总额、所有者权益总额、营业收入总额、净利润等直接相关项目金额的比重加以确定。

(四)列报的一致性

可比性是会计信息质量的一项重要质量要求，目的是使同一企业不同期间和同一期间不同企业的财务报表相互可比。因此，财务报表项目的列报应当在各个会计期间保持一致，不得随意变更，这一要求不仅只针对财务报表中的项目名称，还包括财务报表项目的分类、排列顺序等方面。

在以下规定的特殊情况时，财务报表项目的列报是可以改变的：(1)会计准则要求改变；(2)企业经营业务的性质发生重大变化后，变更财务报表项目的列报能够提供更可靠、更相关的会计信息。

(五)财务报表项目金额间的相互抵消

财务报表项目应当以总额列报，资产和负债、收入和费用不能相互抵消，即不得以净额列报，但企业会计准则另有规定的除外。比如，企业欠客户的应付款不得与其他客户欠本企业的应收款相抵消，如果相互抵消就掩盖了交易的实质。

下列两种情况不属于抵消，可以以净额列示：(1)资产项目按扣除减值准备后的净额列示，不属于抵消。对资产计提减值准备，表明资产的价值确实已经发生减损，按扣除减值准备后的净额列示，才反映了资产当时的真实价值。(2)非日常活动的发生具有偶然性，并非企业主要的业务，从重要性来讲，非日常活动产生的损益以收入扣减费用后的净额列示，更有利于报表使用者的理解，也不属于抵消。

(六)比较信息的列报

企业在列报当期财务报表时，至少应当提供所有列报项目上一可比会计期间的比较数据，以及与理解当期财务报表相关的说明，目的是向报表使用者提供对比数据，提高信息在会计期间的可比性，以反映企业财务状况、经营成果和现金流量的发展趋势，提高报表使用者的判断与决策能力。

在财务报表项目的列报确需发生变更的情况下，企业应当对上期比较数据按照当期的列报要求进行调整，并在附注中披露调整的原因和性质，以及调整的各项目金额。但是，在某些情况下，对上期比较数据进行调整是不切实可行的，则应当在附注中披露不能调整的原因。

(七)财务报表表首的列报要求

财务报表一般分为表首、正表两部分，其中，在表首部分企业应当概括地说明下列基本信息：

1.编报企业的名称,如企业名称在所属当期发生了变更的,还应明确标明。

2.对资产负债表而言,需披露资产负债表日,而对利润表、现金流量表、所有者权益变动表而言,需披露报表涵盖的会计期间。

3.货币名称和单位,按照我国企业会计准则的规定,企业应当以人民币作为记账本位币列报,并标明金额单位,如人民币元、人民币万元等。

4.财务报表是合并财务报表的,应当予以标明。

(八)报告期间

企业至少应当编制年度财务报表。根据《中华人民共和国会计法》的规定,会计年度自公历 1 月 1 日起至 12 月 31 日止。因此,在编制年度财务报表时,可能存在年度财务报表涵盖的期间短于 1 年的情况,比如企业在年度中间(如 5 月 1 日)开始设立等,在这种情况下,企业应当披露年度财务报表的实际涵盖期间及其短于 1 年的原因,并应当说明由此引起财务报表项目与比较数据不具可比性这一事实。

# 第二节 资产负债表

## 一、资产负债表的概念及作用

资产负债表是反映企业在某一特定日期的财务状况的会计报表。例如,公历每年 12 月 31 日的财务状况,它反映的就是该日的情况。

资产负债表主要提供有关企业财务状况方面的信息,即某一特定日期关于企业资产、负债、所有者权益及其相互关系。它是一张揭示企业在一定时点上的财务状况的静态报表。资产负债表的作用主要有以下几方面:

1.反映企业的经济资源及其分布情况,以及企业的资本结构;

2.有助于评价和预测企业的短期偿债能力;

3.有助于评价和预测企业的长期偿债能力;

4.有助于评价和预测企业的财务弹性;

5.有助于评价和预测企业的经济绩效。

资产负债表可以提供进行财务分析的基本资料,如将流动资产与流动负债进行比较,计算出流动比率;将速动资产与流动负债进行比较,计算出速动比率等,可以表明企业的变现能力、偿债能力和资金周转能力,从而有助于报表使用者做出经济决策。

## 二、资产负债表的结构

(一)资产负债表项目的分类方法

在编制资产负债表时,应当依照财务报表的目的,按照一定的标准对资产、负债和所有者权益项目进行再分类,以便充分披露重要信息。对资产负债表项目主要有两种分类方法:

一是按其流动性分类;二是按其货币性分类。

1.按流动性分类

按照流动性分类,资产分为流动资产与非流动资产两大类;负债分为流动负债和非流动负债;所有者权益分为投入资本和留存收益。

(1)流动资产是指将在一个会计年度(或一个营业周期)内耗用或转换成现金的资产。

在会计实务中,对某些项目来说这一分类标准并没有得到严格的执行。例如,所有商品存货都被列为流动资产,尽管其中某些项目(如半成品)可能在下一年度内尚不能销售。因此,按流动性分类时,仍要同时考虑到资产本身的特征和预期用途。有些资产项目可以直接转换成现金,但企业可能旨在长期持有,因此,这些资产不能列为流动资产。

我国《企业会计准则第30号——财务报表列报》规定,资产满足下列条件的,应归类为流动资产:

①预计在一个正常的营业周期中变现、出售或耗用。如果正常营业周期不能确定时,应当以1年(12个月)作为划分流动资产的标准。这主要包括:存货、应收账款等。

②主要为交易而持有,企业持有资产的目的是用于交易,而不是为了自己使用。例如,依照《企业会计准则第22号——金融工具确认和计量》划分的交易性金融资产。

③预计在资产负债表日起1年内(含1年)变现。例如,企业持有的应收票据,可以在6个月内变现。

④在资产负债表日起1年内,交换其他资产或清偿负债的能力不受限制的现金或现金等价物。在实务中,存在用途限制的现金或现金等价物,如用途受到限制的信用证存款、汇票存款等,这类现金或现金等价物如果作为流动资产列报,可能会高估流动资产金额,从而高估流动比率等财务指标,影响到使用者的决策。

(2)非流动资产是流动资产以外的资产。如果资产预计不能在一个正常营业周期中变现、出售或耗用,或者持有资产的主要目的不是为了交易,或预计在资产负债表日期1年内(含1年)不能变现,或者在资产负债表日期1年内交换其他资产或清偿负债的能力受到限制的现金或现金等价物,这些资产都应当归为非流动资产。

在资产负债表中,非流动资产通常包括可供出售金融资产、持有至到期投资、长期股权投资、投资性房地产、固定资产、在建工程、工程物资、固定资产清理、生产性生物资产、油气资产、无形资产、开发支出、商誉、长期待摊费用、递延所得税资产和其他非流动资产。

(3)流动负债是指那些将在下一会计年度内清偿和履行的负债项目。满足下列条件之一的,应当归为流动负债:①预计在一个正常营业周期内清偿;②主要为交易目的而持有的;③自资产负债表日起1年内到期应予以清偿;④企业无权自主地将清偿推至资产负债表日后1年以上。

在资产负债表中,流动负债通常包括短期借款、应付票据、应付账款、预收账款、应付职工薪酬、应交税费、应付利润、其他应付款和其他流动负债。

(4)非流动负债是指流动负债以外的负债,即当企业承担的某一项负债,预计不能在一个正常营业周期中清偿,或者企业有权自主地将清偿推迟至资产负债表日后1年以上,这样的负债应当划分为非流动负债。

在资产负债表中,非流动负债主要包括长期借款、应付债券、长期应付款、专项应付款、预计负债、递延所得税负债和其他非流动负债。

(5)所有者权益是指企业资产扣除负债后由所有者享有的剩余权益。所有者权益按其来源可以划分为:所有者投入的资本,直接计入所有者权益的利得和损失、留存收益。

在资产负债表中,所有者权益包括实收资本(或股本)、资本公积、库存股、盈余公积和未分配利润。

按照流动性分类和排列资产负债表项目的最大优点在于能够较为直接地获得偿债能力的信息,尤其是短期偿债能力的信息。长期以来,报表使用人尤其是债权人最为关心的就是偿债能力的信息。偿债能力、资产的流动性和资本结构等信息与企业利益攸关,是集团非常关注的信息。

2.按货币性分类

资产负债表的另一种分类方法是按货币性分类, 即可将资产负债表项目划分为货币性项目和非货币性项目。货币性项目部分可再分为货币性资产和货币性负债。其下再进一步分为货币性流动资产、货币性非流动资产、货币性流动负债、货币性非流动负债4种。在非货币性项目下,同样可再分为非货币性流动资产、非货币性非流动资产、非货币性流动负债、非货币性非流动负债。

划分货币性与非货币性项目,有助于企业控制偿债能力,以及在通货膨胀时期避免物价上涨带来的风险。

(二)资产负债表的格式

资产负债表各项目在表中的排列方法不同,形成了各种各样的资产负债表格式。由于企业各异,资产负债表项目排列及采用的结构也有所区别,但不论采取何种格式,资产负债表都应标明本表的名称、编表企业的名称、资产负债表日和货币计量单位等。通常有下列格式的资产负债表。

1.报告式资产负债表

报告式资产负债表是将资产、负债和所有者权益项目采用垂直分列的形式排列。具体又包括两种形式:依照“资产=权益”的等式垂直排列;依照“资产-负债=所有者权益”的等式垂直排列,见表18-1。

表 18-1　报告式资产负债表

| “资产=权益”式 | “资产-负债=所有者权益”式 |
|---|---|
| 资产: | 资产: |
| 各项目明细 | 各项目明细 |
| 资产总计 | 资产总计 |
| 权益: | 减:负债 |
| 负债 | 各项目明细 |
| 各项目明细 | 负债合计 |
| 负债合计 | |
| 所有者权益 | 所有者权益 |
| 各项目明细 | 各项目明细 |
| 所有者权益合计 | 所有者权益合计 |
| 权益合计 | |

2.账户式资产负债表

账户式资产负债表,报表分为左右两方,左方列示资产各项目,反映全部资产的分布及存在形态;右方列示负债和所有者权益各项目,反映全部负债和所有者权益的内容及构成情况。资产负债表左右双方平衡,资产总计等于负债和所有者权益总计,即“资产=负债+所有者权益”。此外,为了使使用者通过比较不同时点资产负债表的数据,掌握企业财务状况的变动情况及发展趋势,企业需要提供比较资产负债表,资产负债表就各项目再分为“年初余额”和“期末余额”两栏进行分别填列。具体格式见资产负债表编制示例所示。

根据我国《企业会计准则第 30 号——财务报表列报》的规定,资产负债表采用账户式结构。

## 三、资产负债表的填列方法

资产负债表的编制如同其他财务报表一样,是以日常会计处理的数据和信息为基础,进行再确认的过程。大量的交易与事项已经在账簿记录中予以确认,但初次确认的结果不等于原封不动地在报表中披露。报表是向使用者传递有用信息的主要手段,在会计记录中初次确认的数据与信息,是否在财务报表中披露以及如何披露,仍有一个确认甚至再计量的问题。因此,报表的编制,表面上似乎是一些会计技术上处理的问题(如分类、排列、小计、合并等),实际上,一些日常的会计信息怎样在报表上恰当地被表达,很大程度地影响对外公开的会计信息的质量。

由账户信息进入报表,把“科目”转化为“项目”的确认过程,除一部分不需加工计算外,尚有相当一部分必须进行合并、分散,并重新整理、计算。

### (一)资产负债表各项目数据来源

1.年初余额栏的数据来源

资产负债表“年初余额”栏内各项数字,应根据上年末资产负债表“期末余额”栏内所列数字填列。如果上年度资产负债表规定的各个项目的名称和内容同本年度不相一致,应对上年年末资产负债表各项目的名称和数字按照本年度的规定进行调整,填入表中“年初余额”栏内。

2.期末余额栏的数据来源

资产负债表“期末余额”栏内各项数字,一般应根据资产、负债和所有者权益类科目的期末余额填列。主要包括以下方式:

(1)根据总账科目余额填列。资产负债表中的有些项目,可直接根据有关总账科目的余额填列,如“交易性金融资产”“短期借款”“应付票据”“应付职工薪酬”等项目;有些项目则需根据几个总账科目的期末余额计算填列,如“货币资金”项目,需根据“库存现金”“银行存款”“其他货币资金”3个总账科目的期末余额的合计数填列。

(2)根据明细账科目余额计算填列。如“应付账款”项目,需要根据“应付账款”和“预付款项”两个科目所属的相关明细科目的期末贷方余额计算填列;“应收账款”项目,需要根据“应收账款”和“预收款项”两个科目所属的相关明细科目的期末借方余额计算填列。

(3)根据总账科目和明细账科目余额分析计算填列。如“长期借款”项目,需要根据“长期借款”总账科目余额扣除“长期借款”科目所属的明细科目中将在1年内到期,且企业不能自主地将清偿义务展期的长期借款后的金额计算填列。

(4)根据有关科目余额减去其备抵科目余额后的净额填列。如资产负债表中的“应收账款”项目,应当根据“应收账款”科目的期末余额减去“坏账准备”科目余额后的净额填列。“固定资产”项目,应当根据“固定资产”科目的期末余额减去“累计折旧”“固定资产减值准备”备抵科目余额后的净额填列等。

(5)综合运用上述填列方法分析填列。如资产负债表中的“存货”项目,需要根据“原材料”“库存商品”“委托加工物资”“周转材料”“材料采购”“在途物资”“发出商品”“材料成本差异”等总账科目期末余额的分析汇总数,再减去“存货跌价准备”科目余额后的净额填列。

(二)资产负债表各项目的填列方法

1.资产项目的填列方法

“货币资金”项目,反映企业库存现金、银行结算户存款、外埠存款、银行汇票存款、银行本票存款、信用卡存款、信用证保证金存款等的合计数。本项目应根据“库存现金”“银行存款”“其他货币资金”科目期末余额的合计数填列。

“交易性金融资产”项目,反映企业持有的以公允价值计量且其变动计入当期损益的为交易目的所持有的债券投资、股票投资、基金投资、权证投资等金融资产。本项目应根据“交易性金融资产”科目的期末余额填列。

“应收票据”项目,反映企业因销售商品、提供劳务等而收到的商业汇票,包括银行承兑汇票和商业承兑汇票。本项目应根据“应收票据”科目的期末余额,减去“坏账准备”科目中有关应收票据计提的坏账准备期末余额后的金额填列。

“应收账款”项目,反映企业因销售商品、提供劳务等经营活动应收取的款项。本项目应根据“应收账款”和“预收账款”科目所属各明细科目的期末借方余额合计数,减去“坏账准备”科目中有关应收账款计提的坏账准备期末余额后的金额填列。如“应收账款”科目所属明细科目期末有贷方余额的，应在资产负债表“预收款项”项目内填列。

“预付款项”项目，反映企业按照购货合同规定预付给供应单位的款项等。本项目应根据“预付账款”和“应付账款”科目所属各明细科目的期末借方余额合计数，减去“坏账准备”科目中有关预付款项计提的坏账准备期末余额后的金额填列。如“预付账款”科目所属各明细科目期末有贷方余额的，应在资产负债表“应付账款”项目内填列。

“应收利息”项目，反映企业应收取的债券投资等的利息。本项目应根据“应收利息”科目的期末余额，减去“坏账准备”科目中有关应收利息计提的坏账准备期末余额后的金额填列。

“应收股利”项目，反映企业应收取的现金股利和应收取其他单位分配的利润。本项目应根据“应收股利”科目的期末余额，减去“坏账准备”科目中有关应收股利计提的坏账准备期末余额后的金额填列。

“其他应收款”项目，反映企业除应收票据、应收账款、预付账款、应收股利、应收利息等经营活动以外的其他各种应收、暂付的款项。本项目应根据“其他应收款”科目的期末余额，减去“坏账准备”科目中有关其他应收款计提的坏账准备期末余额后的金额填列。

“存货”项目，反映企业期末在库、在途和在加工中的各种存货的可变现净值。本项目应根据 “材料采购”“原材料”“低值易耗品”“库存商品”“周转材料”“委托加工物资”“委托代销商品”“生产成本”等科目的期末余额合计，减去“受托代销商品款”“存货跌价准备”科目期末余额后的金额填列。材料采用计划成本核算，以及库存商品采用计划成本核算或售价核算的企业，还应按加或减材料成本差异、商品进销差价后的金额填列。

“1 年内到期的非流动资产”项目，反映企业将于 1 年内到期的非流动资产项目金额。本项目应根据有关科目的期末余额填列。

“其他流动资产”项目，反映企业除货币资金、交易性金融资产、应收票据、应收账款、存货等流动资产以外的其他流动资产。本项目应根据有关科目的期末余额填列。

“可供出售金融资产”项目，反映企业持有的以公允价值计量的可供出售的股票投资、债券投资等金融资产。本项目应根据“可供出售金融资产”科目的期末余额填列。

“持有至到期投资”项目，反映企业持有的以摊余成本计量的持有至到期投资。本项目应根据“持有至到期投资”科目的期末余额，减去“持有至到期投资减值准备”科目期末余额后的金额填列。

“长期应收款”项目，反映企业融资租赁产生的应收款项，采用递延方式具有融资性质的销售商品和提供劳务等产生的长期应收款项等。本项目应根据“长期应收款”科目的期末余额，减去相应的“未实现融资收益”科目和“坏账准备”科目所属相关明细科目期末余额后的金额填列。

“长期股权投资”项目，反映企业持有的对子公司、联营企业和合营企业的长期股权投资。本项目应根据“长期股权投资”科目的期末余额，减去“长期股权投资减值准备”科目期末余额后的金额填列。

“投资性房地产”项目，反映企业持有的投资性房地产。企业采用成本模式计量投资性房地产的，本项目应根据“投资性房地产”科目的期末余额，减去“投资性房地产累计折旧(摊销)”和“投资性房地产减值准备”科目期末余额后的金额填列；企业采用公允价值模式计量投资性房地产的,本项目应根据“投资性房地产”科目的期末余额填列。

“固定资产”项目,反映企业各种固定资产原价减去累计折旧和累计减值准备后的净额。本项目应根据“固定资产”科目的期末余额,减去“累计折旧”和“固定资产减值准备”科目期末余额后的金额填列。

“在建工程”项目,反映企业期末各项未完工程的实际支出,包括交付安装的设备价值、未完建筑安装工程已经耗用的材料、工资和费用支出、预付出包工程的价款等的可收回金额。本项目应根据“在建工程”科目的期末余额,减去“在建工程减值准备”科目期末余额后的金额填列。

“工程物资”项目,反映企业尚未使用的各项工程物资的实际成本。本项目应根据“工程物资”科目的期末余额填列。

“固定资产清理”项目,反映企业因出售、毁损、报废等原因转入清理但尚未清理完毕的固定资产的净值,以及固定资产清理过程中所发生的清理费用和变价收入等各项金额的差额。本项目应根据“固定资产清理”科目的期末借方余额填列,如“固定资产清理”科目期末为贷方余额,以“-”号填列。

“生产性生物资产”项目,反映企业持有的生产性生物资产。本项目应根据“生产性生物资产”科目的期末余额,减去“生产性生物资产累计折旧”和“生产性生物资产减值准备”科目期末余额后的金额填列。

“油气资产”项目,反映企业持有的矿区权益和油气井及相关设施的原价减去累计折耗和累计减值准备后的净额。本项目应根据“油气资产”科目的期末余额,减去“累计折耗”科目期末余额和相应减值准备后的金额填列。

“无形资产”项目,反映企业持有的无形资产,包括专利权、非专利技术、商标权、著作权、土地使用权等。本项目应根据“无形资产”科目的期末余额,减去“累计摊销”和“无形资产减值准备”科目期末余额后的金额填列。

“开发支出”项目,反映企业开发无形资产过程中能够资本化形成无形资产成本的支出部分。本项目应根据“研发支出”科目中所属的“资本化支出”明细科目期末余额填列。

“商誉”项目,反映企业合并中形成的商誉的价值。本项目应根据“商誉”科目的期末余额,减去相应减值准备后的金额填列。

“长期待摊费用”项目,反映企业已经发生但应由本期和以后各期负担的分摊期限在1年以上的各项费用。长期待摊费用中在1年内(含1年)摊销的部分,在资产负债表“1年内到期的非流动资产”项目填列。本项目应根据“长期待摊费用”科目的期末余额减去将于1年内(含1年)摊销的数额后的金额填列。

“递延所得税资产”项目,反映企业确认的可抵扣暂时性差异产生的递延所得税资产。本项目应根据“递延所得税资产”科目的期末余额填列。

“其他非流动资产”项目,反映企业除长期股权投资、固定资产、在建工程、工程物资、无形资产等资产以外的其他非流动资产。本项目应根据有关科目的期末余额填列。

2.负债项目的填列方法

“短期借款”项目,反映企业向银行或其他金融机构等借入的期限在1年以下(含1年)

的各种借款。本项目应根据"短期借款"科目的期末余额填列。

"交易性金融负债"项目，反映企业承担的以公允价值计量且其变动计入当期损益为交易目的所持有的金融负债。本项目应根据"交易性金融负债"科目的期末余额填列。

"应付票据"项目，反映企业购买材料、商品和接受劳务供应等而开出、承兑的商业汇票，包括银行承兑汇票和商业承兑汇票。本项目应根据"应付票据"科目的期末余额填列。

"应付账款"项目，反映企业因购买材料、商品和接受劳务供应等经营活动应支付的款项。本项目应根据"应付账款"和"预付账款"科目所属各明细科目的期末贷方余额合计数填列；如"应付账款"科目所属明细科目期末有借方余额的，应在资产负债表"预付款项"项目内填列。

"预收款项"项目，反映企业按照购货合同规定预付给供应单位的款项。本项目应根据"预收账款"和"应收账款"科目所属各明细科目的期末贷方余额合计数填列。如"预收账款"科目所属各明细科目期末有借方余额，应在资产负债表"应收账款"项目内填列。

"应付职工薪酬"项目，反映企业根据有关规定应付给职工的工资、职工福利、社会保险费、住房公积金、工会经费、职工教育经费、非货币性福利、辞退福利等各种薪酬。外商投资企业按规定从净利润中提取的职工奖励及福利基金，也在本项目列示。

"应交税费"项目，反映企业按照税法规定计算应交纳的各种税费，包括增值税、消费税、营业税、所得税、资源税、土地增值税、城市维护建设税、房产税、土地使用税、车船使用税、教育费附加、矿产资源补偿费等。企业代扣代交的个人所得税，也通过本项目列示。企业所交纳的税金不需要预计应交数的，如印花税、耕地占用税等，不在本项目列示。本项目应根据"应交税费"科目的期末贷方余额填列；如"应交税费"科目期末为借方余额，应以"-"号填列。

"应付利息"项目，反映企业按照规定应当支付的利息，包括分期付息到期还本的长期借款应支付的利息、企业发行的企业债券应支付的利息等。本项目应当根据"应付利息"科目的期末余额填列。

"应付股利"项目，反映企业分配的现金股利或利润。企业分配的股票股利，不通过本项目列示。本项目应根据"应付股利"科目的期末余额填列。

"其他应付款"项目，反映企业除应付票据、应付账款、预收款项、应付职工薪酬、应付股利、应付利息、应交税费等经营活动以外的其他各项应付、暂收的款项。本项目应根据"其他应付款"科目的期末余额填列。

"1 年内到期的非流动负债"项目，反映企业非流动负债中将于资产负债表日后 1 年内到期部分的金额，如将于 1 年内偿还的长期借款。本项目应根据有关科目的期末余额填列。

"其他流动负债"项目，反映企业除短期借款、交易性金融负债、应付票据、应付账款、应付职工薪酬、应交税费等流动负债以外的其他流动负债。本项目应根据有关科目的期末余额填列。

"长期借款"项目，反映企业向银行或其他金融机构借入的期限在 1 年以上(不含 1 年)的各项借款。本项目应根据"长期借款"科目的期末余额填列。

"应付债券"项目，反映企业为筹集长期资金而发行的债券本金和利息。本项目应根据

“应付债券”科目的期末余额填列。

“长期应付款”项目,反映企业除长期借款和应付债券以外的其他各种长期应付款项。本项目应根据“长期应付款”科目的期末余额,减去相应的“未确认融资费用”科目期末余额后的金额填列。

“专项应付款”项目,反映企业取得政府作为企业所有者投入的具有专项或特定用途的款项。本项目应根据“专项应付款”科目的期末余额填列。

“预计负债”项目,反映企业确认的对外提供担保、未决诉讼、产品质量保证、重组义务、亏损性合同等预计负债。本项目应根据“预计负债”科目的期末余额填列。

“递延所得税负债”项目,反映企业确认的应纳税暂时性差异产生的所得税负债。本项目应根据“递延所得税负债”科目的期末余额填列。

“其他非流动负债”项目,反映企业除长期借款、应付债券等负债以外的其他非流动负债。本项目应根据有关科目的期末余额减去将于1年内(含1年)到期偿还数后的余额填列。非流动负债各项目中将于1年内(含1年)到期的非流动负债,应在“1年内到期的非流动负债”项目内单独反映。

3.所有者权益项目的填列方法

“实收资本(或股本)”项目,反映企业各投资者实际投入的资本(或股本)总额。本项目应根据“实收资本”(或“股本”)科目的期末余额填列。

“资本公积”项目,反映企业资本公积的期末余额。本项目应根据“资本公积”科目的期末余额填列。

“库存股”项目,反映企业持有尚未转让或注销的本公司股份金额。本项目应根据“库存股”科目的期末余额填列。

“盈余公积”项目,反映企业盈余公积的期末余额。本项目应根据“盈余公积”科目的期末余额填列。

“未分配利润”项目,反映企业尚未分配的利润。本项目应根据“本年利润”科目和“利润分配”科目的余额计算填列。未弥补的亏损在本项目内以“-”号填列。

## 四、资产负债表编制示例

【例18-1】甲股份有限公司20×7年12月31日的资产负债表(年初余额略)及20×8年12月31日的科目余额表分别见表18-2和表18-3。假设甲股份有限公司20×8年度除计提固定资产减值准备导致固定资产账面价值与其计税基础存在可抵扣暂时性差异外，其他资产和负债项目的账面价值均等于其计税基础。假定甲股份公司未来很可能获得足够的应纳税所得额用来抵扣可抵扣暂时性差异,适用的所得税税率为25%。

**表 18-2 资产负债表**

会企 01 表

编制单位:甲股份有限公司　　20×7 年 12 月 31 日　　单位:元

| 资　产 | 期末余额 | 年初余额 | 负债和股东权益 | 期末余额 | 年初余额 |
|---|---|---|---|---|---|
| 流动资产: | | | 流动负债: | | |
| 货币资金 | 1 406 300 | | 短期借款 | 300 000 | |
| 交易性金融资产 | 15 000 | | 交易性金融负债 | 0 | |
| 应收票据 | 246 000 | | 应付票据 | 200 000 | |
| 应收账款 | 299 100 | | 应付账款 | 953 800 | |
| 预付款项 | 100 000 | | 预收款项 | 0 | |
| 应收利息 | 0 | | 应付职工薪酬 | 110 000 | |
| 应收股利 | 0 | | 应交税费 | 36 600 | |
| 其他应收款 | 5 000 | | 应付利息 | 1 000 | |
| 存货 | 2 580 000 | | 应付股利 | 0 | |
| 1年内到期的非流动资产 | 0 | | 其他应付款 | 50 000 | |
| 其他流动资产 | 100 000 | | 1年内到期的非流动负债 | 1 000 000 | |
| 流动资产合计 | 4 751 400 | | 其他流动负债 | 0 | |
| 非流动资产: | | | 流动负债合计 | 2 651 400 | |
| 可供出售金融资产 | 0 | | 非流动负债: | | |
| 持有至到期投资 | 0 | | 长期借款 | 600 000 | |
| 长期应收款 | 0 | | 应付债券 | 0 | |
| 长期股权投资 | 250 000 | | 长期应付款 | 0 | |
| 投资性房地产 | 0 | | 专项应付款 | 0 | |
| 固定资产 | 1 100 000 | | 预计负债 | 0 | |
| 在建工程 | 1 500 000 | | 递延所得税负债 | 0 | |
| 工程物资 | 0 | | 其他非流动负债 | 0 | |
| 固定资产清理 | 0 | | 非流动负债合计 | 600 000 | |
| 生产性生物资产 | 0 | | 负债合计 | 3 251 400 | |
| 油气资产 | 0 | | 股东权益: | | |
| 无形资产 | 600 000 | | 实收资本(或股本) | 5 000 000 | |

续表 18-2

| 资　产 | 期末余额 | 年初余额 | 负债和股东权益 | 期末余额 | 年初余额 |
|---|---|---|---|---|---|
| 开发支出 | 0 | | 资本公积 | 0 | |
| 商誉 | 0 | | 减：库存股 | 0 | |
| 长期待摊费用 | 0 | | 盈余公积 | 100 000 | |
| 递延所得税资产 | 0 | | 未分配利润 | 50 000 | |
| 其他非流动资产 | 200 000 | | 股东权益合计 | 5 150 000 | |
| 非流动资产合计 | 3 650 000 | | | | |
| 资产总计 | 8 401 400 | | 负债和股东权益总计 | 8 401 400 | |

**表 18-3　科目余额表**

2008 年 12 月 31 日　　单位:元

| 科目名称 | 借方余额 | 科目名称 | 贷方余额 |
|---|---|---|---|
| 库存现金 | 2 000 | 短期借款 | 50 000 |
| 银行存款 | 805 831 | 应付票据 | 100 000 |
| 其他货币资金 | 7 300 | 应付账款 | 953 800 |
| 交易性金融资产 | 0 | 其他应付款 | 50 000 |
| 应收票据 | 66 000 | 应付职工薪酬 | 180 000 |
| 应收账款 | 600 000 | 应交税费 | 226 731 |
| 坏账准备 | −1 800 | 应付利息 | 0 |
| 预付账款 | 100 000 | 应付股利 | 32 215.85 |
| 其他应收款 | 5 000 | 1年内到期的长期负债 | 0 |
| 材料采购 | 275 000 | 长期借款 | 1 160 000 |
| 原材料 | 45 000 | 股本 | 5 000 000 |
| 周转材料 | 38 050 | 盈余公积 | 124 770.4 |
| 库存商品 | 2 122 400 | 利润分配（未分配利润） | 218 013.75 |
| 材料成本差异 | 4 250 | | |
| 其他流动资产 | 100 000 | | |
| 长期股权投资 | 250 000 | | |
| 固定资产 | 2 401 000 | | |
| 累计折旧 | −170 000 | | |
| 固定资产减值准备 | −30 000 | | |

续表 18-3

| 科目名称 | 借方余额 | 科目名称 | 贷方余额 |
|---|---|---|---|
| 工程物资 | 300 000 | | |
| 在建工程 | 428 000 | | |
| 无形资产 | 600 000 | | |
| 累计摊销 | -60 000 | | |
| 递延所得税资产 | 7 500 | | |
| 其他长期资产 | 200 000 | | |
| 合计 | 8 095 531 | 合计 | 8 095 531 |

根据上述资料,编制甲股份有限公司 20×8 年 12 月 31 日的资产负债表,见表 18-4。

**表 18-4 资产负债表**

会企 01 表

编制单位:甲股份有限公司 20×8 年 12 月 31 日 单位:元

| 资 产 | 期末余额 | 年初余额 | 负债和所有者权益(或股东权益) | 期末余额 | 年初余额 |
|---|---|---|---|---|---|
| 流动资产: | | | 流动负债: | | |
| 货币资金 | 815 131 | 1 406 300 | 短期借款 | 50 000 | 300 000 |
| 交易性金融资产 | 0 | 15 000 | 交易性金融负债 | 0 | 0 |
| 应收票据 | 66 000 | 246 000 | 应付票据 | 100 000 | 200 000 |
| 应收账款 | 598 200 | 299 100 | 应付账款 | 953 800 | 953 800 |
| 预付款项 | 100 000 | 100 000 | 预收款项 | 0 | 0 |
| 应收利息 | 0 | 0 | 应付职工薪酬 | 180 000 | 110 000 |
| 应收股利 | 0 | 0 | 应交税费 | 226 731 | 36 600 |
| 其他应收款 | 5 000 | 5 000 | 应付利息 | 0 | 1 000 |
| 存货 | 2 484 700 | 2 580 000 | 应付股利 | 32 215.85 | 0 |
| 1年内到期的非流动资产 | 0 | 0 | 其他应付款 | 50 000 | 50 000 |
| 其他流动资产 | 100 000 | 100 000 | 1年内到期的非流动负债 | 0 | 1 000 000 |
| 流动资产合计 | 4 169 031 | 4 751 400 | 其他流动负债 | 0 | 0 |
| 非流动资产: | | | 流动负债合计 | 1 592 746.85 | 2 651 400 |

续表 18-4

| 资　产 | 期末余额 | 年初余额 | 负债和所有者权益（或股东权益） | 期末余额 | 年初余额 |
|---|---|---|---|---|---|
| 可供出售金融资产 | 0 | 0 | 非流动负债： | | |
| 持有至到期投资 | 0 | 0 | 长期借款 | 1 160 000 | 600 000 |
| 长期应收款 | 0 | 0 | 应付债券 | 0 | 0 |
| 长期股权投资 | 250 000 | 250 000 | 长期应付款 | 0 | 0 |
| 投资性房地产 | 0 | 0 | 专项应付款 | 0 | 0 |
| 固定资产 | 2 201 000 | 1 100 000 | 预计负债 | 0 | 0 |
| 在建工程 | 428 000 | 1 500 000 | 递延所得税负债 | 0 | 0 |
| 工程物资 | 300 000 | 0 | 其他非流动负债 | 0 | 0 |
| 固定资产清理 | 0 | 0 | 非流动负债合计 | 1 160 000 | 600 000 |
| 生产性生物资产 | 0 | 0 | 负债合计 | 2 752 746.85 | 3 251 400 |
| 油气资产 | 0 | 0 | 所有者权益（或股东权益）： | | |
| 无形资产 | 540 000 | 600 000 | 实收资本（或股本） | 5 000 000 | 5 000 000 |
| 开发支出 | 0 | 0 | 资本公积 | 0 | 0 |
| 商誉 | 0 | 0 | 减：库存股 | 0 | 0 |
| 长期待摊费用 | 0 | 0 | 盈余公积 | 124 770.4 | 100 000 |
| 递延所得税资产 | 7 500 | 0 | 未分配利润 | 218 013.75 | 50 000 |
| 其他非流动资产 | 200 000 | 200 000 | 所有者权益（或股东权益）合计 | 5 342 784.15 | 5 150 000 |
| 非流动资产合计 | 3 926 500 | 3 650 000 | 负债和所有者权益（或股东权益）总计 | 8 095 531 | 8 401 400 |
| 资产总计 | 8 095 531 | 8 401 400 | | | |

# 第三节 利润表

## 一、利润表的性质

利润表,又称收益表、损益表,是反映企业在一定会计期间的经营成果的会计报表。例如,反映某年1月1日至12月31日经营成果的利润表,它反映的就是该期间的情况。一般而言,利润是企业经济效益的综合体现,追求利润对于现代企业的生存和发展至关重要。因此,利润表受到股东、债权人、管理人员等使用者的重视。

目前,会计理论界对会计的利润即收益的概念尚未形成统一的认识。比较流行的观点主要有两种:一是资产负债观,即根据资产负债表来确定公司的利润;二是收入费用观,即根据收益表来确定公司的收益。

(一)资产负债观

资产负债观是基于资产和负债的变动来计量收益,因此当资产价值增加或是负债价值减少时会产生收益,即当期净资产的净增长额(不包括业主投资或派给业主款造成的净资产变动)。本期收益=期末净资产- 期初净资产+业主分配- 业主新增投资。

资产负债观的理论基础是资本保全概念,也就是说只有在原资本已得到维持或成本已经弥补之后,才能确认利润。资本保全也有两种不同的观点:货币资本保全和实物资本保全。货币资本保全观念强调货币资本的维护。实物资本保全概念主张应当维护实物资本,即企业的实际生产能力。二者在价格变动方面对资产、负债影响的处理不同,货币资本保全将影响计入收益,而实物资本保全则将影响直接计入所有者权益。

根据资产负债观,收益的确定不需要考虑实现问题,只要企业的净资产增加了,就应当作为收益确认。资产负债观强调财务会计理论与实务应当着眼于资产和负债的定义、确认和计量,资产负债表为财务报表体系中的第一报表,收益表不过是资产负债表的一张附表而已。

(二)收入费用观

收入费用观是通过收入与费用的直接配比来计量企业收益,会计上通常是在产生收益后再计量资产的增加或是负债的减少。

根据收入费用观,企业必须首先按照实现原则确认收入和费用,然后根据配比原则,确定收益。收入费用观下应先确认收入和费用,然后才能以此确定收益,因此可以得到各种性质的收益明细数据。显然,收入费用观以损益表为报表中心,而资产负债表只是确认与合理计量收益的跨期摊配中介,成为损益表的附属。

## 二、利润表的作用

作为财务报告的组成部分,利润表在以下方面发挥着重要作用:

1.为分析、评价、预测企业的经营成果和获利能力提供依据

经营成果是指企业在其所控制的资源上取得的报酬，它直接体现为一定期间的利润总额;而获利能力则指企业运用一定的经济资源获取经营成果的能力,它可通过各种指标予以体现,如营业利润率、成本费用利润率、总资产报酬率、净资产收益率和资本收益率等。通过当期利润表数据可以反映出一个企业当期的经营成果和获利能力；通过与企业历史先进水平、同行业平均水平和行业先进水平的比较,可以评价企业经营成果的好坏和利润增长变化的趋势,预测未来的发展趋势。

2.为企业债权人信贷决策提供依据

利润表本身并不能直接提供企业偿债能力的信息，但企业偿债能力不仅取决于资产的流动性和权益结构,也取决于企业的获利能力。获利能力不强,企业的资产结构将逐步恶化,最终影响偿债能力。因此,债权人和管理人员通过比较、分析利润表的有关信息,可以间接的评价和预测企业的偿债能力,尤其是长期偿债能力,并揭示偿债能力的变化趋势,进而作出各种信贷决策和为改进企业管理工作提供依据。

3.为企业内部管理层的经营决策提供依据

利润表综合地反映营业收入、营业成本以及期间费用等,披露利润组成的各大要素,通过比较分析利润的增减变化,可以寻求其根本原因,以便在价格、品种、成本、费用及其他方面揭露矛盾,找出差距,明确今后的工作重点,以便作出正确的决策。

4.为企业的业绩考核提供依据

企业一定时期的利润总额集中地反映了各部门工作的结果。利润表提供的相关数据可以作为评价各职能部门和人员的业绩的依据,便于企业及时做出生产、人事、销售等方面的调整和作出奖惩的决策。

5.作为企业经营成果分配的重要依据

在一定的经济决策、法律规定和企业分配制度的前提下,利润额的多少决定了各利益相关者的分享额,如国家的税收收入、股东的股利等。

## 三、利润表的格式

为了把利润表的信息恰当地表达出来,便于理解和使用,需对利润表的各项目按照一定的顺序作恰当的排列,形成相对稳定的结构。利润表的常见结构包括单步式和多步式。

(一)单步式利润表

单步式利润表是将所有收入和所有费用分别加以汇总，用收入合计减去费用合计从而得出本期利润。单步式利润表的基本格式见表 18-5。

表 18-5 利润表

编制单位:甲股份有限公司 20×8 年度 单位:元

| 项 目 | 行 次 | 本 月 数 | 本年累计数 |
|---|---|---|---|
| 一、收入 | | | |
| 营业收入 | | | |
| 投资收益 | | | |
| 营业外收入 | | | |
| 收入合计 | | | |
| 二、费用 | | | |
| 营业成本 | | | |
| 流转税 | | | |
| 销售费用 | | | |
| 管理费用 | | | |
| 财务费用 | | | |
| 营业外支出 | | | |
| 所得税 | | | |
| 费用合计 | | | |
| 三、净利润 | | | |

单步式利润表的优点是收入费用归类清楚,经营成果的确认比较直观,报表编制方法简单,不足之处是对收入和费用的性质不加区分,不能揭示利润中各要素之间的内在联系,不便于对企业经营成果进行分析和评价。

(二)多步式利润表

多步式利润表就是将利润表的内容进行适当分类,把利润表的计算分成若干步骤,并揭示多步骤之间的关系,从而提供有关形成最终净利润的中间信息。具体格式见表 18-6。

多步式利润表将经营活动和非经营活动分开列示, 将成本和费用与相应的收入分别进行配比,得出一些中间指标,这既有利于计算相关比率,又有利于信息使用者评价企业的经营业绩,便于报表使用者进行盈利分析和预测企业的盈利能力。

我国《企业会计准则第 30 号——财务报表列报》的规定,企业应当采用多步式列报利润表。

表 18-6 利润表

会企 02 表

编制单位: 年度 单位:元

| 项 目 | 本期金额 | 上期金额 |
| --- | --- | --- |
| 一、营业收入 | | |
| 减:营业成本 | | |
| 营业税金及附加 | | |
| 销售费用 | | |
| 管理费用 | | |
| 财务费用 | | |
| 资产减值损失 | | |
| 加:公允价值变动收益(损失以“-”号填列) | | |
| 投资收益(损失以“-”号填列) | | |
| 其中:对联营企业和合营企业的投资收益 | | |
| 二、营业利润(损失以“-”号填列) | | |
| 加:营业外收入 | | |
| 减:营业外支出 | | |
| 其中:非流动资产处置损失 | | |
| 三、利润总额(亏损总额以“-”号填列) | | |
| 减:所得税费用 | | |
| 四、净利润(净亏损以“-”号填列) | | |
| 五、每股收益 | | |
| (一)基本每股收益 | | |
| (二)稀释每股收益 | | |
| 六、其他综合收益 | | |
| 七、综合收益总额 | | |

## 四、利润表的编制

(一)费用采用“功能法”列报

根据财务报表列报准则的规定,对于费用的列报,企业应当采用“功能法”列报,即按照费用在企业所发挥的功能进行分类列报,通常分为从事经营业务发生的成本、管理费用、销售费用和财务费用等,并且将营业成本与其他费用分开披露。

对企业而言,其活动通常可以划分为生产、销售、管理、融资等,每一种活动上发生的费用所发挥的功能并不相同,因此,按照费用"功能法"将其分开列报,有助于使用者了解费用发生的活动领域。例如企业为销售产品发生了多少费用,为一般行政管理发生了多少费用,为筹措资金发生了多少费用等等。这种方法通常能向报表使用者提供具有结构性的信息,能更清楚地揭示企业经营业绩的主要来源和构成,提供的信息更为相关。

由于费用性质的信息有助于预测企业未来的现金流量,企业可以在附注中披露费用,按照性质分类的利润表补充资料。费用按照性质分类指将费用按其性质分为耗用的原材料、职工薪酬费用、折旧费、摊销费等,而不是按照费用在企业所发挥的不同功能分类。

(二)利润表各项目的内容及填列

与资产负债表不同,利润表是根据收入与费用账户的发生额(包括累计数)编制的,而资产负债表则根据资产、负债和所有者权益等类账户的余额,余额代表某时日的流量(财务状况),而发生额代表一个会计期间内的流量(收入的形成和费用的累计)。总的来说,利润表是建立在下列几个公式基础上的。

营业利润=营业收入-营业成本-营业税金及附加-销售费用-管理费用-财务费用-资产减值损失-公允价值变动损益-投资损益

利润总额=营业利润+营业外收入-营业外支出

净利润=利润总额-所得税

对于普通股或潜在普通股已公开交易的企业,以及正处于公开发行普通股或潜在普通股过程的企业,还应当在利润表中列示每股收益。

下面,结合《企业会计准则第30号——财务报表列报》的规定,对利润表中涉及的各项目内容及其填列方法进行简要的介绍。

1.上期金额栏的填列方法

利润表"上期金额"栏内各项数字,应根据上年该期利润表"本期金额"栏内所列数字填列。如果上年该期利润表规定的各个项目的名称和内容同本期不相一致,应对上年该期利润表各项目的名称和数字按本期的规定进行调整,填入利润表"上期金额"栏内。

2.本期金额栏的填列方法

利润表"本期金额"栏内各项数字一般应根据损益类科目的发生额分析填列。

(1)"营业收入"项目,反映企业经营主要业务和其他业务所确认的收入总额。本项目应根据"主营业务收入"和"其他业务收入"科目的发生额分析填列。

(2)"营业成本"项目,反映企业经营主要业务和其他业务所发生的成本总额。本项目应根据"主营业务成本"和"其他业务成本"科目的发生额分析填列。

(3)"营业税金及附加"项目,反映企业经营业务应负担的消费税、营业税、城市建设维护税、资源税、土地增值税和教育费附加等。本项目应根据"营业税金及附加"科目的发生额分析填列。

(4)"销售费用"项目,反映企业在销售商品过程中发生的包装费、广告费等费用和为销售本企业商品而专设的销售机构的职工薪酬、业务费等经营费用。本项目应根据"销售费用"科目的发生额分析填列。

(5)“管理费用”项目,反映企业为组织和管理生产经营发生的管理费用。本项目应根据“管理费用”的发生额分析填列。

(6)“财务费用”项目,反映企业筹集生产经营所需资金等而发生的筹资费用。本项目应根据“财务费用”科目的发生额分析填列。

(7)“资产减值损失”项目,反映企业各项资产发生的减值损失。本项目应根据“资产减值损失”科目的发生额分析填列。

(8)“公允价值变动收益”项目,反映企业应当计入当期损益的资产或负债公允价值变动收益。本项目应根据“公允价值变动损益”科目的发生额分析填列,如为净损失,本项目以“-”号填列。

(9)“投资收益”项目,反映企业以各种方式对外投资所取得的收益。本项目应根据“投资收益”科目的发生额分析填列。如为投资损失,本项目以“-”号填列。

(10)“营业利润”项目,反映企业实现的营业利润。如为亏损,本项目以“-”号填列。

(11)“营业外收入”项目,反映企业发生的与经营业务无直接关系的各项收入。本项目应根据“营业外收入”科目的发生额分析填列。

(12)“营业外支出”项目,反映企业发生的与经营业务无直接关系的各项支出。本项目应根据“营业外支出”科目的发生额分析填列。

(13)“利润总额”项目,反映企业实现的利润。如为亏损,本项目以“-”号填列。

(14)“所得税费用”项目,反映企业应从当期利润总额中扣除的所得税费用。本项目应根据“所得税费用”科目的发生额分析填列。

(15)“净利润”项目,反映企业实现的净利润。如为亏损,本项目以“-”号填列。

(16)“基本每股收益”和“稀释每股收益”项目的填列。“基本每股收益”按照归属于普通股股东的当期净利润除以当期实际发行在外普通股的加权平均数计算确定, 考虑的是当期实际发行在外的普通股股份,反映目前的股本结构下的盈利水平。“稀释每股收益”是假设公司存在的上述可能转化为上市公司股权的工具都在当期全部转换为普通股股份后计算的每股收益。相对于基本每股收益, 稀释每股收益充分考虑了潜在普通股对每股收益的稀释作用,以反映公司在未来股本结构下的资本盈利水平。

(17)“综合收益”是指企业在某一期间与所有者之外的其他方面进行交易或发生其他事项所引起的净资产变动。综合收益的构成包括两部分:净利润和其他综合收益。其中,前者是企业已实现并已确认的收益,后者是企业未实现但根据会计准则的规定已确认的收益。利润表中的“其他综合收益”反映企业根据企业会计准则规定未在损益中确认的各项利得和损失扣除所得税影响后的净额,主要包括可供出售金融资产产生的利得(或损失)、按照权益法核算的在被投资单位其他综合收益中所享有的份额、现金流套期工具产生的利得(或损失)、外币财务报表折算差额等;“综合收益总额”项目反映企业净利润与其他综合收益的合计金额。

同时,企业还应当在附注中详细披露其他综合收益各项目及其所得税影响,以及原计入其他综合收益、当期转入损益的金额等信息,具体格式如表 18-7 所示。

表 18-7 其他综合收益信息披露表

| 项目 | 本期发生额 | 上期发生额 |
| --- | --- | --- |
| 一、可供出售金融资产产生的利得(或损失)金额 | | |
| 减:可供出售金融资产产生的所得税影响 | | |
| 前期计入其他综合收益当期转入损益的净额 | | |
| 小计 | | |
| 二、按照权益法核算的在被投资单位其他综合收益中所享有的份额 | | |
| 减:按照权益法核算的在被投资单位其他综合收益中所享有的份额产生的所得税影响 | | |
| 前期计入其他综合收益当期转入损益的净额 | | |
| 小计 | | |
| 三、现金流套期工具产生的利得(或损失)金额 | | |
| 减:现金流套期工具产生的所得税影响 | | |
| 前期计入其他综合收益当期转入损益的净额 | | |
| 转为被套期项目初始确认金额的调整额 | | |
| 小计 | | |
| 四、外币财务报表折算差额 | | |
| 减:处置境外经营当期转入损益的净额 | | |
| 小计 | | |
| 五、其他 | | |
| 减:由其他计入其他综合收益产生的所得税影响 | | |
| 前期其他计入其他综合收益当期转入损益的净额 | | |
| 小计 | | |
| 合计 | | |

**【例 18-2】**某企业 20×8 年发生的营业收入为 1 000 万元,营业成本为 600 万元,销售费用为 20 万元,管理费用为 50 万元,财务费用为 10 万元,投资收益为 40 万元,资产减值损失为 70 万元(损失),公允价值变动损益为 80 万元(收益),营业外收入为 25 万元,营业外支出为 15 万元。该企业 20×8 年的营业利润为(　　)万元。

A. 370　　B. 330　　C. 320　　D. 390

**【答案】**A

**【解析】**营业利润=1 000-600-20-50-10+40-70+80=370(万元)。

## 五、利润表编制示例

**【例 18-3】**甲股份有限公司 20×8 年度有关损益类科目本年累计发生净额见表 18-8。

表 18-8 甲股份有限公司损益类科目 20×8 年度累计发生净额

单位:元

| 科 目 名 称 | 借 方 发 生 额 | 贷 方 发 生 额 |
|---|---|---|
| 主营业务收入 | | 1 250 000 |
| 主营业务成本 | 750 000 | |
| 营业税金及附加 | 2 000 | |
| 销售费用 | 20 000 | |
| 管理费用 | 157 100 | |
| 财务费用 | 41 500 | |
| 资产减值损失 | 30 900 | |
| 投资收益 | | 31 500 |
| 营业外收入 | | 50 000 |
| 营业外支出 | 19 700 | |
| 所得税费用 | 85 300 | |

根据上述资料,编制甲股份有限公司 20×8 年度利润表,见表 18-9。

表 18-9 利润表

会企 02 表

编制单位:甲股份有限公司 20×8 年 单位:元

| 项 目 | 本 期 金 额 | 上期金额(略) |
|---|---|---|
| 一、营业收入 | 1 250 000 | |
| 减:营业成本 | 750 000 | |
| 营业税金及附加 | 2 000 | |
| 销售费用 | 20 000 | |
| 管理费用 | 157 100 | |
| 财务费用 | 41 500 | |
| 资产减值损失 | 30 900 | |
| 加:公允价值变动收益(损失以"-"号填列) | 0 | |
| 投资收益(损失以"-"号填列) | 31 500 | |
| 其中:对联营企业和合营企业的投资收益 | 0 | |
| 二、营业利润(亏损以"-"号填列) | 280 000 | |
| 加:营业外收入 | 50 000 | |
| 减:营业外支出 | 19 700 | |
| 其中:非流动资产处置损失 | (略) | |

续表 18-9

| 项　目 | 本 期 金 额 | 上期金额(略) |
|---|---|---|
| 三、利润总额(亏损总额以"-"号填列) | 310 300 | |
| 减:所得税费用 | 85 300 | |
| 四、净利润(净亏损以"-"号填列) | 225 000 | |
| 五、每股收益 | (略) | |
| (一)基本每股收益 | | |
| (二)稀释每股收益 | | |
| 六、其他综合收益 | (略) | |
| 七、综合收益总额 | (略) | |

# 第四节 现金流量表

在市场经济条件下,企业的现金流转情况在很大程度上影响着企业的生存和发展。企业现金充裕,就可以及时购入必要的材料物资和固定资产,及时支付工资、偿还债务、支付股利和利息;反之,轻则影响企业的正常生产经营,重则危及企业的生存。现金管理已经成为企业财务管理的一个重要方面,受到企业管理人员、投资者、债权人以及政府监管部门的关注。

## 一、现金流量表的概念及作用

现金流量表是以现金流入与流出,汇总说明企业一定会计期间内经营活动、投资活动及筹资活动等对现金和现金等价物影响的财务报表。

编制现金流量表的主要目的,是为财务报表使用者提供企业一定会计期间内现金和现金等价物流入和流出的信息,以便于财务报表使用者了解和评价企业获取现金和现金等价物的能力,并据以预测企业未来的现金流量。现金流量表的作用主要体现在以下几个方面:

1.现金流量表信息是资产负债表和利润表信息的必要补充。

现金流量表与资产负债表、利润表一同构成了以权责发生制和收付实现制两种渠道反映的企业财务状况、经营业绩和财务状况变动(主要是现金流量)的完整体系。

资产负债表是反映企业某一特定日期财务状况的报表,它没有说明企业的资产、负债和所有者权益发生变化的原因;利润表是反映企业在一定会计期间经营成果的报表,通过利润表在一定程度上说明了财务状况变动的原因,但由于利润表是按照权责发生制原则确认和计量收入费用的,它没有提供经营活动引起的现金流入和现金流出信息,也没有反映投资和筹资的情况。因此,需要在资产负债表和利润表已经反映了企业财务状况和经营成果的基础上,进一步提供企业现金流量信息,即财务状况变动信息。

2.有助于评价企业偿还债务、支付股利的能力,以及企业对外部资金的需求情况。

评估企业是否具有支付能力,最直接有效的方法是分析其现金流量。只有企业产生有利的现金流量,才能够还本付息,支付现金股利;反之企业会陷入财务困境。现金流量表披露的经营活动净现金流入本质上代表了企业自我创造现金的能力,尽管企业取得现金还可以通过对外筹资的途径,但债务本金的偿还最终还取决于经营活动的净现金流入。因此,经营活动的净现金流入在现金净流量来源中所占的比重越高,企业的财务基础越稳固,支付能力和偿债能力才越强。因此,分析现金流量表可以对评价企业的偿还债务和支付股利的能力,以及企业对外部资金需求作出较为可靠的判断。

3.有助于评价企业收益的质量。

通过比较当期净利润与当期经营活动产生的净现金流量,可以看出非现金流动资产吸收利润的情况,评价企业产生经营活动净现金流量是否偏低,进而可以评价企业的收益质量。

4.通过对现金流量表中现金投资与融资、非现金投资与融资的分析,有助于全面了解企业财务状况。

一般来说,如果现金流量表中各部分现金流量结构合理,现金流入和流出无重大异常波动,则企业的财务状况基本良好。通常,企业最常见的失败原因与症状可以在现金流量表中得到反映。如从投资活动流出的现金,筹资活动流入的现金和筹资活动流出的现金中,可以分析企业是否过度扩大经营规模。

## 二、现金流量表的编制基础

现金流量表以现金及现金等价物为基础编制,划分为经营活动、投资活动和筹资活动,按照收付实现制原则编制,将权责发生制下的盈利信息调整为收付实现制下的现金流量信息。

现金指企业库存现金以及可以随时用于支付的存款。不能随时用于支付的存款不属于现金。现金主要包括库存现金、银行存款和其他货币资金。其中,银行存款中不能随时用于支付的存款,如不能随时支取的定期存款等不应作为现金;提前通知金融机构便可支取的定期存款则应包括在现金范围内。其他货币资金指存放在金融机构的外埠存款、银行汇票存款、银行本票存款、信用卡存款、信用证保证金存款和存出投资款等,与"其他货币资金"科目核算内容一致。

现金等价物指企业持有的期限短、流动性强、易于转换为已知金额现金或价值变动风险很小的投资。其中,"期限短"一般指从购买日起 3 个月内到期,例如可在证券市场上流通的 3 个月内到期的短期债券等。

现金等价物虽然不是现金,但其支付能力与现金的差别不大,可视为现金。例如企业为保证支付能力,手持必要的现金,为了不使现金闲置,可以购买短期债券,在需要现金时,随时可以变现。

在会计实务中,企业应当根据经营特点等具体情况,确定现金等价物的范围,并在财务报表附注中披露确定现金等价物的会计政策,并一贯地保持这种划分标准。

## 三、现金流量的分类

现金流量指企业现金和现金等价物的流入和流出。在现金流量表中,现金及现金等价物被视为一个整体,企业现金(含现金等价物,下同)形式的转换不会产生现金的流入和流出。例如,企业从银行提取现金,是企业现金存放形式的转换,并未流出企业,不构成现金流量。同样,现金与现金等价物之间的转换也不属于现金流量,例如企业用现金购买 3 个月内到期的国库券。

根据企业的三项主要活动:经营活动、投资活动和筹资活动,在现金流量表中现金流量可以分为:经营活动现金流量、投资活动现金流量和筹资活动现金流量。

(一)经营活动产生的现金流量

企业的经营活动是企业投资活动和筹资活动以外的所有交易和事项,主要包括销售商品或提供劳务、经营租赁、购买货物、接受劳务、制造产品、广告宣传、推销商品、缴纳税款等。企业经营活动中所包括的交易和事项直接影响到企业净收益的确定,经营活动产生的现金流量是现金利润。根据《企业会计准则第 31 号——现金流量表》规定,具体分类如下。

1.经营活动的现金流入:

销售商品、提供劳务收到的现金

收到的税费返还

收到的其他与经营活动有关的现金

2.经营活动的现金流出:

购买商品、接受劳务支付的现金

支付给职工以及为职工支付的现金

支付的各项税费

支付其他与经营活动有关的现金

一般来说,经营活动是企业最主要的营业活动,也是影响企业现金流量变动的最重要的因素。通过它可以判明在不运用企业外部筹资的情况下,企业通过经营活动产生的现金流量是否足以偿还贷款,维持企业的运营能力等。

(二)投资活动产生的现金流量

企业的投资活动是企业长期资产的购建和不包括在现金等价物范围内的投资及其处置活动。长期资产指固定资产、无形资产、在建工程、其他资产等,持有期限在一年或一个营业周期以上的资产。投资活动的现金流量就是指由于购建与处置非流动资产等投资活动所产生的现金流入与流出。

根据《企业会计准则第 31 号——现金流量表》规定,具体分类如下。

1.投资活动的现金流入:

收回投资收到的现金

取得投资收益收到的现金

处置固定资产、无形资产和其他长期资产收回的现金净额

处置子公司及其他营业单位收到的现金净额

收到的其他与投资活动有关的现金

2.投资活动的现金流出:

购建固定资产、无形资产和其他长期资产支付的现金

投资支付的现金

取得子公司及其他营业单位支付的现金净额

支付的其他与投资活动有关的现金

在现金流量表中单独披露来自投资活动所产生的现金流量是非常重要的，因为这部分现金流量代表着企业为了获得未来收益的能力以及因此而导致资源转出企业对企业现金流量净额的影响程度。

(三)筹资活动产生的现金流量

企业的筹资活动指导致企业资本及债务规模和构成发生变化的活动。它是企业重要的活动之一,是企业开展各种活动的基础。

根据《企业会计准则第31号——现金流量表》规定,具体分类如下。

1.筹资活动的现金流入：

吸收投资收到的现金

取得借款收到的现金

收到其他与筹资活动有关的现金

2.筹资活动的现金流出：

偿还债务所支付的现金

分配股利、利润或偿付利息所支付的现金

支付其他与筹资活动有关的现金

企业有效的筹资活动应该能为企业经营活动和投资活动及时提供稳定和低成本的资金,从而能使企业价值最大化。这里所说的资本,既包括实收资本(股本),也包括资本溢价(股本溢价);这里所说的债务指对外举债,包括向银行借款、发行债券以及偿还债务等。通常情况下,应付账款、应付票据等商业应付款属于经营活动,不属于筹资活动。

(四)自由现金流量

自由现金流量是投资者可以作为偿还借款利息、本金、分配利润、对外投资等财务活动资金来源的净现金流量。其计算公式如下：

自由现金流量=经营活动产生的现金净流量-用于固定资产、无形资产和在建工程等方面的投资所需的现金支出。

## 四、现金流量表的结构

我国企业现金流量表的结构是根据“现金净流量=经营活动的现金流量+投资活动的现金流量+筹资活动的现金流量”这一会计公式构成的。现金流量表的项目主要有：经营活动产生的现金流量,投资活动产生的现金流量,筹资活动产生的现金流量,汇率变动对现金及现金等价物的影响,现金及现金等价物净增加额,期初现金及现金等价物余额,期末现金及现金等价物余额等项目。正表的框架结构见表18-10。

**表 18-10　现金流量表**

编制单位：　　　　　　　　　　20××年度　　　　　　　　　　单位：元

| 项　　目 | 本期金额 | 上期金额 |
|---|---|---|
| 一、经营活动产生的现金流量： | | |
| 销售商品、提供劳务收到的现金 | | |
| 收到的税费返还 | | |
| 收到的其他与经营活动有关的现金 | | |
| 经营活动现金流入小计 | | |
| 购买商品、接受劳务支付的现金 | | |
| 支付给职工以及为职工支付的现金 | | |
| 支付的各项税费 | | |
| 支付的其他与经营活动有关的现金 | | |
| 经营活动现金流出小计 | | |
| 经营活动产生的现金流量净额 | | |
| 二、投资活动产生的现金流量： | | |
| 收回投资所收到的现金 | | |
| 取得投资收益所收到的现金 | | |
| 处置固定资产、无形资产和其他长期资产所收回的现金净额 | | |
| 处置子公司及其他营业单位收到的现金净额 | | |
| 收到的其他与投资活动有关的现金 | | |
| 投资活动现金流入小计 | | |
| 购建固定资产、无形资产和其他长期资产所支付的现金 | | |
| 投资所支付的现金 | | |
| 取得子公司及其他营业单位支付的现金净额 | | |
| 支付的其他与投资活动有关的现金 | | |
| 投资活动现金流出小计 | | |
| 投资活动产生的现金流量净额 | | |
| 三、筹资活动产生的现金流量： | | |
| 吸收投资所收到的现金 | | |
| 取得借款所收到的现金 | | |
| 收到的其他与筹资活动有关的现金 | | |

续表 18–10

| 项　　　　　　　目 | 本期金额 | 上期金额 |
|---|---|---|
| 筹资活动现金流入小计 | | |
| 偿还债务所支付的现金 | | |
| 分配股利、利润或偿付利息所支付的现金 | | |
| 支付的其他与筹资活动有关的现金 | | |
| 筹资活动现金流出小计 | | |
| 筹资活动产生的现金流量净额 | | |
| 四、汇率变动对现金及现金等价物的影响 | | |
| 五、现金及现金等价物净增加额 | | |
| 加：期初现金及现金等价物余额 | | |
| 六、期末现金及现金等价物余额 | | |

编制现金流量表时,经营活动现金流量可以采用两种方法:一是直接法(见表 18–10),一是间接法(见表 18–11)。

我国《企业会计准则第 31 号——现金流量表》经营活动产生的现金流量、不涉及现金收支的投资和筹资活动以附表的形式在现金流量表附注中加以披露。

**表 18–11　补充资料**

单位:元

| 补　充　资　料 | 本期金额 | 上期金额 |
|---|---|---|
| 一、将净利润调节为经营活动现金流量 | | |
| 净利润 | | |
| 加：资产减值准备 | | |
| 固定资产折旧、油气资产折耗，生产性生物资产折旧 | | |
| 无形资产摊销 | | |
| 长期待摊费用摊销 | | |
| 待摊费用减少（增加以“–”号填列） | | |
| 预提费用增加（减少以“–”号填列） | | |
| 处置固定资产、无形资产和其他长期资产的损失（收益以“–”号填列） | | |
| 固定资产报废损失（收益以“–”号填列） | | |
| 财务费用（收益以“–”号填列） | | |
| 投资损失（收益以“–”号填列） | | |

续表 18-11

| 补 充 资 料 | 本期金额 | 上期金额 |
|---|---|---|
| 递延所得税资产减少（增加以“-”号填列） | | |
| 递延所得税负债增加（减少以“-”号填列） | | |
| 存货的减少（增加以“-”号填列） | | |
| 经营性应收项目的减少（增加以“-”号填列） | | |
| 经营性应付项目的增加（减少以“-”号填列） | | |
| 其他 | | |
| 经营活动产生的现金流量净额 | | |
| 二、不涉及现金收支的投资和筹资活动 | | |
| 债务转为资本 | | |
| 一年内到期的可转换公司债券 | | |
| 融资租入固定资产 | | |
| 三、现金及现金等价物净增加情况 | | |
| 现金的期末余额 | | |
| 减：现金的期初余额 | | |
| 加：现金等价物的期末余额 | | |
| 减：现金等价物的期初余额 | | |
| 现金及现金等价物净增加额 | | |

## 五、现金流量表的编制程序

为了编制现金流量表，首先必须提供以下信息资料：

1.比较资产负债表和所有者权益变动表，提供从期初到期末资产、负债和所有者权益变动的数额。

2.当期的利润表。其数据有助于确定期内由经营活动所产生或运用的现金数额。

3.其他相关信息。为了解释资产负债表内除现金外其他账户余额的变化原因，分析期内现金来源与运用的具体情况，还需一些较详细的信息，这些信息一般从企业的会计记录中获得。

在具备以上信息资料的基础上，可按如下步骤进行现金流量表的编制：

1.计算现金及现金等价物的变动额。可根据比较资产负债表直接计算现金及现金等价物账户金额从期初到期末变动额，即现金的净增加(减少)额。

2.计算出现金及现金等价账户之外的资产负债表账户的变动额。因为解释现金及现金等价物账户变动的原因，要利用现金及现金等价物账户以外的资产负债表账户。通过这些账户余额的变动，可以分析它们的变动对现金及现金等价物的影响情况。

3.通过利用资产负债表账户的变动净额、当期的利润表和有关补充资料，确定现金流量、非现金投资和筹资活动以及汇率变动的影响。在确定现金流量时，按现金流量表结构的要求，应将其区分为经营活动产生的现金流量、投资活动产生的现金流量和筹资活动产生的现金流量。

4.在完成上述步骤的基础上，编制现金流量表。

## 六、现金流量表的编制方法

在完成上述步骤的基础上，采用一定的方法编制现金流量表。编制现金流量表的方法涉及两个方面：一是如何计算经营活动产生的现金净流量；二是采用何种技术手段反映相关账户的变动额、分析其变动的原因、计算各种活动的现金流量。

(一)经营活动现金流量的填列

编制现金流量表时，一个关键问题是将权责发生制向收付实现制转换。这个转换过程中尤其以经营活动现金流量的确定最为复杂，其转换方式也因起点不同而异。列报经营活动现金流量的方法有两种：一是直接法；二是间接法。

1.直接法

(1)直接法概述

直接法又称损益表法，是按现金收入和现金支出的主要类别分项目列示反映企业经营活动产生的现金流量，如销售商品、提供劳务收到的现金，购买商品、接受劳务支付的现金等就是按现金收入和支出的类别直接反映的。在直接法下，一般是以利润表中的营业收入、营业成本为起算点，分别调节与经营活动有关的项目的增减变动，将权责发生制确认的本期各项收支分析调整为以收付实现制为基础的经营活动现金流量，即以收付实现制为基础表达各项经营活动现金流量，最终计算出经营活动产生的现金流量。

(2)直接法的具体调整过程

①销售商品、提供劳务收到的现金。本项目反映企业销售商品、提供劳务实际收到的现金，有销售收入和应向购买者收取的增值税销项税额，具体包括：本期销售商品、提供劳务收到的现金，以及前期销售商品、提供劳务本期收到的现金和本期预收的款项，减去本期销售本期退回的商品和前期销售本期退回的商品支付的现金。企业销售材料和代购代销业务收到的现金，也在本项目中反映。本项目可以根据“现金”“银行存款”“应收票据”“应收账款”“预收账款”“主营业务收入”“其他业务收入”科目的记录分析填列。

销售商品、提供劳务收到的现金=主营业务收入+应交税费（应交增值税——销项税额)+(应收账款年初余额-应收账款期末余额)+(应收票据年初余额-应收票据期末余额)-当期计提的坏账准备-票据贴现的利息。

**【例 18-4】**A 公司本期销售一批商品，开出的增值税专用发票上注明的销售价款为 2 000 000 元，增值税销项税额为 340 000 元，以银行存款收讫；应收票据期初余额为 190 000 元，期末余额为 60 000 元；应收账款期初余额为 1 000 000 元，期末余额为 600 000 元；年度内核销的坏账损失为 20 000 元。另外，本期因商品质量问题发生退货，支付银行存款50 000 元，货款已通过银行转账支付。

本期销售商品、提供劳务收到的现金计算如下：

本期销售商品收到的现金 2 340 000 元

加：本期收到前期的应收票据(190 000-60 000)　　130 000 元

　　本期收到前期的应收账款(1 000 000-600 000-20 000)　380 000 元

减：本期因销售退回支付的现金 50 000 元

本期销售商品、提供劳务收到的现金 2 800 000 元。

②收到的税费返还。本项目反映企业收到返还的各种税费，如收到的增值税、营业税、所得税、消费税、关税和教育费附加返还款等。本项目可以根据“现金”“银行存款”“营业税金及附加”“营业外收入”等科目的记录分析填列。

收到的税费返还包括按规定收到的增值税、消费税、营业税、所得税、教育费附加返还等。

【例 18-5】A 公司前期出口商品一批，已交纳增值税，按规定应退增值税 6 800 元，前期未退，本期以转账方式收讫；本期收到退回的营业税款 8 000 元，收到的教育费附加返还款 23 000 元，款项已存入银行。

本期收到的税费返还计算如下：

本期收到的出口退增值税额 6 800 元

加：收到的退营业税额 8 000 元

　　收到的退教育费附加返还额 23 000 元

本期收到的税费返还 37 800 元。

③收到的其他与经营活动有关的现金。本项目反映企业除上述各项目外，收到的其他与经营活动有关的现金，如罚款收入，经营租赁固定资产收到的现金，流动资产损失中由个人赔偿的现金收入，除税费返还外的其他政府补助收入等。其他与经营活动有关的现金，如果价值较大的，应单列项目反映。本项目可以根据“现金”“银行存款”“管理费用”“销售费用”等科目的记录分析填列。

④购买商品、接受劳务支付的现金。本项目反映企业购买材料、商品、接受劳务实际支付的现金，包括支付的货款以及与货款一并支付的增值税进项税额，具体包括：本期购买商品，接受劳务支付的现金，以及本期支付前期购买商品、接受劳务的未付款项和本期预付款项，减去本期发生的购货退回收到的现金。为购置存货而发生的借款利息资本化部分，应在“分配股利、利润或偿付利息支付的现金”项目中反映。本项目可以根据“现金”“银行存款”“应付票据”“应付账款”“预付账款”“主营业务成本”“其他业务支出”等科目的记录分析填列。

购买商品、接受劳务支付的现金=主营业务成本+应交税费(应交增值税——进项税额)-(存货年初余额-存货期末余额)+(应付账款年初余额-应付账款期末余额)+(应付票据年初余额-应付票据期末余额)+(预付账款期末余额-预付账款年初余额)-当期列入生产成本、制造费用的职工薪酬-当期列入生产成本、制造费用的折旧费和固定资产修理费。

【例 18-6】A 公司本期购买原材料，收到的增值税专用发票上注明的材料价款为 200 000 元，增值税进项税额为34 000 元，款项已通过银行转账支付；本期支付应付票据 80 000 元；购买工程用物资 150 000 元，货款已通过银行转账支付。

本期购买商品、接受劳务支付的现金计算如下：

本期购买原材料支付的价款 200 000 元

加：本期购买原材料支付的增值税进项税额 34 000 元

本期支付的应付票据 80 000 元

本期购买商品、接受劳务支付的现金 314 000 元。

⑤支付给职工以及为职工支付的现金。本项目反映企业实际支付给职工的现金以及为职工支付的现金，包括企业为获得职工提供的服务，本期实际给予各种形式的报酬以及其他相关支出，如支付给职工的工资、奖金、各种津贴和补贴等，以及为职工支付的其他费用，不包括支付给在建工程人员的工资。支付的在建工程人员的工资，在“购建固定资产、无形资产和其他长期资产所支付的现金”项目中反映。

企业为职工支付的医疗、养老、失业、工伤、生育等社会保险基金、补充养老保险、住房公积金，企业为职工交纳的商业保险金，因解除与职工劳动关系给予的补偿，现金结算的股份支付，以及企业支付给职工或为职工支付的其他福利费用等，应根据职工的工作性质和服务对象，分别在“购建固定资产、无形资产和其他长期资产所支付的现金”和“支付给职工以及为职工支付的现金”项目中反映。

本项目可以根据“现金”“银行存款”“应付职工薪酬”等科目的记录分析填列。

支付给职工以及为职工支付的现金=生产成本、制造费用、管理费用中职工薪酬+(应付职工薪酬年初余额-应付职工薪酬期末余额)-[应付职工薪酬(在建工程)年初余额-应付职工薪酬(在建工程)期末余额]。

**【例 18-7】** A 公司本期实际支付工资 600 000 元，其中经营人员工资 400 000 元，在建工程人员工资 200 000 元。

本期支付给职工以及为职工支付的现金为 400 000 元。

⑥支付的各项税费。本项目反映企业按规定支付的各项税费，包括本期发生并支付的税费，以及本期支付以前各期发生的税费和预交的税金，如支付的教育费附加、印花税、房产税、土地增值税、车船使用税、营业税、增值税、所得税等。不包括本期退回的增值税、所得税。本期退回的增值税、所得税等在“收到的税费返还”项目中反映。本项目可以根据“应交税费”“现金”“银行存款”等科目分析填列。

支付的各项税费=当期所得税费用+营业税金及附加+应交税费（应交增值税——已交税金）-(应交所得税期末余额-应交所得税期初余额)。

**【例 18-8】** A 公司本期向税务机关交纳增值税 34 000 元；本期发生的所得税 250 000 元已全部交纳；企业期初未交所得税 280 000 元，期末未交所得税 20 000 元。

本期支付的各项税费计算如下：

本期支付的增值税额 34 000 元

加：本期发生并交纳的所得税额 250 000 元

前期发生本期交纳的所得税额(280 000–20 000)　　260 000 元

本期支付的各项税费 544 000 元。

⑦支付的其他与经营活动有关的现金。本项目反映企业除上述各项目外,支付的其他与经营活动有关的现金,如罚款支出、支付的差旅费、业务招待费、保险费、经营租赁支付的现金等。其他与经营活动有关的现金,如果金额较大的,应单列项目反映。

**【例 18–9】**甲股份有限公司 20×8 年 12 月 31 日资产负债表有关项目的明细资料如下:

(1)本期收回交易性股票投资本金 15 000 元、公允价值变动 1 000 元,同时实现投资收益 500 元。

(2)存货中生产成本、制造费用的组成为职工薪酬 324 900 元,折旧费 80 000 元。

(3)应交税费的组成为本期增值税进项税额 42 466 元,增值税销项税额 212 500 元,已交增值税 100 000 元;应交所得税期末余额为 20 097 元,应交所得税期初余额为 0;应交税费期末数中应由在建工程负担的部分为 100 000 元。

(4)应付职工薪酬的期初数无应付在建工程人员的部分,本期支付在建工程人员职工薪酬 200 000 元。应付职工薪酬的期末数中应付在建工程人员的部分为 28 000 元。

(5)应付利息均为短期借款利息,其中本期计提利息 11 500 元,支付利息 12 500 元。

(6)本期用现金购买固定资产 101 000 元,购买工程物资 300 000 元。

(7)本期用现金偿还短期借款 250 000 元,偿还一年内到期的长期借款 1 000 000 元;借入长期借款 560 000 元。

甲股份有限公司 20×8 年 12 月 31 日的资产负债表见表 18–12。

**表 18–12　资产负债表**

会企 01 表

编制单位:甲股份有限公司　　20×8 年 12 月 31 日　　单位:元

| 资　产 | 期末余额 | 年初余额 | 负债和所有者权益（或股东权益） | 期末余额 | 年初余额 |
|---|---|---|---|---|---|
| 流动资产: | | | 流动负债: | | |
| 货币资金 | 815 131 | 1 406 300 | 短期借款 | 50 000 | 300 000 |
| 交易性金融资产 | 0 | 15 000 | 交易性金融负债 | 0 | 0 |
| 应收票据 | 66 000 | 246 000 | 应付票据 | 100 000 | 200 000 |
| 应收账款 | 598 200 | 299 100 | 应付账款 | 953 800 | 953 800 |
| 预付款项 | 100 000 | 100 000 | 预收款项 | 0 | 0 |
| 应收利息 | 0 | 0 | 应付职工薪酬 | 180 000 | 110 000 |

续表 18-12

| 资　产 | 期末余额 | 年初余额 | 负债和所有者权益（或股东权益） | 期末余额 | 年初余额 |
|---|---|---|---|---|---|
| 应收股利 | 0 | 0 | 应交税费 | 226 731 | 36 600 |
| 其他应收款 | 5 000 | 5 000 | 应付利息 | 0 | 1 000 |
| 存货 | 2 484 700 | 2 580 000 | 应付股利 | 32 215.85 | 0 |
| 一年内到期的非流动资产 | 0 | 0 | 其他应付款 | 50 000 | 50 000 |
| 其他流动资产 | 100 000 | 100 000 | 一年内到期的非流动负债 | 0 | 1 000 000 |
| 流动资产合计 | 4 169 031 | 4 751 400 | 其他流动负债 | 0 | 0 |
| 非流动资产： | | | 流动负债合计 | 1 592 746.85 | 2 651 400 |
| 可供出售金融资产 | 0 | 0 | 非流动负债： | | |
| 持有至到期投资 | 0 | 0 | 长期借款 | 1 160 000 | 600 000 |
| 长期应收款 | 0 | 0 | 应付债券 | 0 | 0 |
| 长期股权投资 | 250 000 | 250 000 | 长期应付款 | 0 | 0 |
| 投资性房地产 | 0 | 0 | 专项应付款 | 0 | 0 |
| 固定资产 | 2 201 000 | 1 100 000 | 预计负债 | 0 | 0 |
| 在建工程 | 428 000 | 1 500 000 | 递延所得税负债 | 0 | 0 |
| 工程物资 | 300 000 | 0 | 其他非流动负债 | 0 | 0 |
| 固定资产清理 | 0 | 0 | 非流动负债合计 | 1 160 000 | 600 000 |
| 生产性生物资产 | 0 | 0 | 负债合计 | 2 752 746.85 | 3 251 400 |
| 油气资产 | 0 | 0 | 所有者权益（或股东权益）： | | |
| 无形资产 | 540 000 | 600 000 | 实收资本（或股本） | 5 000 000 | 5 000 000 |
| 开发支出 | 0 | 0 | 资本公积 | 0 | 0 |
| 商誉 | 0 | 0 | 减：库存股 | 0 | 0 |
| 长期待摊费用 | 0 | 0 | 盈余公积 | 124 770.4 | 100 000 |
| 递延所得税资产 | 7 500 | 0 | 未分配利润 | 218 013.75 | 50 000 |
| 其他非流动资产 | 200 000 | 200 000 | 所有者权益（或股东权益）合计 | 5 342 784.15 | 5 150 000 |
| 非流动资产合计 | 3 926 500 | 3 650 000 | 负债和所有者权益（或股东权益）总计 | 8 095 531 | 8 401 400 |
| 资产总计 | 8 095 531 | 8 401 400 | | | |

注："应收账款"科目期初余额为 300 000 元，期末余额为 600 000 元；"坏账准备"科目的期初余额为 900 元，期末余额为 1800 元。固定资产原价年初数为 1 500 000 元，累计折旧400 000 元，减值准备为 0；年末原价 2 401 000 元，累计折旧 170 000 元，减值准备为 30 000元。

甲股份有限公司20×8年度的利润表资料见表18-13。

**表18-13　利润表**

会企02表

编制单位:甲股份有限公司　　20×8年　　单位:元

| 项　　目 | 本期金额 | 上期金额（略） |
|---|---|---|
| 一、营业收入 | 1 250 000 | |
| 减：营业成本 | 750 000 | |
| 营业税金及附加 | 2 000 | |
| 销售费用 | 20 000 | |
| 管理费用 | 157 100 | |
| 财务费用 | 41 500 | |
| 资产减值损失 | 30 900 | |
| 加：公允价值变动收益（损失以"–"号填列） | 0 | |
| 投资收益（损失以"–"号填列） | 31 500 | |
| 其中：对联营企业和合营企业的投资收益 | 0 | |
| 二、营业利润（亏损以"–"号填列） | 280 000 | |
| 加：营业外收入 | 50 000 | |
| 减：营业外支出 | 19 700 | |
| 其中：非流动资产处置损失 | （略） | |
| 三、利润总额（亏损总额以"–"号填列） | 310 300 | |
| 减：所得税费用 | 85 300 | |
| 四、净利润（净亏损以"–"号填列） | 225 000 | |
| 五、每股收益 | （略） | |
| （一）基本每股收益 | | |
| （二）稀释每股收益 | | |

20×8年度利润表有关项目的明细资料如下：

(1)管理费用的组成即职工薪酬17 100元,无形资产摊销60 000元,折旧费20 000元,支付其他费用60 000元。

(2)财务费用的组成即计提借款利息11 500元,支付应收票据(银行承兑汇票)贴现利息30 000元。

(3)资产减值损失的组成即计提坏账准备900元,计提固定资产减值准备30 000元。上年末坏账准备余额为900元。

(4)投资收益的组成即收到股息收入30 000元,与本金一起收回的交易性股票投资收益500元,自公允价值变动损益结转投资收益1 000元。

(5)营业外收入的组成即处置固定资产净收益50 000元(其所处置固定资产原价为400 000元,累计折旧为150 000元,收到处置收入300 000元)。假定不考虑与固定资产处置有关的税费。

(6)营业外支出的组成即报废固定资产净损失19 700元(其所报废固定资产原价为200 000元。累计折旧为180 000元,支付清理费用500元,收到残值收入800元)。

(7)所得税费用的组成即当期所得税费用92 800元,递延所得税收益7 500元。

甲股份有限公司20×8年按直接法计算经营活动现金流量的过程如下:

销售商品、提供劳务收到的现金=主营业务收入+应交税费(应交增值税——销项税额)+(应收账款年初余额-应收账款期末余额)+(应收票据年初余额-应收票据期末余额)-当期计提的坏账准备-票据贴现的利息

=1 250 000+212 500+(299 100-598 200)+(246 000-66 000)-900-30 000

=1 312 500(元);

购买商品、接受劳务支付的现金=主营业务成本+应交税费(应交增值税——进项税额)-(存货年初余额-存货期末余额)+(应付账款年初余额-应付账款期末余额)+(应付票据年初余额-应付票据期末余额)+(预付账款期末余额-预付账款年初余额)-当期列入生产成本、制造费用的职工薪酬-当期列入生产成本、制造费用的折旧费和固定资产修理费

=750 000+42 466-(2 580 000-2 484 700)+(953 800-953 800)+(200 000-100 000)+(100 000-100 000)-324 900-80 000

=392 266(元);

支付给职工以及为职工支付的现金=生产成本、制造费用、管理费用中职工薪酬+(应付职工薪酬年初余额-应付职工薪酬期末余额)-[应付职工薪酬(在建工程)年初余额-应付职工薪酬(在建工程)期末余额]

=324 900+17 100+(110 000-180 000)-(0-28 000)

=300 000(元);

支付的各项税费=当期所得税费用+营业税金及附加+应交税费(应交增值税——已交税金)-(应交所得税期末余额-应交所得税期初余额)

=92 800+2 000+100 000-(20 097-0)

=174 703(元);

支付其他与经营活动有关的现金=其他管理费用+销售费用

=60 000+20 000

=80 000(元)。

甲股份有限公司的现金流量表见表8-14。

表 18-14 现金流量表

会企 03 表

编制单位:甲股份有限公司 20×8 年 单位:元

| 项目 | 本期金额 | 上期金额(略) |
|---|---|---|
| 一、经营活动产生的现金流量: | | |
| 销售商品、提供劳务收到的现金 | 1 312 500 | |
| 收到的税费返还 | 0 | |
| 收到其他与经营活动有关的现金 | 0 | |
| 经营活动现金流入小计 | 1 312 500 | |
| 购买商品、接受劳务支付的现金 | 392 266 | |
| 支付给职工以及为职工支付的现金 | 300 000 | |
| 支付的各项税费 | 174 703 | |
| 支付其他与经营活动有关的现金 | 80 000 | |
| 经营活动现金流出小计 | 946 969 | |
| 经营活动产生的现金流量净额 | 365 531 | |

2.间接法

间接法是指以净利润为起算点,调整不涉及现金的收入、费用、营业外收支等有关项目,剔除投资活动、筹资活动对现金流量的影响,据此计算出经营活动产生的现金流量。由于净利润是按照权责发生制原则确定的,且包括了与投资活动和筹资活动相关的收益和费用,将净利润调节为经营活动现金流量,实际上就是将按权责发生制原则确定的净利润调整为现金净流入,并剔除投资活动和筹资活动对现金流量的影响。

其调整过程如下:

经营活动现金净流量=本期净利润+不减少现金的费用项目+与经营活动有关的非现金流动资产的减少及流动负债的增加+列于利润表但属于投资活动与筹资活动的费用及损失项目-不增加现金的收入-与经营活动有关的非现金流动资产的增加及流动负债的减少-列于利润表但属于投资活动与筹资活动及投资活动的收益项目。

根据【例 18-9】将净利润调节为经营活动现金流量各项目计算过程如下:

(1)资产减值准备=900+30 000=30 900(元)

(2)固定资产折旧=20 000+80 000=100 000(元)

(3)无形资产摊销=60 000(元)

(4)处置固定资产、无形资产和其他长期资产的损失(减:收益)=-50 000(元)

(5)固定资产报废损失=19 700(元)

(6)财务费用=11 500(元)

(7)投资损失(减:收益)=-31 500(元)

(8)递延所得税资产减少=0−7 500=−7 500(元)

(9)存货的减少=2 580 000−2 484 700=95 300(元)

(10)经营性应收项目的减少

=(246 000−66 000)+(299 100+900−598 200−1 800)

=−120 000(元)

(11)经营性应付项目的增加

=(100 000−200 000)+(100 000−100 000)+[(180 000−28 000)−110 000]+[(226 731−100 000)−36 600]

=32 131(元)

现金流量补充资料见表 8-15。

**表 18-15 现金流量补充资料**

| 补 充 资 料 | 本 期 金 额 | 上 期 金 额 |
|---|---|---|
| 1.将净利润调节为经营活动现金流量: | | |
| 净利润 | 225 000 | |
| 加:资产减值准备 | 30 900 | |
| 固定资产折旧、油气资产折耗、生产性生物资产折旧 | 100 000 | |
| 无形资产摊销 | 60 000 | |
| 长期待摊费用摊销 | 0 | |
| 处置固定资产、无形资产和其他长期资产的损失(收益以“−”号填列) | −50 000 | |
| 固定资产报废损失(收益以“−”号填列) | 19 700 | |
| 公允价值变动损失(收益以“−”号填列) | 0 | |
| 财务费用(收益以“−”号填列) | 11 500 | |
| 投资损失(收益以“−”号填列) | −31 500 | |
| 递延所得税资产减少(增加以“−”号填列) | −7 500 | |
| 递延所得税负债增加(减少以“−”号填列) | 0 | |
| 存货的减少(增加以“−”号填列) | 95 300 | |
| 经营性应收项目的减少(增加以“−”号填列) | −120 000 | |

续表 18-15

| 补 充 资 料 | 本期金额 | 上期金额 |
|---|---|---|
| 经营性应付项目的增加（减少以“–”号填列） | 32 131 | |
| 其他 | 0 | |
| 经营活动产生的现金流量净额 | 365 531 | |
| 2.不涉及现金收支的重大投资和筹资活动： | | |
| 债务转为资本 | 0 | |
| 一年内到期的可转换公司债券 | 0 | |
| 融资租入固定资产 | 0 | |
| 3.现金及现金等价物净变动情况： | | |
| 现金的期末余额 | 815 131 | |
| 减：现金的期初余额 | 1 406 300 | |
| 加：现金等价物的期末余额 | 0 | |
| 减：现金等价物的期初余额 | 0 | |
| 现金及现金等价物净增加额 | –591 169 | |

**【例 18–10】**在采用间接法将净利润调节为经营活动的现金流量时，下列各调整项目中，属于调增项目的是(　　)。

A.长期待摊费用摊销　　B.递延所得税资产减少额

C.经营性应收项目的减少　　D.存货的减少

**【答案】**A、B、C、D

采用直接法编报的现金流量表，便于分析企业经营活动产生的现金流量的来源和用途，预测企业现金流量的未来前景；采用间接法编报现金流量表，便于将净利润与经营活动产生的现金流量净额进行比较，了解净利润与经营活动产生的现金流量差异的原因，从现金流量的角度分析净利润的质量。所以，现金流量表准则规定企业应当采用直接法编报现金流量表，同时要求在附注中提供以净利润为基础调节到经营活动现金流量的信息。

(二)投资活动现金流量的填列

1.收回投资收到的现金

本项目反映企业出售、转让或到期收回除现金等价物以外的交易性金融资产、持有至到期投资、可供出售金融资产、长期股权投资、投资性房地产而收到的现金。本项目可以根据“交易性金融资产”“持有至到期投资”“可供出售金融资产”“长期股权投资”“投资性房地产”等账户的贷方发生额及“现金”“银行存款”账户的借方记录分析填列。

需要注意是，如果为交易性金融资产的投资、可供出售金融资产的投资或长期股权投资，要注意这三类应按照最后实际收到的款项填入本项目，不用考虑其中是否有股利、利息；

如果是收回的持有至到期投资，则本项目应以实际收到的款项扣除包含的利息后的金额填列,即债券本金应包含在本项目,而债券利息应单独填列,计入“取得投资收益收到的现金”项目。

2.取得投资收益收到的现金

本项目反映企业因股权性投资而分得的现金股利,从子公司、联营企业或合营企业分回利润而收到的现金,因债权性投资而取得的现金利息收入。股票股利不在本项目中反映;包括在现金等价物范围内的债券性投资,其利息收入在本项目中反映。本项目可以根据“应收股利”“应收利息”“投资收益”等科目的贷方发生额及“现金”“银行存款”账户的借方记录分析填列。

3.处置固定资产、无形资产和其他长期资产收回的现金净额

本项目反映企业出售固定资产、报废固定资产、处置无形资产和其他长期资产所取得的价款收入、保险赔偿收入等而收到的现金，扣除为处置这些资产而支付的有关费用后的净额。另外,由于自然灾害等原因所造成的固定资产等长期资产报废、毁损而收到的保险赔偿收入,在本项目中反映。本项目可以根据“固定资产清理”“其他业务收入”“其他应收款”“应交税费”等的发生额及“现金”“银行存款”等账户记录分析填列。

处置固定资产、无形资产和其他长期资产所收回的现金净额为负数,则应作为投资活动产生的现金流量,在“支付的其他与投资活动有关的现金”项目中反映。

4.处置子公司及其他营业单位收到的现金净额

本项目反映企业处置子公司及其他营业单位所取得的现金减去子公司或其他营业单位持有的现金和现金等价物以及相关处置费用后的净额。本项目可以根据“长期股权投资”等账户的发生额及“银行存款”等账户的记录分析填列。

处置子公司及其他营业单位收到的现金净额如为负数,则将该金额填列至“支付其他与投资活动有关的现金”项目中。

5.收到的其他与投资活动有关的现金

本项目反映企业除上述各项目外,收到的其他与投资活动有关的现金,如收到的属于购买时买价中所包含的现金股利或已到付息期的利息等。

其他与投资活动有关的现金,如果价值较大的,应单列项目反映。本项目可以根据有关科目的记录分析填列。

6.购建固定资产、无形资产和其他长期资产支付的现金

本项目反映企业购买、建造固定资产,取得无形资产和其他长期资产支付的现金,包括购买机器设备所支付的现金及增值税款、建造工程支付的现金、支付在建工程人员的工资等现金支出。但是,本项目不包括为购建固定资产、无形资产和其他长期资产而发生的借款利息资本化部分,以及融资租入固定资产所支付的租赁费。为购建固定资产、无形资产和其他长期资产而发生的借款利息资本化部分,在“分配股利、利润或偿付利息支付的现金”项目中反映;融资租入固定资产所支付的租赁费,在“支付的其他与筹资活动有关的现金”项目中反映,不在本项目中反映。

本项目可以根据“固定资产”“在建工程”“工程物资”“无形资产”“应付职工薪酬”等账户

的借方发生额及“现金”“银行存款”等账户的贷方记录分析填列。

7.投资支付的现金

本项目反映企业进行现金等价物以外的权益性投资和债权性投资所支付的现金(包括支付的现金以及支付的佣金、手续费等交易费用)。

企业购买股票和债券时，实际支付的价款中包含的已宣告但尚未领取的现金股利或已到付息期但尚未领取的债券利息,应在“支付的其他与投资活动有关的现金”项目中反映;收回购买股票和债券时支付的已宣告但尚未领取的现金股利或已到付息期但尚未领取的债券利息,应在“收到的其他与投资活动有关的现金”项目中反映。

本项目可以根据“交易性金融资产”“持有至到期投资”“可供出售金融资产”“投资性房地产”“长期股权投资”等账户的借方发生额及“现金”“银行存款”等账户的贷方记录分析填列。

8.取得子公司及其他营业单位支付的现金净额

本项目反映企业取得子公司及其他营业单位购买出价中以现金支付的部分，减去子公司或其他营业单位持有的现金和现金等价物后的净额。

9.支付的其他与投资活动有关的现金

本项目反映企业除上述各项目外,支付的其他与投资活动有关的现金。

其他与投资活动有关的现金,如果价值较大的,应单列项目反映。本项目可以根据有关科目的记录分析填列。

(三)筹资活动现金流量的填列

1.吸收投资收到的现金

本项目反映企业以发行股票、债券等方式筹集资金实际收到的款项净额(发行收入减去支付的佣金等发行费用后的净额)。

本项目可以根据“实收资本(或股本)”“资本公积”“应付债券”等账户的贷方余额及“现金”“银行存款”等账户的借方记录分析填列。

2.取得借款收到的现金

本项目反映企业举借各种短期、长期借款而收到的现金。

本项目可以根据“短期借款”“长期借款”“交易性金融负债”“应付债券”等账户的贷方余额及“现金”“银行存款”等账户的借方记录分析填列。

3.收到的其他与筹资活动有关的现金

本项目反映企业除上述各项目外,收到的其他与筹资活动有关的现金。其他与筹资活动有关的现金,如果价值较大的,应单列项目反映。

4.偿还债务所支付的现金

本项目反映企业偿还借款和到期债券的本金所支付的现金。企业偿还的借款利息、债券利息,在“分配股利、利润或偿付利息所支付的现金”项目中反映,不在本项目中反映。

本项目可以根据“短期借款”“长期借款”“交易性金融负债”“应付债券”等账户的借方发生额及“现金”“银行存款”等账户的贷方记录分析填列。

5.分配股利、利润或偿付利息支付的现金

本项目反映企业实际支付的现金股利、支付给其他投资单位的利润或用现金支付的借款利息、债券利息。本项目可以根据“应付股利”“应付利息”“利润分配”“财务费用”“在建工程”“制造费用”“研发支出”“现金”“银行存款”等科目的记录分析填列。

6.支付的其他与筹资活动有关的现金

本项目反映企业除上述各项目外,支付的其他与筹资活动有关的现金,如以发行股票、债券等方式筹集资金而由企业直接支付的审计、咨询等费用,融资租赁所支付的现金、以分期付款方式构建固定资产以后各期支付的现金等。

其他与筹资活动有关的现金,如果价值较大的,应单列项目反映。本项目可以根据有关科目的记录分析填列。

(四)汇率变动对现金等价物的影响

“汇率变动对现金及现金等价物的影响”项目反映以下两个项目之间的差额。

1.企业外币现金流量以及境外子公司的现金流量按采用的现金流量发生日的即期汇率或按照系统合理的方法确定的与现金流量发生日即期汇率近似的汇率折算的记账本位币金额。

2.“现金及现金等价物净增加额”中外币现金净增加额按期末汇率折算的金额。本项目的填列应考虑到以下内容:期末确认外币现金账户的汇兑损益;本期发生外币兑换交易是确认的汇兑损益;对境外子公司外币报表折算时,外币现金流量表项目按规定汇率的折算。

在会计实务中,本项目一般是根据下列方法填列的:将现金流量表附注中“现金及现金等价物净增加额”项目金额与现金流量表中“经营活动产生的现金流量净额”“投资活动产生的现金流量净额”“筹资活动产生的现金流量净额”三项之和的差额,倒挤出“汇率变动对现金及现金等价物的影响”。

(五)现金流量表的平衡关系

1.现金流量表中用直接填列“经营活动产生的现金流量净额”等于现金流量表附注中用间接法调整得出的“经营活动产生的现金流量净额”。

2. 现金流量表中由 “经营活动产生的现金流量净额”“投资活动产生的现金流量净额”“筹资活动产生的现金流量净额”以及“汇率变动对现金和现金等价物的影响”之和得出的“现金及现金等价物净增加额”等于现金流量表附注中通过“库存现金”“银行存款”“其他货币资金”账户的期末和期初余额的差额以及现金等价物的差额得出的“现金及现金等价物净增加额”。

以上平衡关系是检验现金流量表编制正确的最重要的两个依据,也是基本的平衡关系。

(六)现金流量表编制的技术方法

在编制现金流量表的过程中,应借助一定的技术方法体现各步骤的工作内容,特别是反映现金流量的计算过程。在会计实务中,常用的技术方法有三种:工作底稿法、T型账户法和分析填列法。企业可以结合自身核算的特点加以选用。

1.工作底稿法

采用工作底稿法编制现金流量表,是以工作底稿为手段,以资产负债表和利润表数据为基础,对每一项目进行分析并编制调整分录,从而编制现金流量表。工作底稿法的程序是:

(1)将资产负债表的期初数和期末数过入工作底稿的期初数栏和期末数栏。

(2)对当期业务进行分析并编制调整分录。编制调整分录时,要以利润表项目为基础,从“营业收入”开始,结合资产负债表项目逐一进行分析。在调整分录中,有关现金和现金等价物的事项,并不直接借记或贷记现金,而是分别计入“经营活动产生的现金流量”“投资活动产生的现金流量”“筹资活动产生的现金流量”有关项目,借记表示现金流入,贷记表示现金流出。

(3)将调整分录过入工作底稿中的相应部分。

(4)核对调整分录,借方、贷方合计数均已经相等,资产负债表项目期初数加减调整分录中的借贷金额以后,也等于期末数。

(5)根据工作底稿中的现金流量表项目部分编制正式的现金流量表。

2.T 型账户法

采用T型账户法编制现金流量表,是以T型账户为手段,以资产负债表和利润表数据为基础,对每一项目进行分析并编制调整分录,从而编制现金流量表。T型账户法的程序是:

(1)为所有的非现金项目(包括资产负债表项目和利润表项目)分别开设T型账户,并将各自的期末、期初变动数过入各账户。如果项目的期末数大于期初数,则将差额过入和项目余额相同的方向;反之,过入相反的方向。

(2)开设一个大的“现金及现金等价物”T型账户,每边分为经营活动、投资活动和筹资活动三个部分,左边记现金流入,右边记现金流出。与其他账户一样,过入期末、期初变动数。

(3)以利润表项目为基础,结合资产负债表分析每一个非现金项目的增减变动,并据此编制调整分录。

(4)将调整分录过入各T型账户,并进行核对,该账户借贷相抵后的余额与原先过入的期末、期初变动数应当一致。

(5)根据大的“现金及现金等价物”T型账户编制正式的现金流量表。

3.分析填列法

分析填列法是直接根据资产负债表、利润表和有关会计科目明细账的记录,分析计算出现金流量表各项目的金额,并据以编制现金流量表的一种方法。

# 第五节 所有者权益变动表

## 一、所有者权益变动表的内容及结构

### (一)所有者权益变动表的内容

所有者权益变动表是指反映构成所有者权益各组成部分当期增减变动情况的报表。所有者权益变动表应当全面反映一定时期所有者权益变动的情况,不仅包括所有者权益总量的增减变动,还包括所有者权益增减变动的重要结构性信息,特别是要反映直接计入所有者权益的利得和损失,让报表使用者准确理解所有者权益增减变动的根源。

在所有者权益变动表中,企业至少应当单独列示反映下列信息的项目:

1.净利润;

2.直接计入所有者权益的利得和损失项目及其总额;

3.会计政策变更和差错更正的累积影响金额;

4.所有者投入资本和向所有者分配利润等;

5.提取的盈余公积;

6.实收资本或股本、资本公积、盈余公积、未分配利润的期初和期末余额及其调节情况。

(二)所有者权益变动表的结构

为了清楚地表明构成所有者权益的各组成部分当期的增减变动情况，所有者权益变动表应当以矩阵的形式列示:一方面,列示导致所有者权益变动的交易或事项,改变了以往仅仅按照所有者权益的各组成部分反映所有者权益变动情况，而是从所有者权益变动的来源对一定时期所有者权益变动情况进行全面反映;另一方面,按照所有者权益各组成部分(包括实收资本、资本公积、盈余公积、未分配利润和库存股)及其总额列示交易或事项对所有者权益的影响。此外,企业还需要提供比较所有者权益变动表,所有者权益变动表就各项目再分为“本年金额”和“上年金额”两栏分别填列。所有者权益变动表的具体格式见表18-16。

**表18-16 所有者权益变动表**

会企04表

编制单位:甲股份有限公司　　　　20×8年度　　　　单位:元

| 项目 | 本年金额 | | | | | | 上年金额 | | | | | |
|---|---|---|---|---|---|---|---|---|---|---|---|---|
| | 实收资本(或股本) | 资本公积 | 减:库存股 | 盈余公积 | 未分配利润 | 所有者权益合计 | 实收资本(或股本) | 资本公积 | 减:库存股 | 盈余公积 | 未分配利润 | 所有者权益合计 |
| 一、上年年末余额 | 5 000 000 | 0 | 0 | 100 000 | 50 000 | 5 150 000 | | | | | | |
| 加:会计政策变更 | | | | | | | | | | | | |
| 前期差错更正 | | | | | | | | | | | | |
| 二、本年年初余额 | 5 000 000 | 0 | 0 | 100 000 | 50 000 | 5 150 000 | | | | | | |
| 三、本年增减变动金额（减少以“ ”号填列） | | | | | | | | | | | | |
| （一）净利润 | | | | | 225 000 | 225 000 | | | | | | |
| （二）直接计入所有者权益的利得和损失 | | | | | | | | | | | | |
| 1.可供出售金融资产公允价值变动净额 | | | | | | | | | | | | |

续表 18–16

| 项目 | 本年金额 | | | | | | 上年金额 | | | | | |
|---|---|---|---|---|---|---|---|---|---|---|---|---|
| | 实收资本(或股本) | 资本公积 | 减：库存股 | 盈余公积 | 未分配利润 | 所有者权益合计 | 实收资本（或股本） | 资本公积 | 减：库存股 | 盈余公积 | 未分配利润 | 所有者权益合计 |
| 2.权益法下被投资单位其他所有者权益变动的影响 | | | | | | | | | | | | |
| 3.与计入所有者权益项目相关的所得税影响 | | | | | | | | | | | | |
| 4.其他 | | | | | | | | | | | | |
| 上述（一）和（二）小计 | | | | | | | | | | | | |
| （三）所有者投入和减少资本 | | | | | | | | | | | | |
| 1.所有者投入资本 | | | | | | | | | | | | |
| 2.股份支付计入所有者权益的金额 | | | | | | | | | | | | |
| 3.其他 | | | | | | | | | | | | |
| （四）利润分配 | | | | | | | | | | | | |
| 1.提取盈余公积 | | | | 24 770.4 | –24 770.4 | 0 | | | | | | |
| 2.对所有者（或股东）的分配 | | | | | –32 215.85 | –32 215.85 | | | | | | |
| 3.其他 | | | | | | | | | | | | |
| （五）所有者权益内部结转 | | | | | | | | | | | | |
| 1.资本公积转增资本（或股本） | | | | | | | | | | | | |
| 2.盈余公积转增资本（或股本） | | | | | | | | | | | | |
| 3.盈余公积弥补亏损 | | | | | | | | | | | | |
| 4.其他 | | | | | | | | | | | | |
| 四、本年年末余额 | 5 000 000 | 0 | 0 | 124 770.4 | 218 013.75 | 5 342 784.15 | | | | | | |

## 二、所有者权益变动表的填列方法

### (一)上年金额栏的填列方法

所有者权益变动表“上年金额”栏内各项数字,应根据上年度所有者权益变动表“本年金额”栏内所列数字填列。如果上年度所有者权益变动表规定的各个项目的名称和内容同本年度不相一致,应对上年度所有者权益变动表各项目的名称和数字按本年度的规定进行调整,填入所有者权益变动表“上年金额”栏内。

### (二)本年金额栏的填列方法

1.“上年年末余额”项目,反映企业上年资产负债表中实收资本(或股本)、资本公积、盈余公积、未分配利润的年末余额。

2.“会计政策变更”和“前期差错更正”项目,分别反映企业采用追溯调整法处理的会计政策变更的累积影响金额和采用追溯重述法处理的会计差错更正的累积影响金额。

为了体现会计政策变更和前期差错更正的影响，企业应当在上期期末所有者权益余额的基础上进行调整得出本期期初所有者权益,根据“盈余公积”“利润分配”“以前年度损益调整”等科目的发生额分析填列。

3.“本年增减变动金额”项目分别反映如下内容:

(1)“净利润”项目,反映企业当年实现的净利润(或净亏损)金额,并对应列在“未分配利润”栏。

(2)“直接计入所有者权益的利得和损失”项目,反映企业当年直接计入所有者权益的利得和损失金额。其中,“可供出售金融资产公允价值变动净额”项目,反映企业持有的可供出售金融资产当年公允价值变动的金额,并对应列在“资本公积”栏。“权益法下被投资单位其他所有者权益变动的影响”项目,反映企业对按照权益法核算的长期股权投资,在被投资单位除当年实现的净损益以外其他所有者权益当年变动中应享有的份额,并对应列在“资本公积”栏。“与计入所有者权益项目相关的所得税影响”项目,反映企业根据《企业会计准则第18号——所得税》规定应计入所有者权益项目的当年所得税影响金额,并对应列在“资本公积”栏。

(3)“净利润”和“直接计入所有者权益的利得和损失”小计项目,反映企业当年实现的净利润(或净亏损)金额和当年直接计入所有者权益的利得和损失金额的合计额。

(4)“所有者投入和减少资本”项目,反映企业当年所有者投入的资本和减少的资本。其中,“所有者投入资本”项目,反映企业接受投资者投入形成的实收资本(或股本)和资本溢价或股本溢价,并对应列在“实收资本”和“资本公积”栏。“股份支付计入所有者权益的金额”项目，反映企业处于等待期中的权益结算的股份支付当年计入资本公积的金额，并对应列在“资本公积”栏。

(5)“利润分配”下各项目,反映当年对所有者(或股东)分配的利润(或股利)金额和按照规定提取的盈余公积金额,并对应列在“未分配利润”和“盈余公积”栏。其中,“提取盈余公积”项目,反映企业按照规定提取的盈余公积。“对所有者(或股东)的分配”项目,反映对所有者(或股东)分配的利润(或股利)金额。

(6)“所有者权益内部结转”下各项目,反映不影响当年所有者权益总额的所有者权益各组成部分之间当年的增减变动,包括资本公积转增资本(或股本)、盈余公积转增资本(或股本)、盈余公积弥补亏损等项金额。为了全面反映所有者权益各组成部分的增减变动情况,所有者权益内部结转也是所有者权益变动表的重要组成部分,主要指不影响所有者权益总额、所有者权益的各组成部分当期的增减变动。其中,“资本公积转增资本(或股本)”项目,反映企业以资本公积转增资本或股本的金额。“盈余公积转增资本(或股本)”项目,反映企业以盈余公积转增资本或股本的金额。“盈余公积弥补亏损”项目,反映企业以盈余公积弥补亏损的金额。

### 三、所有者权益变动表编制示例

【例 18-11】甲股份有限公司 20×8 年 12 月 31 日的资产负债表见表 18-4。其他相关资料为:提取盈余公积 24 770.4 元,向投资者分配现金股利 32 215.85 元。

根据上述资料,甲股份有限公司编制 20×8 年度的所有者权益变动表,见表 18-16。

## 第六节 附注

### 一、附注概述

(一)附注的概念

附注是财务报表不可或缺的组成部分,是对资产负债表、利润表、现金流量表和所有者权益变动表等报表中列示项目的文字描述或明细资料, 以及对未能在这些报表中列示项目的说明等。

财务报表中的数字是经过分类与汇总后的结果, 是对企业发生的经济业务的高度简化和浓缩的数字,如果没有形成这些数字所使用的会计政策,理解这些数字所必需的披露,财务报表就不可能充分发挥效用。因此,附注与资产负债表、利润表、现金流量表、所有者权益变动表等报表具有同等的重要性,是财务报表的重要组成部分。报表使用者了解企业的财务状况、经营成果和现金流量,应当全面阅读附注。

(二)附注披露的基本要求

1.附注披露的信息应是定量、定性信息的结合,从而能从量和质两个角度对企业经济事项完整的进行反映,也才能满足信息使用者的决策需求。

2.附注应当按照一定的结构进行系统合理的排列和分类,有顺序地披露信息。由于附注的内容繁多,因此更应按逻辑顺序排列,分类披露,条理清晰,具有一定的组织结构,以便于使用者理解和掌握,也更好地实现财务报表的可比性。

3.附注相关信息应当与资产负债表、利润表、现金流量表和所有者权益变动表等报表中列示的项目相互参照,以有助于使用者联系相关联的信息,并由此从整体上更好地理解财务报表。

## 二、附注披露的内容

附注应当按照如下顺序披露有关内容:

(一)企业的基本情况

1.企业注册地、组织形式和总部地址。

2.企业的业务性质和主要经营活动,如企业所处的行业、所提供的主要产品或服务、客户的性质、销售策略、监管环境的性质等。

3.母公司以及集团最终母公司的名称。

4.财务报告的批准报出者和财务报告批准报出日。

(二)财务报表的编制基础

(三)遵循企业会计准则的声明

企业应当声明编制的财务报表符合企业会计准则的要求,真实、完整地反映了企业的财务状况、经营成果和现金流量等有关信息,以此明确企业编制财务报表所依据的制度基础。如果企业编制的财务报表只是部分地遵循了企业会计准则,那么在附注中不得作出这种表述。

(四)重要会计政策和会计估计

根据财务报表列报准则的规定,企业应当披露采用的重要会计政策和会计估计,不重要的会计政策和会计估计可以不披露。

1.重要会计政策的说明

由于企业经济业务的复杂性和多样化,某些经济业务可以有多种会计处理方法,即存在不止一种可供选择的会计政策。例如,存货的计价可以有先进先出法、加权平均法、个别计价法等;固定资产的折旧,可以有平均年限法、工作量法、双倍余额递减法、年数总额法等。企业在发生某项经济业务时,必须从允许的会计处理方法中选择适合本企业特点的会计政策,企业选择不同的会计处理方法,可能会极大地影响企业的财务状况和经营成果,进而编制出不同的财务报表。为了有助于报表使用者能够理解,有必要对这些会计政策加以披露。

需要特别指出的是,说明会计政策时还需要披露下列两项内容:

(1)财务报表项目的计量基础。会计计量属性包括历史成本、重置成本、可变现净值、现值和公允价值,这直接影响报表使用者的分析,这项披露要求使用者了解企业财务报表中的项目是按何种计量基础予以计量的,如存货是按成本还是按可变现净值计量等。

(2)会计政策的确定依据。会计政策的确定依据是指企业在运用会计政策过程中所作的对报表中确认的项目金额最具影响的判断。例如企业如何判断持有的金融资产是持有至到期的投资而不是交易性投资;又如,对于拥有的持股不足50%的关联企业,企业如何判断企业拥有控制权因此将其纳入合并范围;再如,企业如何判断与租赁资产相关的所有风险和报酬已转移给企业,从而符合融资租赁的标准以及投资性房地产的判断标准是什么等等,这些判断对在报表中确认的项目金额具有重要影响。

因此,这项披露要求有助于使用者理解企业选择和运用会计政策的背景,增加财务报表的可理解性。

2.重要会计估计的说明

财务报表列报准则强调了对会计估计不确定因素的披露要求，企业应当披露会计估计中所采用的关键假设和不确定因素的确定依据，这些关键假设和不确定因素在下一会计期间内很可能导致对资产、负债账面价值进行重大调整。

在确定报表中确认的资产和负债的账面金额过程中，企业有时需要对不确定的未来事项在资产负债表中对这些资产和负债的影响加以估计。例如，固定资产可收回金额的计算需要根据其公允价值减去处置费用后的净额与预计未来现金流量的现值两者之间的较高者确定，在计算资产预计未来现金流量的现值时需要对未来现金流量进行预测，并选择适当的折现率，应当在附注中披露未来现金流量预测所采用的假设及其依据、所选择的折现率为什么是合理的等等。又如，为正在进行中的诉讼提取准备时最佳估计数的确定依据等。这些假设的变动对这些资产和负债项目金额的确定影响很大，有可能会在下一个会计年度内作出重大调整。因此，强调这一披露要求，有助于提高财务报表的可理解性。

(五)会计政策和会计估计变更以及差错更正的说明

企业应当按照《企业会计准则第 28 号——会计政策、会计估计变更和差错更正》及其应用指南的规定，披露会计政策和会计估计变更以及差错更正的有关情况。

(六)报表重要项目的说明

企业应当以文字和数字描述相结合、尽可能以列表形式披露报表重要项目的构成或当期增减变动情况，并且报表重要项目的明细金额合计应当与报表项目金额相衔接。在披露顺序上，一般应当按照资产负债表、利润表、现金流量表、所有者权益变动表的顺序及其项目列示的顺序进行披露。

(七)其他需要说明的重要事项

这主要包括有承诺事项、资产负债表日后非调整事项、关联方关系及其交易等，具体的披露要求须遵循相关准则的规定，分别参见相关章节的内容。

# 第十九章 关联方披露

## 第一节 关联方披露的重要意义

关联方一般是指有关联的各方,关联方关系是指有关联的各方之间存在的内在联系,关联方交易则是指关联方之间发生的交易或事项。随着我国资本市场和证券市场的发展,上市公司不断增多,关联方交易在我国经济活动中也越来越普遍,并变得日益重要和复杂。

### 一、关联方交易的产生

关联交易在西方成熟资本市场中极为常见,在我国就更加普遍,主要原因有以下几个方面:

1.企业集团的形成必然导致关联方交易的发生。在早期的垂直式企业购并方式中,为了稳定原材料供应商或产品经销渠道,一家企业合并了其原材料供应商或产品的经销商,使后者成为子公司。在此种情况下,合并后的企业集团之间必然会发生相应的原材料或产品购销等关联交易。这类关联交易的产生源于节约交易成本或降低市场风险,从而使企业在竞争中处于有利地位的需要。因此,关联方及关联方交易是市场经济激烈竞争的产物,它是市场经济发展到一定条件下的必然结果。

2.我国上市公司大部分是由国有企业改制而成的,先天就带有关联性。在我国有不少国有企业在改制过程中采取了分拆、重组等方式包装上市,导致上市公司形式上符合人、财、物分离的条件,实质上却不能独立完成供、产、销等经营活动。因此,它必然与原有母体或其他被拆分公司之间发生大量的关联交易。此外,国有企业改制过程中采取的资产剥离与会计模拟方式也会导致上市公司与其母公司发生大量的关联交易。

3.我国上市公司为了保证配股资格,或为了满足其他需要而粉饰财务报表,经常采用关联交易的方式。例如,根据我国证券市场监管政策的规定,即对于财务状况异常,如公司连续两年亏损及资不抵债的上市公司要进行特别处理;对于连续三年亏损的上市公司要摘牌,终止其在股票交易所挂牌交易。为避免公司被作 ST 或暂停交易处理,在当年扭亏无望的情况下,只能靠操纵利润来将亏损做成“盈利”,而关联交易是其使用最快、最直接的方式。

## 二、关联方交易的效应

企业间的联合是现实经济生活中的一种日益常见的经济现象，关联交易也是市场经济环境中一种不可避免的交易行为。关联交易既有积极作用也有可能带来负面的影响。

（一）关联方交易的正面效应

1.有利于节约交易费用。

关联方交易可以节省交易费用、降低交易成本，提高经营效率。新制度经济学认为，交易费用是获得准确的市场信息所需付出的费用，以及谈判和经常性契约的费用，主要包括：

(1)事先的交易费用，即为获取市场信息，签订契约，规定交易双方的权利、责任所花费的费用。

(2)签订契约后为解决契约本身存在的问题，如变更条款，撤销契约等所花的费用。在现实经济生活中交易费用不可能为0，因此，每个企业在收益不变的情况下，总是力图节约交易费用。企业集团通过企业组织内部的关联方交易活动就可以节省市场交易费用，降低市场交易成本，节省交易时间，避免交易失败引起的人力、物力、财力方面的消耗，提高企业的经营效率。

2.有利于及时调整资产结构，提高公司的营运效率，获取可观的规模经济效益。

上市公司及其控股股东可以通过关联方交易进行资产重组，优化资源配置。既加强了上市公司的科技开发能力又加快了产品的更新换代速度。而且通过跨国、跨行业兼并和收购，跨区域改组和控股，跨所有制嫁接和改造，由关联企业共同组成一个关联群体。在群体内部制定统一的生产和管理政策，使群体内部的各种资源得以优化组合，进而达到优势互补，增大获利能力的目的。

3.关联方交易可以进行合理避税，减少企业集团整体纳税支出。

利用关联方交易进行合理避税最初出现在跨国公司中。在跨国经营中，由于企业经营需要涉及两个以上国家的税收管辖权，纳税人面临着就同一纳税对象向有关国家双重交税的风险，但同时也面临着可以在不同国家的税收制度中寻求减缓税收负担的机遇。跨国公司经常利用转移定价在公司集团内部以及关联方之间进行税务筹划，以减轻公司总体的税务负担。

4.关联方交易可以规避风险，提高企业集团的整体抗风险能力。

组建企业集团进行内部财务和经营政策协调可以构筑市场竞争优势。多个企业通过资本纽带或按照一定的协议组成企业集团后，可在政策制定中进行充分协调，在产品市场上采取一致行动，形成战略协同效应，对抗激烈市场竞争，降低单个企业经营风险。对于跨国公司来说，当东道国出现政策多变、汇率下跌、通货膨胀等情况时，可以通过关联方交易将利润转出，以降低预期的外汇风险，减少通货膨胀损失。对于国内企业而言，也可以通过关联方交易实现产业结构转移与优化，提高企业集团整体的抗风险能力。

（二）关联方交易的负面效应

关联方交易如果偏离市场中公平交易的原则，就会成为侵害广大投资者和其他有关各方利益以达到其特殊目的的手段。

1.造成国家的税收流失。

关联企业各成员如果处在不同地区,并且属于不同行业,不同所有制形式的企业,则使用的税法或享受税法规定的优惠条件就可能不同,因而税收负担也不均衡,这样必然会导致国家税收流失。

2.造成资源错误配置。

会计信息是否真实可靠,直接影响到会计信息的使用者能否正确判断企业财务状况、经营成果和现金流量,并进而影响到他们的决策。而大量的非正常关联方交易,则会使得资源在各关联企业之间发生非正常转移,从而产生许多不真实的会计信息。这就会让企业的投资者无法辨别企业财务、经营等方面的优劣,不能作出正确决策,并进一步导致社会资源配置的错误和低效。

3.容易损害中小股东利益。

关联方交易一旦带有了非正常的目的性，则容易成为控股股东损害和侵蚀中小股东利益的工具。

值得注意的是,关联方交易是中性的,关联方交易本身并没有错,它是高度发达市场中"节约交易费用"的必然产物,是商业活动的正常特征,但由于其可能产生的负面作用,必须对关联方交易的披露问题进行控制。

### 三、关联方关系及其交易披露的重要意义

在财务报表中披露关联方关系及其交易具有非常重要的意义。关联方之间发生的交易与非关联方之间发生的交易是两类性质不同的交易,在财务报表中进行披露,能够提高财务报表的透明度,增强财务报表的相关性与可靠性,从而为相关利益集团提供更相关、更可靠的会计信息,为其进行有关决策提供服务。

## 第二节　关联方关系的认定

### 一、关联方的定义

关联方关系错综复杂,很难对其直接概括,因此,我国企业会计准则未直接对关联方进行定义,而是采用列举法。

根据我国《企业会计准则第 36 号——关联方披露》的规定,如果一方控制、共同控制另一方或对另一方施加重大影响，以及两方或两方以上同受一方控制、共同控制或重大影响的,构成关联方。

关联方关系往往存在于控制或被控制、共同控制或被共同控制、施加重大影响或被施加重大影响的各方之间。关联方具有以下特征：

1.关联方涉及两方或多方。

关联方关系是有关联的双方或多方之间的相互关系，任何单独的个体都不可能构成关

联方。例如,一个企业不能构成关联方关系。另外,关联方关系可能存在于企业与企业之间,也可能存在于企业与个人之间或企业与部门之间。

2.关联方以各方之间的影响为前提。

这种影响包括控制或被控制、共同控制或被共同控制、施加重大影响或被施加重大影响的各方之间,即建立控制、共同控制和施加重大影响是关联方存在的主要特征。

3.关联方关系的存在可能影响关联方交易的公平性。

关联方交易时,由于交易双方受同一方控制、共同控制或重大影响,从而交易的各方都不是独立的,因此,关联方交易不存在自由的、竞争性的市场交易条件。在某些情况下,关联方之间可通过对关联交易价格的操纵达到粉饰经营业绩的目的,或者关联方通过虚假的或不存在的关联交易达到操纵利润的目的。

4.关联方交易的价格可能是建立在公平交易的价格基础上。

在企业集团内部,关联交易如企业集团内部的产品购销交易等是企业正常商业活动不可缺少的部分。在某些情况下,关联交易定价可能采用了公平价格,所不同的是,非关联交易采用的是自由竞争市场的竞价,而关联交易价格则是由企业集团内部直接设定,它参考了活跃竞争市场的公平价格。

## 二、关联方关系的判定标准及应注意的问题

### (一)关联方关系的判定标准

在判断是否存在关联方关系时,尤其应当遵守实质重于形式的原则。

根据我国《企业会计准则第36号——关联方披露》的规定,关联方关系的存在是以控制、共同控制或重大影响为前提条件的。关联方关系通常存在于以下几个方面:

1.母公司与子公司、同一母公司下各子公司之间。

(1)某一个企业直接控制一个或多个企业。例如,母公司控制一个或若干个子公司,则母公司与子公司之间即为关联方关系。

(2)某一个企业通过一个或若干个中间企业间接控制一个或多个企业。例如,母公司通过其子公司,间接控制子公司的子公司,表明母公司与其子公司的子公司存在关联方关系。

(3)一个企业直接地和通过一个或若干中间企业间接地控制一个或多个企业。例如,母公司对某一企业的投资虽然没有达到控股的程度,但由于其子公司也拥有该企业的股份或权益,如果母公司与其子公司对该企业的投资之和达到拥有该企业一半以上表决权资本的控制权,则母公司直接和间接地控制该企业,表明母公司与该企业之间存在关联方关系。

(4)企业的子公司,包括直接或间接地被该企业控制的其他企业,也包括直接或间接地被该企业控制的单位、信托基金等。

(5)与该企业受同一母公司控制的其他企业。因为两个或多个企业有相同的母公司,对它们都具有控制能力,即两个或多个企业如果有相同的母公司,它们的财务和经营政策都由相同的母公司决定,各个被投资企业之间由于受相同母公司的控制,可能为自身利益而进行的交易受到某种限制。例如,该企业与受其母公司控制的其他公司之间构成关联方关系。

2.实施共同控制的投资者与共同控制实体之间。

实施共同控制的投资者能够影响甚至左右共同控制实体的生产经营活动和财务活动，它们之间发生的交易可能会偏离公平交易,因此,实施共同控制的投资方与其共同控制实体之间是关联方关系，但这些投资方之间并不能仅仅因为共同控制了同一实体而视为存在关联方关系。例如,A、B、C 三个企业共同控制 D 企业,从而 A 和 D、B 和 D 以及 C 和 D 成为关联方关系。如果不存在其他关联方关系,A 和 B、A 和 C 以及 B 和 C 之间不构成关联方关系。

3.实施重大影响的投资方与被施加重大影响的被投资方之间。

对企业实施重大影响的投资方与该企业之间是关联方关系，但这些投资方之间并不能仅仅因为对同一家企业具有重大影响而视为存在关联方关系。

例如,A 企业和 C 企业均能够对 B 企业施加重大影响，如果 A 和 C 不存在其他关联方关系,则 A 和 C 不构成关联方关系。

4.企业与主要投资者个人及与其关系密切的家庭成员之间。

主要投资者个人是指能够控制、共同控制一个企业或者对一个企业施加重大影响的个人投资者。

(1)某一企业与其主要投资者个人之间的关系。例如,张三是 A 企业的主要投资者,则 A 企业与张三构成关联方关系。

(2)某一企业与其主要投资者个人关系密切的家庭成员之间的关系。例如,A 企业的主要投资者张三的儿子张小三与 A 企业构成关联方关系。

5.企业与其自身或母公司的关键管理人员及与其关系密切的家庭成员之间。

关键管理人员是指有权力并负责计划、指挥和控制企业活动的人员。通常情况下,企业关键管理人员负责管理企业的日常经营活动,并且负责制订经营计划、战略目标、指挥调度生产经营活动等,主要包括董事长、董事、董事会秘书、总经理、总会计师、财务总监、主管各项事务的副总经理以及行使类似职能的人员等。

(1)某一企业与其关键管理人员之间的关系。例如,A 企业的总经理与 A 企业构成关联方关系。

(2)某一企业与其关键管理人员关系密切的家庭成员之间的关系。例如,A 企业的总经理张三的儿子张小三与 A 企业构成关联方关系。

6.企业与主要投资者个人、关键管理人员或与其关系密切的家庭成员所控制、共同控制或施加重大影响的其他企业之间。

与主要投资者个人或关键管理人员关系密切的家庭成员是指在处理与企业的交易时可能影响该个人或受该个人影响的家庭成员,例如父母、配偶、兄弟、姐妹和子女等。判断与主要投资者个人或关键管理人员关系密切的家庭成员是否为一个企业的关联方，应当视他们在处理与企业交易时的互相影响程度而定。对于这类关联方,应当根据主要投资者个人、关键管理人员或与其关系密切的家庭成员对两家企业的实际影响力具体分析判断。

(1)某一企业与受该企业主要投资者个人控制、共同控制或施加重大影响的其他企业之间的关系。例如,A 企业的主要投资者 H 拥有 B 企业 60%的表决权资本,则 A 和 B 存在关联方关系。

(2)某一企业与受该企业主要投资者个人关系密切的家庭成员控制、共同控制或施加重大影响的其他企业之间的关系。例如,A 企业的主要投资者 Y 的妻子拥有 B 企业 60%的表决权资本,则 A 和 B 存在关联方关系。

(3)某一企业与受该企业关键管理人员控制、共同控制或施加重大影响的其他企业之间的关系。例如,A 企业的关键管理人员 H 控制了 B 企业,则 A 和 B 存在关联方关系。

(4)某一企业与受该企业关键管理人员关系密切的家庭成员控制、共同控制或施加重大影响的其他企业之间的关系。例如,A 企业的财务总监 Y 的妻子是 B 企业的董事长, 则 A 和 B 存在关联方关系。

(二)关联方关系界定时应注意的问题

1.在判断是否存在关联方关系时,应当关注经济关系的实质,而不仅仅是法律形式。两个经济人之间是否存在关联方关系, 需从经济实质考察双方之间是否存在控制和被控制关系,考察它们之间的交易是否会导致一方受损、另一方受益的情况。

2.与该企业发生日常往来的资金提供者、公用事业部门、政府部门和机构以及与该企业发生大量交易而存在经济依存关系的单个客户、供应商、特许商、经销商和代理商之间,不构成关联方关系。因为,企业在日常经营活动中,往往与资金提供者、公用事业部门、政府部门和机构以及与该企业发生大量交易的供应商、代理商、购买者等往来比较密切,特别是国有企业与政府部门和机构的联系较多,如果他们之间不存在控制和被控制、共同控制和被共同控制、施加重大影响和被施加重大影响,通常情况下不构成关联方关系。

3.与该企业共同控制合营企业的合营者之间,通常不构成关联方关系。因为,如果两个企业按照合同分享一个合营企业的控制权, 某个企业单方面无法作出合营企业的经营和财务的决策,而合营企业是一个独立的法人,合营方各自对合营企业有重大影响,但各合营者无法影响其他合营者。在没有其他关联关系的情况下,仅因为某一合营企业的共同合营者,不能认定各合营者之间是关联方。

4.仅仅同受国家控制而不存在控制、共同控制或重大影响关系的企业,不构成关联方关系。因为在我国,国有经济规模大,国有企业仍然占有相当的比重,包括上市公司,国有企业之间的交易数量往往占重要部分。如果我们把这一部分国有企业都视为关联方,这些企业之间的交易都作为关联交易来处理,在现实当中是无法操作的。特别是我们的国有商业银行,由于涉及的面更加广,如果把它们都作为关联方,就扭曲了关联方及其交易的本质,掩盖了真正的关联方及其交易。所以,如果将同受国家控制的企业之间视为关联方,在不存在控制、共同控制和重大影响时,则所有的国有企业由于其拥有共同的所有者而都成为关联方,这就扩大了关联方的范围,对国家控制的企业之间的交易予以披露,既无必要又增加了企业的信息披露成本。

# 第三节 关联方交易的类型

## 一、关联方交易的确认

关联方交易是指关联方之间转移资源、劳务或义务的行为,而不论是否收取价款。这一定义的要点有:

1.按照关联方定义,构成关联方关系的企业之间、企业与个人之间的交易,即通常是在关联方关系已经存在的情况下,关联各方之间的交易。

2.资源或义务的转移是关联方交易的主要特征,通常情况下,在资源或义务转移的同时,风险和报酬也相应地转移。

3.关联方之间资源或义务的转移价格,是了解关联方交易的关键。

在我国,上市公司关联交易大多发生在上市公司与其母公司之间。由于我国部分改制模式导致上市公司与其母公司关系密切,上市公司与其母公司经常在产品销售、原材料供销、资金往来及费用分担方面存在较为密切的关系。

## 二、关联方交易的主要类型

根据我国《企业会计准则第36号——关联方披露》的规定,关联方的交易类型主要有:购买或销售商品,购买或销售除商品以外的其他资产,提供或接受劳务,担保,提供资金,租赁,代理,研究与开发项目的转移,许可协议,代表企业或由企业代表另一方进行债务结算,关键管理人员薪酬。

### (一)购买或销售商品

购买或销售商品是关联方之间最常见的一类交易事项。例如,企业集团成员的企业之间互相购买或销售商品,形成关联方交易。为了节省交易成本,公司采取并购方式使原独立交易的双方成为关联方,使独立的交易变成关联方交易。在所有的关联方交易中,这是一类经常发生的交易。上市公司对于这类原材料采购或商品销售的关联交易,通常应进行全年预计,并拟定关联交易价格,以免在发生每笔关联交易时都进行公告,从而减少报告频率,节省有关费用。

### (二)购买或销售除商品以外的其他资产

公司并购后,为了发挥协同效应,企业往往会对资产进行重新整合。关联方之间的资产重组是企业重大的关联方交易,这类资产重组主要包括关联方之间相互出售设备、房屋等固定资产以及土地使用权等无形资产项目。总之,在关联方之间销售除商品以外的其他有形资产以及土地使用权均属于此类关联方交易。

### (三)提供或接受劳务

此类交易也是极为常见的一类关联交易。例如,A企业是B企业的联营企业,A企业专门从事设备维修服务，B 企业的所有设备均由 A 企业负责维修，B 企业每年支付设备维修费用 300 万元，该维修服务构成 A 企业与 B 企业的关联方交易。

上市公司通常在年初对此类交易进行预计。

(四)担保

担保包括在借贷、买卖、货物运输、加工承揽等经济活动中，为了保障其债权实现而实行的担保等。当存在关联方关系时，一方往往为另一方提供为取得借款、买卖等经济活动中所需要的担保。

(五)提供资金(贷款或股权投资)

关联方之间相互提供资金是关联方交易的主要形式，主要表现在直接提供贷款或进行股权投资。

(六)租赁

关联方之间的租赁交易也是主要的交易事项。关联方之间的租赁通常包括经营租赁和融资租赁等。

(七)代理

代理主要是依据合同条款，一方可为另一方代理某些事务，或代另一方签订合同等。关联方代理主要表现为广告代理、进出口代理、销售代理等。

(八)研究与开发项目的转移

在存在关联方关系时，有时某一企业所研究与开发的项目会由于一方的要求而放弃或转移给其他企业。例如，B 公司是 A 公司的子公司，A 公司要求 B 公司停止对某一新产品的研究和试制，并将 B 公司研究的现有成果转给 A 公司最近购买的、研究与开发能力超过 B 公司的 C 公司继续研制，形成关联方交易。

(九)许可协议

当存在关联方关系时，关联方之间可能达成某项协议，允许一方使用另一方商标等，从而形成了关联方之间的交易。

在我国，主要表现为上市公司与其控股母公司或其他关联方签订协议，控股母公司或其他关联方允许上市公司使用其商标、技术等。

(十)代表企业或由企业代表另一方进行债务结算

在存在关联方关系时，代表企业或由企业代表另一方进行债务结算是一项主要的关联方交易。

(十一)关键管理人员薪酬

企业支付给关键管理人员的报酬，也是一项主要的关联方交易。

## 三、关联方交易的定价方法

关联方交易价格由关联各方协商确定，准则中无法说明定价方法和定价政策，因此，我国《企业会计准则第 36 号——关联方披露》并未提及定价政策的具体细节。

我国上市公司发生关联方交易，对日常关联交易的定价往往遵循市场价格，采用国家规定的价格、成本加收管理费法或不可控可比价格法等，对重大关联交易的定价则采用独立的第三方进行评估后的评估价格确定。

## 四、我国上市公司非公允关联方交易的类型

根据关联方交易是否建立在公平交易基础上、关联交易价格是否等于公平价格,可以将关联交易分为公允关联交易和非公允关联交易。公允关联交易是指交易中关联双方均受益的交易,它以一般商业条款为基础。一般商业条款是指那些不会比与非关联方交易可望合理受益更多或更少的商业条款。非公允关联交易是指关联方利用对公司的控制、共同控制与重大影响,通过关联交易将公司的利益转移至关联方自己手中或将关联方的利益灌输至公司之中的交易。

针对我国上市公司与关联方之间的交易类型和目的,可将上市公司与关联方进行的交易划分为两个大类:输入利益型关联方交易和抽取利益型关联方交易。

### (一)输入利益型关联方交易

输入利益型关联方交易指关联方通过关联方交易向上市公司转移经济利益,这种关联方交易一般发生在上市公司业绩不佳的情况下。为了避免上市公司被特别处理和退市,上市公司的控股股东往往会鼎力相助,采用多种渠道对上市公司业绩进行包装。输入利益型的关联方交易在上市公司业绩较好的情况下同样存在,这时关联方对上市公司的利益输入往往有其特定目的。由于我国证券监督部门对公司上市后再次募集资金进行了严格的规定,上市公司经营业绩不尽如人意的情况下,关联方一般在会计期末对上市公司的业绩进行突击包装,使得上市公司在要求会计期间内刚好符合业绩监管要求或略有剩余。

关联方在向上市公司输入利益时一般采用以下手段:

1.上市公司占用关联方资金而不支付利息或象征性的支付;

2.上市公司低价从关联方购入原材料,高价向关联方出售产成品;

3.关联方低价向上市公司出售资产或将资产无偿赠与上市公司;

4.关联方代替上市公司承担某些费用,如广告宣传费等;

5.关联方为上市公司贷款提供担保。

以上手段是关联方在向上市公司输入利益时采取的一般措施,当然随着形势的变化和监管力度的加大,新的形式还会不断出现。

### (二)抽取利益型关联方交易

抽取利益型关联方交易指关联方通过关联方交易从上市公司攫取利益,侵害广大中小投资者合法权益。这种关联方交易的前提是关联方对上市公司的财务和经营政策存在控制、共同控制以及重大影响,关联方利用这种权利从上市公司进行非法资源转移,获取经济利益。

关联方进行这种交易时常用手段包括以下几个方面:

1.关联方非法占用上市公司发行股票募集的资金;

2.关联方高价向上市公司供应原材料,低价从上市公司购进产成品再转售获利;

3.上司公司为关联方提供巨额贷款担保;

4.关联方通过关联购销拖欠上市公司巨额款项;

5.关联方将质量低劣的和废弃不用的资产高价出售给上市公司，获取大额资产处置收益；

6.关联方向上市公司收取大额资产使用费；

7.上市公司代替关联方承担某些费用，如广告费、研发费等；

8.关联方以价值低廉的实物资产偿还上市公司债务，形成不公平交易。

## 第四节　关联方披露的主要内容

### 一、关联方披露的总体原则

（一）所有的关联方交易都必须在财务报告中披露

大多数关联方交易是在真实公允的基础上进行的，但是在某些情况下，为了某种目的，也存在通过关联方之间的非公允交易达到粉饰其财务状况和经营成果的情况。因此，关联方披露准则要求在财务报告中披露所有的关联方交易。

（二）财务报告默认关联方交易可能是非公允的

根据我国《企业会计准则第36号——关联方披露》规定，企业只有在提供确凿证据的情况下，才能披露关联方交易是公平交易。这说明，当企业未明确说明某项关联交易是公平交易时，表明企业默认该关联方交易所采用的价格不同于公平价格，即默认关联方交易是非公允的。报表使用者在阅读财务报告时，对非公允的关联方交易需特别注意，应了解该项关联交易对企业财务状况、经营成果及现金流量的影响，了解该项关联交易在未来的持续性，了解其对企业未来现金流量的金额、时间的影响。

（三）存在控制与被控制关系时，无论是否发生关联方交易，都必须披露

当企业与其关联方之间存在控制与被控制关系时，无论当期是否发生关联方交易，均应当在附注中披露与该企业之间存在控制关系的母公司和子公司有关的信息。

（四）存在非控制关系时，仅在发生关联交易时，予以披露

报告主题的关联方众多，如果都必须在财务报告中予以披露，势必会大大超过财务报告中其他附注，可能导致信息过载，过犹不及。因此，报告主体母子公司以外的其他关联方，只需在与报告主体发生交易时才对外予以披露。

### 二、关联方关系的披露

根据我国关联方披露准则的规定，关联方关系披露的内容如下：

1.母公司和子公司的名称。母公司不是该企业最终控制方的，还应当披露企业集团内对该企业享有最终控制权的企业（或主体）的名称。母公司和最终控制方均不对外提供财务报表的，还应当披露母公司之上与其最相近的对外提供财务报表的母公司名称。

2.母、子国内公司的业务性质、注册地、注册资本及其变化。

3.母公司对该企业或者该企业对子公司的持股比例和表决权比例。

## 三、关联方交易的披露

(一)关联方交易的披露原则

根据关联方披露准则,关联方交易的披露应遵循下列原则:

1.所有的关联方交易都必须披露

关联方交易价格具有较大的弹性,可能是按照公允价格进行交易,也可能按非公允的价格进行交易,因此,要求在财务报告中披露所有的关联方交易。

2.类型相似的关联方交易可以合并披露

为了节约信息披露成本,根据重要性原则,类型相似的关联方交易,在不影响财务报表使用者正确理解关联方交易对财务报表影响的情况下,可以合并披露。

3.合并报表的披露

合并报表应披露与合并范围外所有关联方发生的交易,已包括合并范围内各企业之间的交易可以不予以披露,但仍需披露关联方关系。合并财务报表是将集团作为一个整体来反映与其有关的财务信息,在合并财务报表中,企业集团作为一个整体看待,企业集团内的交易已不属于交易,并且已经在编制合并财务报表时予以抵消。因此,关联方披露准则规定对外提供合并财务报表的,对于已经包括在合并范围内并已抵消的各企业之间的交易不予披露。

4.同时提供母公司报表和企业集团合并报表的披露

需在母公司报表附注中披露所有的关联方关系及其交易,包括母公司与合并范围内的子公司之间的交易。

(二)关联方交易的披露内容

1.关联方的性质

关联方的性质是指关联方关系的性质,它包括报告主体的母公司、子公司、同一母公司控制下的子公司,因其他原因控制报告主体或被报告主体控制的企业、合营企业、联营企业,对该报告主体实施共同控制的投资方,对该报告主体实施重大影响的投资方,主要投资者个人或与主要投资者个人关系密切的家庭成员等。

2.关联方交易的类型

关联方交易的类型是指报告主体与关联方之间交易的类型,它包括购买或销售商品,购买或销售除商品以外的其他资产,提供或接受劳务,担保,提供资金,租赁,代理,研究与开发项目的转移,许可协议,代表企业或由企业代表另一方进行债务结算,关键管理人员薪酬等。

3.关联方交易的要素

关联方交易的要素是指关联方交易的主要内容及其结果,它至少应当包括交易的金额;未结算项目的金额、条款和条件,以及有关提供或取得担保的信息;未结算应收项目坏账准备金额;定价政策等。关联方交易的金额应当披露两年期的比较数据。

(三)关联方交易的披露方式

关联方披露准则规定,关联方交易的披露应遵循重要性原则。对企业财务状况和经营成果有影响的关联方交易,应当披露;不具有重要性的,类型相似的非重大交易可合并披露,但以不影响财务报表阅读者正确理解企业财务状况、经营成果为前提。判断关联方交易是否重要,不应以交易金额的大小作为判断标准,而应当以交易对企业财务状况和经营成果的影响程度来确定。

# 第二十章 企业合并

## 第一节 企业合并概述

企业通常可以采用以下两种方式实现扩大生产规模的目标:一是通过筹集权益资本及信贷资本或动用盈余来进行生产设备的购置、厂房的购建、新产品研制与开发,以达到扩大其市场份额、提升竞争优势的目的;二是通过收购其他的同类生产厂家或者与其他同类生产厂家进行股权联合,实现快速扩张。后一种方式就是本章所要讨论的企业合并。

### 一、企业合并的概念

企业合并是将两个或两个以上的企业合并组成一个新的经济实体。这个经济实体可能是一个独立的法律实体,也可能是由若干个法律实体组成的经济实体(如企业集团)。企业会计准则通常从报告主体(财务报表编制单位)的角度定义企业合并。我国《企业会计准则第20号——企业合并》将企业合并定义为将两个或者两个以上单独的企业合并形成一个报告主体的交易或事项。上述概念强调了两点:

1.是否形成企业合并,关键要看有关交易或事项发生前后是否引起报告主体发生变化。参与合并的企业在合并前是彼此独立的,而合并后,它们的经济资源和经济活动就处于单一的管理机构控制之下;

2.合并后的报告主体可能是一个法律实体,也可能是由母公司及其能够实施控制的子公司构成的企业集团。一切有关企业合并的会计处理和有关合并财务报表的问题,都是建立在这两点认识基础之上的。

### 二、企业合并的形式

企业合并从合并方式划分,包括吸收合并、新设合并和控股合并。

(一)吸收合并

一个公司吸收其他公司为吸收合并,被吸收的公司解散。吸收合并也称兼并,合并方通常通过发行股票、支付现金或发行债券等方式合并其他一个或若干个企业。吸收合并完成后，只有合并方仍保持原来的法律地位，被合并企业失去其原来的法人资格而作为合并企业的一部分从事生产经营活动。公司吸收合并时，合并各方的债权、债务应当由合并后存续的公司继承。

例如，A公司通过吸收合并方式并购B公司，则A公司仍然以原来的法律地位继续经营，而B公司被注销。这种合并可以用下式表示：

A公司+B公司=A公司。

(二)新设合并

两个以上公司合并设立一个新的公司为新设合并，合并各方解散。新设合并也称创立合并，在新设合并中，两个或两个以上的企业联合成立一个新的企业，用新企业的股份交换原来各公司的股份，从而使原企业的股东成为新企业的股东，如果原企业的股东不愿成为新企业的股东，新企业应以发行债券或支付现金的方式向原企业股东支付产权转让价款。合并结束后，原来的各企业均失去法人资格而成为新企业内部的一部分或一个经营部门，新成立的企业统一从事生产经营活动。新企业在接受已解散的各企业的资产的同时，承担相应的债务。

例如，A、B、C三个公司采用新设合并的方式，新设的公司为D公司，则这种合并可表示为：

A公司+B公司+C公司=D公司。

(三)控股合并

控股合并也称取得控制股权，是指一个企业通过支付现金、发行股票或债券的方式取得另一企业全部或部分有表决权的股份。取得控制股权后，原来的企业仍然以各自独立的法律实体从事生产经营活动。在控股合并的情况下，控股企业被称为母公司，被控股企业被称为该母公司的子公司，以母公司为中心，连同它所控股的子公司，被称为企业集团。

假设M公司采用控股合并方式取得N公司的控股权，取得控制股权后关系可表述为：

M公司+N公司=以M公司为母公司的企业集团。

## 三、企业合并类型的划分

按照参与合并的企业在合并前后是否属于同一控制，企业合并分为两大基本类型——同一控制下的企业合并和非同一控制下的企业合并。企业合并的类型不同，所遵循的会计处理原则也不同。

(一)同一控制下的企业合并

参与合并的企业在合并前后均受同一方或相同的多方最终控制且该控制并非暂时性的，为同一控制下的企业合并。同一控制下的企业合并在合并日取得对其他参与合并企业控制权的一方为合并方，参与合并的其他企业为被合并方。合并日是指合并方实际取得被合并方控制权的日期。

同一控制下的企业合并一般发生在企业集团内部，如集团内母公司与子公司之间、子公司与子公司之间等。该类合并从本质上讲是集团内部企业之间的资产或权益的转移，一般不涉及自集团外购入子公司或是向集团外其他企业出售子公司，能够对参与合并企业在合并前后均实施最终控制的一方为集团的母公司,因此,同一控制下的企业合并通常为股权联合性质的合并。

(二)非同一控制下的企业合并

参与合并各方在合并前后不属于同一方或相同的多方最终控制的,为非同一控制下的企业合并。例如,甲企业的控制人为A,乙企业的控制人为B,A与B没有任何的关联关系,则甲、乙两企业的合并为非同一控制下的企业合并。非同一控制下的企业合并一般为购买性质的合并。

## 第二节 同一控制下的企业合并的处理原则和会计处理

同一控制下的企业合并,是从合并方出发,确定合并方在合并日对于企业合并事项应进行的会计处理。合并方是指取得对其他参与合并企业控制权的一方;合并日是指合并方实际取得对被合并方控制权的日期。

### 一、同一控制下企业合并的处理原则

对于同一控制下的企业合并,在合并中不涉及自少数股东手中购买股权的情况下,合并方应遵循以下原则进行相关的处理:

1.合并方在合并中确认取得的被合并方的资产、负债仅限于被合并方账面上原已确认的资产和负债,合并中不产生新的资产和负债。

2.合并方在合并中取得的被合并方各项资产、负债应维持其在被合并方的原账面价值不变。

3.合并方在合并中取得的净资产的入账价值相对于为进行企业合并支付的对价账面价值之间的差额,不作为资产的处置损益,不影响企业合并当期的利润表,有关差额应调整所有者权益相关项目。

4.对于同一控制下的控股合并,应视同合并后形成的报告主体自最终控制方开始实施控制时一直是一体化存续下来的,体现在其合并财务报表上,即由合并后形成的母子公司构成的报告主体,无论是其资产规模还是其经营成果都应持续计算。

### 二、同一控制下企业合并的会计处理

同一控制下的企业合并,视合并方式不同,应当分别按照以下规定进行会计处理。

(一)同一控制下的控股合并

同一控制下的控股合并中,合并方在合并后取得对被合并方生产经营决策的控制权,并且被合并方在企业合并后仍然继续经营的,合并方在合并日涉及两个方面的问题:一是对于因该项企业合并形成的对被合并方的长期股权投资的确认和计量;二是合并日合并财务报表的编制。

1.长期股权投资的确认和计量

按照《企业会计准则第 2 号——长期股权投资》的规定，同一控制下企业合并形成的长期股权投资，合并方应以合并日享有被合并方账面所有者权益的份额作为形成长期股权投资的初始投资成本。

2.合并日合并财务报表的编制

同一控制下的企业合并形成母子公司关系的，合并方一般应在合并日编制合并财务报表，反映于合并日形成的报告主体的财务状况、视同该主体一直存在产生的经营成果等。

编制合并日的合并财务报表时，一般包括合并资产负债表、合并利润表和合并现金流量表。

(1)合并资产负债表。被合并方的有关资产、负债应以其账面价值并入合并财务报表(合并方与被合并方采用的会计政策不同的，按照合并方的会计政策，对被合并方有关资产、负债进行调整后的账面价值)。合并方与被合并方在合并日及以前期间发生的交易，应作为内部交易进行抵消。

同一控制下企业合并的基本处理原则是视同合并后形成的报告主体在合并日及以前期间一直存在。在合并资产负债表中，对于被合并方在企业合并前实现的留存收益(盈余公积和未分配利润之和)中归属于合并方的部分，应按以下规定，自合并方的资本公积转入留存收益：

①确认企业合并形成的长期股权投资后，合并方账面资本公积(资本溢价或股本溢价)贷方余额大于被合并方在合并前实现的留存收益中归属于合并方的部分，在合并资产负债表中，应将被合并方在合并前实现的留存收益中归属于合并方的部分自“资本公积”转入“盈余公积”和“未分配利润”。

②确认企业合并形成的长期股权投资后，合并方账面资本公积(资本溢价或股本溢价)贷方余额小于被合并方在合并前实现的留存收益中归属于合并方的部分的，在合并资产负债表中，应以合并方资本公积(资本溢价或股本溢价)的贷方余额为限，将被合并方在企业合并前实现的留存收益中归属于合并方的部分自“资本公积”转入“盈余公积”和“未分配利润”。

在合并工作底稿中的处理为：

借：资本公积

　　贷：盈余公积

　　　　未分配利润

【例 20-1】A、B 公司分别为 M 公司控制下的两家子公司，A 公司于 20×9 年 3 月 31 日自母公司 M 处取得 B 公司 100%的股权，合并后 B 公司仍维持其独立法人资格继续经营。为进行该项企业合并，A 公司发行了 1 500 万股本公司普通股(每股面值 1 元)作为对价。假定A、B 公司采用的会计政策相同。合并日，A 公司和 B 公司的所有者权益构成如表 20-1 所示。

表 20-1 A 公司和 B 公司的所有者权益构成表

单位:万元

| A 公司 | | B 公司 | |
| --- | --- | --- | --- |
| 项 目 | 金 额 | 项 目 | 金 额 |
| 股本 | 9 000 | 股本 | 1 500 |
| 资本公积 | 2 500 | 资本公积 | 500 |
| 盈余公积 | 2 000 | 盈余公积 | 1 000 |
| 未分配利润 | 5 000 | 未分配利润 | 2 000 |
| 合计 | 18 500 | 合计 | 5 000 |

A 公司在合并日应进行的账务处理为:

借:长期股权投资　　50 000 000

　贷:股本　　15 000 000

　　资本公积　　35 000 000

进行上述处理后,A 公司在合并日编制合并资产负债表时,对于企业合并前 B 公司实现的留存收益中归属于合并方的部分(3 000 万元)应自资本公积(资本溢价或股本溢价)转入留存收益。本例中 A 公司在确认对 B 公司的长期股权投资以后,其资本公积的账面余额为 6 000(2 500+3 500)万元,假定其中资本溢价或股本溢价的金额为 4 500 万元。

在合并工作底稿中,应编制以下调整分录:

借:资本公积　　30 000 000

　贷:盈余公积　　10 000 000

　　未分配利润　　20 000 000

(2)合并利润表。合并方在编制合并日的合并利润表时,应包含合并方及被合并方自合并当期期初至合并日实现的净利润。双方在当期发生的交易,应当按照合并财务报表的有关原则进行抵消。

为了帮助企业的会计信息使用者了解合并利润表中净利润的构成, 发生同一控制下企业合并的当期,合并方在合并利润表中的“净利润”项下应单列“其中:被合并方在合并前实现的净利润”项目,反映因准则中的同一控制下企业合并规定的编表原则,导致由于该项企业合并在合并当期自被合并方带入的损益情况。

合并日合并现金流量表的编制与合并利润表的编制原则相同。

(二)同一控制下的吸收合并

同一控制下的吸收合并中,合并方主要涉及合并日取得被合并方资产、负债入账价值的确定,以及合并中取得有关净资产的入账价值与支付的合并对价账面价值之间差额的处理。

1.合并中取得资产、负债入账价值的确定

合并方对同一控制下吸收合并中取得的资产、负债应当按照相关资产、负债在被合并方的原账面价值入账。其中,合并方与被合并方在企业合并前采用的会计政策不同的,在将被合并方的相关资产和负债并入合并方的账簿和报表进行核算之前,首先应基于重要性原则,统一被合并方的会计政策,即应当按照合并方的会计政策对被合并方的有关资产、负债的账面价值进行调整,以调整后的账面价值确认。

2.合并差额的处理

合并方在确认了合并中取得的被合并方的资产和负债后,以发行权益性证券方式进行的该类合并,所确认的净资产入账价值与发行股份面值总额的差额,应记入资本公积(资本溢价或股本溢价),资本公积(资本溢价或股本溢价)的余额不足冲减的,相应冲减盈余公积和未分配利润;以支付现金、非现金资产方式进行的该类合并,所确认的净资产入账价值与支付的现金、非现金资产账面价值的差额,相应调整资本公积(资本溢价或股本溢价),资本公积(资本溢价或股本溢价)的余额不足冲减的,应冲减盈余公积和未分配利润。

(三)合并方为进行企业合并发生的有关费用的处理

合并方为进行企业合并发生的有关费用,指合并方为进行企业合并发生的各项直接相关费用,如为进行企业合并支付的审计费用、资产评估费用以及有关的法律咨询费用等增量费用。

同一控制下企业合并进行过程中发生的各项直接相关费用,应于发生时费用化计入当期损益。

借:管理费用等

　　贷:银行存款等

但以下两种情况除外:

1.以发行债券方式进行的企业合并,与发行债券相关的佣金、手续费等应计入负债的初始计量金额中。

2.发行权益性证券作为合并对价的,与所发行权益性证券相关的佣金、手续费等费用,应当抵减权益性证券溢价收入,溢价收入不足冲减的,冲减留存收益。

**【例 20-2】**20×9 年 6 月 30 日,A 公司向 B 公司的股东定向增发 1 000 万股普通股(每股面值为 1 元,市价为 8.75 元)对 B 公司进行吸收合并,并于当日取得 B 公司净资产。同时,A 公司支付与合并有关的费用共 50 000 元。当日,A 公司、B 公司资产负债情况见表 20-2。

本例中假定 A 公司和 B 公司为同一集团内两家全资子公司,合并前其共同的母公司为 M 公司。该项合并中参与合并的企业在合并前及合并后均为 M 公司最终控制,为同一控制下的企业合并。自 20×9 年 6 月 30 日开始,A 公司能够对 B 公司的净资产实施控制,该日即为合并日。

因合并后 B 公司失去其法人资格,A 公司应确认合并中取得的 B 公司的各项资产和负债,假定 A 公司与 B 公司在合并前采用的会计政策相同。

A 公司对该项合并应进行的会计处理为:

表 20-2 资产负债表(简表)

20×9 年 6 月 30 日 单位:万元

| 项目 | A 公司 | B 公司 | |
|---|---|---|---|
| | 账面价值 | 账面价值 | 公允价值 |
| 资产: | | | |
| 货币资金 | 4312.50 | 450 | 450 |
| 存货 | 6 200 | 255 | 450 |
| 应收账款 | 3 000 | 2 000 | 2 000 |
| 长期股权投资 | 5 000 | 2 150 | 3 800 |
| 固定资产: | | | |
| 固定资产原价 | 10 000 | 4 000 | 5 500 |
| 减:累计折旧 | 3 000 | 1 000 | 0 |
| 固定资产净值 | 7 000 | 3 000 | |
| 无形资产 | 4 500 | 500 | 1 500 |
| 商誉 | 0 | 0 | 0 |
| 资产总计 | 30 012.50 | 8 355 | 13 700 |
| 负债和所有者权益: | | | |
| 短期借款 | 2 500 | 2 250 | 2 250 |
| 应付账款 | 3 750 | 300 | 300 |
| 其他负债 | 375 | 300 | 300 |
| 负债合计 | 6 625 | 2 850 | 2 850 |
| 实收资本(股本) | 7 500 | 2 500 | |
| 资本公积 | 5 000 | 1 500 | |
| 盈余公积 | 5 000 | 500 | |
| 未分配利润 | 5 887.50 | 1 005 | |
| 所有者权益合计 | 23 387.50 | 5 505 | 10 850 |
| 负债和所有者权益总计 | 30 012.50 | 8 355 | |

借:管理费用　50 000
　贷:银行存款　50 000
借:货币资金　4 500 000
　库存商品(存货)　2 550 000
　应收账款　20 000 000
　长期股权投资　21 500 000
　固定资产　30 000 000
　无形资产　5 000 000
　贷:短期借款　22 500 000
　　应付账款　3 000 000
　　其他应付款(其他负债)　3 000 000
　　股本　10 000 000
　　资本公积　45 050 000

## 第三节　非同一控制下企业合并的处理原则及其他

### 一、非同一控制下企业合并的处理原则

非同一控制下的企业合并,是参与合并的一方购买另一方或多方的交易,基本处理原则是购买法。

(一)确定购买方

采用购买法核算企业合并的首要前提是确定购买方。购买方是指在企业合并中取得对另一方或多方控制权的一方。合并中一方取得了另一方半数以上有表决权股份的,除非有明确的证据表明不能形成控制,一般认为取得另一方半数以上表决权股份的一方为购买方。某些情况下,即使一方没有取得另一方半数以上有表决权股份,但存在以下情况时,一般也可认为其获得了对另一方的控制权,如:

1.通过与其他投资者签订协议,实质上拥有被购买企业半数以上表决权。例如,A 公司拥有 B 公司 45%的表决权资本,C 公司拥有 B 公司 35%的表决权资本,D 公司拥有 B 公司 20%的表决权资本。A 公司与 C 公司达成协议,C 公司在 B 公司的权益由 A 公司代表。在这种情况下,A 公司实质上拥有 B 公司 80%表决权资本的控制权,B 公司的章程等没有特别规定的情况下,表明 A 公司实质上控制 B 公司。

2.按照法律或协议等的规定,具有主导被购买企业财务和经营决策的权力。例如,A 公司拥有 B 公司 45%的表决权资本,同时,根据法律或协议规定,A 公司可以决定 B 公司的生产经营等政策,达到对 B 公司的财务和经营政策实施控制。

3.有权任免被购买企业董事会或类似权力机构绝大多数成员。这种情况是指虽然投资

企业拥有被投资单位50%或以下表决权资本,但根据章程、协议等有权任免被投资单位董事会或类似机构的绝大多数成员,以达到实质上控制的目的。

4.在被购买企业董事会或类似权力机构中具有绝大多数投票权。这种情况是指虽然投资企业拥有被投资单位50%或以下表决权资本，但能够控制被投资单位董事会等类似权力机构的会议,从而能够控制其财务和经营政策,达到对被投资单位的控制。

(二)确定购买日

购买日是指购买方实际取得对被购买方控制权的日期。也就是说,从购买日开始,被购买方净资产或生产经营决策的控制权转移给了购买方。购买日的确定须同时满足以下五个条件:

1.企业合并合同或协议已获股东大会等内部权力机构通过。

2.按照规定,合并事项需要经过国家有关主管部门审批的,已获得相关部门的批准。

3.参与合并各方已办理了必要的财产权交接手续。

4.购买方已支付了购买价款的大部分(一般应超过50%),并且有能力支付剩余款项。

5.购买方实际上已经控制了被购买方的财务和经营政策,并享有相应的收益和风险。

(三)企业合并成本的确定

企业合并成本包括购买方为进行企业合并支付的现金和现金等价物及非现金资产、发行或承担的债务、发行的权益性证券等在购买日的公允价值以及企业合并中发生的各项直接相关费用之和。

1.作为合并对价的现金和现金等价物及非现金资产的公允价值。有关资产公允价值的确定参见企业合并准则应用指南中的相关规定。以非货币性资产作为合并对价的,其合并成本为所支付对价的公允价值,该公允价值与作为合并对价的非货币性资产账面价值的差额,作为资产的处置损益,计入合并当期的利润表。

2.发行的权益性证券的公允价值。所发行权益性证券存在公开市场,有明确市价可供遵循的,应当以该证券的市价作为确定其公允价值的依据,同时应考虑该证券的交易量、是否存在限制性条款等因素的影响;发行的权益性证券不存在公开市场,没有明确市价可供遵循的,则应当考虑以购买方或被购买方的公允价值为基础确定权益性证券的价值。在确定所发行权益性证券的公允价值时，应当考虑达成企业合并协议并且公开宣布前后一段合理时间内该权益性证券的市场价格。

3.因企业合并发生或承担的债务的公允价值。因企业合并而承担的各项负债,应采用按照适当利率计算的未来现金流量的现值作为其公允价值。

4.或有对价的公允价值。某些情况下,合并各方可能在合并协议中约定,根据未来一项或多项或有事项的发生,购买方通过发行额外证券、支付额外现金或其他资产等方式追加合并对价,或者要求返还之前已经支付的对价。购买方应当将合并协议约定的或有对价作为企业合并转移对价的一部分,按照其在购买日的公允价值计入企业合并成本。根据《企业会计准则第37号——金融工具列报》、《企业会计准则第22号——金融工具确认和计量》以及其他相关准则的规定,或有对价符合权益工具和金融负债定义的,购买方应当将支付或有对价的义务确认为一项权益或负债;符合资产定义并满足资产确认条件的,购买方应当将符合合并协议约定条件的、可收回的部分已支付合并对价的权利确认为一项资产。购买日后12个月内出现对购买日已存在情况的新的或者进一步证据而需要调整或有对价的，应当予以确认并对原计入合并商誉的金额进行调整。其他情况下发生的或有对价变化或调整，应当区分以下情况进行会计处理：或有对价为权益性质的，不进行会计处理。或有对价为资产或负债性质的，按照企业会计准则有关规定处理，如果属于《企业会计准则第22号——金融工具的确认和计量》中的金融工具，应采用公允价值计量，公允价值变化产生的利得和损失应按该准则规定计入当期损益或计入资本公积；如果不属于《企业会计准则第22号——金融工具的确认和计量》中的金融工具，应按照《企业会计准则第13号——或有事项》或其他相应的准则处理。

最后应予指明的是，通过多次交换交易分步取得股权投资最终形成企业合并的，在购买方的个别报表中，应当以购买日之前所持被购买方的股权投资的账面价值与购买日新增投资成本之和作为该项投资的初始投资成本；在合并财务报表中，以购买日之前所持被购买方股权于购买日的公允价值与购买日支付对价的公允价值之和，作为合并成本。

(四)合并方为进行企业合并发生的有关费用的处理

合并方为进行企业合并发生的审计费用、资产评估费用、咨询费等与企业合并直接相关的各项费用，与同一控制下企业合并进行过程中发生的费用处理原则一致，应于发生时费用化计入当期损益。借记“管理费用”等科目，贷记“银行存款”等科目。但以下两种情况除外：

1.以发行债券方式进行的企业合并，与发行债券相关的佣金、手续费等应按照《企业会计准则第22号——金融工具确认和计量》的规定进行会计处理。该部分费用虽然与筹集用于企业合并的对价直接相关，但其会计处理应遵照金融工具准则的原则，有关的费用应计入负债的初始计量金额。

2.发行权益性证券作为合并对价的，与所发行权益性证券相关的佣金、手续费等应按照《企业会计准则第37号——金融工具列报》的规定处理。即与发行权益性证券相关的费用，不管其是否与企业合并直接相关，均应自所发行权益性证券的发行收入中扣减，在权益性工具发行有溢价的情况下，自溢价收入中扣除，在权益性证券发行无溢价或溢价金额不足以扣减的情况下，应当冲减盈余公积和未分配利润。

企业专设的购并部门发生的日常管理费用，如果该部门的设置并不是与某项企业合并直接相关，而是企业的一个常设部门，其设置目的是为了寻找相关的购并机会等，维持该部门日常运转的有关费用，不属于与企业合并直接相关的费用，应当于发生时费用化计入当期损益。

(五)可辨认资产公允价值的确定

可辨认净资产是可辨认资产与负债的差额。可辨认资产与负债的认定必须符合以下两个标准：一是相关的经济利益很可能流入或流出购买企业；二是对于购买企业来说，其成本或公允价值可以可靠地计量。购买企业在确定所购入的可辨认资产和所承担的债务的公允价值时，可以采用市价、账面价值、重置成本、现值、估计售价、评估价以及可变现净值等方法。确定所采用的方法时，必须考虑所购买的资产和承担的债务在合并日后的预期用途。一般情况下，购入可辨认资产和承担的负债的公允价值应按下列方法确定：

1.货币资金按照购买日被购买方的原账面价值确定。

2.有活跃市场的股票、债券、基金等金融工具按照购买日活跃市场中的市场价值确定；不存在活跃市场的金融工具如权益性投资等,采用估值技术确定其公允价值。

3.应收款项中的短期应收款项,因其折现后的价值与名义金额相差不大,可以直接运用其名义金额作为公允价值;对于收款期在3年以上的长期应收款项,应根据以适当的现行利率折现后的现值确定其公允价值。在确定应收款项的公允价值时,要考虑发生坏账的可能性及收款费用。

4.存货中的产成品和商品按其估计售价减去估计的销售费用、相关税费以及购买方通过自身的努力在销售过程中对于类似的产成品或商品可能实现的利润确定；存货中的在产品按完工产品的估计售价减去至完工仍将发生的成本、预计销售费用、相关税费以及基于同类或类似产成品的基础上估计可能实现的利润确定;原材料按现行重置成本确定。

5.房屋建筑物、机器设备及无形资产如果存在活跃市场,应以购买日的市场价格确定其公允价值;如果不存在活跃市场,但同类或类似房屋建筑物、机器设备及无形资产存在活跃市场的,应参照同类或类似房屋建筑物、机器设备及无形资产的市场价格确定其公允价值;同类或类似房屋建筑物、机器设备及无形资产也不存在活跃市场,且无法取得有关市场信息的,应按照一定的估值技术确定其公允价值。

6.应付账款、应付票据、应付职工薪酬、应付债券等短期债务,因其折现后的价值与名义金额相差不大,可以名义金额作为公允价值;对于长期债券,应当按照适当的折现率折现后的现值作为其公允价值。

7.取得的被购买方的或有负债,其公允价值在购买日能够可靠计量的,应单独确认为预计负债。此项负债应当按照假定第三方愿意替购买方承担该项义务,就其所承担义务需要购买方支付的金额计量。

8.企业合并中取得的被购买方各项可辨认资产、负债及或有负债的公允价值与其计税基础之间存在差异的,应当确认相应的递延所得税资产或递延所得税负债,所确认的递延所得税资产或递延所得税负债的金额不应折现。

(六)合并成本与可辨认净资产公允价值份额差额的处理

购买方对于企业合并成本与确认的被购买方可辨认净资产公允价值份额的差额，应视情况分别处理:

1.企业合并成本大于合并中取得的被购买方可辨认净资产公允价值份额的差额,应确认为商誉。在控股合并方式下,该差额是指合并财务报表中应列示的商誉;在吸收合并方式下,该差额是购买方在其账簿及个别财务报表中应确认的商誉。

2.企业合并成本小于合并中取得的被购买方可辨认净资产公允价值份额的部分,应计入合并当期损益。在该种情况下,首先要对合并中取得的资产、负债的公允价值、作为合并对价的非现金资产或发行的权益性证券等的公允价值进行复核，复核结果表明所确定的各项可辨认资产和负债的公允价值确定是恰当的，应将企业合并成本低于取得的被购买方可辨认净资产公允价值份额之间的差额,计入合并当期的营业外收入,并在会计报表附注中予以说明。

与商誉的确认相同，在吸收合并方式下，上述企业合并成本小于合并中取得的被购买方可辨认净资产公允价值的差额，应计入合并当期购买方的个别利润表；在控股合并方式下，上述差额应体现在合并当期的合并利润表中。

## 二、非同一控制下企业合并的会计处理

(一)非同一控制下的控股合并

该合并方式下，购买方涉及的会计处理问题主要是两个方面：一是购买日因进行企业合并形成的对被购买方的长期股权投资初始投资成本的确定，该成本与作为合并对价支付的有关资产账面价值的差额处理；二是购买日合并财务报表的编制。

1.长期股权投资初始投资成本的确定

非同一控制下的企业合并中，购买方取得对被购买方控制权的，在购买日应当按照确定的企业合并成本(不包括应自被投资单位收取的现金股利或利润)作为形成的对被购买方长期股权投资的初始投资成本，借记“长期股权投资”科目，按享有被投资单位已宣告但尚未发放的现金股利或利润，借记“应收股利”科目，按支付合并对价的账面价值，贷记有关资产或借记有关负债科目，按发生的直接相关费用，贷记“银行存款”等科目，按其差额，贷记“营业外收入”或借记“营业外支出”等科目。

购买方为取得被购买方的控制权，以支付非货币性资产为对价的，有关非货币性资产在购买日的公允价值与其账面价值的差额，应作为资产的处置损益，计入合并当期的利润表。其中，以库存商品等作为合并对价的，应按库存商品的公允价值，贷记“主营业务收入”科目，并同时结转相关的成本及存货跌价准备。

2.购买日合并财务报表的编制

**【例 20-3】**沿用例 20-2，A 公司在该项合并中发行 1 000 万股普通股(每股面值 1 元)，市场价格为每股 8.75 元，取得了 B 公司 70%的股权。同时，A 公司支付与合并有关的费用共 50 000 元。假定该项合并为非同一控制下的企业合并，编制购买方于购买日的合并资产负债表。

(1)确认长期股权投资：

| | | |
|---|---|---|
| 借：长期股权投资 | 87 500 000 | |
| 　管理费用 | 50 000 | |
| 　贷：银行存款 | | 50 000 |
| 　　股本 | | 10 000 000 |
| 　　资本公积 | | 77 500 000 |

(2)计算确定商誉：

假定 B 公司除已确认资产外，不存在其他需要确认的资产及负债，A 公司首先计算合并中应确认的合并商誉：

合并商誉=企业合并成本-合并中取得被购买方可辨认净资产公允价值份额

=87 500 000-108 500 000×70%=11 550 000(元)

(3)编制抵消分录：

借:存货 1 950 000

长期股权投资 16 500 000

固定资产 25 000 000

无形资产 10 000 000

贷:资本公积 53 450 000

借:实收资本 25 000 000

资本公积 68 450 000

盈余公积 5 000 000

未分配利润 10 050 000

商誉 11 550 000

贷:长期股权投资 87 500 000

少数股东权益 32 550 000

(4)编制合并资产负债表见表20-3。

**表20-3 合并资产负债表(简表)**

20×9年6月30日 单位:万元

| 项目 | A公司 | B公司 | 抵销分录 | | 合并金额 |
|---|---|---|---|---|---|
| | | | 借方 | 贷方 | |
| 资产: | | | | | |
| 货币资金 | 4 307.50 | 450 | | | 4 757.50 |
| 存货 | 6 200 | 255 | 195 | | 6 650 |
| 应收账款 | 3 000 | 2 000 | | | 5 000 |
| 长期股权投资 | 13 755 | 2 150 | 1 650 | 8 750 | 8 795 |
| 负债和所有者权益总计 | 38 762.50 | 8 355 | | | 44 867.50 |
| 固定资产: | | | | | |
| 固定资产原价 | 10 000 | 4 000 | 2 500 | | 16 500 |
| 减:累计折旧 | 3 000 | 1 000 | | | 4 000 |
| 无形资产 | 4 500 | 500 | 1 000 | | 6 000 |
| 商誉 | 0 | 0 | 1 160 | | 1 160 |
| 资产总计 | 38 672.50 | 8 355 | | | 44 867.50 |
| 负债和所有者权益: | | | | | |
| 短期借款 | 2 500 | 2 250 | | | 4 750 |
| 应付账款 | 3 750 | 300 | | | 4 050 |

续表 20-3

| 项　　目 | A公司 | B公司 | 抵销分录 | | 合并金额 |
|---|---|---|---|---|---|
| | | | 借方 | 贷方 | |
| 其他负债 | 375 | 300 | | | 675 |
| 负债合计 | 6 625 | 2 850 | | | 9 475 |
| 实收资本（股本） | 10 000 | 2 500 | 2 500 | | 10 000 |
| 资本公积 | 11 250 | 1 500 | 6 845 | 5 345 | 11 250 |
| 盈余公积 | 5 000 | 500 | 500 | | 5 000 |
| 未分配利润 | 5 887.50 | 1 005 | 1 005 | | 5 887.50 |
| 少数股东权益 | | | | 3 255 | 3 255 |
| 所有者权益合计 | 32 137.50 | 5 505 | | | 35 392.50 |
| 负债和所有者权益总计 | 38 762.50 | 8 355 | | | 44 867.50 |

(二)非同一控制下的吸收合并

非同一控制下的吸收合并，购买方在购买日应当将合并中取得的符合确认条件的各项可辨认资产、负债,按其公允价值确认为本企业的资产和负债;作为合并对价的有关非货币性资产在购买日的公允价值与其账面价值的差额，应作为资产处置损益计入合并当期的利润表;确定的企业合并成本与所取得的被购买方可辨认净资产公允价值之间的差额,视情况分别确认为商誉或是计入企业合并当期的损益。其具体处理原则与非同一控制下的控股合并类似,不同点在于非同一控制下的吸收合并中,合并中取得的可辨认资产和负债是作为个别报表中的项目列示,合并中产生的商誉也是作为购买方账簿及个别财务报表中的资产列示。

## 三、通过多次交易分步实现的非同一控制下企业合并

通过多次交换交易分步实现的非同一控制下企业合并，企业在每一单项交换交易发生时,应确认对被购买方的投资。投资企业在持有被投资单位的部分股权后,通过增加持股比例等达到对被投资单位形成控制的，应分别每一单项交易的成本与该交易发生时应享有被投资单位可辨认净资产公允价值的份额进行比较,确定每一单项交易中产生的商誉。达到企业合并时应确认的商誉(或合并财务报表中应确认的商誉)为每一单项交易中应确认的商誉之和。在合并财务报表中,对于购买日之前持有的被购买方的股权,应当按照该股权在购买日的公允价值进行重新计量,确认有关投资收益,同时将与其相关的其他综合收益转为投资收益,并在附注中作出相关披露。

通过多次交易分步实现的非同一控制下企业合并,实务操作中,应按以下顺序处理:

1.对长期股权投资的账面余额进行调整。购买方应当以购买日之前所持被购买方的股

权投资的账面价值与购买日新增投资成本之和,作为该项投资的初始投资成本;购买日之前持有的被购买方的股权涉及其他综合收益的，应当在处置该项投资时将与其相关的其他综合收益转入当期投资收益。

2.比较达到企业合并时每一单项交易的成本与交易时应享有被投资单位可辨认净资产公允价值的份额,确定每一单项交易应予确认的商誉或是应计入发生当期损益的金额。购买方在购买日确认的商誉(或计入损益的金额)应为每一单项交易产生的商誉(或应予确认损益的金额)之和。

3.对于购买日之前持有的被购买方的股权,应当按照该股权在购买日的公允价值进行重新计量,确认有关投资收益,同时将与其相关的其他综合收益转为投资收益。

## 四、购买子公司少数股权的处理

企业在取得对子公司的控制权,形成企业合并后,自子公司的少数股东处取得少数股东拥有的对该子公司全部或部分少数股权,应当遵循以下原则进行处理:

1.母公司个别财务报表中对于自子公司少数股东处新取得的长期股权投资,应当按照《企业会计准则第2号——长期股权投资》的规定确定其入账价值。

2.在合并财务报表中,子公司的资产、负债应以购买日(或合并日)开始持续计算的金额反映。母公司新取得的长期股权投资与按照新增持股比例计算应享有子公司自购买日(或合并日)开始持续计算的可辨认净资产份额之间的差额,应当调整合并财务报表中的资本公积(资本溢价或股本溢价),资本公积(资本溢价或股本溢价)的余额不足冲减的,调整留存收益。

## 五、被购买方的会计处理

非同一控制下的企业合并中,购买方通过企业合并取得被购买方100%股权的,被购买方可以按照合并中确定的可辨认资产、负债的公允价值调整其账面价值。除此之外,其他情况下被购买方不能因企业合并而改记有关资产、负债的账面价值。

## 六、反向购买的处理

非同一控制下的企业合并,以发行权益性证券交换股权的方式进行的,通常发行权益性证券的一方为收购方。但某些企业合并中,发行权益性证券的一方因其生产经营决策在合并后被参与合并的另一方所控制的,发行权益性证券的一方虽然为法律上的母公司,但其为会计上的被收购方,该类企业合并通常称为“反向购买”。例如,A公司为一家规模较小的上市公司,B公司为一家规模较大的贸易公司。B公司拟通过收购A公司的方式达到上市目的,但该交易是通过A公司向B公司原股东发行普通股用以交换B公司原股东持有的对B公司股权方式实现。该项交易后,B公司原股东持有A公司50%以上股权,A公司持有B公司50%以上股权,A公司为法律上的母公司,B公司为法律上的子公司，但从会计角度讲,A公司为被购买方,B公司为购买方。

(一)企业合并成本

反向购买中,法律上的子公司(购买方)的企业合并成本是指其如果以发行权益性证券的方式为获取在合并后报告主体的股权比例,应向法律上母公司(被购买方)的股东发行的权益性证券数量与权益性证券的公允价值计算的结果。购买方的权益性证券在购买日存在公开报价的,通常应以公开报价作为其公允价值;购买方的权益性证券在购买日不存在可靠公开报价的,应以购买方的公允价值和被购买方的公允价值二者之中有更为明显证据支持的作为基础,确定假定应发行权益性证券的公允价值。

(二)合并财务报表的编制

反向购买后,法律上的母公司应当遵从以下原则编制合并财务报表:

1.合并财务报表中,法律上子公司的资产、负债应以其在合并前的账面价值进行确认和计量。

2.合并财务报表中的留存收益和其他权益性余额应当反映法律上子公司在合并前的留存收益和其他权益余额。

3.合并财务报表中的权益性工具的金额应当反映法律上子公司合并前发行在外的股份面值以及假定在确定该项企业合并成本过程中新发行的权益性工具的金额。但是在合并财务报表中的权益结构应当反映法律上母公司的权益结构,即法律上母公司发行在外权益性证券的数量及种类。

4.法律上母公司的有关可辨认资产、负债在并入合并财务报表时,应以其在购买日确定的公允价值进行合并,企业合并成本大于合并中取得的法律上母公司(被购买方)可辨认净资产公允价值的份额体现为商誉,小于合并中取得的法律上母公司(被购买方)可辨认净资产公允价值的份额确认为合并当期损益。

5.合并财务报表的比较信息应当是法律上子公司的比较信息(法律上子公司的前期合并财务报表)。

6.法律上子公司的有关股东在合并过程中未将其持有的股份转换为对法律上母公司股份的,该部分股东享有的权益份额在合并财务报表中应作为少数股东权益列示。因法律上子公司的部分股东未将其持有的股份转换为法律上母公司的股权,其享有的权益份额仍仅限于对法律上子公司的部分,该部分少数股东权益反映的是少数股东按持股比例计算享有法律上子公司合并前净资产账面价值的份额。另外,对于法律上母公司的所有股东,虽然该项合并中其被认为被购买方,但其享有合并形成报告主体的净资产及损益,不应作为少数股东权益列示。

7.非上市公司以所持有的对子公司投资等资产为对价取得上市公司的控制权,构成反向购买的,上市公司编制合并财务报表时应当区别以下情况处理:

(1)交易发生时,上市公司未持有任何资产、负债或仅持有现金、交易性金融资产等不构成业务的资产或负债的,应当按照权益性交易的原则进行处理,不得确认商誉或当期损益。

(2)交易发生时,上市公司保留的资产、负债构成业务的,企业合并成本与取得的上市公司可辨认净资产公允价值份额的差额应当确认为商誉或计入当期损益。

应当注意的是,上市公司在其个别财务报表中应当按照《企业会计准则第 2 号——长期股权投资》等的规定确定取得资产的入账价值。上市公司的前期比较个别财务报表应为其自身个别财务报表。

(三)每股收益的计算

发生反向购买当期,用于计算每股收益的发行在外普通股加权平均数为:

1.自当期期初至购买日,发行在外的普通股数量应假定为在该项合并中法律上母公司向法律上子公司股东发行的普通股数量。

2. 自购买日至期末发行在外的普通股数量为法律上母公司实际发行在外的普通股股数。

反向购买后对外提供比较合并财务报表的,其比较前期合并财务报表中的基本每股收益,应以法律上子公司的每一比较报表期间归属于普通股股东的净损益除以在反向购买中法律上母公司向法律上子公司股东发行的普通股股数计算确定。

上述假定法律上子公司发行的普通股股数在比较期间内和自反向购买发生期间的期初至购买日之间内未发生变化。如果法律上子公司发行的普通股股数在此期间发生了变动,计算每股收益时应适当考虑其影响进行调整。

【例 20-4】A 上市公司于 20×7 年 9 月 30 日通过定向增发本企业普通股对 B 企业进行合并,取得 B 企业 100%股权。假定不考虑所得税影响。A 公司及 B 企业在合并前简化资产负债表如表 20-4 所示。

表 20-4 A 公司及 B 企业合并前资产负债表

单位:万元

| | A 公司 | B 企业 |
|---|---|---|
| 流动资产 | 2 000 | 3 000 |
| 非流动资产 | 14 000 | 40 000 |
| 资产总额 | 16 000 | 43 000 |
| 流动负债 | 800 | 1 000 |
| 非流动负债 | 200 | 2 000 |
| 负债总额 | 1 000 | 3 000 |
| 所有者权益: | | |
| 股本 | 1 000 | 600 |
| 资本公积 | | |
| 盈余公积 | 4 000 | 11 400 |
| 未分配利润 | 10 000 | 28 000 |
| 所有者权益总额 | 15 000 | 40 000 |

其他资料:

(1)20×7 年 9 月 30 日,A 公司通过定向增发本企业普通股,以 2 股换 1 股的比例自 B 企业原股东处取得了 B 企业全部股权。A 公司共发行了 1 200 万股普通股以取得 B 企业全部 600 万股普通股。

(2)A 公司普通股在 20×7 年 9 月 30 日的公价值为 20 元,B 企业每股普通股当日的公允价值为 40 元。A 公司、B 企业每股普通股的面值均为 1 元。

(3)20×7 年 9 月 30 日,A 公司除非流动资产公允价值较账面价值高 3 000 万元以外,其他资产、负债项目的公允价值与其账面价值相同。

(4)假定 A 公司与 B 企业在合并前不存在任何关联方关系。

对于该项企业合并,虽然在合并中发行权益性证券的一方为 A 公司,但因其生产经营决策的控制权在合并后由 B 企业原股东控制,B 企业应为购买方,A 公司为被购买方。

(1)确定该项合并中 B 企业的合并成本

A 公司在该项合并中向 B 企业原股东增发了 1 200 万股普通股，合并后 B 企业原股东持有 A 公司的股权比例为 54.55%(1 200/2 200)，如果假定 B 企业发行本企业普通股在合并后主体享有同样的股权比例,则 B 企业应当发行的普通股股数为 500 万股(600÷54.55%-600),其公允价值为 22 000 万元,企业合并成本为 20 000 万元。

(2)企业合并成本在可辨认资产、负债的分配

| | |
|---|---|
| 企业合并成本 | 20 000 |
| A公司可辨认资产、负债: | |
| 流动资产 | 2 000 |
| 非流动资产 | 17 000 |
| 流动负债 | (800) |
| 非流动负债 | (200) |
| 商誉 | 2 000 |

A公司20×7年9月30日合并资产负债表见表 20-5。

**表 20-5　A公司20×7年9月30日合并资产负债表**

单位:万元

| 项　目 | 金　额 |
|---|---|
| 流动资产 | 5 000 |
| 非流动资产 | 57 000 |
| 商誉 | 2 000 |
| 资产总额 | 64 000 |
| 流动负债 | 1 800 |
| 非流动负债 | 2 200 |
| 负债总额 | 4 000 |
| 所有者权益: | |
| 股本 | 1 100 |
| 资本公积 | 19 500 |
| 盈余公积 | 11 400 |
| 未分配利润 | 28 000 |
| 所有者权益总额 | 60 000 |

(3)每股收益

本例中假定 B 企业 20×6 年实现合并净利润 1 200 万元,20×7 年 A 公司与 B 企业形成的主体实现合并净利润 2 300 万元，自 20×6 年 1 月 1 日至 20×7 年 9 月 30 日,B 企业发行在外的普通股股数未发生变化,A 公司 20×7 年 9 月 30 日以前发行在外的普通股为 1 000 万股。

A 公司 20×7 年基本每股收益为 2 300/(1 000×9÷12+2 200×3÷12)=1.77 元。

提供比较报表的情况下，比较报表中的每股收益应进行调整,A 公司 20×6 年的每股收益为 1 200/1 000=1.2 元。

(4)少数股东权益

上例中,B 企业的全部股东中假定只有其中的 90%以原持有的对 B 企业股权换取了 A 公司增发的普通股。A 公司应发行的普通股股数为 600×90%×2=1 080 万股。企业合并后,B 企业的股东拥有合并后报告主体的股权比例为 1 080/2 080=51.92%。通过假定 B 企业向 A 公司发行本企业普通股在合并后主体享有同样的股权比例,在计算 B 企业须发行的普通股数量时，不考虑少数股权的因素，故 B 企业应当发行的普通股股数为 600×90%÷51.92%-600×90%=500 万股,B 企业在该项合并中的企业合并成本为(1 040-540)×40=20 000 万元,B 企业未参与股权交换的股东拥有B 企业的股份为 10%，享有 B 企业合并前净资产的份额为 4 000 万元,在合并财务报表中应作为少数股东权益列示。

# 第二十一章 合并财务报表

## 第一节 合并财务报表概述

合并财务报表是以母公司和子公司组成的企业集团为主体，以母公司和子公司单独编制的财务报表(以下称其为个别财务报表)为基础，由母公司编制的综合反映企业集团财务状况、经营成果和现金流量的财务报表。

合并财务报表可以弥补母公司个别财务报表的不足，为有关方面提供决策有用的信息，从而满足报表使用者了解集团总体财务状况和经营情况的需要。合并财务报表还有利于避免一些母公司利用控制关系，人为地粉饰财务报表情况的发生。

### 一、合并财务报表的构成

编制合并财务报表是为了向财务报表的使用者提供其经济决策所需的信息，包括企业财务状况、经营业绩和现金流量等情况的资料。因此，合并财务报表主要包括以下几种：

(一)合并资产负债表

合并资产负债表是以母公司本身资产负债表和属于合并范围内的子公司资产负债表为基础编制的反映母公司和子公司所形成的企业集团某一特定日期财务状况的财务报表。合并资产负债表的编制方法及程序将在本章第三节讨论。

(二)合并利润表

合并利润表是以母公司本身利润表和属于合并范围内的子公司利润表为基础编制反映母公司和子公司所形成的企业集团在一定期间内经营成果的财务报表。合并利润表的编制方法及程序将在本章第四节讨论。

(三)合并现金流量表

合并现金流量表是综合反映母公司和子公司所形成的企业集团在一定期间内现金及现金等价物流入、流出情况的财务报表。合并现金流量表的编制方法及程序将在本章第五节讨论。

(四)合并所有者权益变动表

合并所有者权益变动表是以母公司本身所有者权益变动表和属于合并范围内的子公司

所有者权益变动表为基础编制的反映母公司和子公司所形成的企业集团一定期间内所有者权益各组成部分增减变动情况的财务报表。合并所有者权益变动表的编制方法及程序将在本章第六节讨论。

(五)合并财务报表附注

合并财务报表附注是报表使用者对合并主体进行财务分析不可缺少的资料。合并财务报表的附注除了应包括个别财务报表附注中应说明的事项外,还应当对以下事项进行说明:

1.子公司的有关信息,包括注册资本、本企业的持股比例、本企业享有的表决权比例等。

2.母公司拥有被投资单位表决权不足半数但能对被投资单位形成控制的原因。

3.母公司直接或通过其他子公司间接拥有被投资单位半数以上表决权但未能对其形成控制的原因。

4.子公司与母公司会计政策和会计处理方法不一致时,母公司编制合并财务报表的处理方法。

5.子公司与母公司会计期间不一致时,母公司编制合并财务报表的处理方法。

6.本期不再纳入合并范围的原子公司的相关资料及不再成为子公司的原因。

7.子公司向母公司转移资金的能力受到严格限制的情况。

8.出于特殊目的作为子公司纳入合并范围的主体的业务性质及业务活动等。

## 二、合并范围的确定基础

合并财务报表的合并范围的确定以控制为基础。所谓控制是指一个企业能够决定另一个企业的财务和经营政策,并能据以从另一个企业的经营活动中获取利益的权利。控制的基本特征包括:

1.控制的主体是唯一的,具有排他性。即对被投资单位的财务和经营政策的提议具有决定权,不必征得他方同意。

2.控制主体所控制的是另一个企业的日常生产经营活动的财务和经营政策,且通常通过行使表决权予以实现。

3.控制的目的是为了获取经济利益,包括增加经济利益、维持经济利益、保护经济利益或降低所分担的损失等。

4.控制可以是一种法定权利,也可以是通过公司章程或协议,投资者之间的协议授予的权利。

与控制相关的主体包括母公司和子公司。其中,母公司是指拥有一个或一个以上子公司的企业。母公司应具备两个条件:

1.必须拥有一个或一个以上的子公司,即满足控制的要求,能够决定另一个企业的财务和经营政策,并有据以从另一个企业的经营活动中获取利益的权利。

2.可以是企业,如股份有限公司或有限责任公司,也可以是主体,如非企业形式,但形成会计主体的其他组织(基金等)。子公司是指被母公司控制的企业。

子公司也应具备两个条件:

1.作为子公司必须被母公司控制,且只能由一个母公司控制。

2.子公司可以是企业,如股份有限公司或有限责任公司,也可以是主体,如非企业形式,但形成会计主体的其他组织,如基金、信托项目等特殊目的主体等。母公司和子公司构成企业集团。

## 三、应纳入合并财务报表合并范围的子公司

母公司应当将其全部子公司纳入合并财务报表的合并范围, 即只要是由母公司控制的子公司,不论子公司的规模大小、子公司向母公司转移资金的能力是否受到严格限制,也不论其业务性质与母公司或集团内其他子公司是否有显著差别, 都应当纳入合并财务报表的合并范围。在我国,合并财务报表的合并范围具体包括:

1.母公司拥有其半数以上的表决权的被投资单位

母公司直接或通过子公司间接拥有被投资单位半数以上的表决权, 表明母公司能够控制被投资单位,应当将该被投资单位认定为子公司,纳入合并财务报表的合并范围。但是,有证据表明母公司不能控制被投资单位的除外。其中,表决权是指对被投资单位经营计划、投资方案、利润分配方案等事项享有的投票权。母公司拥有被投资单位半数以上表决权,具体又包括以下 3 种情况:

(1)母公司直接拥有被投资单位半数以上表决权。如图 21-1 所示,A 公司直接拥有 B 公司 60%的表决权,B 公司是 A 公司的子公司,A 公司编制合并财务报表时,应当将 B 纳入其合并范围。

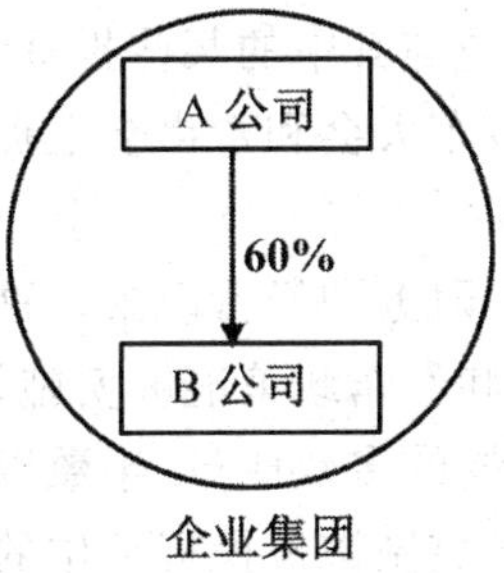


图 21-1 直接拥有表决权

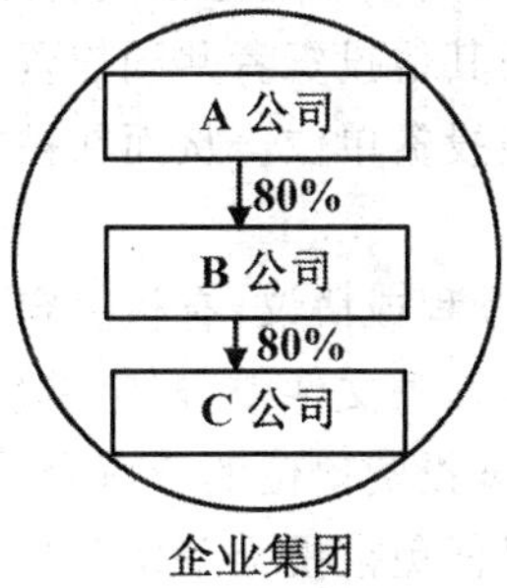


图 21-2 间接拥有表决权

(2)母公司间接拥有被投资单位半数以上表决权。间接拥有半数以上表决权是指通过子公司而对子公司的子公司拥有半数以上表决权。如图 21-2 所示,A 公司拥有 B 公司 80%的表决权,而 B 公司又拥有 C 公司 80%的表决权。在这种情况下,A 公司作为母公司通过其子公司 B 公司,间接拥有和控制 C 公司 80%的表决权,从而 C 公司也是 A 公司的子公司,A 公司编制合并财务报表时,也应当将 C 公司纳入其合并范围。

(3)母公司直接和间接方式合计拥有被投资单位半数以上表决权。直接和间接方式合计拥有半数以上表决权是指母公司以直接方式拥有和控制某一被投资单位半数以下的表决权,同时又通过其他方式如通过子公司拥有该被投资单位一部分的表决权,两者合计拥有该被投资单位半数以上的表决权。如图 21-3 所示,A 公司拥有 B 公司85%的表决权,拥有 C 公

司40%的表决权;B公司拥有C公司35%的表决权。在这种情况下,B公司为A公司的子公司,A公司通过子公司B公司间接拥有C公司35%的表决权,与直接拥有40%的表决权合计,A公司总共拥有C公司75%的表决权,从而C公司属于A公司的子公司,A公司编制合并财务报表时,也应当将C公司纳入其合并范围。

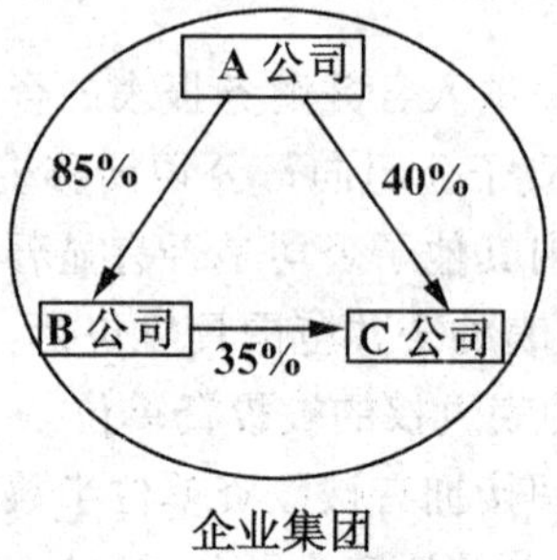


图21-3 合计拥有表决权

2.母公司拥有其半数以下的表决权的被投资单位

母公司通过直接和间接方式拥有被投资单位半数以下表决权,但是母公司通过其他方式对被投资单位的生产经营活动实施控制时,这些实质上能够被母公司控制的被投资单位,也应当作为子公司,纳入合并财务报表的合并范围。

(1)通过与被投资单位其他投资者之间的协议,拥有被投资单位半数以上表决权。这种情况是指母公司与其他投资者共同投资某企业,母公司与其中的某些投资者签订有协议,受托管理和控制该被投资单位,从而在被投资单位的股东大会和董事会上拥有该被投资单位半数以上表决权。

(2)根据公司章程或协议,有权决定被投资单位的财务和经营政策。这种情况是指在被投资单位的公司章程等文件中,规定母公司对其财务和经营政策能够实施控制。

(3)有权任免被投资单位的董事会等类似权力机构的多数成员(半数以上)。这种情况是指母公司能够通过任免被投资单位董事会的多数成员控制该被投资单位的决策权。

(4)在董事会或类似权力机构会议上有半数以上表决权。这种情况是指母公司能够控制董事会等类似权力机构的会议,从而控制被投资单位的经营决策。

3.确定合并范围应考虑的其他因素

在确定能否控制被投资单位,从而将其纳入合并范围时,还应当考虑企业和其他企业持有的被投资单位的当期可转换的可转换公司债券、当期可执行的认股权证等潜在表决权因素。潜在表决权是指当期可转换的可转换公司债券、当期可执行的认股权证等,不包括在将来某一日期或将来发生某一事项才能转换的可转换公司债券或才能执行的认股权证。考虑上述因素时,应当考虑影响潜在表决权的所有事项的情况,包括潜在表决权执行条款、需要单独考虑或综合考虑的其他合约安排等;不仅应考虑本企业在被投资单位的潜在表决权,还应考虑其他企业或个人在被投资单位的潜在表决权;不仅要考虑可能会提高本企业在被投资单位持股比例的潜在表决权,还应考虑降低本企业在被投资单位持股比例的潜在表决权。

### 四、不应纳入合并财务报表合并范围的被投资单位

下列被投资单位不属于母公司的子公司，不应纳入母公司的合并财务报表的合并范围：

1.已宣告被清理整顿的原子公司

已宣告被清理整顿的原子公司是指在当期宣告被清理整顿的被投资单位。根据法律的有关规定，在清算整顿期间，由管理人组织对被投资单位实施日常管理，母公司不再对该公司实施控制，不能将其继续认定为母公司的子公司。

2.已宣告破产的原子公司

根据破产法的规定，企业宣告破产后，被投资单位的财产即由管理人接管，并由管理人行使管理和处分权，其他任何人员不得处理破产企业的财产。在这种情况下，母公司对宣告破产子公司的财产没有控制权，不能将其纳入合并财务报表的合并范围。

3.母公司不能控制的其他被投资单位

除上述情况外，母公司不能控制的其他被投资单位，如联营企业、合营企业等，也不应纳入母公司的合并财务报表的合并范围。

## 第二节　编制合并财务报表的方法和一般程序

编制合并财务报表的方法和一般程序与编制个别财务报表有很大的不同。企业在编制个别财务报表时，从会计凭证开始，到设置账簿、运用复式记账方法登记账簿，再到调整账项、结账、对账，直至编制财务报表，有一套完整的会计核算方法体系。而编制合并财务报表则不同，它是以纳入合并财务报表合并范围的企业的个别财务报表为基础，再根据其他有关资料，编制抵消分录，抵消有关会计事项对个别财务报表的影响后编制出来的。也就是说编制合并财务报表的直接依据不是账簿记录，而是纳入合并财务报表范围内的子公司的个别财务报表。编制合并财务报表时，一般运用编制抵消分录、编制合并工作底稿等一些特殊的方法。有关的抵消分录，不登记账簿，直接在工作底稿中编制。合并资产负债表、合并利润表、合并所有者权益变动表和合并现金流量表的工作底稿均在一张工作底稿中完成。

编制合并财务报表的一般程序可分为两步：第一步是编制合并工作底稿，第二步是根据合并工作底稿编制合并报表。其中，编制合并工作底稿是最关键的一步。

合并工作底稿的编制程序如下：

1.将母公司、子公司个别财务报表的数据过入合并工作底稿。

2.在合并工作底稿中将母公司和子公司个别财务报表各项目的数据加总，计算得出个别财务报表各项目加总数额，并将其填入“合计数”栏中。

3.编制抵消分录，抵消母公司与子公司、子公司相互之间发生的购销业务、债权债务和投资事项对个别财务报表的影响。因为合计数中包括了合并财务报表范围内的各公司之间发生的经济事项，如果站在企业集团这一会计主体看，这类事项中有些并未对外发生，有些

存在重复计算,只有将这类事项抵消后,合并财务报表中的数字才能客观反映企业集团这一会计主体的财务状况。

4.计算合并财务报表各项目的数额。对于资产负债表,根据加总的资产类各项目的数额,加上抵消分录的借方发生额,减去抵消分录的贷方发生额,计算得出资产类各项目的合并数额;根据加总的负债类各项目的数额,加上抵消分录的贷方发生额,减去抵消分录的借方发生额,计算得出负债类各项目的合并数额;根据加总的所有者权益类各项目的数额,加上抵消分录的贷方发生额,减去抵消分录的借方发生额,计算得出所有者权益类各项目的合并数额。

对于利润表,根据母公司和子公司个别利润表收入各项目加总数额,加上抵消分录的贷方发生额,减去抵消分录的借方发生额,计算得出合并利润表有关收入项目的合并数额;根据个别利润表成本费用各项目加总的数额,加上抵消分录的借方发生额,减去抵消分录的贷方发生额,计算得出合并利润表有关成本与费用各项目的合并数额;根据合并利润表收入、成本和费用的数据,计算得出净利润的合并数额。

对于所有者权益变动表,根据期初未分配利润项目的加总数额,减去抵消分录的借方发生额,加上抵消分录的贷方发生额,计算得出期初未分配利润的合并数额;根据利润分配项目的加总数额,加上抵消分录的借方发生额,减去抵消分录的贷方发生额,计算得出利润分配项目的合并数额;根据未分配利润项目的加总数额,加上合并工作底稿中利润表和所有者权益变动表部分项目抵消分录栏的贷方发生额的合计数,减去合并工作底稿中利润表和所有者权益变动表部分项目抵消分录栏的借方发生额的合计数,计算得出未分配利润项目的合并数额。

合并工作底稿编制完成后,将合并工作底稿计算得出的各项目的合并数额,过入各合并财务报表,即可得出整个企业集团的合并资产负债表、合并利润表和合并所有者权益变动表。

合并现金流量表可以在合并资产负债表和合并利润表的基础上编制,也可以在个别现金流量表的基础上编制。

## 第三节　合并资产负债表

合并资产负债表反映企业集团在某一特定日期的财务状况,由合并资产、合并负债和合并所有者权益各项目组成。

### 一、对子公司的个别财务报表进行调整

在编制合并财务报表时,首先应对各子公司进行分类,按取得时的归属形式不同分为同一控制下企业合并中取得的子公司和非同一控制下企业合并中取得的子公司两类。

(一)同一控制下企业合并中取得的子公司

对于同一控制下企业合并中取得的子公司的个别财务报表，如果不存在与母公司会计政策和会计期间不一致的情况,则不需要对该子公司的个别财务报表进行调整,即只需要抵消内部交易对合并财务报表的影响即可，不需要将该子公司的个别财务报表调整为公允价值反映的财务报表。

(二)非同一控制下企业合并中取得的子公司

对于非同一控制下企业合并中取得的子公司，除了存在与母公司会计政策和会计期间不一致的情况,需要对该子公司的个别财务报表进行调整外,还应当根据母公司为该子公司设置的备查簿的记录,以购买日的公允价值为基础,通过编制调整分录,对该子公司的个别财务报表进行调整，以使子公司的个别财务报表反映为在购买日公允价值基础上确定的可辨认资产、负债及或有负债在本期资产负债表日的金额。

## 二、按权益法调整对子公司的长期股权投资

在日常会计核算中,母公司对子公司的长期股权投资按成本法核算,但在编制合并财务报表过程中,应当先将母公司对子公司的长期股权投资调整为权益法,再由母公司编制合并报表。当然,企业会计准则也允许母公司直接在对子公司的长期股权投资采用成本法核算的基础上编制合并财务报表,但是所生成的合并财务报表应当符合《企业会计准则 33 号——合并财务报表》的要求。

**【例 21-1】**假设 A 公司 20×8 年 1 月 1 日以银行存款 3 000 万元购得 B 公司 80%的股权(该合并属于非同一控制下的企业合并),A 公司备查簿中记录的 B 公司在 20×8 年 1 月 1 日可辨认净资产、负债及或有负债的公允价值的资料见表 21-1。

20×8 年 1 月 1 日,B 公司股东权益总额为 3 500 万元,其中股本为 2 000 万元,资本公积为 1 500 万元,盈余公积为 0 元,未分配利润为 0 元。

20×8 年,B 公司实现净利润 1 000 万元,提取法定公积金 100 万元,向 A 公司分派现金股利 480 万元,向其他股东分派现金股利 120 万元,未分配利润为 300 万元。B 公司因持有的可供出售的金融资产的公允价值变动计入当期资本公积的金额为 100 万元。

20×8 年 12 月 31 日,B 公司股东权益总额为 4 000 万元,其中股本为 2 000 万元,资本公积为 1 600 万元,盈余公积为 100 万元,未分配利润为 300 万元。

A 公司与 B 公司个别资产负债表分别见表 21-2 和表 21-3。

假定 B 公司的会计政策和会计期间与 A 公司一致，不考虑 A 公司和 B 公司及合并资产、负债的所得税影响。

按照相关准则规定,投资企业在确认应享有被投资单位净损益的份额时,应当以取得投资时被投资单位各项可辨认资产等的公允价值为基础，对被投资单位的净利润进行调整后予以确认。在本例中,A 公司在编制合并财务报表时,应当首先根据 A 公司的备查簿中记录的 B 公司可辨认资产、负债在购买日(20×8 年 1 月 1 日)的公允价值的资料(见表 21-1),调整 A 公司的净利润。按照 A 公司备查簿中的记录,在购买日,B 公司可辨认资产、负债及或有负债的公允价值与账面价值存在差异仅有一项,即 M 办公楼,公允价值高于账面价值的

差额为 700–600=100 万元，按年限平均法每年应补提的折旧额为 100 万元÷20 年=5 万元。假定 M 办公楼用于 B 公司的总部管理。

在合并工作底稿(见表 21–4)中应做的调整分录如下：

(1*)借:管理费用　　　　　　　　　　　　　　50 000

　　　贷:固定资产——累计折旧　　　　　　　　　　50 000

据此,以 B 公司 20×8 年 1 月 1 日各项可辨认资产等的公允价值为基础,重新确定的 B 公司 20×8 年的净利润为 1 000–5=995 万元。

**表 21–1　A 公司备查簿**

20×8 年 1 月 1 日　　　　单位:万元

| 项　目 | 账面价值 | 公允价值 | 公允价值与账面价值的差额 | 合并报表调整 | 余额 | 备　注 |
|---|---|---|---|---|---|---|
| B 公司: | | | | | | |
| 流动资产 | 3 800 | 3 800 | | | | |
| 非流动资产 | 1 900 | 2 000 | | | | |
| 其中：固定资产——M 办公楼 | 600 | 700 | 100 | (1) 5 | 695 | 该办公楼的剩余折旧年限为 20 年，采用年限平均法计提折旧 |
| 资产总计 | 5 700 | 5 800 | | | | |
| 流动负债 | 1 300 | 1 300 | | | | |
| 非流动负债 | 900 | 900 | | | | |
| 负债合计 | 2 200 | 2 200 | | | | |
| 股本 | 2 000 | 2 000 | | | | |
| 资本公积 | 1 500 | 1 600 | 100* | | | |
| 盈余公积 | 0 | 0 | | | | |
| 未分配利润 | 0 | 0 | | | | |
| 股东权益合计 | 3 500 | 3 600 | | | | |
| 负债和股东权益总计 | 5 700 | 5 800 | | | | |

注:*100 万元为在购买日 B 公司可辨认净资产公允价值大于账面价值的差额。

表 21-2 资产负债表(简表)

会企 01 表

编制单位:A 公司 20×8 年 12 月 31 日 单位:万元

| 资　　产 | 期末余额 | 年初余额 | 负债和所有者权益（或股东权益） | 期末余额 | 年初余额 |
|---|---|---|---|---|---|
| 流动资产: | | | 流动负债: | | |
| 货币资金 | 1 000 | 3 000 | 应付票据 | 1 000 | 1 000 |
| 应收票据 | 1 400 | 1 000 | 应付账款 | 3 000 | 2 000 |
| 其中：应收 B 公司票据 | 400 | | 预收款项 | 200 | 300 |
| 应收账款 | 1 800 | 1 300 | 其中：预收 B 公司账款 | 100 | |
| 其中：应收公司账款 | 475 | | 应付职工薪酬 | 1 000 | 2 100 |
| 预付款项 | 770 | | 应交税费 | 800 | 1 000 |
| 存货 | 1 000 | 3 800 | 流动负债合计 | 6 000 | 6 400 |
| 其中：向 B 公司购入存货 | 1 000 | | 非流动负债: | | |
| 流动资产合计 | 5 970 | 9 100 | 长期借款 | 2 000 | 2 000 |
| 非流动资产: | | | 应付债券 | 600 | 600 |
| 可供出售金融资产 | | | 非流动负债合计 | 2 600 | 2 600 |
| 持有至到期投资 | 200 | 200 | 负债合计 | 8 600 | 9 000 |
| 其中：持有 B 公司债券 | 200 | 200 | | | |
| 长期股权投资 | 4 700 | 1 700 | 所有者权益: | | |
| 其中：对 B 公司投资 | 3 000 | | 实收资本（或股本） | 4 000 | 4 000 |
| 固定资产 | 4 100 | 3 300 | 资本公积 | 800 | 800 |
| 其中：向 B 公司购入固定资产 | 200 | | 盈余公积 | 1 000 | 732 |
| 无形资产 | 630 | 700 | 未分配利润 | 1 200 | 468 |
| 非流动资产合计 | 9 630 | 5 900 | 所有者权益合计 | 7 000 | 6 000 |
| 资产总计 | 15 600 | 15 000 | 负债和所有者权益总计 | 15 600 | 15 000 |

**表 21-3 资产负债表(简表)**

会企 01 表

编制单位:B 公司　　20×8 年 12 月 31 日　　单位:万元

| 资　产 | 期末余额 | 年初余额 | 负债和所有者权益（或股东权益） | 期末余额 | 年初余额 |
|---|---|---|---|---|---|
| 流动资产: | | | 流动负债: | | |
| 货币资金 | 500 | 300 | 应付票据 | 400 | 300 |
| 应收票据 | 300 | 100 | 其中：应付票据——A 公司 | 400 | |
| 应收账款 | 760 | 600 | 应付账款 | 500 | 400 |
| 预付款项 | 400 | | 其中：应付 A 公司账款 | 500 | |
| 其中：预付 A 公司账款 | 100 | | 预收款项 | | 50 |
| 存货 | 1 100 | 2 800 | 应付职工薪酬 | 100 | 350 |
| 流动资产合计 | 3 060 | 3 800 | 应交税费 | 60 | 200 |
| 非流动资产: | | | 流动负债合计 | 1 060 | 1 300 |
| 可供出售金融资产 | 800 | 700 | 非流动负债: | | |
| 持有至到期投资 | | | 长期借款 | 700 | 700 |
| 长期股权投资 | | | 应付债券 | 200 | 200 |
| 固定资产 | 2 100 | 1 200 | 其中：应付债券——A 公司 | 200 | 200 |
| 其中：向 A 公司购入固定资产 | 108 | | 非流动负债合计 | 900 | 900 |
| 无形资产 | | | 负债合计 | 1 960 | 2 200 |
| 非流动资产合计 | 2 900 | 1 900 | 所有者权益: | | |
| | | | 实收资本（或股本） | 2 000 | 2 000 |
| | | | 资本公积 | 1 600 | 1 500 |
| | | | 其中：可供出售金融资产公允价值变动 | 100 | |
| | | | 盈余公积 | 100 | 0 |
| | | | 未分配利润 | 300 | 0 |
| | | | 所有者权益合计 | 4 000 | 3 500 |
| 资产总计 | 5 960 | 5 700 | 负债和所有者权益总计 | 5 960 | 5 700 |

在本例中,20×8 年 12 月 31 日,A 公司对 B 公司的长期股权投资的账面余额为 3 000 万元(假定未发生减值)。根据合并报表准则的规定,在合并工作底稿中将对 B 公司的长期股权投资由成本法调整为权益法。

有关调整分录如下:

(2*)确认 A 公司在 20×8 年 B 公司实现净利润 995 万元中所享有的份额 796 万元(995×80%)。

借:长期股权投资——B 公司　　7 960 000

　贷:投资收益——B 公司　　7 960 000

(3*)确认 A 公司收到 B 公司 20×8 年分派的现金股利,同时抵消原按成本法确认的投资收益 480 万元。

借:投资收益——B 公司　　4 800 000

　贷:长期股权投资——B 公司　　4 800 000

(4*)确认 A 公司在 20×8 年 B 公司除净损益以外所有者权益的其他变动中所享有的份额 80 万元(资本公积的增加额 100 万元×80%)。

借:长期股权投资——B 公司　　800 000

　贷:资本公积——其他资本公积——B 公司　　800 000

在连续编制合并财务报表的情况下,应编制如下调整分录:

借:长期股权投资——B 公司　　3 960 000

　贷:未分配利润——年初　　3 160 000

　　资本公积——其他资本公积——B 公司　　800 000

表 21-4　合并工作底稿(简表)

20×8 年

单位:万元

| 项　目 | A公司 | | | B公司 | | | 合计金额 | 抵销分录 | | 少数股东权益 | 合并金额 |
|---|---|---|---|---|---|---|---|---|---|---|---|
| | 报表金额 | 借方 | 贷方 | 报表金额 | 借方 | 贷方 | | 借方 | 贷方 | | |
| （利润表项目） | | | | | | | | | | | |
| 营业收入 | 8 700 | | | 6 300 | | | 15 000 | (11*)1000<br>(13*) 300<br>(17*)3500 | | | 10 200 |
| 营业成本 | 4 450 | | | 4 570 | | | 9 020 | (12*)200 | (11*)1 000<br>(13*)270<br>(17*)3500 | | 4 450 |
| 营业税金及附加 | 300 | | | 125 | | | 425 | | | | 425 |
| 销售费用 | 15 | | | 10 | | | 25 | | | | 25 |
| 管理费用 | 100 | | | 12 | (1*)5 | | 117 | (16*)1 | (14*)10 | | 108 |
| 财务费用 | 300 | | | 90 | | | 390 | | (18*)20 | | 370 |
| 资产减值损失 | 25 | | | | | | 25 | | (7*)25 | | 0 |
| 投资收益 | 500 | (3*)480 | (2*)796 | | | | 816 | (18*)20<br>(19*)796 | | | 0 |
| 营业利润 | 4 010 | 480 | 796 | 1 493 | 5 | | 5 814 | 5 817 | 4 825 | | 4 822 |
| 营业外支出 | 10 | | | | | | 10 | | (15*)10 | | 0 |
| 利润总额 | 4 000 | 480 | 796 | 1 493 | 5 | | 5 804 | 5 817 | 4 835 | | 4 822 |
| 所得税费用 | 1 320 | | | 493 | | | 1 813 | | | | 1 813 |

续表 21-4

| 项目 | A公司 | | | B公司 | | | 合计金额 | 抵销分录 | | 少数股东权益 | 合并金额 |
|---|---|---|---|---|---|---|---|---|---|---|---|
| | 报表金额 | 借方 | 贷方 | 报表金额 | 借方 | 贷方 | | 借方 | 贷方 | | |
| 净利润 | 2 680 | 480 | 796 | 1 000 | 5 | | 3 991 | 5 817 | 4 835 | | 3 009 |
| 少数股东损益 | | | | | | | | (19*)199 | | 199 | 199 |
| 归属于母公司所有者的净利润 | | | | | | | | | | | 2 810 |
| （所有者权益变动表项目） | | | | | | | | | | | |
| 未分配利润——年初 | 468 | | | 0 | | | 468 | (19*)0 | | | 468 |
| 归属于母公司所有者的净利润 | | | | | | | | | (19*)100<br>(19*)600 | | 2 810 |
| 利润分配 | 1 948 | | | 700 | | | 2 648 | (5*)295<br><u>6 311</u> | (19*)295<br><u>5 830</u> | | 1 948 |
| 未分配利润——年末 | 1 200 | 480 | 796 | 300 | 5 | | 1 811 | | | 0 | 1 330 |
| 归属于少数股东的未分配利润——年初 | | | | | | | | | | 199 | 0 |
| 少数股东损益 | | | | | | | | | | 120 | 199 |
| 对少数股东的利润分配 | | | | | | | | | | 79 | 120 |
| 归属于少数股东的未分配利润——年末 | | | | | | | | | | | 79 |
| 资本公积——年初 | 800 | | | 1 500 | | 100 | 2 400 | (5*)1 600 | | | 800 |
| 可供出售金融资产公允价值变动净额 | | | | 100 | | | 100 | (5*)100 | | | 0 |

续表 21-4

| 项　目 | A公司 | | | B公司 | | | 合计金额 | 抵销分录 | | 少数股东权益 | 合并金额 |
|---|---|---|---|---|---|---|---|---|---|---|---|
| | 报表金额 | 借方 | 贷方 | 报表金额 | 借方 | 贷方 | | 借方 | 贷方 | | |
| 权益法下被投资单位其他所有者权益变动的影响 | | | (4*)80 | | | | 80 | | | | 80 |
| 资本公积——年末 | 800 | | 80 | 1 600 | | 100 | 2 580 | 1 700 | | | 880 |
| 盈余公积——年初 | 732 | | | 0 | | | 732 | (19*)0 | | | 732 |
| 提取盈余公积 | 268 | | | 100 | | | 368 | | (19*)100 | | 268 |
| 盈余公积——年末 | 1 000 | | | 100 | | | 1 100 | 0 | 100 | | 1 000 |
| （资产负债表项目） | | | | | | | | | | | |
| 流动资产： | | | | | | | | | | | |
| 货币资金 | 1 000 | | | 500 | | | 1 500 | | | | 1 000 |
| 应收票据 | 1 400 | | | 300 | | | 1 700 | | (9*)400 | | 1 300 |
| 其中：应收B公司票据 | 400 | | | | | | 400 | | (9*)400 | | 0 |
| 应收账款 | 1 800 | | | 760 | | | 2 560 | (7*)25 | (6*)500 | | 2 085 |
| 其中：应收B公司账款 | 475 | | | | | | 475 | (7*)25 | (6*)500 | | 0 |
| 预付款项 | 770 | | | 400 | | | 1 170 | | (8*)100 | | 1 070 |
| 其中：预付A公司账款 | | | | 100 | | | 100 | | (8*)100 | | 0 |
| 存货 | 1 000 | | | 1 100 | | | 2 100 | | (12*)200 | | 1 900 |
| 其中：向B公司购入存货 | 1 000 | | | | | | 1 000 | | (12*)200 | | 800 |
| 流动资产合计 | 5 970 | | | 3 060 | | | 9 030 | 25 | 1 200 | | 7 855 |
| 非流动资产： | | | | | | | | | | | |

续表 21-4

| 项目 | A公司 | | | B公司 | | | 合计金额 | 抵销分录 | | 少数股东权益 | 合并金额 |
|---|---|---|---|---|---|---|---|---|---|---|---|
| | 报表金额 | 借方 | 贷方 | 报表金额 | 借方 | 贷方 | | 借方 | 贷方 | | |
| 可供出售金融资产 | | | | 800 | | | 800 | | | | 800 |
| 持有至到期投资 | 200 | | | | | | 200 | | (10*)200 | | 0 |
| 其中：持有B公司债券 | 200 | (2*)796<br>(4*)80 | (3*)480 | | | | 200 | | (10*)200 | | 0 |
| 长期股权投资： | 4 700 | (2*)796<br>(4*)80 | (3*)480 | | | | 5 096 | | (5*)3 396 | | 1 700 |
| 其中：对B公司投资 | 3 000 | | | | | | 3 396 | | (5*)3 396 | | 0 |
| 固定资产 | 4 100 | | | 2 100 | 100 | (1*)5 | 6 295 | (14*)10<br>(15*)10 | (13*)30<br>(16*)1 | | 6 284 |
| 其中：B公司——M办公楼 | | | | | 100 | (1*)5 | 95 | | | | 95 |
| 向B公司购入固定资产 | 200 | | | | | | 200 | (14*)10 | (13*)30 | | 180 |
| 向A公司购入固定资产 | | | | 108 | | | 108 | (15*)10 | (16*)1 | | 117 |
| 无形资产 | 630 | | | | | | 630 | | | | 630 |
| 商誉 | | | | | | | | (5*)120 | | | 120 |
| 非流动资产合计 | 9 630 | 876 | 480 | 2 900 | 100 | 5 | 13 021 | 140 | 3 627 | | 9 534 |
| 资产总计 | 15 600 | 876 | 480 | 5 960 | 100 | 5 | 22 051 | 165 | 4 827 | | 17 389 |
| 流动负债： | | | | | | | | | | | |
| 应付票据 | 1 000 | | | 400 | | | 1 400 | (9*)400 | | | 1 000 |

续表 21-4

| 项目 | A公司 | | | B公司 | | | 合计金额 | 抵销分录 | | 少数股东权益 | 合并金额 |
|---|---|---|---|---|---|---|---|---|---|---|---|
| | 报表金额 | 借方 | 贷方 | 报表金额 | 借方 | 贷方 | | 借方 | 贷方 | | |
| 其中：应付票据——A公司 | | | | 400 | | | 400 | (9*)400 | | | 0 |
| 应付账款 | 3 000 | | | 500 | | | 3 500 | (6*)500 | | | 3 000 |
| 其中：应付A公司账款 | | | | 500 | | | 500 | (6*)500 | | | 0 |
| 预收款项 | 200 | | | | | | 200 | (8*)100 | | | 100 |
| 其中：预收B公司账款 | 100 | | | | | | 100 | (8*)100 | | | 0 |
| 应付职工薪酬 | 1 000 | | | 100 | | | 1 100 | | | | 1 100 |
| 应交税费 | 800 | | | 60 | | | 860 | | | | 860 |
| 流动负债合计 | 6 000 | | | 1 060 | | | 7 060 | 1 000 | | | 6 060 |
| 非流动负债： | | | | | | | | | | | |
| 长期借款 | 2 000 | | | 700 | | | 2 700 | | | | 2 700 |
| 应付债券 | 600 | | | 200 | | | 800 | (10*)200 | | | 600 |
| 其中：应付债券——A公司 | | | | 200 | | | 200 | (10*)200 | | | 0 |
| 非流动负债合计 | 2 600 | | | 900 | | | 3 500 | 200 | | | 3 300 |
| 负债合计 | 8 600 | | | 1 960 | | | 10 560 | 1 200 | | | 9 360 |
| 所有者权益（或股东权益）： | | | | | | | | | | | |
| 实收资本（或股本） | 4 000 | | | 2 000 | | | 6 000 | (5*)2 000 | | | 4 000 |

续表 21-4

| 项目 | A公司 | | | B公司 | | | 合计金额 | 抵销分录 | | 少数股东权益 | 合并金额 |
|---|---|---|---|---|---|---|---|---|---|---|---|
| | 报表金额 | 借方 | 贷方 | 报表金额 | 借方 | 贷方 | | 借方 | 贷方 | | |
| 资本公积 | 800 | | (4*)80 | 1 600 | | 100 | 2 580 | (5*)1 700 | | | 880 |
| 其中：可供出售金融资产公允价值变动 | | | | 100 | | | 100 | 100 | | | 0 |
| 盈余公积 | 1 000 | | | 100 | | | 1 100 | (5*)100 | | | 1 000 |
| 未分配利润 | 1 200 | (3*)480 | (2*)796 | 300 | (1*)5 | | 1811 | (5*)295<br>(11*)1 000<br>(13*)300<br>(17*)3 500<br>(12*)200<br>(16*)1<br>(18*)20<br>(19*)796<br>(19*)199<br>(19*)0<br>6 311 | (11*)1 000<br>(13*)270<br>(17*)3 500<br>(14*)10<br>(18*)20<br>(7*)25<br>(15*)10<br>(19*)100<br>(19*)600<br>(19*)295<br>5 830 | (19*)199 | 1 330 |
| 少数股东权益 | | | | | | | | | | (5*)819 | 819 |
| 所有者权益合计 | 7 000 | 480 | 876 | 4 000 | 5 | 100 | 11 491 | 10 111 | 5 830 | 819 | 8 029 |
| 负债和所有者权益总计 | 15 600 | 480 | 876 | 5 960 | 5 | 100 | 22 051 | 11 311 | 5 830 | 819 | 17 389 |
| （现金流量表项目） | | | | | | | | | | | |
| 经营活动产生的现金流量: | | | | | | | | | | | |

续表 21–4

| 项目 | A公司 | | | B公司 | | | 合计金额 | 抵销分录 | | 少数股东权益 | 合并金额 |
|---|---|---|---|---|---|---|---|---|---|---|---|
| | 报表金额 | 借方 | 贷方 | 报表金额 | 借方 | 贷方 | | 借方 | 贷方 | | |
| 销售商品、提供劳务收到的现金 | 7 675 | | | 5 990 | | | 13 665 | | (21*)3 600<br>(22*)300 | | 9 765 |
| 收到其他与经营活动有关的现金 | | | | | | | | | | | |
| 经营活动现金流入小计 | 7 675 | | | 5 990 | | | 13 665 | | 3 900 | | 9 765 |
| 购买商品、接受劳务支付的现金 | 1 420 | | | 3 170 | | | 4 590 | (21*)3 600 | | | 990 |
| 支付给职工以及为职工支付现金 | 1 100 | | | 250 | | | 1 350 | | | | 1 350 |
| 支付的各项税费 | 1 820 | | | 758 | | | 2 578 | | | | 2 578 |
| 支付其他与经营活动有关的现金 | 45 | | | 22 | | | 67 | | | | 67 |
| 经营活动现金流出小计 | 4 385 | | | 4 200 | | | 8 585 | 3 600 | | | 4 985 |
| 经营活动产生的现金流量净额 | 3 290 | | | 1 790 | | | 5 080 | 3 600 | 3 900 | | 4 780 |
| 投资活动产生的现金流量: | | | | | | | | | | | |
| 收回投资收到的现金 | | | | | | | | | | | |
| 取得投资收益收到的现金 | 500 | | | | | | 500 | | (20*)500 | | 0 |

**续表** 21–4

| 项　目 | A公司 | | | B公司 | | | 合计金额 | 抵销分录 | | 少数股东权益 | 合并金额 |
|---|---|---|---|---|---|---|---|---|---|---|---|
| | 报表金额 | 借方 | 贷方 | 报表金额 | 借方 | 贷方 | | 借方 | 贷方 | | |
| 处置固定资产、无形资产和其他长期资产收回的现金净额 | 120 | | | | | | 120 | | (23*)120 | | 0 |
| 处置子公司及其他营业单位收到的现金净额 | | | | | | | | | | | |
| 收到其他与投资活动有关的现金 | | | | | | | | | | | |
| 投资活动现金流入小计 | 620 | | | | | | 620 | | 620 | | 0 |
| 购建固定资产、无形资产和其他长期资产支付的现金 | 930 | | | 900 | | | 1 830 | (22*)300<br>(23*)120 | | | 1 410 |
| 投资支付的现金 | | | | | | | | | | | |
| 取得子公司及其他营业单位支付的现金净额 | 3 000 | | | | | | 3 000 | | | | 3 000 |
| 支付其他与投资活动有关的现金 | | | | | | | | | | | |
| 投资活动现金流出小计 | 3 930 | | | 900 | | | 4 830 | 420 | | | 4 410 |
| 投资活动产生的现金流量净额 | –3 310 | | | – 900 | | | – 210 | 200 | | | – 4 410 |
| 筹资活动产生的现金流量: | | | | | | | | | | | |

续表 21-4

| 项目 | A公司 | | | B公司 | | | 合计金额 | 抵销分录 | | 少数股东权益 | 合并金额 |
|---|---|---|---|---|---|---|---|---|---|---|---|
| | 报表金额 | 借方 | 贷方 | 报表金额 | 借方 | 贷方 | | 借方 | 贷方 | | |
| 吸收投资收到的现金 | | | | | | | | | | | |
| 取得借款收到的现金 | | | | | | | | | | | |
| 收到其他与筹资活动有关的现金 | | | | | | | | | | | |
| 筹资活动现金流入小计 | | | | | | | | | | | |
| 偿还债务支付的现金 | | | | | | | | | | | |
| 分配股利、利润或偿付利息支付的现金 | 1 980 | | | 690 | | | 2 670 | (20*)500 | | | 2 170 |
| 其中：子公司支付给少数股东的股利、利润 | | | | | | | | | | | |
| 支付其他与筹资活动有关的现金 | | | | | | | | | | | |
| 筹资活动现金流出小计 | 1 980 | | | 690 | | | 2 670 | 500 | | | 2 170 |
| 筹资活动产生的现金流量净额 | –1 980 | | | –690 | | | –2 670 | 500 | | | –2 170 |
| 现金及现金等价物净增加额 | –2 000 | | | 200 | | | –1 800 | | | | –1 800 |
| 年初现金及现金等价物余额 | 3 000 | | | 300 | | | 3 300 | | | | 3 300 |
| 年末现金及现金等价物余额 | 1 000 | | | 500 | | | 1 500 | | | | 1 500 |

## 三、编制合并资产负债表时应进行抵消处理的项目

合并资产负债表是以母公司和子公司的个别资产负债表为基础编制的。个别资产负债表则是以单个企业为会计主体进行会计核算的结果，它从母公司本身或从子公司本身的角度对自身的财务状况进行反映。这样，对于内部交易，从发生内部交易的企业来看，发生交易的各方都在其个别资产负债表中进行了反映。例如，企业集团母公司与子公司之间发生的赊购、赊销业务，对于赊销企业来说，一方面确认营业收入、结转营业成本、计算营业利润，另一方面在其个别资产负债表中反映为应收账款；而对于赊购企业来说，在内部购入的存货尚未实现对外销售的情况下，则在其个别资产负债表中反映为存货和应付账款。在这种情况下，资产、负债和所有者权益类各项目的加总金额中，必然包含有重复计算的因素。作为反映企业集团整体财务状况的合并资产负债表，必须将这些重复计算的因素予以扣除，对这些重复的因素进行抵消处理。这些需要扣除的重复因素，就是合并财务报表编制时需要进行抵消处理的项目。

编制合并资产负债表时需要进行抵消处理的主要项目：长期股权投资与子公司所有者权益的抵消处理，内部往来业务的抵消处理，存货价值中包含的未实现内部销售损益的抵消处理，内部固定资产交易的抵消处理。

### (一)长期股权投资与子公司所有者权益的抵消处理

母公司对子公司进行的长期股权投资，一方面反映为长期股权投资以外的其他资产的减少，另一方面反映为长期股权投资的增加，在母公司个别资产负债表中作为资产类项目中的长期股权投资列示。子公司接受这一投资时，一方面增加资产，另一方面作为实收资本(或股本，下同)处理，在其个别资产负债表中一方面反映为实收资本的增加，另一方面反映为相对应的资产的增加。从企业集团整体来看，母公司对子公司进行的长期股权投资实际上相当于母公司将资本拨付下属核算单位，并不引起整个企业集团的资产、负债和所有者权益的增减变动。因此，编制合并财务报表时，应当在母公司与子公司财务报表数据简单相加的基础上，将母公司对子公司长期股权投资项目与子公司所有者权益项目予以抵消。

子公司所有者权益中不属于母公司的份额，即子公司所有者权益中抵消母公司所享有的份额后的余额，在合并财务报表中作为“少数股东权益”处理。在合并资产负债表中，“少数股东权益”项目应当在“所有者权益”项目下单独列示。

当母公司对子公司长期股权投资的金额与在子公司所有者权益中所享有的份额不一致时，应按其差额，计入“商誉”项目。

**【例 21-2】**沿用例 21-1，20×8 年 12 月 31 日 A 公司对 B 公司长期股权投资经调整后的金额为 3 396 万元(投资成本 3 000 万元+权益法调整增加的长期股权投资 396 万元)与其在 B 公司经调整的股东权益总额中所享有的金额 3 276 万元 [(股东权益账面余额 4 000 万元+M 办公楼购买日公允价值高于账面价值的差额 100 万元-M 办公楼购买日公允价值高于账面价值的差额按 20 年计提的折旧额 5 万元)×80%]之间的差额为商誉。至于 B 公司股东权益中 20%的部分，即 819 万元[(股东权益账面余额 4000 万元+M 办公楼购买日公允价值高于账面价值的差额 100 万元-M 办公楼购买日公允价值高于账面价值的差额按 20 年计

提的折旧额5万元)×20%]则属于少数股东权益,在抵消处理时应作为少数股东权益处理。

在合并工作底稿(见表21-4)中的抵消分录如下:

| | | |
|---|---|---|
| (5*)借:股本 | 20 000 000 | |
| 资本公积——年初 | 16 000 000 | |
| ——本年 | 1 000 000 | |
| 盈余公积——年初 | 0 | |
| ——本年 | 1 000 000 | |
| 未分配利润——年末 | 2 950 000 | |
| 商誉 | 1 200 000 | |
| 贷:长期股权投资 | | 33 960 000 |
| 少数股东权益 | | 8 190 000 |

注:商誉120万元=3 000万元-(B公司20×8年1月1日的所有者权益总额3 500万元+B公司固定资产公允价值增加额100万元)×80%。

其合并工作底稿见表21-4。

合并报表准则规定,子公司持有母公司的长期股权投资、子公司相互之间持有的长期股权投资也应当比照上述母公司对子公司的股权投资的抵消方法进行抵消处理。

(二)内部往来业务的抵消处理

母公司与子公司、子公司相互之间可能会发生债权与债务,包括母公司与子公司、子公司相互之间的应收账款与应付账款、预付账款与预收账款、应付债券与持有至到期投资、其他应收款与其他应付款等。发生在母公司与子公司、子公司相互之间的这些债权债务,在其个别财务报表中,债权方以资产列示,债务方以负债列示。但是,从整个企业集团的角度看,这些债权债务只是内部资金往来,既不是企业集团的资产,也不是企业集团的负债。因此,在编制合并财务报表时,应当将这些内部的债权债务项目相抵消,同时也要将与这些债权债务有关的其他项目相抵消。具体包括以下几项:

1.应收账款与应付账款的抵消处理

(1)初次编制合并财务报表时应收账款与应付账款的抵消处理。在应收账款计提坏账准备的情况下,某一会计期间坏账准备的金额是以当期应收账款为基础计算并提取的。在编制合并财务报表时,随着内部应收账款的抵消,与此相联系也须将内部应收账款计提的坏账准备予以抵消。内部应收账款抵消时,其抵消分录为:借记“应付账款”项目,贷记“应收账款”项目;同时该应收账款计提的坏账准备抵消时,其抵消分录为:借记“应收账款——坏账准备”项目,贷记“资产减值损失”项目。

【例21-3】A公司20×8年个别资产负债表(表21-2)中应收账款475万元,系20×8年向B公司销售商品发生的应收销货款的账面价值,A公司对该笔应收账款计提的坏账准备为25万元。B公司20×8年个别资产负债表(表21-3)中应付账款500万元,系20×8年向A购进商品存货发生的应付购货款。

在编制合并财务报表时,应将内部应收账款与应付账款相互抵消;同时还应将内部应收账款计提的坏账准备予以抵消，其抵消分录为：

(6*)借：应付账款　　5 000 000

　　贷：应收账款　　5 000 000

(7*)借：应收账款——坏账准备　　250 000

　　贷：资产减值损失　　250 000

其合并工作底稿参见表21-4。

(2)连续编制合并财务报表时内部应收账款坏账准备的抵消处理。在连续编制合并财务报表进行抵消处理时，首先，将内部应收账款与应付账款予以抵消，即按内部应收账款的金额，借记“应付账款”项目，贷记“应收账款”项目。其次，应将上期资产减值损失中抵消的内部应收账款计提的坏账准备对本期期初未分配利润的影响予以抵消，即按上期资产减值损失项目中抵消的内部应收账款计提的坏账准备的金额，借记“应收账款——坏账准备”项目，贷记“未分配利润——年初”项目。再次，对于本期个别财务报表中内部应收账款相对应的坏账准备增减变动的金额也应予以抵消，即按照本期个别资产负债表中期末内部应收账款相对应的坏账准备的增减变动额，借记或贷记“应收账款——坏账准备”项目，贷记或借记“资产减值损失”项目。

在第三期编制合并财务报表的情况下，必须将第二期内部应收账款期末余额相对应的坏账准备予以抵消，以调整期初未分配利润的金额。然后，计算确定本期内部应收账款相对应的坏账准备增减变动的金额，并将其增减变动的金额予以抵消。其抵消分录与第二期编制的抵消分录相同。

2.其他债权与债务的抵消处理

【例21-4】A公司20×8年个别资产负债表(表21-2)中预收账款100万元为B公司预付账款；应收票据400万元为B公司20×8年向A公司购买商品3 500万元开具的票面金额为400万元的商业承兑汇票；B公司应付债券200万元为A公司所持有。

对此，在编制合并资产负债表时，应编制如下抵消分录：

(8*)将内部预收账款与内部预付账款抵消时，应编制如下抵消分录：

借：预收款项　　1 000 000

　　贷：预付款项　　1 000 000

(9*)将内部应收票据与内部应付票据抵消时，应编制如下抵消分录：

借：应付票据　　4 000 000

　　贷：应收票据　　4 000 000

(10*)将持有至到期投资中债券投资与应付债券抵消时，应编制如下抵消分录：

借：应付债券　　2 000 000

　　贷：持有至到期投资　　2 000 000

其合并工作底稿见表21-4。

在某些情况下，债券投资企业持有的企业集团内部成员企业的债券并不是从发行债券的企业直接购进，而是在证券市场上从第三方手中购进的。从企业集团的角度看，可以推定这部分债券已被赎回,即形成“推定赎回”。若债券赎回价格与其发行企业账面价值不相等,就会产生推定损益。在这种情况下,持有至到期投资中的债券投资与发行债券企业的应付债券抵消时,产生的推定损益将会反映在合并利润表中的合并投资收益或财务费用项目。

(三)存货价值中包含的未实现内部销售损益的抵消处理

存货价值中包含的未实现内部销售损益是由于企业集团内部商品购销、劳务提供活动所引起的。在内部购销活动中,销售企业将其销售收入和销售成本计入当期损益,列示在利润表中。购买企业将购进过程中支付的商品价款作为存货的入账价值。在本期内未实现对外销售而形成期末存货时,其存货价值中也相应地包括两部分内容:一部分为真正的存货成本(销售企业销售该商品的成本),另一部分为销售企业的销售毛利(其销售收入减去销售成本的差额)。对于期末存货价值中包括的这部分销售毛利,从企业集团整体来看,并不是真正实现的利润。因为从整个企业集团来看,集团内部企业之间的商品购销活动实际上相当于企业内部的物资调拨活动,使商品的存放地点发生了变动,既不能实现营业收入,也不能发生营业成本,因而并不能形成利润。正是从这一意义上来说,将期末存货价值中包括的这部分销售企业作为利润确认的部分,称之为未实现内部销售损益。因此,在编制合并资产负债表时,应当将存货价值中包含的未实现内部销售损益予以抵消。编制抵消分录时,按照集团内部销售企业销售该商品的销售收入,借记“营业收入”项目,按照销售企业销售该商品的销售成本,贷记“营业成本”项目,按照当期期末存货价值中包含的未实现内部销售损益的金额,贷记“存货”项目。

1.当期内部购进商品并形成存货情况下的抵消处理

在企业集团内部购进并且在会计期末形成存货的情况下,如前所述,一方面将销售企业实现的内部销售收入及其相对应的销售成本予以抵消,另一方面将内部购进形成的存货价值中包含的未实现内部销售损益予以抵消。

【例 21-5】B 公司 20×8 年向 A 公司销售商品 1 000 万元,其销售成本为 800 万元,该商品的销售毛利率为 20%。A 公司购进的该商品 20×8 年全部未实现对外销售而形成期末存货。

在编制 20×8 年合并财务报表时,应进行如下抵消处理:

| | | | |
|---|---|---|---|
| (11*)借:营业收入 | | 10 000 000 | |
| | 贷:营业成本 | | 10 000 000 |
| (12*)借:营业成本 | | 2 000 000 | |
| | 贷:存货 | | 2 000 000 |

其合并工作底稿见表 21-4。

2.连续编制合并财务报表时内部购进商品的抵消处理

在连续编制合并财务报表的情况下,首先必须将上期抵消的存货价值中包含的未实现内部销售损益对本期期初未分配利润的影响予以抵消,调整本期期初未分配利润的金额;然后再对本期内部购进存货进行抵消处理,其具体抵消处理程序和方法如下:

(1)将上期抵消的存货价值中包含的未实现内部销售损益对本期期初未分配利润的影响进行抵消。即按照上期内部购进存货价值中包含的未实现内部销售损益的金额,借记“未分配利润——年初”项目,贷记“营业成本”项目。

(2)对于本期发生内部购销活动的,将内部销售收入、内部销售成本及内部购进存货中未实现内部销售损益予以抵消。即按照销售企业内部销售收入的金额,借记“营业收入”项目,贷记“营业成本”项目。

(3)将期末内部购进存货价值中包含的未实现内部销售损益予以抵消。对于期末内部购买形成的存货(包括上期结转形成的本期存货),应按照购买企业期末内部购入存货价值中包含的未实现内部销售损益的金额,借记“营业成本”项目,贷记“存货”项目。

(四)内部固定资产交易的抵消处理

内部固定资产交易是指企业集团内部交易一方的企业发生了与固定资产有关的购销业务。企业集团内部的固定资产交易,可以划分为三种类型:第一种类型是企业集团内部企业将自身生产的产品销售给企业集团内的其他企业作为固定资产使用;第二种类型是企业集团内部企业将自身的固定资产变卖给企业集团内的其他企业作为固定资产使用;第三种类型是企业集团内部企业将自身使用的固定资产出售给企业集团内的其他企业作为普通商品销售,其中第三种类型的固定资产交易在企业集团内部发生得极少,一般情况下发生的金额也不大。

在第一种类型的内部固定资产交易的情况下,企业集团内部的母公司或子公司将自身生产的产品销售给企业集团内部的其他企业作为固定资产使用,这种类型的内部固定资产交易发生得比较多,也比较普遍。以下重点介绍这种类型的内部固定资产交易的抵消处理。

与存货的情况不同,固定资产的使用寿命较长,往往要跨越几个会计年度。对于内部交易形成的固定资产,不仅在该内部固定资产交易发生的当期需要进行抵消处理,而且在以后使用该固定资产的期间也需要进行抵消处理。固定资产在使用过程中是通过折旧的方式将其价值转移到产品价值之中,由于固定资产按原价计提折旧,在固定资产原价中包含未实现内部销售损益的情况下,每期计提的折旧费中也必然包含着未实现内部销售损益的金额,由此也需要对该内部交易形成的固定资产每期计提的折旧费进行相应的抵消处理。同样,如果购买企业对该项固定资产计提了固定资产减值准备,由于固定资产减值准备是按原价为基础进行计算确定的,在固定资产原价中包含未实现内部销售损益的情况下,对该项固定资产计提的减值准备中也必然包含着未实现内部销售损益的金额,由此也需要对该内部交易形成的固定资产计提的减值准备进行相应的抵消处理。

1.内部交易形成的固定资产在购入当期的抵消处理

在这种情况下,购买企业购进的固定资产,在其个别资产负债表中以支付的价款作为该固定资产的原价列示,因此首先就必须将该固定资产原价中包含的未实现内部销售损益予以抵消。其次,购买企业对该固定资产计提了折旧,折旧费计入相关资产的成本或当期损益。由于购买企业是以该固定资产的取得成本作为原价计提折旧,取得成本中包含未实现内部销售损益,在相同的使用寿命下,各期计提的折旧费要大于(或小于,下同)不包含未实现内部销售损益时计提的折旧费,因此还必须将当期多计提(或少计提,下同)的折旧额从该固定资产当期计提的折旧费中予以抵消。其抵消处理程序如下:

(1)将与内部交易形成的固定资产相关的销售收入、销售成本以及原价中包含的未实现内部销售损益予以抵消。

(2)将内部交易形成的固定资产当期多计提的折旧费和累计折旧予以抵消。从单个企业来说,对计提折旧进行会计处理时,一方面增加当期的费用或计入相关资产的成本,另一方面形成累计折旧。因此,对内部交易形成的固定资产当期多计提的折旧费抵消时,应按当期多计提的折旧额,借记“固定资产——累计折旧”项目,贷记“管理费用”等项目(为便于理解,本节有关内部交易形成的固定资产多计提的折旧费的抵消,均假定该固定资产为购买企业的管理用固定资产,通过“管理费用”项目进行抵消)。

【例 21-6】B 公司以 300 万元的价格将其生产的产品销售给 A 公司,其销售成本为270 万元,该内部固定资产交易实现的销售利润 30 万元。A 公司购买该产品作为管理用固定资产使用,按 300 万元入账。假设 A 公司对该固定资产按 3 年的使用寿命采用年限平均法计提折旧,预计净残值为 0。该固定资产交易时间为 20×8 年 1 月 1 日,本章为简化抵消处理,假定 A 公司该内部交易形成的固定资产按 12 个月计提折旧。

本例有关抵消处理如下:

(13*)与该固定资产相关的销售收入、销售成本以及原价中包含的未实现内部销售损益的抵消。

借:营业收入　　3 000 000

　贷:营业成本　　2 700 000

　　固定资产——原价　　300 000

(14*)该固定资产当期多计提折旧额的抵消。

该固定资产折旧年限为 3 年,原价为 300 万元。预计净残值为 0,当年计提的折旧额为 100 万元,而按抵消其原价中包含的未实现内部销售损益后的原价计提的折旧额为 90 万元,当期多计提的折旧额为 10 万元。本例中应当按 10 万元分别抵消管理费用和累计折旧。

借:固定资产——累计折旧　　100 000

　贷:管理费用　　100 000

通过上述抵消分录,在合并工作底稿中固定资产累计折旧额减少 10 万元,管理费用减少 10 万元,在合并财务报表中该固定资产的累计折旧为 90 万元,该固定资产当期计提的折旧费为 90 万元。

其合并工作底稿如表 21-4。

2.内部交易形成的固定资产在以后会计期间的抵消处理

(1)在以后会计期间该内部交易形成的固定资产仍然以原价在购买企业的个别资产负债表中列示,因此必须将原价中包含的未实现内部销售损益的金额予以抵消;相应的销售企业以前会计期间由于该内部交易实现销售利润,形成销售当期的净利润的一部分并结转到以后会计期间,在其个别所有者权益变动表中列示,由此必须将期初未分配利润中包含的该未实现内部销售损益予以抵消,以调整期初未分配利润的金额。即按照原价中包含的未实现内部销售损益的金额,借记“未分配利润——年初”项目,贷记“固定资产——原价”项目。

(2)对于该固定资产在以前会计期间计提折旧而形成的期初累计折旧,由于将以前会计期间按包含未实现内部销售损益的原价为依据而多计提折旧的抵消,一方面必须按照以前会计期间累计多计提的折旧额抵消期初累计折旧;另一方面由于以前会计期间累计折旧抵消而影响到期初未分配利润，因此还必须调整期初未分配利润的金额。即按以前会计期间抵消该内部交易形成的固定资产多计提的累计折旧额，借记“固定资产——累计折旧”项目，贷记“未分配利润——年初”项目。

(3)该内部交易形成的固定资产在本期仍然计提了折旧，由于多计提折旧导致本期有关资产或费用项目增加并形成累计折旧，为此，一方面必须将本期多计提折旧而计入相关资产的成本或当期损益的金额予以抵消；另一方面将本期多计提折旧而形成的累计折旧额予以抵消，即按本期该内部交易形成的固定资产多计提的折旧额，借记“固定资产——累计折旧”项目，贷记“管理费用”等项目。

3.内部交易形成的固定资产在清理期间的抵消处理

对于销售企业来说，因该内部交易实现的利润，作为期初未分配利润的一部分结转到以后的会计期间，直到购买企业对该内部交易形成的固定资产进行清理的会计期间为止。从购买企业来说，对内部交易形成的固定资产进行清理的期间，在其个别财务报表中表现为固定资产价值的减少，该固定资产清理收入减去该固定资产账面价值以及有关清理费用后的余额，则在其个别利润表中以营业外收入(或营业外支出)项目列示。

在这种情况下，购买企业内部交易形成的固定资产实体已不复存在，包含未实现内部销售损益在内的该内部交易形成的固定资产的价值已全部转移到用其加工的产品价值或各期损益中去了，因此不存在未实现内部销售损益的抵消问题。从整个企业集团来说，随着该内部交易形成的固定资产的使用寿命届满，其包含的未实现内部销售损益也转化为已实现利润。但是，由于销售企业因该内部交易所实现的利润，作为期初未分配利润的一部分结转到购买企业对该内部交易形成的固定资产进行清理的会计期间为止，为此，必须调整期初未分配利润。其次，在固定资产进行清理的会计期间，如果仍计提了折旧，本期计提的折旧费中仍然包含多计提的折旧额，因此需要将多计提的折旧额予以抵消。

在第二种类型的内部固定资产交易的情况下，即企业集团内部企业将其自用的固定资产出售给集团内部的其他企业。对于销售企业来说，在其个别资产负债表中表现为固定资产的减少，同时在其个别利润表中表现为固定资产处置损益，当处置收入大于该固定资产账面价值时，表现为本期营业外收入；当处置收入小于固定资产账面价值时，则表现为本期营业外支出。对于购买企业来说，在其个别资产负债表中则表现为固定资产的增加，其固定资产原价中既包含该固定资产在原销售企业中的账面价值，也包含销售企业因该固定资产出售所实现的损益。但从整个企业集团来看，这一交易属于集团内部固定资产调拨性质。它既不能产生收益，也不会发生损失，固定资产既不能增值也不会减值。因此，必须将销售企业因该内部交易所实现的固定资产处置损益予以抵消，同时将购买企业固定资产原价中包含的未实现内部销售损益的金额予以抵消。通过抵消后，使其在合并财务报表中该固定资产原价仍然以销售企业的原账面价值反映。

**【例 21-7】**假设 A 公司将其账面价值为 130 万元某项固定资产以 120 万元的价格出售给 B 公司仍作为管理用固定资产使用。A 公司因该内部固定资产交易发生处置损失 10 万元。假设 B 公司以 120 万元作为该项固定资产的成本入账，B 公司对该固定资产按 5 年的使用寿命采用年限平均法计提折旧，预计净残值为 0。该固定资产交易时间为 20×8 年 6 月 29 日，B 公司该内部交易固定资产 20×8 年按 6 个月计提折旧。

本例有关抵消处理如下:

(15*)该固定资产的处置损失与固定资产原价中包含的未实现内部销售损益的抵消。

借:固定资产——原价　　100 000

　贷:营业外支出　　100 000

(16*)该固定资产当期少计提折旧额的抵消。

该固定资产折旧年限为5年,原价为120万元,预计净残值为0,20×8年计提的折旧额为12万元,而按抵消其原价中包含的未实现内部销售损益后的原价计提的折旧额为13万元,当期少计提的折旧额为1万元。本例中应当按1万元分别抵消管理费用和累计折旧。

借:管理费用　　10 000

　贷:固定资产——累计折旧　　10 000

通过上述抵消分录,在合并工作底稿中固定资产累计折旧额增加1万元,管理费用增加1万元,在合并财务报表中该固定资产的累计折旧为13万元,该固定资产当期计提的折旧费为13万元。

其合并工作底稿见表21-4。

在连续编制合并财务报表时,其抵消分录为:

借:未分配利润——年初　　9 000

　盈余公积——年初　　1 000

　贷:固定资产——累计折旧　　10 000

## 四、母公司在报告期内增减子公司的合并处理

### (一)增加子公司

企业投资或追加投资时取得对被投资企业的控制权,而使其成为子公司的情况下,对于该投资企业的投资,在合并报表中应当采用权益法进行核算;在会计期末,应当将该本期取得其控制权的公司作为子公司,纳入合并范围编制合并财务报表。

编制合并资产负债表时,以本期取得的子公司在合并资产负债表日的资产负债表为基础编制。对于本期投资或者追加投资取得的子公司,不需要调整合并资产负债表的期初数。但是为了提高会计信息的可比性,应当在合并财务报表附注中披露本期取得的子公司对合并财务报表的财务状况的影响,即披露本期取得的子公司在购买日的资产和负债金额,包括流动资产、长期股权投资、固定资产、无形资产及其他资产和流动负债、长期负债等的金额。

### (二)处置子公司

在报告期内,如果母公司失去了决定被投资单位的财务和经营政策的能力,不再能够从其经营活动中获取利益,表明母公司不再控制被投资单位,被投资单位从处置日开始不再是母公司的子公司,不应继续将其纳入合并财务报表的合并范围。

编制合并资产负债表时,不需要对该出售转让股份而成为非子公司的资产负债表进行合并。但是为了提高会计信息的可比性,应当在合并财务报表附注中披露该子公司成为非子公司对合并财务报表的财务状况及对前期相关金额的影响,即披露该子公司在丧失控制权日以及该子公司在上年年末的资产和负债金额,具体包括流动资产、长期股权投资、固定资产、无形资产及其他资产和流动负债、长期负债等的金额。

## 五、合并资产负债表编制

为了便于理解和掌握合并资产负债表编制方法，了解合并资产负债表编制的过程，现就本节中合并资产负债表的编制举例说明如下：

【例 21–8】沿用例 21–1、例 21–2、例 21–3、例 21–4、例 21–5、例 21–6 和例 21–7。A 公司和 B 公司 20×8 年 12 月 31 日的个别资产负债表分别参见表 21–2 和表 21–3。

根据上述资料，A 公司首先应当设计合并工作底稿(见表 21–4)，将 A 公司、B 公司个别资产负债表的数据过入合并工作底稿，并计算资产负债表各项目的合计金额。其次，编制调整分录，按照 A 公司备查簿中所记录的 B 公司各项可辨认资产、负债及或有负债在购买日的公允价值的资料(见表 21–1)调整 B 公司的财务报表，将 B 公司的财务报表调整成以购买日可辨认资产、负债及或有负债的公允价值为基础编制的财务报表，再按照权益法调整 A 公司对 B 公司的长期股权投资。最后，编制抵消分录，将 A 公司与 B 公司之间的内部交易对合并资产负债表的影响予以抵消。

## 六、合并资产负债表的格式

合并资产负债表格式综合考虑了企业集团中一般工商企业和金融企业的财务状况列报的要求，与个别资产负债表的格式基本相同，主要增加了四个项目：

1.在“无形资产”项目之下增加了“商誉”项目，用于反映非同一控制下企业合并中取得的商誉，即在控股合并下母公司对子公司的长期股权投资(合并成本)大于其在购买日子公司可辨认净资产公允价值份额的差额。

2.在所有者权益项目下增加了“归属于母公司所有者权益合计”项目，用于反映企业集团的所有者权益中归属于母公司所有者权益的部分，包括实收资本(或股本)、资本公积、库存股、盈余公积、未分配利润和外币报表折算差额等项目的金额。

3.在所有者权益项目下，增加了“少数股东权益”项目，用于反映非全资子公司的所有者权益中不属于母公司的份额。

4.在“未分配利润”项目之后，“归属于母公司所有者权益合计”项目之前，增加了“外币报表折算差额”项目，用于反映境外经营的资产负债表折算为人民币表示的资产负债表时所发生的折算差额中归属于母公司所有者权益的部分。

合并资产负债表的一般格式如表 21–5 所示。

**表 21–5　合并资产负债表**

会企 01 表

编制单位：A 公司　　20×8 年 12 月 31 日　　单位：万元

| 资　产 | 期末余额 | 年初余额 | 负债和所有者权益（或股东权益） | 期末余额 | 年初余额 |
|---|---|---|---|---|---|
| 流动资产： | | | 流动负债： | | |
| 货币资金 | 1 500 | | 短期借款 | | |
| 结算备付金 | | | 向中央银行借款 | | |
| 拆出资金 | | | 吸收存款及同业存放 | | |

续表 21–5

| 资　产 | 期末余额 | 年初余额 | 负债和所有者权益（或股东权益） | 期末余额 | 年初余额 |
|---|---|---|---|---|---|
| 交易性金融资产 | | | 拆入资金 | | |
| 应收票据 | 1 300 | | 交易性金融负债 | | |
| 应收账款 | 2 085 | | 应付票据 | 1 000 | |
| 预付款项 | 1 070 | | 应付账款 | 3 000 | |
| 应收保费 | | | 预收款项 | 100 | |
| 应收分保账款 | | | 卖出回购金融资产款 | | |
| 应收分保合同准备金 | | | 应付手续费及佣金 | | |
| 应收利息 | | | 应付职工薪酬 | 1 100 | |
| 其他应收款 | | | 应交税费 | 800 | |
| 买入返售金融资产 | | | 应付利息 | | |
| 存货 | 1 900 | | 其他应付款 | | |
| 一年内到期非流动资产 | | | 应付分保账款 | | |
| 其他流动资产 | | | 保险合同准备金 | | |
| 流动资产合计 | 7 855 | | 代理买卖证券款 | | |
| 非流动资产： | | | 代理承销证券款 | | |
| 发放贷款及垫款 | | | 一年内到期的非流动和负债 | | |
| 可供出售金融资产 | 800 | | 其他流动负债 | | |
| 持有至到期投资 | 0 | | 流动负债合计 | 6 060 | |
| 长期应收款 | | | 非流动负债： | | |
| 长期股权投资 | 1 700 | | 长期借款 | 2 700 | |
| 投资性房地产 | | | 应付债券 | 600 | |
| 固定资产 | 6 284 | | 长期应付款 | | |
| 在建工程 | | | 专项应付款 | | |
| 工程物资 | | | 预计负债 | | |
| 固定资产清理 | | | 递延所得税负债 | | |
| 生产性生物资产 | | | 其他非流动负债 | | |
| 油气资产 | | | 非流动负债合计 | 3 300 | |

续表 21-5

| 资　产 | 期末余额 | 年初余额 | 负债和所有者权益（或股东权益） | 期末余额 | 年初余额 |
|---|---|---|---|---|---|
| 无形资产 | 630 | | 负债合计 | 9 360 | |
| 开发支出 | | | 所有者权益（或股东权益）： | | |
| 商誉 | 120 | | 实收资本（或股本） | 4 000 | |
| 长期待摊费用 | | | 资本公积 | 880 | |
| 递延所得税资产 | | | 减：库存股 | | |
| 其他非流动资产 | | | 盈余公积 | 1 000 | |
| 非流动资产合计 | 9 534 | | 一般风险准备 | | |
| | | | 未分配利润 | 1 330 | |
| | | | 外币报表折算差额 | | |
| | | | 归属于母公司所有者权益合计 | 7 210 | |
| | | | 少数股东权益 | 819 | |
| | | | 所有者权益合计 | 8 029 | |
| 资产总计 | 17 389 | | 负债和所有者权益总计 | 17 389 | |

## 第四节　合并利润表

合并利润表是反映母公司和子公司形成的企业集团在一定期间内经营成果的财务报表。

### 一、编制合并利润表时应进行抵消处理的项目

合并利润表应当以母公司和子公司的利润表为基础，在抵消母公司与子公司、子公司相互之间发生的内部交易对合并利润表的影响后，由母公司合并编制。

利润表作为以单个企业为会计主体进行会计核算的结果，分别从母公司本身和子公司本身反映其在一定会计期间的经营成果。在以母子公司个别利润表为基础计算的收入和费用等项目的加总金额中，也必然包含有重复计算的因素，因此，编制合并利润表时，也需要将

这些重复的因素予以剔除。

编制合并利润表时需要进行抵消处理的主要有如下项目：

1.内部营业收入和内部营业成本的抵消处理

内部营业收入是指企业集团内部母公司与子公司、子公司相互之间发生的商品销售(或劳务提供,下同)活动所产生的营业收入。内部营业成本是指企业集团内部母公司与子公司、子公司相互之间发生的销售商品的营业成本。

在企业集团内部母公司与子公司、子公司相互之间发生内部购销交易的情况下,母公司和子公司都从自身的角度,以自身独立的会计主体进行核算反映其损益情况。从销售企业来说,以其内部销售确认当期销售收入并结转相应的销售成本,计算当期内部销售商品损益。从购买企业来说,其购进的商品可能用于对外销售,也可能是作为固定资产、工程物资、在建工程、无形资产等资产使用。在购买企业将内部购进的商品用于对外销售时,可能出现以下三种情况:第一种情况是内部购进商品全部实现对外销售;第二种情况是内部购进的商品全部未实现销售,形成期末存货;第三种情况是内部购进的商品部分实现对外销售、部分形成期末存货。在购买企业将内部购进的商品作为固定资产、工程物资、在建工程、无形资产等资产使用时,则形成其固定资产、工程物资、在建工程、无形资产等资产。因此,对内部销售收入和内部销售成本进行抵消时,应分别不同的情况进行处理。

(1)母公司与子公司、子公司相互之间销售商品,期末全部实现对外销售。在这种情况下,从销售企业来说,销售给企业集团内其他企业的商品与销售给企业集团外部企业的情况下的会计处理相同,即在本期确认销售收入、结转销售成本、计算销售商品损益,并在其个别利润表中反映;对于购买企业来说,一方面要确认向企业集团外部企业的销售收入;另一方面要结转销售内部购进商品的成本,在其个别利润表中分别作为营业收入和营业成本反映,并确认销售损益。也就是说,对于同一购销业务,在销售企业和购买企业的个别利润表中都作了反映。但从整个企业集团来看,这一购销业务只是实现了一次对外销售,其销售收入只是购买企业向企业集团外部企业销售该产品的销售收入, 其销售成本只是销售企业向购买企业销售该商品的成本。销售企业向购买企业销售该商品实现的收入属于内部销售收入,相应的,购买企业向企业集团外部企业销售该商品的销售成本则属于内部销售成本。因此在编制合并利润表时,就必须将重复反映的内部营业收入与内部营业成本予以抵消。

【例 21-9】假设 A 公司 20×8 年利润表的营业收入中有 3 500 万元,系向 B 公司销售产品取得的销售收入,该产品销售成本为 3 000 万元。B 公司在本期将该产品全部售出,其销售收入为 5 000 万元,销售成本为 3 500 万元,并分别在其利润表中列示。

对此,在编制合并利润表时将内部销售收入和内部销售成本予以抵消,应编制如下抵消分录:

| | | |
|---|---|---|
| (17*)借:营业收入 | 35 000 000 | |
| 　　　　贷:营业成本 | | 35 000 000 |

其合并工作底稿见表 21-4。

(2)母公司与子公司、子公司相互之间销售商品,期末未实现对外销售而形成存货的抵消处理。在内部购进的商品未实现对外销售的情况下,其抵消处理参见本章第三节有关“存货价值中包含的未实现内部销售损益的抵消处理”的内容。

(3)母公司与子公司、子公司相互之间销售商品,期末部分实现对外销售、部分形成期末存货的抵消处理。内部购进的商品部分实现对外销售、部分形成期末存货时,可以将内部购买的商品分解为两部分来理解:一部分为当期购进并全部实现对外销售,另一部为当期购进但未实现对外销售而形成期末存货。例 21–9 介绍的就是前一部分的抵消处理,例 21–5 介绍的则是后一部分的抵消处理。

将例 21–9 和例 21–5 的抵消处理合在一起,就是第三种情况下的抵消处理。其抵消处理如下:

借:营业收入 (35 000 000+10 000 000)　　45 000 000
　　贷:营业成本　　45 000 000
借:营业成本(0+2 000 000)　　2 000 000
　　贷:存货　　2 000 000

2.购买企业内部购进商品作为固定资产、无形资产等资产使用时的抵消处理

企业集团内母公司与子公司、子公司相互之间将自身的产品销售给其他企业作为固定资产(作为无形资产等的处理原则类似)使用的抵消处理,参见本章第三节有关“内部交易形成的固定资产在购入当期的抵消处理”的内容。

3.内部应收款项计提的坏账准备等减值准备的抵消处理

编制合并资产负债表时,需要将内部应收账款与应付账款相互抵消,与此相适应需要将内部应收账款计提的坏账准备予以抵消。相关抵消处理,参见本章第三节有关“应收账款与应付账款的抵消处理”的内容。

4.内部投资收益(利息收入)和利息费用的抵消处理

企业集团内部母公司与子公司、子公司相互之间可能发生相互提供信贷,以及相互之间持有对方债券的内部交易。在内部提供信贷的情况下提供贷款的企业(金融企业)确认利息收入,并在其利润表反映为营业收入(利息收入);而接受贷款的企业则支付利息费用,在其利润表反映为财务费用 (本章为了简化合并处理, 假定所发生的利息费用全部计入当期损益,不存在资本化的情况)。在持有母公司或子公司发行的企业债券(或公司债券,下同)的情况下,发行债券的企业支付的利息费用作为财务费用处理,并在其个别利润表“财务费用”项目中列示;而持有债券的企业,将购买的债券在其个别资产负债表“持有至到期投资”(本章为简化合并处理,假定购买债券的企业将该债券投资归类为持有至到期投资)项目中列示,当期获得的利息收入则作为投资收益处理,并在其个别利润表“投资收益”项目中列示。在编制合并财务报表时, 应当在抵消内部发行的应付债券和持有至到期投资等内部债权债务的同时,将内部应付债券和持有至到期投资相关的利息费用与投资收益(利息收入)相互抵消,即将内部债券投资收益与内部发行债券的利息费用相互抵消。

【例 21–10】沿用例 21–4,假设 B 公司 20×8 年确认的应向 A 公司支付的债券利息费用总额为 20 万元(假定该债券的票面利率与实际利率相差较小)。

在编制合并利润表时,应将内部债券投资收益与应付债券利息费用相互抵消,其抵消分录为:

(18*)借:投资收益　　　　　　　　　　　　200 000

　　贷:财务费用　　　　　　　　　　　　200 000

其合并工作底稿见表21-4。

5.母公司与子公司、子公司相互之间持有对方长期股权投资的投资收益的抵消处理

内部投资收益是指母公司对子公司或子公司对母公司、子公司相互之间的长期股权投资的收益,即母公司对子公司的长期股权投资在合并工作底稿中按权益法调整的投资收益,实际上就是子公司当期营业收入减去营业成本和期间费用、所得税费用等后的余额与其持股比例相乘的结果。在子公司为全资子公司的情况下,母公司对某一子公司在合并工作底稿中按权益法调整的投资收益,实际上就是该子公司当期实现的净利润。编制合并利润表时实际上是将子公司的营业收入、营业成本和期间费用视为母公司本身的营业收入、营业成本和期间费用同等看待,与母公司相应的项目进行合并,是将子公司的净利润还原为营业收入、营业成本和期间费用,也就是将投资收益还原为合并利润表中的营业收入、营业成本和期间费用处理。因此,编制合并利润表时,必须将对子公司长期股权投资收益予以抵消。

由于合并所有者权益变动表中的本年利润分配项目是从整个企业集团的角度，反映对母公司股东和子公司的少数股东的利润分配情况,因此,子公司的个别所有者权益变动表中本年利润分配各项目的金额,包括提取盈余公积、对所有者(或股东)的分配和期末未分配利润的金额都必须予以抵消。在子公司为全资子公司的情况下,子公司本期净利润就是母公司本期对子公司长期股权投资按权益法调整的投资收益。假定子公司期初未分配利润为0,子公司本期净利润就是子公司本期可供分配的利润,是本期子公司利润分配的来源,而子公司本期利润分配(包括提取盈余公积、对所有者或股东的分配等)的金额与期末未分配利润的金额则是本期利润分配的结果。母公司对子公司的长期股权投资按权益法调整的投资收益正好与子公司的本年利润分配项目相抵消。在子公司为非全资子公司的情况下,母公司本期对子公司长期股权投资按权益法调整的投资收益与本期少数股东损益之和就是子公司本期净利润,同样假定子公司期初未分配利润为0,母公司本期对子公司长期股权投资按权益法调整的投资收益与本期少数股东权益之和,正好与子公司本期利润分配项目相抵消。

至于子公司个别所有者权益变动表中本年利润分配项目的“未分配利润——年初”项目,作为子公司以前会计期间净利润的一部分,在全资子公司的情况下已全额包括在母公司以前会计期间按权益法调整的投资收益之中，从而包括在母公司按权益法调整的本期期初未分配利润之中。为此,也应将其予以抵消。从子公司个别所有者权益变动表来看,其期初未分配利润加上本期净利润就是其本期利润分配的来源；而本期利润分配和期末未分配利润是利润分配的结果。母公司本期对子公司长期股权投资按权益法调整的投资收益和子公司期初未分配利润正好与子公司本年利润分配项目相抵消。在子公司为非全资子公司的情况下,母公司本期对子公司长期股权投资按权益法调整的投资收益、本期少数股东损益和期初未分配利润与子公司本年利润分配项目也正好相抵消。

【例21-11】沿用例21-1假设A公司和B公司20×8年度所有者权益变动表如表21-6所示。

B公司为非全资子公司,A公司拥有其80%的股份。在合并工作底稿中A公司按权益法调整的B公司本期投资收益为995×80%-480=316万元,B公司本期少数股东损益为995×

20%-120=79 万元。B 公司年初未分配利润为 0 元，B 公司本期提取盈余公积 100 万元、分派现金股利 600 万元、未分配利润为 300-5=295 万元。

为此，进行抵消处理时，应编制如下抵消分录：

| | | |
|---|---|---|
| (19*)借：投资收益 | 7 960 000 | |
| 　　少数股东损益 | 1 990 000 | |
| 　　未分配利润——年初 | 0 | |
| 　　贷：提取盈余公积 | | 1 000 000 |
| 　　　　对所有者(或股东)的分配 | | 6 000 000 |
| 　　　　未分配利润——年末 | | 2 950 000 |

其合并工作底稿见表 21-4。

需要说明的是，在将母公司投资收益等项目与子公司本年利润分配项目抵消时，应将子公司个别所有者权益变动表中提取盈余公积的金额全额抵消，即通过贷记"提取盈余公积""对所有者(或股东)的分配"和"未分配利润——年末"项目，将其全部抵消。在当期合并财务报表中不需再将已经抵消的提取盈余公积的金额调整回来。

**表 21-6　所有者权益变动表(简表)**

会企 04 表

20×8 年度　　单位：万元

| 项　目 | A 公司 | | | | | B 公司 | | | | |
|---|---|---|---|---|---|---|---|---|---|---|
| | 实收资本（或股本） | 资本公积 | 盈余公积 | 未分配利润 | 所有者权益合计 | 实收资本（或股本） | 资本公积 | 盈余公积 | 未分配利润 | 所有者权益合计 |
| 一、上年年末余额 | 4 000 | 800 | 732 | 468 | 6 000 | 2 000 | 1 500 | 0 | 0 | 3 500 |
| 加：会计政策变更 | | | | | | | | | | |
| 前期差错更正 | | | | | | | | | | |
| 二、本年年初余额 | 4 000 | 800 | 732 | 468 | 6 000 | 2 000 | 1 500 | 0 | 0 | 3 500 |
| 三、本年增减变动金额（减少以"-"号填列） | | | | | | | | | | |
| （一）净利润 | | | | 2 680 | 2 680 | | | | 1 000 | 1 000 |
| （二）直接计入所有者权益的利得和损失 | | | | | | | | | | |
| （三）可供出售金融资产公允价值变动净额 | | | | | | | 100 | | | 100 |

续表 21-6

| 项　　目 | A公司 | | | | | B公司 | | | | |
|---|---|---|---|---|---|---|---|---|---|---|
| | 实收资本（或股本） | 资本公积 | 盈余公积 | 未分配利润 | 所有者权益合计 | 实收资本（或股本） | 资本公积 | 盈余公积 | 未分配利润 | 所有者权益合计 |
| （四）利润分配 | | | 268 | −1 948 | −1 680 | | | 100 | −700 | −600 |
| 1. 提取盈余公积 | | | 268 | −268 | 0 | | | 100 | −100 | 0 |
| 2. 对所有者（或股东）的分配 | | | | −1 680 | −1 680 | | | | −600 | −600 |
| 四、本年年末余额 | 4 000 | 800 | 1 000 | 1 200 | 7 000 | 2 000 | 1 600 | 100 | 300 | 4 000 |

## 二、母公司在报告期内增减子公司在合并利润表中的反映

(一)增加子公司

企业投资或追加投资时取得对被投资企业的控制权,而使其成为子公司的情况下,对于该投资企业的投资,在合并报表中应当采用权益法进行核算;在会计期末,应当将该本期取得其控制权的公司作为子公司,纳入合并范围编制合并财务报表。

编制合并利润表时，应当将本期取得的子公司自取得控制权日起至本期期末为会计期间的财务报表作为基础,将本期取得的子公司自取得控制权日起至本期期末的收入、费用和利润通过合并,纳入合并财务报表之中。同时,为了提高会计信息的可比性,应当在合并财务报表附注中披露本期取得的子公司对合并财务报表的经营成果的影响，以及对前期相关金额的影响,即披露本期取得的子公司自取得控制权日起至本期期末止的经营成果,主要包括营业收入、主营业务利润、利润总额、所得税费用和净利润等。

(二)处置子公司

在报告期内,如果母公司失去了决定被投资单位的财务和经营政策的能力,不再能够从其经营活动中获取利益,表明母公司不再控制被投资单位,被投资单位从处置日开始不再是母公司的子公司,不应继续将其纳入合并财务报表的合并范围。

编制合并利润表时，则应当以该子公司自期初起至丧失控制权成为非子公司之日止的利润表为基础,将该子公司自期初起至丧失控制权之日止的收入、成本、利润纳入合并利润表。同时,为了提高会计信息的可比性,在合并财务报表附注中披露该子公司成为非子公司对合并财务报表的经营成果以及对前期相关金额的影响，即披露该子公司自期初起至丧失控制权日止的经营成果以及上年度的经营成果,具体包括营业收入、主营业务利润、利润总额、所得税费用和净利润等。

## 三、合并利润表的编制

为了便于理解和掌握合并利润表编制方法,了解合并利润表编制的全过程,现就本节中合并利润表的编制举例综合说明如下：

【例 21-12】沿用例 21-1、例 21-3、例 21-5、例 21-6、例 21-7、例 21-9、例 21-10 和例 21-11。A 公司与 B 公司 20×8 年度个别利润表的资料见表 21-7。

根据表 21-7 所述资料，A 公司首先应当设计合并工作底稿（见表 21-4），将 A 公司、B 公司个别利润表的数据过入合并工作底稿，并计算利润表各项目的合计金额；其次，编制调整分录，按照 A 公司备查簿中所记录的 B 公司可辨认资产、负债及或有负债在购买日的公允价值的资料（见表 21-1），调整 B 公司的财务报表，将 B 公司的财务报表调整成以购买日可辨认资产、负债及或有负债的公允价值为基础编制的财务报表，按照权益法调整 A 公司对 B 公司的长期股权投资；最后，编制抵消分录，将 A 公司与 B 公司之间的内部交易对合并利润表的影响予以抵消。

**表 21-7 利润表(简表)**

会企 02 表

20×8 年度　　单位：万元

| 项　目 | A 公司 | B 公司 |
|---|---|---|
| 一、营业收入 | 8 700 | 6 300 |
| 减：营业成本 | 4 450 | 4 570 |
| 营业税金及附加 | 300 | 125 |
| 销售费用 | 15 | 10 |
| 管理费用 | 100 | 12 |
| 财务费用 | 300 | 90 |
| 资产减值损失 | 25 | |
| 加：公允价值变动收益（损失以“–”号填列） | | |
| 投资收益（损失以“–”号填列） | 500 | |
| 二、营业利润（亏损以“–”号填列） | 4 010 | 1 493 |
| 加：营业外收入 | | |
| 减：营业外支出 | 10 | |
| 三、利润总额（亏损总额以“–”号填列） | 4 000 | 1 493 |
| 减：所得税费用 | 1 320 | 493 |
| 四、净利润（净亏损以“–”号填列） | 2 680 | 1 000 |

## 四、合并利润表基本格式

合并利润表的格式综合考虑了企业集团中一般工商企业和金融企业（包括商业银行、保险公司和证券公司）的经营成果列报的要求，与个别利润表的格式基本相同，主要增加了两个项目，即在“净利润”项目下增加“归属于母公司所有者的净利润”和“少数股东损益”两个项目，分别反映净利润中由母公司所有者所享有的份额和非全资子公司当期实现的净利润中属于少数股东损益的份额,即不属于母公司享有的份额。在属于同一控制下企业合并增加的子公司当期的合并利润表中还应在"净利润"项目之下增加"其中:被合并方在合并前实现的净利润"项目,用于反映同一控制下企业合并中取得的被合并方在合并日以前实现的净利润。合并利润表的一般格式见表 21-8。

根据上述合并工作底稿(表 21-4)的合并金额,可编制该企业集团 20×8 年合并利润表,见表 21-8。

**表 21-8 合并利润表**

会合 02 表

编制单位:A 公司　　20×8 年度　　单位:万元

| 项　　目 | 本年金额 | 上年金额 |
|---|---|---|
| 一、营业总收入 | 10 200 | |
| 其中：营业收入 | 10 200 | |
| 利息收入 | | |
| 保费净收入 | | |
| 手续费及佣金收入 | | |
| 二、营业总成本 | 5 378 | |
| 其中：营业成本 | 4 450 | |
| 利息支出 | | |
| 手续费及佣金支出 | | |
| 退保金 | | |
| 赔付支出净额 | | |
| 提取保险责任准备金净额 | | |
| 保单红利支出 | | |
| 分保费用 | | |
| 营业税金及附加 | 425 | |
| 销售费用 | 25 | |
| 管理费用 | 108 | |
| 财务费用 | 370 | |
| 资产减值损失 | 0 | |
| 加：公允价值变动收益（损失以"–"号填列） | | |
| 投资收益（损失以"–"号填列） | 0 | |
| 其中：对联营企业和合营企业的投资收益 | | |

续表 21-8

| 项　　目 | 本年金额 | 上年金额 |
|---|---|---|
| 汇兑收益（损失以"–"号填列） | | |
| 三、营业利润（亏损以"–"号填列） | 4 822 | |
| 加：营业外收入 | | |
| 减：营业外支出 | 0 | |
| 其中：非流动资产处置损失 | | |
| 四、利润总额（亏损总额以"–"号填列） | 4 822 | |
| 减：所得税费用 | 1 813 | |
| 五、净利润（净亏损以"–"号填列） | 3 009 | |
| 归属于母公司所有者的净利润 | 2 810 | |
| 少数股东损益 | 199 | |
| 六、每股收益 | | |
| （一）基本每股收益 | | |
| （二）稀释每股收益 | | |

## 五、子公司发生超额亏损在合并利润表中的反映

子公司发生超额亏损是指子公司亏损额超过净资产数额的情况。如果子公司发生了超额亏损，子公司少数股东分担的当期亏损超过了少数股东在该子公司期初所有者权益中所享有的份额,其余额的处理分别为以下两种情况：

1.少数股东不承担子公司超额亏损

如果公司章程或协议未规定少数股东有承担超额亏损的义务，在将超额亏损子公司纳入合并范围时，超额亏损应由母公司承担，其余额冲减合并报表中属于母公司的所有者权益。该子公司以后期间实现的利润,在弥补了由母公司所有者权益所承担的属于少数股东的损失之前,应全部归属于母公司的所有者权益。

2.少数股东承担子公司超额亏损

如果公司章程或协议规定少数股东有承担超额亏损的义务，并且少数股东有能力予以弥补的,在将超额亏损子公司纳入合并范围时,超额亏损余额应冲减合并财务报表中少数股东权益。

# 第五节 合并现金流量表

合并现金流量表是综合反映母公司及子公司组成的企业集团在一定会计期间现金和现金等价物流入和流出及现金增减变动情况的报表。现金流量表作为一张主要报表已经为世界上一些主要国家的会计实务所采用，合并现金流量表的编制也成各国会计实务的重要内容。

在采用直接法的情况下,以合并利润表有关项目的数据为基础,调整得出本期的现金流入和现金流出;分别为经营活动产生的现金流量、投资活动产生的现金流量、筹资活动产生的现金流量三大类,反映企业集团在一定会计期间的现金流量情况。

需要说明的是,某些现金流量在进行抵消处理后,需站在企业集团的角度,重新对其进行分类。比如，母公司持有子公司向其购买商品所开具的商业承兑汇票向商业银行申请贴现,母公司所取得现金在其个别现金流量表反映为经营活动的现金流入,在将该内部商品购销活动所产生的债权与债务抵消后，母公司向商业银行申请贴现取得的现金在合并现金流量表中应重新归类为筹资活动的现金流量列示。

合并现金流量表的编制原理、编制方法和编制程序与合并资产负债表、合并利润表的编制原理、编制方法和编制程序相同。即首先编制合并工作底稿,将母公司和所有子公司的个别现金流量表各项目的数据全部过入同一合并工作底稿；然后根据当期母公司与子公司以及子公司相互之间产生的影响其现金流量增减变动的内部交易,编制相应的抵消分录,通过抵消分录将个别现金流量表中重复反映的现金流入量和现金流出量予以抵消;最后,在此基础上计算出合并现金流量表的各项目的合并金额,并填制合并现金流量表。

合并现金流量表补充资料,既可以母公司和所有子公司的个别现金流量表为基础,在抵消母公司与子公司、子公司相互之间发生的内部交易对合并现金流量表的影响后进行编制,也可以直接根据合并资产负债表和合并利润表进行编制。

## 一、编制合并现金流量表时应进行抵消处理的项目

现金流量表作为以单个企业为会计主体进行会计核算的结果，分别从母公司本身和子公司本身反映其在一定会计期间现金流入和现金流出。在以其个别现金流量表为基础计算的现金流入和现金流出项目的加总金额中,也必然包含有重复计算的因素,因此,编制合并现金流量表时,也需要将这些重复的因素予以剔除。

编制合并现金流量表时需要进行抵消处理的项目主要有以下几项：

1.企业集团内部当期以现金投资或收购股权增加的投资所产生的现金流量的抵消处理

母公司直接以现金对子公司进行的长期股权投资或以现金从子公司的其他所有者（企业集团内的其他子公司)处收购股权,表现为母公司现金流出,在母公司个别现金流量表作为投资活动现金流出列示。子公司接受这一投资(或处置投资)时,表现为现金流入,在其个别现金流量表中反映为筹资活动的现金流入(或投资活动的现金流入)。从企业集团整体来看，母公司以现金对子公司进行的长期股权投资实际上相当于母公司将资本拨付下属核算

单位,并不引起整个企业集团的现金流量的增减变动。因此,编制合并现金流量表时,应当在母公司与子公司现金流量表数据简单相加的基础上,将母公司当期以现金对子公司长期股权投资所产生的现金流量予以抵消。

2.企业集团内部当期取得投资收益收到的现金与分配股利、利润或偿付利息支付的现金的抵消处理

母公司对子公司进行长期股权投资和债权投资,在持有期间收到子公司分派的现金股利(利润)或债券利息,表现为现金流入,在母公司个别现金流量表中作为取得投资收益收到的现金列示。子公司向母公司分派现金股利(利润)或支付债券利息,表现为现金流出,在其个别现金流量表中反映为分配股利、利润或偿付利息支付的现金。从整个企业集团来看,这种投资收益的现金收支,并不引起整个企业集团的现金流量的增减变动。因此,编制合并现金流量表时,应当在母公司与子公司现金流量表数据简单相加的基础上,将母公司当期取得投资收益收到的现金与子公司分配股利、利润或偿付利息支付的现金予以抵消。

**【例 21-13】**沿用例 21-1 和例 21-10,A 公司应编制如下抵消分录:

(20*)借:分配股利、利润或偿付利息支付的现金　　5 000 000
　　贷:取得投资收益收到的现金　　5 000 000

其合并工作底稿见表 21-4。

3.企业集团内部以现金结算债权与债务所产生的现金流量的抵消处理

母公司与子公司、子公司相互之间当期以现金结算应收账款或应付账款等债权与债务,表现为现金流入或现金流出,在母公司个别现金流量表中作为收到其他与经营活动有关的现金或支付其他与经营活动有关的现金列示,在子公司个别现金流量表中作为支付其他与经营活动有关的现金或收到其他与经营活动有关的现金列示。从整个企业集团来看,这种现金结算债权与债务,并不引起整个企业集团的现金流量的增减变动。因此,编制合并现金流量表时,应当在母公司与子公司现金流量表数据简单相加的基础上,将母公司与子公司、子公司相互之间当期以现金结算债权与债务所产生的现金流量予以抵消。

4.企业集团内部当期销售商品所产生的现金流量的抵消处理

母公司向子公司当期销售商品(或子公司向母公司销售商品或子公司相互之间销售商品,下同)所收到的现金,表现为现金流入,在母公司个别现金流量表中作为销售商品、提供劳务收到的现金列示。子公司向母公司支付购货款,表现为现金流出,在其个别现金流量表中反映为购买商品、接受劳务支付的现金。从整个企业集团来看,这种内部商品购销现金收支,并不会引起整个企业集团的现金流量的增减变动。因此,编制合并现金流量表时,应当在母公司与子公司现金流量表数据简单相加的基础上,将母公司与子公司、子公司相互之间当期销售商品所产生的现金流量予以抵消。

**【例 21-14】**沿用例 21-4、例 21-5 和例 21-9,假设 A 公司 20×8 年向 B 公司销售商品的价款 3 500 万元中实际收到 B 公司支付的银行存款 2 600 万元,同时 B 公司还向 A 公司开具了票面金额为 400 万元的商业承兑汇票。B 公司 20×8 年向 A 公司销售商品 1 000 万元的价款全部收到。

应编制如下抵消分录:

(21*)借:购买商品、接受劳务支付的现金　　36 000 000
　　贷:销售商品、提供劳务收到的现金　　36 000 000

其合并工作底稿见表 21-4。

【例 21-15】沿用例 21-6,假设 B 公司 20×8 年 1 月 1 日向 A 销售商品 300 万元的价款全部收到。

应编制如下抵消分录:

(22*)借:购建固定资产、无形资产和其他长期资产支付的现金　　3 000 000

　　　　贷:销售商品、提供劳务收到的现金　　3 000 000

其合并工作底稿见表 21-4。

5.企业集团内部处置固定资产等收回的现金净额与购建固定资产等支付的现金的抵消处理

母公司向子公司处置固定资产等非流动资产表现为现金流入，在母公司个别现金流量表中作为处置固定资产、无形资产和其他长期资产收回的现金净额列示。子公司表现为现金流出,在其个别现金流量表中反映为购建固定资产、无形资产和其他长期资产支付的现金。从整个企业集团来看,这种固定资产处置与购置的现金收支,并不会引起整个企业集团的现金流量的增减变动。因此,编制合并现金流量表时,应当在母公司与子公司现金流量表数据简单相加的基础上,将母公司与子公司、子公司相互之间处置固定资产、无形资产和其他长期资产收回的现金净额与购建固定资产、无形资产和其他长期资产支付的现金相互抵消。

【例 21-16】沿用例 21-7,假设 A 公司向 B 公司出售固定资产的价款 120 万元全部收到。

应编制如下抵消分录:

(23*)借:购建固定资产、无形资产和其他长期资产支付的现金　　1 200 000

　　　　贷:处置固定资产、无形资产和其他长期资产收回的现金　　1 200 000

其合并工作底稿见表 21-4。

## 二、母公司在报告期内增减子公司在合并现金流量表中的反映

(一)增加子公司

企业投资或追加投资时取得对被投资企业的控制权,而使其成为子公司的情况下,对于该投资企业的投资,在合并报表中应当采用权益法进行核算;在会计期末,应当将该本期取得其控制权的公司作为子公司,纳入合并范围编制合并财务报表。

编制合并现金流量表时，应当将本期取得的子公司自取得控制权之日起至本期期末止的现金流量的信息纳入合并现金流量表,并取得子公司所支付的现金,在有关投资活动类的“投资所支付的现金”项目下单列“购买子公司所支付的现金”项目反映。

(二)处置子公司

在报告期内,如果母公司失去了决定被投资单位的财务和经营政策的能力,不再能够从其经营活动中获取利益,表明母公司不再控制被投资单位,被投资单位从处置日开始不再是母公司的子公司,不应继续将其纳入合并财务报表的合并范围。

编制合并现金流量表时，应将该子公司自期初起至丧失控制权之日止的现金流量信息纳入合并现金流量表,并将出售该子公司所收到的现金,在有关投资活动类的“收回投资所收到的现金”项目下单列“出售子公司所收到的现金”项目反映。

## 三、合并现金流量表中有关少数股东权益项目的反映

合并现金流量表编制与个别现金流量表相比，一个特殊的问题就是在子公司为非全资

子公司的情况下，涉及公司与其少数股东之间的现金流入和现金流出的处理问题。

对于子公司与少数股东之间发生的现金流入和现金流出，从整个企业集团来看，也影响到其整体的现金流入和流出数量的增减变动，必须在合并现金流量表中予以反映。子公司与少数股东之间产生的影响现金流入和现金流出的经济业务包括：少数股东对子公司增加权益性投资、少数股东依法从子公司中抽回权益性投资、子公司向其少数股东支付现金股利或利润等。为了便于企业集团合并财务报表使用者掌握企业集团现金流量的情况，有必要将与子公司少数股东之间的现金流入和现金流出的情况单独予以反映。

对于子公司的少数股东增加在子公司中的权益性投资，在合并现金流量表中应当在“筹资活动产生的现金流量”之下的“吸收投资收到的现金”项目下“其中：子公司吸收少数股东投资收到的现金”项目中反映。

对于子公司向少数股东支付现金股利或利润，在合并现金流量表中应当在“筹资活动产生的现金流量”之下的“分配股利、利润或偿付利息支付的现金”项目下“其中：子公司支付给少数股东的股利、利润”项目中反映。

对于子公司的少数股东依法抽回在子公司中的权益性投资，在合并现金流量表的“筹资活动产生的现金流量”之下的“支付其他与筹资活动有关的现金”项目中反映。

## 四、合并现金流量表的编制

为了便于理解和掌握合并现金流量表编制方法，了解合并现金流量表编制的全过程，现就本节中合并现金流量表的编制举例综合说明如下：

【例 21-17】沿用例 21-13、例 21-14、例 21-15 和例 21-16，A 公司与 B 公司 20×8 年度个别现金流量表的资料见表 21-9。

根据上述资料，A 公司首先应当设计合并工作底稿(表 21-4)，将 A 公司、B 公司个别现金流量表的数据过入合并工作底稿，并计算现金流量表各项目的合计金额；其次，编制抵消分录，将 A 公司与 B 公司之间的内部交易对合并现金流量表的影响予以抵消。

**表 21-9 现金流量表(简表)**

会企 03 表

20×8 年度　　　　单位：万元

| 项　　目 | A 公司 | B 公司 |
|---|---|---|
| 一、经营活动产生的现金流量： | | |
| 销售商品、提供劳务收到的现金 | 7 675 | 5 990 |
| 收到的税费返还 | | |
| 收到其他与经营活动有关的现金 | | |
| 经营活动现金流入小计 | 7 675 | 5 990 |
| 购买商品、接受劳务支付的现金 | 1 420 | 3 170 |
| 支付给职工以及为职工支付现金 | 1 100 | 250 |
| 支付的各项税费 | 1 820 | 758 |
| 支付其他与经营活动有关的现金 | 45 | 22 |

续表 21-9

| 项　　目 | A 公司 | B 公司 |
| --- | --- | --- |
| 经营活动现金流出小计 | 4 385 | 4 200 |
| 经营活动产生的现金流量净额 | 3 290 | 1 790 |
| 项　　目 | A 公司 | B 公司 |
| 二、投资活动产生的现金流量: | | |
| 收回投资收到的现金 | | |
| 取得投资收益收到的现金 | 500 | |
| 处置固定资产、无形资产和其他长期资产收回的现金净额 | 120 | |
| 处置子公司及其他营业单位收到的现金净额 | | |
| 收到其他与投资活动有关的现金 | | |
| 投资活动现金流入小计 | 620 | |
| 购建固定资产、无形资产和其他长期资产支付的现金 | 930 | 900 |
| 投资支付的现金 | | |
| 取得子公司及其他营业单位支付的现金净额 | 3 000 | |
| 支付其他与投资活动有关的现金 | | |
| 投资活动现金流出小计 | 3 930 | 900 |
| 投资活动产生的现金流量净额 | –3 310 | –900 |
| 三、筹资活动产生的现金流量: | | |
| 吸收投资收到的现金 | | |
| 取得借款收到的现金 | | |
| 收到其他与筹资活动有关的现金 | | |
| 筹资活动现金流入小计 | | |
| 偿还债务支付的现金 | | |
| 分配股利、利润或偿付利息支付的现金 | 1 980 | 690 |
| 支付其他与筹资活动有关的现金 | | |
| 筹资活动现金流出小计 | 1 980 | 690 |
| 筹资活动产生的现金流量净额 | –1 980 | –690 |
| 四、汇率变动对现金的影响额 | | |
| 五、现金及现金等价物净增加额 | –2 000 | 200 |
| 加：年初现金及现金等价物余额 | 3 000 | 300 |
| 六、年末现金及现金等价物余额 | 1 000 | 500 |

## 五、合并现金流量表格式

合并现金流量表的格式综合考虑了企业集团中一般工商企业和金融企业（包括商业银行、保险公司和证券公司）的现金流入和现金流出列报的要求，与个别现金流量表的格式基本相同，主要增加了反映金融企业行业特点和经营活动现金流量项目。合并现金流量表的一般格式见表21-10。

根据上述合并工作底稿(见表21-4)的合并金额，可编制该企业集团20×8年度合并现金流量表，见表21-10。

**表21-10 合并现金流量表**

会合03表

编制单位：A公司　　20×8年度　　单位：万元

| 项　目 | 本年金额 | 上年金额 |
|---|---|---|
| 一、经营活动产生的现金流量： | | |
| 销售商品、提供劳务收到的现金 | 9 765 | |
| 客户存款和同业存放款项净增加额 | | |
| 向中央银行借款净增加额 | | |
| 向其他金融机构拆入资金净增加额 | | |
| 收到原保险合同保费取得的现金 | | |
| 收到再保险业务现金净额 | | |
| 保户储金及投资款净增加额 | | |
| 处置交易性金融资产净增加额 | | |
| 收取利息、手续费及佣金净增加额 | | |
| 拆入资金净增加额 | | |
| 回购业务资金净增加额 | | |
| 收到的税费返还 | | |
| 收到其他与经营活动有关的现金 | | |
| 经营活动现金流入小计 | 9 765 | |
| 购买商品、接受劳务支付的现金 | 990 | |
| 客户贷款及垫款净增加额 | | |
| 存放中央银行和同业款项净增加额 | | |
| 支付原保险合同赔付款项的现金 | | |
| 支付利息、手续费及佣金的现金 | | |
| 支付保单红利的现金 | | |

续表 21-10

| 项　　目 | 本年金额 | 上年金额 |
|---|---|---|
| 支付给职工以及为职工支付的现金 | 1 350 | |
| 支付的各项税费 | 2 578 | |
| 支付其他与经营活动有关的现金 | 67 | |
| 经营活动现金流出小计 | 4 985 | |
| 经营活动产生的现金流量净额 | 4 780 | |
| 二、投资活动产生的现金流量： | | |
| 收回投资收到的现金 | | |
| 取得投资收益收到的现金 | 0 | |
| 处置固定资产、无形资产和其他长期资产收回的现金净额 | 0 | |
| 处置子公司及其他营业单位收到的现金净额 | | |
| 收到其他与投资活动有关的现金 | | |
| 投资活动现金流入小计 | 0 | |
| 购建固定资产、无形资产和其他长期资产支付的现金 | 1 410 | |
| 投资支付的现金 | | |
| 质押贷款净增加额 | | |
| 取得子公司及其他营业单位支付的现金净额 | 3 000 | |
| 支付其他与投资活动有关的现金 | | |
| 投资活动现金流出小计 | 4 410 | |
| 投资活动产生的现金流量净额 | –4 410 | |
| 三、筹资活动产生的现金流量： | | |
| 吸收投资收到的现金 | | |
| 其中：子公司吸收少数股东投资收到的现金 | | |
| 取得借款收到的现金 | | |
| 发行债券收到的现金 | | |
| 收到其他与筹资活动有关的现金 | | |
| 筹资活动现金流入小计 | | |
| 偿还债务支付的现金 | | |
| 分配股利、利润或偿付利息支付的现金 | 2 170 | |

续表 21-10

| 项　目 | 本年金额 | 上年金额 |
|---|---|---|
| 其中：子公司支付给少数股东的股利、利润 | 120 | |
| 支付其他与筹资活动有关的现金 | | |
| 筹资活动现金流出小计 | 2 170 | |
| 筹资活动产生的现金流量净额 | –2 170 | |
| 四、汇率变动对现金的影响 | | |
| 五、现金及现金等价物净增加额 | –1 800 | |
| 加：年初现金及现金等价物余额 | 3 300 | |
| 六、年末现金及现金等价物余额 | 1 500 | |

## 第六节　合并所有者权益变动表

合并所有者权益变动表是反映母公司和子公司形成的企业集团一定期间内所有者权益的各组成部分增减变动情况的财务报表。

合并报表准则规定，合并所有者权益变动表应当以母公司和子公司的所有者权益变动表为基础，在抵消母公司与子公司、子公司相互之间发生的内部交易对合并所有者权益变动表的影响后，由母公司合并编制。合并所有者权益变动表也可以根据合并资产负债表和合并利润表进行编制。

所有者权益变动表作为以单个企业为会计主体进行会计核算的结果，分别从母公司本身和子公司本身反映其在一定会计期间所有者权益构成及其变动情况。在以母、子公司个别所有者权益变动表为基础计算的各所有者权益构成项目的加总金额中，也必然包含重复计算的因素，因此，编制合并所有者权益变动表时，也需要将这些重复的因素予以剔除。

编制合并所有者权益变动表时需要进行抵消处理的项目，主要有如下项目：

1.母公司对子公司的长期股权投资与母公司在子公司所有者权益中所享有的份额相互抵消，其抵消处理参见本章第三节有关“长期股权投资与子公司所有者权益的抵消处理”的内容；

2.母公司与子公司、子公司相互之间持有对方长期股权投资的投资收益应当抵消等，其抵消处理参见本章第四节有关“母公司与子公司、子公司相互之间持有对方长期股权投资的投资收益的抵消处理”的内容。

### 一、合并所有者权益变动表的编制

为便于理解和掌握合并所有者权益变动表编制方法，了解合并所有者权益变动表编制的全过程,现就本节中合并所有者权益变动表的编制举例说明如下：

【例 21-18】沿用例 21-1 和例 21-11,A 公司与 B 公司 20×8 年度个别所有者权益变动表的资料见表 21-6。

根据上述资料,A 公司首先应当设计合并工作底稿(表 21-4),将 A 公司、B 公司个别所有者权益变动表的数据过入合并工作底稿,并计算所有者权益变动表各项目的合计金额;其次,编制抵消分录,将 A 公司与 B 公司之间的内部交易对合并所有者权益变动表的影响予以抵消。

## 二、合并所有者权益变动表格式

合并所有者权益变动表的格式与个别所有者权益变动表的格式基本相同。所不同的只是在子公司存在少数股东的情况下,合并所有者权益变动表增加“少数股东权益”栏目,用于反映少数股东权益变动的情况。合并所有者权益变动表的一般格式见表 21-11。

根据上述合并工作底稿(见表 21-4)的合并金额,可编制该企业集团 20×8 年合并所有者权益变动表,见表 21-11。

**表 21-11 合并所有者权益变动表**

会合 04 表

编制单位:A 公司　　　　20×8 年度　　　　单位:万元

**续表 21-11**

| 项目 | 本年金额 | | | | | | | | | 上年金额 | | | | | | | | |
|---|---|---|---|---|---|---|---|---|---|---|---|---|---|---|---|---|---|---|
| | 归属于母公司所有者权益 | | | | | | | 少数股东权益 | 所有者权益合计 | 归属于公司所有者权益 | | | | | | | 少数股东权益 | 所有者权益合计 |
| | 实收资本(或股本) | 资本公积 | 减:库存股 | 盈余公积 | 一般风险准备 | 未分配利润 | 其他 | | | 实收资本(或股本) | 资本公积 | 减:库存股 | 盈余公积 | 一般风险准备 | 未分配利润 | 其他 | | |
| 一、上年年末余额 | 4 000 | 800 | | 732 | | 468 | | | 6 000 | | | | | | | | | |
| 加：会计政策变更 | | | | | | | | 720 | 720 | | | | | | | | | |
| 前期差错更正 | | | | | | | | | | | | | | | | | | |
| 二、本年年初余额 | 4 000 | 800 | | 732 | | 468 | | 720 | 6 720 | | | | | | | | | |
| 三、本年增加变动金额(减少以“-”号填列) | | 80 | | 268 | | 862 | | 99 | 1 309 | | | | | | | | | |
| (一)净利润 | | | | | | 2 810 | | 199 | 3 009 | | | | | | | | | |
| (二)直接计入所有者权益的利得和损失 | | 80 | | | | | | 20 | 100 | | | | | | | | | |

| 项目 | 本年金额 | | | | | | | | | 上年金额 | | | | | | | | |
|---|---|---|---|---|---|---|---|---|---|---|---|---|---|---|---|---|---|---|
| | 归属于母公司所有者权益 | | | | | | | 少数股东权益 | 所有者权益合计 | 归属于公司所有者权益 | | | | | | | 少数股东权益 | 所有者权益合计 |
| | 实收资本（或股本） | 资本公积 | 减：库存股 | 盈余公积 | 一般风险准备 | 未分配利润 | 其他 | | | 实收资本（或股本） | 资本公积 | 减：库存股 | 盈余公积 | 一般风险准备 | 未分配利润 | 其他 | | |
| 1.可供出售金融资产公允价值变动净额 | | | | | | | | 20 | 20 | | | | | | | | | |
| 2.权益法下被投资单位其他所有者权益变动的影响 | | 80 | | | | | | | 80 | | | | | | | | | |
| 3.与计入所有者权益项目相关的所得税影响 | | | | | | | | | | | | | | | | | | |
| 4.其他 | | | | | | | | | | | | | | | | | | |
| 上述（一）和（二）小计 | | 80 | | | | 2 810 | | 219 | 3 109 | | | | | | | | | |
| （三）所有者投入和减少资本 | | | | | | | | | | | | | | | | | | |
| 1.所有者投入资本 | | | | | | | | | | | | | | | | | | |
| 2.股份支付计入所有者权益金额 | | | | | | | | | | | | | | | | | | |
| 3.其他 | | | | | | | | | | | | | | | | | | |
| （四）利润分配 | | | | 268 | | –1 948 | | –120 | –1 800 | | | | | | | | | |
| 1.提取盈余公积 | | | | 268 | | –268 | | | 0 | | | | | | | | | |
| 2.提取一般风险准备 | | | | | | | | | | | | | | | | | | |
| 3.对所有者(或股东)的分配 | | | | | | –1 680 | | –120 | –1 800 | | | | | | | | | |
| 4.其他 | | | | | | | | | | | | | | | | | | |
| （五）所有者权益内部结转 | | | | | | | | | | | | | | | | | | |

续表 21–11

| 项　目 | 本年金额 | | | | | | | | | 上年金额 | | | | | | | | |
|---|---|---|---|---|---|---|---|---|---|---|---|---|---|---|---|---|---|---|
| | 归属于母公司所有者权益 | | | | | | | 少数股东权益 | 所有者权益合计 | 归属于公司所有者权益 | | | | | | | 少数股东权益 | 所有者权益合计 |
| | 实收资本（或股本） | 资本公积 | 减：库存股 | 盈余公积 | 一般风险准备 | 未分配利润 | 其他 | | | 实收资本（或股本） | 资本公积 | 减：库存股 | 盈余公积 | 一般风险准备 | 未分配利润 | 其他 | | |
| 1.资本公积转增资本（或股本） | | | | | | | | | | | | | | | | | | |
| 2.盈余公积转增资本（或股本） | | | | | | | | | | | | | | | | | | |
| 3.盈余公积弥补亏损 | | | | | | | | | | | | | | | | | | |
| 4.其他 | | | | | | | | | | | | | | | | | | |
| 四、本年年末余额 | 4 000 | 880 | | 1 000 | | 1 330 | | 819 | 8 029 | | | | | | | | | |

# 第二十二章 会计政策、会计估计变更和会计差错更正

《企业会计准则第28号——会计政策、会计估计变更和会计差错更正》是为了保证会计信息的真实性和完整性,当企业发生会计政策、会计估计变更和会计差错更正时,在最大限度地保证会计信息可比性的基础上,提高会计信息的有用性,便于财务报告使用者更恰当地理解企业的财务状况、经营成果和现金流量等会计信息。以下分别介绍会计政策、会计估计及相应的变更和变更处理以及差错更正处理。

## 第一节 会计政策及会计估计

### 一、会计政策

根据准则的规定,会计政策是指企业在会计确认、计量和报告中所采用的原则、基础和会计处理方法。

一般来说,会计政策是由国家统一的会计制度规定,企业在选择适用的会计政策时应考虑谨慎性、实质重于形式和重要性三个方面。

原则指按照企业会计准则规定的、适合于企业会计核算所采用的具体会计原则。例如,企业发生的借款费用可直接归属于符合资本化条件的资产的购建或者生产的,应当予以资本化,计入符合资本化条件的资产成本。其他借款费用,应当在发生时确认为财务费用,计入当期损益,这种规定就是借款费用的确认原则。

基础指为了将会计原则应用于交易或者事项而采用的基础,包括确认基础和计量基础,本章主要是指计量基础(也叫计量属性),准则规定了历史成本、重置成本、可变现净值、现值和公允价值五种主要的计量基础。

会计处理方法指企业在会计核算中按照法律、行政法规或者国家统一的会计制度等规定采用或者选择的、适合于本企业的具体会计处理方法。例如,投资性房地产的后续计量有成本和公允价值两种模式,通常应当采用成本模式,满足特定条件时可采用公允价值模式,

这种关于投资性房地产后续计量的规定就属于会计处理方法。

《企业会计准则第 8 号——资产减值》规定了资产的可收回金额低于其账面价值的,应当将资产的账面价值减记至可收回金额,减记的金额确认为资产减值损失,计入当期损益,同时计提相应的资产减值准备,其中资产减值按资产的可收回金额低于资产账面价值时要计提资产减值即为具体会计原则,该具体原则涉及的账面价值和可收回金额的即近似于会计计量基础,当资产的可收回金额低于其账面价值的,应当将资产的账面价值减记至可收回金额,减记的金额确认为资产减值损失,计入当期损益,同时计提相应的资产减值准备,属于具体会计处理方法。

企业主要的一些会计政策如下:

1.采用的会计计量属性、财务报表的编制基础;

2.确定发出存货成本所采用的方法;

3.企业取得长期股权投资的后续核算;

4.投资性房地产后续计量模式的选择和运用;

5.固定资产的确认条件和计量基础;

6.各类生物资产的初始计量;

7.企业判断研发支出满足无形资产资本化条件的依据;

8.资产减值中关于资产或资产组可收回金额的确定方法;

9.收入确认采用的会计政策;

10.合同收入与费用的确认;

11. 租赁中关于承租人分摊未确认融资费用所采用的方法以及出租人分配未实现融资收益所采用的方法;

12.所得税中确认递延所得税资产或递延所得税负债的依据;

13.借款费用是资本化还是费用化;

14.企业合并属于同一控制下企业合并的判断依据以及纳入合并范围的考虑。

企业应当披露重要的会计政策,对于不重要的会计政策可以不予披露,会计政策是否重要可以从金额和性质两方面来判断。

## 二、会计估计

会计估计是指企业对其结果不确定的交易或事项以最近可利用的信息为基础所作的判断。由于经济活动中内在的不确定性,许多财务报表中的项目不能精确地计量,只能加以估计,比如对于特殊行业的固定资产,确定其初始成本时应该考虑预期未来的弃置费用,而该弃置费用因其还不曾发生,只能进行合理估计,并且以最近可利用的、可靠的信息为基础进行判断。在会计核算和相关信息披露的过程中,会计估计是不可避免的,由于会计估计是建立在具有确凿证据的前提下,并不是随意的,所以其并不削弱整个会计计量和列报的可靠性。

会计估计的本质是基于会计分期、权责发生制和配比原则,对不确定经济事项在其影响的会计期间内对会计报表影响的跨期分配,并为每一个会计期间确定一个具体的会计报表数据。这类跨期分配不会涉及对会计确认三要素及会计计量要素的重新选择，只会影响到各期会计报表项目金额的最终确定。会计估计是对报表项目计量中不确定事项在涉及的会计期间之间进行量化的过程，可靠的会计估计是会计要素确认的前提条件之一。

企业主要的一些会计估计如下：

1.存货可变现净值的确定；

2.采用公允价值模式下的投资性房地产公允价值的确定；

3.固定资产的预计使用寿命、预计净残值和折旧方法、弃置费用的确定；

4.消耗性生物资产可变现净值的确定、生产性生物资产的使用寿命、预计净残值和折旧方法；

5.使用寿命有限的无形资产的预计使用寿命、残值、摊销方法；

6.非货币性资产公允价值的确定；

7.固定资产、无形资产、长期股权投资等非流动资产可收回金额的确定；

8.职工薪酬金额的确定；

9.与股份支付相关的公允价值的确定；

10.与债务重组相关的公允价值的确定；

11.预计负债的确定；

12.收入金额的确定、提供劳务完工进度的确定；

13.建造合同完工进度的确定；

14.与政府补助相关的公允价值的确定；

15.一般借款资本化的确定；

16.应纳税暂时性差异与可抵扣暂时性差异的确定；

17.非同一控制下的企业合并相关的公允价值的确定；

18.租赁资产公允价值的确定，最低租赁付款额现值的确定，承租人融资租赁折现率的确定，融资费用和融资收入的确定，未担保余值的确定；

19.与金融工具相关的公允价值的确定，摊余成本的确定，金融减值损失的确定；

20.继续涉入所转移金融资产的程度的确定，金融资产所有权上风险与报酬转移程度的确定；

21.套期工具和被套期项目公允价值的确定；

22.保险合同准备金的计算及充分性测试；

23.探明矿区权益，井及相关设施的折耗计提方法，与油气开采活动相关的辅助设备及设施的折旧方法，弃置费用的确定。

企业应当披露重要的会计估计，不重要的会计估计可以不予披露。

# 第二节 会计政策变更和会计估计变更

## 一、会计政策变更

会计政策变更是指企业对相同的交易或事项由原来采用的会计政策改用另一会计政策的行为。

为保证会计信息的可比性,使财务报表使用者在比较企业两个以上期间的财务报表时,能够正确判断企业的财务状况、经营成果和现金流量的趋势,企业应在每期采用相同的会计政策,不应也不能随意变更会计政策。但是,也不能认为会计政策不能变更,在下述两种情形下,企业可以变更会计政策:

1.法律、行政法规或者国家统一的会计制度等要求变更。这是指按照法律、行政法规以及国家统一的会计制度的规定,要求企业采用新的会计政策,则企业应当按照法律、行政法规以及国家统一的会计制度的规定改变原会计政策,按照新的会计政策执行。例如,2006 年 2 月 15 日我国财政部发布了企业会计准则体系,要求上市公司于 2007 年 1 月 1 日开始执行,按照这一法规的规定,上市公司就必须变更其现行的会计政策,转而采用企业会计准则所规定的会计政策,又如《企业会计准则第 2 号——长期股权投资》对投资企业能控制的被投资企业应采用成本法进行核算,这种变更的会计政策就属于法律、行政法规等要求的范围。

2.会计政策变更能够提供更可靠、更相关的会计信息。虽然法律、行政法规或者统一会计制度等没有要求变更会计政策,但是由于企业经济环境、客观情况的改变,企业再沿用原会计政策已无法保证会计信息的可靠性和相关性时,企业可以变更会计政策,以提供能够反映企业财务状况、经营成果和现金流量更为可靠和相关的会计信息。例如,企业原来对存货采用先进先出法计价,由于通货膨胀的出现,原材料采购价格大幅上升,继续采用先进先出法对存货计价已不能正确反映企业生产成本的高低,因而企业此时改变存货发出的计价方法,就可以真实地反映企业产品中的原材料成本,在这时企业的会计政策变更是合适的。

企业应当正确认定属于会计政策变更的情形,下列三种情况不属于会计政策变更:

1.本期发生的交易或者事项与前期相比具有本质差别而采用新的会计政策。如果发生的交易或事项与其他交易或事项有本质区别,那么,企业实际上是为新的交易或事项选择适当的会计政策,并没有改变原有的会计政策。例如,企业以往购入的设备是立即付款,按照所付金额确认设备的初始成本,而今年由于资金有限,采用分期付款的方式购入设备,则针对该项业务企业应按长期应付款的现值确定购入设备的入账价值,这两种经济业务有着本质的区别,因而改变会计政策不属于会计政策变更。

2.对初次发生的交易或者事项采用新的会计政策。对初次发生的某类交易或事项采用适当的会计政策,并未改变原有的会计政策。例如,企业以前没有投资性房地产,对今年刚有的投资性房地产采用公允价值计量,不属于会计政策变更。

3.对不重要的交易或事项改变原有会计政策。因为其金额较小,并不影响会计信息的可比性,所以不作为会计政策变更。例如,一家大型连锁餐饮企业一般没有赊销,就算有其应收账款也很少,以前企业按 1%计提坏账,今年改变坏账计提比例,变为 2%,该坏账在企业经营中所占的费用比例并不大,改变坏账计提比例方法后,对损益的影响也不大,属于不重要的事项,这种改变不属于会计政策变更。

【例 22-1】下列属于会计政策变更的是(　　)。

A.本期发生的交易或事项与以前相比具有本质差别而采用新的会计政策

B.第一次签订建造合同,采用完工百分比法确认收入

C.将低值易耗品的摊销方法由分次摊销法改为一次摊销法

D.由于持续通货膨胀,企业将存货发出的计价方法由先进先出法改为加权平均法

【答案】D

【解析】

选项 A,本期发生的交易或事项与以前相比具有本质差别而采用新的会计政策,不属于会计政策变更。选项 B,对于初次发生的交易或事项也不属于会计政策变更。选项 C 属于不重要事项。

## 二、会计估计变更

会计估计变更是指由于资产和负债的当前状况及预期经济利益和义务发生了变化,从而对资产或负债的账面价值或者资产的定期消耗金额进行调整。可见,会计估计的变更是由于取得新的信息、积累更多的经验以及发生新的情况而对原会计估计的结果所作的修订行为。一般来说企业不得随意变更企业会计估计,但出现以下两种情况需要对会计估计进行变更:

1.赖以进行估计的基础发生了变化。在进行会计估计时要依据一定的基础进行,一旦该基础发生了变化,则会计估计也应变更。例如,企业的某项投资性房地产按成本模式进行后续计量,其摊销年限原定为 15 年,以后发生的情况表明,该资产的受益年限已不足10 年,则相应调减摊销年限。

2.取得了新的信息、积累了更多的经验。会计估计一般都是在现有的资料、信息和技术条件下进行的,随着时间的推移,企业有可能获得新的资料和信息、积累了更丰富的经验、得到了更好的技术支持,在这种情况下,企业就需对以前所作的会计估计进行修订,以更准确地反映经济业务的实质。例如,企业原根据当时能够得到的信息,对因销售商品而提供的担保每年按其销售额的 5%计提预计负债,现在掌握了新的信息,判定由于生产技术的改进,发生的担保费用将减少,则企业改按销售额的 1%计提预计负债和销售费用。

常见的一些会计估计变更:

(1)固定资产的折旧年限、折旧方法和净残值率的改变;

(2)无形资产的摊销年限和摊销方法的改变;

(3)估计应收账款坏账损失比例的改变。

会计政策变更和会计估计变更并不意味着以前期间会计政策和估计是错误的，只是由于情况发生变化，或者掌握了新的信息，积累了更多的经验，使得变更会计政策和会计估计能够更好地反映企业的财务状况和经营成果。如果以前期间的会计政策和会计估计是错误的，则属于会计差错，应按会计差错更正的会计处理办法进行处理。

## 三、会计政策变更和会计估计变更的划分基础

企业可以采用以下方法划分会计政策变更与会计估计变更：分析并判断该事项是否涉及会计确认、计量基础选择或列报项目的变更，当至少涉及其中一项划分基础变更的，该事项是会计政策变更；不涉及上述划分基础变更时，该事项可以判断为会计估计变更，具体判断如下：

1.以会计确认是否发生变更作为判断基础。一般对于资产、负债、所有者权益、收入、费用和利润等六项会计要素的确认标准，属于会计政策，其相应的变更是会计政策变更，会计确认的变更一般会引起列报项目的变更。例如：企业会计准则将利得和损失分为计入所有者权益的利得和损失以及计入损益的利得和损失，这项规定改变了所有者权益和收入费用的确认原则，因此属于企业会计政策变更。

2.以计量基础是否发生变更作为判断基础。一般对历史成本、重置成本、可变现净值、现值和公允价值等 5 项会计计量基础的指定或选择是会计政策，其相应的变更就是会计政策变更。

某企业在前期对购入的价款超过正常信用条件延期支付的无形资产初始计量采用历史成本，而当期按照准则的规定，对该类无形资产的初始成本应以购买价款的现值为基础确定，该事项的计量基础发生了变化，所以该变更属于会计政策变更。

3.以列报项目是否发生变更作为判断基础。一般对列报项目的指定或选择是会计政策，其相应的变更是会计政策变更。

企业以前将无法支付的应付账款计入所有者权益下的资本公积项目，按照企业会计准则，应将该无法支付的应付账款计入营业外收入，则该变更涉及企业所有者权益的会计确认，因此属于会计政策变更。

4.根据会计确认、计量基础和列报项目所选择的、为取得与该项目有关的金额或数值所采用的处理方法，不是会计政策，而是会计估计，其相应的变更是会计估计变更。

某企业需要对某项资产按照账面价值高于可收回金额的差额来计提减值准备，可收回金额应当根据资产的公允价值减去处置费用后的净额与资产预计未来现金流量的现值两者之间较高者确定，资产的公允价值减去处置费用后的净额，应当根据公平交易中有法律约束力的销售协议价格减去直接归属于该资产处置费用的金额确定，资产的市场价格通常应当根据资产的买方出价确定；在既没有法律约束力的销售协议、又不存在活跃市场的情况下，应当以可获取的最佳信息为基础，估计资产的公允价值减去处置费用后的净额，同行业类似资产的最近交易价格或者结果可以作为估计资产公允价值减去处置费用后的净额的参考；企业按照上述规定仍然无法可靠估计资产的公允价值减去处置费用后的净额的，应当以该资产未来现金流量的现值作为其可收回金额，而资产未来现金流量的现值，应当按照资产在

持续使用过程中和最终处置时所产生的预计未来现金流量，选择恰当的折现率对其进行折现后的金额加以确定。在这一系列的表述中，企业需要对某项资产按照账面价值高于可收回金额的差额来计提减值准备就属于会计政策，关于可收回金额的估计就属于会计估计，那么其相应的后面几种关于可收回金额的具体金额的确认转变就是会计估计变更。

# 第三节 会计政策变更和会计估计变更的会计处理

## 一、会计政策变更的处理

会计政策变更的会计处理的核心问题为是否计算会计政策变更的累积影响数，累积影响数是计入期初留存收益，还是计入变更当期的净利润，以及是否重新表述以前期间的会计报表。会计政策变更根据具体情况，分别按照以下规定处理：

当企业的会计政策变更属于强制性变更，即有会计法律、法规统一要求变更的会计政策，按法律、法规的规定进行处理，如 2006 年的企业会计准则发布后规定了衔接办法，就按该衔接办法进行会计处理。

当企业的会计政策变更属于自愿性变更，即为了能够提供更可靠、更相关的会计信息而变更会计政策时，则根据会计政策变更累积影响数的确定是否可行进行选择：当会计政策变更累积影响数切实可行时，则采用追溯调整法；当累积影响数不切实可行时，应当从可追溯调整的最早期间即采用变更后的会计政策，如果会计政策变更之前的任何会计期间中，都无法确定会计政策变更的累积影响数，就无法采用追溯调整法，而采用未来适用法。

### (一)会计政策变更的累积影响数

会计政策变更累积影响数是指按照变更后的会计政策对以前各期追溯计算的列报前期最早期初留存收益应有金额与现有金额之间的差额。例如：2007 年变更会计政策，列报前期为 2006 年，2006 年最早期为 2006 年第一季度，如果在 2007 年第一季度要求出具同期比较报表，则要按照 2007 年新政策对 2006 年第一季度报表的重述(如果不出比较报表，调整期初数或上年数)。

对于“列报前期最早期初”可通过以下假设来理解：

1.假设只追溯调整资产负债表(假设是年度报表，下同)

资产负债表是余额报表，报表中的金额是累计余额。由于现行的资产负债表只有期末数与期初数的比较，这时的会计政策变更累积影响数可定义为：按变更后的会计政策对以前各期追溯计算的变更年度期初留存收益应有的金额与现有的金额之间的差额。

2.假设只追溯调整利润表

利润表是期间报表，表中的金额是本期(本年)发生额，与其他期间发生额无关。由于现行的利润表是本期数与上期数的比较，因此，只需追溯调整列报当期的上期数，这时的会计政策变更累积影响数可定义为：按变更后的会计政策对列报前期追溯计算的变更年度期初留存收益应有的金额与现有的金额之间的差额。该定义中追溯调整的期间是指“列报前期”，而不是“以前各期”。

3.假设要追溯调整所有者权益变动表

所有者权益变动表是新企业会计准则增加的一张主要会计报表。该表也是期间报表,是本年(本期)金额与上年(上期)金额的比较,而且本年金额和上年金额栏中都有“本年年初余额”项目,这实际上是所有者权益变动表把整个会计期间分为以下几个期间:以前会计期间至上年年初、上年、本年。这时的会计政策变更的累积影响数可定义为:按照变更后的会计政策对以前各期追溯计算的列报前期期初留存收益应有金额与现有金额之间的差额。该定义中的“列报前期期初”与原定义的“列报前期最早期初”仅有两字之差。

4.假设要编制不相邻的两个期间的比较财务报表

这时会计政策变更的追溯调整的累积影响数是指按照变更后的会计政策对以前各期追溯计算的列报前期最早期初留存收益应有金额与现有金额之间的差额。

其实资产负债表、利润表、所有者权益变动表就是比较财务报表,只不过是两个相临期间的比较,所以当企业不编制不相邻的两年期间的比较财务报表时,会计政策变更累积影响数的定义就是第三种假设中的定义,即“列报前期最早期初”就是指“列报前期期初”。

根据以上定义,会计政策变更的累积影响数可以分解为以下两个金额之间的差额:

1.在变更会计政策当期,按变更后的会计政策对以前各期追溯计算,所得到列报前期最早期初留存收益金额;

2.在变更会计政策当期,列报前期最早期初留存收益金额。

在财务报表只提供列报项目上一个可比会计期间比较数据的情况下，上述第 2 项在变更会计政策当期,列报前期最早期初留存收益金额,即为上期资产负债表所反映的期初留存收益,可以从上年资产负债表项目中获得;需要计算确定的是第 1 项,即按变更后的会计政策对以前各期追溯计算,所得到的上期期初留存收益金额。

计算会计政策变更的累积影响数的步骤如下:

(1)根据新会计政策重新计算受影响的前期交易或事项;

(2)计算两种会计政策下的差异;

(3)计算差异的所得税影响金额;

(4)确定前期中的每一期的税后差异;

(5)计算会计政策变更的累积影响数。

上述留存收益金额包括盈余公积和未分配利润等项目，不考虑由于损益的变化而应当补分的利润或股利。例如,某企业由于会计政策变化,增加了以前期间可供分配的利润,该企业通常按净利润的 10%分派股利,但在计算调整会计政策变更当期期初的留存收益时,不应当考虑由于以前期间净利润的变化而需要分派的股利，但按新的会计政策计算确定留存收益时,应当考虑由于损益变化所导致的补计所得税或减征所得税的情况,同时在对以前年度损益进行追溯调整或追溯重述的,应当重新计算各列报期间的每股收益。

【例 22-2】X 公司于 20×6 年 1 月 1 日对 Y 公司进行长期股权投资,占 Y 公司有表决权股份的 20%,按当时会计制度规定,采用成本法核算该投资,初始投资成本为 90 万元,且与应享有的 Y 公司所有者权益份额相等。20×9 年 1 月 1 日起按新会计准则规定改为权益法核算。X 公司按净利润的 10%提取盈余公积，且除净利润外无其他所有者权益变动事项。按税法规定，X 公司与 Y 公司适用的所得税率均为 25%，企业对其他单位投资分得的利润或股利以被投资单位宣告分派利润或股利时计入应纳税所得额。

Y 公司 20×6、20×7、20×8 年的净利润分别是 20 万、10 万、15 万。X 公司 20×6、20×7、20×8 年从 Y 公司分得的现股利分别为 0、2 万、1.5 万。问会计政策变更的累积影响数是多少？

**【解析】**

20×6 年：

按照原会计政策（成本法）确定的投资收益=0（元）

按照新会计政策（权益法）确定的投资收益=200 000×20%=40 000（元）

所得税前差异=40 000–0=40 000（元）

所得税影响=0（元）

所得税后影响=40 000（元）

累积影响数=40 000（元）

20×7 年：

按照原会计政策（成本法）确定的投资收益=20 000（元）

按照新会计政策（权益法）确定的投资收益=100 000×20%=20 000（元）

所得税前差异=20 000–20 000=0（元）

所得税影响=0（元）

累积影响数=0（元）

20×8 年：

按照原会计政策（成本法）确定的投资收益=15 000（元）

按照新会计政策（权益法）确定的投资收益=150 000×20%=30 000（元）

所得税前差异=30 000–15 000=15 000（元）

所得税影响=0（元）

累积影响数=15 000（元）

（二）追溯调整法

追溯调整法是基准处理方法，它是指对某项交易或事项变更会计政策，视同该项交易或事项初次发生时即采用变更后的会计政策，并以此对财务报表相关项目进行调整的方法。当累积影响数不切实可行时，应当从可追溯调整的最早期间期初开始运用变更后的会计政策，也就是说，并非视同该项交易或事项初次发生时即采用变更后的会计政策，而是从企业能够确定某项会计政策变更累积影响数的会计期间起，视同该项交易或事项采用变更后的会计政策。

追述调整法的步骤如下：

1.计算会计政策变更的累积影响数；

2.编制相关项目的调整分录；

3.调整列报前期最早期初财务报表相关项目及其金额；

4.附注说明。

在采用追溯调整法处理会计政策变更时,对于比较财务报表期间的会计政策变更,应调整各期间净损益各项目和财务报表其他相关项目,视同该政策在比较财务报表期间一直采用。对于比较财务报表可比期间以前的会计政策变更的累积影响数,应调整比较财务报表最早期间的期初留存收益,财务报表其他相关项目的数字也应一并调整。

【例 22-3】下列关于会计政策变更的说法中,正确的有(　　)。

A.会计政策是指企业在会计确认、计量和报告中所采用的原则、基础和会计处理方法

B.会计政策变更意味着以前期间的会计政策是错误的

C.会计政策变更一律采用追溯调整法进行处理

D.会计政策变更累积影响数是指按照变更后的会计政策对以前各期追溯计算的列报前期最早期初留存收益应有金额与现有金额之间的差额

E.会计政策变更只需调整变更当年的资产负债表、利润表及所有者权益变动表

【答案】A、D

【例 22-4】20×9 年 1 月 1 日,甲公司经董事会批准对出租的办公楼由按成本模式进行后续计量改按公允价值模式进行后续计量,该办公楼原价为 5 000 万元,预计使用年限 20 年,已计提折旧 3 年,累计已计提折旧 750 万元,未计提减值准备。该办公楼于 20×9 年 1月 1 日的公允价值为 5 200 万元。假定:

(1)前 3 年每年末的公允价值分别为 5 200 万元、5 600 万元、5 300 万元;

(2)适用的所得税税率为 25%,预计未来所得税税率不会发生变化;

(3)不考虑净残值,税法的预计折旧年限、净残值和折旧方法与原成本模式下相同。

根据以上资料,计算会计政策变更的累积影响数。

【解析】

(1)计算办公楼账面价值与其计税基础的差异(见表 22-1)

**表 22-1　办公楼账面价值与其计税基础的差异**

(单位:万元)

| 年　度 | 账面价值 | 计税基础 | 应纳税暂时性差异 | 年末递延所得税负债余额 | 递延所得税负债 |
|---|---|---|---|---|---|
| 第 1 年 | 5 200 | 4 750 | 450 | 112.5 | 112.5 |
| 第 2 年 | 5 600 | 4 500 | 1 100 | 275 | 162.5 |
| 第 3 年 | 5 300 | 4 250 | 1 050 | 262.5 | (12.5) |

(2)计算会计政策变更的累积影响数(见表 22-2)

**表 22-2　会计政策变更的累积影响数**

(单位:万元)

| 年　度 | 成本模式 | 公允价值模式 | 税前差异 | 所得税影响 | 累积影响数 |
|---|---|---|---|---|---|
| 第 1 年 | 250 | 200 | 450 | 112.5 | 337.5 |
| 第 2 年 | 250 | 400 | 650 | 162.5 | 487.5 |
| 第 3 年 | 250 | (300) | (50) | (12.5) | (37.5) |
| 合　计 | 750 | 300 | 1 050 | 262.5 | 787.5 |

(3)账务处理

借:投资性房地产——公允价值变动　　3 000 000

　投资性房地产累计折旧　　7 500 000

　贷:递延所得税负债　　2 625 000

　　盈余公积　　787 500

　　利润分配——未分配利润　　7 087 500

在 20×9 年 12 月 31 日资产负债表的“年初数”栏中,投资性房地产增加列报金额为 1 050 万元，递延所得税负债增加 262.5 万元，盈余公积增加 78.75 万元，未分配利润增加 708.75;20×9 年年度利润表的“上年数”栏中调增净利润 787.5 万元,该公司 20×9 年 12 月 31 日资产负债表的“年末数”栏和 20×9 年利润表及股东权益变动表的“本年累计数”栏中年初未分配利润应按调整后的数字为基础编制。

(三)未来适用法

未来适用法是可选处理方法，它是指将变更后的会计政策应用于变更日及以后发生的交易或者事项,或者在会计估计变更当期和未来期间确认会计估计变更影响数的方法。

不切实可行是指企业在采取所有合理的方法后，仍然不能获得采用某项规定所必需的相关信息,而导致无法采用该项规定,则该项规定在此时是不切实可行的。

对于以下特定前期，对某项会计政策变更应用追溯调整法或进行追溯重述以更正一项前期差错是不切实可行的:

1.应用追溯调整法或追溯重述法的累积影响数不能确定。

2.应用追溯调整法或追溯重述法要求对管理层在该期当时的意图作出假定。按照《企业会计准则第 22 号——金融工具确认和计量》的规定,企业对于原先划归为持有至到期投资的金融资产计量的前期差错,即便管理层随后决定不将这些投资持有至到期,也不能改变它们在前期的计量基础,即该项金融资产应当仍然按照持有至到期投资进行计量。

3.应用追溯调整法或追溯重述法要求对有关金额进行重大估计,并且不可能将提供有关交易发生时存在状况的证据(例如,有关金额确认、计量或披露日期存在事实的证据,以及在受变更影响的当期和未来期间确认会计估计变更的影响的证据）和该期间财务报表批准报出时能够取得的信息,这两类信息与其他信息客观地加以区分。

在某些情况下，调整一个或者多个前期比较信息以获得与当期会计信息的可比性是不切实可行的。例如,企业因账簿、凭证超过法定保存期限而销毁,或因不可抗力而毁坏、遗失,如火灾、水灾等,或因人为因素,如盗窃、故意毁坏等,可能使当期期初确定会计政策变更对以前各期累积影响数无法计算,即不切实可行,此时,会计政策变更应当采用未来适用法进行处理。

在未来适用法下,不需要计算会计政策变更产生的累积影响数,也无须重编以前年度的财务报表，企业会计账簿记录及财务报表上反映的金额,变更之日仍保留原有的金额,不因会计政策变更而改变以前年度的既定结果，并在现有金额的基础上再按新的会计政策进行核算。

企业应当在附注中披露与会计政策变更有关的下列信息:

1.会计政策变更的性质、内容和原因。包括:对会计政策变更的简要阐述、变更的日期、变更前采用的会计政策和变更后所采用的新会计政策及会计政策变更的原因。

2.当期和各个列报前期财务报表中受影响的项目名称和调整金额。包括:采用追溯调整法时,计算出的会计政策变更的累积影响数;当期和各个列报前期财务报表中需要调整的净损益及其影响金额,以及其他需要调整的项目名称和调整金额。

3.无法进行追溯调整的,说明该事实和原因以及开始应用变更后的会计政策的时点、具体应用情况。包括:无法进行追溯调整的事实,确定会计政策变更对列报前期影响数不切实可行的原因,在当期期初确定会计政策变更对以前各期累积影响数不切实可行的原因,开始应用新会计政策的时点和具体应用情况。

**【例 22-5】**沿用例 22-4 应在财务报表附注中作如下说明:

本公司 20×9 年 1 月 1 日经董事会批准对出租的办公楼由原按成本模式进行后续计量,改按公允价值模式进行后续计量,此项会计政策变更采用追溯调整法,20×9 年比较财务报表已重新表述,20×9 年期初运用新会计政策追溯计算的会计政策变更累积影响数为787.5 万元,调增 20×9 年的期初留存收益 787.5 万元,和期初递延所得税负债 262.5 万元。

需要注意的是,在以后期间的财务报表中,不需要重复披露在以前期间的附注中已披露的会计政策变更的信息。

## 二、会计估计变更的处理

对于会计估计变更,统一按照未来适用法进行账务处理,不调整以前期间的报告结果:当变更仅影响变更当期的,其影响数应当在变更当期予以确认,比如存货可变现净值的确定是指企业在日常活动中,存货的估计售价减去至完工时估计将要发生的成本、估计的销售费用以及相关税费后的金额,如果当期的存货估计售价发生变化,那么仅影响变更当期的可变现净值;当变更既影响变更当期又影响未来期间的,其影响数应当在变更当期和未来期间予以确认。例如某企业的一项可以摊销的无形资产,其有效使用年限或预计净残值的估计发生变更,影响了变更当期及资产以后使用年限内各个期间的摊销费用,这项会计估计的变更,应于变更当期及以后各期确认。

**【例 22-6】**20×9 年 7 月 1 日,鉴于更为先进的技术被采用,经董事会决议批准,决定将B 设备的适用年限由 10 年缩短为 6 年,预计净残值为 0,仍采用年限平均法计提折旧。B 设备系 20×7 年 12 月购入,并于当月投入公司生产部门适用,入账价值为 10 500 万元,购入当时预计使用年限为 10 年,预计净残值为 500 万元。

根据资料中的会计估计变更,计算 B 设备 20×9 年应计提的折旧额。

**【解析】**

20×9 年 6 月 30 日已计提折旧额=(10 500-500)/10×1.5=1 500(万元)

20×9 年变更后的计提折旧额=(10 500-1 500)/(6-1.5)×0.5=1 000(万元)

20×9 年应计提的折旧额=(10 500-500)/10/2+1 000=1 500(万元)

以后几年的折旧额等于 2 000 万元,不要调整 20×9 年以前年度该设备的折旧额。

企业应当正确划分会计政策变更和会计估计变更,并按不同的方法进行相关会计处理。

企业通过判断会计政策变更和会计估计变更划分基础仍然难以对某项变更进行区分的，应当将其作为会计估计变更处理。

【例 22-7】甲公司于 2×09 年 1 月 1 日外购一项软件专利权，购入成本为 100 000 元，估计经济使用寿命为 10 年，2×14 年 1 月 1 日，由于新软件的问世，经过评估，甲公司认为原软件专利权已失去经济效益，从而决定将该无形资产未摊销完的账面价值 50 000 元一次性摊销。

【解析】对于该项会计变更，如将其看成是摊销方法改为一次性摊销，就属于会计政策变更，如果将其看成剩余摊销年限缩短为一年，则属于会计估计变更，由于难以区分是会计政策变更还是会计估计变更，则作为会计估计变更处理。

2×14 年 12 月 31 日，该公司编制如下分录

借：管理费用　　　　　　　　　　50 000

　　贷：累计摊销　　　　　　　　　　50 000

企业应当在附注中披露与会计估计变更有关的下列信息：

(1)会计估计变更的内容和原因。包括变更的内容、变更日期以及为什么要对会计估计进行变更；

(2)会计估计变更对当期和未来期间的影响数。包括会计估计变更对当期和未来期间损益的影响金额以及对其他各项目的影响金额；

(3)会计估计变更的影响数不能确定的，披露这一事实和原因。

【例 22-8】沿用例 22-6，应在财务报表附注中作如下说明：

本公司一台生产用设备，原始价值为 16 500 万元，原预计使用寿命为 10 年，预计净残值为 500 万元，按年限平均法计提折旧。由于新技术的发展，该设备已不能按原预计使用寿命计提折旧，本公司于 20×9 年 7 月初变更该设备的使用寿命为 6 年，预计净残值为 0 元，以反映该设备的真实耐用寿命和净残值。此估计变更影响本年度净利润减少数为 (1 000-500)×(1-25%)=375 万元。

需要注意的是，在以后期间的财务报表中，不需要重复披露在以前期间的附注中已披露的会计估计变更的信息。

## 第四节　前期差错及其更正

### 一、前期差错

前期差错是指由于没有运用或错误运用下列两种信息而对前期财务报表造成省略或错报：

1.编报前期财务报表时预期能够取得并加以考虑的可靠信息；

2.前期财务报告批准报出时能够取得的可靠信息。

会计差错产生于财务报表项目的确认、计量、列报或披露的会计处理过程中,如果财务报表中包含重要差错或者差错不重要但是故意造成的,如果在当期发现,则作为当期差错在财务报表发布之前予以更正,当该重要差错直到下一期间才被发现,则形成前期差错。

常见的前期差错如下:

1.计算以及账户分类错误。例如,企业从二级市场上购入债券,意在短期内出售以赚取买卖差价,应将其计入交易性金融资产,但在记账时记入了可供出售金额资产,导致账户分类上的错误,并导致在资产负债表上流动资产和非流动资产的分类也有误。

2.采用法律、行政法规或者国家统一的会计制度等不允许的会计政策。例如,我国《企业会计准则》规定企业只能对企业的应收款项采用备抵法计提坏账准备,但企业按照应收账款余额法计提坏账准备,则属于企业不允许的会计政策。

3.对事实的疏忽或曲解以及舞弊。例如,企业对固定资产报废净残值收入应按《企业会计准则》的规定确认为营业外收入,但该企业却按确认商品销售收入的原则确认为营业收入。

4.在期末对应计项目与递延项目未予调整。例如,企业应在本期折旧的费用在期末未予折旧。

5.滥用会计政策。包括无充分合理的证据表明会计政策变更的合理性,就按会计政策变更处理;未经股东大会或董事会、经理或类似机构批准擅自变更会计政策;连续反复变更会计政策;上市公司未报公司上市地交易备案的等。

6.漏记已完成的交易。例如,企业销售一批商品,商品已经发出,开出增值税专用发票,商品销售收入确认条件均已满足,但企业在期末时未将已实现的销售收入入账。

7.提前确认尚未实现的收入或不确认已实现的收入。例如,按照《企业会计准则第14号——收入》的规定,以预收款的方式销售商品时,由于销售方直到收到最后一笔款项时才将商品交付给购货方,表明商品所有权上的主要风险和报酬只有在收到最后一笔款项时才转移给购货方,因此,企业通常应在发出商品时才确认收入,在此之前预收的款项应确认为负债,如果企业在收到第一笔款项时就确认收入则属于规章制度不允许的会计政策,属于前期差错。

8.资本性支出与费用化支出划分差错。例如,固定资产发生的后续支出,在符合资本化条件的前提下才能确认为资本,作为资本支出,不符合资本化条件的支出应计入当期损益,作为费用化支出,如果企业没有把握好资本化和费用化的界限,错误地将资本化支出计入费用化支出,则属于前期差错。

9.存货及固定资产盘盈。

## 二、前期差错更正的会计处理

### (一)重要的前期差错的判断

如果财务报表项目的遗漏或错误表述可能影响财务报表使用者根据财务报表所作出的经济决策,则该项目的遗漏或错误是重要的。

重要的前期差错是指足以影响财务报表使用者对企业财务状况、经营成果和现金流量作出正确判断的前期差错。不重要的前期差错是指不足以影响财务报表使用者对企业财务状况、经营成果和现金流量作出正确判断的会计差错。

重要的前期差错的判断主要看相关环境下前期差错所影响的财务报表项目遗漏或错误表述的金额或性质，一般来说，前期差错所影响的财务报表项目的金额越大、性质越严重，其重要性水平越高；反之，其重要性越低。

(二)具体前期差错更正的会计处理

当发现了以前期间重要的前期差错或是不重要但故意造成的前期差错，应采用追溯重述法更正相关前期差错；当发现了以前期间重要或故意造成但无法追溯的前期差错或是不重要且非故意造成的前期差错，应采用未来适用法更正相关前期差错。

追溯重述法指在发现前期差错时，视同该项前期差错从未发生过，从而对财务报表相关项目进行更正的方法。

具体处理如下：

1.对于不重要的前期差错，企业不需调整财务报表相关项目的期初数，但应调整发现当期与前期相同的相关项目。属于影响损益的，应直接计入本期与上期相同的净损益项目。

【例 22-9】A 公司在 20×9 年 12 月 31 日发现，一台价值 4 800 元的管理用设备，应计入固定资产，并于20×8 年 1 月 1 日开始计提折旧，在 20×8 年计入了当期费用。该公司固定资产折旧采用直线法，该资产估计使用年限为 10 年，假设不考虑净残值因素。

在 20×9 年 12 月31 日更正此差错的会计分录为：

借：固定资产　　4 800

　贷：管理费用　　3 840

　　累计折旧　　960

2.重要的前期差错的会计处理

重要的前期差错，应设置“以前年度损益调整”科目来核算本年度发现的重要前期差错，更正涉及调整以前年度损益的事项以及本年度发生的调整以前年度损益的事项。

(1)企业调整增加以前年度利润或减少以前年度亏损：

借：固定资产等

　贷：以前年度损益调整

调整减少以前年度利润或增加以前年度亏损，做上述相反分录。

(2)当会计准则和税法对涉及的损益类调整事项处理的口径相同时，则应考虑应交所得税和所得税费用的调整；当会计制度和税法对涉及的损益类调整事项处理的口径不同时，则不应考虑应交所得税的调整。若调整事项涉及暂时性差异，则应调整递延所得税资产或递延所得税负债。

由于以前年度损益调整增加的所得税费用：

借：以前年度损益调整

　贷：应交税费——应交所得税

　　(或)递延所得税资产

　　(或)递延所得税负债

由于以前年度损益调整减少的所得税费用，作相反分录。

(3)经上述调整后,将“以前年度损益调整”科目的余额转入“利润分配——未分配利润”科目。

【例 22-10】甲公司为增值税一般纳税企业,所得税采用债务法核算,适用的所得税税率为 25%,按净利润的 10%提取法定盈余公积。20×9 年 5 月 20 日,甲公司发现在 20×8 年12 月 31 日计算 A 库存产品的可变现净值时发生差错,该库存产品的成本为 1 000 万元,预计可变现净值应为 700 万元。20×8 年 12 月 31 日,甲公司误将 A 库存产品的可变现净值预计为 900 万元。

【解析】

借:以前年度损益调整　　2 000 000
　　贷:存货跌价准备　　2 000 000
借:递延所得税资产　　500 000
　　贷:以前年度损益调整　　500 000
借:利润分配——未分配利润　　1 500 000
　　贷:以前年度损益调整　　1 500 000
借:盈余公积　　150 000
　　贷:利润分配——未分配利润　　150 000

财务报表调整:

在 20×9 年 12 月 31 日资产负债表的“年初数”栏中,存货调减 200 万元,递延所得税资产调增 50 万元,盈余公积调减 15 万元,未分配利润调减 135 万元,在 20×9 年的利润表的“上年数”栏中,资产减值损失调增 200 万元,所得税费用调减 50 万元,净利润调减 150 万元。

【例 22-11】20×9 年 6 月份审计时,发现如下问题:

①20×8 年 3 月现销商品含税价 468 万元,该商品成本 300 万元,当时已符合收入确认条件但会计未确认收入,将价款计入预收账款,未结转成本,作发出商品处理。

②20×7 年 5 月试运转生产产品成本 70 万元,含税售价 117 万元,会计确认收入并结转成本该项过程于 20×8 年 2 月 1 日交付使用,会计折旧政策和税法规定相同,按 10 年平均折旧。

该公司所得税税率为 25%,适用的增值税税率为 17%,按 10%提取盈余公积。

要求:该公司关于以上两个经济事项的会计处理是否正确,如不正确进行更正处理。

【解析】

该公司关于以上两个经济事项的会计处理是不正确的,正确的会计处理如下:

①借:预收账款　　4 680 000
　　贷:以前年度损益调整　　4 000 000
　　　　应交税费——应交增值税(销项税额)　　680 000
　借:以前年度损益调整　　3 000 000
　　贷:发出商品　　3 000 000
　借:以前年度损益调整　　1 000 000

| | | |
|---|---|---|
| 贷：利润分配——未分配利润 | | 1 000 000 |
| 借：利润分配——未分配利润 | 100 000 | |
| 贷：盈余公积 | | 100 000 |
| ②借：以前年度损益调整 | 1 000 000 | |
| 应交税费——应交增值税(销项税额) | 170 000 | |
| 贷：在建工程 | | 1 170 000 |
| 借：库存商品 | 700 000 | |
| 贷：以前年度损益调整 | | 700 000 |
| 借：累计折旧 | 35 250 | |
| 贷：以前年度损益调整 | | 35 250 |
| 借：应交税费 | 66 187.5 | |
| 贷：利润分配——未分配利润 | | 66 187.5 |
| 借：利润分配——未分配利润 | 264 750 | |
| 贷：以前年度损益调整 | | 264 750 |
| 借：盈余公积 | 26 475 | |
| 贷：利润分配——未分配利润 | | 26 475 |

同时，企业应当在重要的前期差错发现当期的财务报表中，通过下述处理对其进行追溯更正：

(1)追溯重述差错发生期间列报的前期比较金额；

(2)如果前期差错发生在列报的最早前期之前，则追溯重述列报的最早前期的资产、负债和所有者权益相关项目的期初余额。

在编制比较财务报表时，对于比较财务报表期间的重要的前期差错，应调整各该期间的净损益和其他相关项目，视同该差错在产生的当期已经更正；对于比较财务报表期间以前的重要的前期差错，应调整比较财务报表最早期间的期初留存收益，财务报表其他相关项目的数字也应一并调整。

确定前期差错影响数不切实可行的，可以从可追溯重述的最早期间开始调整留存收益的期初余额，财务报表其他相关项目的期初余额也应当一并调整，也可以采用未来适用法。当企业确定前期差错对列报的一个或者多个前期比较信息的特定期间的累积影响数不切实可行时，应当追溯重述切实可行的最早期间的资产、负债和所有者权益相关项目的期初余额(可能是当期)；当企业在当期期初确定前期差错对所有前期的累积影响数不切实可行时，应当从确定前期差错影响数切实可行的最早日期开始采用未来适用法追溯重述比较信息。

对于年度资产负债表日至财务报告批准报出日之间发现的报告年度的会计差错及报告年度前不重要的前期差错，应按照《企业会计准则第29号——资产负债表日后事项》的规定进行处理。

## 三、前期差错更正的披露

企业应当在附注中披露与前期差错更正有关的下列信息：

1.前期差错的性质；

2.各个列报前期财务报表中受影响的项目名称和更正金额；

3.无法进行追溯重述的，说明该事实和原因以及对前期差错开始进行更正的时点、具体更正情况。

【例 22-12】沿用例 22-10，应在财务报表附注中作如下说明：

本年度发现 20×8 年 12 月 31 日计算 A 库存产品的可变现净值时发生差错，该库存产品的成本为 1 000 万元，预计可变现净值应为 700 万元。20×8 年 12 月 31 日，甲公司误将 A 库存产品的可变现净值预计为 900 万元，所以少提存货跌价准备 200 万元，在编制20×9 年比较财务报表时，已对该项差错进行了更正。更正后，调增存货跌价准备 200 万，调增递延所得税资产 50 万，调减净利润 150 万元。

# 第二十三章　资产负债表日后事项

## 第一节　资产负债表日后事项概述

### 一、资产负债表日后事项的定义

资产负债表日后事项是指年度资产负债表日至财务报告批准报出日之间（以下简称资产负债表日后期间)发生的需要调整或说明的事项。这些事项有的直接影响财务报告年度的财务状况、经营成果和资金变动情况,有的虽然不影响财务报告,但会影响财务报告使用者的正确理解和作出正确决策。要正确理解这一概念,需要注意以下四个方面：

1.资产负债表日

资产负债表日是指会计年度末和会计中期期末。我国会计年度采用公历年度,即1月1日至12月31日。因此,年度资产负债表日是指每年的12月31日,所以对于年度报表来说,“资产负债表日后期间”是从下一年的1月1日开始。中期资产负债表日是指各会计中期期末,包括月末、季末和半年末。比如,编制半年度财务报告时,资产负债表日为该年度的6月30日。

如果母公司或者子公司在国外，无论该母公司或子公司如何确定会计年度和会计中期,其向国内提供的财务报告都应根据我国《会计法》和企业会计准则的要求确定资产负债表日。

2.财务报告批准报出日

财务报告批准报出日是指董事会或类似机构批准财务报告报出的日期，通常是指对财务报告的内容负有法律责任的单位或个人批准财务报告对外公布的日期。

财务报告的批准者包括所有者、所有者中的多数、董事会或类似的管理单位、部门和个人。公司制企业的财务报告批准报出日是指董事会批准财务报告报出的日期,不是股东大会审议批准的日期,也不是注册会计师出具审计报告的日期。非公司制企业,财务报告批准报出日是指经理(厂长)会议或类似机构批准财务报告报出的日期。

3.有利事项和不利事项

资产负债表日后事项包括有利事项和不利事项，并且对于资产负债表日后有利或不利事项的处理原则相同。

“有利或不利事项”是指资产负债表日后事项肯定会对企业财务状况、经营成果和资产变动情况产生一定影响(既包括有利影响也包括不利影响)。如果某些事项的发生对企业并无任何影响,那么,这些事项既不是有利事项也不是不利事项,也就不属于这里所说的资产负债表日后事项。

4.资产负债表日后事项

资产负债表日后事项不是在资产负债表日后特定期间发生的全部事项，而是与资产负债表日存在状况有关的事项,或即使与资产负债表日存在状况无关,但对企业财务状况具有重大影响的事项。

## 二、资产负债表日后事项涵盖的期间

资产负债表日后事项涵盖的期间是自资产负债表日次日起至财务报告批准报出日止的期间。这一期间具体包括：

1.报告年度次年的 1 月 1 日或报告期间下一期的第一天至董事会或类似机构批准财务报告对外公布的日期,即以董事会或类似机构批准财务报告对外公布的日期为截止日期；

2.由于股东大会审议等原因,有时董事会批准日期与实际对外公布日期之间间隔较长，在财务报告批准报出以后、实际报出之前又发生与资产负债表日后事项有关的事项,并由此影响财务报告对外公布日期的，应当以董事会或类似机构再次批准财务报告对外公布的日期为截止日期。

【例 23-1】某上市公司于 20×9 年 2 月 20 日编制完成 20×8 年的年度财务报告,注册会计师于 20×9 年 4 月 16 日完成年度财务报表审计工作并签署审计报告,董事会于 20×9 年 4 月 20 日批准财务报告可以对外公布，财务报告实际对外公布的日期为 20×9 年4 月 23 日，股东大会召开日期为 20×9 年 5 月 10 日。

根据资产负债表日后事项涵盖期间的规定,该公司 20×8 年年报资产负债表日后事项涵盖的期间为 20×9 年 1 月 1 日至 20×9 年 4 月 20 日。如果在 4 月 17 日至 23 日之间发生了重大事项,需要调整财务报表相关项目的数字或需要在财务报表附注中披露,经调整或说明后的财务报告再经董事会批准报出的日期为 20×9 年 4 月 25 日,实际报出的日期为20×9 年 4 月 30 日,则资产负债表日后事项涵盖的期间为 20×9 年 1 月 1 日至 20×9 年 4 月25 日。

## 三、资产负债表日后事项的内容

资产负债表日后事项包括资产负债表日后调整事项(以下简称调整事项)和资产负债表日后非调整事项(以下简称非调整事项)。

(一)调整事项

资产负债表日后调整事项是指对资产负债表日已经存在的情况提供了新的或进一步证据的事项。

如果资产负债表日及所属会计期间已经存在某种情况，但当时并不知道其存在或者不能知道确切结果,资产负债表日后发生的事项能够证实该情况的存在或者确切结果,则该事项属于资产负债表日后事项中的调整事项。调整事项能对资产负债表日的存在情况提供追加的证据,并会对按资产负债表日存在状况编制的财务报表产生重大影响。

资产负债表日后调整事项,通常包括以下几种情况:

1.资产负债表日后诉讼案件结案,法院判决证实了企业在资产负债表日已经存在现时义务,需要调整原先确认的与该诉讼案件相关的预计负债,或确认一项新负债;

2.资产负债表日后取得确凿证据,表明某项资产在资产负债表日发生了减值或者需要调整该项资产原先确认的减值金额;

3.资产负债表日后进一步确定了资产负债表日前购入资产的成本或售出资产的收入;

4.资产负债表日后发现了财务报表舞弊或差错。

**【例 23-2】**甲公司因产品质量问题被消费者起诉。20×7 年 12 月 31 日法院尚未判决,考虑到消费者胜诉要求甲公司赔偿的可能性较大,甲公司为此确认了 400 万元的预计负债。20×8 年 2 月 20 日,在甲公司 20×7 年度财务报告对外报出之前,法院判决消费者胜诉,要求甲公司支付赔偿款 800 万元。

本例中,甲公司在 20×7 年 12 月 31 日结账时已经知道消费者胜诉的可能性较大,但不知道法院判决的确切结果,因此确认了 400 万元的预计负债。20×8 年 2 月 20 日法院判决结果为甲公司预计负债的存在提供了进一步的证据。此时,按照 20×7 年 12 月 31 日存在状况编制的财务报表所提供的信息已不能真实反映企业的实际情况,应据此对财务报表相关项目的数字进行调整。

(二)非调整事项

资产负债表日后非调整事项是指表明资产负债表日后发生的情况的事项。非调整事项的发生不影响资产负债表日财务报表数字,只说明资产负债表日后发生了某些情况。非调整事项说明的情况对于财务报告使用者而言有的重要,有的不重要。其中重要的非调整事项虽然不影响资产负债表日的财务报表数字,但可能影响资产负债表以后的财务状况和经营成果,故应当在报表附注中披露每项重要的资产负债表日后非调整事项的性质、内容及其对财务状况和经营成果的影响。无法作出估计的应当说明原因。

资产负债表日后非调整事项,通常包括以下几种情况:

1.资产负债表日后发生重大诉讼、仲裁、承诺;

2.资产负债表日后资产价格、税收政策、外汇汇率发生重大变化;

3.资产负债表日后因自然灾害导致资产发生重大损失;

4.资产负债表日后发行股票和债券以及其他巨额举债;

5.资产负债表日后资本公积转增资本;

6.资产负债表日后发生巨额亏损;

7.资产负债表日后发生企业合并或处置子公司。

**【例 23-3】**甲公司 20×7 年度财务报告于 20×8 年 3 月 20 日经董事会批准对外公布。20×8 年 2 月 20 日,甲公司决定以 2 000 万元收购乙上市公司股权。该项股权收购完成后,甲公司将拥有乙上市公司有表决权股份的 10%。

本例中,甲公司收购乙上市公司股权的事项发生在20×8年度,且在公司20×7年度财务报告尚未批准对外公布的期间内,即该事项发生在资产负债表日后事项所涵盖的期间内。该事项在20×7年12月31日尚未发生,与资产负债表日存在的状况无关,不影响资产负债表日企业的财务报表数字。但是,该事项属于重要事项,会影响公司以后期间的财务状况和经营成果,因此,按照准则规定,需要在附注中予以披露。

(三)调整事项与非调整事项的区别

资产负债表日后发生的某一事项究竟是调整事项还是非调整事项，取决于该事项表明的情况在资产负债表日或资产负债表日以前是否已经存在。若该情况在资产负债表日或之前已经存在,则属于调整事项;否则属于非调整事项。如何确定资产负债表日后发生的某一事项是调整事项还是非调整事项,也是资产负债表日后事项准则运用的关键。

**【例23-4】**A公司20×7年9月向B公司出售原材料1 000万元，根据销售合同,B公司应在收到原材料后4个月内付款。至20×7年12月31日,B公司尚未付款。假定A公司在编制20×7年度财务报告时有两种情况:

(1)20×7年12月31日A公司根据掌握的资料判断,B公司有可能破产清算,估计该应收账款将有20%无法收回,故按20%的比例计提坏账准备。20×8年1月20日,A公司收到通知,B公司已被宣告破产清算,A公司估计有70%的债权无法收回。

(2)20×7年12月31日B公司的财务状况良好,A公司预计应收账款可按时收回。20×8年1月20日,B公司所在地区发生重大水灾,导致A公司50%的应收账款无法收回。

20×8年3月15日,A公司的财务报告经批准对外公布。

**【解析】**

(1)导致A公司应收账款无法收回的事实是B公司财务状况恶化,该事实在资产负债表日已经存在,B公司被宣告破产只是证实了资产负债表日B公司财务状况恶化的情况,因此,B公司破产导致A公司应收款项无法收回的事项属于调整事项。

(2)导致A公司应收账款损失的因素是重大水灾,重大水灾是不可预计的,应收账款发生损失这一事实在资产负债表日以后才发生,因此B公司发生水灾导致A公司应收款项发生坏账的事项属于非调整事项。

同一性质的事项既可能是调整事项,也可能是非调整事项。以上简要列举说明了常见的资产负债表日后事项,但并非全部内容,在实际工作中,会计人员应依据资产负债表日后事项准则所规定的判断原则来确定资产负债表日后发生的事项中哪些属于调整事项，哪些属于非调整事项。

# 第二节 资产负债表日后调整事项的会计处理

## 一、资产负债表日后调整事项的会计处理原则

企业发生的资产负债表日后调整事项，应当如同在资产负债表所属期间发生的事项一样，作出相关账务处理，并调整资产负债表日的财务报表，包括资产负债表、利润表和所有者权益变动表等内容，但不包括现金流量表正表。

对于年度财务报告而言，由于资产负债表日后事项发生在报告年度的次年，报告年度的有关账目已经结转，特别是损益类科目在结账后已无余额。因此，年度资产负债表日后发生的调整事项，应分别按以下情况进行处理：

1.涉及损益的事项，通过“以前年度损益调整”科目核算。调整增加以前年度利润或调整减少以前年度亏损的事项，计入该科目的贷方；调整减少以前年度利润或调整增加以前年度亏损的事项，计入该科目的借方。

涉及损益的调整事项，如果发生在资产负债表日所属年度（报告年度）所得税汇算清缴前的，应调整报告年度应纳税所得额、应纳所得税税额；发生在报告年度所得税汇算清缴后的，应调整本年度（报告年度的次年）应纳所得税税额。

以前年度损益调整增加的所得税费用，计入该科目的借方，同时贷记“应交税费——应交所得税”等科目；以前年度损益调整减少的所得税费用，计入该科目的贷方，同时借记“应交税费——应交所得税”等科目。

调整后，将该科目的贷方或借方余额，转入“利润分配——未分配利润”科目。

2.涉及利润分配调整的事项，直接在“利润分配——未分配利润”科目核算。

3.不涉及损益及利润分配的事项，调整相关科目。

4.上述账务处理后，还应同时调整财务报表相关项目的数字，包括以下几项。

(1)资产负债表日编制的财务报表相关项目的期末数或本年发生数；

(2)当期编制的财务报表相关项目的期初数或上年数；

(3)经过上述调整后，如果涉及报表附注内容的，还应当调整报表附注相关项目的数字。

## 二、资产负债表日后调整事项的具体会计处理方法

为简化处理，如无特殊说明，本章所有的例子均假定如下：财务报告批准报出日是次年3月31日，所得税税率为25%，按净利润的10%提取法定盈余公积，提取法定盈余公积后不再作其他分配；调整事项按税法规定均可调整应交纳的所得税；涉及递延所得税资产的，均假定未来期间很可能取得用来抵扣暂时性差异的应纳税所得额；不考虑报表附注中有关现金流量表项目的数字。

(一)资产负债表日后诉讼案件结案,法院的判决证实了企业在资产负债表日即存在现时义务,需要调整原先已确认的与该诉讼案件相关的预计负债,或确认一项新的负债

这一事项是指导致诉讼的事项在资产负债表日已经发生,但尚不具备确认负债的条件而未确认,资产负债表日后至财务报告批准报出日之间获得了新的或进一步的证据(法院判决结果),表明符合负债的确认条件,因此应在财务报告中确认为一项新负债;或者在资产负债表日虽已确认,但需要根据判决结果调整已确认负债的金额。

【例 23-5】甲公司与乙公司与 20×7 年 5 月份签订一份供销合同,合同中订明甲公司应在 20×7 年 10 月销售给乙公司一批物资。由于甲公司未能按照合同发货,致使乙公司发生重大经济损失。20×7 年 12 月,乙公司将甲公司告上法庭,20×7 年 12 月 31 日法院尚未判决,甲公司按或有事项准则对该诉讼事项确认预计负债 1 000 万元。20×8 年 2 月 20 日,经法院判决甲公司应赔偿乙公司 1 200 万元,甲、乙双方均服从判决。判决当日,甲公司向乙公司支付赔偿款 1 200 万元。甲、乙两公司 20×7 年所得税汇算清缴均在 20×8 年 3 月 20 日完成(假定该项预计负债产生的损失不允许在预计时税前抵扣,只有在损失实际发生时,才允许税前抵扣)。

本例中,20×8 年 2 月 20 日的判决证实了甲、乙两公司在资产负债表日(20×7 年12 月31 日)分别存在现实赔偿义务和获赔权利,因此两公司都应将“法院判决”这一事项作为调整事项进行处理。甲公司和乙公司 20×7 年所得税汇算清缴均在 20×8 年 3 月 20 日完成,因此,应根据法院判决结果调整报告年度应纳税所得额和应纳所得税税额。

甲公司的账务处理如下:

(1)20×8 年 2 月 20 日,记录支付的赔款,并调整递延所得税资产

借:以前年度损益调整 2 000 000

　贷:其他应付款 2 000 000

借:应交税费——应交所得税 500 000

　贷:以前年度损益调整(2 000 000×25%) 500 000

借:应交税费——应交所得税 (10 000 000×25%) 2 500 000

　贷:以前年度损益调整 2 500 000

借:以前年度损益调整 2 500 000

　贷:递延所得税资产 2 500 000

借:预计负债 10 000 000

　贷:其他应付款 10 000 000

借:其他应付款 12 000 000

　贷:银行存款 12 000 000

注: 20×7 年末因确认预计负债 1 000 万元时已确认相应的递延所得税资产,资产负债表日后事项发生后递延所得税资产不复存在,故应冲销相应记录。

(2)将“以前年度损益调整”科目余额转入未分配利润

借:利润分配——未分配利润 1 500 000

　贷:以前年度损益调整 1 500 000

(3)调整盈余公积

借:盈余公积(1 500 000×10%)　　　　150 000

　　贷:利润分配——未分配利润　　　　150 000

(4)调整报告年度相关财务报表

①资产负债表项目的年末数调整。调减递延所得税资产 250 万元,调增其他应付款1 200 万元,调减应交税费 300 万元,调减预计负债 1 000 万元;调减盈余公积 15 万元,调减未分配利润 135 万元。

②利润表项目的调整。调增营业外支出 200 万元,调减所得税费用 50 万元,调减净利润 150 万元。

③所有者权益变动表项目的调整。调减净利润 150 万元,提取盈余公积项目中盈余公积一栏调减 15 万元,未分配利润一栏调增 15 万元。

(5)调整 20×8 年 2 月资产负债表相关项目的年初数

甲公司在编制 20×8 年 1 月的资产负债表时,按照调整前 20×7 年 12 月 31 日的资产负债表的数字作为资产负债表的年初数,由于发生了资产负债表日后调整事项,甲公司除了调整 20×7 年年度资产负债表相关项目的数字外,还应当调整 20×8 年 2 月份以及以后月份资产负债表相关项目的年初数,其年初数按照 20×7 年 12 月 31 日调整后的数字填列。

资产负债表(略)。

乙公司的账务处理如下:

(1)20×8 年 2 月 20 日,记录收到的赔款,并调整应交所得税

借:其他应收款　　　　12 000 000

　　贷:以前年度损益调整　　　　12 000 000

借:以前年度损益调整 (12 000 000×25%)　　　　3 000 000

　　贷:应交税费——应交所得税　　　　3 000 000

借:银行存款　　　　12 000 000

　　贷:其他应收款　　　　12 000 000

注:同上,在调整财务报表相关数字时,只需调整上述前两笔分录,第三笔分录应作为 20×8 年的会计事项处理。

(2)将“以前年度损益调整”科目余额转入未分配利润

借:以前年度损益调整　　　　9 000 000

　　贷:利润分配——未分配利润　　　　9 000 000

(3)因净利润增加,补提盈余公积

借:利润分配——未分配利润　　　　900 000

　　贷:盈余公积(9 000 000×10%)　　　　900 000

(4)调整报告年度相关财务报表(略)

(二)资产负债表日后取得确凿证据,表明某项资产在资产负债表日发生了减值或者需要调整该项资产原先确认的减值金额

这是指在资产负债表日,根据当时的资料判断某项资产可能发生了损失或减值,但尚未

确定是否会发生,因而按照当时的最佳估计金额反映在财务报表中;但在资产负债表日后期间,所取得的确凿证据能证明该事实成立,即某项资产已经发生了损失或减值,则应对资产负债表日所作的估计予以修正。

【例 23-6】20×7 年 6 月甲公司销售给乙公司一批产品,货款为 150 万元(含增值税),乙公司于 7 月份收到所购物资并验收入库,按合同规定,乙公司应于收到所购物资后三个月内付款。由于乙公司财务状况不佳,到 20×7 年 12 月 31 日仍未付款。甲公司于 12 月 31 日编制 20×7 年度财务报表时,已为该项应收账款提取坏账准备 7.5 万元。12 月 31 日资产负债表上"应收账款"项目的金额为 200 万元,其中 142.5 万元为该项应收账款。甲公司于 20×8 年 2 月 2 日(所得税汇算清缴前)收到法院通知,乙公司已宣告破产清算,无力偿还所欠部分货款。甲公司预计可收回应收账款的 60%。

甲公司在收到法院通知后,首先可判断该事项属于资产负债表日后调整事项,然后应根据调整事项的处理原则进行处理。具体过程如下。

(1)补提坏账准备

应补提的坏账准备=150×40%-7.5=52.5(万元)

借:以前年度损益调整　　525 000

　贷:坏账准备　　525 000

(2)调整递延所得税资产

借:递延所得税资产　　131 250

　贷:以前年度损益调整 (525 000×25%)　　131 250

(3)将"以前年度损益调整"科目的余额转入利润分配

借:利润分配——未分配利润　　393 750

　贷:以前年度损益调整 (525 000-131 250)　　393 750

(4)调整利润分配有关数字

借:盈余公积　　39 375

　贷:利润分配——未分配利润(393 750×10%)　　39 375

(5)调整报告年度财务报表相关项目的数字(财务报表略)

①资产负债表项目的调整。调减应收账款净值 525 000 元,调增递延所得税资产 131 250 元,调减盈余公积 39 375 元,调减未分配利润 354 375 元。

②利润表项目的调整。调增管理费用 525 000 元,调减所得税费用 131 250元。

③所有者权益变动表项目的调整。调减净利润 393 750 元,提取盈余公积项目中盈余公积一栏调减 39 375 元,未分配利润一栏调增 39 375 元。

(6)调整 20×8 年 2 月资产负债表相关项目的年初数(资产负债表略)

甲公司在编制 20×8 年 1 月的资产负债表时,按照调整前 20×7 年 12 月 31 日的资产负债表的数字作为资产负债表的年初数,由于发生了资产负债表日后调整事项,甲公司除了调整 20×7 年年度资产负债表相关项目的数字外,还应当调整 20×8 年 2 月及以后月份资产负债表相关项目的年初数,其年初数按照 20×7 年 12 月 31 日调整后的数字填列。

（三）资产负债表日后进一步确定了资产负债表日前购入资产的成本或售出资产的收入

其主要内容包括：若资产负债表日前购入的资产已经按暂估金额等入账，资产负债表日后获得证据，可以进一步确定该资产的成本，则应对已入账的资产成本进行调整；在资产负债表日已根据收入确认条件确认资产销售收入，但资产负债表日后获得关于资产收入的进一步证据，如发生销售退回等，也应调整财务报表相关项目的金额。需要注意，资产负债表日后发生的销售退回，既包括报告年度或报告中期销售的商品在资产负债表日后发生的销售退回，也包括以前期间销售的商品在资产负债表日后发生的销售退回。

发生在资产负债表所属期间或以前期间所售商品在资产负债表日后退回的，应作为资产负债表日后调整事项处理。发生于资产负债表日后至财务报告批准报出日之间的销售退回事项，可能发生于年度所得税汇算清缴之前，也可能发生于年度所得税汇算清缴之后，其会计处理分别如下。

1.资产负债表日后事项中涉及报告年度所属期间的销售退回发生于报告年度所得税汇算清缴之前的，应调整报告年度利润表的收入、成本等，并相应调整报告年度的应纳税所得额以及报告年度应缴的所得税等。

**【例 23-7】**甲公司 20×8 年 10 月 13 日销售一批商品给乙公司，取得收入 240 万元（不含税，增值税率 17%）。甲公司发出商品后，按照正常情况已确认收入，并结转成本 200 万元。20×8 年 12 月 31 日，该笔货款尚未收到，甲公司对应收账款计提了坏账准备 12 万元。20×9 年 1 月 12 日，由于产品质量问题，本批货物被退回。假定本年度除应收乙公司账款计提的坏账准备外，无其他纳税调整事项，甲公司于 20×9 年 2 月 28 日完成 20×8 年所得税汇算清缴。

**【解析】**

销售退回业务发生在资产负债表日后事项所涵盖的期间之内，属于资产负债表日后调整事项。由于销售退回发生在报告年度所得税汇算清缴之前，因此在所得税汇算清缴时，应扣除该部分销售退回所实现的应纳税所得额。

甲公司的账务处理如下：

（1）20×9 年 1 月 12 日，调整销售收入

| | | |
|---|---|---|
| 借：以前年度损益调整 | 2 400 000 | |
| 　应交税费——应交增值税（销项税额） | 408 000 | |
| 　贷：应收账款 | | 2 808 000 |

（2）调整坏账准备余额

| | | |
|---|---|---|
| 借：坏账准备 | 120 000 | |
| 　贷：以前年度损益调整 | | 120 000 |

（3）调整销售成本

| | | |
|---|---|---|
| 借：库存商品 | 2 000 000 | |
| 　贷：以前年度损益调整 | | 2 000 000 |

（4）调整应缴纳的所得税

| | | |
|---|---|---|
| 借：应交税费——应交所得税 | 100 000 | |
| 　贷：以前年度损益调整（2 400 000−2 000 000）×25% | | 100 000 |

(5)调整已确认的递延所得税资产

借:以前年度损益调整　　30 000

　贷:递延所得税资产 120 000×25%　　30 000

(6)将“以前年度损益调整”科目的余额转入利润分配

借:利润分配——未分配利润　　210 000

　贷:以前年度损益调整　　210 000

(7)调整盈余公积

借:盈余公积　　21 000

　贷:利润分配——未分配利润(210 000×10%)　　21 000

(8)调整相关财务报表(略)

2.资产负债表日后事项中涉及报告年度所属期间的销售退回发生于报告年度所得税汇算清缴之后,应调整报告年度会计报表的收入、成本等,但按照税法规定在此期间的销售退回所涉及的应缴所得税,应作为本年的纳税调整事项。

【例 23-8】沿用例 23-7,假定销售退回的时间改为 20×9 年 3 月 10 日(报告年度所得税汇算清缴后)。

甲公司的账务处理如下:

(1)20×9 年 3 月 10 日,调整销售收入

借:以前年度损益调整　　2 400 000

　应交税费——应交增值税(销项税额)　　408 000

　贷:应收账款　　2 808 000

(2)调整坏账准备余额

借:坏账准备　　120 000

　贷:以前年度损益调整　　120 000

(3)调整销售成本

借:库存商品　　2 000 000

　贷:以前年度损益调整　　2 000 000

(4)调整所得税费用

借:递延所得税资产　　100 000

　贷:以前年度损益调整　　100 000

(5)调整已确认的递延所得税资产

借:以前年度损益调整　　30 000

　贷:递延所得税资产 120 000×25%　　30 000

(6)将“以前年度损益调整”科目的余额转入利润分配

借:利润分配——未分配利润　　210 000

　贷:以前年度损益调整　　210 000

(7)调整盈余公积

借:盈余公积　　21 000

贷：利润分配——未分配利润(210 000×10%) 21 000

(8)调整相关财务报表(略)

(四)资产负债表日后发现了财务报表舞弊或差错

这一事项是指资产负债表日至财务报告批准报出日之间发现报告期或以前期间存在的财务报表舞弊或差错，应当将其作为资产负债表日后调整事项，调整报告年度的财务报告或中期财务报告相关项目的数字。

# 第三节 资产负债表日后非调整事项的会计处理

## 一、资产负债表日后非调整事项的处理原则

资产负债表日后发生的非调整事项，是表明资产负债表日后发生的情况的事项，与资产负债表日存在状况无关，不应当调整资产负债表日的财务报表。根据资产负债表日后事项准则的要求，应当在附注中披露"重要的资产负债表日后非调整事项的性质、内容及其对财务状况和经营成果的影响"，以便有利于财务报告使用者作出正确的估计和决策。

## 二、资产负债表日后非调整事项的具体会计处理办法

资产负债表日后发生的非调整事项，应当在报表附注中披露每项重要的资产负债表日后非调整事项的性质、内容及其对财务状况和经营成果的影响。无法作出估计的，应当说明原因。

资产负债表日后非调整事项的主要例子有：

1.资产负债表日后发生重大诉讼、仲裁、承诺

资产负债表日后发生的重大诉讼等事项，对企业影响较大，为防止误导投资者及其他财务报告使用者，应当在报表附注中进行相关披露。

【例 23-9】甲企业是房地产的销售代理商，在买卖双方同意房地产的销售条款时确认佣金收入，佣金由卖方支付。20×8 年，甲企业同意替乙企业的房地产寻找买主。在 20×8 年后期，甲企业找到一位有意的买主丁企业，丁企业以其获得银行融资的能力与乙企业签订购买该房地产的合同。20×9 年 1 月，丁企业通知甲企业，其在获得银行贷款方面有困难，但仍然能够履行合同。之后不久，甲企业找到另一位以现金购买该房地产的买主。20×9 年 2 月，丁企业通过法律手段起诉甲企业违背受托责任。20×9 年 3 月，甲企业同意付给丁企业 400 000 元的现金以使其撤回法律诉讼。

本例中由于资产负债表日后发生的重大诉讼、仲裁、承诺等事项影响较大，为防止误导投资者及其他财务报告使用者，应当在报表附注中进行相关披露，即甲企业和丁企业均应在 20×8 年度报表附注中披露诉讼事项的信息。

2.资产负债表日后资产价格、税收政策、外汇汇率发生重大变化

资产负债表日后发生的资产价格、税收政策和外汇汇率的重大变化,虽然不会影响资产负债表日财务报表相关项目的数据，但对企业资产负债表日后期间的财务状况和经营成果产生重大影响,应当在报表附注中予以披露。

【例 23-10】甲公司 20×7 年 10 月采用融资租赁方式从美国购入某一生产线,租赁合同规定,该生产线的租赁期为 15 年,年租金 40 万美元。甲公司在编制 20×7 年年度财务报表时已按 20×7 年 12 月 31 日的汇率对该笔长期应付款进行了折算(假设 20×7 年 12 月 31 日的汇率为 1 美元兑 7.85 元人民币)。假设国家规定从 20×8 年 1 月 1 日起进行外汇管理体制改革,外汇管理体制改革后,人民币对美元的汇率发生重大变化。

本例中,甲公司在资产负债表日已经按照当天的资产计量方式进行处理,或按规定的汇率对有关账户进行调整,因此,无论资产负债表日后汇率如何变化,均不影响资产负债表日的财务状况和经营成果。但是,如果资产负债表日后外汇汇率发生重大变化,应对由此产生的影响在报表附注中进行披露。同样,国家税收政策发生重大改变将会影响企业的财务状况和经营成果,也应当在报表附注中及时披露该信息。

3.资产负债表日后因自然灾害导致资产发生重大损失

【例 23-11】甲企业拥有某外国企业(乙企业)15%的股权,无重大影响,投资成本 100 万元。乙企业的股票在国外的某家股票交易所上市交易。在编制 20×7 年 12 月 31 日的资产负债表时,甲企业对乙企业投资的账面价值按初始投资成本反映。20×8 年 1 月,该国发生重大水灾造成乙企业的股票市场价值大幅下跌,甲企业对乙企业的股权投资遭受重大损失。

自然灾害导致资产重大损失对企业资产负债表日后财务状况的影响较大，如果不加以披露,有可能使财务报告使用者作出错误的决策,因此应作为非调整事项在报表附注中进行披露。本例中重大水灾发生于 20×8 年 1 月,属于资产负债表日后才发生或存在的事项,应当作为非调整事项在 20×7 年年度报表附注中进行披露。

4.资产负债表日后发行股票和债券以及其他巨额举债

企业发行股票、债券以及向银行或非银行金融机构举借巨额债务都是比较重大的事项,虽然这一事项与企业资产负债表日的存在状况无关，但对其披露能使财务报告使用者了解与此有关的情况及可能带来的影响,因此应当在报表附注中进行披露。

5.资产负债表日后资本公积转增资本

企业以资本公积转增资本将会改变企业的资本(或股本)结构,影响较大,需要在报表附注中进行披露。

6.资产负债表日后发生巨额亏损

企业资产负债表日后发生巨额亏损将会对企业报告期以后的财务状况和经营成果产生重大影响,应当在报表附注中及时披露该事项,以便为投资者或其他财务报告使用者作出正确决策提供信息。

7.资产负债表日后企业利润分配方案中拟分配的以及经审议批准宣告发放的股利或利润

资产负债表日后企业制定利润分配方案，拟分配或经审议批准宣告发放股利或利润的行为,并不会导致企业在资产负债表日形成现时义务,虽然该事项的发生可导致企业负有支付股利或利润的义务,但支付义务在资产负债表日尚不存在,故不应当在资产负债表日确认为负债,而应当在财务报表附注中予以单独披露。因此,该事项为非调整事项。

8.资产负债表日后发生企业合并或处置子公司。

企业合并或者处置子公司的行为可以影响股权结构、经营范围等方面,对企业未来的生产经营活动产生重大影响,应当在报表附注中披露处置子公司的信息。但是,该事项对企业资产负债表日后的财务状况有较大影响,可能导致现金大规模流出、企业股权结构变动等,为便于财务报告使用者更充分了解相关信息,作出正确决策,企业需要在财务报告中适当披露该信息。

【例 23-12】某股份有限公司 20×8 年年财务会计报告于 20×9 年 2 月 20 日批准报出。公司发生的下列事项中,必须在 20×8 年年度会计报表附注中披露的有(　　)

A.20×8 年 11 月 1 日,从该公司董事持有 51%股份的公司购货 800 万元

B.20×9 年 1 月 20 日,公司遭受水灾造成存货重大损失 500 万元

C.20×9 年 1 月 30 日,发现上年应计入财务费用的借款利息 0.10 万元误计入在建工程

D.20×9 年 2 月 1 日,公司向一家网络公司投资 500 万元,从而持有该公司 50%的股份

**【答案】**A、B、D

**【解析】**

选项 A 属于应披露的关联方关系和交易;选项 B 和选项 D 属于资产负债表日后事项中的非调整事项,应披露。选项 C 属于本期发现前期的非重大会计差错,不需在会计报表附注中披露。

# 参考文献

[1]中华人民共和国财政部会计司.企业会计准则讲解 2008[M].北京:人民出版社,2008.

[2]于小镭,徐兴恩.新企业会计准则实务指南与讲解[M].北京:机械工业出版社,2007.

[3]叶建芳,姜国平.企业会计准则实用指南[M].上海:上海财经大学出版社,2007.

[4]侯雪筠,李玉凤.中级财务会计[M].北京:科学出版社,2007.

[5]金颖.财务会计新编[M].北京:清华大学出版社,2007.

[6]中国注册会计师协会.会计[M].北京:中国财政经济出版社,2009.

[7]王善平,周密,邓小洋.高级财务会计学[M].长沙:湖南人民出版社,2009.

[8]李宝珍,裴淑红.财务会计学(中、高级)[M].北京:中国市场出版社,2007.

[9]杜兴强.高级财务会计[M].厦门:厦门大学出版社,2004.

[10]戴德明.财务会计学[M].北京:中国人民大学出版社,2006.

[11]闫达五,耿建新,戴德明.高级会计学[M].北京:中国人民大学出版社,2007.

[12]朱国泓.中级财务会计学[M].北京:中国人民大学出版社,2009.

[13]董蕙良.中级财务会计学[M].上海:立信会计出版社,2008.